L'ARCHITECTURE
A LA FRANÇAISE

Ouvrage publié avec le concours du Centre National des Lettres
et du Centre National de la Recherche Scientifique.

Jean-Marie Pérouse de Montclos

Directeur de recherche au CNRS

L'ARCHITECTURE A LA FRANÇAISE

XVIe, XVIIe, XVIIIe siècles

PICARD
82, rue Bonaparte, Paris 6e
1982

A Brigitte de Montclos

Le Grand Val
10 septembre 1982

© A. et J. Picard, 1982
ISBN 2-7084-0084-3

Avant-propos

Nous n'aurions pas pu réunir les informations sur lesquelles s'appuie cette étude sans l'aide de nombreuses personnes que nous tenons à remercier : M. Philippe Bonnet, M. le professeur Yves Bruand, M. Jacques Cailleteau, Mme Monique Chatenet, Mme Françoise Chollet, Mme Roxane Debuisson, M. le professeur Marcel Durliat, M. Henri-Paul Eydoux, M. François Fray, M. Alain Girard, Mme Marie-Sylvie Grandjouan, M. le professeur Jean Guillaume, Mme Dominique Hervier, M. le professeur Volker Hoffmann, M. Roger Lecotté, Mme Geneviève Le Louarn, M. Bernard Loncan, M. le professeur Jacques Mallet, M. Jean Martin-Demézil, M. Jean Nougaret, M. Marc Pabois, M. le professeur Roland Recht, M. Paul-Edouard Robinne, M. Jean-Paul Saint-Aubin, Mme Marie-José Salmon, Mme Josiane Sartre, M. Philippe Truttmann, M. François Verdier, M. Arnaud de Vitry. Particulièrement utiles nous ont été les informations que nous avons reçues de Mme Liliane Châtelet-Lange, de Mlle Véronique Gérard, de M. Yves-Jean Riou, de M. Bernard Sournia et de M. Bruno Tollon.

Les conditions de travail dont nous avons bénéficié à la bibliothèque de la Direction du Patrimoine grâce à l'amabilité de Mme Françoise Bercé et au dévouement du personnel ont facilité nos recherches de façon très appréciable.

Ayant choisi de présenter d'abord cette étude comme thèse de doctorat, nous avons eu la chance de pouvoir la soumettre à la critique des maîtres les plus autorisés, M. le professeur André Chastel, M. Michel Gallet, MM. les professeurs Jean-Jacques Gloton, Louis Grodecki et Antoine Schnapper.

C'est dans l'enseignement du professeur André Chastel, que nous avons rencontré pour la première fois l'idée que le genius loci s'incarnait aussi bien dans l'architecture savante que dans l'architecture populaire. Au cours de nos premiers travaux d'historien, consacrés à Etienne-Louis Boullée, nous nous étions étonné de trouver dans l'art de cet architecte révolutionnaire et dans la doctrine de ce théoricien du classicisme universaliste, une constante et paradoxale référence à l'idiosyncrasie nationale. Nous n'étions pas le premier à en faire la constatation, et sans doute aurions-nous négligé la précieuse indication de recherche qu'elle contenait, si nous n'y avions pas été ramené par une voie toute différente, celle de l'Inventaire général de Monuments et Richesses artistiques de la France. Associé depuis l'origine à cette grande investigation topographique, nous avons participé à la découverte de plusieurs terroirs. Plus particulièrement chargé de mettre au point le vocabulaire méthodique des descriptions d'architecture, nous avons mesuré l'importance des relations de nationalité entre les mots et les formes. Toutes ces expériences préparaient l'ouvrage que nous présentons.

La fabrication a fait appel à des techniciens qui ont aussi droit à notre reconnaissance, notamment Mme Anne-Marie Emmanuelli qui a établi le texte dactylographié. Nous avons été particulièrement sensible à l'aide amicale que nous avons reçu de MM. Michel Descossy, Michel Dubau, Bernard Emmanuelli, Marc Heller, Jean-Bernard Vialles, photographes à l'Inventaire général. Le lecteur jugera de la qualité des dessins de M. Jean Blécon, qui a mis son remarquable talent à notre disposition.

Sommaire

Introduction

Les distinctions qui prévalent dans l'étude de l'architecture du passé ne sont pour une bonne part que le reflet des spécialisations de ceux qui ont eu à en traiter.

La césure de la Renaissance est sans doute moins marquée dans l'histoire de l'architecture que dans l'histoire des disciplines historiques qui en rendent compte; en deçà, l'archéologie; au-delà, l'histoire de l'art. Les études consacrées aux arts antérieurs à 1500, reconnaissent de fait une certaine primauté de l'architecture; alors que les arts plastiques, et particulièrement la peinture, prennent la première place dans les études sur les productions postérieures à la Renaissance, au point même que certaines de ces études parues sous le titre d'histoire de l'art négligent le sujet de l'architecture. L'architecture serait-elle morte avec le Moyen Age comme l'affirmait Victor Hugo? Pour ceux qui prétendent écrire l'histoire *post-mortem* de cet art, il n'y aurait d'autre solution que d'adopter les idées des historiens de la peinture. Bien caractéristique à cet égard est la grande *Histoire de l'architecture* d'Auguste Choisy, vieille de près d'un siècle et toujours rééditée (1899). De la plus haute Antiquité jusqu'à la fin du Moyen Age, l'architecture est décrite par cet ingénieur en termes de matériaux, de techniques, de structures; mais avec le dernier chapitre où l'auteur consacre quelques développements embarrassés à l'architecture européenne des Temps modernes, le ton change brusquement: il n'est plus question que de compositions, de proportions; l'édifice d'après 1500 est décrit comme un tableau!

Point de solution de continuité entre l'architecture savante et l'architecture populaire; mais l'une est du domaine des historiens et l'autre du domaine des géographes. La première est exprimée par une courbe sur une échelle chronologique; l'autre, par un semis de points sur une carte. Comme si l'architecture populaire était hors du temps et que l'architecture savante échappait aux contraintes du milieu naturel! Il est vrai qu'un siècle avant Brunhes et Demangeon et leur apport décisif à la géographie humaine, Arcisse de Caumont parlait de «géographie des styles» et dessinait les linéaments de la théorie des écoles régionales romanes et gothiques, depuis maintes fois révisée et aujourd'hui trop sommairement censurée. Mais, pour l'architecture d'après 1500, il n'y a rien eu de comparable.

Nous voudrions défendre l'idée que l'architecture européenne dans son ensemble reste un produit vernaculaire jusqu'à la fin du XVIIIᵉ siècle. La géotypologie de l'architecture populaire s'écrit à l'échelle des pays; celle de l'architecture savante, à l'échelle des nations. Les topiques de l'architecture savante évoluent presqu'aussi lentement que ceux de l'architecture populaire. Par le mot «topique», nous désignons tout caractère architectural localisé ou notoirement doté d'une origine géographique. Certes, dans l'Europe des Temps modernes, si largement ouverte au commerce des idées et des formes, rares sont les topiques savants ayant l'inertie des topiques populaires. Nous consacrons une partie de cette étude à l'un de ceux-là: la stéréotomie. Par les mathématiques, la stéréotomie relève de la plus pure spéculation; mais, par l'art de la voûte, son expression la plus accomplie, elle reste curieusement attachée au terroir.

Réserve faite de quelques manifestations du «genius loci», qui sont d'ailleurs des archaïsmes remontant habituellement au plus lointain Moyen Age, la manière des nations modernes n'a plus que des relations médiates avec le milieu naturel. Lorsque l'appui du sol vient à leur manquer, les particularismes locaux s'épanouissent dans la conscience collective; rendus à la mobilité, ils deviennent monnaies d'échange, langages; jusqu'à ce que moribonds, ils soient artificiellement maintenus en survie par des lois chauvines. Au premier degré, on trouve les patois; au second, le français de Du Bellay et de Delorme; au troisième, le français de Frédéric II de Prusse et de Catherine de Russie; au quatrième, les oukases de Nicolas Iᵉʳ imposant le retour à la vieille architecture russe. L'autarcie est le caractère primitif de l'économie architecturale. La maison rurale est un produit fruste, fortement enraciné, doué d'une surprenante pérennité. Lorsque l'architecture se commercialise, elle devient majeure, art majeur, peut-être art tout court.

En architecture, les manières nationales peuvent être considérées comme des genres auxquels la commande a recours pour donner à l'ouvrage soit la couleur locale, soit une couleur exotique. Comme les langues, les manières nationales ne sont dépendantes ni de la nationalité de ceux qui les pratiquent, ni du sol où on les trouve à l'état natif. Le château de Saint-Maur de Delorme le Lyonnais est plus italien que l'hôtel du Grand Ferrare, presque voisin et contemporain, dû à Serlio le Bolonais (fig. 1 et 2.). Cependant on imagine mal Serlio, malgré son application à apprendre le français, construisant des voûtes d'ogives comme Delorme le fait encore. La qualité d'indigène se révèle toujours par quelques idiotismes.

Nous sommes ainsi amenés à distinguer plusieurs natures de formes architecturales entre deux cas extrêmes : les formes qui s'exportent le plus difficilement et dont l'évolution est la plus lente, étroitement liées à un matériau, à une fonction, aux usages, au savoir-faire des ouvriers ; les formes volatiles, éphémères, qui ne sont que décor. La sujétion des historiens de l'architecture aux historiens de la peinture, a privilégié l'étude de ces dernières et donné un relief particulier à l'étude de l'italianisme. Certes, tous les historiens de la Renaissance, qu'ils parlent de l'Espagne ou de l'Allemagne, de l'Angleterre ou de la Flandre, décrivent l'italianisme comme un revêtement superficiel de la forme indigène ; mais ces historiens ont été plus experts dans l'étude de l'habit que dans celle du corps, plus portés à suivre les modes, genre féminin, qu'à comprendre les modes, genre masculin. D'où l'excessive emprise de la chronologie sur l'étude de l'architecture savante.

Nous nous défendons cependant d'attribuer aux manières la permanence que certains prétendent retrouver dans le génie national. Nous ne voulons que replacer leur évolution dans le « temps long » des historiens d'aujourd'hui. Nous pensons avec Pierre Chaunu que « le plus important se noue et se dénoue lentement au fil des générations » et que « les trois siècles de la modernité constituent une bonne plage chronologique »[1]. Remarquons qu'il ne suffit pas d'embrasser l'espace de plusieurs siècles pour échapper à la tentation de la périodisation. L'*Histoire de l'architecture classique en France* de Louis Hautecœur, qui comprend plus de dix volumes, est l'exemple d'un « discours historique fractionné », chaque volume isolant des périodes d'une cinquantaine d'années. L'étonnant est que cet auteur croit à la spécificité et

même à la permanence du génie national. Mais comment décrire sérieusement la continuité des faits dans la discontinuité du discours ? Alors que la plupart des historiens ont abandonné depuis belle lurette l'idée de retrouver le printemps qui fit la Renaissance, quelques historiens de l'architecture calculent encore en « années décisives » ; ils semblent partager avec les sportifs l'ambition de raccourcir incessamment leurs « temps » !

On pourra nous contester le droit d'appeler « Temps modernes » la période envisagée et plus encore de qualifier de « modernes » les productions de cette période. Certains historiens ne font commencer les Temps modernes qu'au XVIIe siècle, comme suite à la Renaissance du XVIe, tandis que d'autres recouvrent du mot Renaissance les trois siècles de la modernité. Nous sommes dans un système de pure convention qui n'est d'ailleurs pas sans inconvénient puisque, pour les contemporains, l'adjectif « moderne » désignait habituellement le Moyen Age. Cependant, dans les écrits de Vasari, *modèrno* s'oppose aussi bien à *antico* qu'à *vecchio* ; dans le premier cas, il veut dire « médiéval », dans le second, « contemporain ».

Nous envions aux historiens du *medium aevum* le mot Moyen Age que l'usage a consacré, le dérivé « médiéval » qui n'est pas ambigu et jusqu'au pittoresque « moyenâgeux » qui trouve encore quelques emplois. Pourquoi ne parlerions-nous pas de « Nouvel Age », d'architecture « novelle » (de *novellus*) ou « novévale » (de *novum aevum*) ? Ces expressions décriraient bien les fruits de la Renaissance et permettraient de rendre à l'adjectif « moderne » et à ses dérivés leur acception la plus courante. Comme il ne nous appartient pas de faire un choix qui ne pourrait s'imposer que par un large consensus de spécialistes, nous garderons l'expression « Temps modernes ». Cette solution est en tout cas préférable à celle des historiens de l'art qui utilisent simultanément les mots baroque et classique pour désigner une tendance et une période, et qui sont ainsi amenés à signaler des tendances baroques d'une architecture qu'ils ont appelée classique et inversement. Il est vrai que la contradiction n'apparaît que pour autant qu'ils donnent de ces mots une définition précise !

A l'échelle de l'histoire universelle, les Temps modernes ne sont qu'un point. A cette échelle, nous

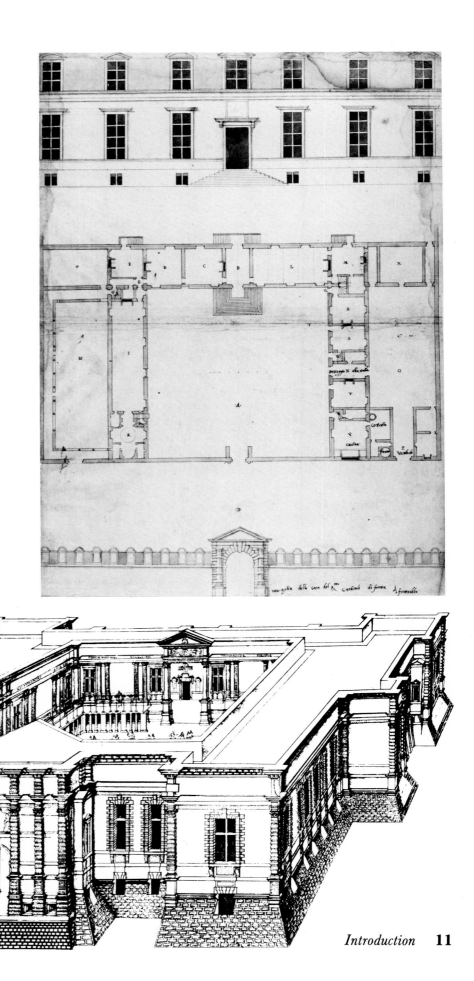

1. Fontainebleau, hôtel dit le Grand Ferrare, construit par Serlio de 1544 à 1546 pour le Cardinal de Ferrare. (Serlio, Sesto libro, manuscrit de Columbia).
2. Saint-Maur, château commencé par Delorme à partir de 1541 pour le Cardinal du Bellay. (Dessin de J. Androuet du Cerceau, British Museum. Ce dessin reproduit un projet de Delorme probablement postérieur à 1563 et présentant quelques modifications par rapport au projet de 1541).

Ces demeures contemporaines et voisines illustrent un moment décisif des relations franco-italiennes. Le Bolonais Serlio a francisé sa composition : le plan en U avec mur de clôture sur rue, l'appartement avec ses pièces spécialisées (B. vestibule, L. salle, C, D, F, appartement du Cardinal, C. antichambre, D. chambre, F. arrière-chambre), la galerie (en I), les croisées, les lucarnes qui rendent le comble habitable, sont caractéristiques de la manière française. La composition du Lyonnais Delorme est en revanche remplie de souvenirs italiens (bâtiment en rez-de-chaussée surélevé, couvert en terrasse ; bossages), auxquels se mêlent encore des traits français (les avant-corps, les croisées). Comme les langues, les manières nationales ne sont dépendantes ni de la nationalité de ceux qui les pratiquent, ni du sol où on les trouve à l'état natif.

percevons enfin cette mutation profonde que les historiens du XIXe siècle avec Victor Hugo ont appelée la mort de l'architecture. Leur seule erreur est d'avoir rapporté aux quelques années du début de la Renaissance ce qui est l'affaire de trois siècles. Il est bien mort quelque chose pendant les Temps modernes. Ceux-ci ont vu disparaître la référence au local comme élan vital, obéissance réfléchie aux traditions, et sa mutation en idéologie.

Notre sujet est l'architecture française. Mais le fait que nous examinons étant celui de l'échange, il n'était pas possible de définir la « francité » de la manière française autrement qu'en la confrontant avec les autres manières européennes. La couleur locale d'une œuvre n'est ressentie que par l'étranger au terroir ou par l'autochtone lui-même lorsqu'il est en concurrence avec l'étranger et qu'il doit affirmer l'originalité de son produit, soit pour le défendre *in situ* de tout apport allogène, soit pour le faire profiter des faveurs de l'exotisme qui ne se satisfait que de produits à forte saveur de terroir. La contrefaçon, c'est-à-dire le produit dans la manière nationale exécuté par un étranger, est en définitive la meilleure preuve de l'existence de cette manière.

Pour mettre à la mesure de la période envisagée l'espace couvert par notre étude, il eut fallu traiter de toutes les nations de l'Europe et dépasser même les relations internationales pour retrouver la relation Nord-Sud fortement présente dans l'Europe médiévale, sensible encore au XVIIe siècle. Cependant la méthode de description appliquée à la manière française doit être généralisable, sauf à admettre que seule la manière française a sa spécificité, ce qui est évidemment inadmissible. Mais le cas de la France est peut-être plus exceptionnel qu'il n'y paraît d'abord. La France est en effet la seule nation européenne des Temps modernes qui ait réuni au plus haut degré les trois traits suivants : une grande réceptivité à une influence étrangère, celle de l'Italie, nation qui est elle-même particulièrement introvertie ; une industrie artistique très expansive qui n'a pas d'équivalent en Espagne ou en Allemagne ; enfin une tension interne produite par la centralisation autour de la capitale et du monarque, qui conduit la manière nationale, comme la nation elle-même, à se définir par rapport aux particularismes régionaux, phénomène que l'on ne retrouve ni en Grande-Bretagne ni en Hollande.

Au total notre sujet est donc inscrit dans un triangle dont les trois côtés se nomment architecture savante, architecture moderne et architecture française. Cette figure n'a aucune propriété particulière : l'architecture savante n'est que la part raisonnée de l'architecture vernaculaire ; l'architecture moderne est l'héritière directe de l'architecture médiévale ; l'architecture française ne se comprend que dans le concert européen. Au centre du triangle, nous avons mis ce savoir du maçon que Mathurin Jousse appelait le « Secret d'architecture ». Il est dans notre étude comme le noyau au milieu du fruit : le lecteur rebuté par la dureté du noyau devra se contenter de la pulpe. Mais il manquera l'initiation aux pratiques qui donnent à la manière française sa continuité et sa spécificité, font transparaître le gros-œuvre sous l'ornement et mettent au rang des illustres les maçons encore obscurs. Guillaume Lissorgues et Jean Chéreau rejoignent ici Philibert Delorme et François Mansart et éclipsent Louis Le Vau et Gilles-Marie Oppenord. Comme notre propos n'était pas d'écrire une histoire de l'architecture française, nous avons pu ignorer la hiérarchie traditionnelle dans laquelle maîtres internationaux et marbres multicolores tiennent la vedette.

LIVRE UN
LA MANIÈRE NATIONALE

Première partie

Initiation
à l'étude de la manière nationale

« Les Nations différentes bâtissent suivant leur goût
particulier et leurs besoins ;
les différentes températures de leur air servent de règle
pour la distribution et la forme de leurs édifices »
(A. Ch. D'Aviler, *Cours*, édition de 1738, p. XVII.)

Nous appelons manière l'ensemble des topiques reconnus comme caractéristiques de l'architecture d'une nation par cette nation elle-même ou par les autres nations. Dans cette définition, le mot « reconnu » a autant d'importance que le mot « topique ». Si l'on admet que l'architecture vernaculaire est le produit d'un milieu, la manière est l'émergence de ce produit dans la conscience collective.

Il nous a paru qu'il fallait préférer ici le mot manière aux mots style et école. G. Germann a fait l'histoire de l'application du mot style à l'architecture[1]. « Stile », qui apparaît en italien avec Filarete, est utilisé pendant trois siècles concurremment avec « maniera », « ordine », « genere ». En anglais, « mode », « manner », « fashion », « style », « order » sont pratiquement synonymes. Curieusement l'architecture n'a pas de « style » en France avant le XIXe siècle. Aux références à Chateaubriand et à Millin données par G. Germann, nous ajouterons cette définition extraite du *Dictionnaire d'architecture* (1832) de Quatremère de Quincy : « L'architecture, celui de tous les arts du dessin qui semble avoir le moins de rapport avec ce qu'on appelle l'art d'écrire [...] n'en a pas moins adopté l'espèce de métonymie qui transporta jadis à l'expression intellectuelle des idées la notion de l'instrument destiné, dans l'origine, à n'en tracer que les signes. Et pourquoi cette métaphore ne lui serait-elle pas aussi justement applicable, s'il est vrai [...] que cet art, par tel ou tel [...] choix de formes et de proportions, sait rendre intelligibles aux yeux telles ou telles conceptions ». La double métonymie qui fait de l'architecture une écriture illustre si bien les idées que nous voulons développer, que nous aurions retenu le mot style si Quatremère n'ajoutait qu'il y a un style par ouvrage, un style par artiste, un style par école, un style par pays et un style par siècle[2]. L'usage, en multipliant les variantes stylistiques comme maniérisme, baroque, rococo, a d'ailleurs consacré une acception plus diachronique que topographique du mot style.

Le mot école a été soumis à l'évolution inverse. Il a pris, avec Arcisse de Caumont et ses successeurs, un sens tellement étroitement géographique que les médiévistes d'aujourd'hui hésitent à l'employer et lui préfèrent quelquefois le mot style, même lorsque leur propos relève bien de la géotypologie.

Le mot manière a été peu utilisé par les historiens de l'architecture et beaucoup utilisé par les « modernes », ce qui le désigne doublement à notre choix. En effet nous nous proposons d'entrer complètement dans les idées que les modernes se faisaient de leur architecture et de nous abstraire, fût-ce provisoirement, de toutes les explications rétrospectives.

Avec cette préoccupation peut-être aurions-nous dû aller jusqu'à adopter le mot « guise », utilisé dans les textes bordelais du XVIe siècle pour désigner la manière, mot parfaitement obsolète et donc propre à faire une seconde carrière.

1. Méthode d'étude

L'étude des manières nationales est donc nécessairement fondée sur l'exploitation des sources écrites. Parmi celles-ci, la plus précieuse est le contrat de construction. Le maître de l'œuvre s'engage quelquefois à travailler dans une manière particulière. Plus souvent, on lui impose d'imiter un modèle précis[1]. Nous ne pouvons pas tirer parti de ces références ponctuelles : le modèle a nécessairement une nationalité ; mais il n'est pas prouvé que c'est à cause de celle-ci qu'on le donne à imiter. Dans les contrats, l'essentiel est rarement explicite. Aussi l'exploitation des traités est-elle plus féconde. Les traités sont éloquents jusque par leurs lacunes. Nous verrons les enseignements que l'on peut tirer des infidélités volontaires des traducteurs des grands traités. On consultera bien sûr avec profit les guides, les récits de voyage, les mémoires, etc.

Les historiens de l'architecture connaissent ces textes depuis longtemps. Cependant leurs démonstrations reposent souvent sur une analyse morphologique imprudemment aventurée loin de ces sources. Nous voudrions nous expliquer sur quelques aspects de la méthode utilisée ici et sur les réserves que nous inspirent certaines pratiques traditionnelles.

Intérêt particulier du vocabulaire

Le vocabulaire de l'architecture est une mine d'information pratiquement inexploitée. Les historiens de l'architecture pourraient s'appliquer le conseil que l'architecte Jacques-François Blondel donnait au XVIIIe siècle à ses élèves, qui pour « se tromper moins sur le choix et la véritable application des membres dont ils [décoraient] leurs façades », étaient invités à « s'attacher plus particulièrement à l'étymologie de chacun des termes de l'art »[2]. L'étymologie devrait permettre de restituer l'origine des formes allogènes, alors que le mot qui les désigne est intégré dans la langue d'accueil.

Prenons l'exemple du mot *alcôve* dont l'histoire va nous conduire des constructions de François Ier en Ile de France aux constructions des rois maures de l'Espagne méridionale. Le mot vient en effet de l'arabe *al-qubba* par l'espagnol *alcoba* qui signifie petite chambre. Félibien et D'Aviler, qui ne sont pas particulièrement intéressés par les questions philologiques, rapportent soigneusement cette étymologie dans leur dictionnaire d'architecture (1676 et 1691) à une époque où la mode des alcôves bat son plein. D'après les *Historiettes* (entre 1657 et 1675) de Tallemant des Réaux, Madame de Rambouillet aurait « emprunté des Espagnols l'invention des alcôves qui sont aujourd'hui si fort en vogue à Paris »[3]. L'emprunt remonterait aux années 1620 pendant lesquelles fut construit le célèbre hôtel de Rambouillet. Mais Henri Sauval, dont le témoignage est contemporain de celui de Tallemant des Réaux, écrit à propos du château de Boulogne dit château de Madrid : « On y voit des alcôves... qui sont les premiers [le mot était alors du masculin] qu'on ait vus en France. François Ier en apporta l'invention d'Espagne que personne alors imita, mais que de nos jours on a commencé à copier et si bien embellir que présentement il y en a dans toutes les maisons »[4]. L'historien François Gebelin, qui a étudié ce château (1927), identifie les « alcôves » de Sauval avec les « sallettes » que Jacques Androuet du Cerceau signale à Madrid dans son célèbre recueil des *Plus excellents bastiments de France* (1576-1579)[5] : « A chaque étage est une salle garnie d'une petite sallette, en laquelle est une cheminée royale... Le plancher de la sallette est élevé seulement de la moitié de la hauteur de la grand'salle, y ayant au-dessus comme une chapelle. Cette sallette sert de retraite pour le Prince : et ont leur regard, tant l'un que l'autre, sur ladite grande salle »[6]. L'identification alcôve-sallette est audacieuse, puisque l'alcôve est faite croit-on pour recevoir un lit et non une cheminée ; mais nous montrerons qu'elle est juste. Sur le relevé du Du Cerceau (fig. 3), on voit une pièce basse sous tribune et avec cheminée, occupant toute la largeur de la grande salle et ouvrant sur celle-ci par une baie libre ; le manteau porte les armes de François Ier. Dans un contrat postérieur de quelques années à la construction de la cheminée, celle-ci est dite « faite à la mode de Castille »[7].

Une disposition assez semblable apparaissait autrefois au château de Saint-Germain-en-Laye. Les mémoires de

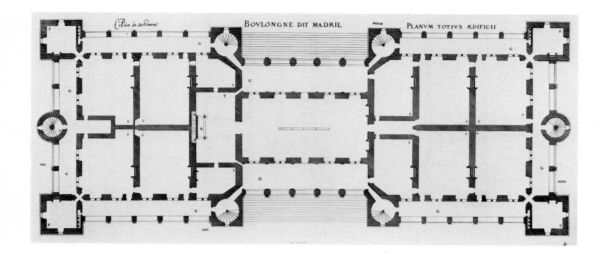

BOVLONGNE DIT MADRIL · PLANVM TOTIVS ÆDIFICII

BOVLONGNE DIT MADRIL

AVLARVM PARTES · QVELQVES ENRICHISSEMENS DES SALLES

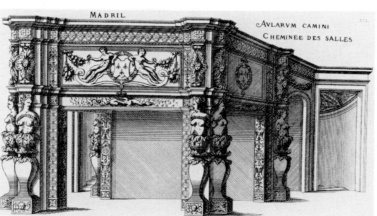

MADRIL · AVLARVM CAMINI CHEMINEE DES SALLES

3. *Château de Boulogne, dit de Madrid, commencé en 1528 pour François 1er. (J. Androuet du Cerceau, Les plus excellents bastiments). Sur le plan, à gauche de la grande salle centrale, la « sallette » avec sa cheminée ; l'élévation montre l'extrémité de la grande salle avec la porte donnant dans la sallette et au-dessus la tribune ; le détail, la cheminée de la sallette. Il faut reconnaître dans cette disposition la cheminée « faite à la mode de Castille » et « l'alcôve » (la sallette) signalées par les textes, disposition qui est empruntée à l'alcazar dans lequel François 1er fut retenu prisonnier à Madrid. Le style à l'italienne masque cet emprunt à l'Espagne ; mais le surnom du château de Boulogne le révèle.*

vitrier de 1547 pour Saint-Germain font allusion à la « cheminée de Castille » de la salle de bal (expression que L. de Laborde (1877) expliquait en supposant que la cheminée avait été construite par Blanche de Castille et portait ses armes[8]).

Grâce aux travaux de Véronique Gérard sur l'Alcazar du Madrid espagnol où François Ier fut retenu prisonnier après le désastre de Pavie, nous savons qu'il s'y trouvait une cheminée dans alcôve[9]. Par un acte de 1540 est passée commande de deux piliers de marbre avec base et chapiteau pour « la chiminea de la alcoba del Alcazar ». Se proposait-on d'achever une construction récente ou de mettre au goût du jour un ouvrage plus ancien que François Ier aurait pu voir pendant sa captivité ?

Dans une description de l'Alcazar de 1548, on parle d'une pièce « en la qual esta una chiminea de alcova » : celle-ci est sans doute identifiable avec la cheminée-alcôve de 1540 ; mais l'emploi de l'article indéfini « una » prouve que l'expression désigne un genre et qu'elle n'est pas réservée à un ouvrage particulier. V. Gérard a pu suivre la description de 1548 sur un plan contemporain et identifier la cheminée-alcôve de l'Alcazar, dans l'aile ouest, à quelques mètres de la tour dans laquelle avait vécu François Ier : on voyait là une grande salle dont l'extrémité, isolée par une cloison, est identifiable avec cette pièce-dans-la-pièce appelée alcôve.

On pourrait remonter le cours de l'étymologie de l'alcôve en amont du Madrid espagnol. Notons seulement qu'à l'Alhambra de Grenade abondent ces petites pièces en recoin, où l'on peut se retirer sans se couper complètement du spectacle de la grande salle. Le cas de Grenade — il y en a bien d'autres dans l'architecture musulmane — est encore invoqué comme preuve de l'origine arabo-espagnole de l'alcôve par deux grands dictionnaires d'architecture du début du XIXe siècle, celui de Quatremère et celui de Nicholson. Cependant, dans ces dictionnaires, le mot désigne ces protections de lit, qui, depuis le XVIIe siècle, ont remplacé les courtines en tissu. D'après Monique Chatenet, il y avait au château de Boulogne, dès le XVIe siècle, de ces lits protégés. Lorsqu'ils devinrent à la mode vers les années 1620, on crut pouvoir les nommer « alcôves », car on avait oublié que ce mot « exotique » s'appliquait aux sallettes. Les choses se sont passées ainsi, croyons-nous. La démonstration linguistique aboutit donc à une double conclusion. Négative : il n'est pas prouvé que les alcôves de lit viennent d'Espagne. Positive : les sallettes et cheminées de François Ier en proviennent assurément.

L'expression « cheminée à la manière de Castille » est un de ces précieux témoins que nous nommerons appellations d'origine. Les appellations d'origine confortent l'étymologie (souvent difficile à reconstituer) par des références explicites à la géographie. Le château dit de Madrid, construit dans le bois de Boulogne par François Ier après sa libération, est à cet égard tout à fait exemplaire. La critique historique de ce surnom mérite d'être faite. On lui connaît trois interprétations anciennes, toutes relatives bien sûr à la captivité de François Ier dans la capitale espagnole. Première interprétation : le roi qui aimait à se retirer dans son château de Boulogne, y aurait été aussi difficile à voir que lorsqu'il était en prison à Madrid. Deuxième interprétation : le roi aurait trouvé cet artifice pour berner Charles-Quint à qui il avait promis de retourner à Madrid s'il ne pouvait tenir ses engagements. La troisième interprétation, la seule qui soit sûrement contemporaine de la construction, se lit dans le *Journal d'un Bourgeois de Paris* : « En l'an 1528 [le Roi] commença à faire bastir et édiffier un château... et le nomma Madril, parce qu'il estait semblable à celui d'Espagne, auquel le Roy avait esté par longtemps prisonnier »[10]. Par la *Cronique du roy Françoys Premier*, nous apprenons qu'en 1529, le Roi fit commencer « ung sumptueulx édifice, sur la façon de Madrit »[11]. L'appellation n'apparaît dans les textes officiels que vers 1560. Ce qui prouve que la troisième interprétation n'est pas une explication *a posteriori*, mais qu'elle est au contraire à l'origine de l'appellation. Cette interprétation se transmet par la tradition écrite au moins jusqu'au XVIIIe siècle[12]. Une telle continuité peut s'expliquer par la propension des auteurs à se copier les uns les autres : il reste qu'ils n'auraient pas repris à leur compte une interprétation qui ne leur aurait pas paru vraisemblable. L'Italien Locatelli lui-même, pourtant si fortement porté à ne voir partout que l'œuvre de ses compatriotes, croit à l'espagnolisme du château de Boulogne[13]. N'y croit pas en revanche la Comtesse d'Aulnoy qui, d'un voyage en Espagne — certains critiques mettent en doute qu'elle l'ait réellement fait — a tiré un livre, *La cour et la ville de Madrid vers la fin du XVIIe siècle* (1705). En admettant que la Comtesse d'Aulnoy ait bien vu le château espagnol de Madrid, ce serait en tout cas l'alcazar remanié pour Charles-Quint après la libération de François Ier, ce qui retire beaucoup d'intérêt aux comparaisons qu'elle a pu faire. Aurait-elle vu le vieux château, qu'elle aurait sans doute pensé, comme Laborde, auteur de la première étude sur le Madrid français (1855), qu'il ne pouvait y avoir aucun rapport entre un château « en style mauresque-gothique » et un château construit à la Renaissance par un Italien. Gebelin, en démontrant savamment l'italianisme ou pour mieux dire le toscanisme de la composition due sans doute à Girolamo della Robbia, a clos apparemment le débat. Il faut beaucoup d'entêtement pour croire encore aujourd'hui que François Ier a pu demander à un Toscan de lui construire son château-en-Espagne. Et pourtant l'architecte Gaspar de Véga passant en 1556 par Boulogne trouvait quelques ressemblances entre la masse du château flanquée et cantonnée de tours carrées et celle de l'Alcazar qu'il connaissait bien puisqu'il y était lui-même employé[14]. A en juger par les gravures anciennes (fig. 4), la comparaison est banale : Véga n'a-t-il voulu qu'expliquer le rapprochement que la similitude des appellations imposait à tous ? Il y a aussi la céramique multicolore dont Boulogne était revêtu et qui a fait évidemment penser aux *azulejos* : peut-être a-t-on trop hâtivement écarté cette comparaison en arguant que les *azulejos* sont des revêtements intérieurs et que la céramique était à Boulogne en revêtement extérieur, comme dans les œuvres italiennes des Della Robbia. Reste sûrement la présence des alcôves et des cheminées à la castillane. Pour aller plus loin, il faudrait pouvoir reconstituer la distribution et le décor intérieur de Boulogne. Comment se présentait par exemple ce « cul-de-four taillé à côtes de melon »[15] qui couvrait la cage des escaliers et qui évoque si précisément la coupole « avenerada » des Espagnols ? Bien des questions restent sans réponse ; il n'en apparaît pas moins que, dans le cas de Boulogne, l'étude du vocabulaire conforte l'interprétation contemporaine de la construction, occultée par l'interprétation rétrospective des historiens.

La négligence des historiens de l'architecture à l'égard des appellations d'origine est vraiment surprenante. Tout historien sérieux sait combien il est important de distinguer les informations provenant des sources et les commentaires d'interprétation. Or le discours des historiens de l'architecture est rempli d'ouvrages dits à l'italienne, à l'anglaise, à la française, etc., sans autre précision. Les guillemets eux-mêmes ne sont pas nécessairement le signe de la citation, puisqu'ils peuvent exprimer une hésitation de l'auteur sur la validité de son interprétation. Il y a quelques exceptions bien sûr, comme la remarquable étude de G. Jeanton sur les cheminées « sarrasines ». Non seulement l'auteur délimite l'aire de dispersion de ce type fréquent en Bresse, signale ses prolongements lointains en Aragon, en Catalogne, autour de la Mer Noire ; mais, en rappelant que le mot « sarrasin » ne désignait au Moyen Age que l'étranger en général (on appelait sarrasines certaines constructions romaines en Gaule), il identifie ce type comme allogène, tout en réduisant presque à néant l'hypothèse de l'influence arabe.

Mais qui s'est assuré que le pavillon, si vraiment français, construit par Gabriel en 1750 à Trianon (fig. 5), ne s'appelait « pavillon français » que par contraction de l'appellation « pavillon du jardin français » ? Sait-on depuis quand on appelle « französischer Bau » le bâtiment construit de 1560 à 1564 par Nikolaus Grohmann à la forteresse saxone de Helburg et dans lequel les historiens allemands ont décelé l'influence de la Renaissance française[16] ? Si l'expression est ancienne, pourquoi n'en a-t-on pas tiré argument ? L'appellation « Englischer Bau » de l'aile construite entre 1610 et 1632 au château de Heidelberg n'a aucun intérêt pour nous si elle n'évoque qu'Elisabeth Stuart, épouse de Frédéric V, le maître de l'ouvrage ; mais si elle renferme quelque allusion à l'expérience anglaise du maître français Salomon de Caus, présent sur le chantier à cette époque, il faudrait en tenir compte quelqu'évident que soit l'italianisme de cette construction.

4. *Château de Boulogne dit de Madrid, commencé en 1528
(détail d'une gravure d'Israël Silvestre).*
5. *Trianon, bâtiment dit « Pavillon français » construit par
J.-A. Gabriel, 1750.*

Les appellations anciennes conservent parfois de précieuses indications sur l'origine des formes ou sur les interprétations qu'en ont données les contemporains. L'espagnolisme du château de Madrid, certifié par de nombreux témoignages, n'est restituable que par l'étude des dispositions intérieures. Le plan et la couverture du Pavillon français sont à l'italienne ; mais les élévations (bossages, portes-fenêtres) sont à la française : la baie en plein-cintre inscrite dans un renforcement rectangulaire qui arrête latéralement les moulures des impostes, vient de la porte Saint-Denis de F. Blondel, l'un des plus célèbres modèles du classicisme français.

La description que Dauzat donne de la situation de la linguistique avant le recours à la géographie linguistique pourrait être appliquée *mutatis mutandis* à la situation actuelle de l'histoire de l'architecture. La géographie linguistique substitue à l'étude des patois l'étude des mots à travers les patois ; elle remplace ou plutôt complète la monographie locale par des « monographies phénoménales ». Elle a pour but de « retrouver les lois qui ont présidé aux transformations, aux créations, aux groupements, aux voyages, à la vie et à la lutte des mots », de déceler dans une langue le substrat des patois et les emprunts aux langues étrangères. Si nous mettons dans cette définition les formes en place des mots, les manières nationales en place des langues, les manières régionales en place des patois, nous avons le programme d'une géotypologie de l'architecture.

Entre la géographie linguistique et la géotypologie architecturale, il y a plus qu'une convergence de méthodes. Les conclusions de la monographie phénoménale que nous consacrons à la stéréotomie sont confirmées par les résultats de la géographie linguistique : importance considérable du fait social de groupement de population ; opposition des montagnes, refuges des archaïsmes, et des vallées, par lesquelles passent les invasions, les migrations et les mots. De l'axe Rhône-Saône, qui, nous le verrons, est l'épine dorsale de la France stéréotomique, Dauzat écrit : « Par là remontent depuis vingt siècles les innombrables termes que la France du nord a empruntés à la France du midi ; par là descendent à la Méditerranée les néologismes parisiens, tandis que les vieux mots se maintiennent à l'est et à l'ouest dans les Alpes et le Massif central ». Jusqu'au renversement du courant, d'abord sud-nord, puis nord-sud, qui est bien celui que nous allons décrire : la stéréotomie méridionale est récupérée par Paris, d'où elle retourne vers le Midi. Ce renversement est dû au renforcement du pôle central, la capitale, le roi, les catalyseurs de l'unité.

Dans notre introduction, nous avons dit qu'il fallait distinguer les formes sédentaires d'une architecture « agricole » et les formes nomades d'une architecture « commerciale ». La distinction vaut pour les mots. « Tous les mots ne voyagent pas, ou du moins ne sont pas susceptibles de

6. *Château de Poppelsdorf,*
construit sur les plans de R.
de Cotte à partir de 1715.
(Plan dressé par Hauberat,
1718 ; élévation dressée par
Benoît de Fortin, 1715.
Rheinischen Bildarchiv).

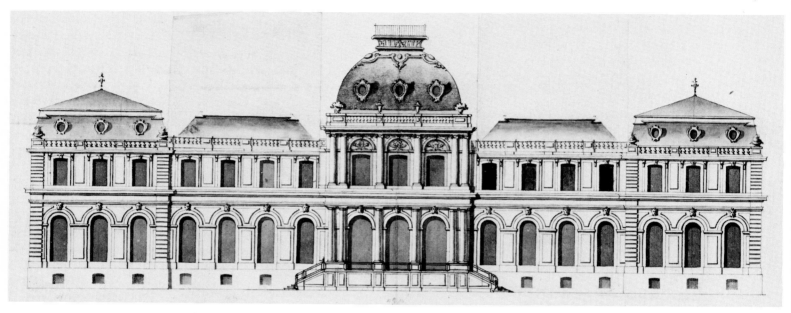

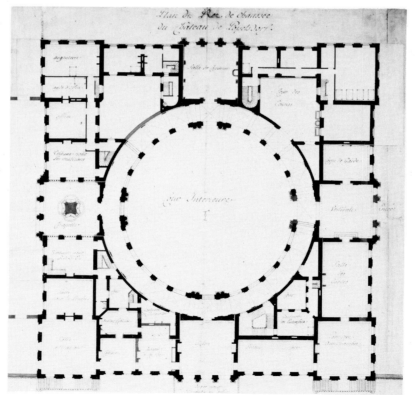

Se fondant sur une simple
comparaison de plans et sur
la réputation de l'œuvre de
Palladio, les historiens ont
cru pouvoir établir une
filiation entre le château de
Poppelsdorf et la villa
Rotonda (fig. 31) ; or, les
intentions de R. de Cotte
renvoient explicitement à la
cour circulaire à portique de
Caprarole et à
l'exceptionnelle fortune de
l'œuvre de Vignole en
France. L'italianisme de la
cour mis à part, ce château
allemand construit par un
Français est surtout fait de
gallicismes : pavillons, toits
brisés, toits à l'impériale,
bossages à la française, etc.

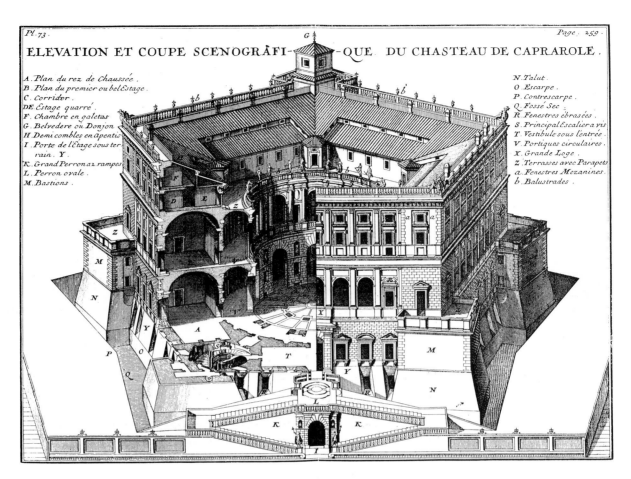

Pl. 73.

ELEVATION ET COUPE SCENOGRĀFI-QUE DU CHASTEAU DE CAPRAROLE.

Page. 259.

A. Plan du rez de Chaussée.
B. Plan du premier ou bel Estage.
C. Corridor.
DE. Estage quarré.
F. Chambre en galetas.
G. Belvedere ou Donjon.
H. Demi combles en apentis.
I. Porte de l'Estage sous terrain. Y.
K. Grand Perron a 2. rampes.
L. Perron ovale.
M. Bastions.

N. Talut.
O. Escarpe.
P. Contrescarpe.
Q. Fossé Sec.
R. Fenestres ebrasées.
S. Principal Escalier a vis.
T. Vestibule sous l'entrée.
V. Portiques circulaires.
X. Grande Loge.
Z. Terrasses avec Parapets.
a. Fenestres Mezanines.
b. Balustrades.

7. Caprarole, villa commencée par A. da San Gallo et Peruzzi et modifiée en 1559-1568 par Vignole. (A. Ch. d'Aviler, Cours).

se déplacer avec la même facilité » écrit encore Dauzat : « Le mot suit la chose, l'objet, la marchandise, la matière qu'il désigne. Les mots des denrées commerciales sont les types des mots voyageurs... Au contraire, les mots relatifs au sol et à ses particularités [...] offrent le maximum de fixité » [17].

Méprises dues aux pratiques actuelles

Les comparaisons morphologiques ne suffisent pas pour établir les filiations de formes, qui sont les produits les plus élaborés de l'histoire de l'art. La tentation est souvent grande de passer du simple constat de similitude diachronique à l'explication génétique. On pourrait ainsi démontrer que le Panthéon de Paris procède du Taj Mahal (ils ont l'un et l'autre une coupole) ou qu'ils descendent tous deux de la cabane de Vitruve.

Dans sa remarquable *Architecture française en Allemagne*, Pierre du Colombier cherche les antécédents du château carré à cour centrale circulaire que Robert de Cotte projetait pour Poppelsdorf (1715) (fig. 6) : « L'évidence

conduit à Marly » écrit l'auteur, après avoir rappelé l'habituelle référence à la Villa Rotonda, filiation qu'il juge irrécusable mais indirecte [18]. L'analyse morphologique n'est pas très convaincante, puisque dans les deux modèles supposés, la villa palladienne et le château de Marly, il y a une pièce à l'italienne en place de la cour centrale à portique (fig. 31). Nicodème de Tessin justifiait la présence d'une cour circulaire à arcades dans son projet pour le Louvre par le précédent du château de Caprarole (fig. 7). Or ce projet a été soumis au jugement de Robert de Cotte ; à ce propos, Cronström écrit à Tessin le 17 août 1705 : Robert de Cotte « est habile et devine les endroits d'Italie que vous citez pour justifier les arcades et la rondeur de la cour » [19]. En d'autres termes, Robert de Cotte a deviné une référence à Caprarole dans le projet de Tessin parce que celui-ci présentait une cour ronde à portique. Comment ne pas conclure qu'en composant son projet pour Poppelsdorf, Robert de Cotte avait lui-même à l'esprit Caprarole, l'œuvre de Vignole, familière aux Français, et non la Villa Rotonda de Palladio ?

Le dossier du Pavillon de la Solitude de Peterhof présente une nouvelle illustration de la propension à tout rapporter à Palladio. Le cas paraissait, il est vrai, assez clair. L'architecte est un palladianisant notoire, Giacomo Quarenghi. Cependant le pavillon de la Solitude est encore connu sous l'appellation contemporaine de Angliiski Dvorietz, le palais anglais (fig. 8). L'appellation peut venir du fait que le « Nouveau jardin » dans lequel le palais a été construit était à l'anglaise. Mais la ressemblance du palais lui-même avec le Wanstead House de C. Campbell, nous propose une autre explication complémentaire de la première (fig. 9). Le jardin aurait seulement parachevé le tableau typiquement anglais que Quarenghi, qui a dû passer par l'Angleterre avant d'aller en Russie, aurait été invité à tracer. A propos d'un autre de ses ouvrages, le château de Ljalic, son client le Comte P. Zavadovskij écrit que la manière de Quarenghi est tout à fait celle de l'Angleterre [20]. L'expression « finestra alla Veneziana » que l'on trouve sous la plume de Quarenghi [21] n'est pas apparemment un produit de cru, mais une traduction littérale de l'expression « venetian window » couramment utilisée par les Anglais pour désigner un de leurs emprunts à la Vénétie. Certes la manière anglaise contemporaine est elle-même à peu près celle de Palladio; mais ignorer le détour par l'Angleterre, c'est nier toute originalité au palladianisme anglais, c'est croire que l'aristocratie russe cherche ses modèles en Vénétie, quand elle prétend imiter l'aristocratie britannique.

L'italianisme du Palais anglais de Péterhof n'aurait pas paru évident, si son auteur n'avait pas été lui-même Italien. On a donné dans les histoires de l'architecture une importance excessive à la nationalité des artistes. Il fut un temps où la découverte dans les archives des noms des maîtres-maçons français du XVIe siècle apparaissait comme l'argument décisif des historiens nationalistes de la Renaissance française. Il y a peu que l'on écrivait encore l'histoire de l'expansion de l'art français comme un répertoire des œuvres réalisées hors de France par des artistes de nationalité française.

Nous l'avons dit, les manières ne sont ni plus ni moins liées à la nationalité du « pratiquant » que ne le sont les langues. L'artiste gardera sans doute toujours quelque chose de sa langue maternelle; mais il est capable de parler plusieurs langues, au gré de celui qui commande le discours. Et il faut en général des moyens d'analyse autrement subtils que ceux dont nous disposons pour découvrir dans un discours les accents d'une nationalité. On ne peut suivre Palustre lorsque, refusant d'attribuer aux Italiens la construction des châteaux français de la Renaissance, il écrit : « D'ordinaire, les artistes appelés à se signaler hors de leur pays natal, demeurent fidèles à l'enseignement qu'ils ont reçu... D'après cela, nous devrions trouver dans les constructions élevées chez nous durant le XVIe siècle des copies de ce qui se voit au-delà des monts » [22]. Avec de tels principes, le projet de Léonard de Vinci pour un château en bord de Loire (probablement celui de Romorantin), projet si peu ultramontain, ne pourrait être que d'un Français. Le raisonnement par la nationalité a conduit de bons auteurs à des conclusions qui font sourire aujourd'hui : Vitet, qui a trouvé qu'un « nommé Chambiches » a travaillé au Louvre pour Catherine de Médicis, identifie cet artiste, grâce aux italianismes de son œuvre, à un Florentin travaillant pour sa compatriote [23] : nous savons aujourd'hui qu'il n'y a pas plus français que le maçon Pierre Chambiges. A propos du rococo des Français à l'usage de l'Allemagne, L. Réau écrit plus justement : « Les artistes français n'ont pas fait à l'étranger ce qu'ils auraient fait en France » [24]. Mais cet hyper-rococo, dont on ne trouve pas d'exemple en France, peut-il être encore considéré comme français ?

De nombreux malentendus sont nés du postulat que le maître de l'ouvrage ne pouvait faire appel à un artiste étranger que pour lui demander un ouvrage à la manière de son pays. Or, bien souvent sans doute, c'est un savoir-faire que le client achète. Pour preuve, l'aventure du Bolonais Ridolfo Fioravanti appelé par Ivan III pour reconstruire à la russe la cathédrale de la Dormition de Moscou : la cathédrale reconstruite une première fois par des artisans locaux s'étant effondrée, le tsar demande un Italien qui jouisse de la réputation d'un ingénieur habile ; mais pour que la nouvelle cathédrale reste dans la vénérable tradition souzdalienne, il l'envoie d'abord à Vladimir apprendre la manière nationale. Combien d'architectes n'ont traversé les frontières que sous l'étiquette d'ingénieur ? Tel Fra Giocondo, le plus accompli des

8. Peterhof, Angliiski
Dvorietz, construit par G.
Quarenghi de 1781 à 1789.
(Dessin de Quarenghi,
Bergamo, Biblioteca civica).
9. Wanstead House, premier
projet de C. Campbell, 1715.
(C. Campbell, Vitruvius
Britannicus).

La composition d'Angliiski
Dvorietz pourrait être une
citation directe de Palladio,
d'autant que Quarenghi est un
palladianisant notoire ;
cependant, le nom du palais
(Angliiski Dvorietz, le palais
anglais), les commentaires des
clients russes de Quarenghi, les
ressemblances avec le Wanstead
House de Campbell renvoient
au palladianisme anglais.
Angliiski Dvorietz est une
construction à la manière
anglaise.

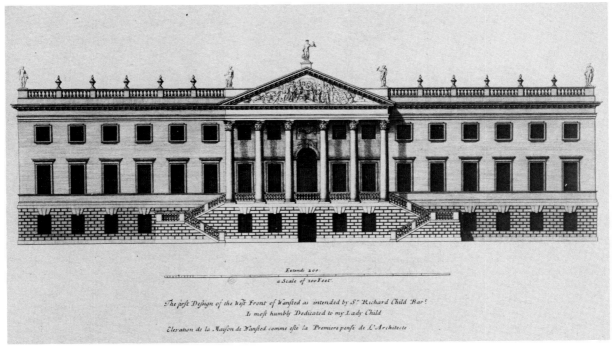

Extends 200.
a Scale of 100 Feet

The first Design of the West Front of Wansted as intended by S.ʳ Richard Child Bar.ᵗ
Is most humbly Dedicated to my Lady Child

Elevation de la Maison de Wansted comme este la Premiere pensé de L'Architecte

artistes ramenés en France par Charles VIII pour « faire ouvraiges à la mode dytalie », mais dont l'intervention fut limitée, semble-t-il, à la construction de ce qu'on appelle curieusement des ouvrages d'art. L'observation ne s'applique pas seulement au premier siècle des Temps modernes. Tessin trouve tout naturel de faire venir en Suède des stucateurs français pour les faire travailler « dans le vrai goust d'Italie où l'on réussit aujourd'hui fort heureusement en France » [25].

On peut s'interroger sur le point de savoir si l'ouvrage de Fioravanti était italien ou russe ; mais ce qui est bien sûr, c'est qu'il devait être russe d'après la commande. On prend de plus en plus en considération aujourd'hui le rôle du client dans la définition du « style » de l'ouvrage. P. Charpentrat, par exemple, dans un livre justement intitulé *Du maître d'ouvrage au maître d'œuvre,* démontre que l'architecture religieuse de l'Allemagne méridionale des Temps modernes est une architecture de *Bauherr* plus que de *Baumeister,* parce que le maître d'œuvre qui passe de chantier à chantier s'adapte aux circonstances : un artiste comme J.M. Fischer « devra moins son succès à *sa* manière qu'à la faculté d'en trouver une par cas » [26].

Du Cerceau rapporte que François Ier « était, en batissant le château [de Saint-Germain-en-Laye] si ententif,

que l'on peut presque dire qu'autre que lui en fut l'architecte » [27]. Les constructions de François Ier, comme d'ailleurs celles de Louis XIV, sont sans doute des ouvrages de *Bauherr.* Mais pour interpréter l'architecture du point de vue du maître d'ouvrage, il faut comprendre que, pour celui-ci, l'architecture est moins une composition qu'un lieu pour vivre. D'où l'importance de notations apparemment secondaires comme celles que nous avons pu faire sur les alcôves et sur les cheminées. L'indifférence pour les appellations d'origine va de paire avec une certaine perception de l'architecture. Dans aucune des belles monographies que Gebelin a consacrées aux châteaux de la Renaissance, l'auteur n'a examiné les questions relatives à la distribution intérieure, dont nous verrons qu'elles sont pourtant fondamentales en ce qui concerne l'architecture française.

En replaçant la commande dans le contexte des intentions, en étudiant les impressions faites par l'œuvre autant que l'œuvre elle-même, nous sommes conduits, de façon inattendue, à entrer dans le vif de l'œuvre — les œuvres vives, la vie dans l'œuvre — au lieu de nous en tenir, comme la seule analyse morphologique nous y condamne trop souvent, à n'examiner que les parties émergées, les façades.

2. *Formation de la manière nationale*

Encore que notre propos ne soit que d'observer des phénomènes, d'attirer l'attention sur des réalités imparfaitement perçues, de rendre une sorte d'authenticité historique à la description de l'architecture, nous ne pouvons esquiver complètement les questions relatives aux origines et aux causes.

Naissance de la manière nationale

Les classiques ne manquaient pas de perspicacité lorsqu'ils faisaient remonter au temps des barbares la naissance des manières nationales. De la manière gauloise à la manière française, il y a incontestablement continuité de présence, sinon même, en quelques cas, permanence de contenu, comme le feront apparaître les textes les plus anciens.

Opus gallicum

Dans la vie de Didier, évêque de Cahors (mort en 652), la construction en bois est dite « nostro gallicano more ». La manière locale ou gauloise est abandonnée par Didier qui lui préfère la construction en pierre équarrie « more antiquorum »[1]. Le mot « mos » signifie usage, coutume, tradition, mœurs. Finan, évêque des Scots en 652, fait construire dans l'île de Lindisfare l'église épiscopale en chêne équarri avec couverture de roseau « more scotorum ». Nous le savons par le témoignage du moine northumbrien Bède le Vénérable (673-735), qui n'est postérieur à l'événement que d'une bonne cinquantaine d'années[2]. Le même Bède porte un témoignage plus direct encore sur la fondation de l'abbaye de Wearthmuth (Durham) en 675 par Benoit, moine de Lérins. L'année suivant la fondation, Benoit repasse en Gaule pour y chercher des maçons « qui lapideam sibi ecclesiam juxta Romanorum, quem semper amabat morem facerent »[3]. Cet homme du Midi est resté attaché à la « mos romanorum », à la tradition romaine de construction en pierre. Bède est le contemporain de ce Naitanus, roi des Pictes en Ecosse, qui écrit à Geolfried, successeur de

Benoit comme abbé de Wearthmuth, pour que celui-ci lui envoie ces ouvriers d'Outre-Manche capables de construire en pierre à la romaine (« qui juxta morem Romanorum ecclesiam de lapide ingenti ipsius facerent »)[4]. Dans les lois du roi lombard Liutprand (713-744) réglant les salaires des « magistri comacini », le mur en planche est dit « opus gallicum » ; les couvertures en bardeau « gallica opera » ; les couvertures en tuile, « romanenses opera »[5].

Ces précieux témoignages qui, par l'Ecosse et par la Lombardie, donnent des vues relatives sur la Gaule, sont pleins d'enseignement. Le trait qui à lui seul détermine la manière, est le matériau et son traitement. Nous trouvons fortement exprimé le partage fondamental de l'Europe entre la tradition septentrionale et « barbare » de la charpente et la tradition méridionale « antique » de la maçonnerie, partage décrit encore par les géographes : « On peut opposer une Europe du bois qui est celle du Nord à une Europe de la pierre qui est celle de l'Ouest et du Sud », écrit Vidal de La Blache[6]. Cependant il n'y avait pas, entre ces deux mondes, la frontière que traçaient les historiens du XIXe siècle qui, comme Courajod, fondaient toutes leurs explications sur la dialectique Nord-Sud, barbare-romain, charpente-maçonnerie. Les conclusions les plus récentes de l'archéologie font apparaître d'importants recouvrements entre les deux aires[7]. Mais les textes imposent ce truisme : les Gaulois sont des méridionaux pour les Ecossais et des septentrionaux pour les Lombards. Tout est là au fond. A la Renaissance, alors que les Italiens considèrent les Français comme encore gothiques, ces mêmes gothiques sont les représentants de la manière antique pour l'Angleterre. Nous voyons bien comment des artisans de la même tradition, de la même famille, les maîtres comasques, peuvent déjà intervenir dans l'une ou l'autre manière, au choix du roi lombard.

Dans les textes plus tardifs, les références deviennent plus précises. Les chroniqueurs nous disent que l'église de Fulda a été reconstruite (entre 790 et 819) « romano more ». Les médiévistes ont montré que cette expression recouvrait une imitation du Saint-Pierre de Rome paléochrétien[8]. D'après la chronique de l'abbaye de

Rolduc, dans le Limburg, l'église abbatiale fut construite (dans les premières années du XIIᵉ siècle) sur un plan lombard, « scemate longobardino » : l'on y trouve en effet des traits caractéristiques de l'architecture lombarde[9].

Opus francigenum

La France du XIIIᵉ siècle apporte le premier exemple d'un genre que l'on peut légitimement considérer comme une manière nationale. Sans aucun doute possible, ce genre n'est pas qu'une technique de construction ; il présente un contenu architectural complexe. Il se forme dans le domaine du roi, autour de la personne royale, dans le contexte d'un dessein politique : c'est une architecture « régnicole ». Dans son extension, soit vers le midi de la France par centralisation, soit vers l'étranger par exportation, ce genre est partout reconnu comme français.

Il nous faut rappeler ici quelques-unes des idées développées par R. Branner sur ce sujet. Ce « court style », ce gothique de cour, n'est pas le gothique dans son ensemble, mais la variété capétienne, parisienne, française, de l'art gothique qui, favorisée par des circonstances exceptionnelles — en particulier par le rayonnement personnel de saint Louis — a joui d'une diffusion européenne qui n'a été limitée que par l'apparition, vers la fin du siècle, de « styles nationaux » dans les autres États européens. Les imitations de la cathédrale du Nord

*10. Cologne, cathédrale Saint-Pierre, chœur commencé en 1248. Ce chœur, inspiré de celui de la cathédrale d'Amiens et commandé par un archevêque favorable à la candidature française au trône impérial, est un célèbre exemple de l'expansion de l'*opus francigenum, *confondu avec d'autres manières, à partir de la Renaissance, dans l'appellation méprisante de gothique. Abusés par cette appellation tardive, les archéologues allemands du XIXᵉ siècle ont vu dans la cathédrale de Cologne la plus haute expression de l'art national ; ils ont suscité l'achèvement de la construction, identifié avec la renaissance de la Nation.*

dans la France méridionale sont marquées du sceau royal : tel le mariage de Philippe III le Hardi à Clermont-Ferrand et ses funérailles à Narbonne, les deux cathédrales construites par Jean Deschamps dans le « style de cour ». L'imitation est reconnue comme telle par un témoin direct, le pape Clément IV, ancien archevêque de Narbonne[10]. Henri III d'Angleterre, dont le modèle monarchique est saint Louis, ordonne que les constructions du roi de France soient imitées dans les constructions de Westminster. L'archevêque francophile Conrad de Hochstaden conçoit dans la manière française sa cathédrale de Cologne, qui doit être, face au vieil idéal impérial représenté par l'architecture d'Aix-la-Chapelle, le monument du nouvel *emperium* revendiqué par un Français, Robert d'Artois. La ligne politique est donc parfaitement sensible (fig. 10).

Nous n'avons pas à décrire ici l'expansion du gothique français ; mais nous devons réunir tous les témoignages qui nous permettent d'affirmer que nous avons bien là une première manifestation de la manière française. Le plus célèbre de ces témoignages est évidemment celui donné par la Chronique de Burchard von Hall (vers 1280) qui rapporte que l'église Saint-Pierre à Wimpfen-im-Tal fut construite (à partir de 1269) « opere francigeno » par un maître venant de Paris, ce qui ne veut pas dire nécessairement qu'il était français, puisque beaucoup de maîtres allemands se formèrent alors en France. Nous n'entrerons pas dans le débat très vif qu'ont suscité, entre historiens français et historiens allemands, l'analyse stylistique de l'église de Wimpfen et le problème de la nationalité de l'artiste[11]. Nous avons d'ailleurs dit que celle-ci était de moindre importance que la nationalité de la manière elle-même.

Les constructions de Charles d'Anjou, frère de saint Louis, dans son royaume de Naples et de Sicile sont « ad modum Franciae »[12]. De même dans le royaume de Bohême avec la dynastie de Luxembourg, dont les attaches avec la cour de France sont bien connues. D'après la Chronique du monastère de Zbraslav, le roi Jean, élevé en France, fait venir des artistes français pour construire « modo gallico », et Charles, son fils, fait reconstruire le château de Prague « ad instar domus regis Franciae »[13] : encore que l'on ne puisse confondre la référence à un modèle avec la référence à une manière, nous serions tenté de faire exception pour les références au modèle royal. A la cathédrale de Milan, d'après un devis de 1410, on prévoit des garde-corps « ad oculos franciscos »[14]. Au XVIe siècle, la croisée d'ogives est « appelée entre les ouvriers la mode française »[15].

Fait bien remarquable : il y a concomitance entre expansion de l'art et expansion de la langue. Au XIIIe siècle, le français est la seule langue vulgaire qui puisse prétendre à l'universalité du latin, et ceci jusqu'à la fin du siècle, où commence une période de repli dû au dynamisme des autres langues, comme le toscan. Au XIIIe siècle, le Florentin Brunetto Latini écrit en français ses *Livres du Trésor*, parce que le français est une « parlure... plus commune à tous les gens » ; et Martino de Canale, sa chronique de Venise « por ce que lengue franceise cort parmi le monde »[16].

Manière collective et manière individuelle

Le déterminisme écologique et ethnique dont certaines manières très localisées sont sans doute le produit, perd de son importance lorsque la manière devient l'expression d'une nation. La manière doit sa nationalité moins au *jus soli* ou au *jus sanguinis* qu'à cette adhésion volontaire et acceptée que l'on appelle en droit international la naturalisation. Il n'y a pas de manière nationale sans sentiment national. La genèse de la manière nationale dans la patrie de Pétrarque en est la preuve la plus convaincante ; l'exemple montre aussi qu'il n'est pas nécessaire que la nation soit organisée en Etat : mais la constitution de l'Etat est un soutien puissant de la formation de la manière nationale, qui est presque toujours solidaire d'un dessein politique.

Il ne faut pas sousestimer pour autant le rôle des grands créateurs. Le sujet des rapports entre manière collective et manière individuelle est un des plus importants qu'ait à traiter l'historien de l'art. Il se présente évidemment en des termes différents qu'il s'agisse d'un petit maître flamand ou d'un personnage hors série comme Rubens. Aux deux extrémités du domaine architectural se posent ainsi deux questions convergentes : celle de l'innovation dans le cas du maçon de la construction populaire ; celle de la participation à la formation des manières nationales et internationales dans le cas du savant architecte. Les manières nationales ne sont peut-être que des manières individuelles qui, par leur adéquation particulière aux conditions naturelles ou au génie supposé de la nation, se sont imposées comme des genres. Il faut se rappeler ce que le jardin à la française doit à Le Nôtre et le jardin à l'anglaise à Kent.

Palladio est le cas, presque unique dans l'histoire de l'architecture, d'un créateur qui a laissé son nom à une manière. Cela est dû à la diffusion européenne de son traité et à la fortune exceptionnelle de son œuvre dans l'architecture anglaise. Palladio était théoricien, ce que n'étaient ni Le Nôtre ni Kent ; mais le traité de Vignole, s'il a donné des imitateurs à l'œuvre de ce maître, n'a pas consacré le vignolisme comme concept historique. Le palladianisme est en effet pour une part la création des historiens de l'art qui ont prêté à l'œuvre l'aire de diffusion du traité. Nous verrons que celui-ci n'est longtemps accepté en France que pour ses chapitres sur les ordres, qui suffirent d'ailleurs pour assurer à leur auteur le titre de plus grand architecte de son temps. Il est vrai que dans la seconde moitié du XVIIIe siècle, les classiques de toutes les nationalités se mirent à regarder du côté de Vicence. Mais l'auraient-ils fait si l'Angleterre n'était elle-même devenue un des modèles de l'Europe ? Nombre de palladianisants français, comme Bélanger et Ledoux, sont allés en Angleterre et ont ignoré Vicence [17]. Et le palladianisme anglais est-il beaucoup plus qu'un aspect du goût bien connu des Britanniques d'antan pour la Vénétie ? La diffusion de la manière vénitienne apparaîtrait plus nettement si les historiens de l'architecture n'avaient pas cherché une fois encore à transposer dans leur domaine les conceptions des historiens de la peinture. L'empreinte personnelle n'est certainement pas aussi forte dans l'œuvre architecturale que dans l'œuvre picturale, le peintre ayant seul le privilège d'exécuter lui-même son œuvre. La signature du peintre, c'est autant sa

manière que son « coup de patte ». S'il n'y avait les textes, ne pourrait-on donner le palais Thiene de Vicence et la villa Sarego à l'auteur du palais du Té de Mantoue ? Le palais Angarano de Vicence à Sammicheli ? Et à Palladio le temple de Bomarzo et la loggia dite de Vignole à Rieti ?

Particularisme, exotisme, classicisme

Les références aux manières topiques ne sont pas toujours évidentes : elles prennent en effet des formes diverses et même antithétiques. Le particularisme est une soumission consciente, raisonnée au *genius loci*, à la tradition vivante. On ne peut, sans anachronisme, utiliser le mot nationalisme avant le XIXe siècle ; mais il exprime alors parfaitement la volonté de renouer avec la tradition interrompue par la révolution classique du XVIIIe siècle.

Nous nommerons exotisme tout recours aux manières allogènes. Exotiques, les italianismes en France ; exotiques, les gallicismes en Allemagne. Pour l'application particulière aux choses qui ne sont pas de l'Europe, le XIXe siècle nous a donné le mot « orientalisme », qui convient d'autant mieux que l'Orient du XIXe siècle s'étend à l'Afrique du nord et couvre donc largement « l'autre-monde » des Temps modernes.

Ne voulant considérer que les manières européennes et particulièrement la manière française, nous ne reviendrons pas sur le cas de l'orientalisme, avec lequel les phénomènes que nous voulons observer deviennent tellement évidents, qu'il est à peine nécessaire de les commenter. Nul doute que le choix d'une manière orientale est le fait du client et non de l'artiste. Ce dernier, qui n'a qu'une idée assez vague des manières orientales, se contente de quelques citations imprécises dans un discours entièrement écrit dans sa langue maternelle. Au Trianon de porcelaine construit par Le Vau en 1668-1672 « à la manière des ouvrages de la Chine », le parti général, les élévations, le toit « à la Mansard » étaient français. Le revêtement céramique du toit n'était même pas de la porcelaine, mais de la faïence de Hollande, de Nevers, de Rouen, de Lisieux. Le foisonnement des ornements — vases, animaux, amours — suffisait à créer l'illusion, qui devait être, une fois encore, beaucoup plus évidente à l'intérieur qu'à l'extérieur. Afin que nul n'ignore les intentions du client, trop approximativement interprétées par l'artiste, les constructions orientalisantes de Pillnitz et de Dresde s'appellent « Indianisches Lustschloss », « Japonischer Palast ». Il faut attendre le milieu du XVIIIᵉ siècle — le voyage de Chambers en Chine — pour que les topiques de l'architecture orientale, étudiés *in situ* par des hommes de l'art, servent de modèles dans l'architecture européenne. Mais alors l'orientalisme est devenu le seul exutoire du goût exotique brimé par le classicisme qui a détruit le folklore européen.

Le classicisme est en effet une tension vers l'unité, la recherche passionnée d'un langage architectural commun à tous, c'est-à-dire à tous les peuples de l'Europe, à tous les héritiers de la civilisation gréco-romaine. L'ambition classique perce dans presque tous les traités d'architecture des Temps modernes ; mais elle produit des doctrines contradictoires. La mode ayant donné à certaines manières nationales une grande diffusion, la tentation était forte pour les théoriciens de ces manières d'inviter toutes les nations de l'Europe à se reconnaître en elles, de faire l'unité de l'Europe autour d'une langue nationale, comme l'unité de l'Italie s'était faite autour du toscan, celle de la France autour du français. Ce sont justement les théoriciens de ces deux nations qui développent avec le plus de conviction les principes de ce que nous appellerons le classicisme national. Cependant il y a aussi des partisans du compromis, qui proposent un modèle syncrétique formé de ce qu'ils pensent être la meilleure part de chacune des manières nationales.

Dans l'esprit du classicisme supranational, la diversité n'est plus qu'un accident consécutif à l'invasion de l'Europe par les Barbares. La reconquête de l'unité passe par le retour aux sources gréco-romaines. Il ne s'agit plus de rechercher dans l'Antiquité ce patronage auquel tous les classiques se réfèrent, mais bien un modèle complet. Si bien que le classicisme supranational est le seul des classicismes à s'accomplir dans un style particulier, le style néo-antique.

Il nous semble que la plupart des difficultés rencontrées dans l'emploi du mot classicisme tiennent au fait que l'on veut que le classicisme soit à la fois une théorie de l'art et un style. Pour nous, la seule particularité du classicisme est qu'il est dogmatique. La règle des ordres est au cœur de la théorie classique. Mais la référence de principe à cette règle ne crée pas *ipso facto* l'unité de style. C'est Patte qui rappelle « qu'en France on apprend les ordres dans Vignole, en Italie dans Scamozzi, en Angleterre dans Palladio, en Espagne et en Allemagne dans toutes sortes d'auteurs » ; et que, de plus, dans la pratique, on ne suit pas les normes : le corinthien de la Colonnade du Louvre et celui de la place Louis XV ne sont pas conformes au corinthien de Vignole [18].

Le classicisme supranational nous paraît former à lui seul la contrepartie de toutes les tendances de l'architecture des Temps modernes. Cette Europe diverse, bigarrée, traversée de tendances contradictoires, quelques idéalistes ont cru qu'ils pourraient la contraindre à l'unité. Et, en effet, ils sont arrivés à briser les racines les plus profondes de la tradition. Le classicisme triomphant se place ainsi au terme d'une évolution s'exerçant sur un état originel particulariste qui se conserve plus longtemps dans l'architecture populaire que dans l'architecture savante, celle-ci n'apparaissant qu'avec l'exotisme qui suppose le traité, la gravure, le voyage du maître d'œuvre ou du maître d'ouvrage, tous les moyens du commerce international des formes.

LIVRE UN

Deuxième partie

Eléments d'une géotypologie

« Più per una certa consuetudine che per il bisogno »
(A. Scamozzi, *L'Idea*, 1615, p. 344)

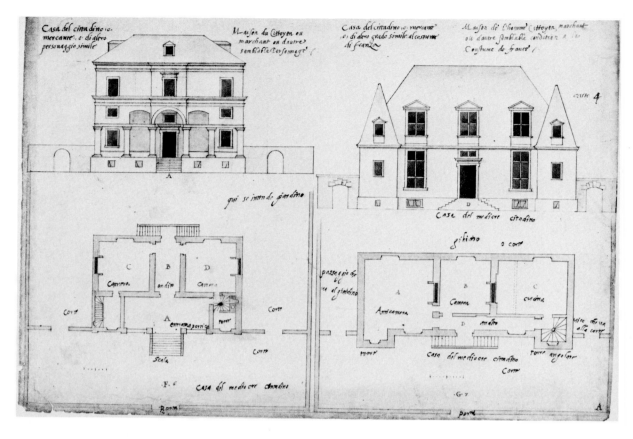

«Je serais trop long, si je voulais vous entretenir de toutes les différentes manières de se loger qui sont en usage parmi les Nations», déclare François Blondel à la séance inaugurale de l'Académie d'architecture, le 31 décembre 1671 [1]. Dans son *Cours* (1691), D'Aviler écrit : «Les Nations différentes bâtissent suivant leur goût particulier et leurs besoins ; les différentes températures de l'air leur servent de règle pour la distribution et la forme de leurs édifices ; le choix des matériaux et la manière de les employer varient aussi selon les différents climats» [2]. La diversité des goûts retient particulièrement l'attention de Jacques-François Blondel, ce témoin privilégié de l'architecture des années 1750 : «Aussi voit-on que ce qui plaît à l'un déplaît à l'autre, que la plupart des édifices qu'on approuve en France ne sont pas reçus en Angleterre, et que ceux que l'on admire en Allemagne, en Prusse et en Portugal nous touchent faiblement. C'est sans doute de la diversité des caractères et des inclinations des peuples que naît la variation dans leurs goûts, les uns ont l'esprit en partage, les autres le génie, très peu ce qu'on appelle le goût ; presque tous nos voisins le défèrent aux Français» [3]. Nous pourrions multiplier les citations. Les théoriciens français se sont peut-être attachés plus que d'autres à décrire cette Europe divisée, parce qu'il fallait tirer argument de cette diversité pour imposer la manière française. Cette arrière-pensée transparaît dans le texte de J.-F. Blondel qui, après avoir «déféré» le goût aux Français, ajoute que tous les gens de goût s'accordent sur le Beau en architecture. Cependant il ne faudrait pas croire que la thèse est propre aux Français. «Confesamos que hay otros gustos particulares y variables que nacen de la opinion, del trato y del caracter nacional» écrit Bails dans ses *Elementos* [4]. Dans l'*Entwurf einer Historischen Architectur*, les lecteurs de Fischer von Erlach «verront que les goûts des nations ne diffèrent pas moins dans l'architecture que dans la manière de s'habiller» [5].

Un grand nombre de textes relatifs aux manières ne font état que d'une impression globale dont les motifs sont difficilement analysables. C'est peut-être que l'impression a été produite par le parti général de l'œuvre ; mais il ne faut pas exclure que le témoin ait seulement généralisé l'impression donnée par un détail. Si ces textes n'apportent en définitive aucune information sur le contenu des manières, ils n'en sont pas moins de précieux témoins de leur présence.

Par l'état des gages dus aux ouvriers italiens de Charles VIII, nous savons que celui-ci les avait ramenés d'Italie avec engagement «d'édifier et faire ouvraiges à

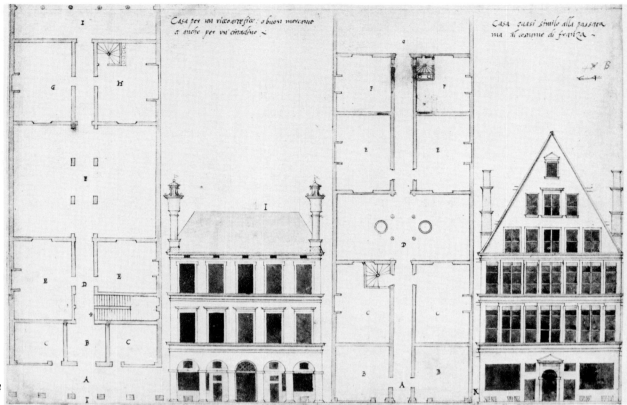

Casa per un viceartesice o buon mercante
et anche per un citadine

Casa quasi simile alla passata
ma al costume di francia

11, 12. Sur chaque page,
maison à l'italienne à gauche,
maison à la française à droite.
(S. Serlio, Sesto libro,
manuscrit de Columbia).
Pour les maisons à
l'italienne, plan massé,
portique, étage d'entresol,
fenêtres dans l'entablement ;
pour les maisons à la
française, plan allongé,
distribution avec
antecamera *et* camera,
pavillons, hauts combles,
pignons, croisées et lucarnes.
A noter les souches de
cheminée à l'italienne et à la
française.

son devis et plaisir à la mode dytallie »[6]. Les historiens ont bien montré que la mode d'Italie rapportée de l'expédition italienne était à la fois archaïque et provinciale, proche de cette manière encore assez gothique que l'on pratiquait dans les années 1450 au nord de la péninsule. Cette interprétation est confirmée par un témoignage indirect mais contemporain : à propos de travaux commandés à des artistes provenant du milieu italo-français de la Loire, un texte gantois parle de « piliers ouvrez en manière de Lombardie »[7].

Les écrits de Serlio, l'un des principaux médiateurs de la rencontre franco-italienne sont, on le sait, remplis d'expressions comme « al costume di Francia », « alla francese », « modo francese », « al costume italiano », « al costume d'Italia ». Ces expressions ont souvent une signification morphologique assez précise dont nous tirerons parti ultérieurement (fig. 11, 12). Ici seulement quelques observations générales. Les deux genres nationaux ont, dans Serlio, deux variantes locales, la variante parisienne (« al costume parisiano », « al costume di parisi ») et la variante vénitienne (« al costume di Venetia »). La distinction n'a pas la même ampleur dans les deux cas. Serlio oppose nettement la manière vénitienne à la manière italienne[8], tandis qu'il ne paraît pas distinguer vraiment la manière parisienne de la manière française.

Faut-il ne voir là que l'effet bien connu de la subjectivité du témoin qui perçoit mieux les nuances rapprochées que les nuances éloignées ? Nous ne le croyons pas. La manière vénitienne a bien dans l'ensemble italien, et ceci pendant plusieurs siècles, une place à part. La manière parisienne n'est que la forme prise par la manière française dans un lieu fortement urbanisé.

Les expressions de Serlio ne s'appliquent qu'à la demeure : la demeure est en effet le terrain d'élection des particularismes, qui sont très fortement exprimés dans les modèles de demeure populaire et bourgeoise, s'atténuent dans les modèles de demeures aristocratiques et deviennent à peine sensibles dans les modèles de demeures royales. Bien que la typologie de Serlio soit rien moins que le résultat d'une enquête *in vivo*, la loi naturelle de différenciation décroissante suivant l'échelle des classes sociales lui est appliquée. Les modèles les plus « nobles » sont dotés par Serlio d'un parti que l'auteur qualifie lui-même de « bastardo »[9]. Plus conscient que quiconque de l'aspect conflictuel des relations entre les manières française et italienne[10], Serlio cherche un compromis à l'usage des plus hautes classes sociales. Dans une lettre du 16 octobre 1546, le Cardinal d'Este informe son frère, le Duc de Ferrare, qu'au « Grand Ferrare » de Fontainebleau (fig. 1), sa maison tout nouvellement bâtie par

Serlio, les mesures et les ordres ont été respectés, tant dans les parties à la française, que dans les parties à l'italienne: «Cosi nel francese come in quel che ci è del Italiano»[11]. Les avatars de ce compromis, maintes fois repensé après Serlio — nous le montrerons amplement — constituent un des traits les plus forts de l'histoire de l'architecture des Temps modernes. Cependant, il suffit de relire les premières pages du *Sesto libro*, pour comprendre que Serlio ne confond pas le parti bâtard, imposé par la nécessité de s'adapter à des conditions locales, avec la «buona architettura» qui est évidemment l'architecture italienne.

Les témoignages des observateurs sont en général moins intéressants que ceux des acteurs, mais ils prennent une valeur exceptionnelle lorsque ces observateurs jouissent d'une sorte de neutralité. Le Hollandais Arnold van Buchel, en voyage en France dans les années 1585-1586, rapporte que le château de Saint-Maur (fig. 2) est «dans le goût italien»[12]. C'est le château que Delorme, retour d'Italie, a voulu dresser comme le manifeste de la nouvelle architecture sur les ruines de la vieille architecture française et qui est en effet très italianisé.

L'abbé Sébastien Locatelli est si infatué de sa nation qu'il voit la preuve de l'influence de celle-ci, non seulement au palais du Luxembourg et au palais Mazarin, commandés par deux de ses compatriotes, mais dans les constructions de Louis XIV à Saint-Germain-en-Laye et à Versailles, et encore à la façade de Saint-Etienne du Mont et à l'église Saint-Louis des Jésuites[13]. En ce qui concerne le dernier de ces édifices, l'opinion de Locatelli est partagée par Brice et par Piganiol[14].

Tous ces édifices sont dans la mouvance royale. Il faut réserver un traitement particulier au Sud-Est français qui est traditionnellement plus ouvert à l'influence italienne: le roi René de Provence et Francesco Laurana s'en font les agents quelques décennies avant qu'elle n'atteigne le roi de France. A Avignon, l'hôtel Crillon, construit par l'Italien Domenico Borboni (1648), et son voisin l'hôtel Fortia (1637) dû à un Français italianisé François des Royers de La Valfenière, reconstituent un morceau d'Italie dont l'évidence n'échappe à personne. Mademoi-

selle de Montpensier, de passage à Avignon en 1660, écrit: «La maison de Crillon est fort belle bâtie et peinte à l'italienne»[15].

H. Haug a admirablement décrit l'arrivée de la manière française à Strasbourg après le rattachement au royaume de cette ville profondément imprégnée de germanisme. L'une des études de Haug porte d'ailleurs le sous-titre suggestif «d'essai sur la transition entre la manière allemande et le goût français, 1681-1730». Ainsi, l'hôtel Klinglin (actuelle préfecture, 1730-1736) dont une description ancienne dit qu'il est «d'un goût un peu allemand»[16] pourrait avoir été construit sur un projet français exécuté, peut-être interprété, par un Allemand ou un Alsacien.

Dans les publications de Joseph Furttenbach, c'est la manière italienne qui est le contrepoint de la manière allemande. La première est opposée à la seconde comme manière moderne et manière traditionnelle. Cependant les projets de l'*Architectura civilis* (1628) et de l'*Architectura recreationis* (1640) sont plutôt «auf die Teutsche Manier»; et les projets «auf die jetzige neue Italiänische Manier» ne sont que des copies assez sommaires du vieil archétype du palais florentin[17]. Dans les ouvrages de Goldmann et de Sturm, publiés dans les années 1720, le modèle «nach heutigen Italiänischen Gebrauch» est un peu rajeuni, puisqu'il s'inspire de la Rotonda (fig. 14). De plus, à l'instar de Serlio, Sturm cherche une formule de compromis «nach Italiänich Teutscher Art»[18].

Robert de Cotte est pris comme arbitre neutre de la confrontation italo-allemande dans l'œuvre de Balthasar Neumann qui lui soumet ses projets pour la Résidence de Würzburg; dans une lettre du 15 février 1723, Neumann nous rapporte que le Français a dit, à propos de ces projets, «dass es viel auf die italiänisch manier undt etwas Teutches dabei wehre»[19]. En d'autres termes, Neumann garde une pointe d'accent allemand dans sa pratique de l'italien. Autre jugement d'un architecte sur la manière d'un de ses confrères, mais dans un rapport nation-nation différent: du projet du Français Ixnard pour l'église de l'abbaye Saint-Blaise en Forêt noire, qui conjugue des souvenirs de la chapelle des Invalides et de la chapelle de Versailles avec des traits provenant de la tradition locale, le Français Pigage dit que c'est « un véritable colifichet galligermanique » [20].

L'exemple de la Russie, en faisant jouer à une autre échelle les paramètres de la distance et de la différenciation, permet de faire ressortir (ce qui d'ailleurs était assez évident) que les importations sont d'autant plus fortement ressenties et d'autant moins bien comprises qu'elles viennent de plus loin. Les Allemands ont l'adjectif « welsch » qui veut dire étranger, latin, plus particulièrement français ou italien. Les Russes ne connaissent que les Gretchines (les Grecs) et les Friazines (les Francs), si bien que les œuvres des Italiens sont appelées « friajskié déla », œuvres franques. Il y a en Russie un occidentalisme qui est l'exacte contrepartie de l'orientalisme assez sommaire des Occidentaux. Nous avons dit quelles étaient les intentions d'Ivan III quand il fit appel, dans les années 1475, aux Italiens Ridolfo Fioravanti, Pietro Antonio Solario et Alevisio Novi, et comment il envoya Fioravanti à Vladimir s'informer de la manière locale. Les cathédrales de la Dormition (Ouspenski Sobor) et de l'Archange Michel (Arkhangelski Sobor) sont la preuve que l'accouplement de deux manières est réalisable. Le Palais à facettes (Granovitaïa Palata) apparaît plus franchement italien du fait de ses bossages. Du Kremlin, pour lequel le tsar avait, semble-t-il, imposé le modèle du Castello Sforzesco de Milan, l'ambassadeur autrichien Sigmund von Herberstein nous dit en 1556 qu'il est construit « italico more » [21].

Suspectés d'être des agents du papisme, les Italiens sont remplacés à Moscou, après 1525, par des Allemands et des Hollandais. Ce sont les hommes de ces deux nations qui arrivent les premiers à l'embouchure de la Neva, où Pierre le Grand veut construire une « Nouvelle Amsterdam ». C'est par ses canaux et par son site que Saint-Petersbourg rappellera d'abord la ville hollandaise; mais aussi par son architecture. Le tsar recommande aux jeunes Russes d'apprendre la manière hollandaise. Il aime cette architecture pittoresque, haute en couleurs par la brique, les pignons chantournés, les ornements gras, si différente de l'architecture française. « En France, dit-il, j'y ai moi-même été, il n'y a aucune sorte de décoration dans l'architecture, et ils n'aiment pas ça mais seulement ce qui est plat et simple et ils construisent [...] tout en pierre et non en brique » [22]. Cependant le premier architecte de nationalité hollandaise, Stephen van Zwieten n'arrive qu'en 1720. Avant cette date, les Hollandais ne sont occupés qu'à construire les canaux. L'architecte allemand Christophe Conrad est là depuis le début du siècle. Puis arrivent deux Italiens Fontana et Trezzini. Trezzini qui vient du Tessin en passant par le Danemark a préparé, par ordre de Pierre le Grand, un recueil de modèles de maisons suivant les modes occidentaux. Le caravansérail de Saint-Pétersbourg reçoit en 1713 les Allemands Schlüter, Schädel et Braunstein; en 1715, le Français Le Blond; en 1718, les Italiens Chiaveri et Michetti [23] : donc, jusqu'à 1720, des artistes d'à peu près toutes les nations de l'Europe, sauf de celle-là même dont on se propose de copier la manière !

Le produit d'une telle concurrence apparaît dans la première description de Saint-Pétersbourg l'*Exacte Relation*, publiée à Leipzig en 1713, dont l'auteur est probablement Henrich von Huyssen, le précepteur du tsarevitch. Dans l'île de l'Amirauté, on voit la petite maison de Pierre le Grand, qui n'est qu'une isba, mais peinte en fausses briques et dite par l'auteur « de façade hollandaise » [24]; le premier palais d'hiver qui est une « petite maison d'architecture hollandaise »; la maison de l'Amiral Apraxine « dans le goût allemand »; des maisons de marins « à la mode russe ». Dans l'île Vassili, le premier palais Menchikov est « construit à la manière italienne » [25]. Les architectes autochtones n'interviennent que tardivement; le plus notable d'entre eux, Michael Zemtsov, construit en 1726-1728, une demeure connue sous l'appellation d'*Italianski dom*, la maison italienne [26]. « Il règne dans cette capitale une espèce d'architecture bâtarde qui tient de l'Italienne, de la Française, de la Hollandaise; c'est toutefois cette dernière qui domine » écrit Algarotti en 1739 [27].

Le cas de la Russie permet d'observer avec un fort grossissement les phénomènes de même nature, mais beaucoup plus discrets, qui se produisent dans les relations des nations occidentales entre elles. Partout, le métissage est la règle; rares sont les œuvres de manière pure.

3. Le volume et l'espace

Bien que les intentions disparaissent en général plus vite que les ouvrages à la création desquels elles ont présidé, il n'est pas impossible de reconstituer, sans s'éloigner des textes, une description générale et continue de l'architecture. Nous commençons par des observations sur le volume et l'espace, qui sont presque banales, mais qui n'ont pas toujours reçu la confirmation que l'on pouvait tirer de la glose contemporaine.

Parallèle du modèle italien et du modèle français

Le parallèle de l'édifice italien, massé, centré, s'inscrivant dans un volume cubique, tout en façades externes, et de l'édifice français, plus allongé, plus articulé, formé de volumes contrastés, dans lesquels l'accent le plus fort est placé sur les façades internes, est un thème récurrent de la théorie et de la littérature pendant les trois siècles de la modernité. Dans le *Sesto libro* de Serlio, les maisons à l'italienne sont plus ramassées que les maisons à la française (fig. 11). A Turin, en 1758, Cochin note : « Toute la décoration est sur la rue, au contraire de ce qui est en usage à Paris où presque tous les beaux hôtels sont au fond d'une cour »[1].

L'édifice italien est un parallélépipède rectangle, proche du cube (fig. 147), organisé autour d'un espace central : une cour ou un vaisseau. L'hôtel Crillon d'Avignon, dont l'italianisme frappait Mademoiselle de Montpensier, est du premier type, de même que son voisin l'hôtel Fortia. On le retrouve encore à l'évêché de Carpentras qui est, comme l'hôtel Fortia, de La Valfenière. Ces édifices sont les avant-coureurs français de l'art italien. Cependant l'originalité du second type, qui exclut tout espace libre, est plus forte encore. Rubens remarquait que les palais génois ont pour la plupart « la forme d'un cube solide avec un salon au milieu et sans aucun espace ouvert au milieu ». Les demeures à l'italienne de Goldmann et de Sturm (fig. 14) sont de ce type[2].

Ce type ne semble pas avoir eu beaucoup de succès en France avant la fin du XVIIIᵉ siècle. Les architectes

13, 14. Hôtel à la française et édifice à l'italienne par N. Goldmann. (Vollständige Anweisung, publié par Sturm, 1696). *Pour la maison française, plan en U avec corps bas sur rue, avant-corps, comble habité avec lucarnes, bossages d'angle à la française. Pour la construction à l'italienne, visiblement inspirée de la villa Rotonda (fig. 31), plan centré, rotonde centrale, portiques à fronton.*

« régnicoles » (nous qualifierons désormais de régnicole tout ce qui touche à l'architecture française officielle, centrale, etc.) ont été plus sensibles à un autre aspect de l'architecture italienne. Pour un Français, un bâtiment à l'italienne, c'est d'abord un bâtiment sans étage. La référence, à vrai dire, ne devient explicite qu'au XVIIIe siècle. Le Palais-Bourbon (à partir de 1720) était tout en rez-de-chaussée : « Cet hôtel est le seul de Paris qui soit de ce goût, écrit G.L. Le Rouge, il est bâti à la romaine »[3]. J.F. Blondel propose un édifice « bâti à un seul étage [c'est-à-dire, d'après le dessin, en rez-de-chaussée] à l'imitation des édifices d'Italie »[4]. Cependant, il est évident que dès le XVIe siècle, l'italianisme de certaines constructions comme le Saint-Maur de Delorme ou le Grand Ferrare de Serlio, tenait au fait que ces constructions n'avaient pas d'étage (fig. 1, 2).

Le Président de Brosses s'étonne de l'absence de cour dans les maisons « à l'italienne » d'Aix et de Marseille qui ne sont pas « en façon d'hôtels bâties entre cour et jardin », comme toutes les demeures des notables dijonnais[5]. Les historiens ont décrit la genèse du parti, typiquement français, de l'hôtel entre cour et jardin. Il procède du château médiéval dont le parti à quatre hautes ailes autour d'une cour était au fond assez proche du parti italien. L'originalité du parti français ne s'affirme que lorsqu'une aile devient le corps de logis, tandis que les autres ailes s'abaissent, particulièrement celle qui fait face au corps de logis : cette dernière, où est placée l'entrée, s'amenuise au point d'être réduite à un corps de galerie, voire à un mur de clôture ou même à disparaître complètement. Le mur de clôture à portail, le plan en U du corps de logis et des deux ailes sont sans doute les traits les plus français du Grand Ferrare de Serlio (fig. 1). Ce parti prend valeur d'institution canonique dans l'*Architecture française* de Savot (1624) : « Cette forme se pratique ordinairement en bastissant sur les quatre côtés d'une cour sur l'un desquels on dresse le corps de logis principal, opposé à la face de l'entrée estant presque toujours plus large et plus spacieux qu'aucun autre... Sur les deux autres costés joignant le précédent, on dresse deux autres corps d'hostel appelez bras, ailes ou potences, en l'une desquelles on construit souvent une galerie... Le quatrième costé est celuy de l'entrée... on le bâtit ordinairement en terrasse... »[6]. La galerie dans une des ailes est en effet de règle : voir le Grand Ferrare, l'hôtel Carnavalet et la majorité des hôtels du XVIIᵉ siècle[7].

Cependant, nous l'avons dit, un parti ne peut être tenu pour caractéristique d'une nation, s'il n'est pas reconnu comme tel par l'opinion internationale. Les projets d'un Goldmann (fig. 13), d'un Sturm[8] et surtout les constructions du Duc de Montagu nous donnent cette garantie. Ralph, premier duc de Montagu, qui en 1669 fait connaissance avec la France où il deviendra ambassadeur en 1677, était notoirement francomane. D'après Evelyn, témoin avisé des choses de l'architecture au milieu du siècle, l'hôtel que Montagu s'était fait construire à Londres par Robert Hooke était « in the French way »[9]. Le Montagu house publié dans le *Vitruvius Britannicus* de Campbell (1715)[10] est une reconstruction de cet hôtel exécutée en 1686-1688, probablement par le même Hooke ou par un mystérieux « Monsieur Pouget » (fig. 15)[11]. Il est clair que si Campbell dit du second Montagu house qu'il est « à la manière française », ce n'est pas seulement parce que le décor intérieur a été demandé à des peintres français, Charles de La Fosse, Jean-Baptiste Monnoyer, etc. De tous les édifices du *Vitruvius*, publication monumentale consacrée à la glorification du génie national et, de ce fait, teintée de xénophobie, Montagu house est le seul à présenter, et avec une netteté singulière, le parti décrit par Savot. Boughton house (Northamptonshire) transformé pour Montagu entre 1683 et 1709, probablement encore par Robert Hooke, présente également un plan en U et un air français très évident, marqué par divers gallicismes dont nous ferons l'inventaire ultérieurement.

Les espaces libres : les cours et les jardins

Les échanges attestés entre l'architecture anglaise et l'architecture française sont rares. Cela aurait dû nous inciter à reconstituer l'histoire de l'appellation « cour anglaise » qui désigne un fossé placé au pied d'un bâtiment et dégageant le sous-sol qui donne par des portes et prend jour par des fenêtres sur cette sorte de cour étroite et enterrée. Nous avons pensé, peut-être à tort, que cette appellation n'apparaissait pas en France avant la fin du XVIIIᵉ siècle ou le début du XIXᵉ siècle, trop tardivement en tout cas pour que nous puissions la suivre longtemps. Et cependant que de couleur locale dans ce simple trou ! Il suffit d'aller se promener dans la rue de l'Elysée à Paris, bordée de maisons identiques à porche sur colonnes et à cour anglaise, pour se croire à Londres du côté de Belgravia.

Le vide en architecture a sa forme, ses dimensions, ses proportions. Voyons, par exemple, comment l'Académie interprète les cours qu'elle trouve dans l'œuvre de Scamozzi. Elle n'approuve pas « la petitesse des cours qui peuvent convenir aux bâtiments d'Italie, mais qui ne sont point d'usage en France ». Elle approuve la forme rectangulaire et la proportion « en longueur un tiers plus qu'en largeur » ; mais elle déconseille de placer la longueur « en face de ceux qui entrent » : « Car, quoy qu'il y ait divers exemples de cette manière dans les bastimens d'Italie... nous en avons pourtant d'autres parmy nous de contraire, et où la largeur qui se présente en face de ceux qui entrent a esté faite, avec beaucoup de jugement, moindre que la longueur »[12].

Nous ne sommes plus exercés à deviner ces idiotismes subtils. En revanche le langage des jardins est encore compris par tous. Il est certes inutile de démontrer que les appellations d'origine dont nous nous servons encore aujourd'hui pour décrire l'art des jardins, sont anciennes. Mais une étude attentive de ces appellations permettrait certainement de suivre de plus près la diffusion des manières nationales. C'est ainsi que la manière anglaise est peut-être imitée en France avant la deuxième moitié du XVIIIᵉ siècle. Le goût pour les grands espaces gazonnés, si caractéristique du jardin anglais, y apparaît plus tôt. Le boulingrin — le bowling-green des Anglais — entre dans la langue française vers 1663[13]. D'Aviler note : « L'invention de ce parterre est venu d'Angleterre aussi bien que son nom »[14]. D'après Dulaure, le boulingrin aurait été introduit en France par Henriette d'Angle-

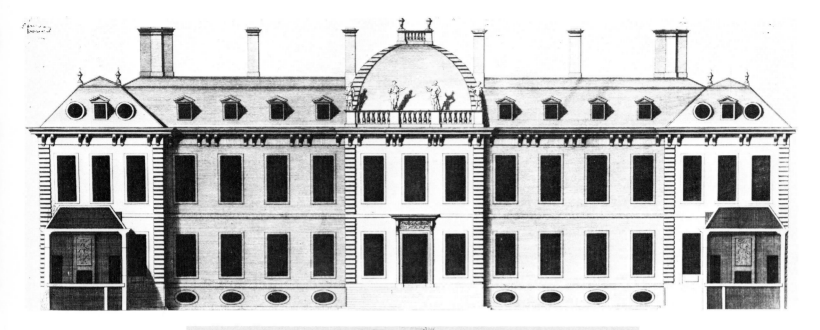

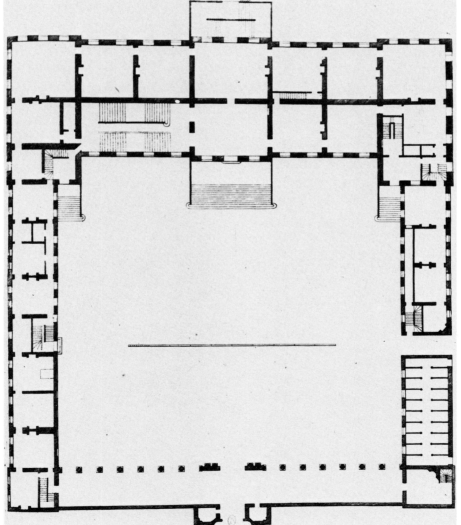

15. Londres, Montagu
House construit « in the
french way » en
1686-1688.
(C. Campbell,
Vitruvius Britannicus).
A noter le plan en U
avec corps bas sur rue,
le logis entre cour et
jardin, les avant-corps,
le toit brisé, les lucarnes,
les bossages d'angle.

terre, première femme de Monsieur[15]. Il s'agit sans doute du boulingrin du Château-neuf de Saint-Germain, qui a eu une existence éphémère dans les années 1660[16].

Le jardin est une lice où la compétition entre les nations est vive. Encore que l'issue soit souvent incertaine, on peut dire que la victoire revient successivement aux Italiens, aux Français et aux Anglais. Il faut apparemment une bonne dose de chauvinisme pour écrire comme J.F. Blondel: «C'est chez nous que le jardinage a proprement été réduit en art»[17]. Mais nous retrouverons la formule tant à propos de la stéréotomie qu'à propos de la distribution, deux autres grandes spécialités françaises: elle ne marque pas la mutation d'une technique en art, mais le passage d'un art spontané et libre à un art réfléchi et fixé par des canons.

Le Prince de Ligne pourrait être un arbitre neutre, s'il n'était pas aussi francophile et anglophobe. Son goût le porte à donner la palme au jardin naturel mais il se refuse par principe à le nommer jardin anglais: «Ce serait faire trop d'honneur à cette nation-là qui est déjà assez avantageuse par ses succès depuis quelque temps». Cependant l'expression lui échappe quelquefois: «Quand je dis jardin anglais, qu'on se souvienne que c'est toujours affaire de convention». Il pense que le jardin naturel existait en France avant que ne s'impose la mode

«de courir en Angleterre et de crier cela est beau dès qu'on s'embarquait à Calais et qu'on découvrait le vilain château de Douvres». Le jardin de Montaigne devait être naturel. Mais enfin, s'il faut vaincre en force, voici l'argument décisif: «C'est à la France à l'emporter en tout et dans tous les genres». Au reste, le Prince ne s'embarrasse pas de purisme: à Beloeil, où il y a déjà des «bâtiments du style de différentes nations», il projette de faire des jardins «de toutes les nations»: «français pour le beau, anglais pour le joli, hollandais pour la propreté, chinois pour la singularité, italien pour la vue»[18].

La *Théorie der Gartenkunst* (1775) d'Hirschfeld a été écrite pour prouver qu'il y a une manière allemande de dessiner les jardins. «Lorsqu'ils ne sont pas simplement imités, mais qu'ils sont plantés suivant les propres idées d'une nation, [les jardins] peuvent faire connaître son caractère qui certainement s'y peint». L'auteur s'efforce de démontrer que les jardins français et anglais sont en rapport avec le génie de ces nations. L'Allemagne est malade de «gallomanie... maladie singulière qui travaille la nation allemande depuis le prince jusqu'à l'artisan et que ni l'ironie des patriotes, ni les monuments qui prouvent la force et l'élévation de notre génie national, ne paraissent pouvoir détruire». Les jardins naturels d'Allemagne, connus sous le nom de jardins anglais, seraient «emprunts des marques du génie germanique»[19].

4. *Le toit*

Comme les jardins, les toits ont un langage naturel, facilement compréhensible ; mais celui-ci a encore été simplifié par la théorie qui l'a réduit à quelques idéogrammes.

Théories écologiques

Dans la théorie de l'architecture, l'écologie est volontiers sollicitée pour expliquer les variations de pente des toits. Palladio, l'Académie d'architecture s'en tiennent à l'explication par le climat[1]. Le Muet développe l'idée que la France, comme région tempérée, peut choisir la pente de ses toits, idée qui n'est qu'une résurgence du mythe de la France nation médiane. Mais elle est acceptée par Scamozzi : « E per dir anco assai della Francia, essi fanno i loro tetti in varii modi ; e per la maggior parte gl'usano in forma del triangolo in trascorso equilatero : altri poi come a Cialon [Châlons-sur-Marne] li fanno alquanto più piano de 'nostri d'Italia »[2]. Au cours de son voyage en France, Scamozzi a pu mesurer l'insuffisance de la théorie des climats. Dans son *Taccuino*, il notait déjà à l'étape de Châlons : « Tutte le case de coppi [sono] come da noi della Lombardia ... tutti i coperti sono piani più de nostri »[3]. Et à celle de Vitry : « I tetti sono piani e quasi tutti de coppi al modo lombardo »[4]. En sortant de Lorraine, il retrouve le grand toit du Nord : à Colmar, les toits sont « acuti molto più che quelli della Lorena »[5]. Ces observations le portent à préférer l'explication par les matériaux. « Non è vero che per il paese, ma per la qualità della materia principalmente che sono le acquarie piane, l'arduosa e simiglianti fano i coperti acuti »[6]. Les grands toits supportent mieux en effet le poids des ardoises, plus important que celui des tuiles.

Sur la carte des toits dressée par J. Brunhes[7], la France apparaît divisée en deux zones, une zone sud à faible pente et tuiles creuses, et une zone nord à forte pente, ardoises ou tuiles plates. De part et d'autre du Massif central, qui appartient à la zone nord, la zone sud présente deux avancées dans la région Poitou-Vendée et le long du Sillon rhodanien ; de plus elle comprend une enclave en Champagne et en Lorraine. Brunhes fait plusieurs remarques dignes d'attention. D'abord que la typologie des toits transcende les particularismes régionaux. Ensuite qu'elle n'est pas liée au climat : la Vendée et le Pays basque sont des régions pluvieuses à toits plats. Enfin que sa diffusion ne peut s'expliquer sans recours à l'histoire : la région Poitou-Vendée, le Sillon rhodanien, la région Champagne-Lorraine sont des espaces de migration. Scamozzi ne manquait pas de bon sens quand il concluait que la hauteur des toits était déterminée « più per una certa consuetudine che per il bisogno »[8].

Bullet présente en 1687 à l'Académie d'architecture un mémoire dans lequel il traite des toits « tant de leur origine que de leur forme et de la proportion de leur hauteur selon l'usage et la nécessité des différents pays »[9]. Les théoriciens classiques savent que l'usage est aussi contraignant que la nécessité ; il leur faut bien s'accommoder de la diversité, mais ils ne peuvent tolérer l'incohérence. Les relations Nord-Sud dûment canalisées, normalisées, deviennent des relations canoniques dans un système qui rappelle celui des ordres. Briseux donne « les mesures des hauteurs des combles *proportionnées* [nous soulignons] suivant la diversité des climats »[10]. Chaque auteur réserve à sa nation le privilège d'un rapport idéal, qui place celle-ci dans la position de nation-modèle. Pour Vittone, la hauteur du toit italien est à sa largeur dans le rapport de 1 à 5, qui est le rapport du fronton canonique[11]. Pour J.F. Blondel, qui se contente de reprendre le texte de Scamozzi, la ferme du toit français est un triangle équilatéral[12]. Les théoriciens allemands se sont montrés particulièrement friands de ces spéculations. Dans Sturm, « das Teutsche Dach », c'est le toit haut ; « das Italiänische Dach », le toit plat ; le toit brisé ou « à la mansarte » est dit « Neu Französische Dach »[13]. Schillinger adopte la même typologie dans un ouvrage presque entièrement consacré aux toits « von Teutschen, Französischen und Italiänischen Façon »[14]. Conscient de l'évolution qui a réduit peu à peu la hauteur des toits les plus hauts, Stieglitz[14] distingue : « das gothische » ou « altdeutsche Dach » dont le rapport hauteur/largeur est de 1/1 ; « das neudeutsche Dach » dont le rapport est de 1/2 ;

«das altfranzösische Dach», qui est un triangle équilaté-ral; «das neufranzösische Dach», qui est brisé; «das italiänische Dach» dont le rapport varie de 1/4 à 1/5. Dans cette échelle, on retrouve donc les rapports donnés par Vittone et par Blondel.

Parallèle du toit français et du toit italien

Dans l'échelle de Stieglitz, la France occupe une position moyenne. Cependant elle se trouve traditionnelle-ment placée dans la zone des hauts toits parce que la manière française est constamment comparée à la ma-nière italienne et qu'elle ne l'est presque jamais avec la manière allemande. La forme des toits est un des traits les plus évidents de la typologie du *Sesto libro* de Serlio (fig. 11, 12) et l'un des points d'application de son parti bâtard: «Il coperto di questa casa non é in tutto ala italiana ne anche alla francese»[15]. Dans la confrontation des deux manières dont le voyage du Bernin en France fut l'occasion, la question des toits a grande importance. Le Bernin, appelé par Louis XIV en 1665 pour achever le Louvre, censure les Tuileries dont les toits sont trop hauts; l'abbé d'Argenson apprécie que, dans les projets du Bernin pour le Louvre, «les grands combles à la mode aient été bannis»[16] (fig. 149).

Le mot comble désigne l'espace sous le toit. Dans la France régnicole, le toit est toujours assez développé pour que cet espace soit habitable. Serlio s'en étonne et ne manque pas une occasion de le noter. «La copertura di questa casa sarà alla francese: dove che i granari si potran fare assai luoghi habitabili che in Francia se gli dice galata»[17]. L'observation ne vaut bien sûr que pour l'architecture régnicole: le toit «à la mode de France» que Pierre de Bidart commande en 1547 est un grand toit qui fait exception dans le Bordelais à toits plats[18]. Dans la relation de ses voyages en Gascogne, en Bigorre et en Béarn (1644-1646), Léon Godefroy note la présence de toits «à la mode de France».

Dans les textes, l'expression «comble à la française» désigne plus particulièrement le parti traditionnel, archaï-que, par opposition au «toit à la mansart» qui est le parti moderne. Dans Tiercelet[19], le «comble à la françai-se» a le rapport 1/2 que Stieglitz donnait au «neudeut-sche Dach». Si l'on en croit les archéologues, les toits étaient plats dans toute la France jusqu'au XIIe siècle: ils auraient commencé à s'élever progressivement dans le nord à partir du milieu du XIIe siècle. Pour Bullet, les fortes pentes datent de l'époque où on couvrait en jonc ou en paille, mais elles ne sont pas nécessaires pour la tuile ou même l'ardoise: «Cela a pu passer jusqu'à nous comme par tradition et on a suivi l'exemple de ces anciens combles»[20]. Guillaumot, mieux informé, constate que les toits «dont les goths ont affublé les bâtiments de nos ancêtres et que notre mauvais goût n'a que trop longtemps perpétués, n'ont jamais été adoptés par l'Eu-rope entière». A Stockholm et à Londres, les toits sont plats comme à Florence. Ce lieu commun explique la faveur dont a joui le toit plat auprès des classiques: ce sont les gothiques qui ont détruit l'unité primitive de l'Europe à toits plats.

Cependant cette théorie n'a guère eu d'effet avant la fin du XVIIIe siècle. Le tassement progressif du toit français est moins dû à la mode qu'au souci de rentabiliser au maximum l'espace de comble, c'est-à-dire de faire disparaître l'espace perdu sous les faîtages, et d'améliorer l'habitabilité de l'ensemble. L'invention du surcroît au XVe siècle, du toit brisé au XVIe siècle tendait à cette fin. Les charpentes françaises reproduites par Serlio sont des charpentes de comble à surcroît[21].

La hauteur du comble à la française a eu pendant longtemps deux corollaires. D'abord le fractionnement de la toiture d'un même édifice en plusieurs combles articulant la masse de celui-ci en plusieurs corps. C'est ainsi que le toit en pavillon et donc le pavillon lui-même seraient caractéristiques de l'architecture régnicole. Dans un marché de 1584 concernant le château de Gachepouy[22], le maître-charpentier s'engage «à couvrir tout le dit-château à la mode de France à faisson de pavillon»[23]. Le second corollaire est la recherche du pittoresque dans les formes. Ce ne sont pas encore les flèches et bulbes du nord et de l'est de l'Europe; mais les combles en carène, dont Delorme prétend justifier la forme capricieuse par l'objectif d'habitabilité optimale [24]. Les Anglais tiennent pour français ces toits en carène ou à l'impériale, galbés en doucine [25].

A propos des toits brisés dits toits à la Mansart, Sauval écrit : Lescot « est le premier qui les ait fait sortir d'Italie et le Louvre est le premier logis où il les a fait entrer. Mansart depuis... les a montés sur le faîte de la plupart des grandes maisons qu'il a conduites et parce qu'il s'en est servi plus souvent que pas un, les ouvriers, à cause de cela, lui ont donné le nom de Mansarde » [26]. L. Hautecœur n'a pas cru devoir suivre cet auteur ; pour lui, le toit brisé encore en place sur l'aile Lescot était une adjonction de Le Mercier [27]. Nous avons démontré ailleurs que cette aile était bien couverte dès 1553 d'un toit à deux pentes, brisis et terrasson [28]. En revanche, nous avons admis avec L. Hautecœur que l'origine italienne était fort douteuse. Nous ne connaissons pas un seul exemple de toit brisé en Italie avant 1553. François Blondel, qui voyait en François Mansart l'inventeur de ce toit, nous donne peut-être l'explication de cette curieuse tradition : « La pensée lui [à Mansart] est sans doute venue de l'assemblage des bois de charpente que le San Gallo... avait figuré pour faire les cintres des voûtes de Saint Pierre de Rome » [29]. L'imitation n'aurait donc porté que sur un type de ferme, utilisé par les Italiens dans les cintres pour construire les voûtes et transposé par les Français dans les charpentes de toit.

Le comble construit par Lescot au Louvre appelle deux remarques : il n'est qu'à peine éclairé et donc pas habitable ; le rapport de pentes entre le terrasson et le brisis est tel qu'un observateur au sol ne peut soupçonner la brisure. Lescot n'a pas eu apparemment d'autre intention que de réduire la hauteur de la couverture. Or l'argument constamment invoqué en faveur du toit brisé est qu'il augmente l'habitabilité du comble. François Mansart l'inventa « en faveur des bourgeois de Paris pour diminuer la dépense et épargner le terrain », écrit Montesquieu, qui se croit bien informé lorsqu'il reproche à Jules Hardouin-Mansart de l'avoir appliqué « comme un âne au château de Versailles pour un prince qui avait ses coudées franches et assez d'argent » [30]. Les exemples de « mansardes » dans l'œuvre de François Mansart ne renvoient cependant qu'à de grands hôtels parisiens (hôtel d'Aumont, hôtel de Jars, etc.), et au château de Maisons où l'on situait habituellement l'invention du maître éponyme [31]. Ces combles sont éclairés par des lucarnes et leur brisure est franchement accusée. En définitive, on doit pouvoir attribuer à François Mansart le mérite d'avoir tiré un parti plastique et pratique du prototype de Lescot. Ce prototype, aussi peu « bourgeois » que possible, était appelé, par sa naissance au Louvre, à régner à Versailles comme un des signes les plus éclatants de l'architecture régnicole. A peine a-t-il rétabli l'autorité royale en Provence que Louis de Vendôme se fait construire à Aix par Antoine Matisse, maître-maçon parisien, un pavillon avec toit à la Mansart (entre 1665 et 1699), couverture tout à fait incongrue en ces lieux (et d'ailleurs vouée à une destruction rapide), mais parfaitement symbolique [32].

L'expression « toit à la mansart » a été traduite dans toutes les langues de l'Europe et le toit brisé est partout signalé comme un produit de marque française (fig. 6) [33]. Montagu house et Boughton house, les maisons à la française du Duc de Montagu, sont évidemment couvertes de toits brisés (fig. 15). En 1769, un journal de Leipzig consacre un article à la curieuse fortune de ce produit ; l'article est intitulé : « Woher es komme, dass die Mansard-dächer jetzt so allgemein geworden » [34]. L'expression « Mansard roof » est encore usuelle aujourd'hui et jusque sur le continent américain.

La fortune du toit à l'italienne est plus abondante encore, mais elle est partagée entre le toit dit plat aux versants à faible pente qui peuvent être cachés par un garde-corps, et la terrasse, qui est en fait l'absence de toit (fig. 2, 7, 12). J.F. Blondel parle de ces toits « si peu apparents, qu'il semble que leurs bâtiments soient couverts en terrasse, ce que l'on appelle à Paris bâtir à l'italienne » [35].

Quand les Français ont-ils commencé à couvrir à l'italienne ? Les cas de Chambord et de Saint-Germain-en-Laye sont controversés. Les terrasses de Chambord ne sont peut-être que l'élargissement du chemin de ronde déjà sensible dans les châteaux du duc de Berry. De la terrasse de Saint-Germain, Du Cerceau dit qu'elle est « la première de l'Europe pour sa façon » ; mais sans doute ne pense-t-il qu'à la technique d'exécution. Ce qui est sûr, c'est qu'il y a toujours eu en France un fort parti pour refuser le toit à l'italienne au nom de la tradition nationale. « Il ne se faut arrester à la façon italienne que nos architectes veulent suivre aux bastimens des grands, sans considérer que chaque province à sa façon particulière de bastir », écrit Savot[36]. Versailles est l'image du dilemme. Le corps de logis est couvert à la Mansart côté cour ; et à l'italienne, côté jardin. « Du côté des jardins..., on croit voir un palais qui a été brûlé, où le dernier étage et les toits manquent encore »[37]. Dans ce célèbre passage, Saint-Simon se réfère implicitement aux archétypes de la tradition. L'Académie d'architecture est très partagée : dans la séance du 28 juillet 1766, « on a continué de s'entretenir sur les différentes manières de couronner un édifice, soit par des combles, soit par des balustrades, et les différents avis, ainsi que les différents usages suivis jusqu'à présent et la difficulté de donner de bonnes raisons pour préférer l'une à l'autre, a empêché la Compagnie de rien décider sur cette question... »[38]. Bullet qui tient au parti italien, écrit : « Je ne prétends point combattre ceux qui croient que les combles sont un ornement aux bâtimens car je n'en disconviens pas absolument, quoique je pourrais dire que cela peut venir de l'habitude, puisque les bâtimens d'Italie qui passent pour beaux, ont des combles qui ne paraissent point ou fort peu »[39].

Après avoir constaté la vogue croissante des terrasses, J.F. Blondel admet qu'en France la hauteur des toits peut varier suivant l'effet que l'on veut produire[40]. Ainsi se manifeste la propension des théoriciens à passer du topique au typique, de l'écologie à la sémiologie. La théorie des ordres, nous le verrons, est une mutation de cette espèce. C'est ainsi que, pour J.F. Blondel, le toit plat derrière balustrade est le signe du palais et le toit apparent, le signe du château[41]. Il est vrai que le château appartient au milieu rural où la tradition se perpétue plus longtemps. Au fond, les Français les plus italianisés n'ont jamais pu se déprendre des grands contrastes de volumes. « Nos anciens dessinaient de petit goût et

avaient une architecture bizarre. Mais, quant au fracas produit par la diversité des masses dans l'extérieur des palais, ils l'entendaient beaucoup mieux que nous », écrit Laugier en 1765[42].

Le pignon

Le pignon prend grande part dans ce fracas et, bien qu'il tienne au mur, donc à l'élévation et non au toit, il participe puissamment à l'effet de volume donné par le toit. On sait que l'on peut remplacer le pignon par une croupe, le renvoyer sur une élévation secondaire ou même le cacher en l'accotant à un autre pignon. Qu'en milieu urbain, il apparaisse sur rue est une commodité, voire une nécessité, dont on a su tirer quelquefois un parti monumental. La typologie du pignon, évidemment très liée à celle du toit, a retenu l'attention de l'historien maintes fois, trop souvent même, car il ne nous semble pas que l'on puisse citer sur ce sujet autre chose que des exemples de ce qu'il ne faut pas faire : typologie sans diachronie et sans cartographie, négligence à l'égard des appellations, filiations fondées sur des rapprochements formels banals[43].

Il serait en particulier tout à fait intéressant de connaître l'aire d'extension du pignon à redents, dit pignon à pas-de-moineau, qui est incontestablement un trait de l'Europe septentrionale. Sa limite méridionale traverserait l'Artois et la Picardie[44] ; mais, plus au sud, les éléments isolés seraient sans doute assez nombreux. La maison de Pierre du Puys à Tours (fig. 16) est particulièrement remarquable parce que le pignon à redents y est associé à d'autres traits caractéristiques de l'architecture septentrionale ; nous en reparlerons à propos de l'escalier à la Rihour. Le trait du pignon à redents est moins facile à interpréter dans le cas de la maison de Bazas, au sud de Bordeaux. Nous partageons l'opinion des historiens belges qui ont fait justice de l'appellation de « maisons espagnoles » dont on affuble volontiers les maisons flamandes à pas-de-moineau[45]. La mode des pas-de-moineau a été très vive en Flandre pendant la

16. *Tours, maison de Pierre du Puys, fin XVᵉ siècle. L'emploi de la brique et du pignon à redents dit à pas-de-moineau, caractéristique des manières septentrionales, doit être rapproché de l'appareillage très particulier de l'escalier (fig. 132) qui confirme la filiation de cette maison avec les constructions du nord de la France.*

période d'occupation espagnole; mais la maison de l'Etape à Gand et l'hôtel de ville d'Alost en fournissent des exemples qui remontent au XIIIᵉ siècle.

L'étude des textes devrait apporter du nouveau sur une appellation, très secondaire sans doute, mais peut-être très utile pour l'interprétation d'ensemble du pignon: c'est l'appellation « cappe française » ou « chappe française », qui serait usuelle dans les textes du nord de la France. A vrai dire, nous n'en connaissons que quelques mentions. Dans un contrat de 1311 pour le château de Bapaume, il est dit que le pignon sera « bien acomblé de capes françoisses einsi qu'il appartenra et sour ces capes vestu de boches et pumiaux et florons, tant comme il convenra ». Dans le même chantier, on achète en 1314 quinze grandes pierres pour faire « les cappes franchoises à couvrir l'escu de la grande keminée ». Dans un contrat de 1321 pour l'hôpital de Hesdin, il est prescrit que les pignons seront « souffisamment vestus de capes françoises »[46]. Au cours d'une visite d'expert à Saint-Etienne de Beauvais en 1595, on constate que « la cape francoyse [du pignon] est fractionnée en plusieurs endroits »[47]. Il est encore question de « chappe françoise aux pignons » dans un contrat de 1664 pour une construction à Lille[48]. Ces textes, malheureusement, ne permettent pas de se faire une idée précise que ce qu'est une chappe française. Enlart[49] en fait un synonyme de chaperon; Hautecœur[50], une crossette de pignon; Parent[51], un chaperon à deux versants et larmiers couvrant les redents de pignon: tout cela sans justification. Il faut incontestablement retenir l'idée de chaperon formé de monolithes, couvrant ou constituant les rampants, les redents et les crossettes de pignon. Mais par quelle particularité la cappe française se distinguait-elle des autres chaperons?

Les accessoires du toit

L'usage des lucarnes ne s'est répandu qu'au XIVᵉ siècle. Les lucarnes du XIIIᵉ siècle sont petites et en charpente. Au XVᵉ siècle apparaissent les grandes lucarnes monumentales dont la mode se prolonge au XVIᵉ siècle. Delorme joue de l'animation qu'elles produisent sur les toits, au point de créer à l'occasion de fausses-lucarnes, des souches de cheminée en forme de lucarne. On retrouve jusqu'en Pologne ces fausses-lucarnes qui témoignent plus que les vraies du goût de certains pays pour la lucarne. Il y a de toute évidence une géographie de la lucarne. Il n'y a pas de lucarne à Lyon au XVIᵉ siècle. Ce n'est donc pas en passant par Lyon, mais en allant plus au nord, que Serlio a pu recueillir l'observation suivante : « Nella Francia si costumano i tetti sopra l'ultime cornici molto alti dove si fanno habitationi. Per la quel cosa bisognando dar luce a tai luoghi, si fanno sopra le cornici alcune finestre dette luccarne ». Serlio appelle les lucarnes « fenestre al costume di Franza »⁵² (fig. 11). La lucarne est en effet l'accessoire indispensable du toit habitable et elle suit la même évolution que celui-ci. En 1694, l'Académie recommande d'éviter les lucarnes ou de les faire aussi simples que possible⁵³. Bullet donne la même recommandation⁵⁴.

La lucarne que Serlio croyait gallicane n'était-elle pas flamingante pour les Français ? Nous allons tenter de reconstituer l'histoire, fort embrouillée, de l'appellation « lucarne flamande ».

D'Aviler est le premier à en donner une définition : « Celle qui, construite de maçonnerie, est couronnée d'un fronton et porte sur l'entablement »⁵⁵. Il ne s'agit donc que d'un type particulier de lucarne. Sur une planche gravée de plusieurs types de lucarnes, Félibien⁵⁶ présente une lucarne flamande qui est conforme à la définition de D'Aviler. De même pour la planche « lucarnes » du traité de Leclerc, si ce n'est que Leclerc oppose la lucarne flamande dont le fronton est segmentaire et les ailerons à volutes, à la lucarne « quarrée » dont le fronton est triangulaire et les ailerons sans volute⁵⁷. La définition de Roland Le Virloys est, en revanche, sensiblement différente de celle de D'Aviler : la lucarne flamande est « construite en maçonnerie ou charpente élevée sur l'entablement et quelquefois couronnée d'un fronton » ; la lucarne flamande ne s'oppose plus qu'à l'œil-de-bœuf.

A l'occasion de son étude sur les maisons d'Auxerre au XVIᵉ siècle, Odile Liébard a retrouvé maintes fois

l'expression « fenêtre flamande » dans les contrats de construction (première mention en 1507) : les contrats s'appliquent à la construction de maisons en pan-de-bois qui doivent avoir des lucarnes de charpente en façade et à pignon⁵⁸. D'après J.-P. Babelon, l'expression serait aussi très fréquente dans les textes relatifs à la construction parisienne dans la première moitié du XVIIᵉ siècle. Babelon écrit : « Le terme, selon le vocabulaire théorique, désigne une lucarne coiffée d'un tympan en escalier [probablement un pignon à redents], mais on doit adopter ici un sens plus général : toute lucarne de pierre »⁵⁹.

Pour la deuxième moitié du XVIIᵉ siècle, nous avons deux textes intéressants concernant la construction à Lille. Dans le contrat de construction des vingt-quatre maisons de la Bourse (1652), il est précisé qu'il « n'y sera faicte aucuns pignons ou fenêtres flamengues de machonnerie », mais seulement des « fenêtres... couvertes d'ardoises à culla par devant », c'est-à-dire des lucarnes en charpente à croupe. En 1672-1673, on projetait d'interdire complètement l'usage des « fenestres flamengues... lesquelles par leur pesanteur affaiblissent grandement les charpentaizes des thois... L'on voit journellement par tempeste, grand vent et oraiges que les fourmes des dites fenestres tombent sur les rues non sans péril de la vie »⁶⁰.

Palustre, un des rares historiens qui aient senti l'intérêt des appellations d'origine, commente ces textes : « Comment expliquer que l'on ait employé dans un document officiel [cette] expression... si la conviction générale n'était au XVIIᵉ siècle que ce genre d'architecture appartenait en propre aux pays flamands ? »⁶¹. La chose n'est malheureusement pas assurée. Nous n'avons pas retrouvé les textes qui auraient prouvé que la référence géographique était encore consciente dans l'usage au XVIᵉ et au XVIIᵉ siècle. De plus, nous avons vu que l'expression avait une acception assez vague. Il nous faut, semble-t-il, exclure l'idée d'un commerce soutenu et prolongé : l'hypothèse d'une migration de formes assez ancienne et limitée dans le temps nous paraît plus acceptable.

Les historiens belges n'ont malheureusement pas été plus respectueux des appellations d'origine que les histo-

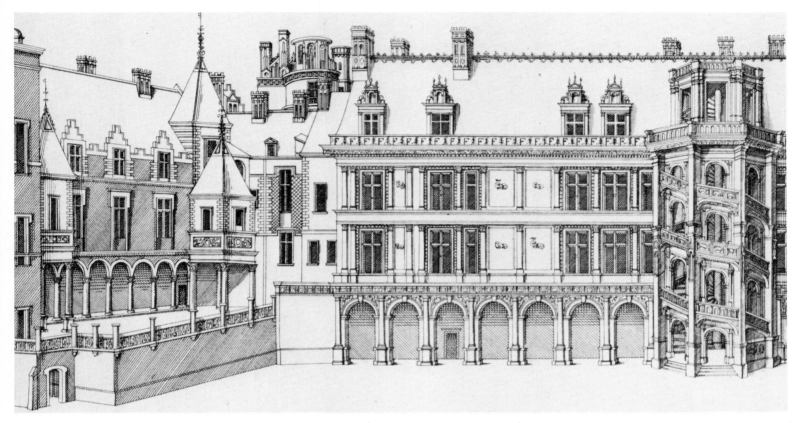

17. *Blois, château. (J. Androuet du Cerceau,* Les plus excellents bastiments). *Pavillons, tour d'escalier, croisées,*
souches de cheminée, à la française ; à gauche, dans la partie en brique, lucarnes à redents, caractéristiques de la manière flamande.

riens français. Dans la confusion constante des expressions historiques et des conventions historiographiques, privé de l'indispensable appui que donnerait la publication des sources, nous avons beaucoup de peine à nous y retrouver. La «fenêtre flamande ou fenêtre à la mode d'Anvers» serait usuelle à Tournai au XVIIIe siècle[62]. Mais elle interfère avec la «doornicxche Veinstern», la fenêtre tournaisienne. D'après Soil de Moriamé[63], la fenêtre tournaisienne est une fenêtre rectangulaire simplement partagée en deux par une colonnette, fréquente à Tournai à l'époque romane et diffusée en Flandre. Cette diffusion est-elle suivie et signalée par celle de l'appellation? Cela n'est pas clair. Moins clair encore du fait de la confusion de ce type de fenêtre avec un type de lucarne, confusion qui pourrait être ancienne[64].

La Flandre n'est pas particulièrement le pays des lucarnes. Il semble même que celles-ci y soient plutôt moins nombreuses qu'en France. Les Flamands ont donné trop d'importance aux couronnements des murs-pignons pour trouver souvent la place de lucarnes monumentales sur les murs-gouttereaux. La seule lucarne qui puisse peut-être passer pour flamingante est la lucarne avec pignon à redents. Les lucarnes en pierre de la Halle des bouchers de Gand, qui datent du premier quart du XVe siècle, sont de ce type. Le topique est plus évident encore, lorsqu'elles sont construites en brique. La Belgique en fournit plusieurs exemples au XVIe siècle, en particulier dans le palais de Marguerite d'Autriche à Malines. Où L. Hautecœur a-t-il pris que les lucarnes flamandes de France venaient de ce palais[65]? L'observation est d'autant plus curieuse, que L. Hautecœur fait allusion à la partie de ce palais construite en pierre entre 1527 et 1533, attribuée à un maître lorrain, Guyot de Beaugrand ou de Beauregard, qui ne présente que des lucarnes d'un type assez ordinaire en France. Le rapprochement avec la partie en brique construite à partir de 1507 par l'architecte malinois Rombaut Keldermans, qui a des lucarnes avec pignon à redents, eut été plus stimulante. A-t-on déjà noté les ressemblances de ces élévations de Malines avec celle des ailes construites fin XVe-début XVIe siècle aux châteaux de Plessis-lez-Tours et de Blois où la lucarne à redents associée à la brique apparaît en France pour la première fois[66] (fig. 17)? La piste que nous avons suivie ne conduit qu'à une hypothèse: la lucarne en brique et à redents aurait été importée de Flandre vers cette époque.

18. Souches de cheminée à l'italienne et (au centre) à la française. (S. Serlio, Tutte l'opere, *livre VII).*

Les grandes souches de cheminée sont, comme les lucarnes, associées aux grands toits, puisque la cheminée ne tire convenablement que si son conduit d'évacuation débouche au-dessus des faîtages. Aussi sont-elles sujettes aux mêmes avatars que les lucarnes : recherches formelles de Delorme [67] ; proscription par l'Académie d'architecture [68]. Dans Serlio, (fig. 12, 18), la souche de cheminée italienne est un tuyau rond, assez court et coiffé d'une mitre en forme de lanterne ; la souche française est un massif rectangulaire et fort élevé [69]. Les souches-tubes sont très répandues dans l'architecture médiévale française, souvent regroupées en faisceaux comme à l'hôtel Jacques Cœur de Bourges. Ces faisceaux ne disparaissent pas totalement au XVIe siècle, mais ils sont peu à peu remplacés par la souche en massif rectangulaire. Un témoignage remarquable, contemporain de celui de Serlio, prouve que celle-ci est reçue comme un topique de l'architecture régnicole par l'architecture toulousaine. Dans le bail à besogne de mai 1555 concernant l'achèvement du château de Lasserre à Montastruc et passé par Bachelier, il est dit, à propos des souches, qu'il faudra « les bastir et lever en forme de tour carrée et les amortir à la mode de France, comme se faict aujourd'hui » [70].

La tuile est le matériau de couverture le plus banal, encore que certaines variétés comme la tuile en S dite tuile flamande aient une diffusion localisée. L'ardoise est plus rare. D'après Viollet-le-Duc, l'ardoise concurrencerait la tuile dès le XIe siècle dans les contrées schisteuses. Son emploi se développe au XIIe siècle, dans le Nord et l'Ouest, où les toits prennent justement de la hauteur [71]. Les principaux lieux de production sont l'Anjou et les Ardennes. Ces circonstances, et le fait que l'ardoise est un matériau cher, ont produit une certaine identification de ce matériau avec l'architecture noble et régnicole. Au XVIe siècle, le Ligérien du Bellay se fait une cocarde de « l'ardoise fine » qu'il oppose au marbre italien [72]. Un siècle plus tard, du temps de Sauval, le drapeau français est noir, blanc, rouge : ces couleurs « avaient paru avec tant d'applaudissements sur les murailles de la place Dauphine, de la place Royale, des châteaux de Verneuil, de Montceaux, de Fontainebleau et de plusieurs autres édifices royaux et publics ; la rougeur de la brique, la blancheur de la pierre et la noirceur de l'ardoise faisaient une nuance si agréable en ce temps-là qu'on s'en servait dans tous les grands palais »[73]. Cependant, d'après J.-P. Babelon, l'ardoise et la tuile plate sont employées indifféremment à Paris dans la première moitié du XVIIe siècle[74] : elles sont souvent associées dans un même édifice, l'ardoise au brisis et la tuile au terrasson sur les toits brisés (nous retrouvons la relation ardoise-forte pente et tuile-faible pente) ; ou encore l'une sur le corps-de-logis, l'autre sur les ailes. Nous penserions volontiers que dans ce dernier cas, c'est le corps-de-logis, partie noble, qui reçoit l'ardoise, mais l'hypothèse reste à vérifier.

Les textes méridionaux associent l'ardoise à la manière française. Et d'abord l'inépuisable traité de Serlio. « Nella Francia i luoghi nobili si cuoprono d'alcune scaglie di pietra azurina, chi si chiama arduosa, che è cosa molto piacevole e nobile »[75]. Le Tasse s'étonne de voir en France des toits couverts d'une pierre imitant le plomb[76]. Au château de La Tour d'Aigues, entre le Luberon et la Durance, en plein terroir de tuiles creuses, le maître de l'ouvrage, dont le désir d'imiter les châteaux du Nord a été bien mis en évidence par Gebelin, choisit l'ardoise pour couvrir la chapelle en 1566 et, mieux encore, commande en 1570 à un tuilier de Sisteron des tuiles « envernissées de noir »[77]. Le noir sied aux Grands et en particulier au sévère Philippe II qui introduit l'ardoise en Espagne pour couvrir l'Escorial. On retrouve la tuile « vernissée de noir » au toit en pavillon construit en 1680 sur l'hôtel des Trésoriers de France à Montpellier, toit aussitôt critiqué parce que sa hauteur l'exposait aux grands vents, et remplacé en 1737 par un toit « suivant l'usage ordinaire du païs »[78]. C'est M. de La Feuille, contrôleur des bâtiments du roi et militant de l'architecture régnicole, qui avait imposé aux Montpelliérains ce toit à la française. A la même date, La Feuille l'impose encore aux constructeurs de l'hôtel de ville à Beaucaire en « un lieu que presque toute l'Europe voit une fois l'année » à l'occasion des grandes foires[79]. L'ardoise au chef des bâtiments comme le lys au champ des écus glorifie la puissance royale, mais celle-ci doit parfois s'incliner devant la fronde des climats : sous l'effet du Mistral, le toit à la française de Beaucaire subit rapidement le même sort que celui de Montpellier.

Les textes permettent donc de tracer, d'Aix à Bordeaux, la ligne de conflit entre la manière régnicole et la tradition méridionale, ligne d'une netteté impressionnante comme une frontière dont les points forts, pris et repris, sont Bordeaux (1547), Gachepouy (1584), Lasserre (1555), Montpellier (1680), Beaucaire (1680), Aix (1665), La Tour d'Aigues (1566, 1570), etc.

5. Le mur et l'élévation

Les matériaux du mur

Entre les textes médiévaux qui décrivent sommairement les relations architecturales à l'origine des nations européennes comme une confrontation de la charpenterie septentrionale et de la maçonnerie méridionale et, d'autre part, les maisons d'architecture populaire traditionnelle encore conservées, il y a une importante solution de continuité : pour relier les témoignages historiques aux observations topographiques, il faudrait une sérieuse étude sur les matériaux de l'architecture savante moderne. Faute de celle-ci, il reste une fois de plus à exploiter l'exposé cursif de la théorie.

En Angleterre, la charpenterie occupe une place exceptionnelle : les traités de charpente y sont nombreux ; le maître-charpentier y est habituellement le maître d'œuvre, alors que ce rôle est tenu en France par le maître-maçon. Delorme et Jousse, maçons savants et expérimentés, sont aussi les auteurs des premiers traités français de charpente : les *Nouvelles inventions pour bien bastir et à petits frais* (1561) et le *Théâtre de l'art de charpentier* (1627). Il suffit de consulter les traités italiens, relativement laconiques sur ce sujet, pour se trouver conforter dans la conviction que la France occupe une position médiane qui lui laisse la liberté de choisir son camp, tantôt avec le Nord par la forme des toits, tantôt avec le Sud par la nature du matériau de gros-œuvre. Car il est évident que les Français (et encore aujourd'hui) identifient leur architecture avec la pierre. Cette conviction vient de loin. « Je croy certainement qu'il ne se trouvera royaume ne païs [...] mieux meublé et garny de diversité de pierres pour bastiments que celuy-cy » écrit Delorme[1].

Avec la maçonnerie, les Français se trouvent sur le terrain des Italiens. Dans le chantier du Louvre, où la présence du Bernin retient toute l'attention, maçons italiens et maçons français se sont jetés un défi plein de signification. Chantelou nous rapporte que Le Bernin n'ayant pas voulu faire confiance aux maçons français, fit monter deux murs pour mettre à l'épreuve la technique et les ouvriers de chacune de ces nations. « Celui des Italiens tomba au premier gel et celui des Français demeura ferme et en son entier » écrit Ch. Perrault[2] :

victoire des autochtones, dont le climat est l'allié naturel !

Les Français ont pratiqué toutes les techniques de la maçonnerie, mais ils ont montré une nette prédilection pour la pierre de taille dont Toussaint Loyer, un disciple de Soufflot, nous vante les beautés : « La précision dans l'appareil des pierres de taille a toujours mérité qu'on en fasse l'étude la plus recherchée. C'est pourquoy les plus excellents artistes n'ont rien négligé sur cette partie et quand ils n'ont pu par eux-mêmes y donner tous les soins nécessaires, ils ont fait choix d'un appareilleur intelligent... Nous avons dans les ouvrages de Perrault et dans tous ceux de nos architectes les plus célèbres des marques de cette attention et de cette perfection de travail qui caractérise notre nation plus qu'aucune autre »[3].

Les ressauts

Le choix du matériau de gros-œuvre détermine quelques-uns des principaux caractères de structure qui s'expriment par les élévations, et notamment par les ressauts.

Le plus significatif des ressauts est le surplomb. Il serait du plus grand intérêt de dresser une carte du surplomb en Europe. Les gros ouvrages en surplomb comme l'oriel, l'échauguette, la tourelle, familiers des pays où l'on se souvient des encorbellements de charpente, sont plus rares à l'époque moderne dans les pays méditerranéens : en Italie, quelques logettes sur cul-de-lampe, souvent rejetées dans les venelles ; tandis qu'en Angleterre, l'oriel monumental surmonte le portail principal.

En s'appuyant sur l'étymologie et sur les exemples donnés par l'œuvre de Jules Romain et de Jean d'Udine, on a peut-être un peu hâtivement classé le balcon parmi les italianismes. Il faudrait d'abord s'entendre sur le sens du mot balcon. Pourquoi les petites plates-formes centrées sur cul-de-lampe et à garde-corps du château de Chenonceau et du Palais ducal de Nancy ou la coursière de la maison dite du Cardinal de Jouffroy à Luxeuil (deuxième moitié du XVe siècle), qui ne portait primitivement que sur des consoles, ne seraient-elles pas des balcons ? Et que doivent-elles à l'Italie ? Faut-il citer comme preuve en faveur de l'Italie les superbes exemples des ruines antiques d'Ostie ? Le mot balcon vient bien de l'italien « balcone » et son origine étrangère est encore sensible pour les Français qui l'emploient au XVIIᵉ siècle [4]. Delorme place sur un projet « une petite terrasse ou balchon à la mode d'Italie, ainsi qu'il se voit en plusieurs palais à Rome, Venise et autres villes » [5]. Ce balcon de Delorme n'est pas en surplomb ; c'est une terrasse sur deux colonnes, formant porche devant une porte. Le même ouvrage est désigné par le mot « méniane », autre italianisme, dans les dictionnaires de Félibien, de D'Aviler et de Roland Le Virloys. Ce qui n'empêche pas D'Aviler d'écrire que le balcon peut être sur consoles ou sur colonnes [6]. Au XVIIIᵉ siècle, le balcon est entièrement assimilé par la langue française ; il apparaît comme un des éléments de la francisation de l'architecture strasbourgeoise où l'oriel traditionnel est alors appelé, par opposition, le « balcon allemand » [7].

Nous avons montré comment les Français, par l'organisation des corps de bâtiment en aile, en pavillon, par l'articulation des toits, donnaient libre cours à leur goût pour les contrastes de volumes. L. Hautecœur a décrit la lente évolution vers une plus grande unité qui réduit l'aile ou le pavillon à un simple avant-corps, celui-ci ne disparaissant à son tour de l'architecture régnicole que très tardivement et très exceptionnellement (fig. 2, 6, 20, 30) : Il est vrai qu'il n'y a pas d'avant-corps dans les façades des palais florentins (fig. 147) et des palais romains, qu'il n'y en a pas dans les façades italianisantes du Sud-Est de la France, qu'il y a en revanche des avant-corps dans les façades des édifices anglais d'obédience française, comme Montagu house (fig. 15) et Boughton house dont la façade pourrait être directement inspirée d'une planche de Jean Marot [8]. Beaucoup de Français trouvent que la façade de Versailles sur le parc manque de relief : « Elle ne produit aucun effet, elle ressemble à une longue muraille... Plus de diversité dans les masses et dans les plans auraient donné le jeu et la vie » [9]. J.F. Blondel écrit : « Peut-être abusons-nous trop [nous Français] des ressauts dans nos bâtiments ; mais ne

doit-on pas convenir aussi que cette continuité lisse [celle des palais romains], poussée à l'excès ne présente qu'une composition froide » [10].

Le procès de l'avant-corps commence au milieu du XVIIIᵉ siècle. Laugier n'en condamne que l'abus [11]. Legrand et Landon écrivent à propos de la façade Lescot du Louvre : « Ce qu'on pourrait blâmer avec plus de raison dans cette façade, serait la multitude des avant-corps » [12]. Les critiques finissent par obtenir la suppression des avant-corps. Landon commente en ces termes le modèle donné par Gondouin à l'Ecole de Chirurgie de Paris (fig. 161) : « Tout le système de la vieille architecture française fut renversé par cet exemple inattendu et les partisans de la routine furent stupéfaits de voir une façade sans pavillon, sans avant-corps au milieu, sans arrière-corps et dont la corniche suivait d'un bout à l'autre sans ressaut ni profil, contre l'usage reçu en France » [13]. Rappelons que l'Ecole de Chirurgie est en effet un édifice-manifeste de ce classicisme que nous qualifions de supranational.

Les pleins et les vides

Dans les « facciate fatte al costume di Venetia » [14] (fig. 23), quels peuvent être pour Serlio les traits caractéristiques de la manière vénitienne ? Des traits généraux comme le rapport de la hauteur à la largeur ou des détails comme cette baie, dite serlienne ou palladienne, que les Anglais appellent simplement « venetian window » ? Les uns et les autres, sans aucun doute. Mais nous mettrions volontiers en vedette la distribution des baies : ce contraste des parties basses presque aveugles et des parties hautes ouvertes, quelquefois même en claire-voie, que l'on voit sur les planches de Serlio, est fort commun sur la lagune.

Dans sa définition la plus élémentaire, l'élévation est un rapport de pleins et de vides. Les partisans de la théorie climatique ont voulu croire que les vides augmentaient au détriment des pleins du sud au nord et ont tenté de quantifier ce rapport. Guadet a calculé que les

19. *Hardwick Hall (Derbyshire) construit entre 1590 et 1597, probablement par R. Smythson. Un exemple de la manière anglaise dont l'originalité est particulièrement évidente dans la seconde moitié du XVIᵉ siècle. A noter le rapport des pleins et des vides « more glass than wall », caractéristique des manières septentrionales.*

baies représentaient 11,80 % de la surface de la façade de la Chancellerie de Rome ; et 20,87 % de la façade Lescot du Louvre [15]. Ces calculs seraient (peut-être) significatifs si on les appliquait à de grandes séries synchroniques. Il est vrai que l'on trouve dans le nord de l'Europe des façades tout en baies qui n'ont pas d'équivalent dans le sud : les maisons de la Grand'Place à Bruxelles, la Chancellerie de Bruges, l'Essighaus à Brême, la maison de Leibnitz à Hanovre et, dans le Derbyshire, Hardwick Hall (fig. 19), qui est traditionnellement sous-titré « more glass than wall », plus vitre que mur, plus vide que plein. La formule est à comparer à la formule « tant plein que vide » qui est un leit-motiv de la théorie à l'usage de la France, et que Tiercelet et Laugier appliquent aux trumeaux qui doivent avoir la même largeur que les fenêtres [16].

La petitesse des fenêtres est constamment signalée comme obstacle à l'adoption des modèles italiens par les Français. Voir en particulier les observations très critiques de l'Académie d'architecture sur les œuvres de Serlio, de Palladio, de Scamozzi, ces maîtres que l'Acadé-

mie met au premier rang lorsqu'il s'agit des ordres : les baies de leurs façades sont adaptées au climat italien [17]. Même observation par J.F. Blondel à propos des palais romains en général [18] et des projets du Bernin pour le Louvre en particulier (fig. 149). J.F. Blondel reconnaît que les projets du Bernin sont conformes sur ce point aux modèles des Anciens, mais les Anciens étaient aussi des méridionaux. « D'où il faut conclure qu'il est essentiel d'asservir ses productions au goût dominant d'une Nation où l'on est appelé pour exercer ses talents » [19]. A propos de la Colonnade du Louvre, J.F. Blondel écrit : « Perrault à la vérité n'aurait peut-être pas produit ce chef-d'œuvre en Italie ; mais forcé à Rome de se soumettre à de petites ouvertures, il aurait du moins assorti le module de son ordre et les principaux membres de son architecture à l'usage intérieur de l'édifice » [20]. En proposant « d'observer entre les pleins et les vides un rapport progressif qui serait déterminé par l'expression des ordres » [21], Blondel tente une fois de plus de convertir les manières en genres.

C'est pour la Colonnade et à l'usage des Français que Perrault a inventé le pseudosystyle (fig. 153). Rappelons que le pseudosystyle est l'alternance d'un entrecolonnement si étroit que les colonnes paraissent jumelées, et d'un entrecolonnement exceptionnellement large. Dans notre article sur le sixième ordre d'architecture, nous avons démontré que cette composition a été reconnue comme topique de l'architecture française par les contemporains : l'accouplement des colonnes est dans le goût des Français pour les piliers en faisceaux de colonnes ; le grand entrecolonnement est adapté à l'ensoleillement d'une terre plus septentrionale que les terres antiques : sa réalisation n'a d'ailleurs été rendue possible que par le développement que les Français ont su donner à la stéréotomie des architraves.

Les baies

On retrouve des tropismes très forts en analysant ces éléments de composition que sont les baies. Bien des aspects de ce sujet nous échappent. Par exemple, nous n'avons pu trouver pourquoi le portail de clôture formé de deux piliers et d'une grille, s'appelle « porte flamande » en France [22] et « holländische Thor » en Allemagne [23]. Mais nous avons pu réunir sur quelques types de baies un petit dossier assez significatif.

La croisée, c'est-à-dire la fenêtre recoupée en croix par un meneau et une ou plusieurs traverses est un gallicisme pour les Italiens (fig. 1, 2, 11, 17) qui n'en ont pas pour autant ignoré complètement l'usage, comme en témoignent les croisées du Palais de Venise à Rome. Serlio utilise les « finestre à croce » [24] dans toutes ses maisons à la française. Les croisées commencent à disparaître de l'architecture régnicole vers 1640 [25]. Mais, à Montpellier, ce n'est qu'à la fin du XVIIᵉ siècle, peut-être même au début du XVIIIᵉ siècle « qu'on a fait les fenêtres à l'italienne et qu'on s'est désabusé des croisées qui avaient régné si longtemps » [26].

Assez curieusement, la fenêtre sans meneau est appelée « french casement » en Angleterre au XVIIIᵉ siècle [27] ; mais c'est pour distinguer la fenêtre à deux vantaux de la fenêtre à guillotine (c'est-à-dire à châssis vitré glissant dans des rainures verticales) qui est le type local et que les Français appellent « fenêtre anglaise ». En 1698, Lister la signale comme une nouveauté venue d'Angleterre à l'hôtel de Lorge, que Jules Hardouin-Mansart vient d'achever [28].

Avec la « french window », la porte-fenêtre, les Anglais nous ouvrent une perspective autrement intéressante. On sait que la porte-fenêtre se définit soit comme une porte à deux vantaux dont la menuiserie est celle d'une fenêtre, soit comme une fenêtre s'ouvrant jusqu'au sol. Voilà qui ne paraît pas spécifique de l'architecture française : toutes les portes de balcon sont des portes-fenêtres. Sauval cependant attribue l'invention de « ses fenêtres sans appui qui règnent depuis [le] platfond jusqu'[au] parterre » à Madame de Rambouillet, qui les aurait introduites dans son célèbre hôtel parisien [29]. Heureusement Chambers nous fait comprendre que la porte-fenêtre ne lui paraît française que lorsqu'elle est dans une certaine situation. « In France, the windows are frequently carried quite down to the floor ; and this, when the building is surrounded with gardens or others beautiful prospects, renders the Apartements exceeding pleasant » [30]. La suite de portes-fenêtres en rez-de-chaussée est en effet un des thèmes de l'architecture française à partir de la fin du XVIIᵉ siècle (fig. 20). Tiercelet peut encore dire en 1764 que ces suites sont à la mode [31].

Les demi-étages sont italiens : le *mezzanino* et l'*attico* sont éclairés par des fenêtres oblongues qui donnent un air d'Italie aux façades de l'abbaye Saint-Pierre de Lyon (fig. 22) ou du palais épiscopal de Carpentras, qui sont l'une et l'autre de La Valfenière. A plusieurs reprises, et en particulier lors d'un examen de l'œuvre de Serlio, l'Académie d'architecture recommande d'éviter « l'usage que l'on a en Italie de faire de petites fenêtres, particulièrement pour les entresols au-dessus du rez-de-chaussée » : si l'entresol est nécessaire, il faut l'éclairer par la partie haute de grandes baies qui éclairent également le rez-de-chaussée (fig. 21) [32]. Le Camus de Mézières fait la même observation et la même recommandation [33]. Il suffit de

Veue d'vne Maison particuliere du S.r le Roy

dans la rue du Mail du dessein

56

20. *Paris, hôtel du Maine construit par R. de Cotte à partir de 1716, façade remaniée par A.-C. Mollet. (J.-F. Blondel,* Architecture française*). A noter l'avant-corps, les portes-fenêtres, les lucarnes, le toit brisé, les bossages, caractéristiques de la manière française.*

21. *Paris, maison, 7, rue du Mail, construite par Th. Gobert en 1669 et maisons voisines. (Gravure de J. Marot). Arcades englobant les fenêtres d'entresol, bossages, cordons doubles, toits brisés et lucarnes, caractéristiques de la manière française.*

22. *Lyon, ancienne abbaye Saint-Pierre, construite de 1659 à 1687 par François et Paul des Royers de La Valfenière. (Photographie B. Cougnassout). Couverture non apparente, fenêtres oblongues de l'étage d'entresol et de l'étage-attique (dans l'entablement), rapports de hauteur entre les niveaux, caractéristiques de la manière italienne.*

connaître un peu l'architecture régnicole pour savoir que la théorie ne fait ici que décrire la pratique.

C'est dans le *Vitruvius Britannicus* de Campbell, à propos des projets d'Inigo Jones, que nous avons trouvé la première mention de la « venetian window »[34]. L'expression est utilisée couramment en Grande-Bretagne pendant tout le XVIIIe siècle[35]. Serlio (fig. 23) et Palladio ont beaucoup contribué à la diffusion de ce triplet formé d'une baie centrale couverte d'un arc en plein-cintre et de deux baies latérales couvertes carrément à hauteur de l'imposte de la baie centrale. Aussi les historiens italiens l'appellent-ils « serliana » et les historiens français « baie palladienne » ou, plus récemment, « serlienne ». S. Wilinski l'a trouvé dans les œuvres d'Antonio da Sangallo le Jeune et de Bramante qui ont pu inspirer Serlio et Palladio. Wittkower pense, à juste titre nous semble-t-il, que les Anglais du XVIIIe siècle, en l'utilisant, faisaient référence à Jones plus qu'à Palladio[36]. Mais le motif est assez banal dans l'architecture vénitienne. Les Anglais en

ont fait un trait spécifique de cette manière. Nous retrouvons la fenêtre vénitienne en Allemagne sous le nom de « venetianische Fenster »[37] et jusqu'en Italie sous le nom de « finestra alla Veneziana »[38]. L'expression n'est pas signalée dans le répertoire français, dont on sait qu'il est peu ouvert au vénétianisme[39]. Mais la forme apparaît à l'hôtel de Marigny (1767) par lequel, d'après un contemporain, Soufflot « a voulu introduire [en France] le genre vénitien »[40] (fig. 24).

La composition

Il est commun de dire que la régularité dans la distribution des baies, la symétrie, les rythmes, tout ce qui fait qu'une élévation devient façade, et jusqu'au mot façade lui-même, viennent d'Italie. Il n'est plus nécessaire de démontrer l'importance qu'a pris le traitement des

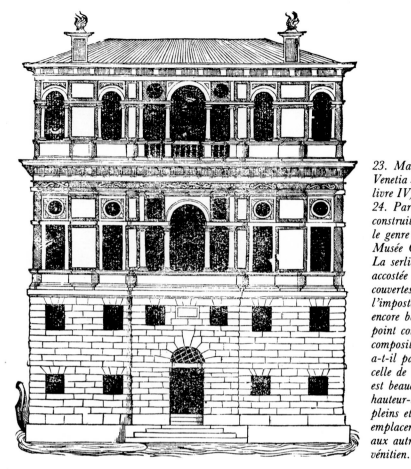

23. Maison « al costume di Venetia » (Serlio, Tutte l'opere, livre IV).

24. Paris, hôtel de Marigny construit en 1767 par Soufflot « dans le genre vénitien ». (Projet original. Musée Carnavalet).

La serlienne (baie en plein-cintre accostée de deux baies secondaires couvertes carrément à hauteur de l'imposte de la baie centrale) dite encore baie vénitienne, est le seul point commun entre ces deux compositions. Et sans doute n'y a-t-il pas d'autre vénétianisme dans celle de Soufflot ; celle de Serlio en est beaucoup plus riche : le rapport hauteur-largeur, le rapport des pleins et des vides, et surtout les emplacements des uns par rapport aux autres, annoncent un palais vénitien.

25, 26. Paris, église des Feuillants, façade construite en 1623-1624 par F. Mausart ; et église du noviciat des Jésuites, construite par Martellange de 1630 à 1641. (J. Mariette, Architecture française).

La façade à deux niveaux et pilastres est une des plus italiennes de Paris ; elle est élevée au rang de modèle par les « Intelligents » (partisans français du classicisme au milieu du XVIIe siècle) ; elle est admirée par Le Bernin. Ce dernier reproche à la façade des Feuillants son troisième niveau qui, avec les doubles colonnes, l'apparente à la façade de Saint-Gervais, version française des modèles italiens.

façades dans l'architecture italienne dès le XVᵉ siècle. Les constructions italianisantes du Sud-Est de la France — la Bourse, les hôtels Crillon et Fortia à Avignon, l'hôtel Sauvan à Aramon, l'hôpital de Carpentras, etc. — s'imposent par l'ostentation de leur élévation antérieure. Les gothiques ont construit des façades à leurs églises ; mais ils n'ont pas ordonnancé les élévations de leurs demeures. Aussi est-ce d'abord dans le domaine de l'architecture civile que se manifeste l'italianisme du XVIᵉ siècle. Le mimétisme est ici tout à fait conscient : un siècle après la construction du Grand-Ferrare et de Saint-Maur, Sauval écrivait encore : l'hôtel de Bellegarde-Séguier est « célèbre à cause de sa régularité que nos architectes avaient tout nouvellement apportée d'Italie »[41].

L'analyse des compositions révélerait sans doute de nombreux topiques. Les façades des églises italiennes ont généralement deux niveaux comme au Gesu de Rome ; les façades des églises françaises ont au XVIᵉ siècle, dans la tradition gothique, un grand nombre de niveaux (Saint-Michel de Dijon) souvent réduits à trois au XVIIᵉ siècle, comme à Saint-Paul-Saint-Louis ou à Saint-Gervais de Paris. En France, les façades à trois niveaux seraient donc indigènes ; les façades à deux niveaux, allogènes. Le Bernin reproche à François Mansart le troisième niveau de sa façade des Feuillants ; il admire au contraire l'église du Noviciat des Jésuites qui n'en a que deux[42] (fig. 25, 26).

Cependant une étude plus poussée ferait sans doute apparaître que les façades sont moins soumises que les autres parties de la composition architecturale aux contraintes naturelles et sociales et qu'elles sont le lieu où s'exprime le plus librement le génie individuel. L'art de l'architecte rejoint ici celui du peintre. Et c'est bien pourquoi on a tant écrit sur les façades.

6. La distribution intérieure

André Félibien définit la distribution comme la «division et commode dispensation des lieux qui composent un bâtiment»[1]. C'est cette définition assez vaste et vague que les contemporains ont à l'esprit quand ils parlent de distribution. Legrand et Landon distinguent trois sortes de distribution: la distribution des masses, la liaison maison-jardin et la distribution intérieure[2]. Nous avons traité des deux premières comme rapports des volumes et des espaces libres. Nous ne traitons ici que de la distribution intérieure, c'est-à-dire de l'organisation de l'espace intérieur, plus particulièrement des communications entre les sous-espaces, et de la destination des étages et des pièces.

Les historiens de l'architecture savante n'étudient la distribution intérieure que depuis quelques années. Le sujet n'intéressait que les spécialistes de l'architecture populaire qui ne le traitaient que dans la perspective ethnologique. On ignorait l'art de la distribution. Or le traitement de l'espace peut se décrire comme une phrase musicale: ampleur et ténuité, développement et contraste, scansion et ponctuation, etc.

L'expression la plus élaborée de cet art se trouve dans *Le Génie de l'architecture* (1780) où Le Camus de Mézières, en disciple de Locke, applique les principes de la philosophie sensualiste à l'architecture. De la distribution, il écrit: «On doit passer de la simplicité à la richesse. Le vestibule est alors moins orné que les antichambres, les antichambres moins que les salons... Chaque pièce doit avoir son caractère particulier. L'analogie, le rapport des proportions décident nos sensations; une pièce fait désirer l'autre, cette agitation occupe et tient en suspens les esprits». La deuxième antichambre par exemple: «C'est dans cette pièce qu'on doit commencer à ressentir le genre de sensation qu'on aura à éprouver dans les pièces qui suivent; c'est pour ainsi dire une avant-scène». Le salon est le point culminant de la distribution d'une demeure. Autour du salon gravitent de nombreuses pièces qui portent l'empreinte des mœurs. Le boudoir, «séjour de la volupté», «petite maîtresse à parer»[3] est une des pièces les plus caractéristiques de la distribution française au XVIIIe siècle. Chaque pièce doit avoir sa couleur: chambre verte, boudoir blanc et bleu, etc. Cependant l'exégèse de la distribution, comme celle des ordres, comme celle de l'architecture tout entière, conduit à la double interprétation par les universaux et par les topiques: il y a en effet des topiques de distribution.

L'art de la distribution et les manières nationales

«A l'égard de la distribution des pièces de parade ou de bienséance, écrit J.F. Blondel, il est difficile d'en parler méthodiquement, parce que ce genre de distribution [...] est sujet des différents usages des nations»[4]. Pour Milizia, la distribution est «relativa alla diversità di climi, di tempi, di costumi delle maniere delle diverse nazioni»[5]. Quatremère de Quincy développe ce thème: «Il n'y a pas de règle à donner en ce genre. Les usages d'Angleterre n'admettent pas les enfilades de pièces qu'on recherche en Italie; et les petites pièces, les dégagements, les pièces dérobées qui font le mérite des distributions françaises, ne seraient ni praticables, ni de mise à Londres ou à Rome»[6].

Cependant les topiques de distribution sont de ceux qui sont exportables. Claude Perrault propose à Colbert de faire au Louvre des appartements «à la manière de toutes les nations célèbres qui sont au monde, à l'italienne, à l'allemande, à la turque, à la persanne, à la manière du Mogol, du roi de Siam, de la Chine», etc. Les ambassadeurs de ces nations pourront dire que «la France est comme l'abrégé du monde»[7]. Pour rendre la couleur locale des modes orientaux, Perrault ne comptait sans doute que sur les ressources du décor intérieur qui est l'indispensable complément de la distribution et l'expression la plus claire des langages nationaux. Si nous avons pris le parti de traiter distribution et décor en deux chapitres différents, c'est que nous tenions à isoler les topiques qui sont propres au traitement de l'espace.

Ceux-ci ne nous paraissent évidents que dans l'architecture civile, à laquelle se réfèrent d'ailleurs tous les textes que nous avons déjà cités. Cependant nous pensons qu'une analyse plus approfondie permettrait d'identifier des topiques de distribution jusque dans l'architecture religieuse, bien que celle-ci soit certainement moins sujette aux particularismes. Examinant les projets de Nicolas-Henri Jardin pour la Frederikskirche de Copenhague, l'Académie d'architecture se déclare assurée que l'architecte « aura fait la distribution et décoration de l'église conformément aux usages et convenances du pays »[8].

Incompatibilité de la manière italienne et de la manière française

A propos de sa restauration de la maison de Pline au Laurentin, Jean-François Félibien constate « qu'on y trouvera rien de contraire à la manière de se loger qui a esté presque de tout temps en usage en Italie [et qui] est fort différente de celle des autres pays, surtout de celle des pays septentrionaux et même de celle que nous pratiquons en France »[9]. En vérité, Félibien a peut-être projeté dans sa restitution l'idée qu'il se faisait de la permanence des distributions méditerranéennes ; peu nous importe que la démonstration reste à faire ; l'essentiel est que cette théorie ait eu des adeptes.

Le Muet, auteur de la première traduction française des *Quattro libri dell'architettura*, déclare que « les maîtres d'architecture apprennent tous les jours dans [les] œuvres [de Palladio] quelques nouveaux secrets de leur art », mais ne traduit en réalité que les chapitres XII à XX du livre I, c'est-à-dire ceux qui concernent les ordres. Il néglige les chapitres I à XI du même livre concernant les matériaux et l'appareil. Puis, à tout le reste, il substitue un « Traité des galleries, entrées, salles, antichambres et chambres, avec la manière de trouver la hauteur de chacune des pièces... le tout ainsi que nous pratiquons en France ». Il l'accompagne d'un avertissement au lecteur : « Je t'avertis qu'en ce qui suit pour ce que j'ai reconnu que les mesures que [Palladio] prescript diffèrent en beaucoup de choses de celles qu'on pratique aujourd'hui en France, au lieu de traduire précisément ce qu'il dict [...], je te donne seulement les règles et préceptes de ce qui est en usage parmi nous. Mais quand il revient à nos mesures et à ce que nous pratiquons, je reprends aussi

fidèlement la traduction de mot à mot ». Dans l'édition de 1726 du Palladio traduit en français, le traducteur s'indigne que Le Muet ait imposé non la manière française, mais sa propre manière « qu'apparemment il avait dessein d'introduire en France » où la manière de Palladio « a autant été suivie et admirée qu'en aucun autre endroit du monde »[10]. Prenons la défense de Le Muet : si les règles qu'il présente n'étaient pas en usage en France, il faut lui reconnaître le mérite de les y avoir introduites, car on en retrouve plusieurs en application dans les œuvres du milieu du XVIIe siècle. D'ailleurs le jugement de Le Muet sur la distribution de Palladio est partagé par la majorité de ses confrères.

Rien de plus instructif à cet égard que la lecture critique des œuvres de Palladio, Scamozzi, Serlio, que l'Académie d'architecture a inscrite à l'ordre du jour de ses travaux pendant plusieurs années. Invariablement tombe le même jugement : la distribution des Italiens est inacceptable en France. Dans ses maisons, Palladio « a toujours plus d'égard à la décoration extérieure qu'à la distribution et aux commodités du dedans, ce qui fait que ses bâtiments ne sont pas propres à l'usage de France, où l'on préfère souvent la commodité du dedans à la décoration du dehors »[11]. Nous rencontrons pour la première fois le dilemme dedans-dehors, qui est discriminant dans la comparaison des manières italienne et française.

L'affaire du Bernin l'illustre bien. Il y a eu plus de Français pour admirer que pour critiquer les façades projetées par l'Italien pour le Louvre. Il est donc vain de chercher dans le « trop de baroque » de ces façades, les raisons de l'échec du Bernin, qui sont d'ailleurs rapportées bien clairement par les textes. Le Bernin n'a pas su traiter le problème des appartements du roi qui, pour Colbert, était essentiel. « Le cavalier n'entrait dans aucun détail, ne songeait qu'à faire de grandes salles de comédie et de festins, et ne se mettait en nulle peine de toutes les commodités, de toutes les sujettions et de toutes les distributions de logements nécessaires », écrit Charles Perrault : « M. Colbert, au contraire, voulait de la précision, voulait voir où et comment le Roi serait logé, comment le service se pourrait faire commodément... Ils sont rapidement très mécontents l'un de l'autre. Le Bernin ne comprend rien aux minuties dont Colbert l'entretient »[12]. Ce passage est à rapprocher de l'observation de l'Académie sur Palladio : «L'on ne voit point... que Palladio se soit fort mis en peine de la distribution de ses appartements, de chercher la place du lit, ni des cheminées, ce qui est pourtant considérable pour nous »[13]. Les observations de Colbert sur les projets du Bernin sont connues : Colbert a des idées précises sur la destination et la place de chaque pièce; il s'inquiète de l'emplacement à donner à la chapelle, mais n'en néglige pas pour autant la disposition à prendre pour les «lieux »[14]. Après le départ du Bernin, et alors que son projet est pratiquement abandonné, Colbert juge celui-ci en ces termes : «Quoique beau et noble, [il] était néanmoins si mal conçu pour la commodité du Roi et de son appartement au Louvre, qu'avec une dépense de dix millions, il le laissait aussi serré dans l'endroit qu'il devrait occuper au Louvre qu'il était sans faire cette dépense »[15]. L'échec des Italiens sur le chantier du Louvre était prévisible. Il suffisait de prêter attention aux avertissements qu'adressait à Colbert, dès juin 1664, Benedetti qui avait reçu mission de créer entre les plus célèbres architectes de Rome un concours d'idées pour le palais du roi de France : «Quant à la distribution des chambres et la disposition des commodités, nos architectes italiens sont tellement imbus de la mode de notre pays qu'ils ne se sont guère conformés aux habitudes françaises, assez différentes »[16].

Si l'on y regarde de près, on s'aperçoit qu'il s'agit non seulement d'une confrontation de deux manières de vivre, mais encore d'une confrontation de deux conceptions de l'architecture. Les Italiens composent leurs plans comme leurs élévations. Ils y recherchent la régularité, voire la symétrie. «Le 21e dessein de Serlio est un de ceux auxquels cet architecte s'est attaché à la régularité de la figure de son plan, qui est une croix, au préjudice de la distribution des dedans, qui n'ont rien de commode », constate l'Académie[17]. J.F. Blondel, éternel défenseur de la tradition française, particulièrement sensible aux dangers que fait courir à celle-ci la tentation de l'italianisme, renaissant dans les années 1750, met en garde contre

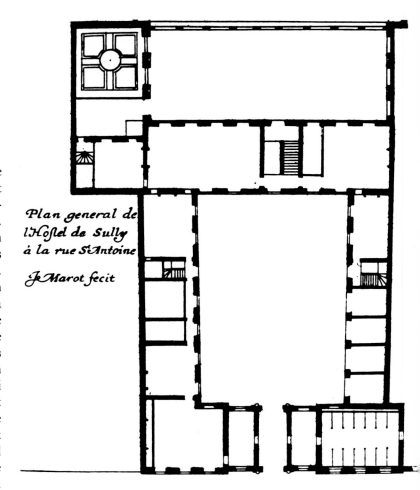

Plan general de l'Hôtel de Sully à la rue St Antoine

Je Marot fecit

cette fausse distribution qui «donne à la forme intérieure d'un bâtiment l'apparence d'une pièce de gazon découpée, affectant d'ailleurs une symétrie mal entendue entre la droite et la gauche des appartements, et qui est aussi peu essentielle dans l'intérieur qu'elle est importante à observer dans les dehors »[18].

La distribution, spécialité française

Les Français ont attaché une importance toute particulière aux questions de distribution et il semble qu'ils aient eu l'ambition de donner sur ce point des modèles susceptibles d'être diffusés au-delà des frontières (fig. 27, 28, 29). Ces modèles ont retenu l'attention des Italiens eux-mêmes. Serlio revient constamment sur la «commodittà di Franza » qu'il trouve bonne[19], mais que par ailleurs il ne prétend fournir que dans ses maisons à la française. La distribution de ses maisons à la française ne rappelle que d'assez loin la distribution de la maison française du XVIe siècle[20]. Mais la différence entre la manière italienne, plus formelle, et la manière française, plus vivante, est en revanche parfaitement bien vue.

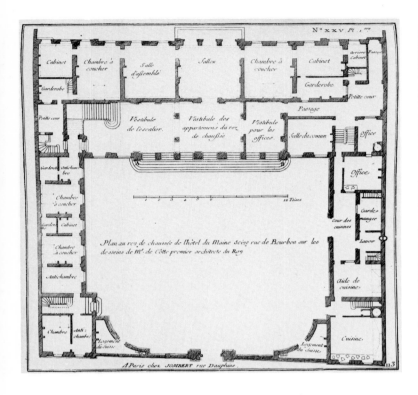

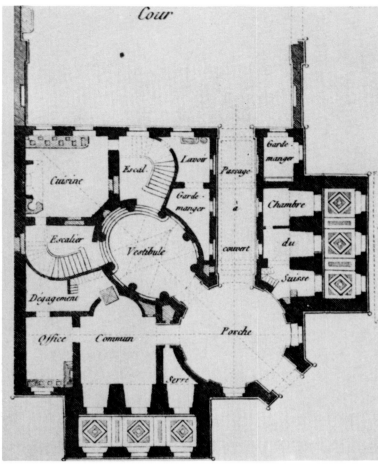

Dans les lettres où il développe le parallèle de la France et de l'Italie, Le Tasse écrit à propos des maisons des Français : « Io non trovo in loro quella commodità della quale erano lodate »[21]. Il faut que la réputation de la distribution française ait été déjà acquise pour que Le Tasse prenne la peine de la discuter. En tout cas, cette manière française de distribuer existe : Cassiano del Pozzo l'a rencontrée en 1625 au château de Villeroy où il admire « l'appartamento del padrone fatto al solito di Francia »[22].

Les théoriciens français disent de la distribution que c'est un art inconnu des Anciens et créé par les Français. Le texte le plus important à cet égard est le *Parallèle des Anciens et des Modernes* (1688-1692) de Charles Perrault : « A voir le raffinement où on a porté cette partie de l'architecture depuis le commencement de ce siècle et particulièrement depuis vingt ou trente ans, on peut juger combien nous l'emportons de ce côté-là sur les Anciens »[23]. Les travaux de J.P. Babelon sur la demeure parisienne dans la première moitié du XVIIe siècle confortent le propos de Perrault. Voir, par exemple, tout le dossier de l'hôtel créé vers 1620 par la célèbre

27. *Paris, hôtel de Sully, construit en 1625 pour Mesme Gallet probablement par Jean Androuet du Cerceau. (Gravure de J. Marot).*
28. *Paris, hôtel du Maine par R. de Cotte, 1716. (J.-F. Blondel, Architecture française).*
29. *Paris, hôtel de Montmorency construit de 1769 à 1771 par Cl. N. Ledoux pour le Prince de Montmorency. (D. Ramée, L'architecture de Cl. N. Ledoux, 1847).*

Trois moments de l'évolution de la distribution à la française. A l'hôtel de Sully se maintiennent encore les usages du XVIe siècle : le corps de logis est simple en profondeur, formé de salles rectangulaires ; dans l'escalier au centre, servant de vestibule, se croisent les passages de la cour au jardin et d'une salle à l'autre. L'hôtel du Maine illustre le modèle classique français qui parvient à sa perfection dans la première moitié du XVIIIe siècle : corps de logis double en profondeur, escalier principal rejeté sur le côté de l'axe vestibule antérieur-salon postérieur, fonctions diversifiées et circulations secondaires multipliées. Plus que la position à l'angle de deux rues, c'est une nouvelle conception de la distribution qui justifie l'abandon du parti traditionnel en U, à l'hôtel de Montmorency ; le triplement du corps en profondeur, autorisé par l'utilisation de l'éclairage zénithal, rappelle certaines distributions à l'italienne ; mais d'autres traits sont bien français : diversification des formes des pièces, récupération des espaces « perdus », raffinement de la circulation (sur la diagonale, porche dans-œuvre, vestibule, escalier à deux rampes et, à l'étage, première antichambre, deuxième antichambre et salon au-dessus du porche).

Madame de Rambouillet, à laquelle les contemporains ont attribué, un peu généreusement sans doute, les innovations les plus remarquables de ces années (et en particulier l'alcôve et la porte-fenêtre dont nous avons déjà parlé)[24]. Le Muet et Savot sont les premiers théoriciens français à traiter sérieusement de la distribution. Il n'y a rien sur le sujet dans le *Cours* de François Blondel : Jacques-François Blondel s'en étonne et désigne Jules Hardouin-Mansart comme le véritable fondateur de l'art de distribuer[25], titre qui lui est également reconnu par Dézallier d'Argenville[26]. Le château de Clagny (1676-1683), où pour la première fois un architecte « a cherché à concilier ensemble la relation que les dedans doivent avoir avec les dehors »[27] serait un édifice de référence. « Il semble que depuis environ cinquante ans » écrit J.F. Blondel dans son *Architecture française* (1752-1756), les architectes français aient « inventé un art nouveau... Ceux qui font profession d'architecte reconnaissent qu'avant ce temps nos édifices en France, à l'imitation de ceux d'Italie, offraient à la vérité une décoration extérieure où l'on voyait régner une assez belle architecture, mais dont les dedans étaient peu logeables »[28]. Patte retarde au règne de Louis XV cette révolution : « Avant ce temps, on pouvait dire avec raison de l'architecture que ce n'était que le masque embelli d'un de nos plus importants besoins »[29]. Les textes les plus importants de la théorie française sur la distribution datent en effet de la première moitié du XVIIIe siècle : Tiercelet, *Architecture moderne*, 1728-1729[30] ; J.F. Blondel, *De la distribution des maisons de plaisance*, 1737-1738 ; Briseux, *L'art de bâtir les maisons de campagne*, 1743 ; J.F. Blondel, *Architecture française*, 1752-1756[31] ; Laugier, *Essai sur l'architecture*, 1753[32] ; Laugier, *Observations sur l'architecture*, 1765[33]. La seconde moitié du siècle a peut-être été moins féconde en textes doctrinaux (encore que la publication du *Cours* de J.F. Blondel et du *Génie de l'architecture* de Le Camus de Mézières soit postérieure à 1750), mais elle a permis de porter la pratique à un degré de perfection inégalé. Sébastien Mercier parle « des prodiges de l'architecture [qui] sont à Paris dans l'intérieur des maisons. Des coupes savantes et prodigieuses économisent le terrain... Elles étonneraient fort nos aïeux qui ne savaient que bâtir des salles longues et carrées... Nos petits appartements sont tournés et distribués comme des coquilles rondes et polies et l'on se loge avec clarté et agrément dans des espaces ci-devant perdus et gauchement obscurs »[34]. Le phénomène est d'ailleurs plus particulièrement parisien. La distribution est « la partie de l'architecture qui n'est bien connue qu'en France et surtout à Paris », écrit le Lyonnais Delamonce.

L'importance toute nouvelle donnée à la distribution incite les théoriciens français à réécrire l'histoire de l'architecture. On distinguera désormais trois temps dans cette histoire : celui de la construction qui est l'apport des Égyptiens ; celui de la décoration, qui est l'apport des Grecs et des Romains ; celui de la distribution, qui est l'apport des Français. Ces trois temps sont également les trois parties de la pratique architecturale[35]. La dernière née doit, suivant les Français, être la première envisagée dans le travail de conception. « La distribution doit être le premier objet de l'architecture » affirme J.F. Blondel : « La décoration même dépend absolument d'un plan déterminé ; c'est la distribution qui établit les longueurs, largeurs et hauteurs d'un édifice [...], la relation intime qui doit se rencontrer entre les dedans et les dehors d'un bâtiment »[36]. Dans ses « observations sur les ouvrages de Palladio », Le Roy, professeur de l'Académie, rappelle à son élève « la nécessité de faire partir sa composition des distributions intérieures qui sont demandées à l'architecte par celui qui [l']employe »[37].

On ne peut douter que les Français aient eu, en matière de distribution, une doctrine très ferme. Et s'il est vrai que celle-ci s'est constamment affinée, il n'en reste pas moins qu'elle vient du plus profond de la tradition française : on en trouve la première expression dans le premier écrit de la théorie française, dans le traité de Delorme auquel renvoient toutes les constantes de l'architecture nationale : « Il fault que les ornements et décorations de fassades soient à propos et correspondantes au dedans du logis et que les séparations des salles, chambres et ouvertures des fenestres et croisées ne donnent aucune difformité à la face de la maison qui est par dehors. Aussi je ne voudrois point que les dicts ornements des faces empeschassent qu'on ne peust donner les vrayes mesures qu'il fault à une salle ou chambre et aussi qu'on ne peust mettre les portes, fenestres et cheminées aux lieux plus commodes et nécessaires. » [38].

Les Français sont-ils les inventeurs de la distribution à la française ? Nous le pensons, mais nous nous devons d'examiner les deux cas déconcertants du Grand Ferrare et du Palais Bourbon, qui sont deux édifices de référence en la matière et qui sont ouvrages d'Italiens. J.P. Babelon a démontré que l'hôtel du Grand Ferrare construit par Serlio, pouvait être considéré par la qualité de sa distribution comme le prototype de l'hôtel français (fig. 1). Mais n'est-ce pas justement par cette qualité que l'hôtel apparaissait comme français à son propriétaire, le Cardinal de Ferrare ? Et Serlio aurait-il tant vanté la « commodittà di Franza » s'il l'avait lui-même introduite en France ?

J.F. Blondel et Patte, qui sont experts, nous disent du Palais Bourbon que « c'est le premier édifice où l'on ait imaginé ce genre de commodité et de distribution qui fait tant d'honneur à notre architecture française ; mais ce qu'il y a de singulier, c'est que ce soit un Italien qui nous en ait fourni le premier modèle » [39]. Patte fait allusion à Giardini, qui donne le plan du Palais Bourbon en 1720 ou 1722. Giardini disparaît prématurément ; son plan, qui n'est pas connu, est exécuté par des Français, peut-être transformé. Cependant nous pouvons admettre l'intervention d'Italiens dans un domaine dont nous cherchons à démontrer qu'il est territoire français puisque la nationalité de l'artiste n'intervient que très secondairement dans l'énoncé de notre thèse. Si Serlio n'est pas l'inventeur de l'hôtel français, il a su en produire un exemple remarquable, ce que Le Bernin n'a pas su faire.

Nous verrons qu'une sorte de classicisme à l'usage de l'Europe entière s'est formé justement sur la base d'un compromis franco-italien : les dehors à l'italienne et les dedans à la française. Pour que la nécessité de ce compromis apparaisse, il a fallu que la manière française concurrence activement la manière italienne sur les marchés européens : elle a pu le faire en profitant de l'inadaptation des dedans italiens, trop antiques, trop méridionaux, aux besoins moyens des Européens.

L'art français de la distribution a été imité « avec le plus grand soin par tous les pays de l'Europe savante et même par ceux des nations les plus éloignées », d'après J.F. Blondel [40]. « Toutes les nations de l'Europe ont adopté notre manière de distribuer les appartements » d'après Tiercelet [41]. Sturm distribue aussi bien « nach der Italiänischen Manier » que « nach der französischen Art » [42]. Robert et James Adam écrivent : « A proper arrangement and relief of apartements are branches of architecture in which the French have excelled all other nations : these have united magnificence with utility in the hotels of their nobility and have rendered them objects of universal imitation » [43]. Avec la maison du Comte de Derby à Grosvenor Square, les Adam ont produit une maison « in the French style » ; mais les auteurs reconnaissent eux-mêmes qu'ils ont dû un peu adapter le modèle français pour tenir compte des habitudes locales. Cette adaptation est plus évidente encore dans les projets de Sturm, qui restent en définitive très allemands.

Vaisseaux, étages et pièces

Dans de nombreux traités, tant italiens que français, on trouve des prescriptions sur la hauteur à donner aux étages. Le tableau des comparaisons que l'on peut facilement dresser reste sans grand intérêt tant que, faute de documentation graphique abondante, diversifiée et sûre, on ne peut l'illustrer des données de la pratique. Cependant on peut sans risque accepter cette proposition de F. Blondel : « Les hauteurs de nos étages [en France] sont beaucoup moindres que celles qui sont données par Palladio et Scamozzi » [44].

En ce qui concerne la fonction des étages, les plans italiens fournissent aux Français deux sujets d'étonnement. Premièrement, les services en sous-sol. La plupart des commentateurs français du château de Madrid, à commencer par Du Cerceau, y ont remarqué cette disposition qui serait nouvelle en France [45]. L'Académie s'étonne de la retrouver encore dans les plans de

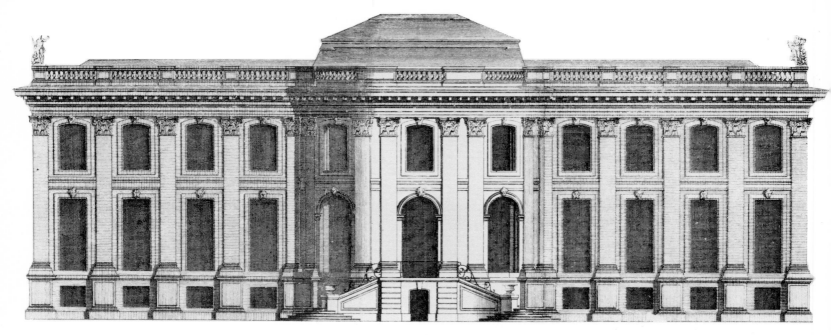

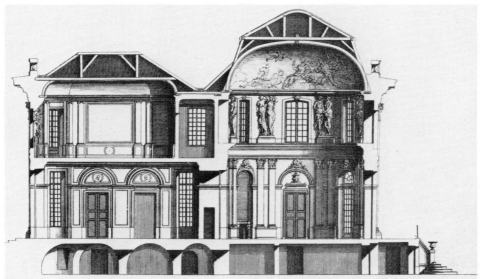

30. *Montmorency, château de Crozat le Jeune, construit après 1702 par J.-S. Cartaud.* (J. Mariette, Architecture française). *Salon à l'italienne ovale, formant avant-corps à la française. Cette disposition, est, depuis Louis Le Vau, un poncif de l'architecture française.*

31. *Vicence, villa Rotonda, construite à partir de 1550 par Palladio.* (A. Palladio, I Quattro libri). *Un des parangons de la manière italienne : plan centré et vaisseau central circulaire sur deux étages couvert d'une coupole.*

Scamozzi; elle n'en recommande pas l'emploi, « si ce n'est pour des sujétions extraordinaires et quand il y a des fossés »[46]. Deuxièmement, la destination de l'étage noble : « Les Italiens ne se servent de leurs plus beaux étages que pour la parade, non pour la commodité »[47].

La pièce à l'italienne et la salle à la française

L'appellation « pièce à l'italienne » désigne un des italianismes les plus forts de la structuration de l'espace (fig. 30). L. Hautecœur n'a pas tort de penser que cette appellation peut être ambiguë; il s'interroge particulièrement sur le cas de la « belle chambre à l'italienne » que Mademoiselle de Montpensier admire à l'hôtel Hesselin et qui aurait pu n'être caractérisée que par son décor[48].

Mais, dans ce cas précisément, le témoignage de Mademoiselle de Montpensier est recoupé par celui de Sauval qui nous apprend que la salle à l'italienne de l'hôtel Hesselin était « éclairée de deux étages »[49]. Ces deux témoignages sont peut-être les premières mentions de l'appellation; il semble bien que, dès le milieu du XVIIᵉ siècle, son acception soit fixée suivant la définition que J.-F. Blondel donne un siècle plus tard : « Les salons qui embrassent plusieurs étages sont nommés à l'italienne à l'imitation de ceux d'Italie »[50]. Cette définition est confirmée par maints auteurs[51]. Il s'agit donc d'une grande pièce, ou plus exactement d'un vaisseau, de plan généralement centré, qui monte sur deux étages ou même de fond en comble et qui est souvent couvert d'une coupole. Cette forme apparaît (pour la première fois ?) à la maison de Mantegna à Mantoue; puis dans l'œuvre de

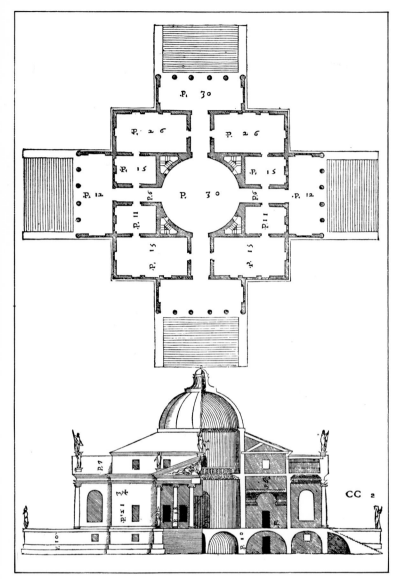

Francesco di Giorgio et dans celle de Palladio. Son plus célèbre exemple est à la Rotonda (fig. 31). Louis Le Vau l'aurait introduite en France : château du Raincy (avant 1645), château de Meudon (après 1645), château de Vaux-le-Vicomte (1656-1661), hôtel Hesselin (vers 1640-1644). Cependant le transfert en France ne s'est pas fait sans une profonde mutation. Le vaisseau est au centre d'un plan centré chez Palladio ; il est en avant-corps demi-hors-œuvre sur un plan allongé chez Le Vau : nous retrouvons ce que nous avons dit des masses italiennes et françaises.

Au point où nous en sommes de notre démonstration, nous résistons mal à la tentation de spéculer sur le génie des nations. Le génie italien s'exprimerait plus totalement dans le traitement de l'espace sacré, formé de vaisseaux ; soumis aux Italiens en ce noble domaine, le génie français se serait retranché dans le profane et le traitement de l'espace par pièces. L'autorité de l'Italie nous paraît avoir été moins discutée dans le domaine de l'architecture religieuse que dans tout autre domaine. La France n'a pas vraiment fourni de modèle d'église pendant les Temps modernes, si l'on excepte le modèle versaillais de la chapelle palatine, exception qui confirmerait d'ailleurs plutôt notre propos. Quant à la villa palladienne, elle a toutes les particularités de l'espace sacré : vaisseau central et étages périphériques.

Est-ce encore un hasard si les Italiens ont été les premiers à traiter ce grand espace couvert qu'est le théâtre ? S'ils ont donné ce modèle dont le succès fut universel sous le nom de « théâtre à l'italienne » ? L'Académie examine en 1769 un projet de salle de spectacle établi « suivant les usages d'Italie pour une cour étrangère... : l'auteur [M. de Bourges] paraît avoir joint à une architecture d'un bon genre les commodités qu'exigent les usages du pays pour lequel il a travaillé »[52]. L'adaptation aux usages ne portait que sur des aspects secondaires, comme en témoignent encore les nombreuses appellations d'origine concernant les décors, les rideaux, les loges. Cochin faisait remarquer que l'opposition de la loge à l'italienne, plus fermée, et de la loge à la française, plus ouverte, correspondait à des différences dans les mœurs[53]. Cependant le parti général reste italien dans tous les théâtres modernes.

A propos des plans de pièce, Savot écrit : « Les Italiens les tiennent plus belles quand elles sont rondes ou quarrées [...] au contraire des Français qui n'employent guère que la forme oblongue pour n'avoir des poutres d'assez longue et forte portée si elles étaient d'une grande forme carrée ». « Or, les Italiens », ajoute F. Blondel en commentaire de Savot, « sont hors de ces inconvénients d'autant qu'ils élèvent la hauteur de tel genre de salles jusque sous la couverture, n'étant par ce moyen obligés à les fermer et couvrir par le haut d'un plancher »[54]. Le plan rond ou carré est donc associé, au moins jusqu'au temps de F. Blondel, à la structure en vaisseau appelée pièce à l'italienne. L. Le Vau qui introduit justement en France la pièce à l'italienne est aussi tenu pour le vulgarisateur de ces formes rondes qui, de son temps, heurtent encore le goût commun. Le Vau ayant proposé un salon rond en avant-corps pour Versailles, Colbert remarque : « Les figures rondes qu'il affecte aux vestibules et salons ne sont point de bon goût »[55].

« Les grandes salles à la française... ont ordinairement deux fois et demi leur largeur en longueur » d'après Savot[56] ; pas moins de deux fois et jusqu'à trois fois, d'après Le Muet[57]. La salle à la française, héritage médiéval, tend à disparaître dans la première moitié du XVIIᵉ siècle ; sa fonction était indifférenciée et c'est justement la différenciation des fonctions qui va caractériser la nouvelle distribution française[58]. Sa disparition donne la salle à manger (une nouveauté des années 1640), le salon (le mot est d'origine italienne : il semble qu'il y ait au départ confusion entre les notions de salon et de salle à l'italienne)[59], et enfin, dans une certaine mesure, la galerie.

La galerie à la française et la loggia à l'italienne

Le mot galerie est ambigu. La seule partie fixe de sa définition est : pièce allongée où l'on déambule. Mais s'agit-il d'une pièce de communication ? Est-elle ouverte ? Si oui, il est inutile d'évoquer les précédents de l'hôtel Saint-Paul et de l'hôtel des Tournelles pour justifier le mot de Savot — « Il semble que les Français ont esté les premiers autheurs des galeries »[60] —, les galeries de cloître répondent en effet à cette définition[61].

Le Muet donne une définition plus restrictive, mais guère plus précise. Les galeries « se font ordinairement sur les ailes ou costés et à la face de devant. Elles servent à beaucoup de commodités comme à se promener, à manger et autres divertissements ». Sa longueur doit être de 5 à 8 fois sa largeur[62]. On voit assez bien ce que Le Muet décrit grâce aux nombreux exemples de galeries que l'on signale en France au XVIᵉ siècle et au XVIIᵉ siècle.

Sauval dit qu'il y a beaucoup de galeries à Paris et qu'il n'y en a pas à l'étranger[63]. Son témoignage est confirmé ou complété par celui des étrangers. A l'hôtel de Ferrare (fig. 1), Serlio fait « un luogo di passegiare che in Francia si dice galeria ». Dans ses projets, on trouve

souvent une « galeria per spasseggiare al costume di Francia »[64]. D'après Scamozzi, les galeries d'Italie sont des importations de France[65]. Sturm écrit : « Es sind aber in den neuen Zeiten von verschiedenen Völkern zu ihrer Bequemlichkeit wo eben nicht ganz neue, doch mit besondern Nahmen belegte Zimmer erdacht worden als da sind [...] bei den Frantzosen die langen Spatziersaale oder Galerien »[66].

Plusieurs passages du marché du 17 avril 1551 pour le Louvre font allusion à la « galerie » de l'aile construite par Lescot. Les commentateurs de cet acte n'ont pas pensé à mettre ces passages difficiles à interpréter, en relation avec l'observation faite autrefois par A. Haupt à propos de la façade de Lescot. Le premier niveau de celle-ci (fig. 38), est très en avant des deux autres ; une forte retraite le couronne. Cette surépaisseur permet d'inscrire la croisée dans une embrasure en plein-cintre qui « représente » l'arcade de la galerie, la croisée étant supposée percée dans le mur de fond de celle-ci. Or la composition inventée par Lescot pour suggérer la présence d'une galerie est devenu un poncif de l'architecture régnicole ; on y retrouve partout (fig. 36) ces baies couvertes d'un arc segmentaire et inscrite dans une arcade en plein-cintre qui seraient le stigmate de la galerie française.

On ne perçoit pas bien ce qui distingue la galerie de la loggia. Les Italiens nomment ainsi « quelle stanze che sono aperte da una parte »[67]. Cependant la galerie est elle-même souvent ouverte. Colbert juge que le projet du Bernin n'est pas adapté au climat, parce qu'il s'y trouve trop de galeries ouvertes[68]. L'Académie d'architecture s'interroge « sur la possibilité d'introduire l'usage parmy nous des loges qui se font autour des cours des grandes maisons d'Italie »[69]. Dans ces deux exemples, il s'agit principalement de portiques, c'est-à-dire de galeries ouvertes au rez-de-chaussée. Notons en passant que le mot « portique » entre lui-même dans le vocabulaire français avec Serlio. Le mot loge vient de l'ancien francique laubja : il désigne un petit abri. Cependant dans l'appellation ancienne « façade des loges » utilisée pour désigner la façade côté ville de l'aile François Iᵉʳ de Blois, loge dérive de toute évidence de loggia. De ce dernier mot,

Quatremère de Quincy écrit : « L'usage ne l'a point introduit dans le vocabulaire de l'architecture française, parce qu'effectivement l'emploi de la chose exprimée par ce mot italien est beaucoup moins commune en France et dans tous les pays du Nord » [70]. Quatremère a tort de dire que le mot n'est pas entré dans le vocabulaire français : Claude Perrault l'utilise [71]. Mais il est vrai qu'il n'a jamais été totalement assimilé par la langue, puisqu'aujourd'hui encore nous le ressentons comme italien. Egalement vrai que la forme elle-même (si le mot désigne une pièce ouverte à l'étage, dans laquelle on peut demeurer) est rare en France. Sturm dit que dans la « loggia nach italiänischer Manier », le seigneur peut manger en contact étroit avec son jardin [72].

La suite à l'italienne et l'appartement à la française

La suite est un alignement de pièces peu ou pas différenciées : elles ont la même fonction, le même plan et des dimensions sensiblement égales. L'appartement est au contraire un groupement de pièces de fonctions complémentaires, de dimensions variables et parfois de plans différents. Il semble que chacun de ces deux types d'organisation soit caractéristique des manières italienne et française.

Le Tasse, qui, nous l'avons vu, ne fait pas partie des admirateurs de la distribution française, s'étonne qu'on ne trouve en France « alcuna continuatione di stanze » [73]. « Les logements [des Italiens] ne sont pour la plupart [qu'une] grande suite de pièces toutes engagées l'une dans l'autre... [74] : ce qu'ils appellent *una gran fuga di stanze* » [75], écrit F. Blondel. A propos des plans de Scamozzi, l'Académie déclare : « En ce pays-là, ils se contentent dans le plain pied des plus beaux appartements d'une grande suite de pièces le plus souvent sans dégagement au lieu qu'en France il faut des chambres de parade, des chambres de commodité et diverses pièces et appartements dégagés » [76].

La distribution française est plus articulée, plus diversifiée, plus fonctionnelle. L'abbaye de Thélème inventée par Rabelais contenait 9 332 chambres « chacune garnie d'arrière-chambre, cabinet, guarde-robbe, chapelle et yssue en une grande salle » [77]. Dans Serlio, le groupement antecamera, camera, retrocamera ou guardaroba est, semble-t-il, associé à l'idée de distribution à la française. On le retrouve au Grand Ferrare (fig. 1). Il se complique singulièrement à partir de la fin du XVIIe siècle, où l'on voit paraître des pièces aux fonctions très précises, très limitées. A propos de ces pièces, Courtonne écrit : « La beauté principale consiste dans la variété qu'on leur donne, soit par la grandeur, soit par la différence d'ornemens, soit enfin par rapport à l'usage qu'on en veut faire ». Le même auteur énonce un principe tout à fait caractéristique du classicisme français (on pourrait l'appliquer à la tragédie française) : « Il ne doit y avoir dans tout le plan aucune partie si petite soit-elle, qui n'ait son usage et dont on ne puisse rendre raison » [78].

J.B. Izzo, dans ses *Elementa architecturae civilis*, parus à Vienne en 1764, nous apporte le témoignage d'une nation neutre : « La distribution... peut se faire ou à la française ou à l'italienne. Les Italiens veulent toutes les chambres dans une enfilade et le long d'une galerie où elles aient leur entrée. Les Français ont plus d'égard à la commodité et placent vis-à-vis les unes des autres toutes les chambres dont l'usage demande une communication réciproque » [79].

7. Le décor

L'étude du décor pourrait nous fournir des arguments commodes pour défendre notre thèse. Il nous faut résister à la tentation de la facilité qui nous pousserait insidieusement hors du domaine de l'architecture. Comment interpréter par exemple l'engagement pris à Gaillon en 1509 par Pierre Delorme de « tailler à l'antique et à la mode française les entrepieds qu'il faut à asseoir les médailles baillées par Messire Paguenin »[1] sans faire référence à l'art du sculpteur? Le répertoire ornemental, héraldique, iconographique, n'est pas propre à l'architecture; dans le décor des intérieurs, ce répertoire prolifère. Il suffit de quelques magots peints sur un lambris pour donner le ton d'un intérieur à la chinoise. Aussi est-ce volontairement que nous limitons ici notre prospection à quelques traits qui relèvent incontestablement de la création architecturale.

Les ordres

Nous résumons ici l'article que nous avons publié sur les ordres considérés comme des manières hypostasiées : nous y renvoyons pour les développements et justifications[2].

L'invention de la « colonne française » est directement rattachée par Philibert Delorme, son auteur, à la nature du matériau que l'on utilise en France. Le marbre italien permet de construire des colonnes monolithes; la pierre française, qui a des lits, impose le recours aux tambours. Delorme cache les joints des tambours par des bagues ou par des ligatures de feuillages, qui sont, dit-il, dans le goût des Français pour les ornements végétaux (fig. 32). Nous avons deux échos de cette invention : en Italie avec Scamozzi; en Angleterre, un siècle plus tard, avec Ware; l'un et l'autre réservent aux Français une pratique qu'ils condamnent.

Dans l'adaptation des ordres aux volées d'escalier, les Italiens sont partisans déterminés de l'architecture « recta » : la mouluration des bases et des chapiteaux des colonnes, pilastres et balustres, doit rester horizontale (fig. 33). « Per adornare le scale non si deve adoperare

32. Colonne « française » par Delorme (Ph. Delorme, f° 119 v.). Elle est formée de tambours dont les joints sont cachés par des bagues feuillagées.

l'architettura obbliqua » : Guarini recommande pour l'escalier le « costume romano che è di fare per quanto obbliqua ascenda la scala sempre le colonne rette ed i balaustri retti »[3]. A quelques exceptions près qu'explique assez le poids de l'influence italienne, l'architecture française des escaliers est « obbliqua » (fig. 34). Delorme, qui a peut-être connu le chapiteau rampant du Temple antique de Préneste[4], attribue à l'ignorance du « trait de géométrie », le fait que Bramante ait dessiné des bases et des chapiteaux « quarrés » et non rampants à l'escalier du Belvédère[5]. L'Académie d'architecture recommande de faire ramper les balustres et les ordres, si l'on ne peut éviter d'en mettre dans les volées, le mieux étant encore de n'employer les ordres qu'aux repos[6]. C'est d'ailleurs le parti qui est adopté dès le milieu du XVIe siècle à

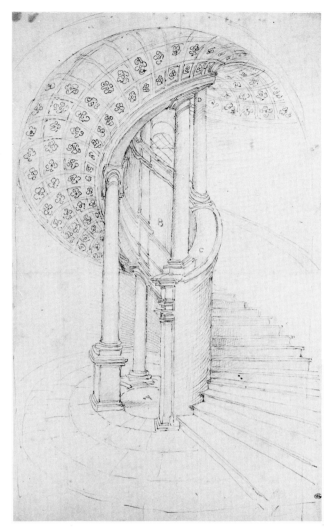

33. Vatican, escalier du Belvédère, construit par Bramante, début XVIe siècle. — 34. Escalier attribué à Delorme. (Cabinet des dessins du Louvre).
Dans l'escalier italien, la mouluration des bases et des chapiteaux reste dans le plan horizontal ; dans l'escalier français, cette mouluration est rampante.

l'escalier Henri II du Louvre. Et c'est sans doute pour tourner la même difficulté que François Mansart met des entrelacs en place des balustres dans les rampes d'appui de ses escaliers. Pour l'Italie, nous pourrions citer plusieurs dizaines d'exemples célèbres d'escalier avec ordres non rampants et seulement un exemple à ordres rampants, celui de la villa Borghése à Rome (1613-1615) : encore est-il l'œuvre du Hollandais Van Santen.

Cette observation est importante. Elle touche à l'architecture canonique : une fois de plus une variable que l'on peut considérer comme locale malgré le précédent de Préneste, s'est imposée à l'encontre de la règle classique. On serait encore tenté de croire à l'existence des tempéraments nationaux, lorsque l'on observe la constante opposition du formalisme italien et du fonctionalisme français : d'une part, les façades-masques, les distributions géométriques, les ordres appliqués sans adaptation au site ; d'autre part, les distributions raisonnées, exprimées par les élévations, les ordres adaptés à la ligne fonctionnelle rampante.

Le décor des élévations

Les structures en maçonnerie de l'architecture française seraient faites pour une part de réminiscences de l'architecture en bois. C'est un thème de commentaire cher aux historiens de l'architecture ; mais il n'est pas propre à la

35. *Maisons par P. Le Muet, avec cordon double à la française et avec cordon simple à l'italienne. (P. Le Muet,* Manière de bastir*).*

France ; on le retrouve à propos de tous les pays où la charpente est de tradition.

C'est ainsi que les deux cordons en bandeau régnant sur les pleins de travée, l'un au niveau des appuis, l'autre au niveau apparent des planchers, seraient une simple transposition des sablières de bois (fig. 35). Nous ne prendrons pas parti sur ce point ; mais nous constatons que ces cordons sont en effet un topique de l'architecture régnicole au XVIe siècle et encore au XVIIe. « L'usage des maçons de Paris est de faire des plinthes [c'est-à-dire des cordons en bandeau] au droit des planchers et d'autres au droit des appuys des fenêtres. Mais ces deux cours de plinthe qui interrompent la hauteur des étages rendent les façades trop mesquines. Il n'y a qu'un seul cours aux maisons des particuliers à Rome, lequel fait appuy des fenêtres... Et cela a déjà été pratiqué heureusement en quelques batimens de Paris » écrit F. Blondel[7]. L'Académie s'étonne de trouver une « plinthe » à hauteur d'appui et à hauteur de plancher sur le 65e dessin du septième livre de Serlio. « La plinthe de l'appuy... paroist assez extraordinaire en ce pays [l'Italie] où elle n'est point fort pratiquée, quoy qu'elle soit quasi la seule qui soit dans les bastimens des particuliers de Rome ». Qu'ils les mettent à l'appui ou au plancher, les Italiens préfèrent en effet les cordons uniques. C'est pourquoi l'Académie recommande le cordon unique (fig. 35), sans condamner totalement les deux cordons qui peuvent constituer une sorte d'entablement à condition que l'on donne au cordon supérieur un profil de corniche[8].

Le parement en bossages est, en revanche, le décor spécifique de l'architecture d'appareil[9]. Son emploi est tenu pour caractéristique de l'architecture toscane. Les palais florentins du XVe siècle aux joints puissamment refendus (fig. 147), sont le principal motif de cette assimilation. Mais il y a plus. En traitant des ordres nationaux, nous verrons que la théorie associe l'ordre toscan au genre rustique et qu'elle fait des Toscans modernes les héritiers des Etrusques, qui auraient introduit en Europe l'architecture d'appareil.

Dans Dézallier d'Argenville, nous trouvons l'expression « décoration toscane » tant à propos du Palais du Luxembourg, qu'à propos de l'Orangerie de Versailles[10]. Elle est plus particulièrement justifiée dans le premier cas par la filiation directe de l'ouvrage de Salomon de Brosse avec le Palais Pitti de Florence, désigné comme modèle à imiter par la reine Marie de Médicis (fig. 36) ; dans le second, par la mise en œuvre de colonnes toscanes. Mais dans l'un et l'autre cas, elle s'impose surtout du fait de l'emploi de parement en bossages. Nous produirons d'autres témoignages de la « toscanité » du Luxembourg. Quatremère paraît bien rapporter une opinion ancienne et commune lorsqu'il écrit : « Les monuments de la Toscane moderne concoururent à répandre dans l'Italie le genre des bossages... Les relations d'art entre l'Italie et la France introduisirent de bonne heure dans ce dernier pays le goût du bossage »[11]. Les Français n'ont d'ailleurs pas beaucoup utilisé les bossages en table ou en pointe de diamant, qui sont les vrais bossages italiens ; ils ont préféré les bossages continus (fig. 21), c'est-à-dire les appareils dont seuls les joints horizontaux sont refendus. Cette pratique est si constante que Campbell dit des maisons anglaises à bossages continus qu'elles sont « rustiquées à la française »[12].

Les chaînes d'angle harpées à bossages doivent pouvoir être identifiées comme italianismes. La harpe, c'est-à-dire la superposition d'éléments dont les longueurs en parement varient en alternance régulière (fig. 7), est le principe même de l'architecture d'appareil. Aussi peut-on sans doute considérer les jambes et les chaînes d'angle non harpées comme des transpositions des poteaux de charpente. Ce qui est sûr, c'est que les Français ont adopté, dans le courant du XVIIe siècle, les jambes non

36. *Paris, palais du Luxembourg, construit de 1615 à 1630 sur les plans de S. de Brosse pour Marie de Médicis.*
(Dessin attribué à S. de Brosse, Cabinet des dessins du Louvre).
La Reine avait imposé le modèle du palais Pitti de Florence, d'où viennent l'ordre et les bossages toscans : « Cette princesse
toscane voulait faire éclater en France l'ordre de sa Patrie » (Sauval). Cependant la croisée segmentaire avec embrasure en
arcade plein-cintre, imitée du Louvre de Lescot (fig. 38), est un poncif de la manière française.

harpées traitées comme des pilastres à bossages et qu'ils en ont fait un des traits les plus éloquents de leur manière (fig. 6, 13, 15, 20). C. Campbell le signale, au début du XVIIIe siècle, dans certaines constructions anglaises dont « les encoignures sont rustiquées à la française » [13]. Il apparaît dans les maisons à la française du duc de Montagu. A Lille et à Douai, il contribue à la francisation consécutive au rattachement de ces villes au royaume [14] ; à Poppelsdorf, il témoigne de la Verwelschung de l'Allemagne.

Les cheminées et les poêles

Le foyer — par métonymie, le mot désigne la demeure tout entière — ne peut être considéré comme une partie secondaire de l'architecture. Son importance est affirmée par le manteau qui l'enrobe d'une composition quelquefois si monumentale qu'elle donne son nom au bâtiment qui l'abrite (aile de la Belle Cheminée à Fontainebleau). Sa présence est un des points forts de la distribution intérieure à la française. Nous avons vu l'Académie s'étonner que Palladio ne marquât pas sur ses plans la place des cheminées.

Tandis que la France importe la cheminée à la castillane, l'Espagne importe la « chimenea francesa » [15]. Serlio distingue la cheminée à la française dont la hotte est parallélépipède et la cheminée à l'italienne dont la hotte est pyramidale [16]. Dans la typologie de Scamozzi apparaît une autre variable : la cheminée à la romaine est entièrement prise dans l'épaisseur des murs ; la cheminée à la lombarde est à demi-engagée ; la cheminée à la française est adossée au mur. En France, la typologie de Scamozzi a la caution de F. Blondel [17].

La cheminée à la française subit un dernier avatar avec l'apparition de la grande glace de hotte qui, d'après J.-F. Blondel, Patte, Dézallier, d'Argenville et Milizia, serait une invention de Robert de Cotte [18]. Kimball la dit antérieure à De Cotte ; il situe le premier exemple en 1684 et donne à cette innovation le titre de « cheminée à la mansarde » ou « cheminée à la royale », qui de toute évidence vient des textes contemporains [19]. Cependant il nous semble que l'invention doit être vieillie encore de quelques années [20]. Dans ses œuvres pour la Hollande, Daniel Marot oppose la « cheminée à la hollandaise » à la « cheminée à panneaux de glace à la manière de France ». Les deux types sont cités en Allemagne par Sturm et en Espagne par Bails [21].

La typologie est riche encore d'une cheminée à l'anglaise, d'une cheminée à la prussienne ou à la lorraine, d'une cheminée à la suédoise ou à la moscovite [22], qui ne sont en réalité que des variétés de poêles. Le poêle est un des rares germanismes reconnus comme tels dans l'architecture française. Importé d'Allemagne, il apparaît dans l'architecture régnicole vers 1520 [23]. Le pavillon de Fontainebleau « que le roi fit mettre à la mode d'Allemagne » [24] est justement appelé « pavillon des poêles ». L'importation des poêles d'Allemagne est encore active dans la première moitié du XVIIIᵉ siècle [25]. Inversement, la cheminée est rare en Allemagne. Izzo nous dit qu'il n'y en a que chez les Grands [26]. Dans la distribution à l'allemande, on prévoit un couloir spécial pour le service des poêles à chargement par l'arrière : ce petit détail bouleverse complètement les projets de distribution que Sturm voudrait à l'italienne et à la française [27]. Jean Antoine, un frontalier à la manière gallo-germanique, écrit : « Nous appellerons batimens à l'allemande les maisons qui ne sont chauffées que par des fourneaux et batimens à la française ceux qui seront chauffés par des cheminées » [28].

Les lambris

« In Francia e ne'paesi più settentrionali sono usitatissimi i rivestimenti di legno ne'muri interni, o sieno i lambris, e sono stimati di grande utilità perchè rendono i luoghi asciutti e caldi », écrit Milizia [29]. Avec le bois des revêtements intérieurs, nous retrouvons l'opposition Nord-Sud.

L'appellation « lambris à la française » a désigné un type particulier pendant une centaine d'années. Cassiano del Pozzo visitant Fontainebleau en 1625, signale « due camere [...] foderate secondo il costume di Francia all'altezza di quanto può giognere un huomo col braccio alzato di legname intagliato e a luogo a luogo dorato » [30]. Les lambris de demi-revêtement surmontés d'un décor de peinture apparaissent à la galerie François Iᵉʳ de Fontainebleau, œuvre de Rosso, et sont à la mode jusqu'au milieu du XVIIᵉ siècle. J.P. Babelon les nomme « lambris à la française ». Ce topique français, comme bien d'autres, vient donc d'un archétype créé en France par un Italien.

Y. Bottineau a démontré que la francisation de l'architecture espagnole dans la première partie du règne de Philippe V a surtout porté sur le décor intérieur : les parquets remplacent les carrelages traditionnels ; et les lambris, les azulejos [31]. Bel exemple de rencontre Nord-Sud !

Il faudrait suivre également la fortune du lambris de hauteur en chêne « à la mode d'Angleterre » que Lister signale à l'hôtel Pussort de Paris [32]. A propos de la construction de Montplaisir à Peterhof, Pierre le Grand écrit en février 1717, que les décors de menuiserie sont « à la manière anglaise » [33].

Les plafonds

En traitant de la distribution intérieure, nous aurions pu aborder le sujet des structures de couvrement et de division horizontale. Mais nous nous sommes proposé d'étudier la voûte par le biais de la stéréotomie dans un livre spécial. Reste donc le plancher qui est une structure et non un décor. Nous pouvons cependant sans inconvénient le considérer ici comme un simple plafond, car toutes les appellations d'origine que nous connaissons ne renvoient qu'à des planchers à poutres et solives apparentes par le dessous.

L'Académie parle des « planchers à la flamande » dont les solives sont posées sur l'angle et les entrevous formés par un petit berceau segmentaire en brique (fig. 37) : ils seraient « ordinaires en Flandre »[34]. Les historiens de l'architecture flamande n'en font pas mention. Nous en avons trouvé des exemples à Gand (maison Achtersäkkel, fin XVe-début XVIe siècles) et dans le nord de la France (château d'Esquelbecq). Viollet-le-Duc en signale un à Troyes[35].

Le cas le plus banal est encore appelé aujourd'hui « plafond à la française ». Le plancher à solives apparentes n'est pas spécifique de l'architecture française et, d'ailleurs, il disparaît peu à peu de l'architecture régnicole après 1660. L'appellation a pu avoir cependant un sens plus précis. A l'hôtel Tubeuf construit par Le Muet, il y avait un plancher sans poutre et à solives espacées « tant plein que vide » (la largeur de la solive est égale à la largeur de l'espace entre solives) : « C'est une singularité dont à Paris nous n'avons pas d'autre exemple » écrit Sauval[36]. La singularité de cet ouvrage tient-elle au fait que Le Muet s'est passé des poutres qui soutiennent habituellement les solives ou à l'espacement de ces solives ? Peut-être à l'un et l'autre. Mais en 1673, l'Académie condamne l'écartement que Palladio donne aux solives (une fois et demi la largeur de celle-ci) et recommande l'usage de Paris où les planchers sont tant-plein-que-vide[37]. Nous avons déjà rappelé que Le Muet prétendait se faire l'interprète des pratiques parisiennes. L. Hautecœur affirme que les planchers français du Moyen Age étaient tant-plein-que-vide et que l'espacement des solives a commencé de croître au XVIe siècle[38]. Nous aurions là une manifestation discrète de l'italianisme et la preuve que Le Muet revenait aux traditions. A l'hôtel de ville de Beaucaire, déjà cité pour son toit à la française, on prévoit de construire en 1679 un « plancher à la française »[39]. On trouvera couramment des « solives à la française » dans les contrats de construction du XVIIe siècle[40].

Le plafond à caissons est un italianisme trop évident pour que nous nous y attardions. D'Aviler nous rappelle que ce couvrement se nomme « soffite » et que le mot comme la chose viennent d'Italie[41]. De même pour les couvrements en fausse-voûte, très ornés et souvent peints, qui sont des « plafonds à la romaine » dans les publications de Jean Le Pautre et des plafonds « nach italianischer neuester Art » dans celles de Sturm[42].

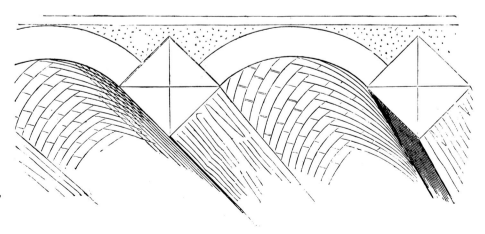

37. *Plancher à la flamande. (E. Viollet-le-Duc,* Dictionnaire, *t. VII).*

Note de synthèse sur la géotypologie

Comment devine-t-on sur les vues anciennes de l'Alcazar de Madrid la « tour à la flamande » commandée par Philippe II en 1559[1]? Pourquoi l'hôtel londonien du Duc de Montagu fait-il figure d'étranger au milieu des demeures anglaises rassemblées par Campbell? D'où vient que l'on évoque les nobles hôtels de Versailles en visitant l'austère cité granitique des armateurs malouins? Il faut en convenir : tout observateur averti reconstitue intuitivement ces langues, artificiellement fragmentées par l'analyse que nous venons de faire.

L'étude des textes permet de traduire dans le langage des nations des formes en suffisamment grand nombre pour que l'on puisse donner, par interpolation, des interprétations d'ensemble de certains édifices. L'aile Lescot du Louvre (fig. 38) où seul l'attique rappelle directement l'Italie, est une des compositions les plus gallicanes qui soient : elle est coiffée du toit rendu célèbre sous le nom de Mansart; les ressauts des avant-corps et du premier niveau dessinent au trait les volumes traditionnels des pavillons et des galeries; les croisées, le groupement des colonnes et aussi les médaillons ovales encadrés de guirlandes qu'on retrouvera jusque dans l'architecture Louis XVI, complètent ce morceau dans le mode français. Au château de Poppelsdorf, que nous citions dès les premières pages comme exemple d'une construction faite en Allemagne par un Français nourri de culture italienne, le plan carré à cour centrale circulaire, les ailes en rez-de-chaussée sont italiens; les pavillons, les toits brisés et les toits à l'impériale, les bossages d'angle, les portes-fenêtres, les baies reproduisant le dessin du premier niveau de l'aile Lescot sont français; les enduits colorés faisant ressortir la pierre des structures sont allemands.

Dans la comparaison des manières avec les langues, les traits architecturaux seraient en quelque sorte des mots. Mais cette comparaison nous met en garde contre les rapprochements termes à termes. Les langues sont des organisations complexes qui s'empruntent des mots les unes aux autres. L'alcôve d'Allemagne au XVIIIe siècle est probablement une citation de la distribution française et n'a assurément plus rien d'espagnol.

L'interprétation par les manières n'est pas dans son principe exclusive d'autres interprétations. Il y aurait une savante démonstration à faire pour prouver que le château de Poppelsdorf est classique par son carré et baroque par son rond ou que ce caprice d'un prince d'église libertin est en fait un monumental cénotaphe au cercle chtonien. Mais l'historien doit s'efforcer de reconstituer les intentions des auteurs et ne peut retenir que les commentaires des contemporains. Les textes abondent pour nous instruire sur ce point.

Cependant les textes nous révèlent l'architecture telle qu'elle est perçue, voire même telle qu'elle est voulue, pas nécessairement telle qu'elle est. En menant aussi loin que possible l'étude d'un domaine particulier, celui des voûtes, nous voulons montrer maintenant que les œuvres elles-mêmes apportent des arguments décisifs à notre thèse sur la géotypologie de l'architecture savante.

38. *Le Louvre, aile construite à partir de 1549 par P. Lescot.* (*J. Androuet du Cerceau,* Les plus excellents bastiments). *Un des parangons de la manière française : avant-corps, croisées, fenêtres segmentaires avec embrasure en arcade plein-cintre, colonnes jumelées et toit brisé (non visible sur la gravure). L'étage-attique est le principal italianisme de cette composition.*

LIVRE DEUX

LA STÉRÉOTOMIE
PIERRE DE TOUCHE
DE LA MANIÈRE FRANÇAISE

L'étude de la voûte médiévale, à laquelle les archéologues ont donné le développement que l'on sait, doit beaucoup à Viollet-le-Duc. Mais on peut aussi rendre celui-ci responsable, pour une bonne part, des préventions qui ont arrêté cette étude au seuil de la Renaissance. « Au point de vue de la structure, l'art du XVIe siècle était pour les voûtes comme pour le reste à l'état d'infériorité sur les arts antérieurs » déclare Viollet-le-Duc. « Cependant les appareilleurs du XVIe siècle étaient des génies, si nous les comparons à ceux du XVIIe siècle, car il n'est pas de structure plus grossière et plus mal tracée en France, à moins de remonter aux plus mauvaises époques de l'école romane, que celle de ce XVIIe siècle que l'on s'efforce d'imiter aujourd'hui » [1]. L'archéologue s'effaçant derrière le partisan de l'architecture nouvelle, derrière l'adversaire des classiques, a complètement confondu le « mode stéréotomique » d'après 1500, avec la doctrine classique d'après 1750, qui sont en fait deux réalités profondément antinomiques. Quel dommage que les premiers archéologues médiévistes aient été les contemporains des derniers classiques et qu'en voulant se définir par rapport à ceux-ci, ils aient complètement négligé les œuvres des Temps modernes, par lesquelles s'était pourtant transmise la tradition des maçons du Moyen Age [2] !

Pour Viollet-le-Duc, la voûte d'ogives est l'apogée de la vraie technique, celle qui est assujettie à la fonction : après, il n'y a plus que formalisme, c'est-à-dire décadence. Au XVIe siècle, « le pédantisme s'introduit dans l'art et le vrai savoir, le savoir pratique, fait défaut ». Rien de plus injuste, rien de plus préjudiciable à la perception de la remarquable continuité de l'histoire de l'architecture. Cependant Viollet-le-Duc ne pouvait ignorer ce qu'il y a d'encore médiéval dans cette passion de Delorme pour la stéréotomie ; il a d'ailleurs une indulgente tendresse pour ce maçon ; mais il lui reproche d'avoir gâté l'architecture française par ces « artifices qui n'ont rien à voir avec l'art sérieux du constructeur et qui sont faits pour amuser les esprits curieux de problèmes inutiles » [3]. Comment ne pas donner raison à Viollet-le-Duc quand on considère la trompe ondée d'Anet, cette coquille « baroque » (nous prenons ici le terme dans son sens originel) dont

Delorme, qui en était si fier, nous dit qu'on ne pourrait en « excogiter de plus estranges » [4] (fig. 39). Et cependant, n'en déplaise à Viollet-le-Duc, la stéréotomie moderne est le fait de constructeurs pour qui art et fonction sont liés ; mais leur science atteint une telle perfection, qu'ils peuvent, sans oublier programmes et servitudes, se livrer par surcroît au pur jeu des formes. Ecoutons un commentateur du XVIIIe siècle : la stéréotomie doit avoir égard « aux lois de décoration et à celle de la solidité ; elle appartient à l'architecture sous le premier rapport et à la mécanique sous le second... La coupe des pierres est peu considérée dans l'architecture ordinaire ; elle ne devient proprement un art que dans les édifices du grand genre et difficiles et principalement dans les voûtes » [5].

Le sujet que nous nous proposons de traiter est la voûte clavée dans le domaine français, du milieu du XVe siècle à la fin du XVIIIe siècle. La voûte formée de voussoirs — c'est-à-dire de pierres taillées en coin, présentant ainsi des pans obliques ou lits en coupe par lesquels chaque voussoir s'appuie sur ses voisins — est le point de rencontre de la technique de la pierre de taille et de la stéréotomie. Il y a des exemples, assez rares il est vrai, de voûtes en pierre de taille non clavées. Il est en effet possible de construire des voûtes (plus spécialement des trompes) par assises en surplomb l'une sur l'autre suivant le système dit du tas-de-charge : les lits de pose restent dans des plans horizontaux au lieu d'être en coupe. Par ailleurs, l'art du trait, géométrie descriptive du maçon et du charpentier, ne s'applique pas exclusivement à la formation des voussoirs : sans parler de l'application à la charpente, il faut noter que le tracé des voûtes en brique ou des voûtes enduites est aussi un produit de la géométrie dans l'espace. Mais il faut incontestablement une maîtrise plus grande de cette science pour tracer des intrados (l'intrados est la surface inférieure de la voûte) formés par des voussoirs dont toutes les faces cachées dans le mortier doivent être strictement plates et en coupe, c'est-à-dire dans des plans rayonnants vers le centre des génératrices (les génératrices sont les courbes principales du tracé de l'intrados). Si nous étudions aussi, mais très sommairement, les

39. *Anet (Eure-et-Loir),
château, cabinet du roi ajouté
en 1552 par Delorme
(Ph. Delorme, fº 89). Le
plan « ondé » de l'ouvrage
donne un tracé
particulièrement compliqué à
la pénétration de la célèbre
trompe conico-sphérique
(conique par sa naissance
gauche qui est rectiligne et
sphérique par sa naissance
droite qui est curviligne).*

voûtes en briques et les voûtes en moellons construites en France, si nous explorons plus rapidement encore le sujet de la voûte dans d'autres pays d'Europe, ce n'est que pour préciser les limites de l'expansion de la voûte clavée en pierre de taille. Nous nous attarderons plus longtemps sur le cas de l'Espagne qui est comprise à l'intérieur de cette zone d'expansion.

En revanche, nous n'aborderons pas les problèmes que pose la stabilité des voûtes. Les voûtes exercent sur leurs supports des poussées et des charges qui varient avec leur tracé. Nous aurions pu faire état de l'importante réflexion théorique qu'ont suscitée ces problèmes. Mais si, de surcroît, nous avions dû examiner la manière dont ils ont été pratiquement résolus, nous aurions été obligé d'analyser la structure générale des édifices, ce qui eut été une tout autre étude.

Pour restreint qu'il soit, notre sujet renferme encore des difficultés considérables. La voûte est le domaine du faux-semblant. Les voûtes en pierre de taille ont été quelquefois enduites pour recevoir des peintures; plus souvent des voûtes en moellons et en briques ont reçu un revêtement avec faux-appareil qui trompe l'observateur le plus attentif. Par force, notre analyse a dû rester superficielle : nous n'avons que très rarement eu l'occasion d'examiner les structures dans leurs dispositions internes. L'empêchement ne nous a pas paru dirimant : historien des apparences, nous sommes intéressé par la volonté de produire à bon compte les effets de la stéréotomie autant que par la stéréotomie elle-même.

Pour faire nos observations, nous avons repéré et étudié plusieurs centaines d'ouvrages. On trouvera en annexe toutes les informations que nous avons pu réunir à leur propos. Il va de soi que nous ne prétendons pas avoir vu toutes les voûtes clavées de France ; mais le rassemblement d'un corpus plus important ne pouvait être la tâche d'un seul homme. Les travaux de nos devanciers ne donnent pratiquement jamais une information utilisable sur la voûte moderne : la trompe y est communément confondue avec le cul-de-lampe ; le mot berceau y désigne aussi bien un lambris sur charpente qu'une voûte en maçonnerie, etc.

Pouvions-nous légitimement entreprendre d'étudier la voûte clavée à partir d'un corpus apparemment si restreint ? En fait, la stéréotomie est une pratique rare, la plupart des solutions qu'elle propose pouvant être retrouvées à moindres frais par des techniques moins raffinées. Notre corpus est peut-être plus complet qu'il n'y paraît de prime abord.

Et puis, sans les portulans, il n'y aurait pas eu de cartes exactes. Qu'on veuille bien nous reconnaître l'excuse d'avoir été le premier historien à aborder cette *terra incognita*.

Première partie

Théorie française de la voûte moderne

« Les pratiques et autres connaissances
que nous prétendons vous déduire en cet ouvrage,
de prime abord et à la première vue
que vous en aurez
ne produiront peut-être que des ténèbres
ou si peu de lumière en votre esprit
que si vous n'y prenez garde
vous pourriez vous en dégoûter bientôt.
Mais si, continuant votre dessein
et vous aidant de la clarté quoique petite
que la lecture vous aura donnée,
vous passez à une seconde
et davantage s'il en est besoin,
vous trouverez enfin que vos ténèbres se dissipent
et seront suivies d'une claire connaissance
de ce qui, au commencement,
se présentait à vous comme inconcevable »

(F. Derand, *L'architecture des voûtes*, 1643, préface)

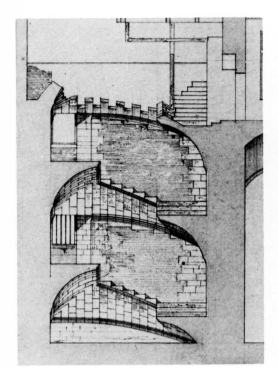

40. *Toulouse, Capitole,
Tour de l'horloge, escalier
construit de 1532 à 1542 par
Sébastien Bouguereau.
(Relevé Monuments
historiques, A. de Baudot).
Un des premiers escaliers
suspendus sur voûtes : volées
sur voûte gauche (berceau
rampant et demi-berceau) ;
retours en pendentif
appareillé sur le plan de la
voûte d'arêtes.*

Cette *terra incognita* était pourtant décrite dans les anciens traités de stéréotomie, mais le répertoire de modèles que ceux-ci présentaient faisait, par sa richesse et sa complexité, un tel contraste avec la description très sommaire du terrain dont on se contentait, que l'on avait été naturellement amené à penser que la théorie, affranchie de la pratique, était utopique, étymologiquement ou-topos sans lieu. Or, non seulement il n'est pas un modèle qui n'ait eu son application sur le terrain, mais en toute chose l'archétype bien localisé précède le modèle. La preuve en est fournie par la théorie elle-même. A la plupart des modèles est en effet resté attachée une appellation d'origine qui est une référence très explicite à l'archétype. Cependant les relations de l'archétype au modèle sont plus ou moins étroites, plus ou moins conscientes.

Tous les théoriciens savent que le berceau hélicoïdal est appelé vis de Saint-Gilles, parce que la plus ancienne voûte de ce type se trouvait dans la célèbre abbaye languedocienne ; que l'arrière-voussure de Saint-Antoine devait son nom à la porte Saint-Antoine de Paris où ce type avait été pour la première fois mis en œuvre. Les références sont beaucoup moins précises pour les arrière-voussures de Marseille et de Montpellier, pour la trompe de Montpellier et le pendentif de Valence. Nous avons dû renoncer à localiser les archétypes des deux arrière-voussures. C'est à grand peine que nous avons retrouvé l'adresse de la rue de l'Herberie à Montpellier où les

initiés allaient admirer la plus parfaite des trompes, les historiens ayant brouillé les pistes qui conduisaient à ce chef-d'œuvre, aujourd'hui détruit.

Le pendentif de Valence a été conservé. Heureusement d'ailleurs car la théorie pour une fois ne rend pas exactement compte de l'original. Les théoriciens cependant n'ignoraient pas que celui-ci se trouvait quelque part dans un cimetière à Valence sur le Rhône. Mais, pour eux, l'appellation ne désignait plus qu'une variante assez banale de voûte en pendentifs sans ce plan d'appareillage qui faisait justement l'originalité de la voûte valentinoise. Sans doute, tous les ouvrages de référence, tous les ouvrages têtes de série n'ont-ils pas accédé à la dignité de forme canonique. Ainsi de l'escalier suspendu construit entre 1532 et 1542, au Capitole de Toulouse (fig. 40), pour lequel nous n'avons trouvé qu'une seule mention dans un traité manuscrit du XVIIIᵉ siècle, qui présente un escalier suspendu « en forme de l'escalier de Toulouze »[1]. De plus nous ne saurions affirmer que tous les archétypes sont bien les premiers exemples de la forme canonique.

Malgré cela, il apparaît encore que la théorie propose au néophyte la meilleure des initiations au voyage. Les appellations d'origine Paris, Valence, Marseille, Saint-Gilles du Gard, Montpellier, Toulouse, jalonnent l'un des itinéraires les plus fréquentés de la stéréotomie française : il nous paraît donc judicieux d'aborder le sujet par la théorie.

8. Le secret d'architecture

Le Secret d'architecture découvrant fidèlement les traits géométriques, couppes et dérobemens nécessaires dans les bastimens, publié à La Flèche en 1642 par Mathurin Jousse, est la première publication consacrée entièrement à l'art de construire les voûtes en pierre de taille. L'auteur, maître-maçon, possédait à fond ce savoir que l'on appelait simplement le « trait ». Le mot est encore employé aujourd'hui par les gens de métier; mais cette application particulière de la géométrie au tracé des voûtes et à la coupe des voussoirs est plus généralement connue sous le nom de stéréotomie[1]. « Les ouvriers appellent la science du trait dans la coupe des pierres, celle qui enseigne à tailler et à former séparément plusieurs pierres, en telle sorte qu'étant jointes toutes ensemble dans l'ordre qui leur est convenable, elles ne composent qu'un massif qu'on peut considérer comme une seule pièce », écrit Philippe de La Hire[2]. Les voussoirs ne tiennent au-dessus du vide que par le jeu des poussées qu'ils exercent l'un sur l'autre. La stéréotomie, c'est donc l'art « de se servir de la pesanteur de la pierre contre elle-même et de la faire soutenir en l'air par le même poids qui la fait tomber »[3] (fig. 41).

Le principe du clavage, qui oppose victorieusement la forme à la force, était connu depuis l'Antiquité : remarquable convergence de la physique et de la géométrie, de la nature et de l'art, il permettait de construire des voûtes simples, comme le berceau et la coupole. Les appareilleurs du Moyen Age ont su en tirer des formes plus élaborées. C'est dans le célèbre *Album* de Villard de Honnecourt, commencé par ce maître vers les années 1220-1230 ou plus précisément dans les enrichissements apportés à cet album par les héritiers de Villard au cours de la seconde moitié du XIIIe siècle, que l'on relève les premières mentions de la « vosure destor » (la voussure de fenêtre), de la « vosure besloge » (la voussure biaise), de la « vosure riuleie » (la voussure réglée). Les auteurs affirment que « totes ces figures sont estracés de géométrie »[4]. Il ne s'agit, il est vrai, que d'une géométrie plane, sans projection; mais elle s'applique au tracé des lits en coupe des arcs.

On a dernièrement contesté que l'*Album* ait été, comme H. Hahnloser avait cru pouvoir le démontrer, un « Bauhüttenbuch », c'est-à-dire le recueil d'un savoir acquis par la pratique et jalousement réservé aux initiés de la loge. Villard n'aurait été qu'un amateur éclairé, car il s'intéressait à de nombreux sujets qui n'avaient pas d'utilité immédiate dans un chantier. L'argument ne résiste pas à la lecture des théoriciens du XVIe siècle, chez lesquels on retrouve les *excursus* de Villard : c'est Delorme et Chéreau, les maçons, et non Lescot et Mauclerc, les amateurs, qui, au XVIe siècle, ont écrit sur le trait. Celui-ci fait incontestablement partie de *l'arcanum magisterium* et sa présence dans l'*Album* suffit à désigner les auteurs comme maçons; jusqu'au milieu du XVIIe siècle, il restera en fait réservé à leurs descendants. L'*arcanum magisterium*, attesté par de nombreux textes médiévaux et modernes, contenait toutes les applications de la géométrie aux tracés architecturaux. Le règlement accepté par les hommes de l'art rassemblés en 1459 à Ratisbonne, interdisait d'enseigner à ceux qui n'étaient pas du métier la manière de déduire l'élévation des plans. C'est cette manière que, malgré les interdits, Roriczer révélait dans son *Büchlein* de 1486[5].

En dépit de cela, Delorme prétendait encore à la fin du XVIe siècle être le premier à avoir transgressé la loi du silence. De fait le trait auquel sont consacrés deux livres du *Premier tome de l'architecture* (1567) est une application particulière de la géométrie, certes pas sans rapport avec l'art de Roriczer, mais néanmoins jusqu'alors inédite (rappelons que l'*Album* de Villard n'a été publié qu'au XIXe siècle). Avant Delorme, on ne mettait par écrit que des schémas élémentaires et quelques mots pour faciliter la transmission orale de la tradition. Le maître français fit un effort sans précédent pour formuler l'art du trait. « La matière est fort difficile à pratiquer et mettre en œuvre qui est cause que malaisément on les [les traits géométriques] peut enseigner par livre et écriture. Laquelle chose me pourra excuser, si en tout ce discours, je ne les puis si bien expliquer et faire entendre, comme je voudrais et désirerais »[6].

Ni Delorme, ni Jousse ne parviennent à se faire bien comprendre. Leurs démonstrations confuses ont encore la spontanéité de la manière apprise sur le tas. On y trouve la naïve admiration de l'ouvrier pour son ouvrage. La trompe à la concavité sensuelle est volontiers qualifiée de «gentille»; elle est aussi formidable par la charge qu'elle porte en surplomb: elle «donne la terreur à ceux qui la regardent»[7].

Dans les années 1640, avec les travaux de Girard Desargues et du Père François Derand, la théorie du trait échappe aux gens de métier et devient l'affaire des hommes de science: mais à peine sort-elle de la cache du maçon, qu'elle fuit vers les sommets ardus de la géométrie. «Les matières que nous entreprenons d'expliquer en ce traité étant de soi si bien fort embarrassées... que vous ne devez perdre courage si à la première ou seconde lecture que vous en ferez, vous n'en pénétrez pas le fond», écrit Derand. «Les pratiques et autres connaissances que nous prétendons vous déduire en cet ouvrage, de prime abord et à la première vue que vous en aurez, ne produiront peut-être que des ténèbres ou si peu de lumières en votre esprit que si vous n'y prenez garde, vous pourriez vous en dégoûter bientôt. Mais si, continuant votre dessein et vous aidant de la clarté quoique petite que la lecture vous aura donnée, vous passez à une seconde et davantage s'il en est besoin, vous trouverez enfin que vos ténèbres se dissipent et seront suivies d'une claire connaissance de ce qui, au commencement, se présentait à vous comme inconcevable»[8].

Le succès du traité de Derand, maintes fois réédité, ne doit pas faire illusion. La stéréotomie ne s'apprend pas dans les livres. L'effort de clarification, de généralisation, de vulgarisation des mathématiciens, les Desargues, les La Hire, les Frézier, ne modifiera pas sensiblement la situation qui prévalait au Moyen Age: le trait reste hermétique, il appartient à quelques initiés, et bien des appareilleurs pourraient en remontrer sur ce point aux plus savants architectes.

Dans ces conditions, faut-il s'étonner que l'art de la voûte n'ait inspiré qu'une prudente circonspection aux historiens de l'architecture des Temps modernes? Les plus savants ont pressé le pas en passant sous les plus audacieux ouvrages comme s'ils éprouvaient eux aussi la terreur du non-initié. Historiens des formes, ils ont ainsi négligé un extraordinaire univers de formes. La géométrie et l'histoire de l'art sont l'une et l'autre sciences des formes et de leurs rapports dans l'espace. Or les historiens de l'art qui ont su mettre en valeur l'importance des tracés régulateurs dans la composition architecturale ne sont pas sortis des limites de la géométrie plane. Ne percevaient-ils pas la troisième dimension que met en jeu la stéréotomie? Leur silence sur ce point a une explication plus évidente: la stéréotomie est le fruit d'une mésalliance de la géométrie avec la technique, longtemps tenue pour un peu méprisable.

S'agissant de l'architecture française, ce silence est d'autant plus curieux qu'il y a peu de sujets sur lesquels les théoriciens français aient été plus bavards. C'est qu'ils prétendaient à rien de moins qu'au titre d'inventeurs de la stéréotomie. Dans son célèbre *Parallèle des Anciens et des Modernes* (1686-1692), Charles Perrault cite la stéréotomie parmi les découvertes des modernes: «Les anciens ignoraient le trait ou la coupe des pierres»[9]. L'Académie d'architecture donne une caution officielle à ce lieu commun de la théorie française: «L'art de la coupe des pierres que l'on pratique en France paraît n'avoir pas été connu des Anciens»[10]. C'est un sujet d'étonnement pour tous les architectes français qu'il n'y ait rien dans Vitruve sur l'art du trait. Frézier s'explique ce silence par le fait que les anciens n'ont construit que des voûtes cylindriques ou sphériques sur des plans d'appareillage simples, qu'ils ont évité les pénétrations de voûtes et les gauchissements; aussi n'ont-ils guère été tentés de perfectionner l'art de décrire les volumes. En revanche, les modernes ont imaginé «tant de choses inconnues des anciens qu'on a trouvé assez de matière pour en composer des livres»[11]. Delorme n'a pas hésité à se présenter comme le créateur de la science du trait. «Les traités de géométrie n'avaient pas été accommodés à l'architecture par aucun des anciens ou modernes jusques au temps de l'auteur» écrit-il[12]. Sa primauté est reconnue par tous ses successeurs. Derand dit encore «Delorme est le premier que je sache, et à vrai dire l'unique qui, jusqu'à présent, peut être dit avoir traité de ce sujet»[13].

Il importe de distinguer ici la science, dont les généralisations ne peuvent être mises en forme que par la théorie, et la pratique qui, elle, fait partie de l'héritage médiéval. Loin d'en nier l'importance, Delorme y fait

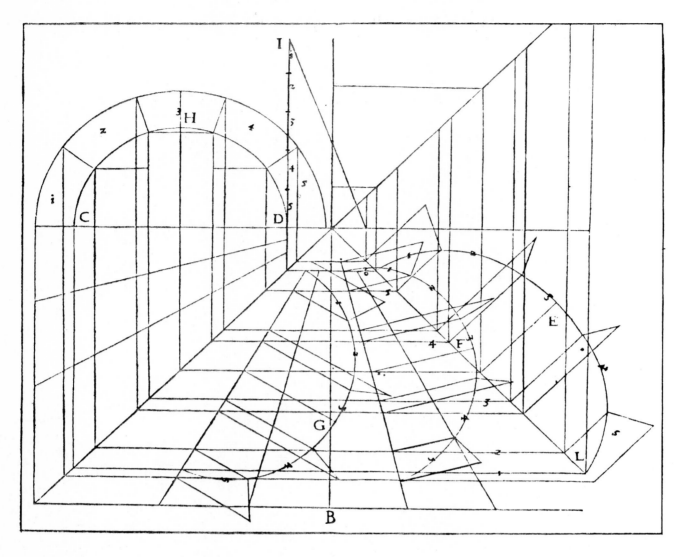

42. *Construction d'une vis de Saint-Gilles carrée d'après Delorme (f° 127 v)*

43. *Décomposition de la figure précédente. (Dessin J. Blécon).*

volontiers référence : «Nous avons une infinité de beaux traits en France desquels on ne tient aucun compte»[14]. Après avoir constaté la complexité des voûtes gothiques, Frézier écrit : «Je conjecture que c'est à l'architecture gothique que nous devons rapporter l'origine, ou du moins l'adolescence de cet art»; cependant les appareilleurs gothiques n'auraient connu qu'une sorte de «géométrie naturelle»[15]. Cette thèse a encore la faveur de Viollet-le-Duc : les voûtes gothiques françaises «demandaient pendant la pose des combinaisons que le maître devait prescrire peu à peu, mais qu'il ne pouvait géométriquement tracer»[16].

La science que décrit la théorie française tend à définir une méthode de description à trois dimensions qui permette de fixer par l'épure la forme des voussoirs. «La science du trait offre des formes de voûtes très compliquées dont la coupe ingénieuse exige une théorie savante. Plusieurs de ces voûtes combinées sont supposées engen-

drées par la pénétration de plusieurs solides et la géométrie détermine dans tous les cas d'une manière exacte toutes les coupes tendant au centre des différents arcs»[17]. La méthode exclut l'empirisme et le recours au ravalement qui permettrait de réajuster après coup la forme du voussoir à celle de la voûte. Cette exclusion est en fait assez théorique : nous savons par F. Blondel que les maçons pratiquaient couramment le ravalement pour corriger leurs fautes de conception; mais c'était, ajoute Blondel, qu'ils n'avaient qu'exceptionnellement la maîtrise de la seule méthode «infaillible», celle de Desargues[18].

Quant à la prétention des Français d'être les inventeurs de cette science, elle paraît, de prime abord, relever d'une gallomanie dont la théorie française de l'architecture donne maints exemples. Cependant nous arriverons au terme de notre étude sans avoir trouvé les arguments qui permettraient de contester sérieusement la primauté française.

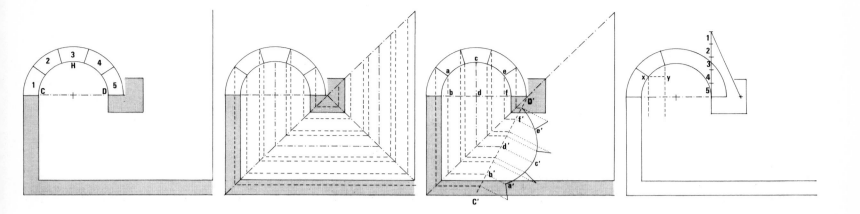

Le dessin

L'examen de la planche consacrée à la vis de Saint-Gilles carrée, c'est-à-dire à l'escalier en vis de plan carré, couvert et porté par un berceau incliné et à retours, va nous permettre d'explorer les modes de représentation utilisés par Delorme (fig. 42).

La principale difficulté rencontrée dans la lecture des dessins de Delorme, et d'ailleurs de tous les auteurs jusqu'à De La Rue, tient aux imperfections de l'édition : les renvois alphabétiques et numériques ne sont pas toujours en place ; le même trait représente les lignes du tracé et les lignes de construction. Aussi, pour nous expliquer, nous a-t-il paru nécessaire de décomposer la procédure de Delorme en plusieurs figures (fig. 43) :

* Sur le plan carré de la vis, rabattre l'arc générateur du berceau C.H.D. Dans l'exemple de Delorme, cet arc est en plein-cintre. En prenant le milieu de la corde C.D. comme centre, tracer les joints en coupe rayonnants qui définissent les cinq voussoirs de cet arc.

** Des points de rencontre des joints en coupe avec l'intrados et avec l'extrados de l'arc, abaisser des perpendiculaires sur la corde C.D. et prolonger ces perpendiculaires parallèlement au pourtour du plan carré. Tracer plusieurs rayons quelconques partant du centre de la cage et en particulier les diagonales.

*** Aux points de rencontre des parallèles avec les rayons, élever des perpendiculaires aux rayons. Sur ces perpendiculaires, reporter les valeurs des hauteurs calculées sur l'arc générateur. Par exemple, sur le rayon C'D', nous aurons a'b' = ab, c'd' = cd, f'e' = fe, etc. Ainsi se trouvent placés les points de construction de la coupe du berceau et l'inclinaison des joints en coupe au niveau de la corde C'D'. Reste à tracer l'arc passant par les points a', c', e' : il constitue ce que l'on appelle une cerce (ou cherche), c'est-à-dire un arc sans construction géométrique qu'il faut rechercher par tâtonnement en prenant appui sur quelques points. La plupart des constructions stéréotomiques aboutissent à des cerces. Dans l'exemple de Delorme, il s'agit plus précisément d'une cerce rallongée, c'est-à-dire d'un arc de plus grande portée que l'arc générateur (C'D' est plus grand que CD).

**** Comme pour rendre plus obscure une démonstration déjà difficile à suivre, Delorme a reporté sur la même figure la pente de l'escalier : l'échelle graduée de 1 à 5 donne la largeur des marches.

La méthode de Delorme est donc caractérisée par le rabattement des plans de coupe sur le plan horizontal, par les lignes de rappel qui permettent le report des valeurs, et par l'emploi des cerces. Delorme utilise systématiquement la projection sur le plan horizontal : ainsi la ligne xy est la projection horizontale de l'intrados du voussoir 2. Il représente habituellement par des planches de détail les panneaux de douelle, c'est-à-dire le plan horizontal des intrados de voussoirs, et parfois, pour mieux se faire entendre, il représente les voussoirs en perspective [19].

C'est par cette méthode sans doute que Delorme a tracé les nervures hélicoïdales d'Anet (fig. 96). A propos de la chapelle d'Anet, on ne manque jamais de signaler comme un plaisant jeu de miroir le fait que le dessin spiralé du dallage est la projection en plan des nervures de la coupole. Or le dallage ne « reflète » pas la voûte ; il est l'épure, le dessin en vraie grandeur des spires qui deviennent hélices par projection sur la sphère de couvrement. Ainsi Delorme, dans une des plus extraordinaires démonstrations de l'histoire de l'architecture, a fait de son calcul une représentation.

Les perfectionnements de détail apportés par la suite n'ont pas modifié dans ses principes la méthode de Delorme, dont on peut dire qu'elle reste en usage jusqu'à la fin du XVIIIᵉ siècle. La « manière universelle » inventée par Desargues est, il est vrai, d'une tout autre nature ; mais elle n'a été suivie que par quelques disciples du grand mathématicien. C'est une sorte de préfiguration de la géométrie descriptive de Gaspard Monge. En plus des deux plans « imaginaires » de référence, le plan horizontal et le plan vertical, dont se contentera Monge, Desargues use de trois plans « matériels », le nu du mur sur lequel on travaille, le sol de l'espace couvert par la voûte à construire, le sol sur lequel se tient celui qui travaille.

La géométrie descriptive est définie par Monge comme une méthode pour « représenter avec exactitude par les dessins qui n'ont que deux dimensions, les objets qui en ont trois »[20]. On en connaît le principe. Chaque point de l'espace est représenté par ses projections orthogonales sur deux plans, le plan horizontal et le plan frontal, qui se coupent perpendiculairement suivant une ligne dite ligne de terre. Après rabattement du plan frontal par rotation de 90° autour de la ligne de terre, les deux projections du point se trouvent sur une même perpendiculaire à la ligne de terre, perpendiculaire appelée ligne de rappel du point. Tout point de l'espace est ainsi décrit par deux points d'un même plan. La particularité de cette représentation n'est ni dans la projection orthogonale, ni dans l'utilisation de deux plans — la représentation classique de l'architecture est faite de coupes et d'élévations avec projection orthogonale sur les plans horizontaux et verticaux — mais dans la réduction de ces deux plans en un seul par rabattement.

La coupe des pierres

La pierre de taille est une pierre aux pans soigneusement dressés et aux arêtes vives, dont la mise en œuvre donne une maçonnerie à joints fins et réguliers. Autrefois on désignait également par l'expression pierre de taille la qualité des roches qui pouvaient être ainsi taillées. La stéréotomie s'exprime par ce matériau, alliant dureté et plasticité et donc susceptible de résister à des forces considérables comme d'être mis en forme suivant les développements de l'épure.

Il semble que l'apparition des premiers traités de stéréotomie ait coïncidé avec une évolution des méthodes de report des développements sur le bloc de pierre. Werner Müller qui, par ses belles études sur les voûtes de Guarini et sur les voûtes allemandes, a été amené à faire des incursions dans le domaine de la voûte française, explique les progrès de la stéréotomie par la découverte de la méthode par panneaux peu à peu préférée à la méthode médiévale par équarrissement[21].

Rappelons que le panneau est le patron en papier, en parchemin, en bois, en métal, d'un des pans du voussoir à tailler, servant à reporter sur le bloc de pierre le contour donné par l'épure. L'équarrissement est l'opération qui consiste à donner au bloc de pierre la forme du plus petit parallélépipède dans lequel puisse s'inscrire le voussoir. Il n'y a pas contradiction dans les termes entre le recours à l'équarrissement et l'emploi des panneaux. Cependant les traités désignent par ces mots deux méthodes qui sont en effet bien distinctes.

Dans la méthode dite par équarrissement, il y a deux tailles successives, celle qui dégage le parallélépipède, ou équarrissement proprement dit, et celle qui dégage le voussoir, d'où une dépense particulièrement élevée de matière et de travail. Le report des données de l'épure ne se fait qu'à l'aide de l'équerre et de la règle. Le bloc une fois équarri, on détermine sur les deux faces opposées du prisme, la trace de deux faces du voussoir ; puis on abat l'excédent de matière pour faire apparaître les arêtes ; enfin, par des mesures prises sur l'épure, on détermine les autres arêtes et on taille les faces correspondantes. Cette méthode est quelquefois dite « par dérobement ». Le terme est suggestif : c'est en effet « comme si on dépouillait la figure proposée de la robe dont elle est enveloppée »[22]. La caractéristique essentielle est ici la double taille. Elle n'exclut pas dans son principe le recours aux panneaux, plus précis que l'équerre et la règle, pour le report des mesures.

Aussi devrait-on préférer les expressions « méthode directe » ou « méthode par biveaux » pour désigner la seconde méthode. Le biveau (ou beuveau ou buveau) est un instrument en forme de V articulé de manière que l'on puisse faire varier son ouverture. On distingue le biveau proprement dit, dont une des branches est découpée en segment de cercle suivant la courbure des douelles, et la sauterelle dont les deux branches sont rectilignes. Dans la méthode directe, on taille directement la première face du voussoir reportée sur le bloc par panneaux; puis à l'aide des biveaux, on détermine l'emplacement des autres faces par rapport à la première et celles-ci sont à leur tour reportées par panneaux. La méthode est économe de matière et de travail, mais elle est plus aléatoire, car les erreurs dans les valeurs angulaires données au biveau se cumulent et peuvent rendre impossible l'exécution du voussoir. La méthode directe est inapplicable sans panneau.

Les architectes gothiques connaissaient l'usage du panneau et on ne peut affirmer qu'ils ignoraient la méthode directe. Mais il ne fait aucun doute que, pour Delorme, celle-ci est la méthode moderne: «Si vous voulez vous pouvez faire telles voûtes de porte par équarrissement, en observant les longueurs que vous devez trouver sur le plan et prenant les avancements d'une chacune pièce, sans vous y aider des paneaux... mais en cela il y a grande perte de pierres qui fait que les bons maîtres se servent du paneau, lequel ils mettent tout autour des pierres pour les trasser quand ils veulent bien faire selon le trait et œuvre qu'ils ont à suivre: et font équarrir leurs pierres avec le buveau qui est faict après [d'après] la voûte et les lignes qui montrent les commissures [les joints] »[23].

Le commentaire de Philibert Delorme sur la réalisation d'une vis de Saint-Gilles, l'une des plus difficiles du répertoire stéréotomique, confirme la thèse de W. Müller sur la modernité de la méthode par panneaux, c'est-à-dire par biveaux et panneaux. «En ce temps-là [celui de la jeunesse de Delorme] les ouvriers travaillaient fort à l'entendre [la vis de Saint-Gilles] et principalement pour la faire par paneaux... On en rencontrait quelques-uns qui la faisaient par équarrissement, mais en cela n'y a guère d'esprit ni d'industrie, et y faut perdre beaucoup de pierres »[24]. Cependant, si le maître qui a construit la vis de l'abbaye de Saint-Gilles du Gard vers la fin du XIIᵉ siècle, n'a eu recours qu'à la méthode par équarrissement, on doit reconnaître que celle-ci permettait d'atteindre à un exceptionnel degré de perfection.

«Les Maîtres néanmoins aux chefs-d'œuvre [de maîtrise] ne reçoivent que celle [la méthode] qui se fait par panneaux, tant à ce qu'elle est plus industrieuse qu'à cause qu'elle est en quelque façon plus générale et plus universelle, s'étendant souvent où celle qui s'exécute par équarrissement ne peut atteindre ». Le témoignage de Derand[25] confirme donc celui de Delorme.

Ces deux méthodes laissaient place à de nombreuses variantes. C'est ainsi que la méthode «par demi-équarrissement» mise au point par Philippe de La Hire associait équarrissement et panneaux[26]. A propos de la vis de Saint-Gilles, Delorme lui-même écrivait: «Si je l'avais à conduire, je ne me soucierais guère de le faire par panneaux ni moins par équarrissement... il est aussi fort aisé et facile de le faire avec les biveaux et sauterelles: car en ayant les cerches rallongées qu'il y faut et leurs équerres, il est facile d'en tracer justement toutes les pierres ». Dans la construction de la vis de Saint-Gilles, l'emploi de cerces permettait de gauchir à volonté tous les pans des voussoirs et de donner à l'intrados une courbe plus précise et plus continue[27].

Grâce à ces perfectionnements de la méthode, les appareilleurs modernes ont pu construire ces vis de Saint-Gilles à plans alternativement polygonaux et circulaires, qui sont pure virtuosité stéréotomique.

Rôles de l'appareilleur et de l'architecte

C'est au XIIIᵉ siècle (presque simultanément, si on mesure le temps au rythme lent de l'histoire de l'architecture) qu'apparaissent le dessin géométral d'architecture et l'appareilleur (première mention de l'*apparator* en 1292). Nous reviendrons sur cette coïncidence qui marque peut-être la naissance de l'architecture savante. L'architecte, qui peut désormais laisser derrière lui des plans qui seront interprétés par l'appareilleur, se trouve affranchi des servitudes du chantier, voyage plus et passe ainsi d'un *ars mechanica* à un *ars liberalis*[28].

Le développement du rôle de l'appareilleur au détriment de celui du maître de l'œuvre ne diminue-t-il pas la place occupée par l'appareillage des voûtes dans la conception générale de l'œuvre? Qui de l'appareilleur ou de l'architecte doit être tenu pour l'auteur de la voûte? Il ne nous semble pas qu'en ce qui concerne les Temps modernes, on puisse s'en tenir à la même réponse dans tous les cas. Il est vrai que la voûte apparaît quelquefois comme un ouvrage dans l'ouvrage : nous pensons particulièrement à certaines trompes. Le savoir de quelques appareilleurs était tel que leur nom a été transmis à la postérité. Les escaliers de l'hôtel Vanel et Bellegarde-Séguier à Paris sont attribués au seul Toussaint Vergier. La célébrité de François Mansart et de Jacques Le Mercier n'a pas totalement éclipsé celle de leurs collaborateurs Jacques Curabelle, Philippe Le Grand, Simon Lambert. L'anecdote suivant laquelle Philibert Delorme s'étant séparé de Jean Vaast, maître-maçon et appareilleur, aurait été bien en peine d'achever l'escalier des Tuileries, est certainement apocryphe ; mais elle est révélatrice. Tous ces exemples démontrent l'importance de l'appareilleur.

Cependant la science stéréotomique de Delorme, tant dans la théorie que dans la pratique, est trop sûrement attestée pour que l'on puisse la mettre en doute. Delorme donnait certainement le plan de l'appareillage et le développement des voussoirs : l'appareilleur devait établir l'épure, c'est-à-dire le dessin à grandeur d'exécution et fournir au tailleur de pierre les panneaux relevés sur l'épure. Il est peu d'œuvres de François Mansart dans lesquelles la stéréotomie n'ait aucune part ; en revanche, celle-ci est presque totalement absente de l'œuvre de Louis Le Vau [29]. Oppenord l'ignore ; Boffrand y excelle. Nous nous efforcerons de démontrer qu'elle est pour certains maîtres un moyen d'expression privilégié, au même titre que la distribution de l'espace et l'ordonnancement des façades.

Tel que nous venons de le décrire, le secret d'architecture apparaît moins comme une science occulte que comme un ensemble de trucs. Mais il ne faut pas oublier que les pratiques ésotériques transmettaient un secret d'une essence supérieure, les tracés géométriques. Platon les avait enseignés en recommandant le silence aux initiés. Or le tome II du traité de Delorme devait être justement consacré aux Divines Proportions. La planche dans laquelle François Blondel démontre que le Panthéon de Rome est construit sur le rectangle $\sqrt{3}/2$ est l'exemple unique d'une publication d'analyse graphique découvrant les irrationnels d'une composition [30]. Dans la théorie de l'architecture, l'ingéniosité touche au génie comme le doigt de l'homme à celui de Dieu dans la célèbre fresque de la Chapelle sixtine.

9. Les traités

Les premiers théoriciens de la stéréotomie

Philibert Delorme

La publication du *Premier tome de l'architecture* (1567) de Philibert Delorme est à coup sûr un événement de première grandeur. Avec Delorme, le savoir de l'appareilleur rencontre la plus importante innovation technique de la Renaissance, l'imprimerie.

Les livres III et IV sont presque entièrement consacrés à l'art du trait. Les premiers chapitres du livre III renferment quelques généralités sur la nécessité de pratiquer cet art, sur les instruments de l'appareilleur et du tailleur de pierre, le biveau, la sauterelle, le panneau, etc. Les derniers chapitres du IIIᵉ livre (chapitres V à XVIII) traitent des problèmes posés par le couvrement des baies en position extraordinaire : voussures, arrière-voussures, descentes de cave, arcs de baie biaise, arcs de baies placées dans un angle, sur un angle, dans un mur taluté, dans un mur concave ou convexe. Au milieu de cette casuistique curieuse s'inscrit un exposé sur la façon de régulariser un château irrégulier (fig. 44) : les bâtiments du vieux château (A et B sur la gravure) ont été réunis par des corps biais qui « symétrisent » la composition. Cet exposé apparaît d'abord comme une digression, digression d'ailleurs fort caractéristique des préoccupations du maître italianisé souvent appelé à travailler sur l'héritage gothique. Mais le titre du chapitre nous assure que nous n'avons pas quitté notre sujet : « L'artifice des traicts géométriques servir quand on veult faire d'une maison ou de deux mal commencées ou imparfaictes (soit vieil logis ou autrement) une belle et parfaicte maison y accomodant tous les membres et parties du vieil édifice avec le neuf » (chapitre VIII). Et, en effet, le château est truffé d'artifices stéréotomiques, trompes (voir les logettes en M et N), baies sur l'angle, baies dans l'angle d'une courtine et d'une tour-ronde, etc. Ainsi le trait apparaît-il à la fois comme une astuce pour faire du neuf avec du vieux et comme la pierre philosophale qui permet la transmutation du Moyen Age caduc en Renaissance triomphante.

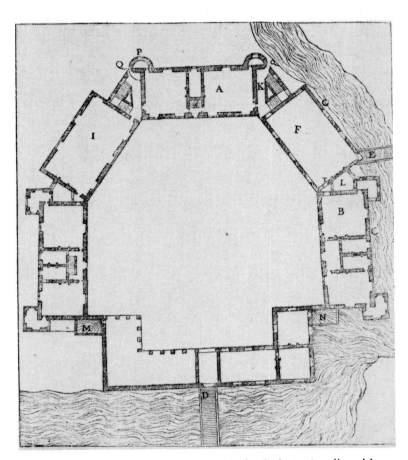

44. *Un exemple de régularisation d'un château ancien par Delorme (fᵒ 67). Les artifices stéréotomiques les plus divers (en E, baie sur l'angle ; en M et N, ouvrage sur trompe ; en Q, baie partiellement en tour-ronde ; en T, baie biaise) ont permis de compléter le château qui ne comprenait primitivement que les bâtiments A et B. La stéréotomie est ainsi présentée par Delorme comme le moyen pour passer du vieux monde gothique au monde moderne « régulier ».*

Dans les premiers chapitres (I à VII) du livre IV réservés aux trompes, la démonstration de la trompe d'Anet (fig. 39) a pris un tel développement que Delorme n'a pas trouvé le temps de nous livrer le reste de son savoir sur ce point (il le dit explicitement). Il est vrai que la trompe conico-sphérique, rampante et en ouvrage ondé du cabinet du roi à Anet, exalte toutes les difficultés de l'art de la trompe. Mais, pour notre information, nous aurions aimé avoir aussi le témoignage de Delorme sur certains modèles plus faciles, comme la trompe de Montpellier, dont nous ne pouvons que supposer qu'il les connaissait.

Après les trompes viennent les voûtes « modernes » ou « à la française », c'est-à-dire les voûtes à nervures, les voûtes gothiques. Les chapitres VIII à X sont surtout révélateurs par leurs lacunes. Delorme y décrit une voûte d'ogives à liernes et tiercerons en projetant dans un même plan le tracé de toutes ces nervures sans dire de quelle manière il y parvient ni le parti qu'il en tire. Et pourtant la mise en place des nervures est, dit-il, moins difficile que « la façon du pendentif de pierre de taille estant par dessus les ogives, tiercerons et liernes ». Aussi beaucoup de maçons se contentent-ils de faire ces voûtains ou « pendentifs » en briques ou en moellons. Relevons ici deux points importants : dans la voûte d'ogives pratiquée par Delorme, les voûtains sont bien construits *sur* les nervures et après celles-ci ; deuxièmement, le trait des voûtains en pierre de taille, seules parties massives de la voûte, est tenu pour plus savant que celui des nervures. Au reste, la démonstration géométrique tourne court. « Si quelques-uns désirent d'en savoir davantage pour le pratiquer », conclut Delorme, « fault qu'ils s'adressent aux architectes et maîtres maçons qui l'entendent, car il est malaisé de la pouvoir mieux expliquer que par œuvre et effet, c'est-à-dire en démontrant au doigt et à l'œil comme les pierres se doivent trasser et assembler »[1].

Pour compléter la maigre illustration de ces chapitres sur la voûte « à la française », Delorme a l'idée, apparemment saugrenue, d'y introduire une planche déjà utilisée dans ses *Nouvelles inventions* de 1561 (fig. 45). Que vient faire au milieu de développements sur le trait de la

45. *Fausse-voûte d'ogives, exécutée suivant la technique de la charpente « à petits bois » inventée par Delorme (f° 111). La nervuration, qui est le principe de la voûte d'ogives, pourrait être une invention de charpentier, comme le suggère l'exemple de Delorme.*

maçonnerie cette structure de charpente ? La structure de la voûte d'ogives à doubleaux, formerets et clef pendante, réduite à sa nervuration, est traitée « à petits bois » suivant le procédé inventé par Delorme. Encore une fois nous serions tenté de croire que Delorme contrôle mal la marche de son discours. En réalité, son propos est bien clair et parfaitement cohérent : même traitées en pierre, les voûtes d'ogives relèvent du domaine de la charpente dont le principe est la distinction d'une structure nervurée et d'un remplissage. On devine la portée de cette observation.

Le changement de ton est frappant avec les chapitres suivants, consacrés aux coupoles et aux voûtes en pendentifs (chapitre XI à XVI), c'est-à-dire aux formes nouvelles et anciennes à la fois, celles qui reviennent des pratiques antérieures à la période gothique. Ici toute la typologie, d'une extraordinaire subtilité, est fondée sur les jeux d'appareil : coupole en limaçon, voûtes en pendentifs appareillées en chevrons, en éventails, etc.

Le livre IV s'achève avec les chapitres sur les escaliers en vis. C'est là qu'apparaît pour la première fois la précieuse référence à la vis de Saint-Gilles.

Pour bien connaître la stéréotomie de Delorme, il faut encore lire le Livre X, publié d'abord comme Livre I des *Nouvelles inventions* et consacré à la charpente à petits bois. Pour adaptés qu'ils soient à la charpente, les traits que Delorme y décrit ne sont pas sans rapport avec ceux de la voûte. Dans la charpente à la Philibert Delorme, les arbalétriers sont en effet cintrés comme des nervures et les petits éléments constitutifs de ces pièces ont des joints rayonnants comme des claveaux. Les chapitres IX à XI reposent le problème de la cerce rallongée : par rapport au plein-cintre des arbalétriers de pan, les arbalétriers arêtiers de croupe sont des cerces rallongées.

Jean Chéreau, Jacques Gentilhâtre

Deux manuscrits assurent une certaine continuité de la théorie entre Delorme et Jousse. Le plus tardif est le petit manuel dans lequel Jacques Gentilhâtre a compilé au cours des années 1620-1630 tout le savoir de l'ingénieur

et de l'architecte : le onzième livre est le « livre de la démonstration des traits de masongnerie » ; son intérêt en ce qui nous concerne est limité.

Le « livre d'architecture de Jean Chéreau, tailleur de pierre, natif de Joigni » est lui-même une compilation dans lequel l'auteur plagie à pleines pages Serlio et Delorme. Il mérite cependant mieux que la brève mention qu'en a faite Henri Stein en 1923 et il faudrait développer l'article que Jean Vallery-Radot a consacré à son auteur. Chéreau, qui se qualifie modestement de tailleur de pierre, est en réalité un architecte accompli. On lui doit la façade de l'église de Villeneuve-sur-Yonne, peut-être le château de Joigny, sûrement le remarquable voûtement de l'église Saint-Jean à Joigny (fig. 46, 47). Le « livre d'architecture » a été écrit entre 1567 (date du *Premier tome* de Delorme) et 1574 : il est dédié à Charles IX, mort en 1574, et illustré d'un portrait de ce prince, qui est une copie servile du frontispice du *Traicté contenant les secrets du premier livre sur l'espée seule* d'Henry de Sainct-Didier, traité d'escrime publié à Paris en 1573.

La partie la plus intéressante et la plus fournie concerne l'art du trait (f° 102 v à 119), associé à la perspective (ce qui n'est pas pour surprendre), mais également à l'astronomie, à la gnomonique, à la « métrologie », à toutes les techniques qui permettent de représenter l'espace par la mesure et le dessin. Dans l'avertissement, Chéreau retrouve les accents de Delorme pour vanter les mérites de « belle et noble science de géométrie » : « je vous veuil encóure présanter ci après les volumes de traicts et lignes, assez garnis de secrets de géométrique qui me fait bien auzer dire que l'architecte qui aura congnoyssance des dits traicts et lignes ne scauroit prandre excuse qu'il ne puisse trouver une infinité de belles invensions ». Le répertoire de formes et le mode de représentation sont fort proches de ceux de Delorme ; mais, ici et là, quelques apports nouveaux, qui sont précieux à cette date : l'apparition de la trompe sphérique dans l'angle et sous le coin (fig. 78) ; l'utilisation d'appellations d'origine, comme l'arrière-voussure de Marseille et la trompe de Montpellier ; enfin, une lacune importante : il n'est plus question des voûtes d'ogives.

Les classiques des années 1640

Les années 1640 sont particulièrement fécondes puisqu'elles voient paraître coup sur coup le *Secret d'architecture* (1642; le privilège est de 1635) de Mathurin Jousse, le *Brouillon project d'exemples d'une manière universelle... touchant la practique du trait à preuve pour la coupe des pierres* (1640) de Girard Desargues, *La pratique du trait à preuve pour la coupe des pierres* (1643) d'Abraham Bosse et l'*Architecture des voûtes* (1643) du Père Derand. Ouvrages très différents par leur ton, leur portée, leur diffusion, mais qui ont au moins un point commun: ils constituent la stéréotomie en science autonome tant des mathématiques que de l'architecture. Désormais on ne trouvera que de brèves allusions à la stéréotomie dans les traités généraux d'architecture, et parfois qu'une simple référence aux traités spécialisés (ce qui n'a évidemment pas peu contribué à détourner de ce sujet les historiens de l'architecture). D'Aviler écrit dans son *Cours*: «Je n'ai point eu dessein de donner la construction ni le développement d'aucune pièce de trait, parce que je ne ferais que répéter ce qui se trouve dans les autres livres, mais je me contenterai d'expliquer les termes de cet art et de la nature des voûtes, afin de faire naître le désir de pénétrer plus avant dans la connaissance d'une partie si utile à l'architecture»[2].

Mathurin Jousse

Mathurin Jousse qui, à l'honneur d'avoir le premier publié un traité de stéréotomie, joint celui d'être l'auteur de la première publication entièrement consacrée à la charpente, *Le théâtre de l'art de charpentier* (1650), est un inconnu. J.-P. Babelon le désigne comme «serrurier célèbre» sans doute parce qu'il a également publié la *Fidèle ouverture de l'art du serrurier* (1627). La seule construction qu'on lui ait attribuée, la tribune d'orgues de l'église des Jésuites de La Flèche, un chef-d'œuvre stéréotomique, lui est aujourd'hui contestée (fig. 84). Toute son activité tourne autour de La Flèche, où sont publiés ses livres; plus précisément autour de l'établissement des Jésuites de cette ville, où il fait la connaissance de Martellange, l'auteur de la *Perspective de Viator* (1635) publiée sous le nom de Jousse[3].

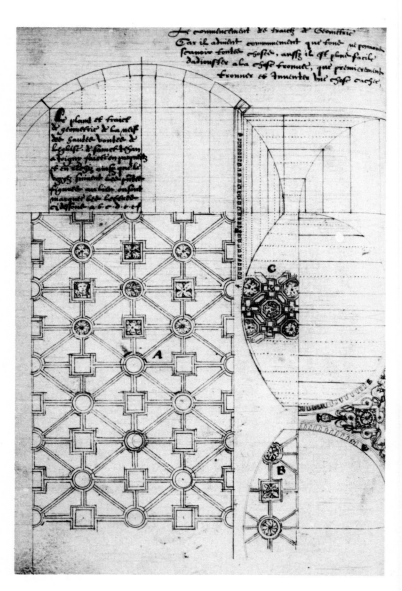

46. *Joigny (Yonne), église Saint-Jean, voûtée entre 1557 et 1596 par Jean Chéreau, plan publié par J. Chéreau (fº 102 v).*
47. *Même ouvrage (photographie B. Emmanuelli).*

Premier exemple de l'emploi de la voûte en berceau à lunettes, construit en pierre de taille sur un grand vaisseau; le décor est dit « en parquets ».

Jousse cependant appartient certainement à la famille des maîtres-maçons. Dans son *Secret d'architecture*, il a le ton de Delorme, l'enthousiasme un peu pédant des praticiens initiés à la géométrie. La méthode de représentation est celle de Delorme, mais obscurcie par les multiples coquilles de la publication (inversions de planches, erreurs de légende, etc.). Le répertoire est également celui de Delorme, mais cette fois enrichi de nombreuses variantes. Notons, comme dans Chéreau, l'absence des voûtes d'ogives. Les chapitres les plus nouveaux concernent la voûte d'arêtes (négligée par Delorme) et surtout la lunette et ses multiples emplois (fig. 58) : nous décrirons la fortune de cette petite voûte, pleine d'artifices, dans les années 1640 précisément.

Girard Desargues et Abraham Bosse

Curieux contraste entre Jousse, l'obscur maçon, et Desargues, l'une des plus éminentes personnalités de l'Europe savante du XVIIe siècle, l'auteur de ce « Brouillon projet des coniques » qui faisait l'admiration de Pascal. L'œuvre bâtie de Desargue, et notamment celle relative au trait, est malheureusement presque entièrement perdue ; particulièrement regrettable est la disparition de la grande trompe de la maison Saint-Oyen de Lyon (1651). On sait que Desargues fut consulté lors de l'établissement des plans de l'hôtel de ville de Lyon et qu'il construisit des escaliers (Château de Vizille et, à Paris, hôtel de Turenne, hôtel de l'Hospital, maison rue de Cléry) que fit connaître le *Traité des manières de dessiner les ordres* (1664) d'Abraham Bosse, fidèle disciple de Desargues.

Toute l'ambition théorique de Desargues est résumée dans les quelques feuilles, à diffusion limitée, du *Brouillon project d'exemples d'une manière universelle*. Il ne s'agit plus de donner, comme Delorme ou Jousse, « un recueil de plusieurs pièces » sans liens entre elles ; mais bien de résoudre tous les problèmes particuliers de la stéréotomie par une seule règle, la « manière universelle ». Nous avons sommairement décrit celle-ci dans le chapitre précédent.

La *Pratique du trait à preuve* est une application de la « manière universelle » à quelques cas particuliers (des-

centes de cave, arcs biais, arcs sur le coin, trompes, arrière-voussures). Son auteur est Abraham Bosse ; mais celui-ci nous avertit qu'il a suivi scrupuleusement les indications que lui a données Desargues. Malgré certaines innovations heureuses pour faciliter la compréhension du texte — décomposition des opérations en plusieurs figures (c'est l'exemple que nous avons nous-mêmes suivi pour « démonter » la vis de Saint-Gilles carrée de Delorme), représentation des modèles en perspective avec des ombres —, cet exposé reste d'un abord difficile.

En abandonnant de propos délibéré le vocabulaire du trait, Desargues s'est privé de l'audience des praticiens qui l'ont accusé d'hermétisme, ont douté de sa capacité de passer de la théorie à la pratique, et ont multiplié contre lui attaques et libelles. Les *Advis charitables sur les diverses œuvres et feuilles volantes du Sieur Girard Desargues* paraissent en 1642 ; ils sont l'œuvre de Melchior Tavernier, l'éditeur, ou du Père Dubreuil qui, dans sa *Perspective pratique* (1651), fait l'éloge de Curabelle, l'adversaire de Desargues le plus déterminé.

D'après Mariette, Jacques Curabelle (ou Curabel) « était le meilleur appareilleur de son temps » et a travaillé avec Le Mercier à la Sorbonne[4]. Si l'on doit reconnaître en Curabelle l'auteur des voûtes remarquables que contient l'œuvre de Le Mercier, c'est en effet un personnage important. Dans son *Examen des œuvres de Desargues* (1644), il présente une esquisse de ce qui devait constituer le tome I d'un cours d'architecture resté inédit, tome I consacré à la « stéréotomie ou section des solides appliquée à la coupe des pierres »[5]. Notons en passant ce qui est sans doute un des tout premiers emplois du mot stéréotomie. Pour démontrer la *Faiblesse pitoyable du Sieur Desargues* (sans date), Curabelle a jeté à celui-ci un défi : Curabelle, héraut de la méthode traditionnelle, se serait opposé à Desargues, le novateur, dans la réalisation d'un ouvrage. L'affrontement n'eut jamais lieu : on ne sait au juste pourquoi. En 1642, un certain Charles Bressy, après avoir annoncé qu'il ferait son chef-d'œuvre de maîtrise « sur le trait géométric du Sieur Desargues » était finalement revenu à la manière traditionnelle, en faisant valoir qu'il n'aurait pu utiliser la manière nouvelle sans l'aide du maître qui était alors absent de Paris. D'après Bosse, des esprits malveillants auraient prêté cette intention à Bressy pour faire de son abandon un argument contre Desargues[6].

François Derand

Mathématicien et architecte, Derand est plus proche de Jousse que de Desargues. Il a enseigné les mathématiques à La Flèche, et il a dû y connaître Jousse. Entre l'auteur du *Secret d'architecture* et l'auteur de l'*Architecture des voûtes*, il y a eu d'évidentes relations, mais elles n'ont pu être vraiment élucidées[7]. Derand juge sévèrement l'ouvrage de Jousse, auquel il reproche sa confusion ; il ne propose pas pour autant une méthode cohérente. Le succès soutenu de l'*Architecture des voûtes*, rééditée en 1743 et 1755 — un classique des bibliothèques d'architectes — tient d'abord à la qualité de la publication elle-même, mais aussi à la caution apportée par un mathématicien au pragmatisme des maçons.

Le corpus de formes établi par Delorme, développé par Jousse, reçoit de nouveaux enrichissements : l'arrière-voussure de Saint-Antoine au chapitre des couronnements de baies, les trompes en niche (fig. 116) et les trompes plates au chapitre des trompes, la voûte à arêtes doubles au chapitre des « maîtresses voûtes » (où l'on note encore l'absence de la voûte d'ogives) ; surtout l'escalier suspendu en vis (fig. 118) et l'escalier à retours au chapitre des escaliers. Les recettes ne sont plus tout à fait celles de Delorme (voir la construction de la vis de Saint-Gilles carrée, par exemple), mais ce ne sont encore que des recettes.

Les héritiers

La critique de D'Aviler sur les quatre premiers auteurs de publications relatives au trait exprime assez bien l'opinion presque générale des contemporains : « Philibert Delorme est le premier qui ait ouvert le chemin à cette science inconnue aux Anciens et qui l'ait réduite par règles, mais il ne s'explique pas assez clairement. Mathu-

rin Jousse s'est rendu intelligible aux ouvriers et il paraît par son traité, qu'il était consommé dans la pratique. Quant à Gérard Désargues... il semble qu'il ait voulu, étant bon géomètre, cacher la connaissance de ce qu'il enseigne par sa manière universelle et par l'affectation des termes dont il se sert qui ne sont point en vogue parmi les ouvriers. Le meilleur de tous, au goût de ceux qui joignent la pratique à la théorie, est le Père François Derand, jésuite, qui en a fait un ample volume avec tous les éclaircissements nécessaires par discours et par figures ; aussi est-ce celui que les ouvriers recherchent le plus et on le donne aux apprentis comme le plus sûr guide pour parvenir à la connaissance de cette partie qui n'est pas la moins difficile de l'architecture »[8].

Que Derand et même Jousse soient préférés à Desargues, François Blondel s'en étonne : les livres de Derand et de Jousse « contiennent l'un et l'autre autant de pratiques diverses qu'ils se proposent de cas différents... il y a plusieurs de ces pratiques qui, dans la rigueur de la géométrie, sont fausses, en sorte que dans les édifices considérables, les ouvriers sont toujours obligés de ragréer ce qu'ils ont fait. Ainsi je suis étonné que la règle universelle de Monsieur Desargues, expliquée dans le livre du sieur Bosse, soit si peu en usage, vu qu'elle est infaillible dans la pratique et qu'elle peut servir à tous les cas »[9]. Désormais la césure est très nette entre l'école des maçons et celle des mathématiciens. On ne s'étonne pas de trouver l'ingénieur François Blondel parmi les seconds.

Les derniers maçons. Jean-Baptiste de La Rue

Les bibliothèques de Bordeaux et d'Auxerre conservent des recueils manuscrits rassemblant dans le format *in folio* bon nombre des modèles stéréotomiques connus : le texte y est réduit au minimum et les auteurs restent anonymes. Le volume de Bordeaux (manuscrit 619) n'a pas de titre, mais sa table est intitulée « Table de l'architecture des voûtes ou Escalier et trompe », et il porte la mention « Ce livre appartien au fraire Blaise Baye ». Comme le volume de Bordeaux, le « Traité des voûtes » d'Auxerre (manuscrit 328) doit dater de la première moitié du XVIIIe siècle. Ce ne sont pas, pensons-nous, des manuscrits d'*avant* le livre, mais des manuscrits d'*après* le livre. Plutôt que d'acheter un traité en librairie, l'homme de l'art compilait soigneusement les modèles dont il pensait avoir besoin, en ajoutant ici et là quelques notations inédites. Pour le praticien, la transcription avait une valeur heuristique et mnémonique évidente. Nous nous trouverions devant une survivance des modes de transmission du savoir antérieurs à l'imprimerie.

Une seule publication dans la tradition de Derand : le *Traité de la coupe des pierres* (1728) de l'architecte Jean-Baptiste de La Rue. Celui-ci est presque un inconnu. Le 27 janvier 1727, il soumet à l'Académie d'architecture son traité qui y reçoit un accueil favorable ; en 1728, il est nommé à la seconde classe de cette Académie ; en 1729, il y donne son avis sur le toisé des voûtes ; en 1740, il construit un pont à Gien ; en 1740-1743, il donne le modèle d'une machine à battre les pilots[10]. Il aurait vécu à Versailles et y serait mort en 1750[11]. Son livre a eu un franc succès puisqu'il a été réédité en 1764 et en 1858. Ce succès est mérité : il semble qu'avec J.-B. de La Rue, les lumières du siècle viennent enfin éclairer le ténébreux secret. L'édition a la qualité des plus belles productions du XVIIIe siècle. Pour mieux faire comprendre les développements des voussoirs qui, pour la première fois, sont donnés de manière systématique, l'éditeur a rapporté sur les feuilles des retombes à multiples pliures qui permettent de reconstituer le voussoir comme dans un jeu de construction. De plus, presque tous les modèles sont illustrés d'une représentation en perspective et ombrée. La précision du texte, l'exactitude des renvois, en font un excellent outil d'initiation. D'autant que la matière traitée s'est quelque peu amenuisée : le corpus, qui, jusqu'à Derand, n'a cessé de s'enrichir, se resserre. La voûte d'ogives n'a toujours pas retrouvé sa place.

Les disciples de Desargues :
Philippe de La Hire, Amédée-François Frézier

Le monde savant n'est pas unanimement du côté de Desargues. Un certain Grégoire Huret, auteur d'une *Optique de la portraiture et peinture* et d'un traité sur la gnomonique, annonce en 1670 un ouvrage, qui ne fut sans doute jamais publié et qui aurait été intitulé « La section des solides spéculative et pratique appliquée à l'architecture pour les constructions précises des traits de la coupe des pierres ou voussoirs de toutes sortes de voûtes, avec la déclaration entière des secrets fondamentaux des dits-traits »[12]. Nous voyons mal où il faut situer ce Grégoire Huret : ce qui est sûr, c'est que sa « Section des solides » devait être une critique de Desargues.

Le « De lapidum sectione » qui forme le traité XII du tome II du *Cursus seu mundus mathematicus* du Père Milliet de Chales, paru à Lyon en 1674, est un exposé de stéréotomie, assez complet, qui ne s'adresse qu'aux mathématiciens, mais qui ne doit rien à Desargues. Il est écrit en latin : on peut gager que peu de praticiens sont allés chercher le secret de la vis de Saint-Gilles carrée dans le « De helice sancti Aegi quadrata » ; en revanche, ce savant discours aurait dû conférer l'audience internationale à l'art du trait : nous verrons qu'il n'en a rien été.

La tradition de Desargues devait cependant être relevée par un important personnage, le mathématicien, astronome et ingénieur Philippe de La Hire. Philippe de La Hire est le fils du peintre Laurent de La Hire, ami de Desargues. Il est connu par ses travaux sur la carte de France, par son activité à l'Observatoire de Paris, par son enseignement des mathématiques au Collège de France. Il a laissé de nombreux mémoires, comme sa *Méthode de géométrie pour les sections des superficies coniques et cylindriques* (1672), ses *Sectiones conicae* (1685) et son *Mémoire sur les épicycloides* (1694). La bibliothèque de l'Institut conserve de lui une copie du mémoire de Desargues sur la section des coniques[13]. Mais La Hire retient surtout notre attention comme professeur de l'Académie d'architecture, où il succède, en 1687, à un autre mathématicien, François Blondel. Son enseignement est périodiquement consacré à la coupe des pierres (1688-1689, 1702-1705, 1707-1709, 1712-1713)[14]. Le « Traité de la coupe des pierres », resté inédit, n'est qu'un résumé de cet enseignement. La « pratique du trait... », un grand recueil manuscrit conservé à la bibliothèque de Rennes (manuscrit 15 634) témoigne de la diffusion de la théorie de La Hire : ce recueil anonyme, dû sans doute à un disciple, reproduit textuellement des passages du «Traité de la coupe des pierres».

La théorie et la pratique de la coupe des pierres et des bois pour la construction des voûtes... ou traité de stéréotomie d'Amédée-François Frézier, publié en 1737-1739, revu et corrigé pour la réédition de 1754-1769 est le plus monumental ouvrage qu'ait jamais suscité le trait. Il comprend trois gros volumes, bien faits pour décourager la curiosité d'un historien de l'architecture. Il faut cependant avoir consulté cette somme pour mesurer l'incroyable complexité et l'innombrable diversité des exercices auxquels devait pouvoir se livrer le stéréotomiste moderne. Les architectes contemporains de Frézier eux-mêmes, ont dû bien rarement ouvrir le redoutable traité. Comment expliquer autrement que Frézier se soit inquiété d'en donner une version simplifiée, et d'ailleurs insignifiante, les *Eléments de stéréotomie à l'usage de l'architecture,* parus en 1760, réédité en 1830 ? Ce manuel a été écrit à l'intention des élèves de l'école de Jacques-François Blondel[15] dont le *Cours d'architecture* ne contient qu'un bref chapitre sur les voûtes et leur appareil[16].

Frézier était ingénieur militaire. Il a encore publié un *Traité des feux d'artifices* (1747), une *Dissertation théorique et critique sur les ordres d'architecture,* à la suite de *La théorie et pratique de la coupe des pierres* (1739) et plusieurs articles dans le *Mercure de France.* Ses idées sur les proportions harmoniques s'inscrivent dans la tradition de «l'école relativiste» fondée par Claude Perrault. Du praticien, nous ne pouvons citer qu'une seule construction, les voûtes conico-sphéroïdes de la chapelle du château de Beckenheim en Allemagne : encore ne la connaissons-nous que par le témoignage de l'auteur[17].

Si Frézier est disciple de Desargues, c'est du Desargues théoricien de la section des coniques plus que du théoricien de la «manière universelle». Le primat des mathématiques est fortement marqué dans son traité, puisque le premier volume (le tiers de l'ouvrage) est une initiation à la géométrie dans l'espace. Pour le reste, il appartient bien à la génération des Encyclopédistes par son ambition de remise en ordre des notions, fût-ce en bousculant les habitudes. Son corpus, de beaucoup le

plus complet de tous ceux que nous avons vu, est présenté dans un ordre d'une logique parfaite. D'abord les voûtes dites simples, c'est-à-dire composées d'une seule surface : voûtes planes, voûtes cylindriques, voûtes coniques, voûtes sphériques, voûtes annulaires et hélicoïdales, voûtes à surfaces irrégulières (conico-cylindriques, conico-sphéroïdes, cylindrico-sphéroïdes). Puis, les voûtes à plusieurs surfaces, en d'autres termes les voûtes à pénétrations. Cette distribution a pour conséquence de détruire les regroupements traditionnels, trompes, arrière-voussures, maîtresses-voûtes, escaliers, etc. Il faut ainsi aller chercher les trompes plates dans le chapitre sur les voûtes planes, les trompes dites en niche dans le chapitre sur les voûtes sphériques, etc. Pour l'histoire de la voûte, l'apport le plus nouveau est le chapitre sur les voûtes planes ou plates. La présentation, avec ses modèles en perspective, ses développements de voussoirs, doit beaucoup à l'exemple de J.B. de La Rue.

La récession de la théorie à partir des années 1750

Un net reflux de la théorie est sensible dès les années 1750. Les deux derniers traités publiés au XVIIIe siècle, celui de Menand (1757) et celui de Simonin (1792), sont l'un et l'autre des «digests», comme les *Eléments* de Frézier. Les deux auteurs, qui se disent professeurs[18], ne présentent la plupart des modèles stéréotomiques que comme des exercices de virtuosité utiles à la formation des élèves, mais sans application dans la construction.

Si l'on pouvait juger de la vitalité d'une technique à l'abondance des titres qu'elle produit en librairie, le XIXe siècle serait un grand siècle pour la stéréotomie. Dans notre bibliographie, nous citons plus de quinze titres entre 1825 et 1914 : J.-P. Douliot (1825), L.-L. Vallée (1828), C.-J. Toussaint (première édition introuvable, début XIXe siècle ; nombreuses rééditions jusqu'en 1902), J.-A. Adhémar (deuxième édition 1840 ; huit éditions jusqu'en 1883), C.F.A. Leroy (1844, quinze éditions au total jusqu'en 1926), E. Le Jeune (1872), J. Pillet (1887), L. Monduit et A. Denis (1889), J. Chaix (1890), H. Sinaud (1890), E. Rouché et Ch. Brisse (1893), M. Bousquet (1912), E. Tachon (1914). Mais tous ces traités sont dans la veine que nous avons vu apparaître au milieu du XVIIIe siècle: les auteurs se recopiant les uns les autres donnent les rudiments de la technique qui permet de construire des voûtes simples: ici et là, ils signalent quelques modèles complexes comme les témoins d'une époque où régnait encore insidieusement l'esprit gothique. De toute cette littérature, un seul ouvrage se détache, c'est le beau *Traité théorique et pratique de l'art de bâtir* (1802-1817) de J.-B. Rondelet, qui a encore toutes les qualités des grands traités du XVIIIe siècle.

L'examen des traités fait paraître l'extraordinaire fécondité de la théorie française; plus extraordinaire encore, celle-ci nous apparaîtra lorsque nous aurons examiné le tableau de l'Europe. Il est indiscutable qu'il s'est créé en France un milieu particulier, dont le produit le plus significatif est la *Géométrie descriptive* (1800) de Gaspard Monge. C'est en cherchant à résoudre scientifiquement des problèmes de stéréotomie (il entre à 18 ans à l'Ecole royale du Génie de Mézières) que Monge découvrit, en 1768, les principes qui devaient enrichir d'un nouveau chapitre le grand livre de la géométrie.

Deuxième partie

Typologie
de la voûte française moderne

« Nous avons une infinité de beaux traits en France
desquels on ne tient aucun compte »
(Ph. Delorme, Le *Premier tome de l'architecture*, 1567, f° 124)

L'extrême variété des types de voûte utilisés en France pendant les Temps modernes et l'ignorance dans laquelle nous les avions tenus jusqu'alors, rendaient indispensable un travail de prospection, d'analyse et de classification comme préalable à tout essai d'interprétation. Dans notre enquête à travers la France, nous avons dû passer bien souvent à côté de variantes secondaires. Notre objectif étant de reconstituer l'évolution historique et la diffusion géographique de la voûte clavée, notre typologie pouvait être plus poussée sur certains sujets, comme la trompe ou l'escalier suspendu (fig. 48) : les genres fortement typés laissent sur les cartes et dans les chronologies, des traces plus nettes, plus lisibles, plus significatives, que les genres plus communs. C'est pourquoi, encore, notre typologie du berceau et de la coupole pouvait être fondée sur des exemples du XVIe siècle, époque de la renaissance de ces voûtes, plus que sur des exemples du XVIIe siècle ou du XVIIIe siècle, époque de leur vulgarisation.

48. Anet (Eure-et-Loir), château. (Photographie B. Emmanuelli). Escalier sur voûtes plates par Claude Desgots, entre 1680 et 1712. C'est, semble-t-il, dans cette période qu'apparaissent en France les premiers escaliers de ce type.

10. Caractères généraux

Jeux de formes

Il est impossible de pousser un peu l'analyse de la voûte moderne sans détruire les typologies élémentaires qui ont habituellement cours. Du point de vue de la topologie — cette branche des mathématiques qui étudie les déformations des corps solides par étirement, distorsion, etc. — il n'y aurait probablement qu'un seul type de voûte, ou plus précisément il n'y aurait que l'arc, la plate-bande n'étant elle-même qu'un cas particulier de l'arc. La translation de l'arc donne le berceau ; sa rotation, la coupole. Avec plusieurs arcs générateurs et plusieurs directrices, on obtient toutes les formes de voûtes. Si l'on admet que la coupole polygonale est bien un cas particulier de la coupole sphérique, la voûte en arc-de-cloître qui est pourtant formée par l'intersection de deux berceaux devient aussi un cas particulier de coupole. Or le stéréotomiste moderne semble s'être ingénié à supprimer toute solution de continuité dans ces métamorphoses et à déployer le jeu topologique en son entier (fig. 49, 50) : aussi rencontrerons-nous de nombreux types de voûte, desquels on peut proposer au moins deux lectures.

Jeux d'appareil

Il y a une façon d'appareiller que l'on peut qualifier de naturelle. Dans le mur construit par assises horizontales, le matériau retrouve la position qu'il occupait dans les lits de la carrière. Les joints de lit séparent deux assises ; les joints montants séparent deux blocs d'une même assise. Les joints de lit sont alignés ; les joints montants, alternés. Les voûtes les plus simples sont également assisées. Le berceau assisé est ainsi formé de rangs de voussoirs horizontaux ; c'est en quelque sorte un mur courbé suivant l'arc générateur de l'intrados : projetés sur un plan, les joints alignés sont représentés par des parallèles à la directrice du berceau (fig. 49). La coupole assisée est formée de rangs de voussoirs annulaires ; la projection des joints alignés dessine des cercles ou des ellipses concentriques (fig. 50). La voûte en arc-de-cloître n'est qu'un cas particulier de la coupole : la projection donne des carrés et des rectangles au lieu des cercles et des ellipses (fig. 50). La voûte d'arêtes est composée de quartiers, c'est-à-dire de fractions de berceau dont les pénétrations forment les arêtes : dans le cas général de la voûte d'arêtes à quatre quartiers assisés et de plan carré, la projection des joints alignés est perpendiculaire aux côtés et à 45° par rapport aux arêtes (fig. 50).

L'appareillage par assises est certainement celui que l'on rencontre le plus fréquemment dans l'histoire universelle de la voûte ; mais il n'est pas le seul connu. Les berceaux romains du midi de la France, par exemple, sont appareillés par rouleaux : ce sont des suites d'arcs juxtaposés ; le plan des joints alignés est perpendiculaire et non parallèle à la directrice. Les quartiers de certaines voûtes d'arêtes et de certaines voûtes d'ogives médiévales sont appareillés en chevrons, c'est-à-dire que les rangs de voussoirs se rencontrent en chevrons à la ligne de faîte du quartier : les joints alignés sont projetés suivant une ligne perpendiculaire à l'arête (ou à l'ogive) et dessinent des carrés tournés de 45° par rapport au carré du plan de la voûte [1].

Dans la terminologie de la voûte moderne, on trouvera communément des expressions telles que « coupole appareillée sur le plan d'une voûte en arc-de-cloître » (fig. 50) ce qui désigne une coupole hémisphérique, donc de plan circulaire, appareillée de manière que la projection des joints alignés forme des carrés comme dans la voûte en arc-de-cloître assisée, et non des cercles comme dans la coupole assisée.

Ce curieux parti, auquel les architectes modernes ont souvent recours, consiste à intervertir les plans « naturels » d'appareillage avec les types de voûtes. Tous les cas de figure que permet ce jeu de substitution ont été mis en œuvre. L'œuvre de Delorme en offre un exemple précoce. La petite pièce qui flanque le porche du château d'Anet paraît couverte d'une voûte d'arêtes carrée : celle-ci a bien le plan d'appareillage d'une voûte d'arêtes assisée, mais, en fait, il n'y a d'arête que sur une seule des diagonales. En paraphrasant le blason, on peut dire que cette voûte est « écartelée » : sur une diagonale, elle est

49. *Typologie et topologie de la voûte ou les avatars d'une même forme. (Dessin J. Blécon).*
A. voûte en berceau, B. voûte en berceau tournant, C. voûte en berceau tournant sur le noyau, D. coupole,
E. pénétration en arc-de-cloître de deux berceaux, F. voûte en arc-de-cloître,
G. voûte en arc-de-cloître à retombée centrale, H. voûte en arc-de-cloître à lunettes,
I. voûte en berceau à lunettes, J. voûte d'arêtes, K. voûte à arêtes doubles, L. voûte en éventails.

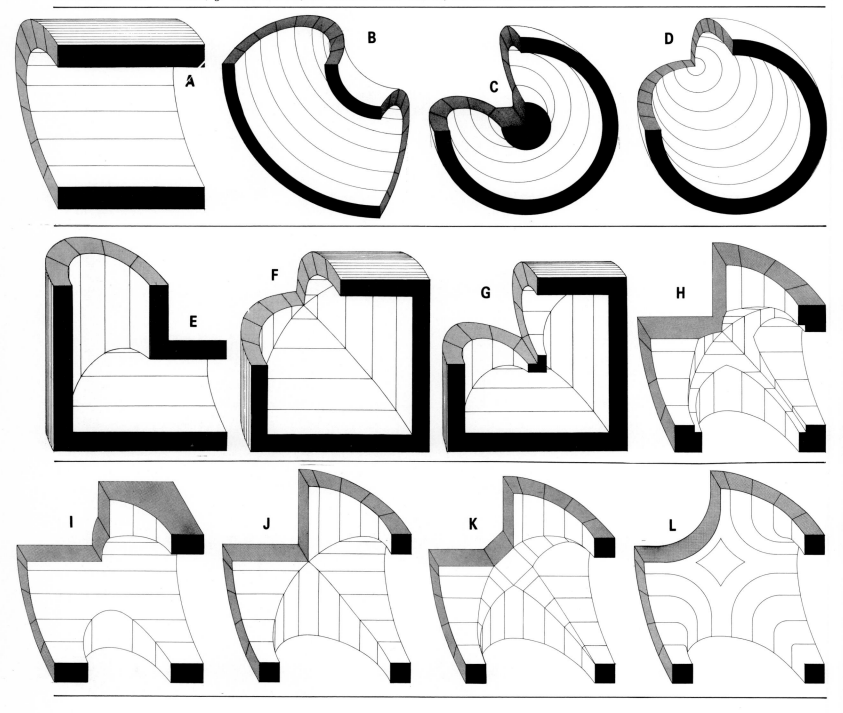

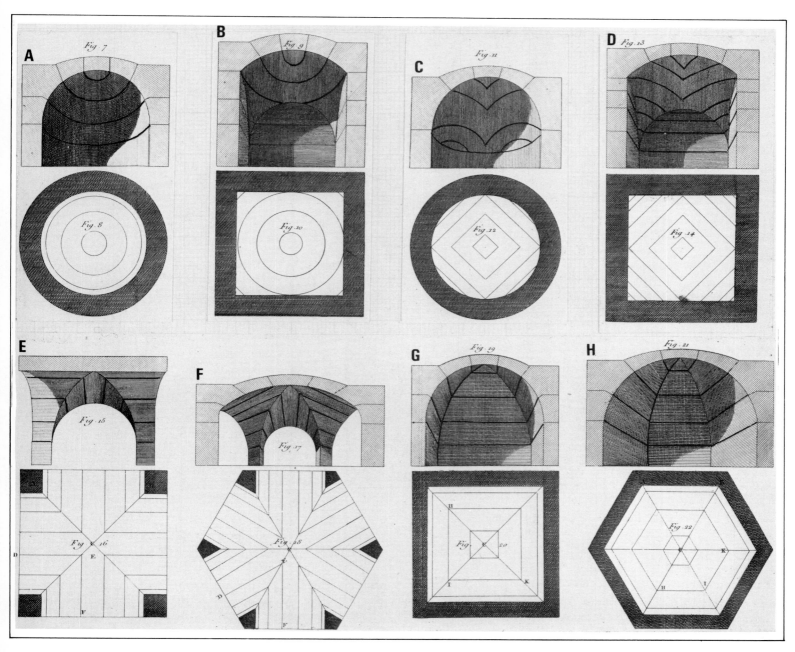

50. *Variétés de voûtes créées par combinaison de formes et de plans d'appareil. (J.-B. Rondelet, Livre III, pl. XXXII).*
A. coupole assisée, B. voûte en pendentifs assisée, C. coupole appareillée sur le plan de la voûte en arc-de-cloître, D. voûte
en pendentifs appareillée en chevrons, E. voûte d'arêtes assisée à quatre quartiers, F. voûte d'arêtes assisée à six quartiers,
G. voûte en arc-de-cloître assisée, H. coupole hexagonale assisée.

51. *Villeneuve-les-Avignon (Gard), collégiale.
Partie centrale d'une voûte à arêtes doubles de cinq
cantons due probablement à J.-B. Franque,
première moitié du XVIIIᵉ siècle. Le plafond
central est formé par une petite voûte plate
appareillée sur le plan d'une voûte en éventails.*

voûte d'arêtes; sur l'autre, voûte plate appareillée sur le plan d'une voûte d'arêtes.

Dans « l'école d'Avignon » du XVIIIᵉ siècle — nous voulons parler des productions de la famille des Franque et de ses alliés dans la région d'Avignon — l'appareil est traité comme une mosaïque (fig. 51) : le plan de l'appareillage n'a plus de rapport avec la forme de l'intrados; les joints eux-mêmes ont un tracé curviligne. La comparaison avec la mosaïque ne doit pas cependant être prise à la lettre : les éléments constitutifs sont bien des voussoirs, des éléments de structure, et non des fragments d'un décor de surface.

Dans son discours sur la stéréotomie à l'Académie de Bordeaux (1786), Thulaire (probablement Joseph Teulè-

re) déclare à propos de ces jeux d'appareil : « Il est aisé de voir que cette facilité de changer la forme des pierres sans changer celle des voûtes doit nécessairement changer la direction de leurs efforts contre les points d'appui ». Cette proposition reste à démontrer; car il est clair que si le choix de ces appareils compliqués était lié à des études de stabilité, on devrait retrouver dans la structure des édifices ainsi couverts une complexité correspondant à celle de l'appareil. Nous n'avons jamais remarqué une telle correspondance.

Nudité d'intrados

La géométrie de l'appareil appelle nécessairement la nudité de l'intrados. Imagine-t-on des rinceaux sur les figures d'Euclide ? La voûte française moderne s'est peu à peu dépouillée de ces nervures héritées des gothiques et de ces ornements empruntés aux Italiens.

Pour les Italiens, la voûte, comme le mur, est d'abord une surface à peindre. Cette manière se retrouve en France en des parties connues par ailleurs pour être imprégnées d'italianisme : les galeries des demeures aristocratiques, les coupoles. Les Français se sont singularisés en recherchant la nudité de la pierre de taille jusque dans des espaces réputés nobles. A Versailles, la stéréotomie à la française est confinée dans l'orangerie (fig. 93); la chapelle est à l'italienne. Mais au Louvre la belle voûte de la salle des Cariatides (fig. 52) fait un pendant plus qu'honorable aux peintures de la galerie d'Apollon. L'espace sacré des églises est la plus belle conquête des appareilleurs français. C'est par l'aspect de son voûtement que l'église des Jésuites de Paris se distingue principalement du Gesu de Rome. La nudité de l'appareil devient dans les églises du XVIIᵉ siècle et plus encore dans les établissements monastiques du XVIIIᵉ siècle, une composante essentielle de l'effet d'ensemble.

La stéréotomie s'accommode mieux de la sculpture que de la peinture. Les effets d'appareil des voûtes françaises du XVIᵉ siècle sont encore surchargés d'ornements en relief ou de moulures. Cette mouluration procède à la fois

*52. Paris, Louvre, salle des Cariatides.
Voûte construite en 1630 par J. Le Mercier.*

108

53. Paris, église de l'Oratoire. (Photographie J.-B. Vialles) Les voûtes de J. Le Mercier (entre 1621 et 1630 à l'Oratoire ; vers 1640 au Louvre) sont parmi les premiers exemples de voûtes en berceau à lunettes, nues, couvrant des espaces « nobles ».

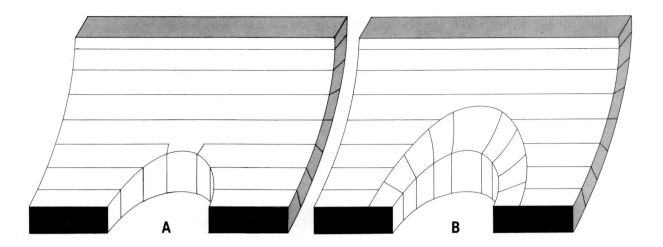

54. *Lunette à pénétration filée (A), à pénétration extradossée (B). (Dessin J. Blécon).*

des caissons italiens et de la nervuration gothique (fig. 90). De nombreuses voûtes modernes ne sont que des voûtes gothiques dépouillées de leurs nervures. En perdant peu à peu de son relief, l'ornement se diffuse dans ces décors couvrants qui furent à la mode dans la seconde moitié du XVIe siècle et que l'on appelait décors « en parquets »[2] (fig. 47). Ils s'opposaient à tout effet d'appareil. Mais en se diffusant la mouluration tendait aussi à disparaître. Si l'on excepte les merveilleuses vis de Saint-Gilles de la fin du XVe siècle, dont la contemplation était réservée au sacristain qui gardait les tours des églises, la première grande voûte d'appareil complètement nue pourrait bien être celle du crypto-portique d'Anet (1552) (fig. 55); il faudra plus d'un demi-siècle pour que cette pensée sorte de terre et aille s'épanouir au-dessus des vaisseaux de l'église de l'Oratoire de Paris (entre 1621 et 1630) (fig. 53).

Dans la réapparition discrète de la mouluration sur les voûtes d'appareil de la première moitié du XVIIIe siècle, on peut reconnaître le signe avant-coureur de la décadence : ce ne sont pourtant que des tables nues et de faible relief, mais leur contour vient doubler le « trait » d'une ligne superflue. Les voûtes de l'église Sainte-Geneviève de Paris sont ainsi tellement habillées que l'on en oublie la beauté du parti stéréotomique (fig. 142).

Pénétrations

L'intrados des voûtes est généralement formé de sections de volumes géométriques, définissant par leur pénétration des arêtes rentrantes ou saillantes dont le tracé doit être ample, lié et continu. C'est au tracé des pénétrations que l'on juge de la qualité d'une voûte. Le jarret, c'est-à-dire la brisure d'un tracé, est la faute majeure.

Le goût et la science des Français se sont particulièrement illustrés dans le traitement des pénétrations (fig. 55). Dès 1552, Delorme réussissait, au cryptoportique d'Anet, la pénétration, fort délicate, du cul-defour dans les retombées d'un berceau.

L'arc-de-cloître

La pénétration la plus simple est celle que produit la rencontre des quartiers d'une voûte d'arêtes : c'est une ellipse diagonale qui, passant par la clef, va d'un appui à l'autre en s'inscrivant dans un seul plan vertical : sa projection au sol est une droite. La voûte d'arêtes n'est qu'un cas particulier du croisement perpendiculaire de deux berceaux de même hauteur et de même génératrice (fig. 49). La pénétration devient, en revanche, particulièrement complexe, lorsque les deux berceaux, au lieu de former une croix, forment une équerre, comme à l'angle d'un cloître : l'arête justement appelée « arc-de-cloître » est mi-saillante, mi-rentrante ; partant de l'angle interne, elle est saillante jusqu'au faîte des berceaux, puis devient rentrante pour aboutir à l'angle externe (fig. 49). On trouve dans l'architecture antique (crypto-portiques de la villa Adriana) des exemples de cette pénétration tirée dans le mortier sur une forme grossière en blocage. Il ne semble pas que les architectes romans aient su le trait de l'arc-de-cloître en pierre de taille. Dans les cloîtres romans du Sud-Est, célèbres pour la beauté de leur appareillage (Sénanque, Silvacane, Montmajour, Arles,

55. *Anet (Eure-et-Loir), château, crypto-portique construit en 1552 par Delorme. (Photographie B. Emmanuelli). Un des premiers chefs-d'œuvre de la stéréotomie massive et nue : voûtes en cul-de-four et en berceau, avec pénétration des culs-de-four dans les berceaux.*

Le Thoronet, Saint-Paul de Mausole, Saint-Michel de Frigolet, Ganagobie), la rencontre des berceaux est recouverte par un arc-doubleau diagonal qui tourne la difficulté de la pénétration. Les pénétrations du grand cloître de Villeneuve-les-Avignon trahissent une intervention tardive; celles du cloître d'Offemont et celles du portique de Villelaure (fig. 56) datent de la seconde moitié du XVIe siècle, elles sont contemporaines de Delorme qui traite le cas difficile de l'arc-de-cloître dans la vis de Saint-Gilles carrée[3]. Les plus anciens arcs-de-cloître appareillés connus seraient justement ceux des vis de Saint-Gilles polygonales des églises Saint-Gervais et Saint-Merri de Paris. Il faut prendre garde que l'expression « arc-de-cloître » ne désigne alors que ce type de pénétration et non un type de voûte. Le deuxième sens, le seul qui ait été retenu — celui de coupole carrée ou rectangulaire (fig. 49) — n'apparaît pas avant Derand. L'évolution est logique : la compénétration totale de deux berceaux élimine les parties saillantes des arêtes et forme une coupole à arêtes rentrantes. Les deux sens sont utilisés concurremment au XVIIe siècle. A la fin du siècle, Félibien signale encore le premier[4].

La lunette

La pénétration de la lunette est une des plus difficiles qui soient : cela ne justifie pas pour autant l'usage des historiens de l'architecture qui ont confondu pénétration et lunette, au point d'appeler « voûte à pénétrations » le berceau à lunettes.

La lunette est une fraction de voûte en berceau construite dans les montées d'une grande voûte (fig. 54). On pratique des lunettes dans le berceau « pour le décharger et en empêcher l'écartement, aussi bien que pour y donner du jour » écrit D'Aviler[5]. Ces justifications fonctionnelles, pour fondées qu'elles soient, n'expliquent pas la généralisation de la lunette dans la voûte moderne. Si les Italiens utilisent la voûte à lunettes dès le XVe siècle, c'est moins semble-t-il pour alléger les retombées ou pour ouvrir des jours, que pour multiplier ces

56. *Villelaure (Vaucluse), château de la reine Laure, galeries construites entre 1579 et 1587. A l'angle, retour en arc-de-cloître.*

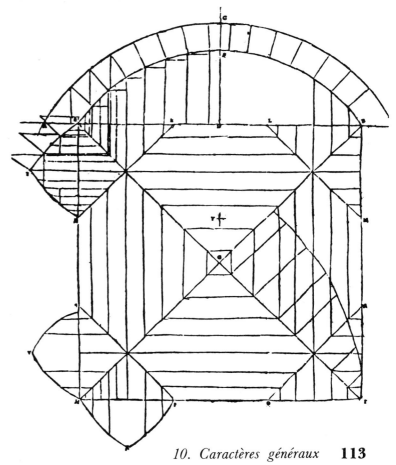

registres en demi-cercle que constituent les fonds de lunettes et qui ont eu la faveur de leurs peintres. Pour les Français, la lunette ne paraît être souvent que le moyen de créer une pénétration, c'est-à-dire une ligne expressive de la composition géométrique, ou de produire un de ces avatars topologiques dont ils sont friands. C'est ainsi que le berceau à lunettes tend à se confondre avec une file de voûtes d'arêtes sans doubleau lorsque les lunettes prennent de l'importance : que la ligne de faîte de la lunette atteigne celle du grand berceau, et la lunette devient quartier de voûte d'arêtes. Il s'agit bien ici encore d'un pur jeu formel. En faut-il la preuve ? On a mis des lunettes jusque dans les pans des voûtes en arc-de-cloître (Brantôme, Bassac, etc.) (fig. 57, 58) et dans les quartiers des voûtes d'arêtes (évêché de Blois) !

La pénétration d'une petite voûte dans les retombées d'une grande est une ligne à double courbure : il faut une maîtrise exceptionnelle de la stéréotomie pour la traiter en pierre de taille. Choisy avait remarqué que les Romains avaient systématiquement évité les pénétrations des berceaux de hauteur différente : lorsque le parti général imposait une rencontre de vaisseaux, ils s'arrangeaient pour que la ligne de faîte du berceau le plus bas soit au-dessous du niveau de la naissance du berceau le plus haut. Choisy cite cependant un exemple de pénétration extradossée dans l'architecture gallo-romaine[6].

La solution de la lunette extradossée (fig. 54) dont nous retrouvons un autre magnifique exemple, roman celui-ci, à l'abbaye de Fontdouce[7], permet de réduire la difficulté. Les deux berceaux ont en effet deux structures totalement distinctes : dans les retombées du grand berceau, on voit apparaître l'arc de tête extradossé du petit berceau. On peut être sûr que celui-ci, construit le premier, a été d'abord terminé grossièrement et que c'est seulement après avoir construit le grand berceau sur le petit, que l'on a retaillé l'extrémité du petit pour lui donner la courbure de la retombée du grand. Autre exemple de lunette romane, mais cette fois à extrados irrégulier, à la cathédrale d'Apt[8].

Au XVIᵉ siècle, on trouve encore diverses solutions inspirées par la recherche de la simplicité. Au château de Marcilly-sur-Maulne, le berceau assisé a des lunettes « carrées » formées de deux jouées et d'un plafond : le dessin de la pénétration de ces lunettes se confond tout simplement avec celui des joints du berceau. Au crypto-portique d'Anet (1552), il est apparemment possible de restituer les premières lunettes de France avec pénétration dûment appareillée suivant les canons. Ceux-ci prescrivent en effet que les assises de la grande voûte doivent régner dans la lunette, les voussoirs arêtiers formant simplement retour de l'assise. On voit bien l'intérêt d'une telle prescription : l'arêtier ne se distingue plus du reste de la voûte par sa structure, et la pénétration, réduite à un fil, atteint à la pureté d'un graphisme. C'est pourquoi nous proposons d'appeler pénétration « filée » la pénétration canonique (fig. 54). A l'église de la Sorbonne (1635-1642), on trouve les trois solutions de la lunette extradossée, de la lunette à extrados irrégulier et de la lunette à pénétration filée. L'œuvre de Le Mercier apparaît ainsi comme un lieu privilégié pour suivre l'évolution vers la forme canonique. Dans la salle des

Cariatides (1630), les pénétrations sont canoniques tandis que dans le chœur de l'église de l'Oratoire (1620-1630), les extrados sont irréguliers. Après Le Mercier, les solutions les plus simples ne disparaissent pas, mais la solution canonique parvient, au XVIIIᵉ siècle, à une sorte de perfection dans la régularité : celle-ci est bien illustrée par les voûtes de nef de l'église de l'Oratoire, qui sont postérieures d'un siècle à celles du chœur.

En règle générale, la lunette bute contre les murs en formant avec ceux-ci une arête vive qui délimite ce que l'on peut appeler le fond de lunette, et dans ce fond s'ouvre souvent une baie. Cependant, dans la première moitié du XVIIIᵉ siècle, on est allé jusqu'à supprimer cette arête vive par un gauchissement combinant la lunette avec l'arrière-voussure couvrant la baie (écuries de Chantilly, réfectoire de l'abbaye aux Hommes de Caen).

Gauchissement

Le gauchissement est le contrepoint de la pénétration : c'est en effet le tracé complexe de la surface de raccordement entre deux arcs ou deux voûtes de tracé différent. Comme la pénétration, la surface gauche doit être continue, liée, « filée » : le son filé est un son émis d'une seule respiration ; les reprises de souffle dénoncent l'artiste inexpérimenté.

Le gauchissement peut être imposé par la nécessité. Nous verrons, par exemple, que l'intrados conico-sphérique de la trompe d'Anet (fig. 39), qui s'appuie d'un côté sur une naissance rectiligne et de l'autre sur une naissance courbe, est en partie justifié par les conditions du programme. Mais les grandes voûtes des escaliers suspendus ne sont gauchies que pour préparer l'accord harmonieux de la pénétration qui marque les retours (fig. 120). Frézier recherche la virtuosité pure lorsqu'il développe des berceaux à naissances rectilignes et à ligne de faîte concave, des berceaux à naissances curvilignes et à ligne de faîte rectiligne[9].

Là encore, il n'y a d'art véritable que lorsque la surface gauche est traitée en pierre de taille : « Quand il y

114

a quelque difformité, communément les maçons, pour n'entendre l'artifice des dits traits, font les voûtes de brique ou moilon ou de pierres menues, plutôt que de pierre de taille », écrit Delorme [10].

Surbaissement

Dans un « Mémoire sur les avantages et les inconvénients des voûtes surbaissées », qui date du dernier quart du XVIIIe siècle, on trouve cette définition : « Les voûtes surbaissées ou elliptiques [sont] celles dont le rayon vertical est plus petit que le rayon horizontal, et comme ce rapport peut varier à l'infini, il s'en suit que l'on peut faire une infinité de voûtes surbaissées » [11].

Dans le berceau plein-cintre et dans la coupole hémisphérique, la génératrice est un demi-cercle : sa flèche est égale à la moitié de sa portée. La voûte française est caractérisée par un effort pour diminuer le rapport de la flèche par rapport à la portée. Courtonne couvre le vestibule ovale de l'hôtel de Matignon à Paris d'une voûte dont la flèche est entre le 1/11 et le 1/12 de la plus grande portée qui est de 24 pieds (environ huit mètres). Un surbaissement mal calculé et la voûte s'effondre [12]. Cette recherche aboutit à la voûte plate dont l'intrados est un plafond. Il ne convient pas cependant de confondre voûte plate et voûte surbaissée ; la voûte surbaissée a une génératrice demi-ovale ou segmentaire [13].

Le surbaissement est sans doute le seul trait de la voûte française qui soit entièrement justifié par des préoccupations fonctionalistes. Pour bien comprendre celles-ci, il faut d'abord examiner les raisons pour lesquelles on doit préférer la voûte au plancher, c'est-à-dire à la structure en charpente, qui, jusqu'à la fin du XVIIIe siècle, est nécessairement une structure en bois. Le bois est cher ; il est combustible et putrescible ; il est donc sujet aux accidents et aux réparations fréquentes. Après avoir établi ce constat, Laugier ajoute dans ses *Observations* : le plancher « gêne pour la largeur du bâtiment, parce que, comme on ne peut avoir les pièces principales de la charpente que d'une certaine longueur,

on est assujetti par là à borner l'étendue des pièces que l'on doit couvrir » [14].

La portée d'une voûte peut aisément être augmentée en augmentant simultanément sa flèche. Cette conséquence a peu d'inconvénient dans l'architecture à vaisseaux, puisque les voûtes prennent la place du comble sous le toit dont la pente est elle-même imposée par les nécessités de l'écoulement des eaux. En revanche, l'intégration de la voûte à forte flèche dans l'architecture à étages pose des problèmes. Comme le dit encore Laugier, « leur creux prend trop d'espace entre les étages » [15]. Les architectes du Moyen Age ont tourné cette difficulté en divisant la largeur des bâtiments par une file de supports réduisant ainsi la portée des voûtes, et par conséquent leur flèche. Mais cette solution ne pouvait convenir aux architectes modernes préoccupés de dégager et d'occuper au maximum l'espace intérieur des bâtiments à étages dont la largeur d'ailleurs augmenté à la suite d'innovations techniques au niveau de la charpente de comble, notamment de la vulgarisation du toit brisé. Le surbaissement de la voûte était la seule solution adéquate, et les progrès de la stéréotomie permettaient justement d'adopter les courbes les plus audacieuses.

Les progrès de la stéréotomie se trouvent ainsi liés aux progrès de la distribution, autre domaine privilégié de la recherche architecturale en France. Dans sa « Dissertation sur la distribution des Anciens comparée à celle des Modernes », Marie-Joseph Peyre écrit : « Les découvertes importantes que nous [les Français] avons faites dans l'appareil de la coupe des pierres... nous donneraient de grandes facilités pour faire des choses encore plus surprenantes que celles que les Romains faisaient [en matière de distribution] » [16].

Le surbaissement a trouvé une application dans un autre domaine où se sont distingués les ingénieurs français, celui de la construction des ponts. Toute l'ingéniosité du constructeur s'applique à augmenter la portée des arches (celle-ci atteint la dimension-record de 48 m 75 au pont de Mirepoix, à la fin du XVIIIe siècle) et à réduire la flèche des voûtes : il faut en effet rechercher le débouché maximal (c'est-à-dire donner la plus grande section possible au passage de l'eau et de la navigation) et remonter les naissances des voûtes au-dessus du niveau des plus hautes eaux tout en atténuant ou même en supprimant le dos-d'âne du tablier.

L'évolution de la génératrice des berceaux est commandée par ces exigences. C'est sans doute au pont de Toulouse (voûté à partir de 1614) que pour la première fois dans l'architecture française l'anse-de-panier remplace le plein-cintre traditionnel. On retrouve l'anse-de-panier au Pont-Royal de Paris (1685), qui est un modèle pour toute la France du nord de la Loire ; et encore au pont de Neuilly, le premier des ponts construits par Perronet (1768-1774). Les ingénieurs de la génération de Perronet abandonnent l'anse-de-panier (qui reparaît cependant encore au XIXe siècle) pour l'arc segmentaire (fig. 60). Dans son histoire des ponts, E. Gauthey signale des exemples d'arches en berceau segmentaire au XVIe siècle en Italie et en Allemagne ; mais la génératrice de ces arches est assez peu surbaissée (le rapport flèche-portée le plus faible est de 1/7). Les ponts français des trente dernières années du XVIIIe siècle se distinguent par un surbaissement très prononcé : Nemours 1/15, Avallon 1/16, Saint-Dié 1/18. Ces voûtes n'ont pas d'équivalent à cette date dans l'architecture européenne.

La voûte de l'hôtel de ville d'Arles, chef-d'œuvre de la stéréotomie française

Toutes les particularités de la voûte française semblent s'être réunies dans le chef-d'œuvre de Jules Hardouin-Mansart à l'hôtel de ville d'Arles (fig. 59). Au point de départ, un programme contraignant : il s'agissait de couvrir le rez-de-chaussée de l'hôtel de ville, qui devait servir de lieu de rassemblement. Avant l'intervention de Mansart en 1673, les consuls et les architectes locaux étaient convaincus que l'on devait diviser l'espace par des piliers. Il fallait une confiance inébranlable dans les vertus de la stéréotomie pour oser lancer une seule voûte sur un carré de 15 × 15 mètres avec une flèche de 1/9. Comme le dit J.-F. Blondel dans son éloge de la

stéréotomie, « c'est l'art du trait qui produit aux lieux publics des espaces libres » [17].

La voûte d'Arles est formée de deux berceaux et de lunettes en anse-de-panier. Le berceau principal est terminé à ses deux extrémités par un cul-de-four ; il est pénétré transversalement par un deuxième berceau très large, terminé par deux demi-culs-de-four séparés l'un de l'autre par une grande lunette. Il y a au total quatre grandes lunettes au milieu des quatre côtés et des petites lunettes jumelées dans les angles. Enfin, les deux portes sont couvertes d'arrière-voussures intégrées à l'ensemble. Tous les rangs de voussoirs ont le même module [18] ; les pénétrations filent des variations complexes sur ce champ complètement nu. Quand la lumière du Midi vient faire jouer le contraste des surfaces et la ténuité des arêtes, l'effet est prodigieux.

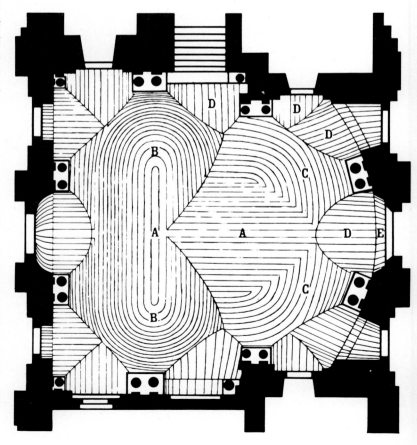

59. Arles (Bouches-du-Rhône), hôtel de ville, voûtement du vestibule par J. Hardouin-Mansart en 1673.
(Photographie M. Heller ; dessin J. Rabec).
A. berceau, B. cul-de-four, C. demi-cul-de-four, D. lunettes, E. arrière-voussure. Ce chef-d'œuvre rassemble toutes les
particularités de la stéréotomie française : modulation des pénétrations, jeux de formes et d'appareil, nudité, surbaissement.

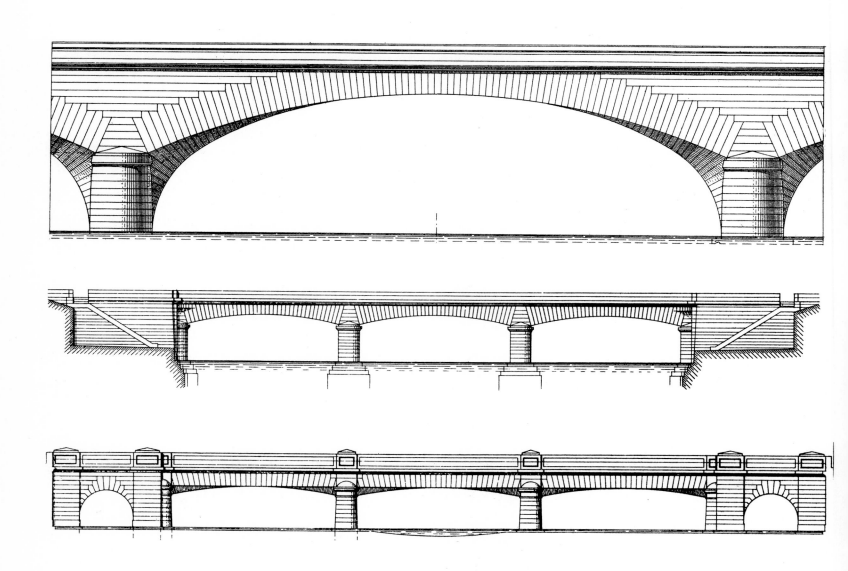

60. *Neuilly-sur-Seine (Hauts-de-Seine), point sur la Seine, construit de 1768 à 1774 par Perronet ;*
Nemours (Seine-et-Marne), pont sur le Loing, construit de 1793 à 1804 sur un projet de Perronet de 1771 ;
Saint-Dié (Vosges), pont sur la Meurthe construit de 1804 à 1821 sur un projet de François-Michel Lecreulx de 1785
(F. de Dartein, Études sur les ponts).

Dans les dernières décennies du XVIII⁰ siècle, les ponts français sont de plus en plus surbaissés : les voûtes du pont de Neuilly ont encore le tracé en anse-de-panier, traditionnel en France depuis le XVII⁰ siècle ; mais elles sont délardées en arc segmentaire par des cornes-de-vaches ; le pont de Nemours a des voûtes segmentaires ; celui de Saint-Dié, des voûtes délardées en plate-bande.

11. Les couvrements de baie

L'emploi de l'arc appareillé est trop banal pour que nous nous y attardions. Dans *l'Album* de Villard de Honnecourt apparaît la première mention d'une structure plus élaborée, la « vosure pendante »[1], c'est-à-dire les arcs jumelés avec retombée médiane pendante (fig. 61). C'est un petit tour de prestidigitation qui produit immanquablement son effet : on s'étonne que la retombée médiane sur laquelle devraient se décharger les deux arcs puisse ainsi tenir en l'air sans support. En réalité ces deux arcs n'en forment qu'un par leur structure et la retombée médiane est une clef. Nous trouvons cette structure à la porte de Saint-Jean-le-Vieux de Perpignan au début du XIIIe siècle. Nous la retrouvons plusieurs fois au XVIe siècle (hôtel de ville et maison dite de Diane de Poitiers à La Rochelle ; maison Croppet de Varissan, rue du Bœuf à Lyon ; etc.). Sauval la décrit encore dans un bâtiment de Paris, « si surprenant qu'il paraît comme en l'air ». L'immeuble entier — une remise de carrosses de la rue de Matignon — reposait sur des arcades à retombées pendantes, œuvres de l'appareilleur Gros Girard vers le milieu du XVIIe siècle[2] : « Jamais au reste, pas un de ces architectes dont la manière de bâtir a été appelée gothique n'a osé entreprendre rien de si hardi, c'est la première fois que ce trait a été inventé et mis en usage »[3]. La remise de carrosses ayant disparu, nous manquons de preuves pour contredire Sauval ; mais nous n'en avons pas moins la conviction que le trait de Gros Girard venait au contraire du plus lointain Moyen Age et qu'il illustrait plutôt la longévité de ces recettes dont les appareilleurs usaient volontiers pour épater les badauds. En 1779, J.-A. Giral de Montpellier propose encore un pont « à plusieurs arches sans piles ni piliers » qui est un développement jusqu'à l'absurde du vieux procédé médiéval[4]. Ce procédé ne fait d'ailleurs pas appel à une stéréotomie plus savante que celle de l'arc simple.

Les problèmes se compliquent en revanche lorsque l'arc est placé, comme le fait Delorme, « sur le coing », « en tour ronde » (c'est-à-dire dans un mur convexe), en talus ou lorsqu'il est biais (le plan vertical de sa directrice n'est pas perpendiculaire au nu du mur)[5].

Pour donner du biais à une baie droite ou pour lui donner plus d'ouverture, Delorme utilise la *corne-de-vache* (l'appellation n'apparaît que dans Jousse)[6]. La corne-de-vache (fig. 60) est un délardement d'arc en forme de portion triangulaire de cône, produit par l'abattement de l'arête que formerait la rencontre de l'intrados avec le front en parement ; la corne-de-vache a sa base sur l'ébrasement d'un piédroit et son sommet à la clef ou même au-delà. La corne-de-vache est un topique du pont français. Elle apparaît au pont de Chatellerault (1565), dont l'arche en plein-cintre s'épanouit en anse-de-panier grâce à une double corne-de-vache. Au pont de Neuilly (1768-1774), le tracé passe ainsi de l'anse-de-panier au segment de cercle, et au pont de Saint-Dié (1785), du segment à la plate-bande rectiligne. Par ses cornes-de-vache dont le gauchissement se prolonge sur les flancs des becs, le pont de Navilly (1782) est un chef-d'œuvre de stéréotomie.

Parmi les vocables pittoresques, nous trouvons encore la *descente de cave* qui n'est autre que le berceau incliné couvrant un soupirail[7].

L'*arrière-voussure* est une petite voûte dont l'intrados est une surface gauche engendrée par la translation d'une génératrice prenant appui à ses extrémités sur deux

61. Construction d'une clef pendante. (Villard de Honnecourt). La structure ne constitue en fait qu'un seul arc comme en témoigne le rayonnement des joints en coupe vers un seul centre. Après le montage des claveaux, la perche peut être retirée.

directrices de tracé et d'ouverture différents. Elle est surtout utilisée pour couvrir l'embrasure d'une baie, si bien qu'elle peut être classée dans la famille des voussures et des arcs (fig. 62).

Simonin écrit dans son traité : « Les arrière-voussures sont de l'invention des architectes goths ; les Modernes les ont conservées, en y faisant quelques corrections »[8]. Les fenêtres de l'église Saint-Pierre de Saumur sont couvertes, dans le chœur datable des années 1180-1200[9], d'arrière-voussures concaves, appareillées en panache. Ce sont cependant les seuls exemples médiévaux d'arrière-voussures que nous puissions citer.

Les traités retiennent principalement trois modèles (fig. 63, 64, 65) : l'arrière-voussure de Montpellier, qui est concave (sa génératrice est une courbe), arasée (sa directrice supérieure est une droite) et à base plein-cintre ; l'arrière-voussure de Marseille, qui est concave, segmentaire (directrice supérieure en arc segmentaire), à base plein-cintre ; l'arrière-voussure de Saint-Antoine, qui est concave, plein-cintre (directrice supérieure en arc plein-cintre) et à base horizontale[10]. Ces trois arrière-voussures sont appareillées en panache, c'est-à-dire formées de rangs de voussoirs s'épanouissant de bas en haut : les joints alignés convergent vers la base.

L'arrière-voussure de Montpellier n'est citée pour la première fois que par La Hire (fin XVIIe siècle ou début XVIIIe siècle)[11] ; mais le modèle est exécuté dès les années 1545 à Bournazel. Nous n'avons pas cherché sérieusement à identifier l'archétype montpelliérain : il s'agit d'une forme trop commune pour que l'on puisse identifier sa première apparition sans l'aide d'un texte ; cependant l'appellation donne à elle seule une indication précieuse.

Nous en savons un peu plus sur l'arrière-voussure de Marseille qui est ainsi « appelée parce que la première de cette espèce a été faite à une des portes de la ville de Marseille »[12]. Sans doute faut-il comprendre qu'il s'agissait d'une porte de l'enceinte de la ville. Nous n'avons aucune information sur les travaux exécutés à l'enceinte de Marseille avant la reconstruction de 1666. Or celle-ci est postérieure au premier emploi de l'appellation et à la première réalisation du modèle que nous connaissons et

qui datent de la fin du XVIe siècle ou du début du XVIIe siècle[13].

Le troisième archétype est célèbre. L'arrière-voussure « que tous les savants en la coupe des pierres admirent » se trouvait sur la face côté ville de la porte Saint-Antoine, à l'entrée orientale de Paris. « Sa montée et sa saillie s'élèvent et s'élargissent avec une douceur imperceptible ; les pierres qui la composent sont si bien posées les unes sur les autres et il s'y remarque si peu de traite qu'il n'y a que les gens de métier capables de l'admirer, comme sachant seuls, par expérience, combien la chose est difficile ». Ce panégyrique est de Sauval, l'un des témoins les plus attentifs et les plus enthousiastes des créations de la stéréotomie parisienne. Sauval écrit que « l'avant-portail de la porte Saint-Antoine » a été construit en l'honneur d'Henri III à son retour de Pologne « sur les dessins de Métezeau »[14], sans doute Thibaut Métezeau. D'après Du Breul, l'avant-portail portait les armes de France et de Pologne et la date de sa construction : 1585. Cependant il est de bons auteurs pour affirmer, non sans de solides arguments, que cette date ne marque que l'achèvement de la construction ou même un remodelage d'une porte commencée sous Henri II. Nous adoptons cette dernière version, qui daterait l'arrière-voussure des années 1550. L'avatar de 1585 ne fut d'ailleurs pas le dernier. Pour l'entrée royale de 1660, la porte reçoit un nouveau décor de plâtre. En 1672, François Blondel doit ouvrir la porte à un trafic plus important ; il prend le parti de doubler l'arche centrale par des arches latérales et de coiffer le tout par un attique, afin de conserver au maximum la porte primitive par respect pour les sculptures de celle-ci, qui étaient attribuées à Jean Goujon, et pour l'arrière-voussure « dont le trait est si beau qu'il a donné le nom à tous ceux qui se sont faits depuis de la même sorte »[15]. Blondel couvre même les deux nouvelles baies par des répliques de l'arrière-voussure centrale. L'histoire de cet ouvrage est instructive jusqu'à son terme. Vers 1778, la porte Saint-Antoine est détruite sans regret : l'arrière-voussure avait perdu cette aura qui avait jusqu'alors assuré sa survie à travers tant de remaniements. Nous verrons disparaître aux mêmes dates d'autres chefs-d'œuvre de la stéréotomie.

62. *Paris, chapelle des Invalides, construite par J.-H. Mansart, à partir de 1680. Arrière-voussures en forme de lunettes inclinées allant chercher le jour à la naissance des coupoles. Ces deux coupoles sont ornées comme des coupoles italiennes ; mais la stéréotomie reste soignée comme en témoignent les parties laissées nues, qui ne peuvent être vues du sol de la chapelle.*

63. *Arrière-voussure de Montpellier.*
(A.-F. Frézier, La théorie, t. II, pl. LXVIII)
64. *Arrière-voussure de Marseille.*
(Ibid., pl. LXIII).
65. *Arrière-voussure de Saint-Antoine.*
(Ibid., pl. LXIX).

12. Les trompes

Les trompes de l'architecture orientale et de l'architecture romane ont suscité un nombre assez important de travaux historiques [1]. Par leur autorité même, ces travaux ont eu des conséquences que l'on doit tenir pour néfastes, en ce qui concerne notre propre sujet. La typologie de la trompe s'est trouvée, de fait, réduite au cas particulier de la trompe conique ou en cul-de-four employée comme support de la coupole. La pratique des traités d'architecture nous impose une définition plus large : on peut appeler trompe toute petite voûte formant support sous un ouvrage ou sous un pan de mur en surplomb et permettant un changement de plan à un niveau quelconque de la construction. La petite trompe conique prise entre deux contreforts à la façade de l'église Sainte-Marthe de Tarascon (deuxième quart du XIIe siècle) [2] prouve que la trompe pouvait être dissociée de la coupole à l'époque romane.

Les incertitudes du vocabulaire expliquent qu'il ne soit pratiquement jamais question de trompe dans les études sur l'architecture gothique. Cependant, les voûtes d'ogives centrées, à quartiers rayonnants, sont souvent portées aux angles par des lunettes jumelées qui ont fonction de trompes [3]. La trompe conique elle-même a été employée en France à l'époque gothique en quelques occasions, assez rares il est vrai, mais très remarquables. A Perpignan, dans la salle capitulaire du couvent des Dominicains (fin XIIIe - début XIVe siècle) et dans les deux chapelles du château des rois de Majorque (achevées en 1309), les pans coupés des absides sont portées par des trompes coniques : des voûtements dans lesquels elles s'intégraient par quatre, elles sont descendues pour porter isolément un pan d'élévation. Les trompes perpignanaises retiennent d'autant plus l'attention qu'elles ont des pendants Outre-Pyrénées. Leur auteur, Pons Descoyl, architecte du roi Jacques Ier, maçon et tailleur de pierre d'origine roussillonnaise, les a reproduites dans les constructions de Palma de Majorque sur lesquelles nous reviendrons en parlant de l'Espagne [4]. Nous verrons combien sont précieuses toutes les indications qui permettent de relier la stéréotomie française et la stéréotomie espagnole.

Cependant les trompes de Perpignan sont encore « inscrites dans le triangle ». Par cette expression, que nous utiliserons quelquefois, nous voulons dire que ces trompes, assises dans un angle droit, portent un pan coupé sur l'hypothénuse du triangle défini par leurs naissances. Les trompes romanes ne sortent pas du triangle. Exception : à l'église Saint-Pierre de Nant [5], (fig. 66) sur la chapelle postérieure-gauche du chevet, construite vers 1135, on voit deux petites trompes dans l'angle et sous le coin, c'est-à-dire portant un angle saillant ; mais leur surplomb est faible et la charge médiocre. Autre exception plus remarquable encore : le baptistère de la cathédrale italienne d'Anagni, qui est porté sur une grande trompe en berceau appareillée en blocage ; nous reviendrons sur ce cas singulier.

Pour créer un véritable surplomb, les architectes gothiques utilisent le corbeau, le culot, le cul-de-lampe ou la console. Tous ces organes sont des tas-de-charge : les monolithes en saillie ne peuvent porter la charge en avant de l'aplomb d'un mur que parce que leur queue est profondément engagée dans le massif de celui-ci. Le tas-de-charge, bien que traité en maçonnerie, peut être assimilé à une structure de charpente : il ne se distingue pas fondamentalement de l'encorbellement créé par la saillie des solives ; en revanche, il diffère fondamentalement du clavage qui caractérise la trompe (au moins en principe ; nous verrons qu'il y a des exceptions).

Viollet-le-Duc donne des illustrations des procédés que l'on utilisait pour sortir du triangle d'appui en combinant trompe et console ou cul-de-lampe [6] (fig. 68). Le bâtiment des hôtes de l'abbaye du Tortoir (XIVe siècle) [7] est cantonné de tourelles rondes fondées sur plusieurs trompes coniques, construites entre des contreforts d'angle jumelés en équerre : ces trompes ne portent plus seulement un pan mais des ouvrages entiers ; cependant elles restent dans le triangle et le support est complété par une dalle. Le recours à de tels procédés s'est multiplié au XVe siècle [8] (fig. 69), préparant les innovations de la deuxième moitié de ce siècle. Nous ne connaissons pas une seule construction française d'avant les années 1450, dans laquelle on aurait osé porter un ouvrage au-delà de tout appui vertical en ne recourant qu'à la stéréotomie. Il est vrai que nous ne pouvons ni identifier ni dater les

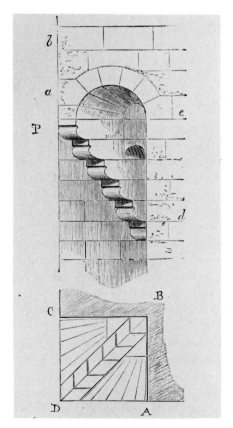

66. En haut à gauche.
Nant (Aveyron), église
Saint-Pierre. Trompe conique
sous le coin, vers 1135.
67. En haut à droite.
Armentières-sur-Ourcq
(Aisne), château. Trompe en
tour-ronde, XVᵉ siècle (?)
68. En bas à gauche.
Trompes médiévales dans le
triangle, jumelées sur console
pour porter le coin.
(E. Viollet-le-Duc,
Dictionnaire, t. IX).
69. En bas à droite. La
Buzardière (Sarthe), manoir
fin XVᵉ ou début XVIᵉ siècle.
(Photographie D. Hervier).
Trompe en berceau dans le
triangle complétée par un
encorbellement.

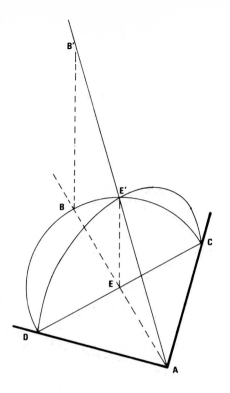

« trompes gothiques » qui, au dire de Sauval, portaient « deux grosses tours... aux anciennes portes du Palais » (Palais de Justice de Paris)[9]. Cependant les ouvrages entièrement sur trompes clavées sont encore si rares au XVe siècle, qu'il nous paraît difficile d'en faire remonter très haut l'origine. La tourelle ronde sur trompe de l'ancienne Université de Poitiers est datée par un texte indiscutable de l'année 1460 ; celle de l'hôtel de Cluny à Paris, de 1485. La datation des tourelles des maisons Roch à Montpellier et du château d'Armentières-sur-Ourcq est plus incertaine (fig. 67).

Toutes les trompes que nous venons de citer, sont appareillées en panache : un trompillon marque le pôle inférieur de la trompe ; les joints alignés rayonnent de ce pôle. Certaines sont formées de monolithes en panache : entre deux joints rayonnants, il n'y a qu'un seul voussoir qui monte du trompillon jusqu'à la pénétration, c'est-à-dire jusqu'à la rencontre du volume de la trompe avec celui de l'ouvrage porté. C'est le plan d'appareillage « naturel » de la trompe des Temps modernes. L'appareillage par rouleaux et l'appareillage en cul-de-four, si fréquents dans l'art roman, disparaissent complètement. On en voit la raison : les trompes ainsi appareillées ont en effet une clef et non un trompillon ; dans le cas de surplomb, la clef qui « ferme » l'appareil au faîte de la trompe se trouverait hors du plan d'appui. Cependant on peut obtenir le surplomb avec des plans d'appareillage plus simples. La trompe en berceau est assisée (fig. 85). La trompe peut même être montée par assises à lits horizontaux, donc en tas-de-charge à la manière d'un cul-de-lampe dont elle ne se distingue alors que par la concavité de son intrados. Mais, comme l'enseigne La Hire, « pour toutes les pierres qui se posent carrément et de niveau les unes sur les autres... il n'y a point de trait »[10]. Les trompes non clavées ne relèvent donc pas de la stéréotomie.

Le plan des appuis, la forme de l'intrados et le plan de l'ouvrage porté sont, avec l'appareillage, les principaux paramètres de la typologie de la trompe.

Trompes dans l'angle

La section de cône est la forme la mieux adaptée à la construction dans un angle rentrant. L'usage s'étant établi d'utiliser le mot trompe pour désigner les intrados non coniques, la variété conique est souvent appelée « trompe réglée » dans les traités[11] : en effet, le cône est engendré par une « règle » ou droite mobile passant par un point fixe et s'appuyant sur une directrice courbe. Suivant le tracé de cette directrice, on distinguera des trompes en plein-cintre, des trompes segmentaires, des trompes en anse-de-panier, etc. Le tracé des naissances est une seconde variable. Les naissances sont généralement horizontales et de même longueur. La trompe rampante a une naissance inclinée vers le trompillon ; si les deux naissances sont inclinées, la trompe est dite elle-même inclinée. La trompe est biaise lorsque les naissances n'ont pas la même longueur.

La variable la plus importante est le plan de l'ouvrage porté. Le type le plus commun et en même temps le plus ancien est la *trompe en tour-ronde*, c'est-à-dire portant un ouvrage de plan circulaire. Les ouvrages du XVᵉ siècle que nous avons cités sont des « tours rondes ». Tous les auteurs de traités décrivent le type, sauf Delorme qui pourtant le connaît bien puisqu'il l'a mis plusieurs fois en œuvre.

La *trompe de Montpellier* (fig. 70) est une célèbre variante de trompe en tour-ronde. L'archétype se trouvait rue de l'Herberie à Montpellier. L'appellation apparaît pour la première fois, sans commentaire, dans Chéreau [12]. Jousse dit que celle-ci vient de ce « qu'en la ville de Montpellier, il y en a une semblable fort renommée des ouvriers pour sa beauté et sa gentillesse » [13]. Il ajoute que la trompe de Montpellier est une trompe « en tour ronde, droite, de pièces égales ». Cette définition pourrait s'appliquer à la majorité des trompes en tour-ronde. Cependant il apparaît bien, d'après les planches du traité de Jousse, que la trompe de Montpellier se distingue des autres trompes en tour-ronde par un tracé particulier. D'Aviler précise qu'elle est « différente des autres en ce qu'elle a de montée deux fois la largeur de son cintre » [14]. C'est à peu près dans ces termes, fort obscurs il faut le reconnaître, qu'elle est habituellement signalée. Heureusement De La Rue nous décrit avec beaucoup de précision la méthode pour tracer la trompe de Montpellier [15]. Soit l'angle droit rentrant dans lequel on doit construire. Sur la bissectrice de cet angle, placer le point B marquant la saillie maximale que l'on veut donner à l'ouvrage. Couper la ligne AB en son milieu E par la perpendiculaire CD. La trompe aura pour naissance les lignes AC et AD, c'est-à-dire que c'est sur ces lignes horizontales qu'elle prendra appui. Le demi-cercle horizontal de rayon EB définit le plan de la saillie de l'ouvrage. Le demi-cercle vertical de même rayon, construit sur le diamètre CD, est la directrice du demi-cône. La formule de D'Aviler doit s'entendre de la manière suivante : la montée (BB') est égale à deux fois le rayon (EE') de la directrice. L'admiration suscitée par ce dessin paraît bien justifiée. La simplicité de la construction mathématique est par elle-même séduisante. La partie de l'ouvrage qui est en surplomb est considérable (seule une moitié de l'ouvrage est dans le triangle). La pente AE'B' est exceptionnelle-

71. *Lyon, hôtel Bullioud. (P. Martin,* Recherches, *relevé de Chenavard et Echernier).* *La galerie et les deux tourelles sur trompe sont des ajouts de Delorme (1536). La trompe de gauche est probablement du type dit de Montpellier.*

ment forte ; la trompe hardiment redressée « fait la roue » de tous ses voussoirs. La pénétration est une ellipse qui jaillit de fond, s'épanouit par le devant et va se perdre loin vers l'arrière en une courbe splendide. Faute de moyens appropriés, nous n'avons pu faire *in situ* les mesures nécessaires à l'identification de trompes présentant ces particularités de construction. Mais nous avons cru pouvoir retrouver les effets que nous venons de décrire dans quelques ouvrages : la trompe de l'hôtel Bernuy à Toulouse, peut-être due au maître maçon Merigo Cayla (1502-1503) ; la trompe de gauche de l'hôtel Bullioud (fig. 71) à Lyon, dont Philibert Delorme, son auteur (1536), nous dit qu'elle est « faicte en sa pleine montée, ronde par le devant et de grande saillie » [16] ; la trompe sous tourelle d'escalier de la maison

72. Castres (Tarn), hôtel Nayrac, deuxième
moitié du XVIe siècle. Trompe conique en
tour-ronde, probablement du type dit de
Montpellier, reconnaissable à sa forte montée.
73. Sarlat (Dordogne), hôtel de Plamon. La
trompe qui a permis l'ajout d'une terrasse au
XVIIe siècle paraît conique ; elle est en réalité
conico-sphérique : en effet, si les naissances
sont bien rectilignes, la ligne de faîte
est faiblement concave.
74. Angers (Maine-et-Loire), hôtel Pincé.
Trompe conique sous le coin par Jean de
L'Espine, entre 1533 et 1535. La plus
ancienne trompe de ce type connue.
75. Montpellier (Hérault), hôtel Sarret.
Trompe conique sous le coin dite « la coquille »
1636 (?). (Photographie M. Descossy). La
plus grande trompe de ce type connue.

Dardennes à Villefranche-de-Rouergue, œuvre de Guillaume Lissorgues (milieu XVIᵉ siècle) ; surtout les deux trompes latérales de la tribune d'orgue du collège des Jésuites de La Flèche (fig. 84) pour lesquelles nous serions tenté de conserver l'attribution traditionnelle à Mathurin Jousse ; les trompes de Castres (fig. 72) et de Beaulieu.

Dans les traités, on désigne par l'expression trompe « *sur* le coin », toute trompe, quelle que soit sa forme, portant un angle saillant. Cependant la rigueur taxonomique n'est pas la qualité dominante des traités. Nous préférerons en l'occurrence l'expression *trompe sous le coin* pour éviter toute confusion avec les trompes prenant appui sur un angle saillant. La trompe conique qui est à la fois dans l'angle et sous le coin, porte donc un ouvrage de plan rectangulaire et plus généralement carré.

Le premier exemple que nous en connaissons se trouve sur l'aile ajoutée en 1533 à l'hôtel Pincé d'Angers (fig. 74) par Jean de L'Espine qui pourrait bien en être l'inventeur. Delorme et après lui tous les théoriciens en

donnent le dessin [17]. Certains auteurs signalent les variantes avec « pleine montée » ou avec « deux fois la montée » qui ont une pente de ligne de faîte comparable à celle de la trompe de Montpellier [18]. La célèbre « coquille » de l'hôtel Sarret de Montpellier (1636), qu'il ne faut pas confondre avec la trompe de la rue de l'Herberie, est la plus monumentale des trompes coniques sous le coin (fig. 75).

Non moins célèbre était la trompe construite par Desargues à la maison de Monsieur de Saint-Oyen à Lyon (1651). Par cet ouvrage, « le sieur Desargues... a laissé à sa Patrie un monument de sa capacité dans l'art de la coupe des pierres » écrit D'Aviler [19]. C'était « la pièce la plus hardie qui ait été faite en ce genre » déclare Colonia dans son *Histoire littéraire de la ville de Lyon* (Lyon 1730). Cette trompe, qui portait près du quart de la maison au-dessus de la Saône et qui a été détruite au milieu du XIXᵉ siècle, dans cette totale indifférence que nous avons déjà eu l'occasion de dénoncer, n'est connue que par quelques documents imprécis. C'était apparem-

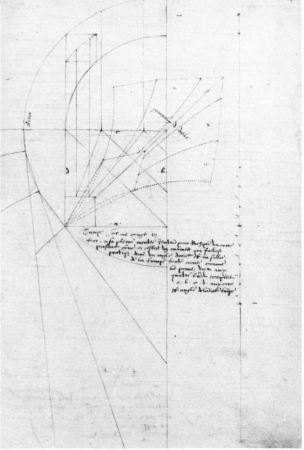

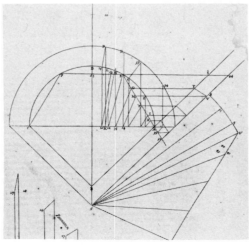

76. En haut à gauche.
Montpellier (Hérault), hôtel Sarret.
Trompe conique sous ouvrage formé
d'un pan droit et d'un pan convexe,
1636 (?).

77. En bas à gauche.
Trompe conique sous ouvrage
polygonal. (F. Derand, p. 124).

78, 79. A droite.
Trompe sphérique dans l'angle et
sous le coin, à l'abbaye Notre-Dame
des Ardilliers de Saumur et
d'après J. Chéreau (f° 104).

ment une simple trompe conique; à moins qu'elle n'ait été du type avec «areste ou bien enfoncée ou bien advancée» décrite dans la *Pratique du trait*[20] : une arête diagonale séparant deux troncs de cône jumelés.

La *trompe conique « en tour-creuse »* est une trompe inclinée portant un pan concave[21], elle est donc inscrite dans le triangle. La *trompe conique sous ouvrage polygonal* (fig. 77), décrite pour la première fois par Derand[22], a été peu utilisée[23], sans doute parce qu'elle produisait un effet assez désagréable. L'hôtel Sarret de Montpellier, déjà illustré par la «coquille», présente encore un ouvrage sur une superbe trompe conique dont le plan de saillie est formé d'un pan rectiligne et d'un pan convexe (fig. 76) : on pourrait encore la décrire comme étant mi-partie sous le coin, mi-partie en tour-ronde. Il n'y a sans doute pas d'autre illustration de ce type, pourtant décrit par Delorme[24]. Jousse projette une trompe conique que nous proposons de nommer trompe *sous le coin double :* le plan de la saillie de l'ouvrage est une sorte de W dont les angles seraient droits[25].

Il est également fort rare que l'on fasse un intrados sphérique à la trompe dans l'angle. Chéreau donne le modèle de la *trompe sphérique* sous le coin[26] (fig. 79) qui est utilisé à Notre-Dame des Ardilliers de Saumur (fig. 78) et dans une maison de Villefranche-de-Rouergue. A Notre-Dame de Bordeaux, la trompe sphérique est en tour-ronde. Le *pendentif,* en revanche, est très commun. C'est une trompe sphérique «en tour-creuse», c'est-à-dire portant un pan concave; il n'y a donc pas de véritable surplomb. Le pendentif est d'ailleurs rarement appareillé en panache; il est habituellement assisé, comme une fraction de coupole.

L'intrados des trompes est moins souvent qu'il n'y paraît défini par une forme géométrique simple. Un examen sommaire conduirait à classer la belle trompe de l'hôtel de Plamon à Sarlat (fig. 73) parmi les trompes coniques en tour-ronde : en réalité, la génératrice n'est rectiligne qu'aux naissances; elle est courbée à la ligne de faîte. Il s'agit donc d'une de ces trompes que Frézier nomme «conico-sphéroïdes dont la génératrice est droite aux impostes et courbe à la clef»[27].

La trompe qui portait le cabinet du roi au château

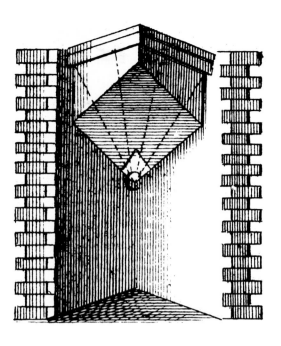

80. *Trompe plate dans l'angle et sous le coin. (A.-F. Frézier, La théorie, t. II, pl. XXXII).*

d'Anet (1552) (fig. 39) est sans conteste la composition stéréotomique la plus surprenante de toute l'architecture française. La *trompe d'Anet* était cependant moins irrégulière que ne le laisse paraître la planche du traité de Delorme : visiblement le graveur n'a pas su représenter l'ouvrage, dont toute l'originalité tient en deux traits : la naissance de droite, qui est curviligne et inclinée; le plan de l'ouvrage qui est ondé. Le premier trait répond, pour une part, à des exigences de nécessité. Il faut en effet se souvenir que cette échauguette qui devait donner un dégagement à la chambre du roi, n'avait pas été prévue à l'origine; comme le dit Delorme, cette trompe «fut faicte par une contraincte pour n'avoir espace ou lieu pour ce faire au corps d'hostel qui ja estait commencé, ne aussi au vieil logis qui estait faict»[28]. Pour que la trompe n'obture pas l'oculus qui éclairait un escalier du corps de logis, Delorme a dû faire ramper une des naissances et pour que celle-ci s'accorde avec l'oculus il lui a donné un tracé curviligne. L'intrados est donc sphérique par une naissance et conique par l'autre. Le plan de l'échauguette, en revanche, n'a été voulu «de forme estrange» que «pour rendre la trompe plus difficile et belle à voir» : c'est une «tour ronde» avec des avancées au droit de chaque baie, l'une carrée, les deux autres circulaires. On voit que si cette trompe est ondée, c'est par sa pénétration, non par son intrados qui est seulement gauche[29].

Nous n'avons pas trouvé un seul ouvrage construit sur le modèle de la *trompe plate* dans l'angle et sous le coin (fig. 80) donné par Frézier[30]; son intrados est un losange plat incliné.

Reste encore à signaler quelques procédés qui ne relèvent qu'assez peu ou même pas du tout de l'art du

81. Trompe en demi-berceau. (A. Ch. D'Aviler, Cours).

82. Nantes (Loire Atlantique), hôtel du Fief, 1654, par les frères Jagueneau. Trompe cylindrique sur le pan et sous le coin.

trait. La *trompe en berceau* a quelquefois été utilisée dans l'angle (fig. 69). La ligne de faîte horizontale est placée suivant la diagonale de l'angle. La section du berceau et du dièdre d'appui donne des naissances d'un tracé curieux, rarement exécuté avec élégance. En prolongeant les assises supérieures, on peut faire porter à cette voûte une « tour-ronde », mais à condition toutefois d'introduire dans quelques-unes de ces assises de longs voussoirs qui rattachent le surplomb à la partie sur appuis[31]. Les *trompes en éventail* (l'intrados est engendré par une génératrice concave) de l'hôtel Cujas de Bourges (1515) et du manoir de Verdelle sont construites en tas-de-charge. C'est à peine si l'on peut encore donner le nom de trompe à la curieuse voûte plate dallée qui porte une « tour-ronde » au château de Nantouillet (1520).

Trompes sur le pan

La pratique de l'angle abattu est fort répandue, notamment dans les bâtiments placés au carrefour de deux voies ou sur un passage quelconque. On se contente souvent d'abattre l'angle dans sa partie basse qui serait trop exposée aux accidents et de raccorder le chanfrein ainsi créé avec la partie supérieure de l'angle restée entière, par un congé en quart-de-rond taillé dans une seule pierre. Le pan coupé, qui a plus d'ampleur, appelle nécessairement un ouvrage pour porter la partie supérieure de l'angle. C'est à cet usage que sert la *trompe cylindrique sous le coin* dont l'intrados est une section de cylindre à génératrice parallèle au pan (fig. 82). Cette trompe qui n'est pas signalée par les traités, est une des plus ambiguës qui soient. D'abord, parce que le surplomb peut être d'importance très variable : il est quelquefois si médiocre que sa réalisation relève plus de l'art du décorateur que de celui du stéréotomiste. Ensuite, parce que ce type de trompe peut être aussi bien réalisé en tas-de-charge qu'en panache. La distinction n'est pas toujours facile à faire, surtout lorsqu'il s'agit d'analyser des ouvrages détruits. La trompe de la maison du Pont-d'Amour à Beauvais (1562), qui avait pourtant la

83. Paris, hôtel
de Jaucourt, 1733, par
Pierre Desmaisons et
Sébastien Charpentier.
(Photographie J.-B. Vialles).
Trompes plates cyclindriques
sur le pan et en tour-ronde.

réputation d'être un bel ouvrage de stéréotomie, devait être construite en tas-de-charge. Les trompes de la Porte du Bac (1614) à Rouen, si elles étaient bien de ce type, seraient les plus anciennes que nous connaissions. La trompe de l'hôtel du Fief à Nantes, bien appareillée en panache, date de 1654.

Le comble de l'audace consiste à porter un ouvrage entier sur une face de bâtiment par le moyen d'une trompe clavée. On devine les problèmes que pose la construction de cette voûte totalement en surplomb qui doit reporter la charge de l'ouvrage sur une naissance rectiligne. Dès la fin du XVe siècle (Nérac, château des Albret), on utilise à cet effet la *trompe en demi-berceau* (fig. 81) dont la génératrice est un demi-arc, et la directrice, une droite parallèle au pan d'appui. Mais cette trompe est formée d'assises en tas-de-charge. Les balcons des maisons de Bordeaux donnent de pittoresques variations sur ce thème : le balcon est ondé, le demi-berceau est relié au mur par des trompes en éventail également en tas-de-charge. Cependant, aux tribunes du transept de Saint-Trophime d'Arles (1695), le demi-berceau est construit non par assises mais par rouleaux (les joints alignés sont verticaux et non horizontaux) et il est bloqué par deux trompes latérales en coquille. Ce tour de force stéréotomique pourrait bien être dû à l'équipe qui, sous la direction de Jules Hardouin-Mansart, a réalisé la grande voûte de l'hôtel de ville.

La *trompe plate en tour-ronde* est décrite par Derand, par De La Rue et par Frézier [32] ; mais bien peu de constructeurs ont eu la témérité de monter un aussi périlleux surplomb. L'intrados de cette trompe paraît plat ; il présente en réalité une légère concavité qui conduit à distinguer deux variantes. La *trompe plate cylindrique* est tracée comme un demi-berceau, mais l'arc générateur rampant a une très faible courbure (fig. 83). Quant à la *trompe plate sphéroïdale*, Frézier la compare très justement à une coquille Saint-Jacques : à partir de la naissance rectiligne, l'intrados est progressivement gauchi pour s'épanouir en sphéroïde (fig. 141). Il faut un examen attentif pour ne pas confondre ces deux variantes sur le terrain : à Paris, on trouve la première à l'hôtel de Jaucourt (1733) ; la seconde, à la chapelle de la Vierge de

Saint-Sulpice (1774). La première réalisation d'une trompe plate en tour-ronde que nous connaissions — bien modeste en vérité — date de 1682 (Bourg-en-Bresse, église Notre-Dame).

Trompes sur appuis de plans divers

Les trompes sur appui concave constituent une famille mal différenciée de la famille des trompes sur le pan et de celle des trompes dans l'angle. En effet la concavité est quelquefois assez peu marquée et peut être confondue avec un pan. En revanche, dans le plus célèbre représentant de cette famille, la trompe de l'hôtel de La Vrillière construite entre 1635 et 1638 par François Mansart, le renfoncement est profond et donne les mêmes appuis qu'un angle rentrant : il a d'ailleurs valu à cette trompe l'appellation de « trompe en niche sur le coin » (fig. 86). En effet ces trompes qui sont des coquilles (c'est-à-dire des voûtes sphériques appareillées en panache) portent généralement le coin d'un bâtiment. Nous les appellerons quant à nous *trompes en coquille « sous » le coin*. La première mention du type (Gentilhâtre, vers 1620-1630) [33] et peut-être sa première réalisation (Porte du Bac à Rouen, 1615) sont antérieures à l'ouvrage de Mansart ; c'est cependant sous le nom de trompe de l'hôtel de Toulouse (nouveau nom de l'hôtel de La Vrillière) qu'elle est citée dans les traités du XVIIIe siècle [34]. La trompe en coquille est quelquefois utilisée encore pour porter un ouvrage en tour-ronde [35] ou polygonal [36].

La *trompe annulaire* a un appui convexe (l'angle adouci d'un bâtiment) et porte le coin ; son intrados est engendré par la translation d'une génératrice segmentaire sur une directrice qui est la courbe de l'appui. C'est donc une section de berceau annulaire. Nous ne connaissons qu'un exemple d'exécution de ce type, d'ailleurs modeste [37].

En revanche la *trompe en berceau sur appuis parallèles* a été très largement utilisée. Mais elle se situe aux limites du domaine stéréotomique. Pour placer une baie à l'angle saillant d'un bâtiment, on se contente généralement de prolonger les voussoirs de l'arc de la baie, qui peuvent

84. *La Flèche (Sarthe), collège des Jésuites, tribune d'orgues construite en 1636 par Jacques Nadreau. Trois trompes (une en berceau et deux coniques en tour-ronde) peut-être dues à Mathurin Jousse.*

85. *Barsac (Gironde), église Saint-Vincent, tribune par André Mollié, 1752-1765. Trois trompes : une trompe en berceau en tour-ronde et deux trompes plates sur le pan et en tour-ronde.*

86. *Trompe en coquille sous le coin. (J.-B. de La Rue, pl. 42).*

ainsi porter le surplomb du coin. Le problème se pose en d'autres termes lorsqu'il s'agit d'une tribune d'orgue. A La Flèche (fig. 84), la partie centrale de la tribune est montée sur un berceau reposant lui-même sur des consoles parallèles et formant surplomb en tour-ronde; il y a bien encore quelques longs voussoirs, mais une partie de l'appareil est hors du plan d'appui. Le savoir-faire du stéréotomiste se mesure alors à l'importance du surplomb. La difficulté s'accroît encore lorsque la tribune est elle-même ondée, comme dans la curieuse série de tribunes d'orgue construites dans le Bordelais au XVIIIᵉ siècle: Notre-Dame (entre 1683 et 1707) et Saint-Seurin (1771) de Bordeaux, Saint-Pierre de La Réole et Saint-Vincent de Barsac (entre 1752 et 1765) (fig. 85).

Supports à plusieurs trompes

Viollet-le-Duc présente un exemple médiéval de deux trompes coniques jumelées sur une console, permettant de porter un « coin » au-dessus d'un angle rentrant[38] (fig. 68). C'est le cas que les stéréotomistes modernes ont cherché à traiter à l'aide d'une seule trompe. Mais l'idée de jumeler des trompes était féconde: elle pouvait être appliquée à la solution de cas plus complexes.

Les combinaisons de trompes sur consoles sont en théorie infinies. Elles n'ajoutent rien à ce que nous connaissons de la typologie de la trompe et de l'art du trait, puisque la partie inférieure de cette superposition de supports est un tas-de-charge. Cependant certaines combinaisons ont joui d'une telle faveur qu'elles ont pris valeur de type.

Nous avons déjà signalé le jumelage des trompes coniques en tour-ronde sous les tourelles du château d'Armentières (XVᵉ siècle?). Cet archétype un peu frustre est porté à la perfection à Uzès et surtout à Aramon (début XVIIᵉ siècle?) (fig. 87).

La combinaison la plus commune est formée de trompes coniques sous le coin. Avec deux trompes jumelées, on porte un ouvrage rectangulaire sur un pan;

avec trois trompes, on peut même porter cet ouvrage sur un angle saillant de 90°, ce qu'aucun stéréotomiste n'a jamais pu réaliser en ne mettant en œuvre qu'une seule trompe. Le modèle à trois trompes est donné dans son traité par Gentilhâtre[39] qui l'exécute à Chauvirey. Son illustration la plus spectaculaire et peut-être la plus ancienne apparaît au château d'Ormesson (1578): ce ne sont pas des logettes ou des tourelles, mais de grands corps de bâtiment, des pavillons d'aile, qui sont portés au-dessus des fossés par des organes à trois trompes jumelées (fig. 88).

A la tribune d'orgue de La Flèche (1636) (fig. 84), nous avons déjà remarqué la combinaison d'une grande trompe en berceau et de deux trompes coniques en tour-ronde. Une telle combinaison apparaît d'abord à la tribune d'orgue de Saint-Gervais de Paris (1628) et reparaît à la tribune d'orgue de la cathédrale de Lodève (1752).

Fortune de la trompe

Il reste à expliquer la faveur particulière dont a joui la trompe entre le milieu du XVᵉ siècle et la fin du XVIIIᵉ siècle.

La trompe est faite « pour gagner place sur une cour ou sur une rivière » déclare Delorme[40]. Pour Sauval, les progrès de l'art du trait se sont faits sous la pression de la nécessité: « Telle adresse [...] est venue de la nécessité de bâtir à Paris en des lieux fort serrés et où les places sont extraordinairement chères, ce qui a éveillé l'esprit des charpentiers pour la coupe des bois et tout de même celui des architectes pour la coupe des pierres »[41]. Plus de la moitié des ouvrages sur trompe que nous avons repérés sont en effet dans des demeures urbaines. Cependant la nécessité justifie le recours au surplomb, non la préférence donnée à la trompe sur le cul-de-lampe. D'après Delorme, l'infériorité de ce dernier tiendrait au fait qu'étant construit par longs monolithes profondément enfoncés dans la maçonnerie, il serait plus fragile, plus onéreux et aurait moins de portée que la trompe. Le

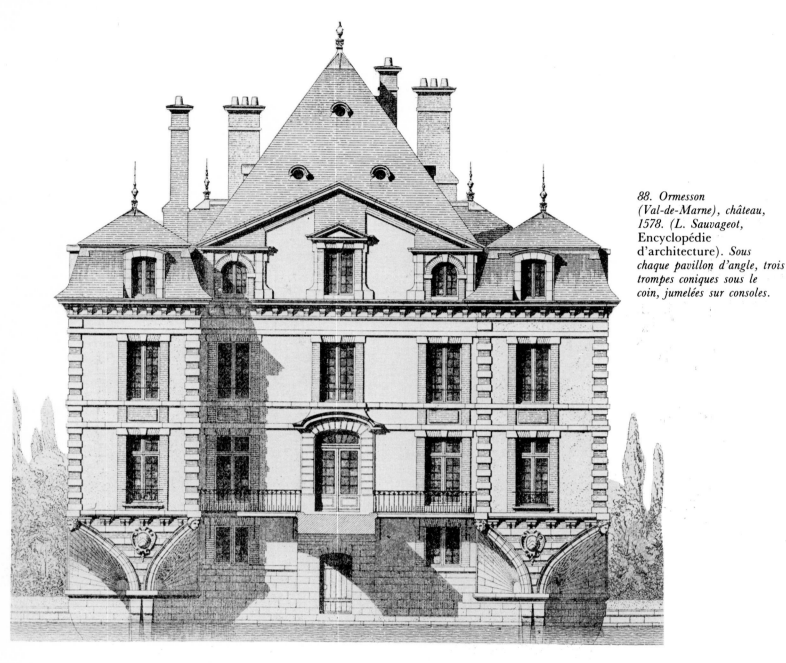

88. Ormesson (Val-de-Marne), château, 1578. (L. Sauvageot, Encyclopédie d'architecture). Sous chaque pavillon d'angle, trois trompes coniques sous le coin, jumelées sur consoles.

clavage, c'est au fond pour Delorme l'équivalent de cette charpente d'assemblage dont il est l'inventeur et qui permet de remplacer dans les structures les longues pièces par des liaisons de petits éléments. Mais la démonstration n'est pas très convaincante. A Anet, Delorme utilise concurremment la trompe et le cul-de-lampe, et jusqu'à la fin du XVIIᵉ siècle, on les trouvera associés dans les mêmes édifices (voir par exemple le château du Champ de Bataille). Il n'est pas démontré que la trompe ait permis d'obtenir, au moins dans les premiers temps, des surplombs plus importants que le cul-de-lampe. Et d'ailleurs, dans les premiers temps encore, les trompes les plus soignées sont construites par monolithes en panache

et ne présentent donc même pas l'avantage d'économiser les grandes pierres. Viollet-le-Duc dénie tout intérêt à ces structures modernes : « Les trompes chargent les maçonneries inférieures beaucoup plus que le système d'encorbellement, exigent des matériaux plus nombreux et plus grands, des coupes de pierre difficiles à tracer et plus difficiles encore à tailler. Ce n'est donc point là un progrès, à moins que l'on ne considère comme un progrès le plaisir donné à un appareilleur de montrer son savoir au détriment de la bourse de celui qui fait bâtir » [42].

Nous pourrions argumenter contre Viollet-le-Duc que ce plaisir, probablement partagé par le client et qui est encore le nôtre, vaut bien qu'on lui sacrifie l'illusion du progrès. Mais il nous semble que l'on peut mieux faire, en démontrant que la trompe avait aussi une justification fonctionnelle. Les trois exemples d'emploi de trompe que fournit l'œuvre de Delorme sont trois remaniements : à l'hôtel Bullioud de Lyon, Delorme a amélioré la distribution d'un vieux corps de bâtiment en le doublant de passages sur trompes ; à la maison Patouillet de Paris, l'ajout d'une trompe a permis le percement de portes ; à Anet, comme nous l'avons rappelé, le cabinet du roi a été rapporté sur une construction plus ancienne. Dans la plupart des ouvrages du XVIe siècle et de la première moitié du XVIIe siècle que nous avons pu analyser d'un peu près, la présence de la trompe dénonce un remaniement, un repentir [43]. Pour asseoir une trompe sur un mur déjà construit, il suffit en effet d'entailler celui-ci de saignées superficielles qui recevront les naissances ; en revanche il faut défoncer profondément le mur, et donc travailler en sous-œuvre, pour placer les queues des monolithes d'un cul-de-lampe. Ainsi devient parfaitement clair le fameux chapitre dans lequel Delorme nous montre « les moyens de se pouvoir aider des maisons incommodes, vieilles et mal-faites pour les approprier et accommoder avec les bastiments neufs et rendre commode, salubre et habitable ce qui était incommode, insalubre et inhabitable, sans toutefois abattre, ruiner et démolir les vieux bastiments, comme trop légèrement et inconsidérément font faire ceux qui n'entendent l'artifice des traits géométriques » [44] (fig. 44).

Est-il besoin de préciser que cette interprétation fonctionnelle ne saurait rendre compte de la fortune de la trompe ? Que la nécessité n'imposait pas à Delorme la forme complexe de la trompe d'Anet ? Il est d'ailleurs des trompes construites sans le recours à l'art du trait, en briques ou gros moellons bloqués au mortier. Nous pouvons peut-être en fournir la preuve la plus inattendue. Lors de notre dernière visite à l'hôtel Bullioud, qui était dans un état bien indigne de ce célèbre chef-d'œuvre, nous avons observé que la trompe de droite laissait paraître sous un revêtement qui tombe en morceaux des parties en brique. Cet ouvrage, dont Delorme tirait tant de vanité [45], ne serait-il qu'un faux-semblant ? Seule une restauration, qui par ailleurs s'impose, permettrait de répondre à cette importante question. Les monumentales trompes de l'hôtel Sarret de Montpellier et de l'hôtel Plamon de Sarlat qui sont d'authentiques chefs-d'œuvre de stéréotomie, sont construites au sol et remplissent bien mal leur office qui serait de dégager le passage sur la voie publique. Pourquoi François Mansart multiplie-t-il les trompes au chevet de l'église du Val-de-Grâce ? Pourquoi avoir fait porter sur huit trompes les piliers des portails de clôture du château du Champ de Bataille ? Pur exercice de sytle, sans aucun doute !

Le cul-de-lampe ne fait pas appel à l'art du trait : voilà son incurable infirmité. « Telle façon n'a point d'art et moins de sçavoir, car ce n'est qu'ouvrages de longues pierres qui avancent l'une sur l'autre et sont ainsi disposées par les maistres-maçons qui se confient à la force des dites pierres » conclut Delorme [46]. De technique, le trait devient art entre les mains des plus grands architectes français, un art auquel l'initié a recours avec une sorte de passion. Delorme collectionnait les trompes [47]. En ce point comme en bien d'autres, François Mansart a suivi l'exemple de Delorme (église du Val-de-Grâce, chapelle de la Visitation, hôtel de La Vrillière, maison de M. de Châteauneuf). Certains architectes ignorent la trompe. « L'octogone d'Oppenord », ce salon construit par Oppenord en 1719-1721 au Palais Royal, était porté au-dessus de la rue de Richelieu par des consoles : « Ce beau bâtiment se soutient très légèrement/ Sur quatre consoles massives/Sortant du gros mur en solive/Et non sur une trompe en limaçon/Comme l'aurait fait un maçon/Et comme Vitruve l'enseigne/ » [48]. Le satyriste anonyme ne cite ici le nom de Vitruve que pour élever le ton : est-il nécessaire de rappeler qu'il n'y a rien sur la trompe dans Vitruve ?

Dans le milieu urbain, où les règlements proscrivent de plus en plus souvent le surplomb sur rue, le fait de construire au-dessus de la voie publique apparaît comme un privilège associé à l'idée de « commandement » que l'on retrouve plus clairement encore dans le milieu rural : logettes, échauguettes et tourelles commandent la rue et la campagne, permettant de battre le pied des murailles, de surveiller les principaux accès. La trompe semble réservée à la maison de qualité. Sa construction qui fait

appel à une main-d'œuvre hautement spécialisée n'est pas à la portée de toutes les bourses : elle manifeste une évidente volonté d'ostentation. Le surplomb en milieu rural est une des survivances de la fonction militaire du château. Ce n'est pas un hasard si manoirs et châteaux viennent aussitôt après les hôtels urbains dans le classement des édifices à trompes. La symbolique aristocratique s'est ainsi enrichie d'un signe nouveau. En jouant de la polysémie du mot trait, nous pourrions dire que cet art est ici art de la défense, art de combiner saillants et ouvrages de flanquement.

Le mot trompe se prête à d'autres jeux, qui sont peut-être plus significatifs qu'il n'y paraîtrait d'abord. Par son étymologie, le mot rappelle le pavillon des instruments à vent. Les trompes jumelées s'épanouissent en chamade aux angles des grands hôtels (fig. 89), comme les trompettes de la Renommée, ou sous les orgues, comme un jeu grave. La trompe « est ainsi nommée [soit] parce que sa figure est semblable à une *trompe* ou conque marine, [soit] parce qu'elle *trompe* ou surprend ceux qui la regardant n'ont pas connaissance de l'artifice de son appareil » écrit D'Aviler[49]. Nous avons déjà rencontré dans Sauval et ailleurs la trompe qui étonne, la trompe qui fait peur. Avec la trompe de Chinon, dont les deux voussoirs de naissance portent la représentation d'une rangée d'arbres et dessinent ensemble une allée fuyant vers le trompillon, nous avons la trompe trompe-l'œil. L'appareillage en panache qui, par ses joints alignés rayonnants, reproduit le schéma de construction de la perspective linéaire, le trompillon matérialisant le point de fuite, rappelle que la stéréotomie est sœur de la perspective. A ces applications de la géométrie, la plupart des traités, celui de Chéreau en particulier, associent la cosmographie et la gnomonique. Au milieu de son chapitre sur les trompes, Chéreau a rempli une double page de figures radio-concentriques du zodiaque et du cadran solaire. A l'hôtel de Montméjan de Bordeaux, la métaphore est encore plus claire : l'appareil en panache est reproduit de part et d'autre de l'entrée par laquelle passe l'axe nord-sud de l'hôtel ; il représente l'Aurore et le Crépuscule ; le trompillon en demi-cercle est un soleil à l'horizon et les joints alignés ses rayons.

Une technique au service d'un langage, tel apparaît en définitive l'art de la trompe.

13. Les voûtes en berceau

Le berceau est la voûte la plus commune dans l'architecture romane comme dans l'architecture moderne. Cette forme de couvrement n'a été utilisée par les gothiques qu'en lambris de charpente ou en voûtes confinées dans des emplacements secondaires, comme les passages d'entrée des ouvrages fortifiés, les chapelles et les tribunes de certaines églises[1] : à la cathédrale de Mantes (XIIIe siècle), les voûtes en berceau des tribunes, bien appareillées, participent un peu à l'effet d'ensemble du chœur. La reconquête des espaces principaux par le berceau est un des traits remarquables de la Renaissance.

Voûtes en berceau droit et horizontal

La voûte en berceau est un genre à nombreuses variantes. On le réduit trop souvent au seul cas du berceau à directrice droite et horizontale, qui n'est que le cas le plus fréquent.

Les voûtes en berceau du XVIe siècle ont presque toutes un intrados orné. Les caissons formés de nervures qui s'entrecroisent sont caractéristiques de la première moitié du siècle[2] : ils passent de mode dans la seconde moitié[3] où on leur préfère le décor « en parquets »[4]. Nous avons déjà signalé cette expression qui, dans les textes du XVIe siècle, désigne un décor couvrant de tables aux formes diverses. Ce décor se trouve notamment à l'église Saint-Jean de Joigny (fig. 46, 47) où, comme le notait L. Hautecœur, la voûte en berceau reparaît sur le vaisseau central d'une grande église. Justement fier de son ouvrage, Chéreau donne dans son traité « le plan et traict de géométrie des haultes voûtes de l'église de Saint Jehan à Joigny faicte en parqueitz »[5].

La présence de ces décors rend particulièrement délicate la lecture des structures. Dans son *Dictionnaire d'architecture*, Viollet-le-Duc décrit une voûte en berceau anse-de-panier à caissons dont le mode de construction serait d'après lui caractéristique de la Renaissance française (fig. 90). La mouluration des caissons est une ossature de nervures longitudinales et de doubleaux formant un quadrillage sur lequel reposent les dalles qui

90. *Voûte en berceau anse-de-panier à dalles sur nervures. (E. Viollet-le-Duc,* Dictionnaire, *t. IV).*

constituent le fond des caissons. A ce propos, Viollet-le-Duc, reconnaît aux premiers architectes de la Renaissance le mérite d'avoir su « employer avec une grande liberté les méthodes gothiques [en appliquant] aux formes nouvelles les ressources de l'art et de la construction du Moyen Age »[6]. Il est vrai que cette structure est proche par l'esprit de la technique de voûtement gothique, qui distingue nervuration et remplissage. Nous l'observerons en effet dans les premières coupoles et dans les premières voûtes plates de la Renaissance. Mais nous ne connaissons pas d'exemple de son application à la construction de la voûte en berceau (sauf peut-être à Cravant) et Viollet-le-Duc lui-même ne cite pas l'origine de son observation.

La chapelle Saint-Thomas de la collégiale de Nantes construite entre 1514 et 1524, était-elle couverte suivant ce procédé ? Les estampes qui en conservent le souvenir montrent un couvrement en berceau à caissons rectangulaires. La destruction de 1866 est d'autant plus regrettable qu'elle a peut-être fait disparaître la première voûte en berceau de la Renaissance française. La voûte en berceau à caissons de la chapelle du château de Fleurigny (vers 1520) est assisée : il n'y a pas recouvrement entre le plan des joints et celui des caissons, qui sont donc purement décoratifs. A la chapelle d'Amoncourt de la cathédrale de Langres (1547-1549) au contraire, il y a parfait recouvrement entre le plan d'appareillage et le plan du décor de tables. L'appareillage de la voûte de cette chapelle a la particularité de pouvoir être lu soit comme un ensemble d'assises, soit comme un ensemble de rouleaux : tous les joints sont en effet alignés et dessinent un quadrillage dans lequel s'inscrivent très exactement les tables. La plupart des berceaux du XVIe siècle paraissent clavés.

Il est clair que ces voûtes doivent peu de choses aux modèles gothiques, et beaucoup aux modèles antiquisants de l'Italie contemporaine. Thomas Le Roy, évêque de Dole, a vécu plusieurs années à Rome avant de commander la construction de la chapelle Saint-Thomas de Nantes. Cependant, s'il ne fait aucun doute que les premières illustrations de la voûte en berceau de la Renaissance française sont des italianismes, l'accent français est sensible dans les détails. Bien que les berceaux italiens soient tous en plein-cintre, l'anse-de-panier gothique reste fréquent. Gilles Le Breton s'engage même par contrat à donner aux voûtes en berceau de la Porte Dorée de Fontainebleau le tracé en anse-de-panier [7], que Cellini qualifie de « mala maniera franciosa » [8]. On peut ainsi gager que les grands berceaux en pierre de taille du donjon de Chambord sont dus à des Français.

Le type de la voûte en berceau à lunettes et à intrados nu apparaît dès le XVIe siècle, au crypto-portique d'Anet (1552), (fig. 55). L. Hautecœur faisait justement remarquer que la voûte de la chapelle d'Ecouen (1549-1552) (fig. 91), dépouillée de ses nervures, serait un berceau à lunettes : la forme est là, mais les pénétrations sont remplacées par des tiercerons. Dans le grand berceau à lunettes de Saint-Jean de Joigny (fig. 47), le décor de tables détruit un peu l'effet qu'aurait pu produire le trait de la pénétration. A la grande voûte du transept de Dreux (fin XVIe siècle), l'intrados est nu et les pénétrations couvertes de tiercerons : ceux-ci étant curieusement

taillés dans la masse de manière à affleurer au nu de l'intrados, on est tenté de parler, dans ce cas de pénétrations nervurées. La curieuse voûte couvrant la tour de la Rivière au château de Nantes (entre 1598 et 1610) est un berceau complété par un cul-de-four et deux lunettes ; sa stéréotomie est digne des ouvrages les plus élaborés du XVIIe siècle ; et pourtant, avec cela, un archaïsme surprenant, une étoile de fausses ogives recoupant le beau nu de l'intrados. L'église de Jouy-sous-Thelle mérite une brève mention : sa voûte en berceau (1606-1607) présente de minuscules lunettes ; le tout est clavé, mais l'appareil est si médiocre qu'il a été enduit, et peut-être l'était-il dès l'origine.

Le berceau ne reparaît que tardivement à Paris, et d'abord comme lambris [9]. C'est pourtant à Paris que prend sa forme définitive le type à lunettes et à intrados nu qui est une des formes les plus caractéristiques de l'architecture française des Temps modernes. Saluons donc comme un événement la construction des voûtes de l'église de l'Oratoire (fig. 53), qui se situe entre 1621 et 1630 et qui est due à Jacques Le Mercier. Le parti de l'église parisienne est défini pour un bon siècle [10] ; le recours à ce parti dans les églises de province nous paraît être un reflet des modes parisiennes [11].

Pour l'architecture civile, c'est encore Le Mercier qui donne l'exemple en couvrant le rez-de-chaussée de l'aile occidentale de la Cour carrée du Louvre (1630-1640) : au porche du Pavillon de l'Horloge, dans les salles des Cariatides et du Tribunal, il y a des morceaux de grande qualité (fig. 52). Cependant cette voûte reste réservée à la « sala terrena » [12]. Les nobles galeries d'étage sont couvertes de berceaux à peintures comme d'ailleurs les chapelles privées [13]. La distribution des grands établissements monastiques privilégiant les rez-de-chaussée, c'est là que l'on trouvera les plus remarquables et les plus tardifs emplois du berceau nu à lunettes [14].

Dans les années 1720, réapparaissent les tables, puis vers 1760-1770, les caissons, tandis que le retour à l'antique condamne l'usage des lunettes et lui substitue celui des jours zénithaux. Il y a derrière ces phénomènes, qui peuvent paraître secondaires, une mutation du goût tellement importante que nous croyons bon de renvoyer à

la partie consacrée à l'histoire de la voûte l'exposé du procès, très significatif, qui aboutit à la condamnation du berceau à lunettes et d'ailleurs de toute la stéréotomie moderne.

Si l'histoire du berceau droit illustre bien le goût des Français pour le nu d'intrados et pour la pénétration, elle fournit en revanche peu d'exemples de gauchissement et de jeux d'appareil. Frézier imagine des «berceaux irréguliers» dont les naissances ou la ligne de faîte sont des segments de courbe[15]. Jean-Pierre Franque appareille le berceau sous tribune de l'église Saint-Pierre à Pont-Saint-Esprit (1780) de la manière la plus fantaisiste: les retombées sont appareillées en panache selon le plan de la trompe sur le pan et en tour-ronde; la partie centrale déprimée est une voûte plate appareillée sur le plan d'une voûte en éventails.

Voûtes en berceau incliné et voûtes en berceau tournant

Deux importantes variantes du berceau retiennent l'attention: le berceau incliné, dont la directrice est dans un plan oblique par rapport à l'horizontal, et le berceau tournant, dont la directrice est une courbe dans le plan horizontal.

Mis à part le cas, déjà traité, de la descente de cave, qui ne couvre qu'un soupirail, le berceau incliné apparaît avec l'escalier à volées droites. L'antiquité romaine a laissé, dans le midi de la France, quelques exemples de berceaux inclinés assez frustes appareillés par rouleaux[16]. Les berceaux inclinés de la Renaissance sont tous assisés.

A Chateaubriant (terminé en 1537), à Poncé-sur-le-Loir (1542), à Villers-Cotterêts (entre 1533 et 1559), l'intrados est formé de profonds caissons; ces caissons perdent de leur relief à Serrant (entre 1560 et 1575) et au Puy-du-Fou. L'escalier Henri II du Louvre (1551) donne une belle illustration du décor «à parquets» (fig. 92). L'intrados est nu à Ecouen (peut-être avant 1550), à Fère-en-Tardenois (1552-1562), à Durtal (entre 1600 et 1618), à Brissac (1614-1620), à Cheverny (1634) et au Louvre

92. *Paris, Louvre, escalier Henri II, 1551. (F. de Clarac*, Description du Louvre, *1826). Voûte en berceau incliné.*

93. *Versailles (Yvelines), orangerie du château par J. Hardouin-Mansart, 1684-1686. (Photographie J.-B. Vialles). Voûtes en berceau tournant.*

94. *Caen (Calvados), hôtel d'Escoville, entre 1535 et 1540. Voûte en berceau tournant sur le noyau.*

142

dans l'escalier construit par Le Mercier en pendant de l'escalier Henri II (1639). L'évolution du décor d'intrados est donc bien conforme à celle que nous avons décrite à propos du berceau droit.

Le berceau tournant de la crypte de Montmajour (fig. 126) est apparemment une des plus belles réussites de la stéréotomie romane : on voudrait être assuré qu'il ne doit rien aux restaurations du XVIIIe siècle. Parmi les voûtes modernes, nous ne voyons que les retours du berceau de l'orangerie de Versailles qui puissent lui être comparés (fig. 93). A la Renaissance cependant, on a quelquefois couvert la cage des escaliers en vis par un berceau tournant sur le noyau (fig. 94) : ce berceau a une directrice circulaire et prend appui sur le mur de la cage et sur le noyau central[17].

Par son double mouvement tournant et rampant, l'escalier est l'occasion des plus belles performances stéréotomiques. La preuve en est la vis de Saint-Gilles dont le berceau est à la fois tournant et rampant.

Voûtes en berceau hélicoïdal, dites vis de Saint-Gilles

Le mot vis désigne un escalier tournant dont toutes les marches sont gironnées. Par référence à l'escalier de l'abbaye Saint-Gilles du Gard en Languedoc, l'expression « vis de Saint-Gilles » désigne le berceau hélicoïdal clavé en pierre de taille couvrant une vis de plan circulaire (fig. 95) et, par extension, de plan quelconque[18]. Le berceau hélicoïdal conjugue les difficultés du berceau incliné et celles du berceau tournant.

La célèbre vis est une des parties de l'abbaye de Saint-Gilles du Gard qui ont été conservées. Elle flanquait l'entrée gauche du déambulatoire disparu ; une vis symétrique flanquait sans doute l'autre extrémité du déambulatoire. Son berceau est appareillé par assises en hélice. « Le trait de cette voûte passe pour un des plus difficiles de la coupe des pierres, parce que toutes les surfaces des voussoirs sont gauchies et les arêtes à double courbure », ainsi s'exprime Rondelet au début du

XIXe siècle [19]; tous les théoriciens depuis Delorme sont unanimes sur ce point. C'est là un fait capital: l'archétype d'un des modèles les plus complexes de la stéréotomie moderne remonterait à l'époque romane. En effet la vis languedocienne est habituellement datée de la fin du XIIe siècle; mais il faut remarquer que rien ne s'oppose à une datation plus tardive. On construit encore à Saint-Gilles dans les années 1520 [20]. La première citation de l'ouvrage est dans Delorme qui écrit: «J'ai vu en ma jeunesse que celui qui savait la façon du trait de la dite vis de Saint-Gilles et l'entendait fort bien, il était fort estimé entre les ouvriers» [21]. La jeunesse de Delorme nous fait remonter précisément aux années 1520-1530.

Les médiévistes ont complètement négligé l'étude de la vis languedocienne, comme d'ailleurs, d'une manière plus générale, celle des escaliers (il n'y a pas un mot sur ces questions dans le manuel classique d'Enlart). Le berceau hélicoïdal en blocage avec revêtement est fréquent dans les constructions romanes [22], mais la variante appareillée doit être exceptionnelle. Viollet-le-Duc ne la connaissait que parce qu'il avait conduit la restauration de l'église Notre-Dame d'Eu, dont le déambulatoire est flanqué de deux vis de Saint-Gilles, tout comme à l'abbaye languedocienne [23]. Cependant Viollet-le-Duc n'a pas fait le rapprochement qui s'imposait; il paraît ignorer l'archétype et jusqu'à l'appellation d'origine qui désigne le modèle [24]. Or celle-ci faisait encore partie du vocabulaire de l'architecture au XIXe siècle: entre le savoir de l'archéologue et celui du praticien, la séparation est totale.

Nul n'a pris la peine de remarquer qu'à la cathédrale de Sens, l'escalier de la Tour de plomb, construite entre 1180 et 1200, était une vis de Saint-Gilles, d'ailleurs médiocre. A Sens, la cage est plus large et le module de la pierre plus petit qu'à Saint-Gilles: la conjugaison de ces deux traits a pour conséquence que les douelles ont moins de courbure. A la limite, avec une cage très large et un module très petit, on peut mettre en forme un berceau hélicoïdal appareillé sans recourir à la stéréotomie. Ajoutons que les joints sont plus épais à Sens qu'à Saint-Gilles où ils sont si minces que la voûte paraît montée à joints vifs; à Saint-Gilles, pas la moindre

possibilité de rattraper les approximations de calcul par une modulation de la couche de mortier. La comparaison prend valeur de démonstration lorsque l'on passe aux berceaux hélicoïdaux des escaliers des tours du Roi et de l'Evêque à Uzès, appareillée suivant les principes, et cependant combien rudimentaires! On a peine à croire que les ouvrages voisins de Saint-Gilles et d'Uzès soient contemporains. Notons que si l'on devait finalement démontrer que l'ouvrage de Saint-Gilles était en réalité un ouvrage moderne, contemporain des berceaux hélicoïdaux de la fin du XVe siècle, qui sont ses égaux par la qualité, il resterait les vis d'Uzès pour assurer la précieuse référence à l'architecture romane méridionale. L'escalier du Trésor de la cathédrale de Mantes (XIIIe, peut-être XIVe siècle) est la seule vis de Saint-Gilles que nous puissions citer entre 1200 et 1500.

Jousse qui trouve la vis languedocienne «fort gentille», affirme qu'elle n'est pas «la première qui ayt esté faite» [25]: à quoi pensait-il? Les berceaux hélicoïdaux de l'architecture byzantine ont un rapport largeur-module qui est tel qu'on a pu les construire en briques ordinaires: la multiplication des facettes donne l'illusion d'un tracé continu et régulier [26]. Les berceaux hélicoïdaux des Thermes de Trèves (IVe siècle) et de la chapelle impériale d'Aix-la-Chapelle (entre 796 et 805) sont appareillés en blocage et revêtus. Reste une hypothèse: les architectes romans n'auraient-ils pas vu la rampe hélicoïdale du mausolée d'Hadrien (commencé vers 135), qui n'a été condamnée comme accès que par les travaux exécutés au château Saint-Ange à la fin du XIVe siècle? Cette rampe est couverte d'une voûte en berceau, appareillée en pierre sur la première demi-révolution (la suite est en brique; les historiens du mausolée ne donnent pas d'explication de ce changement de parti). A vrai dire, les voussoirs, bien qu'ils soient de grand appareil, ne se distinguent pas des voussoirs d'un berceau droit, car les joints sont épais (au point que dans certains des briques ont été insérées), la pente faible, la rampe large et le rayon particulièrement étendu puisque l'hélice se développe sur le périmètre du mausolée. Il n'y a donc pas là d'innovation technique, mais une sorte de préfiguration dont l'effet a dû faire forte impression.

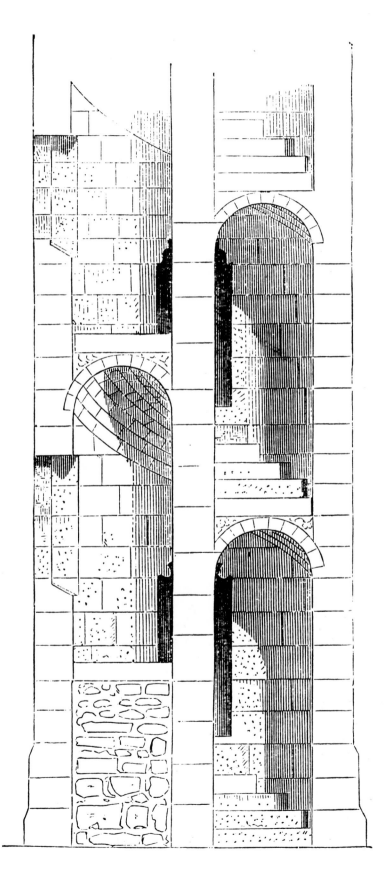

95. *Vis de Saint-Gilles. (E. Viollet-le-Duc, Dictionnaire, t. V).*

Presque tous les traités font allusion à l'archétype languedocien à propos des modèles de berceau hélicoïdal. Delorme sait qu'il y en a « un semblable au prieuré de Saint-Gilles en Languedoc »[27], mais l'a-t-il vu lui-même? De tous les archétypes célèbres de la stéréotomie française, il est dit, sans preuve décisive, qu'ils étaient visités par les compagnons au cours de leur tour de France. Or, dans le cas de Saint-Gilles, que recommandait en outre l'attrait du célèbre pèlerinage, nous avons la preuve qui nous fait défaut presque partout ailleurs. Les compagnons ont en effet couvert la cage de l'escalier de *graffiti* commémorant leur passage. Les plus anciens et les plus nombreux sont datés entre 1643 et 1655, les années d'apogée de la stéréotomie française. Cependant la plupart des vis de Saint-Gilles modernes que nous connaissons sont de la fin du XVe siècle et du début du XVIe. S'il n'y a pas un *graffito* antérieur à 1640, cela tient sans doute à l'histoire de l'édifice lui-même. Jusqu'à l'époque des Guerres de religion, la tour d'escalier fait partie de l'église: on voit mal le compagnon-pèlerin apposant sur cette édifice sacré le témoignage écrit de sa foi stéréotomique. L'insécurité éloigne ensuite le pèlerin de ce lieu où les protestants ont établi une garnison. Celle-ci disparaît en 1622, et la restauration de l'édifice ruiné commence en 1650. Les destructions ont isolé du sanctuaire l'idole stéréotomique qui devient ainsi l'objet d'un culte distinct de celui de Gilles le saint ermite.

Nous avons pu reconstituer une précieuse suite de vis de Saint-Gilles, construites à l'extrême fin du XVe siècle et dans les premières années du XVIe: à Saint-Gervais de Paris (à partir de 1494), aux cathédrales de Sens (entre 1500 et 1513), de Troyes (à partir de 1506) et de Beauvais (entre 1500 et 1537) et à Saint-Merri de Paris (avant 1526). Nous avons quelques raisons de croire qu'elles sont toutes du même auteur. Outre leur égale perfection, elles ont en commun une particularité assez rare: un changement de plan à mi-parcours de leur montée. Au bras gauche du transept de Saint-Gervais, la cage est d'abord hexagonale, puis circulaire: « Il semble que l'architecte ait pris plaisir à se jouer dans ce degré et montrer qu'il savait se servir de la science où il voulait » écrit Sauval qui, à propos des deux vis du bras droit de

Saint-Merri, déclare : « Toutes deux sont dessinées par un architecte très savant et fort entendu à la coupe des pierres... la merveille de ces deux vis consiste en leur petitesse ». Elles s'inscrivent en effet dans une cage particulièrement étroite : le rapport largeur-module est ici exceptionnellement périlleux. De celle qui est pentagonale à sa base et hexagonale à son sommet, Sauval dit justement « qu'il est difficile d'en trouver une dont les traits fort doux et hardis soient ni mieux conduits, ni mieux exécutés » [28]. Martin Chambiges est l'auteur des transepts des trois cathédrales où se trouvent les autres vis. Il nous semble que l'on peut désormais lui attribuer la construction des transepts de Saint-Gervais et de Saint-Merri. Par leur perfection, ces ouvrages se rattachent bien à l'archétype languedocien et non au modèle roman (pourtant plus proche) de la Tour de plomb de la cathédrale de Sens, que Chambiges connaissait évidemment. Mais les plans polygonaux sont apparemment sans précédents.

Les variantes carrées (fig. 42), hexagonales et octogonales de la vis de Saint-Gilles sont décrites par Delorme. Celui-ci est peut-être l'auteur de la vis de Saint-Gilles qu'il signale lui-même au château de Madrid. Au perron en fer à cheval du château de Fontainebleau (1558), « il y a trois sortes de traicts », le troisième étant une vis de Saint-Gilles. Ces trois traits sont « encathenez et liez ensemble, non sans grand artifice et merveilleuse difficulté » [29]. Jean Du Cerceau remplaçant par un nouveau perron (1634) celui qu'avait construit Delorme, reprend le trait de la vis de Saint-Gilles. Après 1634, le trait de la vis de Saint-Gilles ne se retrouve plus que dans les escaliers suspendus sur voûtes auxquels nous consacrons un chapitre particulier. C'est la généralisation du jour central qui explique la disparition de la vis sur noyau et non une quelconque désaffection pour le modèle stéréotomique. Frézier propose encore dans la première moitié du XVIIIe siècle, une variante inédite à noyau central : la vis ronde construite dans une cage carrée ou polygonale [30]. Mais un siècle plus tard, au dire de Rondelet, « on rencontre rarement l'occasion d'exécuter ces sortes de voûtes » [31].

Peut-on affirmer que les dernières années du XVe siècle ont vu la restauration d'un archétype roman, restauration qui serait en tous points comparable à celle que nous avons observée pour la trompe ? Si nous avons pu affirmer, sans grand risque d'erreur, qu'il y avait bien eu dans l'histoire de la trompe française une solution de continuité correspondant à la période gothique, nous devons être plus prudents en ce qui concerne la vis de Saint-Gilles, car la plupart des escaliers gothiques restent cachés dans les parties les moins accessibles des églises. Cependant nous croyons pouvoir observer ici une nouvelle solution de continuité qui serait marquée par l'invention de la vis à marches-portant-noyau. La vis à marches-portant-noyau est un chef-d'œuvre de fonctionalisme : cette structure simple, économique, souple, « articulée » comme l'est la voûte d'ogives, est bien digne du génie gothique ; elle illustre admirablement le principe de division de la somme en « articuli », de la hiérarchie des parties, de l'exposé méthodique, dans lequel Panovski voit le principe commun à l'architecture gothique et à la pensée scolastique [32]. La formule s'est généralisée dans les derniers siècles du Moyen Age et n'a pas disparu avec celui-ci.

Comment un Chambiges pouvait-il lui préférer la formule complexe et dispendieuse de la vis de Saint-Gilles ? En faveur de celle-ci, un seul argument : sa beauté. Faut-il préciser que dans tous les exemples que nous avons cités, l'intrados est nu et l'appareil admirablement dressé. D'autant plus belle qu'elle est plus étroite, la vis de Saint-Gilles, dérobée à la curiosité du vulgaire, est bien le parangon de l'art hermétique. Cependant, en travaillant au chef-d'œuvre sans autre ambition que d'accéder à la maîtrise, le compagnon se préparait à des tâches plus utiles : la connaissance du trait de la vis apparaît ainsi rétrospectivement comme une préparation à l'importante innovation technique qu'est l'escalier suspendu sur voûtes.

L'histoire du berceau nous conduit à une double conclusion. Le berceau droit à caissons des années vingt du XVIe siècle est un italianisme ; la vis de Saint-Gilles est un « romanisme » : elle réintroduit dans l'architecture française, dès la fin du XVe siècle, le goût des structures massives et des beaux appareillages.

14. Les coupoles, les voûtes en arc-de-cloître et les voûtes en pendentifs

La coupole est une voûte dont l'intrados est théoriquement une concavité de révolution. Le type comprend diverses variantes comme la coupole ovale et la coupole polygonale, qui ne sont que très approximativement définies par la concavité de révolution. La voûte en arc-de-cloître est un cas particulier de coupole polygonale. La voûte en cul-de-four est une demi-coupole.

Le vocabulaire décrivant les divers aspects de cette typologie ne s'est fixé que tardivement. Nous avons décrit l'évolution de l'expression « arc-de-cloître ». Delorme n'utilise pas le mot coupole ; mais il parle de la « voûte sphérique » qui est « appelée des ouvriers voulte de four »[1] parce qu'elle est « toute ronde comme la voûte d'un four ». Le foyer des fours a été en effet couvert de coupoles rudimentaires jusqu'à une époque récente. L'art de monter ces voûtes, dont les constructeurs romans faisaient usage dans les églises, s'est-il transmis à travers les siècles gothiques par la construction des fours ? L'étude des fours gothiques confirmerait peut-être l'indication donnée par le vocabulaire des ouvriers du XVIe siècle. D'après D'Aviler, « cû-de-four » et « voûte sphérique » sont synonymes. Cependant le « cû-de-four de niche » est bien une voûte de plan demi-circulaire[2]. Le mot coupole, venant de l'italien « cupola », est attesté en 1666[3]. Pour D'Aviler, il ne désigne pas une voûte, mais la concavité de l'intrados de la voûte sphérique ou de la face interne lambrissée du dôme de charpente[4]. Tous ces mots ne semblent pas avoir été employés avec leur acception actuelle avant Viollet-le-Duc. Au XVIIIe siècle, le mot coupole a à peu près le sens que nous lui donnons aujourd'hui ; mais on le confond encore parfois avec le mot dôme. Pour nous, la coupole est toujours une voûte, donc une structure en maçonnerie ; le dôme, un toit, donc une structure en charpente, les coupoles de l'architecture française des Temps modernes étant souvent recouvertes par un dôme.

La coupole en pendentifs (fig. 142) est une coupole tracée sur la même courbe que ses pendentifs : on peut dire qu'elle est formée de pendentifs prolongés jusqu'au faîte. C'est le « cû-de-four en pendentifs » de D'Aviler. La coupole plein-cintre en pendentifs paraît surbaissée par rapport à la coupole sur pendentifs de même tracé, une partie du demi-cercle générateur étant compris dans les pendentifs. La même forme cependant peut être traitée avec des génératrices en segment de cercle inférieur au demi-cercle et sur des plans rectangulaires ou polygonaux : ce sont alors des voûtes en pendentifs, qui ne rappellent plus que de très loin la voûte hémisphérique que l'on nomme coupole. Cependant l'enchaînement des mutations est continu : impossible de fixer le moment où la voûte cesse d'être coupole. La seule distinction qui s'impose est celle de la coupole sans pendentifs ou sur pendentifs, et de la voûte en pendentifs, dont la coupole en pendentifs n'est qu'un cas particulier.

Coupoles sans pendentif et coupoles sur pendentifs

La coupole est une des formes les plus remarquées de la famille des voûtes. Il faudrait plusieurs pages pour donner la bibliographie des études consacrées à la coupole orientale et à la coupole romane. Nous citerons à l'occasion celles qui ont quelque rapport avec notre propos. Mais disons tout de suite qu'aucune étude n'a été faite de ce beau sujet qu'est la réapparition de la coupole comme thème majeur de l'architecture moderne, hors quelques publications concernant seulement l'Italie. Les mentions éparses que l'on trouve dans les histoires générales de l'architecture sont elles-mêmes peu satisfaisantes, car leurs auteurs n'ont jamais distingué sérieusement la coupole du dôme. Ils ont, il est vrai, une bonne excuse : les coupoles, vraies ou fausses (c'est-à-dire formées par un lambris de charpente) sont souvent ornées, si bien que l'on ne peut identifier leur structure qu'en examinant les extrados.

La coupole circulaire ou polygonale à plus de quatre côtés est incontestablement un des italianismes les plus forts de l'architecture française du XVIe siècle. On pourrait tenter d'en chercher l'origine dans les traditions locales, comme nous l'avons fait pour certains berceaux. Cependant, s'il ne faut pas écarter l'idée qu'une certaine part du savoir-faire roman ait pu se transmettre jusqu'aux ouvriers de Delorme, il reste que la référence essentielle est certainement ici le Quattrocento italien. L'italianisme a laissé sur toutes les coupoles françaises des marques profondes que nous relèverons sans difficulté.

La première coupole de la Renaissance française est sans doute celle qui couvrait la chapelle du château de Moulins, construite entre 1497 et 1503 pour Pierre II de Bourbon et Anne de Beaujeu, peut-être par un de ces ouvriers que Charles VIII avait engagé en 1495 pour faire ouvrage à la mode d'Italie. Les documents conservés sur cette chapelle détruite permettent d'affirmer qu'elle était couverte d'une coupole en pierre sans que l'on puisse préciser s'il s'agissait de pierres de taille ou de moellons. La tour nord de la cathédrale de Tours est couverte en 1507 par une coupole polygonale bien appareillée, due à Pierre de Valence, un maître d'œuvre au nom évocateur des terres de tradition stéréotomique. La chapelle construite par Simon Hayeneufve entre 1509 et 1519 à l'évêché du Mans et aujourd'hui détruite, passe pour un des premiers édifices à coupole de France. Cependant la seule source de cette affirmation est, sauf erreur de notre part, une vue générale de la ville du Mans qui ne peut attester que la présence d'un dôme ou, interprétation invérifiable, d'une coupole à extrados en couverture. Il est vrai que si nous ne prétendions faire ici que l'histoire de l'influence italienne en France, nous n'aurions point à nous préoccuper de distinguer le dôme de la coupole : la couverture octogonale du Mans est incontestablement une réminiscence du séjour italien de Hayeneufve. La plus ancienne coupole française de plan circulaire conservée, est celle de la chapelle du Saint-Sacrement de la cathédrale de Vannes, construite en 1537 pour Jean Danielo qui fut longtemps à la chancellerie pontificale de Rome.

L'italianisme des coupoles françaises est moins exprimé par les formes, qui ont, somme toute, des antécédents romans, que par la composition générale que couronnent ces coupoles. Les coupoles du XVIᵉ siècle couvrent des bâtiments de plan centré, un parti qui vient d'Italie[5]. La coupole de croisée dans les églises en croix latine n'apparaît qu'au XVIIᵉ siècle et à Paris[6]. Il n'y a pas de coupole à Paris avant le XVIIᵉ siècle. A propos du couvrement de la chapelle des Louanges au Couvent des Petits Augustins (1608), Piganiol écrit : « La voûte en coupe parut d'un goût d'architecture tout nouveau, car jusqu'alors on n'avait rien vu de semblable à Paris »[7]. La chapelle des Louanges, de plan centré, est couverte d'une fausse-coupole. Les coupoles de l'église des Carmes (1628) et de l'église Saint-Paul-Saint-Louis (entre 1629 et 1641) sont également des fausses-coupoles ; mais elles couvrent une croisée. Le parti de la tour-lanterne à coupole et dôme, qui est la principale innovation de Saint-Paul-Saint-Louis et qui devait être imité si souvent en France, est pour la première fois traité avec une vraie coupole en maçonnerie à l'église de la Sorbonne (1635-1642), ce qui met une fois de plus en évidence l'intervention de Jacques Le Mercier dans l'histoire de la stéréotomie française. P. Moisy a signalé des projets de Martellange avec tour-lanterne, coupole et dôme, qui sont antérieurs à la construction de Saint-Paul-Saint-Louis[8]. Le Père Martellange est l'auteur du parti de cette église ; mais c'est le Père Derand qui a construit la tour-lanterne. On attendait de ce maître de la stéréotomie qu'il fît une coupole en pierre. Brice décrit « l'embarras et la confusion extrême où [le Père Derand] se trouva quand les quatre arcs doubleaux qui devaient porter le dôme, furent à leur hauteur : les entrepreneurs n'osèrent pas le voûter de pierre, comme il avait été résolu ; il fallut se contenter d'une maçonnerie plus légère, avec des courbes de charpente, simplement recouvertes de plâtre au lieu d'une voûte solide, selon le premier dessin »[9]. Ce texte, dans lequel Brice dénonce « l'incapacité du Père Derand », est parfaitement clair : Derand n'a pas osé faire porter le poids d'une voûte en pierre sur un tambour construit au-dessus des reins de grandes voûtes : on peut ainsi lui contester la capacité d'un architecte accompli ; mais pas mettre en doute pour autant son savoir de stéréotomiste. Avec les réserves qu'imposent désormais les travaux de P. Moisy sur les rapports des Jésuites de France avec l'autorité romaine en matière d'architecture, on peut encore citer le témoignage des contemporains comme Brice et Piganiol, qui tous font référence au Gesu de Rome à propos de l'église parisienne[10]. Nul doute que,

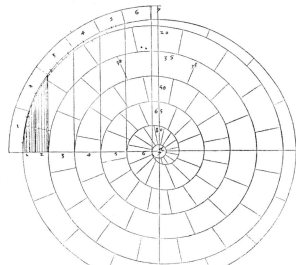

96. *Anet (Eure-et-Loir), chapelle du château par Delorme, 1549-1552.*
Coupole à nervures hélicoïdales.

97. *Coupole appareillée en limaçon (Ph. Delorme, f° 119 v).*

dans ce rapprochement, la présence de la tour-lanterne à coupole et à dôme n'ait eu un effet décisif.

La coupole est la seule voûte française qui n'a été que rarement dépouillée de tout ornement à l'intrados ; nous dirons, en anticipant sur nos conclusions, qu'elle n'a été que très partiellement « francisée ». Au XVIe siècle, les coupoles sont, comme les berceaux, couvertes de caissons. Celle de Bléré est nue, il est vrai ; mais elle n'est pas visible du sol. Les nervures hélicoïdales de la coupole d'Anet (fig. 96) sont inspirées directement de l'antique [11]. La coupole de la chapelle du Palais du Luxembourg, construite par Dominique de La Fond (1615-1630) était peut-être nue, puisqu'on en admirait le trait. Dans le corps d'entrée de ce palais, on voit encore une coupole à lunettes qui est « dans le plus simple appareil ». En revanche François Mansart à la chapelle de la Visitation (1632) et Jacques Le Mercier à l'église de la Sorbonne (1635-1642) n'ont pas osé sacrifier le décor à leur goût pour le nu, qui transparaît cependant sous les ornements de ces deux remarquables coupoles. A la chapelle des Invalides (1679-1706), il faut accéder à l'espace qui sépare les deux coupoles en pierre pour découvrir les éblouissants exercices stéréotomiques de Jules Hardouin-Mansart (fig. 62). Il est vrai que la coupole est, dans une église, le centre de la composition, celui où convergent tous les regards : on aura eu naturellement tendance à y placer des effets plus soutenus que ceux que produit l'art du trait. C'est encore dans les établissements mauristes du XVIIIe siècle, où la réforme de la règle paraît avoir été accompagnée d'une volonté de dépouillement architectural, que l'on trouvera les coupoles les plus conformes à l'esthétique du trait [12].

La coupole appareillée est presque toujours formée d'assises concentriques. Les premières coupoles du XVIe siècle sont assisées. Cependant dans la coupole de la chapelle de Tous-les-Saints à la cathédrale de Toul, seules les nervures dessinant les caissons sont clavées ; elles portent des dalles qui constituent le fond des caissons : c'est donc exactement la structure que Viollet-le-Duc décrivait à propos du berceau. Dans la pratique, les fantaisies d'appareillage sont rares, alors que la théorie est riche de suggestions. Delorme et Chéreau

décrivent la *coupole appareillée en limaçon* (fig. 97), c'est-à-dire formée d'une seule assise hélicoïdale [13]. Pas d'application moderne de ce curieux parti ; même pas à Anet où les nervures hélicoïdales recoupent un appareil assisé. Les traités contiennent encore des *coupoles circulaires appareillées sur le plan d'une coupole polygonale* [14] (fig. 50) et des *coupoles circulaires appareillées sur le plan de la voûte d'arêtes* [15] (fig. 98). Dans le premier cas, la coupole, de plan circulaire, a des assises de plan polygonal ; les retours des assises sont formés par des voussoirs en V. Le plan d'appareillage peut être le triangle, le carré ou tout autre polygone. Le plan carré donne la coupole appareillée sur le plan de la voûte en arc-de-cloître [16]. Dans le deuxième cas, la projection des joints alignés a le même dessin que dans la voûte d'arêtes assisée. Il n'y a évidemment pas d'arêtes, puisque l'intrados est un sphéroïde, mais leur emplacement est dessiné par des voussoirs en V. Les seuls exemples de plan d'appareillage complexe que nous puissions citer sont des coupoles en pendentifs. Nous verrons d'ailleurs qu'à cet égard la voûte en pendentifs est un terrain d'application particulièrement fertile. Il y a eu visiblement ici contamination entre deux domaines voisins. La pratique de la coupole, d'inspiration italianisante, est aussi dépourvue de jeu d'appareil que le sont les voûtes italiennes elles-mêmes ; mais la théorie française de la coupole s'est enrichie de trouvailles empruntées à la voûte en pendentifs, type auquel l'italianisme n'a apparemment aucune part.

Voûtes en arc-de-cloître

Nous avons vu que l'expression « arc-de-cloître » désignait une pénétration dans le traité de Chéreau et une voûte dans le traité de Jousse (fig. 50). Faut-il en conclure que la coupole rectangulaire appareillée n'apparaît qu'entre la fin du XVIe siècle et le début du XVIIe ? Il y a bien une petite voûte en arc-de-cloître à Ecouen (avant 1550), mais nous n'avons pas trouvé d'exemples monumentaux avant celui de la chapelle de Castellane à l'église Saint-Honorat d'Arles qui date de 1630. A la chapelle Sainte-Croix de Montmajour et surtout à l'église de Saint-Trinit, les architectes romans du Sud-Est ont

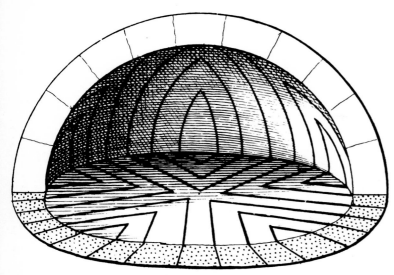

98. *Coupole appareillée sur le plan de la voûte d'arêtes.*
(A.-F. Frézier, La théorie, t. II, pl. 56).

montré qu'ils savaient appareiller cette voûte, d'ailleurs assez simple.

La voûte en arc-de-cloître est évidemment fort commune au XVIIe et au XVIIIe siècle. Plus commune encore qu'il n'y paraît de prime abord, car elle est souvent accompagnée de lunettes qui la rendent presque méconnaissable. Dans Jousse [17], cette grande voûte présente à chacun de ses angles deux lunettes jumelées qui forment ensemble une sorte de demi-voûte d'arêtes : les arêtes rentrantes de l'arc-de-cloître sont ainsi remplacées à la retombée par des arêtes saillantes (fig. 58). A l'abbaye de Brantôme, les lunettes jumelées s'écartent l'une de l'autre de manière que l'arête rentrante puisse descendre jusqu'à la naissance, formant un faisceau d'arêtes avec les pénétrations des lunettes. A l'abbaye de Bassac, à Saint-Jacques de Tarascon, au noviciat des Dominicains de Paris, les lunettes ont pris un tel développpement que l'on ne devine qu'à peine les pans constitutifs de l'arc-de-cloître. Nous avions d'abord été tenté de décrire ces voûtes, que ne signale aucun traité, comme des sortes de voûtes à arêtes triples. Mais une observation plus attentive nous a permis de conclure (conclusion confirmée par une analyse photogrammétrique) que les deux facettes ou triangles cylindriques compris dans chaque faisceau d'arêtes, s'inscrivaient bien dans le volume d'une voûte en arc-de-cloître.

La voûte que nous proposons d'appeler *voûte en arc-de-cloître à retombée centrale* (fig. 49) est encore un cas limite de la topologie des voûtes. Imaginons d'abord un cloître dont les galeries seraient couvertes de berceaux formant aux angles cette pénétration mi-saillante mi-rentrante que les traités nomment justement arc-de-cloître. Puis réduisons la composition au point qu'en place du préau central, nous n'ayons plus qu'un pilier sur lequel convergeraient les quatre pénétrations : nous n'aurons plus alors qu'un espace carré couvert d'une seule voûte à quatre berceaux ayant chacun une naissance presque ponctuelle sur le support central. On peut encore décrire cette voûte comme une coupole carrée ou voûte en arc-de-cloître dont la clef serait remplacée par une retombée. Les sous-sols du château d'Ecouen (avant 1550) et de l'archevêché de Strasbourg sont couverts de voûtes de ce type.

La voûte d'Assier

La voûte de la chapelle de Genouillac à Assier (entre 1546 et 1550) (fig. 139) peut être aussi bien considérée comme une voûte à arêtes triples [18] que comme une coupole à côtes avec lunettes et trompes. La deuxième description est en définitive plus claire, plus rapide, plus complète et permet seule de reconstituer la genèse de l'œuvre. La voûte à côtes est en effet une spécialité espagnole ; nous aurons l'occasion de revenir sur cette question, plus particulièrement à propos des voûtes de la Capilla de Los Reyes au convento de Santo Domingo de Valence : ces voûtes du début du XVe siècle (1437-1457) sont les antécédents de la voûte d'Assier (fig. 138). P. Vitry étudiant Assier doutait que les épures d'une telle voûte aient pu être tracées et pensait que les arêtes avaient été taillées après la pose : en fait, nous trouvons bien dans le « Libro de Traças de Cortes de Piedras » d'Alonso de Vandelvira qui ne date, il est vrai, que de la fin du XVIe siècle, et par la suite dans le traité de Jousse le trait de la coupole à côtes [19].

Voûtes en pendentifs

Il y a dans l'architecture médiévale des coupoles en pendentifs [20]. Celles-ci sont habituellement en blocage et enduites. La plus ancienne est peut-être celle du tombeau de Galla Placida à Ravenne, qui est recouverte de mosaïque. Quelques coupoles en pendentifs romanes — comme celle de la croisée à Fontevrault — sont en pierre

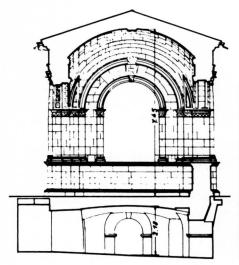

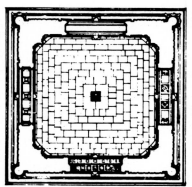

99. Valence (Drôme), le Pendentif, 1548. (Relevé D. Karcher).

de taille : elles sont formées d'assises circulaires et ont un plan carré. C'est par ce plan qu'elles se distinguent de la coupole sans pendentif, leur particularité étant justement d'assurer d'elles-mêmes le passage du plan carré au plan circulaire.

Sur ce thème de construction assez simple puisqu'il peut être suivi par tout constructeur sachant monter un pendentif assisé, les architectes modernes ont rivalisé d'imagination. Delorme donne cinq plans d'appareillage pour la «voûte-de-four sous forme de pendentifs»[21] : plus qu'il n'en donne pour les trompes ou pour les coupoles sans pendentif. Les jeux d'appareil appellent encore ici la nudité de l'intrados. Rares sont au XVIe siècle les voûtes en pendentifs ornées. Les voûtes nervurées de l'hôtel Pincé d'Angers, de l'église d'Arnay-le-Duc, de l'église Notre-Dame de Tonnerre, sont des exceptions.

Voûtes en pendentifs dites pendentifs de Valence

Les voûtes en pendentifs de Valence sont des voûtes de plan rectangulaire (généralement carré) appareillées de manière que la projection des assises dessine des carrés «concentriques». C'est donc le plan d'appareillage que nous avons décrit à propos de la coupole circulaire appareillée sur le plan d'une voûte en arc-de-cloître.

L'archétype est l'édicule construit en 1548 pour le chanoine Nicolas Mistral devant la cathédrale de Valence (fig. 99). Ce monument funéraire est doublement précieux : son appellation d'origine marque un point fort de la carte stéréotomique ; sa structure est un exemple précoce du goût des Français pour l'interversion des plans d'appareillage.

Le «pendentif» de Valence a eu une fortune très incertaine dans la théorie. Delorme l'ignore : il présente cependant un modèle que nous pourrions appeler «pen-

dentif de Valence triangulaire», les plans de la voûte comme de l'appareillage étant des triangles concentriques[22]. Jousse donne le modèle carré, mais il n'utilise pas l'appellation[23]. D'Aviler, en revanche, utilise l'appellation, mais pratiquement vidée de son sens. D'Aviler écrit : «Cette voûte est ainsi appelée parce que la première a été faite à Valence en Dauphiné où elle se voit encore dans un cimetière» ; mais les exemples de pendentifs de Valence donnés par D'Aviler sont en réalité des voûtes en pendentifs à assises circulaires[24]. Même confusion dans le *Dictionnaire d'architecture* (1770) de Roland Le Virloys. A quelle époque remonte-t-elle ? Comment se présentait, par exemple, le pendentif de Valence qui, au dire de Sauval, fut construit par Jean Thiriot au Palais du Luxembourg[25] ? Les seuls exemples d'authentiques voûtes en pendentifs de Valence que nous connaissions sont à Pézenas, à Uzès, à Aramon, à Montpellier, à Arles, à Tarascon et à Tanlay.

Jules Ollivier, qui en 1833 «redécouvre» le pendentif de Valence, peut à bon droit écrire : «Il est digne de remarque que le pendentif qui forme une classification technologique d'architecture ait été omis dans tous les ouvrages descriptifs de la France»[26]. La redécouverte de 1833 n'a d'ailleurs pas mis un terme à l'incompréhension dont souffre cet ouvrage qui, lorsqu'il n'est pas négligé, est mal interprété[27]. Jules Ollivier rapporte la tradition selon laquelle le monument du chanoine Mistral serait de Philibert Delorme. Cette attribution n'a été signalée par aucun des biographes de Delorme. Depuis mars 1547, Delorme est fort occupé, puisqu'il vient d'être chargé des bâtiments royaux et son activité l'éloigne de Valence où l'ouvrage est construit en juillet 1548. L'attribution est évidemment fondée sur l'origine lyonnaise de Delorme et sur son goût pour les voûtes en pendentifs : chose curieuse, le pendentif de Valence est une des rares voûtes

100. *Voûte en pendentifs appareillée sur le plan de la voûte en éventails. (Ph. Delorme, f° 114).*

101. *Marseille, hôtel de ville, passage construit en 1786 par Esprit-Joseph Brun. (Photographie M. Heller). Voûte en pendentifs appareillée sur le plan de voûtes en éventails.*

de ce type dont Delorme ne donne pas le modèle dans son traité ; mais il ne donne pas non plus le modèle de la trompe conique en tour-ronde qu'il utilise cependant.

On trouvera dans les études de Choisy d'intéressants exemples de voûtes byzantines en pendentifs de même plan que le pendentif de Valence [28], et qui pourtant ne doivent rien à la stéréotomie. Elles sont construites en brique. Comme toutes les voûtes en brique, ce sont en réalité des polyèdres qui n'apparaissent comme des concavités de révolution que parce que le module de la brique est petit. L'angle de rencontre des rangs est appareillé en besace et non formé de voussoirs en V comme à Valence. La comparaison qui éclaire réellement le contexte du pendentif de Valence est à faire avec l'Espagne. Nous nous y emploierons en parlant de la « bóveda baída ».

Autres voûtes en pendentifs

La variante la plus simple de la *voûte en pendentifs appareillée en chevrons* (fig. 50) est de plan carré : la projection des assises produit également des carrés, mais ceux-ci ne sont pas « parallèles » au plan de base, comme dans le pendentif de Valence ; ils sont disposés de manière que leurs angles tombent au milieu du carré de base. D'où l'image du chevron. Lorsque la voûte a un plan rectangulaire, la projection des assises est un losange ; mais les angles des losanges sont toujours au milieu des côtés du plan de base. Delorme, Chéreau, Jousse, Derand, De La Rue, Frézier signalent ces modèles [29]. Delorme explique que les angles sont appareillés en tas-de-charge et que le clavage n'apparaît que lorsque les rangs « commencent à faire les quarrés parfaicts ». Les angles des chevrons sont formés de voussoirs en V. Nous n'avons pas su trouver d'exemples d'application avant le XVIIIe siècle, et ils sont tous de plan rectangulaire [30]. En revanche nous pouvons signaler la variante polygonale du pavillon de la reine Jeanne aux Baux, qui date de la deuxième moitié du XVIe siècle : le plan de base et le plan d'appareillage sont des hexagones et les angles dessinés par les voussoirs en V sont toujours au milieu des côtés du plan de base.

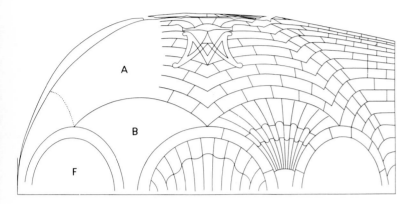

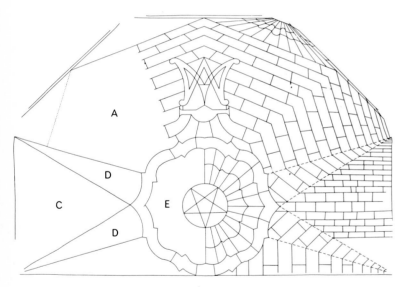

102, 103, 104. *Valbonne (Gard), chapelle de la Chartreuse, 1770 à 1780, par J.-P. Franque. (Relevé photogrammétrique restitution M. Maumont). Voûtement formé d'une voûte à arêtes doubles et d'un cul-de-four en pendentifs appareillé sur le plan de la coupole polygonale, avec retombées appareillées en panache : A. cul-de-four, B. pendentif, C. lunettes de la voûte à arêtes doubles, D. arêtes doubles, E. plafond, F. fond en plein-cintre, dans le plan vertical, ne faisant pas partie de la voûte, mais appareillé comme une voûte.*

Dans l'escalier de la maison Dardennes à Villefranche-de-Rouergue, on trouve des *voûtes en pendentifs appareillées sur le plan de la voûte à arêtes doubles.* Pas plus que la voûte des Baux, la voûte de Villefranche n'est répertoriée dans les traités. La voûte de Villefranche est due à Guillaume Lissorgues que nous avons déjà signalé comme faiseur de trompes.

Cette observation nous incite à confirmer l'attribution à Guillaume Lissorgues de l'aile nord du château de Bournazel, datée de 1545, où l'on voit des *voûtes en pendentifs appareillées sur le plan de la voûte en éventails* (fig. 100). Le plan de base est carré ; la projection des joints alignés forme des quarts de cercle concentriques dans chaque angle du carré, comme dans la voûte en éventails que nous étudierons dans le chapitre suivant. Delorme en donne le modèle et un modèle de plan triangulaire ; Chéreau, un modèle de plan rectangulaire[31]. Ces modèles ont eu la faveur des Franque et de leurs alliés, particulièrement dans les voûtes en pendentifs de plan rectangulaire dont le plan de projection a été volontairement enrichi : il y a des quarts de cercle dans les angles, des demi-cercles sur les côtés et des cercles concentriques au plafond[32] (fig. 101).

La voûte de Valbonne

Le classement typologique de la voûte couvrant l'abside de la chapelle à la chartreuse de Valbonne (fig. 102, 103, 104) n'est pas ambigu : il s'agit d'un cul-de-four en pendentifs. Mais les jeux d'appareil y sont si complexes qu'il faut un bon effort d'attention pour parvenir à cette constatation. En effet, les « fonds » en plein-cintre qui couronnent les pans de l'abside sous les retombées de la voûte sont appareillés comme une arrière-voussure, ce qui donne l'impression qu'ils font partie de la voûte, alors qu'ils sont au nu des pans. La retombée des pendentifs est appareillée en panache ; la partie centrale de la voûte, sur le plan d'une coupole polygonale. Ajoutons, pour que la mesure soit juste, que ce cul-de-four est couplé avec une voûte à arêtes doubles, qu'un plafond en mosaïque couronne le tout et que la plupart des joints sont curvilignes !

15. Autres maîtresses-voûtes

La voûte d'arêtes

L'ubiquité de la voûte d'arêtes pose au chercheur isolé des problèmes pratiquement insolubles. Il nous a fallu renoncer à l'idée de rassembler un corpus significatif de voûtes d'arêtes. Nous nous contenterons de présenter ici quelques observations générales.

La première s'appuie comme de juste sur les traités. La voûte d'arêtes n'apparaît pas dans ceux-ci avant Jousse et Derand. Il y a de parfaits exemples de voûtes d'arêtes appareillées au XVIe siècle, comme celle d'Acquigny (1557) ; mais ils sont rares. La voûte d'arêtes a été plus souvent utilisée dans la première moitié du XVIIe siècle, qui nous apporte l'exemple exceptionnel d'une grande église au vaisseau central voûté d'arêtes, l'église Saint-Paul-Saint-Louis, justement couverte par Derand.

Ce que nous avons dit de l'appareillage des pénétrations s'applique à la voûte d'arêtes. Suivant les canons, les quartiers doivent être assisés comme des berceaux, et les arêtes doivent être formées de voussoirs en V prolongeant les assises : il n'y a donc pas de structure particulière pour les arêtiers et les arêtes apparaissent bien comme la pénétration linéaire des quartiers. Ce plan d'appareillage avec pénétration « filée » est relativement courant [1]. Nous serions tentés de penser qu'il apparaît avec les Temps modernes. Mais il manque une étude sérieuse sur l'appareillage des voûtes d'arêtes antiques et médiévales.

Celles-ci sont le plus souvent enduites, ou bien les arêtes sont seules appareillées en pierre de taille. Lorsque les quartiers sont aussi assisés, les voussoirs arêtiers ont des lits en coupe perpendiculaires aux tangentes des arêtes : les arêtiers sont donc appareillés comme une ogive et constituent une structure distincte des quartiers. Ces solutions non canoniques reparaissent en de nombreuses voûtes du XVIIe siècle et du XVIIIe siècle. Au couvent des Ursulines de La Rochelle, le cloître est couvert de voûtes d'arêtes dont les arêtiers sont extradossés, ce qui accentue encore la solution de continuité entre ceux-ci et les quartiers.

Dans la voûte antique de Pergame qui, d'après Choisy [2], serait la plus ancienne voûte d'arêtes appareillée (fig. 105), les lits des quartiers vont jusqu'à l'arête où ils se rencontrent en besace. Le procédé est connu en France à l'époque médiévale (Collégiale de Poissy, par exemple). Les Angevins ont utilisé au XIIe siècle un procédé qui est dérivé du précédent (fig. 106). On commençait par construire deux quartiers opposés en laissant en attente les voussoirs appelés à faire les arêtes : il ne s'agissait donc que de construire un berceau avec des brèches latérales découpées suivant une courbe du même tracé que la génératrice du berceau ; en un second temps, on construisait dans ces brèches les deux autres quartiers en modelant l'extrémité de leurs assises sur les lits en coupe des voussoirs d'attente. Ce n'est qu'en ravalant ces voussoirs suivant la génératrice des quartiers « puînés » que se dégageait la pénétration. Les voûtes d'arêtes des greniers de l'hôpital Saint-Jean d'Angers nous fournissent la preuve que les choses se passaient bien ainsi, car les voussoirs d'attente n'y ont pas été partout ravalés ; là où ce ravalement a été fait, on voit nettement sur le nu des quartiers puînés les lits en coupe de ces voussoirs qui rayonnent vers le centre des quartiers « aînés » [3]. Remarquons que cette taille-sur-le-tas est exactement celle que nous avons déjà décrite à propos de la lunette extradossée et qu'elle démontre parfaitement l'empirisme de la stéréotomie médiévale.

Diverses solutions sont utilisées pour donner à la voûte d'arêtes le surbaissement recherché par les modernes. La première consiste à créer un plafond au lieu du faîte où se rencontrent les arêtes. Le plafond est en l'occurrence une petite voûte plate clavée. La première mention de cette solution est dans Derand [4]. La seconde solution consiste à donner à la génératrice des quartiers le tracé d'un arc surbaissé. Le surbaissement maximal produit les voûtes du Palais de Justice de La Rochelle qui se distinguent à peine des voûtes plates appareillées sur le plan de la voûte d'arêtes : les quartiers sont plats et les arêtes à peine prononcées (fig. 107). Le château d'Acquigny (1557) offre l'exemple, peut-être unique, d'une troisième solution : la voûte est en quelque sorte écartelée, comme un blason, par une large croix formée de dalles,

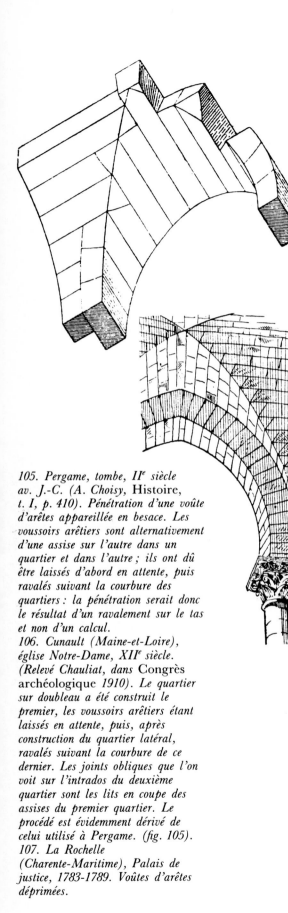

105. *Pergame, tombe, IIe siècle av. J.-C. (A. Choisy, Histoire, t. I, p. 410). Pénétration d'une voûte d'arêtes appareillée en besace. Les voussoirs arêtiers sont alternativement d'une assise sur l'autre dans un quartier et dans l'autre ; ils ont dû être laissés d'abord en attente, puis ravalés suivant la courbure des quartiers : la pénétration serait donc le résultat d'un ravalement sur le tas et non d'un calcul.*

106. *Cunault (Maine-et-Loire), église Notre-Dame, XIIe siècle. (Relevé Chauliat, dans Congrès archéologique 1910). Le quartier sur doubleau a été construit le premier, les voussoirs arêtiers étant laissés en attente, puis, après construction du quartier latéral, ravalés suivant la courbure de ce dernier. Les joints obliques que l'on voit sur l'intrados du deuxième quartier sont les lits en coupe des assises du premier quartier. Le procédé est évidemment dérivé de celui utilisé à Pergame. (fig. 105).*

107. *La Rochelle (Charente-Maritime), Palais de justice, 1783-1789. Voûtes d'arêtes déprimées.*

qui écrêtent les quartiers et ne laissent dans les quatre cantons que les naissances des arêtes diagonales.

Les modernes ont enrichi le type de la voûte d'arêtes de nombreuses variations formelles. D'abord, en multipliant les quartiers[5] (fig. 50). La voûte d'arêtes à quatre quartiers n'est en effet qu'un cas particulier de la voûte d'arêtes et le seul, semble-t-il, qu'aient connu les constructeurs romans. En revanche, les gothiques ont construit des voûtes d'ogives couvrant un espace polygonal avec plus de quatre quartiers rayonnants : nous aurons l'occasion de le dire maintes fois, les voûtes modernes peuvent être souvent décrites comme des voûtes gothiques dépouillées de leurs nervures.

A l'occasion, on est allé jusqu'à placer des lunettes dans les quartiers. Redondance comparable à celle des frontons inscrits les uns dans les autres et donc pur effet de style : la lunette n'est jamais qu'un quartier atrophié. Les lignes de pénétration par lesquelles s'illustre l'adresse du stéréotomiste sont ainsi multipliées, les pénétrations des lunettes doublant celles des quartiers[6].

Les artifices les plus divers ont été mis en œuvre pour donner de l'originalité à cette voûte banale. L'étonnant voûtement du réservoir de l'hôpital de Bicêtre n'est formé que de voûtes d'arêtes : tout l'effet tient à l'inclinaison des lignes de faîte des quartiers. Dans cette grande salle carrée, Boffrand a implanté quatre piliers pour dessiner neuf travées de plan couvertes de voûtes d'arêtes sans doubleau. La travée centrale, beaucoup plus grande que les autres, est couverte d'une voûte fortement bombée. Dans les voûtes latérales, les quartiers au droit de ceux de la grande voûte sont inclinés : quartier central et quartiers latéraux sont compris dans le même berceau de référence. Le tout donne une grande impression d'unité et de puissance.

La voûte à arêtes doubles

La voûte à arêtes doubles est une voûte caractéristique de l'architecture française des Temps modernes (fig. 108, 109). On peut dire qu'elle est obtenue en abattant les arêtes d'une voûte d'arêtes, ainsi remplacées par un petit voûtain triangulaire : de chaque point d'appui partent deux arêtes divergentes qui encadrent le voûtain ; les quartiers constitutifs de la voûte d'arêtes ne se rencontrant plus sont réduits à des lunettes. Cette analyse rend bien compte de l'appellation « voûte à arêtes doubles » consacrée par Derand[7]. Mais on peut en proposer une seconde lecture en identifiant les petits voûtains avec les restes d'une voûte en arc-de-cloître dont les arêtes rentrantes auraient été remplacées par des lunettes. Nous aurions une de ces voûtes en arc-de-cloître à lunettes dont nous avons déjà signalé la variante avec lunettes dans les pans.

Pour le Moyen Age, nous ne connaissons qu'un exemple d'emploi de ce type : il est curieusement perdu dans la petite église San Giovanni Battista de Matéra (terminé en 1204) dont le voûtement est signalé par les historiens comme témoin d'une influence française. La voûte à arêtes doubles ne devient usuelle qu'à la fin du XVIIᵉ siècle et surtout dans la première moitié du XVIIIᵉ siècle. Peu de cloîtres construits dans cette période qui n'aient pas de voûtes à arêtes doubles. Frézier les signale encore[8] et Laugier justifie leur succès en ces termes : « Les arêtes [des voûtes d'arêtes] ont toujours de la sécheresse et de la dureté... Le mieux est d'effacer ces arêtes en y substituant des pendentifs [des voûtains] et en les raccordant à un tableau [plafond] rond dans le milieu comme on l'a pratiqué aux bas-côtés de la chapelle de Versailles »[9].

Les Franque ont particulièrement apprécié ce type de voûtes, dont le plafond pouvait être traité dans cet appareil en mosaïque qui signale presque tous leurs travaux. Les plus beaux ouvrages sont à Villeneuve-les-Avignon, à Valbonne, à Viviers. A la cathédrale de Viviers, Jean-Baptiste Franque a ajouté des panneaux appareillés en mosaïque jusque dans les lunettes.

La voûte en éventails

On peut tenir la voûte en éventails pour la forme ultime de l'évolution de la voûte à arêtes multiples (fig. 110). Si, partant du principe de la voûte à arêtes

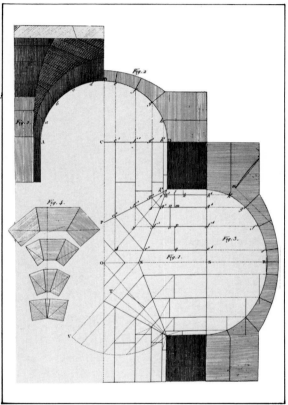

108, 109. Voûte à arêtes doubles
à l'abbaye aux Hommes de Caen,
première moitié du XVIIIᵉ siècle. Et
d'après J.-B. Rondelet. (Traité,
Livre III, pl. 42).

110. *Le Mans, abbaye Notre-Dame de la Couture, milieu du XVIIIᵉ siècle. (Photographie B. Emmanuelli). Voûtement en éventails du cloître.*

doubles, on multiplie les arêtes et les voûtains entrearêtes, les lunettes s'amenuiseront jusqu'à disparaître et l'intrados ne sera plus constitué que de voûtains formant des corolles polygonales à chaque angle. Que ces corolles, de polygonales, deviennent circulaires et l'on a la voûte assez malencontreusement appelée voûte en éventails. On peut encore décrire ces corolles comme des fractions de berceau tournant sur le noyau : en effet chaque corolle est un demi-berceau faisant un quart de révolution.

Les voûtes en éventails que nous connaissons forment un petit groupe assez remarquable daté entre 1700 et 1740 : abbaye aux Dames de Caen (vers 1704), abbaye de la Couture au Mans (entre 1720 et 1739), abbaye Saint-Florentin à Bonneval (1735), abbaye de Beaulieu-les-Loche et enfin abbaye Saint-André à Villeneuve-les-Avignon. A l'exception de l'abbaye aux Dames, construite cependant par le Mauriste Guillaume de La Tremblaye, toutes ces abbayes relèvent de la congrégation de Saint-Maur, qui a, semble-t-il, assuré la diffusion de cette voûte à partir d'une origine normande. Aussi ne manquera-t-on pas de remarquer que les antécédents médiévaux de ce type sont tous en Angleterre[10]. On voit cependant ce qui distingue les voûtes de la cathédrale de Gloucester de celles du cloître de la Couture du Mans : les voûtes anglaises du XIVe siècle sont couvertes de nervures ; les voûtes françaises du XVIIIe siècle sont nues. Voilà donc une nouvelle voûte médiévale dépouillée de ses nervures.

La voûte d'ogives

Quelques médiévistes aventureux ayant franchi la limite des années 1500 à la poursuite de leur sujet de prédilection, la voûte d'ogives, nous nous trouvons devant le fait paradoxal que la seule voûte des Temps modernes qui ait été un peu étudiée, est justement celle qui, à l'époque, passait pour la plus archaïque et la moins représentative.

Les travaux de ces explorateurs, au premier rang desquels figure P. Héliot, ont eu principalement pour mérite de mettre en évidence la pérennité des procédés gothiques. Nous ferons plus explicitement référence à ces travaux en traitant de la distribution géographique de la voûte d'ogives. Mais, sur le sujet de la typologie, nous ne pouvons que constater leurs insuffisances. Par voûte d'ogives, on y désigne à peu près n'importe quelle voûte à nervures de caractère gothique. Sous ces nervures apparaissent pourtant des formes et des appareillages d'une rare variété. Imaginons que ces nervures viennent à tomber et nous découvrirons quelques-unes de ces voûtes dont le type est réputé moderne. La voûte à arêtes doubles, par exemple, n'est qu'une voûte à tiercerons sans nervure.

Cette constatation aurait dû nous conduire à reprendre en sous-œuvre ces travaux. Nous ne l'avons pas fait pour les raisons suivantes. Il ne nous paraît pas qu'il y ait pour ces voûtes une typologie qui soit propre aux Temps modernes. Les types complexes du XVIe siècle apparaissent au XVe, voire au XIVe siècle. Au XVIIe siècle, on revient au type élémentaire de la voûte d'ogives : la voûte d'ogives du XVIIe siècle ne se distingue, semble-t-il, des voûtes médiévales que par sa modénature. Nous devrions donc pouvoir nous référer à la typologie des voûtes gothiques. Mais en réalité seul le type originel du XIIe et du XIIIe siècle a été sérieusement étudié. Or, c'est au XIVe et au XVe siècle que se situerait pour nous le cœur du sujet, c'est-à-dire hors des limites chronologiques que nous nous sommes données.

D'ailleurs, les théoriciens modernes sont d'une extrême brièveté sur ce chapitre. Nous avons vu que Delorme renonçait à décrire la voûte d'ogives, «car il est malaisé de la pouvoir mieux expliquer que par œuvre et effet, c'est-à-dire en démontrant au doigt et à l'œil comme les pierres se doivent trasser et assembler»[11]. La voûte d'ogives relève donc de cette «géométrie naturelle» à laquelle, d'après Frézier, se réduisait la science des appareilleurs gothiques[12]. Elle appartient à l'héritage qui se transmet traditionnellement de maçon à maçon, sans le truchement du livre. Ni Chéreau, ni Jousse, ni Derand, ni De La Rue n'en font seulement mention.

Silence ne veut pas dire mépris. Delorme a couvert la chapelle de Vincennes de voûtes d'ogives lesquelles, dit-il, «je ne veux despriser ainsi plutost confesser qu'on y a

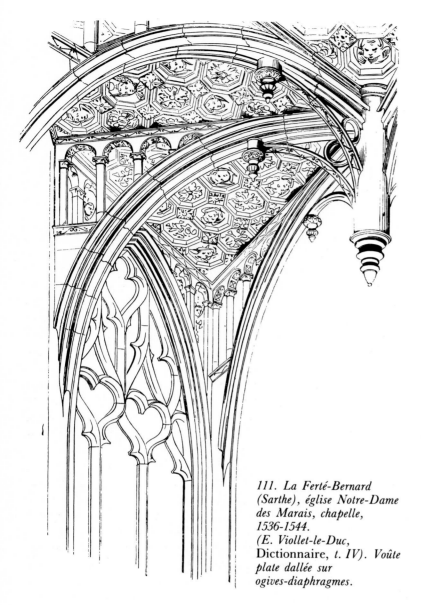

111. La Ferté-Bernard (Sarthe), église Notre-Dame des Marais, chapelle, 1536-1544. (E. Viollet-le-Duc, Dictionnaire, t. IV). Voûte plate dallée sur ogives-diaphragmes.

des Maures, est tellement abolie qu'on en fait plus de cette espèce dans les nouveaux bâtiments, mais, comme dans les réparations des anciens cloîtres, églises et autres édifices, il se présente des occasions d'en rétablir quelques parties, il est nécessaire d'en connaître le trait » [14].

Les voûtes plates

La surface inférieure de la voûte plate est un plafond et non un intrados. La voûte plate appartient à la famille des linteaux et des plates-bandes. Il est peu de voûtes complètement plates. La voûte déprimée est formée d'une partie centrale plate et de retombées cintrées. Nous assimilerons ici les voûtes fortement déprimées aux voûtes plates. Nous n'en dénonçons pas moins comme un abus l'emploi trop fréquent de l'expression « voûte plate » pour désigner n'importe quelles voûtes surbaissées et, en particulier, des voûtes segmentaires qui n'ont pas une seule partie plate ! La confusion est ancienne, puisque dans le *Cours* de J.-F. Blondel, les voûtes à la Roussillon sont dites plates [15]. Cependant les théoriciens de la stéréotomie font nettement la distinction.

Voûtes plates dallées

La voûte plate formée de dalles est un très ancien procédé de couvrement. Il ne doit rien à la stéréotomie, puisque son principe est celui du monolithe. Cependant la voûte plate dallée a tenu trop de place dans l'architecture du XVIe siècle pour que nous puissions la passer sous silence.

Les appuis des dalles sont assurés par les murs et généralement par des arcs-diaphragmes. Viollet-le-Duc a attiré l'attention sur une famille de voûtes dallées portées par des ogives-diaphragmes ou des tiercerons-diaphragmes : le réseau des nervures rappelle celui de la voûte d'ogives [16] (fig. 111). Ce procédé est employé dès le XIVe siècle à la cathédrale de Bristol [17]. Il apparaît en France entre 1504 et 1510 aux chapelles haute et basse de Gaillon, construites par Guillaume Senault, qui dirige

fait et pratiqué de fort bons traits et difficiles » ; elles sont utiles pour couvrir les églises « esquelles y a grande espace » [13]. Aux Jésuites de La Flèche, c'est Martellange qui construit des voûtes d'ogives tandis que Jousse y pratique la trompe de Montpellier ; aux Jésuites de Rouen, c'est Derand lui-même. Perrault, l'auteur des admirables voûtes massives de l'Observatoire de Paris, couvre d'ogives Saint-Benoit le Betourné à Paris. Toutefois entre Martellange et Derand d'une part, Perrault de l'autre, entre la première et la deuxième moitié du XVIIe siècle, une différence importante : d'une part des constructions *ex nihilo* ; de l'autre, une restauration. Ainsi Frézier peut-il écrire : « La mode de ces voûtes que nous tenions des Gots ou plutôt, selon quelques antiquaires,

le chantier jusqu'en 1506. La thèse de Viollet-le-Duc, selon laquelle le procédé serait spécifiquement normand, tirait argument du fait que Senault passait pour Rouennais : on sait aujourd'hui qu'il venait des ateliers de la Loire [18]. Il reste que la majorité des ouvrages construits suivant ce procédé sont en Normandie ou proches de la Normandie : ancien évêché de Bayeux (1516), église Saint-Pierre (1518-1545) et église du Vieux-Saint-Etienne à Caen ; église Notre-Dame des Marais à La Ferté-Bernard (1536-1544) ; église de Tillières-sur-Avre (1543-1546) ; église Saint-Jacques de Dieppe et abbaye de Valmont (entre 1530 et 1550) ; église Saint-Germain d'Argentan (vers 1609). La concentration géographique de ces ouvrages est impressionnante. On retrouve cependant le même procédé aux châteaux d'Azay-le-Rideau, de La Rochefoucault et à l'église de Cravant.

Ce procédé a été rapidement adapté aux modes nouvelles : au lieu de se recouper au centre comme des ogives, les arcs-diaphragmes forment des caissons ; les arcs prennent des tracés surbaissés et la hauteur des diaphragmes en est réduite d'autant [19]. Dans les espaces étroits, on se contente de doubleaux-diaphragmes, les murs portant latéralement les dalles [20]. On renforce parfois ces doubleaux-diaphragmes jusqu'à rompre la continuité du voûtement pour former des travées de plan couvertes de voûtes carrées [21]. Plus rarement, on se passe du support des arcs et la voûte est portée par un réseau de nervures horizontales appareillées comme des plates-bandes et dessinant des caissons dont le fond est une dalle. La chapelle de la collégiale de Beaune (1530-1533) donne un exemple de ce système, exceptionnel par sa portée [22] : nous soupçonnons cependant que cette portée est interrompue plusieurs fois par des clefs rattachées à une structure d'extrados, ce que nous n'avons pu vérifier.

Les dernières voûtes plates dallées disparaissent au début du XVIIe siècle.

Voûtes plates clavées

La voûte plate clavée est surtout caractéristique du XVIIIe siècle. Frézier, premier théoricien à en parler, écrit : « Ce nom [voûte plate] est aussi nouveau que l'invention de ces voûtes. L'époque de cette invention que nous tenons de M. Abeille, fameux architecte qui a été dans le corps des ingénieurs, est de l'année 1699 » [23] (fig. 112).

Il nous faut nuancer l'affirmation abrupte de Frézier. Dès lors que l'on a su faire des plates-bandes, on a pu faire des voûtes plates clavées par juxtaposition de plates-bandes ; mais les plates-bandes n'étant pas solidaires les unes des autres, la voûte ne résistait pas. La difficulté est de prévoir des lits en coupe sur les quatre côtés des voussoirs pour qu'il y ait report de charge dans toutes les directions. Or cette difficulté s'ajoute à celle qui est propre à l'appareillage de la plate-bande dans laquelle l'inclinaison des lits en coupe par rapport au soffite augmente régulièrement de la clef vers les appuis : on ne peut augmenter indéfiniment la portée de la plate-bande sans parvenir à un angle d'inclinaison que la pierre ne peut plus supporter.

Il ne nous a pas été possible de savoir comment ces difficultés ont été résolues dans la voûte à caissons de la chapelle des Evêques à la cathédrale de Toul (avant 1533) dont la portée, exceptionnelle, est supérieure à celle de la chapelle de Beaune. Il semble qu'à Toul ce soit bien l'ensemble de la voûte qui est clavé et pas seulement les nervures comme à Beaune ; en revanche, à Toul comme à Beaune, la voûte nous paraît inexplicable s'il n'y a pas une structure d'extrados permettant de diviser la portée par des points de suspension. Les voûtes plates du château d'Ecouen (avant 1550), du château d'Anet (1552), de la cathédrale de Rodez (deuxième moitié du XVIe siècle) et du château de Brissac (1614-1620) sont plus modestes : celles de Brissac appareillées sur le plan d'une voûte en arc-de-cloître couvre tout de même un carré d'environ 4 mètres sur 4. L'assemblage des voussoirs doit d'ailleurs y être assuré par des agrafes en métal. Mais seul un démontage pourrait livrer leur secret.

L'originalité du procédé exposé par Abeille, en 1699, dans un mémoire publié en 1735 par l'Académie des Sciences et reproduit par Frézier, c'est que tous les voussoirs, qui se portent les uns les autres sur toutes leurs faces, ont exactement la même coupe, si bien que la portée de la voûte peut être augmentée, au moins en

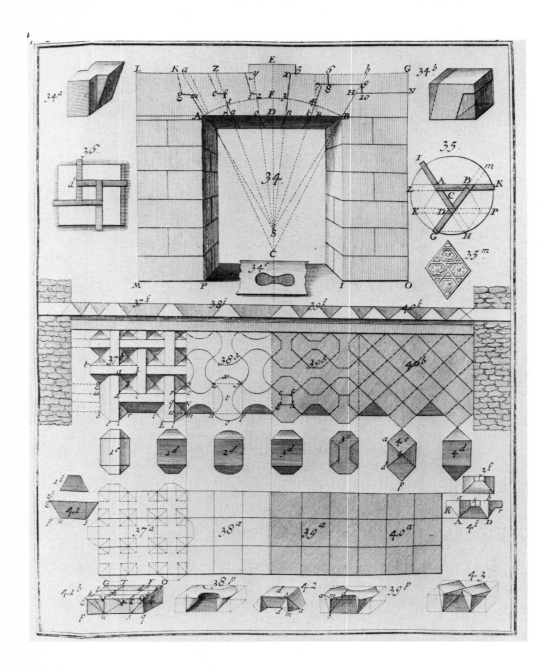

112. *Voûtes plates clavées suivant le procédé Abeille (A.-F. Frézier*, La théorie, *t. II, pl. 31, fig. 37), suivant le procédé Truchet (Ibidem, fig. 38) et suivant les procédés Frézier (Ibidem, fig. 39 et 40).*
113. *Bordeaux, hôtel de Saige, entre 1775 et 1780 par Victor Louis. (Photographie M. Dubau). Voûtes plates appareillées sur le plan de la coupole.*

théorie, *ad libitum.* Nous allons tenter de décrire ce petit chef-d'œuvre de statique et de géométrie. Au regard de la statique, son principe est ancien. Il est déjà mis en application par Serlio, lorsque celui-ci explique comment on peut créer un plan de charpente sur un espace carré en utilisant quatre pièces dont aucune n'a la longueur de l'espace à couvrir: chaque pièce porte par un bout sur le carré, par l'autre sur la pièce suivante. La disposition des pièces rappelle celle des mains des porteurs dans ce qu'on appelle habituellement une chaise à porteur, ce moyen rudimentaire employé pour porter un blessé ou un impotent. Chaque voussoir est inscrit dans un parallélépi-

pède rectangle. Les lits en coupe des deux grands côtés deviendront, après la pose, des lits de dessous, c'est-à-dire qu'ils seront porteurs. Les lits des deux petits côtés sont en coupe inverse par rapport aux grands; ils deviendront lits de dessus et seront donc portés. Le soffite du voussoir est carré; après la pose, le soffite de la voûte formera un quadrillage. L'assemblage n'est visible qu'au-dessus de la voûte, où les voussoirs dessinent une sorte de cannage; entre quatre voussoirs, il reste un vide en pyramide renversée qu'il suffit de remplir avec un blocage avant d'établir le sol. Pour supprimer ce vide et obtenir un emboîtage complet des voussoirs, le R.P. Truchet a

proposé à l'Académie des Sciences un perfectionnement du système d'Abeille (fig. 112). Les lits en coupe sont concaves ou convexes ; les voussoirs ressemblent à des osselets. Frézier lui-même propose trois solutions pour le même résultat[24]. Il n'est aucune preuve que ces solutions, purement stéréotomiques, aient jamais été mises en œuvre. Il y a sans doute beaucoup d'artifices comme agrafes et tirants dans les voûtes plates construites au XVIIIe siècle.

Une chose est certaine : Jean-Baptiste Franque, né en 1684, n'est pas l'inventeur de la voûte plate, comme on le dit trop souvent[25]. La plupart des prétendues voûtes plates qu'on lui attribue ne sont d'ailleurs que des voûtes surbaissées ; mais il a construit en effet quelques remarquables voûtes plates (abbaye Saint-André de Villeneuve-les-Avignon, Séminaire Saint-Charles d'Avignon). Une étude récente lui a retiré la paternité du château de Barbentane : dans le salon des Statues, la voûte plate, d'une portée exceptionnelle (environ 6 mètres 50 sur 8 mètres 50) est appareillée sur le plan d'une voûte en éventails. Joseph Massol, à l'archevêché de Strasbourg (à partir de 1731), Jean-Antoine Giral à l'Amphithéâtre de chirurgie de Montpellier (à partir de 1755), Victor Louis à l'hôtel de Saige (1775-1780) (fig. 113) et au théâtre de Bordeaux (après 1779) ont aussi produit des ouvrages en ce genre. Rondelet montre dans son traité[26] comment on peut appareiller une voûte plate sur le plan d'une coupole, sur le plan d'un berceau, sur le plan d'une voûte en arc-de-cloître et sur le plan d'une voûte d'arêtes (fig. 114).

114. Voûtes plates sur le plan de la voûte en berceau,
sur le plan de la voûte en arc-de-cloître, sur le plan de la coupole, sur le plan de la voûte d'arêtes. (J.-B. Rondelet, Traité,
livre III, pl. 30).

16. *Les escaliers suspendus sur voûtes*

L'escalier suspendu sur voûtes est un escalier tournant à jour, dépourvu de tout support vertical du côté du jour, ses volées étant portées en surplomb par des voûtes. L'escalier suspendu est l'aboutissement d'une évolution que nous allons tenter de restituer.

L'apparition du jour, c'est-à-dire du vide autour duquel se développent certains escaliers tournants, est probablement la mutation la plus importante de l'histoire de l'escalier moderne. Le mot jour dit assez la fonction de ce vide : il assure l'éclairage de l'escalier. Dans les escaliers à noyau central, la lumière ne vient que des baies de la cage, qui sont toutes à peu près au même aplomb dans la partie de la cage qui est en façade ; aussi d'importes fractions de révolution sont-elles mal éclairées, voire obscures. Le vide central permet de prendre de la lumière par une ouverture zénithale, ou plus simplement d'assurer une meilleure répartition de la lumière venant des baies de cage. « Benessimo riescono quelle, che nel mezo sono vacue, percioche ponno havere il lume dal di sopra » écrit Palladio. « Ceux-là ont bonne grâce qui sont vides au milieu parce qu'ils peuvent avoir du jour d'en haut », traduit Le Muet[1]. L'apparition du jour bouleverse la structure de l'escalier, puisque le jour vient en place du noyau ou du mur-noyau central : les supports verticaux sont renvoyés sur le périmètre du jour (fig. 33, 34). Les escaliers ont alors plusieurs noyaux. Comment, ou plutôt pourquoi est-on passé de l'escalier à plusieurs noyaux à l'escalier suspendu ? Nous pensons qu'en supprimant les noyaux, on a voulu supprimer également l'ombre que ceux-ci portaient encore sur les parties tournantes, les plus dangereuses, et qu'on a voulu également dégager l'espace au sol pour faciliter la distribution des rez-de-chaussée à partir de la cage. Une observation cependant : l'évolution logique que nous venons de décrire ne se confond pas nécessairement avec l'enchaînement historique des mutations. Une seule preuve : les escaliers en vis des « torricini » du Palais ducal d'Urbin, qui ont dû être construits par Luciano Laurana entre 1467 et 1472 et qui seraient parmi les tout premiers escaliers à jour, sont des escaliers suspendus. Les procédés de suspension sont de trois sortes. Les escaliers d'Urbin sont des escaliers à marches porteuses :

les marches se déchargent l'une sur l'autre et ne tiennent que parce qu'elles sont engagées dans le mur de cage. Dans le deuxième procédé, les extrémités des marches du côté du jour sont appuyées sur des pièces de charpente ou sur des arcs qui longent les volées et reportent les charges sur la cage. Dans le troisième procédé, le seul qui nous concerne, les marches sont posées sur des voûtes en surplomb. Nous retrouvons donc ici le principe de la trompe.

Premiers exemples d'escaliers suspendus sur voûtes

Nous ne connaissons en France que trois escaliers sur voûtes antérieurs au début du XVIIe siècle. Les deux plus anciens, celui de Perpignan (avant 1347) et celui de Toulouse (1532-1542) ne se comprennent que par référence à l'Espagne. La construction du célèbre escalier de Delorme aux Tuileries (1564-1572) relève plus directement de l'histoire de l'escalier français sur voûtes : après des tâtonnements obscurs, le genre, consacré par une commande royale, s'impose à l'architecture française.

L'escalier de Perpignan

L'escalier du logis de la Reine au Palais des rois de Majorque de Perpignan, n'est pas un escalier tournant à jour, mais un escalier en équerre à deux volées[2] (fig. 115). Cependant son unique retour n'a pas d'appui. Les volées reposent sur des berceaux rampants, c'est-à-dire sur des berceaux dont la génératrice est un arc rampant dans un plan parallèle à la longueur des volées. La retombée haute des berceaux est appuyée sur les murs. Au retour, le berceau de la deuxième volée prend naissance sur le flanc de la première volée. Le problème de la pénétration des voûtes des volées au retour est totalement esquivé.

Nous ne connaissons pas d'autre exemple en France d'un tel traitement des retours ; en revanche, nous en citerons plusieurs en Espagne. Jusqu'à l'emploi du ber-

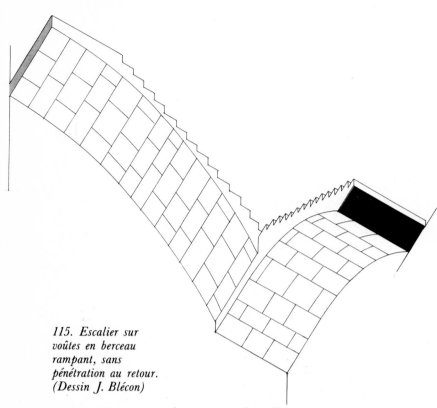

115. Escalier sur voûtes en berceau rampant, sans pénétration au retour. (Dessin J. Blécon)

ceau rampant, qui est rare en France et commun en Espagne, et tout particulièrement dans le royaume de Majorque. Cependant c'est probablement dans la partie nord de ce royaume, du côté français des Pyrénées, en contact avec le Languedoc, que se situe l'épicentre du phénomène.

L'escalier de Toulouse

L'escalier construit de 1532 à 1542 par le maître-maçon Sébastien Bouguereau au Capitole de Toulouse et sottement détruit en 1885, était un des plus importants archétypes de la stéréotomie (fig. 40). Il ne nous en reste que des relevés. Improprement qualifié de « vis », il était formé de volées droites avec retours en équerre inscrites dans une cage rectangulaire et tournant autour d'un jour rectangulaire. Les volées étaient portées par des demi-berceaux, c'est-à-dire par des berceaux dont la génératrice est un demi-arc dans un plan perpendiculaire à la longueur des volées. Ces demi-berceaux étaient gauchis suivant une courbure assez peu prononcée dans le plan parallèle à la longueur des volées. On pourrait dire que les voûtes des volées tenaient principalement du demi-berceau et secondairement du berceau rampant. Le gauchissement permettait d'obtenir — et peut-être pour la première fois dans l'histoire de l'escalier — des retours sur voûtes, en l'occurrence sur pendentifs. Au total,

l'escalier de Toulouse était porté par une sorte de voûte en pendentifs, rampante, à jour et appareillée sur le plan d'une voûte d'arêtes. Remarquons en effet que les joints alignés étaient perpendiculaires aux côtés de la cage et se rencontraient aux retours suivant une ligne diagonale rappelant l'arête de la voûte d'arêtes, les rencontres des rangs des voussoirs étant formées de voussoirs en V sphéroïdaux sans arête.

Cet escalier est un des grands méconnus de l'architecture française. On affirme, sans preuve mais non sans vraisemblance, qu'il était comme la vis de Saint-Gilles et la trompe de Montpellier, une étape du tour de France des compagnons. Il n'a pas eu les honneurs des traités, à une exception près : le traité manuscrit d'Auxerre que nous datons du XVIIIᵉ siècle, donne le modèle d'un escalier suspendu « en forme de l'escallier de Toulouze »[3]. Son parti singulier n'a pas été imité, semble-t-il, dans la France du nord. Il est vrai que l'on peut difficilement en juger, les escaliers parisiens de la première moitié du XVIIᵉ siècle ayant tous disparu, en particulier le célèbre escalier du Luxembourg pour lequel s'étaient associés l'architecte Marin de La Vallée et l'appareilleur Guillaume de Toulouse : nul doute que l'appareilleur était toulousain ; quant à La Vallée, il était parisien, mais, avant de travailler au Luxembourg, il avait construit le château de Lasserre entre Condom et Nérac !

Les relations avec l'Espagne sont plus évidentes. Bouguereau lui-même est actif près de Saragosse avant 1510[4]. Comme escalier tournant à volées droites, à retours et à jour central, l'ouvrage de Toulouse procède incontestablement des précédents espagnols étudiés par Pevsner, en particulier de l'escalier de San Juan de los Reyes à Tolède qui date de 1504[5]. Mais les escaliers espagnols cités par Pevsner ne font pas une révolution complète et leurs volées peuvent ainsi être portées par des murs ou des supports montant du sol. En revanche nous trouvons en Catalogne au XIVᵉ et au XVᵉ siècle, et à Salamanque dans la première moitié du XVIᵉ siècle, des escaliers suspendus du type de celui de Perpignan. Par la perfection de son trait, l'escalier de Toulouse est en avance de plusieurs décennies sur les escaliers espagnols ; mais il ne s'en rattache pas moins à des modes stéréotomiques qui n'ont eu de prolongements qu'Outre-Pyrénées : son plan d'appareillage donne des demi-berceaux construits par rouleaux comme la plupart des escaliers espagnols et non par assises comme tous les escaliers français.

L'escalier des Tuileries

D'après les plans généraux des Tuileries, les descriptions de Sauval et de F. Blondel, A. Blunt a fait une restitution sommaire du célèbre escalier détruit en 1664. La difficulté de lecture des plans est due au fait que cet escalier était formé de deux parties bien distinctes, l'une rachetant la différence de niveau entre le jardin et la cour ; l'autre montant du niveau de la cour au premier étage. Dans cette seconde partie, l'escalier était une vis à jour ovale, inscrite dans une cage rectangulaire.

Nous voudrions tenter de pousser plus loin la restitution de cette seconde partie, la seule qui nous intéresse ici. Cette vis était suspendue. « C'était un escalier rond à vis sans noyau dont la rampe était suspendue en l'air », écrit F. Blondel, qui ajoute qu'il était construit « avec tant de soin et tant d'art qu'il pouvait servir d'étude à ceux qui veulent apprendre quelque chose de solide dans la science du trait de la coupe des pierres »[6]. Il n'est donc pas douteux que la vis était portée par des voûtes en pierre de taille.

La principale source d'une restitution de structure est la description que Sauval donne de ce « miracle de la coupe des pierres ». « Sa cage... est quarrée-longue par dehors, mais arrondie par dedans en élipse avec les marches et les rampes entourées de trompes en niche rampante. Dans cette cage [Delorme a enfermé] un degré ovale et sans colonne ni noyau dans le milieu... Quatre trompes nommées communément trompes en tour creuse, rampantes et bombées, sont distribuées dans les quatre angles de la cage et servent d'appui et de fondement aux marches. Ces trompes au reste forment une ligne spirale, qui fait insensiblement une belle et longue élipse rejettant de fort bonne grace la perfection de l'ovale : d'ailleurs elles sont si plattes et surbaissées qu'elles ne se voient presque point »[7].

Première observation. Sauval n'utilise pas le mot jour. Nous nous sommes assuré, en relisant ses *Antiquités,* qu'il utilisait le mot cage pour désigner aussi bien l'espace dans lequel est construit l'escalier, que le vide autour duquel il se développe. Quant il écrit que la cage était « quarrée-longue par dehors, mais arrondie par dedans en elipse », il veut dire que la cage était rectangulaire et le jour ovale.

Deuxième observation. Du voûtement, Sauval ne signale que les trompes, et il le fait par deux fois en des termes apparemment contradictoires. Dans la première mention, il parle de « trompe en niche rampante ». Nous savons en effet par les plans que les quatre angles de cage découpés par l'ellipse des volées étaient remplis par des sortes de niches. Il y aurait donc eu dans les angles des trompes sphéroïdales rampantes. Dans la deuxième mention, elles sont dites rampantes, bombées et en tour-creuse. La description reste encore cohérente : les trompes sont en effet en tour-creuse ; elles portent une fraction concave de l'ellipse de l'escalier. Cependant, par la suite, Sauval dit qu'elles sont « si plattes et surbaissées qu'elles ne se voient presque point ». On comprend mal qu'elles puissent être à la fois plates et bombées. On s'étonne surtout que Sauval ne dise rien du voûtement principal. On a l'impression qu'il passe insensiblement de la description des trompes rachetant le rectangle, à la description de l'ensemble de la structure. Ce « glissement » ne peut avoir qu'une cause : la distinction entre le voûtement des angles et celui des volées ne devait pas être sensible, Delorme ayant évité les pénétrations grâce à des gauchissements. D'ailleurs, cet escalier était « si bien entendu et si proprement conduit sans faire jarret [qu'il tournait] insensiblement tout d'une venue par une ligne qui [suivait] la forme de ce trait, non moins rampante qu'adoucie ».

Le texte de Sauval est suffisamment explicite pour que l'on puisse tenter de retrouver dans les traités le modèle de l'escalier des Tuileries. Ses trompes sont apparemment décrites par Derand sous le titre « trompe rampante en tour-creuse rachetant une voûte rampante ou vis de Saint-Gilles » ; par De La Rue et Frézier, sous le titre « trompe en niche rampante rachetant une vis de Saint-

Gilles ronde »[8] (fig. 116, 117). Le voûtement sous volées de l'escalier des Tuileries ne pouvait être en effet qu'une vis de Saint-Gilles suspendue, c'est-à-dire un demi-berceau hélicoïdal ; nous verrons que ce procédé est employé au XVIIe et au XVIIIe siècle. Un seul point de cette restitution ne nous donne pas satisfaction : comment pouvait-on passer d'une trompe sphéroïdale à un berceau hélicoïdal sans pénétration et, mieux encore, en créant l'impression d'un intrados continu ? Autre restitution moins vraisemblable, car elle ne paraît pas conciliable avec la mention des niches : les trompes auraient été des pendentifs et le demi-berceau de la vis ovale ainsi prolongé avec la même courbe jusque dans les angles aurait été comme une sorte de voûte en pendentifs. Derand et Frézier donnent un modèle de ce genre[9] (fig. 118).

Nul doute en tout cas que l'escalier des Tuileries ait été un chef-d'œuvre enveloppé de l'aura propre aux productions stéréotomiques. Ouvrage mystérieux : « Ce merveilleux chef-d'œuvre a donné lieu à quantité de fables » écrit Sauval : « tout ce que je puis dire est que si cet escalier avait été fait dans un siècle plus éloigné de nous, on nous ferait accroire que quelque sorcier ou fée l'aurait bâti ». Ouvrage terrifiant : « Autant de fois qu'on vient à regarder cette masse pesante de pierre [...] faite en coquille qui roule entre deux airs, il semble qu'elle soit prête à tomber et à ensevelir sous ses ruines ceux qui la contemplent ».

Escaliers en vis de Saint-Gilles suspendue

La remise à l'honneur de la vis de Saint-Gilles à la fin du XVe siècle, dont nous avons dit qu'elle ne paraissait répondre à aucun besoin particulier, trouve une justification *a posteriori* dans l'histoire de l'escalier suspendu. Les travaux de Bouguereau à Toulouse, de Delorme à Paris supposent les uns comme les autres une parfaite maîtrise du trait de Saint-Gilles.

Frézier écrit : « Si l'on supprime toute la partie convexe de la vis de Saint-Gilles, le noyau qui lui servait d'appui

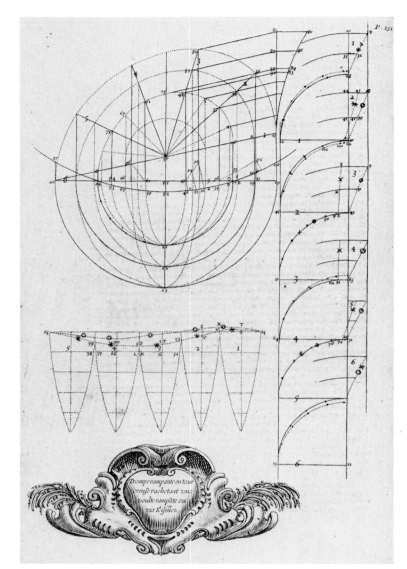

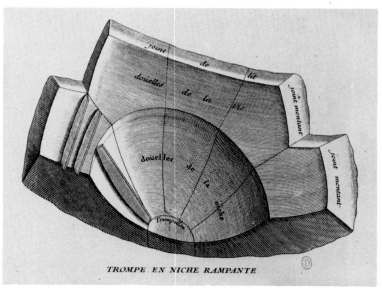

TROMPE EN NICHE RAMPANTE

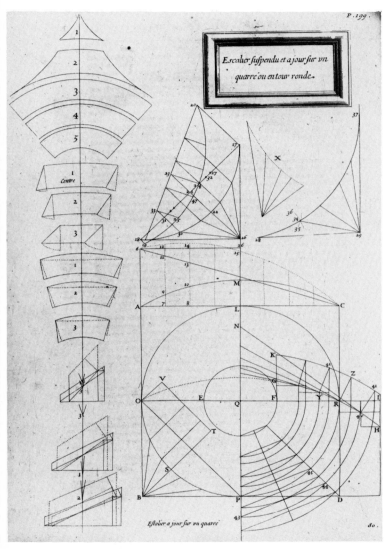

P. 199.

Escalier suspendu et a jour sur vn
quarré ou en tour ronde.

Escalier a jour sur vu quarre.

116, 117. *Trompe sphérique, rampante, en
tour-creuse, sous une vis de Saint-Gilles.*
(F. Derand, p. 151 et J.-B. de La Rue, pl. 47).
118. *Vis de Saint-Gilles suspendue avec
pendentifs rachetant le carré de la cage.*
(F. Derand, p. 199).

devient inutile, par conséquent on peut le supprimer aussi. Il semble du premier abord que cela ne se peut sans détruire le reste de la voûte. Cependant l'expérience nous fait voir le contraire dans ces escaliers fort communs qu'on appelle vis à jour suspendue en voussure, qui subsistent parfaitement par une raison semblable à celle que nous avons donnée des voûtes sphériques et sur le noyau incomplètes qui est que les rangs de voussoirs depuis l'imposte concave de la tour jusque celui qui forme la clef, se soutiennent mutuellement et, pour me servir des termes de l'art, *font clef* chacune en particulier » [10]. Aujourd'hui encore, il n'est pas un profane qui ne s'étonne que la vis de Saint-Gilles suspendue puisse tenir. Le texte de Frézier a le mérite de reporter l'étonnement du profane sur un cas plus simple mais de même nature, la coupole à ouverture zénithale.

Mais Frézier est peu avisé de dire que ce type d'escalier est fort commun. A partir de Derand, il figure, il est vrai, dans tous les traités [11]. Au XVIe siècle, nous ne connaissons que la réalisation des Tuileries. Dans la première moitié du XVIIe siècle à Paris, quatre réalisations probables : à l'hôtel de Vendôme, à l'hôtel de Châteauneuf, à l'hôtel de La Vrillière et au palais du Luxembourg. Ces escaliers ayant tous disparu, c'est par hypothèse que nous leur attribuons ce type. Les escaliers de l'hôtel de Vendôme et de l'hôtel de Châteauneuf sont décrits comme des « diminutifs » de celui des Tuileries : leur disparition nous prive d'une nouvelle chance de reconstituer exactement l'escalier de Delorme. Celui de l'hôtel de Châteauneuf avait été d'ailleurs construit en charpente recouvert de plâtre pour donner l'illusion de la stéréotomie. Toutes ces disparitions donnent un certain relief à l'escalier de l'hôtel de ville de Lyon construit entre 1646 et 1655 qui, lui, a été conservé. Bien qu'il soit probablement de Girard Desargues, il ne supporte pas la comparaison avec l'escalier à peu près contemporain de Lantenay et encore moins avec l'admirable escalier de Prémontré (entre 1719 et 1753), une des plus belles réalisations que nous ayons eu l'occasion de voir (fig. 119). En comptant la médiocre vis de Fontevrault, notre corpus ne comprend pas plus de quatre vis de Saint-Gilles suspendues encore existantes.

119. Prémontré (Aisne), abbaye, escalier en vis de Saint-Gilles supendue, probablement par Nicolas Bonhomme, entre 1726 et 1731. (Photographie B. Emmanuelli).
120. Balleroy (Calvados), château, vers 1626, par F. Mansart. Escalier suspendu (seul le premier retour est porté par une colonne) sur voûtes gauches avec retours en cul-de-four. C'est apparemment le plus ancien des escaliers suspendus sur voûte conservés en France.

Escaliers suspendus à retours

La rareté des vis suspendues s'explique aisément : la vis, d'origine médiévale, est presque partout remplacée par l'escalier moderne, l'escalier à retours.

En règle générale, et conformément à la théorie, les volées sont portées par des voûtes en demi-berceau. Le principe reste donc le même que dans la « demi-vis de Saint-Gilles ». Exceptionnellement le berceau rampant est associé au demi-berceau. Bien souvent les voûtes sont gauchies. Nous avons vu un demi-berceau gauchi à l'escalier du Capitole de Toulouse (fig. 40). L'escalier de Balleroy (vers 1626), (fig. 120), du fait des destructions, est peut-être le plus ancien escalier suspendu conservé en France ; il porte la signature prestigieuse de François Mansart. Le gauchissement des voûtes de ses volées est tel que l'on ne peut que difficilement restituer un tracé théorique en demi-berceau : il s'agirait plutôt de voûtes en pendentifs. A l'hôtel Guénégaud des Brosses à Paris (1653), autre ouvrage de Mansart, on voit encore une voûte qu'un gauchissement fait passer du berceau rampant au demi-berceau. Même gauchissement à l'escalier de l'abbaye aux Dames de Caen (vers 1704). A la Bourse de Bordeaux (1749), le demi-berceau a une ligne de faîte concave.

Dans d'assez nombreux escaliers, mais semble-t-il pas avant la fin du XVIIe siècle ou le début du XVIIIe, on observe un gauchissement dont, par exception, la justification fonctionnelle est évidente. A la volée de départ, la voûte est d'abord plate, puis prend progressivement la forme du demi-berceau. En effet, sous le départ, il n'y a pas place pour un demi-berceau ; l'intrados d'abord parallèle à la marche de départ ne se cintre que lorsque l'échappée devient suffisante [12].

Sauval parle des « voûtes plates et suspendues » de l'escalier de l'hôtel de Jars à Paris. Il nous paraît peu vraisemblable que l'on ait construit des voûtes plates dans un ouvrage de 1648, même s'il est signé François Mansart, encore qu'il y en ait des exemples avant cette date en Espagne. Les commentaires qui accompagnent la création du grand escalier d'Anet par Claude Desgots, entre 1680 et 1712 (fig. 48), laisseraient penser que

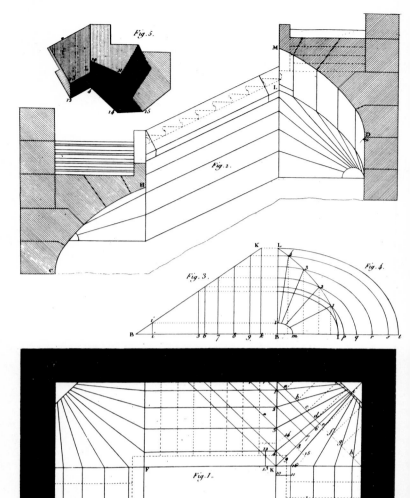

121. Escalier à volées sur voûtes en demi-berceau : avec retours sur trompe (J.-B. Rondelet, livre III, pl. 55) ;

l'escalier sur voûtes plates est encore considéré comme une nouveauté à la fin du XVIIe ou au début du XVIIIe siècle. Ces commentaires recoupent d'ailleurs ce que nous avons déjà dit de l'apparition de la voûte plate que Frézier date précisément de 1699. Au XVIIIe siècle, la voûte plate remplace peu à peu la voûte en demi-berceau [13].

L'ensemble des traités, à partir de Derand, donne deux formules pour porter les retours sous les repos et aux extrémités des paliers (fig. 121) : l'arc-de-cloître et la trompe conique dans l'angle et sous le coin [14]. Le retour en arc-de-cloître est un quart de voûte en arc-de-cloître avec une arête médiane ; il se relie bien aux demi-berceaux des volées, encore qu'il forme avec ceux-ci des pénétrations secondaires qui ne sont pas d'un effet très heureux. C'est la formule la plus commune et celle dont la fortune est la plus longue. Si l'on retient la description que D'Aviler en a donné, l'escalier de l'hôtel Bellegarde-

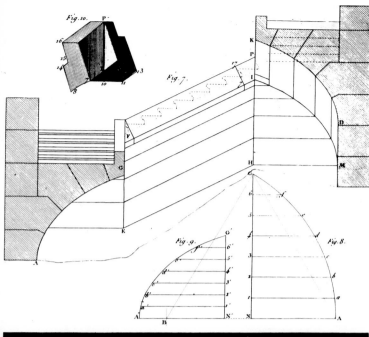

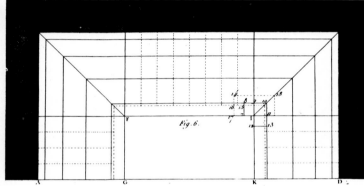

avec retours en arc-de-cloître (Ibidem).

Séguier à Paris serait de ce type, mais on ne sait pas s'il a été construit vers 1610 ou dans les années 1630-1640. C'est une nouvelle occasion de déplorer l'importante lacune qu'a créée la disparition des escaliers parisiens de la première moitié du XVIIᵉ siècle. En tout cas, la mention de Derand en 1643 donne un solide *terminus*. Le type est encore mis en œuvre à la fin du XVIIIᵉ siècle à l'archevêché de Bordeaux (1772-1778) (fig. 133) et à l'hôtel de ville de Marseille (1780-1786).

La diffusion du second type est au contraire très limitée. La plus ancienne réalisation connue est à l'hôtel de Manse à Montpellier (vers 1650). Si ce n'était la mention dans les traités, on penserait volontiers qu'il s'agit d'une formule provinciale, tous les exemples étant localisés en deux aires assez étroites : Montpellier, Saint-Thibéry, Castres, Beaucaire, Avignon, Arles d'une part ; Bordeaux, Bassac, Brantôme et La Réole d'autre part. Ils sont tous de la deuxième moitié du XVIIᵉ siècle, à

l'exception de celui de La Réole qui est du tout début du XVIIIᵉ. Dans la première aire, deux édifices que nous avons déjà pris à témoins, l'hôtel des Trésoriers de France de Montpellier et l'hôtel de ville de Beaucaire : pour ces deux édifices, nous savons que le choix de l'escalier suspendu sur voûte, comme celui du toit à la française, est dû au régnicole M. de La Feuille. On doit pouvoir tenir pour acquis que le modèle est parisien ; mais sa fortune, curieusement localisée, pourrait avoir été favorisée par la tradition locale de la trompe. L'escalier de Saint-Thibéry, superbe avec ses nombreux retours, est en ruine : c'est à peine si on le regrette, car la ruine révèle de manière impressionnante l'artifice de la structure. Les marches et les trompes tiennent en l'air alors que les demi-berceaux ont été réduits à l'arc formant limon du côté du jour. On voit ainsi nettement que le tracé de ces arcs se prolonge dans les demi-arcs de tête des trompes par lesquels ils se déchargent sur les murs de la cage. En d'autres termes, la structure n'est pas différente de celle des escaliers suspendus sur arcs s'entrecroisant aux retours, dont la construction ne rencontre aucune des difficultés du trait. Une fois de plus, le parti stéréotomique n'apparaît pas comme celui de la plus grande simplicité, mais comme celui des tracés les plus pleins, les plus fermes, les plus beaux.

Le demi-cul-de-four[15], la voûte d'arêtes[16], le pendentif[17] (fig. 120) ont été également utilisés, mais plus rarement, pour porter un retour sous un repos ou un palier. Dans l'escalier à volées sur voûte plate, les retours sont par force également plats. Lorsque le retour n'est pas formé par un repos, mais par un quartier ou une moitié-tournante, il est porté par un quart ou une moitié de vis de Saint-Gilles[18] : il faut alors prévoir une trompe conique inclinée et en « tour-creuse » pour racheter l'angle de la cage dégagé par la vis. Ces retours à vis de Saint-Gilles et à trompe sont habituellement d'éblouissants morceaux de stéréotomie, comme ceux de l'archevêché de Bordeaux (fig. 133), ou mieux encore ceux de l'abbaye de Bourgueil (fig. 122).

Signalons enfin deux solutions qui permettent de simplifier ou même d'éliminer le problème du retour. A Beaumesnil (entre 1633 et 1640) (fig. 123), les volées sont

122. Bourgueil (Indre-et-Loire), abbaye, par Jean Miet, 1739.
Escalier sur voûtes en demi-berceau. Le demi-berceau tournant aux retours est porté par des trompes coniques rampantes très inclinées, rachetant l'angle de la cage.

sur demi-berceau et les paliers et repos sur berceau anse-de-panier. Les berceaux ont leur directrice parallèle aux volées et donc aux directrices des demi-berceaux; ceux-ci épousent la courbure des retombées des berceaux. Entre les demi-berceaux et les retombées qui les prolongent, il y a seulement une arête, qui est rentrante aux rencontres de haut de volée et saillante aux rencontres de bas de volée. A l'hôtel de ville d'Aix (fig. 124), la solution est encore plus simple: l'escalier (entre 1655 et 1670) est formé de volées sur berceaux rampants et de repos et paliers sur demi-berceaux; la génératrice des berceaux rampants et celle des demi-berceaux se prolongent suivant une même courbe sans rupture. Ces deux solutions peuvent être présentées comme la contrepartie l'une de l'autre: le voûtement est en quelque sorte un seul grand berceau à jour dont la directrice est parallèle aux volées dans la première solution et perpendiculaire dans la seconde [19]. Notons cependant que dans la première solution, il y a brisure et que la seconde ne permet pas de faire repartir une deuxième volée de sens contraire.

Le traitement des retours a été particulièrement étudié par les architectes français soucieux d'éviter les disgracieux accidents que fait trop souvent naître le brutal changement de direction de la montée, doublé, lorsque le retour se fait sur un repos, d'une rupture de pente. François Mansart, grand constructeur d'escaliers suspendus, s'est particulièrement attaché à donner à l'ascension des formes un mouvement continu et harmonieux. A l'escalier de l'hôtel de Guénégaud des Brosses, les variations sur les formes et leur enchaînement font penser à une phrase musicale. Même rythme dans la description de l'escalier de l'hôtel de Jars, que Sauval nous a laissée: «Les voûtes roulent, tournent et montent fort lentement et différemment. Il n'y a point de rampe où l'on ne trouve soit lunettes ou arc-de-cloître, ou des arcs ou des voûtes rampantes, et où l'on ne voye que toutes ces pièces sont mariées fort agréablement les unes avec les autres et menées en l'air autour de la cage par des pierres gauchées sans plis ni coude ni aucune ligne, soit droite, soit parallèle».

La constante recherche de la continuité est particulièrement illustrée par la résolution de deux petits problèmes

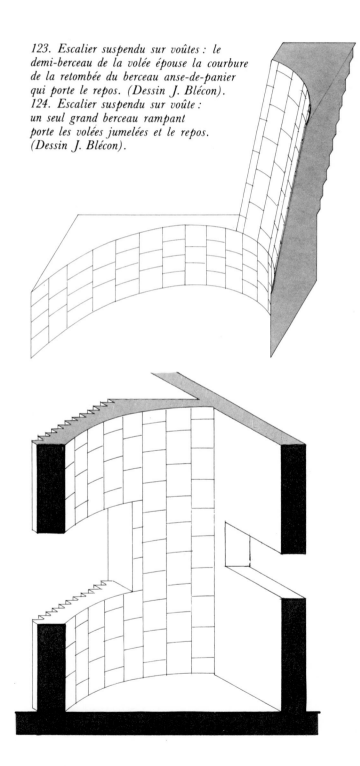

123. Escalier suspendu sur voûtes: le demi-berceau de la volée épouse la courbure de la retombée du berceau anse-de-panier qui porte le repos. (Dessin J. Blécon).
124. Escalier suspendu sur voûte: un seul grand berceau rampant porte les volées jumelées et le repos. (Dessin J. Blécon).

qui ne sont pas sans relation avec notre sujet. C'est en effet Desargues qui aurait démontré, vers 1650, comment il fallait disposer la rampe d'appui pour que la main courante ne subisse pas une rupture de pente aux retours[20]. Dans les escaliers de F. Mansart, on peut encore voir l'effet déplaisant que produit cette rupture : la main courante de la volée basse vient buter sur le petit pilier qui marque le retour, très en dessous du point d'où repart la main courante de la volée suivante.

C'est une cinquantaine d'années plus tard que l'on songe à gauchir limons et rampes d'appui pour éviter l'angle vif des retours. L'apparition du limon à retours gauchis est à peu près concomitante avec celle de la voûte plate. L'escalier de Desgots à Anet est en pleine transition[21]. Dans son *Architecture moderne* (1728-1729), Tiercelet décrit l'organisation qu'il faut donner aux repos pour que le gauchissement se fasse sans pli ni jarret[22]. Frézier commente cette solution en ces termes : « Les architectes français modernes ont trouvé une invention fort ingénieuse très agréable à la vue et très commode pour éviter la difformité des ressauts dans les angles sans perdre de la place en agrandissant les paliers »[23]. Il nous semble que l'évocation de ces questions où interviennent Desargues et Frézier n'était pas tout à fait hors de notre sujet.

Caractères généraux des voûtes porteuses d'escalier

L'escalier sur voûte est un *compendium* des caractères de la voûte française en pierre de taille. L'intrados est toujours nu[24] et ne se couvre de quelques moulures que dans la première moitié du XVIIIᵉ siècle[25]. Les lunettes sont multipliées à plaisir, et le plaisir est d'autant plus grand que la pénétration est rampante. A l'escalier de l'archevêché de Bordeaux, la pénétration de la principale lunette est non seulement rampante, mais ondée. Cet escalier donne encore de beaux exemples d'interversions de plans d'appareil : les demi-berceaux sont partiellement appareillés en panache comme les trompes. Même plan en panache pour les retours en arc-de-cloître de l'escalier de l'hôtel de ville de Marseille, de l'escalier de l'archevêché de Strasbourg et pour le retour en voûte plate de l'escalier du Grand séminaire, également à Strasbourg. A Paris, à l'hôtel des Invalides, on voit sous une volée une voûte sphérique appareillée comme si elle était formée de deux trompes sphériques sous le coin en panache et jumelées.

Cependant l'escalier sur voûte présente une telle concentration de difficultés, que l'art du trait ne peut à lui seul les résoudre. A propos des escaliers suspendus sur voûtes, Derand avoue « qu'on a coutume d'y employer quantités de fer »[26]. A l'escalier d'Anet, toutes les pièces du palier sont goujonnées. « Quelquefois, on fait les paliers tout droits par dessous quoiqu'entièrement bâtis en pierre, écrit J.-F. Blondel ; mais alors on ne vient à bout de contenir leurs claveaux ou voussoirs dans une pareille position qu'en mettant des T en fer dans leurs joints et qu'en multipliant les tirants dans l'épaisseur des dits paliers »[27]. Ces artifices enfreignent la règle d'or de la stéréotomie qui veut que toutes les forces qui s'opposent aux charges proviennent de la coupe des pierres. Cette règle a-t-elle jamais été respectée dans la construction des escaliers ? Au moment de la Révolution, des sondages ont été faits dans l'escalier de Prémontré à seule fin d'y trouver le fer qui seul apparemment pouvait expliquer ce merveilleux exercice : les sondages ont été vains[28].

Que dire encore de ces escaliers en bois, dont la structure est cachée par un placage de pierre ou par un faux-appareil de plâtre ? Cette pratique que nous avons signalée à l'hôtel de Châteauneuf à Paris serait, d'après Patte, très fréquente, même dans les hôtels les plus importants[29]. Il est certain que cette pratique a dû plusieurs fois nous abuser et que nous avons décrit comme ouvrages de stéréotomie des escaliers qui ne sont ou n'étaient en réalité que des ouvrages de charpente. Cependant, nous l'avons dit, notre propos n'est pas l'étude des structures, mais l'étude des formes. Ces faux-semblants ont un intérêt majeur : ils nous révèlent que la stéréotomie est moins une technique qu'une esthétique.

Troisième partie

Histoire et géographie de la voûte moderne

« L'Europe étonnée nous regarde, avec raison,
comme ses modèles en ce genre »
(Simonin, *Traité de la coupe des pierres*, 1792, p. 1)

La stéréotomie est un art savant qui, par le truchement des traités, des académies, des artistes migrateurs, devrait traverser les frontières. Mais, par le matériau, par les ouvriers, elle tient fortement au terrain. L'étude de la diffusion géographique de la voûte massive en pierre de taille met en évidence de curieux particularismes régionaux et nationaux.

Parmi ceux-ci figure l'extraordinaire accueil réservé en France, dès l'époque romane, à une technique fort ancienne qui, à partir de la Renaissance, devint science et art en terre française.

*125. Le Thoronet (Var), cloître, XII*e *siècle, voûte en berceau.*
*126. Montmajour (Bouches-du-Rhône), crypte de l'abbaye, XII*e *siècle, voûte en berceau tournant.*

*Ces deux exemples célèbres attestent de la qualité de la stéréotomie romane en Provence. Cependant le berceau de Montmajour pourrait bien avoir été partiellement refait au XVIII*e *siècle : on constate en effet que les assises des parties hautes ont toutes la même largeur, alors qu'elles ont des largeurs variables dans le berceau du Thoronet. La stéréotomie moderne introduit, avec le dessin, le partage en fractions égales de l'arc générateur et fait disparaître les approximations des procédés romans.*

17. Hypothèses sur l'origine de la stéréotomie moderne

A l'égard du passé, les théoriciens français des Temps modernes ont une attitude ambiguë. La stéréotomie serait à la fois une invention moderne et un héritage gothique. Elle aurait été inconnue de l'Antiquité; l'architecture moderne n'en est pas moins placée dans son ensemble sous l'autorité des Anciens. Seul l'antécédent roman, pourtant capital, n'est jamais explicitement invoqué. Il n'y a pas lieu de s'en étonner : le concept de roman n'a été isolé et défini qu'au XIXᵉ siècle.

La stéréotomie antique

La plupart des grands problèmes posés par l'étude de la voûte antique n'ont que des rapports trop lointains avec notre sujet pour que nous ayons à faire ici l'état de la question. Peu nous importe que Démocrite d'Abdère ait été l'inventeur du voussoir, que la coupole nous soit venue de Perse et le berceau de Mésopotamie. Mais un regard panoramique jeté sur le monde antique nous permet d'observer qu'au milieu des empires les civilisations qui pratiquent la voûte en pierre de taille constituent des sortes d'isolats, peu nombreux et peu étendus.

Rome est de ceux-ci. Dans les années de la République et le début de l'Empire ont été construits les berceaux de l'Emissaire du lac Albano (fig. 148) et de la Cloaca Maxima, dont le gros appareil de moellons équarris et la stéréotomie rustique ont été célébrés par Piranèse comme des ouvrages étrusques. Le début de l'ère chrétienne coïncide avec la disparition progressive de la voûte clavée en pierre qui apparaît encore dans le mausolée d'Hadrien avant de se réfugier dans certaines régions périphériques de l'Empire.

Dans la Syrie chrétienne du IVᵉ siècle, née de l'effondrement de l'empire romain, les inventions de l'hellénisme et celles de l'Orient primitif se conjuguent sur une terre où le calcaire abonde. Choisy a montré quelques beaux exemples syriens de coupoles sur trompes et de coupoles en pendentifs construites dans un appareil de pierre de taille assez régulier. L'Arménie du Vᵉ et du VIᵉ siècle offrirait un autre point de comparaison.

Mais de tous ces isolats, celui qui se rattache le plus directement à notre sujet est évidemment celui de la Gaule méridionale. Les « Antiquités nationales » — le pont du Gard, le temple de Diane et les arènes de Nîmes, les arènes d'Arles — sont à l'épicentre stéréotomique de la France moderne. Le berceau appareillé par rouleaux de gros voussoirs est une spécialité locale. Elle se perpétue jusqu'au Moyen Age dans le pont Saint-Bénézet d'Avignon. Sur l'itinéraire des compagnons, le pont du Gard reste à une étape de la vis de Saint-Gilles.

La stéréotomie romane

A l'époque moderne, l'architecture que nous appelons romane était faussement datée des premiers siècles du Moyen Age, c'est-à-dire de cette période sinistre pendant laquelle le monde antique agonisait; elle était présentée comme une architecture de transition, à mi-chemin de l'antique et du gothique. Pour un Jacques-François Blondel, « l'architecture gothique ancienne... conservait quelques traits de la belle architecture »[1]. Cependant il n'y a pas eu un seul contemporain pour deviner le substrat roman dans la langue moderne.

Un observateur venu d'une autre planète ne donnerait-il pas à la même époque le cloître de Montmajour et celui de Saint-Denis, l'espace intérieur de certaines églises du XIIᵉ siècle et celui de certaines églises du XVIIᵉ siècle? Ici et là, des gros piliers carrés avec pilastres, des arcades en plein-cintre, des berceaux nus, des coupoles de croisée. Mais revenons du point de vue de Sirius à celui de l'historien. La typologie moderne de la voûte est presque entièrement faite de modèles romans : l'arrière-voussure (à Saint-Pierre de Saumur), la lunette (à la cathédrale d'Apt et à Fontdouce), la trompe conique (à Saint-Pierre de Nant), le pendentif, la coupole en pendentifs (à Fontevrault), la coupole à côtes (à la vieille cathédrale de Salamanque), la voûte à arêtes doubles (à San Giovanni Battista de Matéra), le berceau tournant (à Montmajour) (fig. 126) et surtout le berceau hélicoïdal ou vis de Saint-Gilles, la relation la plus explicite qui soit entre la stéréotomie romane et la stéréotomie moderne. Le curieux de cette relation, c'est qu'elle traverse la période gothique dont la typologie est totalement différente. Comment s'est maintenue ou rétablie la relation entre deux mondes séparés par l'histoire ? Par quelle voie est-elle passée, si obscure qu'aucun contemporain n'en a eu vraiment conscience ? Ce fut certainement l'œuvre des forces profondes, des artisans de l'architecture, de ceux dont les travaux ne laissent pas de trace dans les annales, de cette maçonnerie opérative dont on voit la trace jusque dans les spéculations des grands maçons, les Delorme, les Chéreau, les Jousse. Il y a aussi l'aura des édifices très anciens qui est toujours prégnante, au moins localement. Des études régionales récentes ont décrit le transfert par proximité des ornements romans sur les édifices de la Renaissance[2]. Il y a enfin que la solution de continuité est moins grande qu'il n'y paraît d'abord. La tradition romane a survécu jusqu'au XIVe siècle au moins dans certains cantons méridionaux[3]. Pour les besoins de la restauration, les techniques romanes ont été entretenues. Ce point retient de plus en plus souvent l'attention des spécialistes du roman : il a fallu admettre que la perfection n'était pas nécessairement romane et que la coupole trop bien appareillée d'une église romane pouvait être une restauration du XVIIe siècle. Avant la découverte du marché de 1604 prévoyant la reconstruction à l'identique de la cathédrale de Valence, on ne soupçonnait pas que cette église romane datait du XVIIe siècle. En 1923, J. Formigé faisait œuvre de précurseur en consacrant un article aux restaurations des voûtes de Montmajour. Dans ce haut lieu de la stéréotomie romane, les plus éminents représentants de la stéréotomie moderne sont intervenus comme restaurateurs avec une telle discrétion ou plutôt avec un mimétisme tellement naturel, qu'on y devine difficilement leur présence. Cependant les romans procédant empiriquement donnent habituellement des hauteurs variables aux assises de leurs voûtes, tandis que les modernes mesurent *a priori* la hauteur qu'il faut donner aux assises pour que l'appareil soit parfaitement régulier.

Le calcul de J.-F. Blondel était faux, mais son résultat assez proche de la réalité. En vieillissant abusivement tous les ouvrages, Blondel a pris pour une survivance ce qui était le fait d'une renaissance. Le retour à l'antique de la deuxième moitié du XIe siècle conduit à la redécouverte du réalisme en sculpture et à la restauration de la voûte d'appareil en architecture. « Ce retour à l'appareillage peut être considéré comme l'un des événements décisifs de l'histoire de l'architecture française », écrivait Bréhier[4]. Les principaux foyers de la renaissance sont aussi des conservatoires de la civilisation antique.

L'ambition des architectes français de la seconde moitié du XIe siècle est de couvrir entièrement les églises avec des voûtes ; la diversité des solutions mises à l'essai caractérise l'architecture française, particulièrement l'architecture de la France méridionale, tandis que dans le nord et l'est de la France et de l'Europe, les charpentiers tiennent encore souvent en lisières les constructeurs de voûtes. Les historiens qui, comme Quicherat, se sont attachés à dresser la carte des voûtes romanes, n'ont eu à l'esprit que la typologie des formes, jamais celle des appareils. On chercherait vainement une carte de la voûte romane en pierre de taille. Heureusement les évidences se dégagent d'elles-mêmes : la rareté relative du recours à la pierre de taille ; la splendeur exceptionnelle des appareils de certaines régions, le Bas-Rhône, l'Anjou, la Touraine, les régions que nous retrouverons comme foyers stéréotomiques de la France moderne (fig. 125).

La nervuration gothique

Toute l'attention des historiens de la voûte gothique s'est portée sur les problèmes de l'ogive. Cependant la stéréotomie massive de la voûte romane s'est évidemment perpétuée dans les quartiers de voûte d'ogives appareillés en pierre de taille. Mais où et quand les quartiers gothiques sont-ils en pierre de taille ? Ici encore, laconisme total des médiévistes.

L'ogive pose deux problèmes : celui de son origine et celui de sa fonction. On a cru pouvoir établir une subtile distinction entre la voûte d'ogives et la « voûte d'arêtes nervée ». On a retrouvé des voûtes d'arêtes nervées dès le

IIIe siècle dans l'Empire romain, en particulier à Arles ; en Lombardie et dans le midi de la France, à la fin du XIe siècle et au début du XIIe ; à la même époque, les premières croisées d'ogives à Durham. Ce sont les architectes de l'Ile de France qui, en adoptant pour les doubleaux et les formerets le tracé brisé qui permet d'éviter le bombement de la voûte, ont fixé le canon gothique de la voûte d'ogives [5]. L'ogive est un des éléments constitutifs de l'*opus francigenum* : « Cette façon de voûte [était] appelée entre les ouvriers la mode française » [6].

L'ogive peut avoir trois fonctions : porter la voûte en rassemblant ses charges sur les supports d'angle ; servir de cintre pendant la construction de la voûte ; se substituer aux pénétrations que formerait la rencontre des quartiers. La thèse de Viollet-le-Duc, dans laquelle on trouve pour la première fois l'énoncé de ces trois fonctions, est construite pour l'essentiel sur la première de celles-ci : toute la structure de l'église gothique se déduirait du rôle porteur de l'ogive. On sait comment Pol Abraham s'attaqua à cette thèse qui était devenue une sorte de dogme pour l'école archéologique française. Le débat est loin d'être clos [7]. Ayant de parti pris éliminé de notre sujet toutes les questions relatives à la statique, nous n'avons pas à nous y engager, si ce n'est pour remarquer que, par sa vivacité même, ce débat a fait un peu oublier que la thèse du rationalisme médiéval pouvait être défendue en arguant des autres fonctions de l'ogive. Viollet-le-Duc a admirablement démontré comment on avait pu réduire les cintres en bois coûteux en construisant d'abord, sur des cintres légers, les nervures de la voûte — doubleaux, formerets et ogives — qui, ensuite, servaient d'appui à des règles ou à des patrons en cerce rallongée, sur lesquels étaient progressivement montés les rangs de voussoirs des quartiers. L'évidence de cette démonstration donne une force singulière à la troisième hypothèse concernant l'ogive. P. Abraham a été le premier à soutenir, avec les arguments nécessaires, l'idée que l'ogive était un substitut de la pénétration. Cette idée a été reprise depuis [8] ; nous la faisons nôtre en la confortant de ce que nous avons appris de la fréquentation des théoriciens modernes.

La grande innovation de l'architecture gothique a été la généralisation des quartiers qui, dans le groupement caractéristique de la voûte d'arêtes, avaient démontré leur extraordinaire faculté d'adaptation. Cependant on n'avait pas su résoudre heureusement le problème posé par l'appareillage des pénétrations. La trouvaille des gothiques a été de renverser en quelque sorte les données de ce problème : au lieu de tracer géométriquement les quartiers pour rechercher ensuite la courbe complexe de leur intersection, ils ont d'abord mis en place les arcs d'intersection tracés géométriquement, ce qui forçait à gauchir les quartiers. Construire une nervure clavée, tracée au compas suivant un ou plusieurs segments de cercle coplanaires (la projection au sol de la nervure forme une ligne droite) n'est pas plus difficile que de construire un arc [9]. Quant au gauchissement des quartiers, il s'obtient tout naturellement par le jeu de la règle ou du patron qui, appuyé par un bout sur l'ogive et par l'autre sur un doubleau ou un formeret, monte le long de ces nervures en même temps que les rangs de voussoirs. Cette reconstitution confirme tout ce qui a été écrit, de Delorme à Viollet-le-Duc, sur l'empirisme de la stéréotomie gothique.

Nous avons dit maintes fois que la plupart des voûtes modernes apparaissaient comme des voûtes gothiques dépouillées de leurs nervures. Et il est vrai que, grâce à l'artifice de la nervuration, les gothiques sont arrivés à donner à leurs voûtes des formes d'une complexité exceptionnelle. C'est ainsi que le tierceron paraît avoir été inventé pour « faire » la pénétration de la lunette, comme l'ogive l'avait été pour faire celle des quartiers. Remarquons que le tierceron est en général une courbe dont tous les points sont coplanaires ; ce n'est que dans le gothique tardif que l'on verra des nervures gauches, c'est-à-dire à projection courbe. Autre remarque, de méthode cette fois : les historiens de l'architecture doivent cesser de confondre les nervures d'intersection et les nervures de surface, éviter par exemple de nommer ogives les nervures rayonnantes d'une coupole ; ils doivent ainsi prendre l'habitude de dépouiller mentalement les voûtes nervurées pour en donner une lecture en profondeur. P. Abraham l'a su faire avant nous ; aussi est-il arrivé à une conclusion dont le non-conformisme nous étonne encore aujourd'hui : il a été le seul médiéviste à penser que le dépouillement caractéristique des voûtes du XVIIe siècle pouvait avoir été le fait d'un progrès[10].

C'est évidemment cette complexité de formes qui constitue pour le stéréotomiste moderne l'essentiel de l'héritage gothique. Cependant il faut avoir à l'esprit que, pour les modernes, gothique veut dire médiéval. Lorsqu'un Frézier « conjecture que c'est à l'architecture gothique que nous devons l'origine, ou du moins l'adolescence de l'art [du trait] »[11], le théoricien ne distingue évidemment pas le gothique du roman. Pour Delorme, la vis de Saint-Gilles serait « gothique ». Les historiens qui présentent le gothique comme une école romane et l'ogive comme une des solutions trouvées par les architectes « romans » pour résoudre le problème du voûtement intégral[12] justifient dans une certaine mesure le syncrétisme des théoriciens modernes.

Il y a bien eu cependant une « révolution ogivale » et ce que l'on pourrait appeler une contre-révolution moderne. Et celles-ci peuvent recevoir maintenant une définition quasi-mathématique. La révolution ogivale, c'est l'adoption d'intersection segmentaire, coplanaire, nervurée et de surfaces gauches ; la contre-révolution, c'est le retour à des surfaces réglées et à des pénétrations elliptiques et gauches. La nouveauté dont Delorme nous a laissé le premier témoignage écrit, est que ces pénétrations peuvent être désormais régulièrement appareillées.

La Renaissance et la description scientifique de l'espace

Les exemples de la fin du XVe siècle et du début du XVIe siècle que nous avons retrouvés — l'escalier et les trompes de Toulouse, les vis de Saint-Gilles de Paris, de Troyes, de Beauvais, de Sens —, nous permettent d'affirmer que la contre-révolution était accomplie alors que Delorme n'avait pas encore commencé de construire. Quel pouvait être le savoir scientifique et graphique des maçons de la pré-Renaissance ?

Delorme lui-même se contente de dire que sa géométrie vient d'Euclide « doctement interprété, commenté, illustré et mis en lumière par Monsieur François de Candale et publiquement lu et exposé par les professeurs du Roy en cette docte université de Paris, Messieurs de la Ramée, Charpentier et Forcadel »[13]. Jacques Charpentier et Pierre Forcadel enseignent au Collège royal (le Collège de France) dans les années 1560. Forcadel a publié les six premiers livres d'Euclide en 1564. François de Foix, comte de Candale, évêque d'Aire en Gascogne, fondateur d'une chaire de mathématiques à l'Université de Bordeaux, a donné une traduction française d'Euclide en 1578.

Quels que soient les mérites de ces respectables savants, il est évident qu'il ne faut pas chercher du côté de l'Université les causes du particularisme français. Les historiens des mathématiques ne signalent aux XVe et XVIe siècles aucune innovation que l'on puisse considérer comme propre à ce milieu[14]. Ce n'est certainement pas la géométrie française qui a fait la stéréotomie ; mais au contraire, grâce à Desargues, à La Hire, à Frézier, à Monge, la stéréotomie française qui a produit la géométrie descriptive.

L'histoire du dessin d'architecture, telle qu'on peut l'écrire aujourd'hui[15], nous apprend qu'à l'époque romane on ne représentait la construction que par le plan au sol. L'architecture gothique, par la complexité de ses structures, a exigé la représentation sur plusieurs plans tant horizontaux que verticaux (coupes et élévations) et, par conséquent, une sorte de projection, d'abord sommaire au début du XIIIe siècle avec Villard de Honnecourt chez qui elle apparaît pour la première fois, et proche du géométral parfait à la fin du siècle. On l'a vu, les statuts de Ratisbonne (1459) mettaient l'art de tirer l'élévation du plan sous le sceau du secret professionnel. Si l'on en juge par le *Büchlein* (1486) de Roriczer, il ne s'agissait nullement de décrire l'espace par un système de coordonnées, mais de mettre la coupe verticale en proportion avec la coupe horizontale[16]. L'association des deux plans apparaît clairement en revanche dans l'*Underweisung* (1525) de Dürer. Pour décrire l'hélice de l'escalier, Dürer fait le rabattement du plan frontal sur le plan horizontal :

127. *Le procédé de report des points de la* perspectiva artificialis *(Serlio,* Tutte l'opere) *permettant de passer du plein-cintre en géométral à l'ovale en perspective, est comparable au procédé stéréotomique permettant de passer d'une génératrice plein-cintre à une cerce rallongée (voir fig. 43).*

tous les points de l'hélice sont représentés par deux points situés de part et d'autre de la ligne de terre et reliés par des lignes de rappel. Cependant la « Geometria deutsch » (Roricser donne curieusement ce nom à un second traité de 1486) ne propose pas plus que la géométrie française les applications propres à la stéréotomie et les procédures mathématiques que maîtrise Delorme, comme le procédé des cerces par exemple. Cherchons donc ailleurs.

L'Europe médiévale a connu l'optique antique par le truchement de l'Islam. La première traduction latine de l'*Optique* d'Euclide est faite à partir de l'arabe par Abélard de Bath au XIIe siècle. Les Anglais Robert Grossetête, Roger Bacon, John Peckham et le Polonais Vitellion fixent, dès le XIIIe siècle, les règles de la perspective. Mais leurs travaux n'ont pas de conséquences immédiates pour l'art du dessin. L'Antiquité avait le sentiment de la perspective, mais ignorait l'application des règles scientifiques. La rencontre de la science et de l'art dans l'Italie du XVe siècle avec Brunelleschi, Ghiberti, Alberti, Piero della Francesca, Léonard, est un des grands événements de l'histoire de la peinture[17].

La perspective et la stéréotomie sont deux techniques, certes bien distinctes, mais constamment associées. Notons par exemple certaines coïncidences du tour de France fait en 1491 par Jean Pélerin, dit Viator, qui publie à Toul en 1505 le premier traité de perspective appliqué au dessin : Viator semble avoir recherché les grandes régions stéréotomiques ; son but paraît avoir été la Sainte-Baume, ce haut-lieu du compagnonnage. Et Toul s'illustre au XVIe siècle par quelques voûtes remarquables.

Perspective, astronomie, gnomonique et stéréotomie sont emmêlées de façon inextricable dans le traité de Chéreau. La première traduction en français de Viator paraît sous le nom de Jousse (1635). *La perspective curieuse* (1638) est contemporaine du *Secret d'architecture* : J.F. Niceron y présente « ces nouveautés et gentillesses qui sont les plus beaux attraits de cette science »[18], c'est-à-dire, non plus les principes qui sont connus de tous, mais les aberrations de la perspective. Nous sentons

comme une intime complicité entre ceux qui poussent les prouesses stéréotomiques jusqu'à l'absurde et les auteurs d'anamorphoses, ces monstres de la perspective.

Il fallait le génie de Desargues pour que ces convergences aboutissent à une proposition simple : « Le géométral et le perspectif ne sont que deux espèces d'un même genre »[19]. La « manière universelle » réduit la gnomonique, la perspective et la stéréotomie à une loi unique[20]. Cet aboutissement donne rétrospectivement une explication du cas Delorme. La méthode de représentation de Delorme qui permet de passer de l'arc de cercle générateur à la cerce ou ellipse obtenue par points recherchés, pourrait être une application particulière du théorème 40 de l'*Optique* d'Euclide, théorème selon lequel les roues paraissent oblongues en perspective. La cerce dans l'un des plans obliques de pénétration est, par rapport à l'arc générateur, comme la figure fuyante sur la face supérieure du cube de la *perspectiva artificialis* par rapport à la figure géométrale de la face antérieure : la figure fuyante est aussi construite point par point et complétée par interpolations (fig. 127). Pour rendre manifeste cette parenté, l'auteur d'une des voûtes d'Ecouen a décoré les doubleaux droits de grecques qui reparaissent curieusement anamorphosées sur le doubleau en cerce rallongée.

Nous croyons pouvoir affirmer que la stéréotomie moderne est sortie de la rencontre de la pratique romane avec une idée, une ambition, celle de la conquête rationnelle de la troisième dimension de l'espace. La pratique était casanière et l'idée voyageuse : la rencontre se fit en terre française peut-être dès le XVe siècle. Delorme fut le premier à en tirer publiquement parti : initié aux secrets des maçons méridionaux, il eut la chance de découvrir la Renaissance sur la route de l'Italie.

18. La France

Des recherches portant sur la totalité du territoire de la France métropolitaine nous ont permis de rassembler un corpus de voûtes en pierre de taille dont voici les principales caractéristiques numériques : 392 édifices, dont 185 avec trompes clavées sortant du triangle et 92 avec escaliers suspendus sur voûtes en pierre de taille, soit, au total, 331 trompes et 109 escaliers sur voûtes.

Pour les trompes hors triangle et les escaliers sur voûtes que nous avons recherchés systématiquement, nous pensons avoir repéré le tiers, peut-être la moitié du total de ces ouvrages qui sont, notre expérience nous permet de l'affirmer, des ouvrages rares. Ces pourcentages devraient permettre de faire quelques observations générales, que des études locales devront ultérieurement affiner. En revanche, pour les types moins caractérisés, comme le berceau par exemple, notre corpus n'est évidemment qu'un pourcentage beaucoup plus faible du total. Nous nous sommes d'ailleurs beaucoup moins efforcé d'en faire l'inventaire que de repérer les ouvrages qui auraient pu faire exception aux principes de localisation définis, pour l'essentiel, à partir du corpus des trompes et des escaliers sur voûtes.

Principes de distribution des voûtes massives en pierre de taille

La carte ci-jointe (fig. 128) montre la répartition géographique des édifices du corpus. Si l'on regroupe l'information au niveau de l'arrondissement, on constate que, sur les 324 arrondissements de la France métropolitaine, 116 seulement sont cités : on peut donc dire, par une grossière approximation, que la voûte en pierre de taille ne couvre que le tiers du territoire national.

Ce tiers est accroché au réseau hydrographique, au point que l'on peut distiguer quatre groupements dont le Rhône, la Garonne, la Loire et la Seine sont les axes. Les principaux vides sont le Massif central, les massifs des Alpes et des Pyrénées, la Bretagne, le Nord et l'Est. Le premier groupement comprend les vallées du Rhône et de la Saône, et le Languedoc oriental avec Montpellier. Le

Bas-Rhône, d'Avignon à Marseille, est une zone de très forte densité. Le deuxième groupement comprend la vallée de la Garonne entre Toulouse et Bordeaux, ses affluents le Tarn et le Lot, les vallées de la Dordogne et de la Charente. Le troisième groupement s'étend sur l'ensemble du bassin de la Loire et de ses affluents, mais il est particulièrement puissant entre Blois et Nantes. Nous pouvons y inclure les côtes du Morbihan et la vallée de la Vilaine encore bien proches du foyer nantais. Le quatrième groupement, celui du bassin de la Seine, est dominé par la concentration exceptionnelle de Paris.

La réalité de ces groupements peut être vérifiée par comparaisons. Quel contraste entre Nantes et Dijon, entre Bordeaux et Lille, entre Montpellier et Metz ! A Dijon, capitale régionale où l'architecture est indiscutablement de grande qualité, le surplomb est toujours porté par des culs-de-lampe, la structure des escaliers suspendus relève de la charpente plus que de l'art du trait, la pierre de taille n'est utilisée que dans quelques petits ouvrages de voûtement médiocrement appareillés[1] : jusqu'à l'escalier suspendu de l'hôtel de Sassenay dont le projet stéréotomique paraît ambitieux, mais dont tout l'appareillage est faux ! Pourtant à quelques kilomètres à l'ouest de Dijon, le château de Lantenay contient des voûtes en pierre de taille remarquables. Quelques rares exemples à Rennes, alors qu'à Nantes l'art du trait affleure sur toutes les façades. A Metz, on paraît ignorer totalement l'emploi de la pierre de taille dans les voûtes.

Les groupements eux-mêmes ne sont pas homogènes. A Pézenas, les ouvrages en surplomb du XVIIe siècle sont sur cul-de-lampe et non sur trompe comme à Montpellier. En Basse Normandie, il y a des escaliers suspendus ; mais pratiquement pas de trompes[2]. En revanche, il suffit de quelques trompes pour que les villes de Clermont-Ferrand et Montferrand passent pour un point de concentration au milieu d'une région non-stéréotomique. Les trompes coniques sous le coin sont particulièrement nombreuses en Val de Loire, d'où elles tirent peut-être leur origine ; mais elles sont aussi plus « mobiles » que les autres trompes : ce sont en effet des trompes de ce type qui produisent les excroissances des Pyrénées-atlantiques, du Morbihan, de la Somme, de la Haute-Saône.

PARIS

128. *Carte des voûtes clavées en pierre de taille. (Dessin J. Blécon). Le point signale un édifice présentant des ouvrages de ce type. (Voir en annexe la notice consacrée à chacun de ces édifices).*

Ain
Bourg-en-Bresse
Aisne
Armentières-sur-Ourq
Fère-en Tardenois
Laon
Prémontré
Villers-Cotterêts
Ardèche
Viviers
Ariège
Mirepoix
Aube
Saint-Benoît-sur-Vanne
Saint-Phal
Troyes
Aude
Carcassonne
Homps
Le Somail
Aveyron
Bournazel
La Cavalerie
Estaing
Graves
Rodez
Villefranche-de-Rouergue
Bouches-du-Rhône
Aix-en-Provence
Arles
L'Armellière
Barbentane
Les Baux
Marseille
Tarascon
Calvados
Balleroy
Bénouville
Caen
Charente
Bassac
Charente-Maritime
Brouage
Pons
La Rochelle

Côte-d'or
Lantenay
Montigny-sur-Aube
Côtes-du-Nord
La Moussaye
Quintin
Deux-Sèvres
Bressuire
Thouars
Dordogne
Bergerac
Biron
Brantôme
Montpazier
Sarlat
Drôme
Châteaudouble
Suze-la-Rousse
Valence
Eure
Acquigny
Les Andelys
Beaumesnil
Le Bec-Hellouin
Bernay
Le Champ de Bataille
Louviers
Eure-et-Loir
Anet
Bonneval
Châteaudun
Dreux
Gard
Aramon
Beaucaire
Pont-Saint-Esprit
Uzès
Valbonne
Villeneuve-les-Avignon

Haute-Garonne
Pibrac
Toulouse
Gers
Auch
Caumont
Lavardens
Gironde :
Barsac
Blaye
Bordeaux
Cordouan
Issan
La Réole
Hérault
Arboras
Béziers
Jonquières
Lodève
Montpellier
Pézenas
Saint-Thibéry
Ille-et-Vilaine
Le Boschel
Redon
Rennes
Saint-Malo
Indre-et-Loire
Beaulieu-les-Loches
Bléré
Bourgueil
Champigny-sur-Veude

Chinon
Marcilly-sur-Maulne
Les Réaux
La Roche-Racan
Richelieu
Tours
Ussé
Villandry
Loir-et-Cher
Blois
Chambord
Cheverny
Pontlevoy
Saint-Aignan-sur-Cher
Selles-sur-Cher
Loire-Atlantique
Ancenis
Châteaubriant
Nantes
Quétillac
Loiret
Beaugency
Briare
Orléans
Lot
Assier
Cahors
Lot-et-Garonne
Duras
Nérac

Maine-et-Loire
Angers
Baugé
Brissac
Durtal
Fontevrault
Landifer
La Mauvoisinière
Le Pimpéan
Saint-Florent-le-Vieil
Saumur
Serrant
Trêves
Le Vieil-Baugé
Haute-Marne
Joinville
Langres
Wassy
Mayenne
Evron
Laval
Meurthe-et-Moselle
Pont-à-Mousson
Bas-Rhin
Strasbourg
Meuse
Rangeval
Morbihan
Hennebont
Vannes
Nièvre
Cuncy
Nevers

Oise
Beauvais
Chantilly
Compiègne
Jouy-sous-Thelle
Offemont
Pont-Sainte-Maxence
Paris et départements d'Ile-de-France
Bicêtre
Champs-sur-Marne
Clagny
Fontainebleau
Livilliers
Luzarches
Madrid
Magny-en-Vexin
Nemours
Neuilly-sur-Seine
Ormesson
Paris
Saint-Cloud
Saint-Denis
Versailles
Puy-de-Dôme
Clermont-Ferrand
Montferrand
Pyrénées-Atlantiques
Saint-Jean-de-Luz
Toul
Toul
Rhône
Lyon
Haute-Saône
Chauvirey-le-Châtel
Saône-et-Loire
Chalon-sur-Saône
Mâcon
Navilly

Sarthe
La Flèche
Le Mans
Poncé-sur-le-Loir
Sablé-sur-Sarthe
Solesmes
Sourches
Seine-Maritime
Bailleul
Fécamp
Rouen
Saint-Wandrille
Somme
Abbeville
Wailly
Tarn
Castres
Lavaur
Mailhoc
Tarn-et-Garonne
Capoue
Saint-Beauzeil
Var
Barjols
Vaucluse
Avignon
Carpentras
Cavaillon
L'Isle-sur-la-Sorgue
Villelaure
Vendée
L'Audardière
Le Puy-du-Fou
Vienne
Châtellerault
Poitiers
Yonne
Auxerre
Avallon
Cravant
Fleurigny
Joigny
Tanlay
Tonnerre
Sens

A l'intérieur de ces zones, on peut en effet distinguer encore des sous-groupements propres à certains types. Nous avons déjà signalé le relatif regroupement des escaliers sur trompes, des voûtes plates dallées, des voûtes en éventails, des pendentifs de Valence.

Dans l'appréciation de ces groupements, il faut évidemment tenir compte des insuffisances de la méthode quantitative : les escaliers sur voûtes sont plus nombreux à Nantes qu'à Angers, mais c'est à Angers que sont les chefs-d'œuvre. Cependant, que l'on prenne en considération toutes ces nuances ou qu'on les néglige, la distribution géographique du corpus produit un effet d'ensemble suffisamment particulier pour que l'on doive lui chercher des explications.

Le matériau

Les voûtes en pierre de taille sont à peu près toutes rassemblées dans les terrains sédimentaires de l'air tertiaire, où abonde le calcaire, matériau recherché pour sa « plasticité » tant par le sculpteur que par le tailleur de pierre.

Pour dresser la carte du calcaire exploitable et exploité dans les constructions, nous avons à notre disposition deux études : le *Répertoire des carrières de pierre de taille exploitées en 1889* (1890) et l'*Etude régionale des matériaux de construction des Monuments historiques*, publiée par Annie Blanc (1974). La carte des voûtes et celle du calcaire se superposent à peu près. On observe en particulier l'absence totale ou presque totale de calcaire dans les départements bretons et alsaciens, dans le Massif central et dans le Nord. Certaines anomalies s'éliminent d'elles-mêmes. On sait, par exemple, que le tuffeau mis en œuvre à Nantes, à Vannes, à Lorient, à Redon et à Rennes, dans une région dépourvue de calcaire, vient de l'Anjou par la Loire, par la Vilaine et par la mer. Cet exemple permet de mieux comprendre l'importance des cours d'eau et des côtes maritimes dans la carte des ouvrages.

Cependant l'explication par le matériau tourne court rapidement. Les départements orientaux, de la Savoie à la Lorraine, et les départements pyrénéens sont bien dotés pour le matériau ; ils sont pourtant dans les vides de la carte des voûtes. A Toulouse, où la brique est le matériau par excellence, la trompe est une des rares parties construites en calcaire. Mieux encore : les trompes de Montferrand sont en pierre de Volvic et les escaliers de Strasbourg en grès. La présence de calcaire n'est donc ni une condition nécessaire, ni une condition suffisante. De plus, le calcaire n'est pas la seule pierre de taille. Les régions où le granite et le grès sont communément employés en pierres de taille pour les élévations et même pour la sculpture, ne sont pas pour autant des régions stéréotomiques.

Les traditions architecturales

Dans l'état actuel des travaux sur la géographie de l'architecture savante, il est pratiquement impossible d'isoler les facteurs de distribution de la voûte qui sont dus aux traditions locales de construction. D'autant que la voûte n'est jamais qu'une partie du corps architectural. La trompe est l'organe du surplomb et l'on ignore encore la distribution géographique de l'usage du surplomb. Il faut évidemment combiner plusieurs topiques pour rendre compte de la plupart des particularismes. Examinons, par exemple, le phénomène du surplomb en Basse Normandie entre le XVe et le XVIIe siècle. Les manoirs et les hôtels y présentent le trait constant d'une tour polygonale passant au carré dans les parties hautes. Pour racheter le carré, on emploie, au lieu de la trompe clavée, deux consoles jumelées en coin (fig. 129), dont les têtes sont quelquefois découpées en arc pour former une sorte de trompe en tas-de-charge[3]. Pourquoi cette région est-elle restée fidèle à ce procédé — d'ailleurs fort commun à l'époque gothique — reproduisant une structure de charpente, si ce n'est justement parce que c'est une région où la tradition de construction en bois reste forte, une région où les ouvrages de stéréotomie, tardifs et très localisés, sont le fait d'architectes parisiens (François Mansart à Balleroy, Claude-Nicolas Ledoux à Bénouville) ou d'une institution nationale (les Mauristes à Caen) ?

Les études régionales sur la voûte d'ogives sont malheureusement trop fragmentaires pour que l'on puisse

129. *Consoles jumelées en coin* (E. Viollet-le-Duc, Dictionnaire, t. IV).

sérieusement quantifier et cartographier leurs résultats. Dans les articles d'Héliot consacrés au Nord et à la Picardie d'une part, au Roussillon d'autre part, nous avons relevé 20 mentions d'édifices à ogives pour le département de la Somme, 21 pour le département du Nord, 72 pour le département du Pas-de-Calais, et seulement 8 pour le département des Pyrénées-orientales Dans l'étude de R. Tournier sur la Franche-Comté, nous avons relevé 16 mentions pour le département du Doubs, 19 pour celui de la Haute-Saône, 24 pour celui du Jura. Nous serions tenté de penser qu'il y a plutôt complémentarité que recouvrement entre les zones de grande densité de l'ogive tardive et celles de la voûte massive moderne. Le phénomène n'est net que si l'on s'en tient aux constructions d'ogives postérieures à 1750. Héliot en cite sept : abbaye de Marmoutier (1769, Bas-Rhin), Saint-Vincent de Metz (1754-1756, Moselle), église d'Aubigny (1749-1751, Pas-de-Calais), église d'Herleville (1750, Somme), Notre-Dame du Camp à Pamiers (1769-1773, Ariège), église de Marennes (1770, Charente-maritime), église de Vinça (1734-1769, Pyrénées-orientales).

Parmi les traditions, il faut évidemment citer celle du tour de France des compagnons. On sait que le pèlerinage aux grandes œuvres de la stéréotomie faisait partie de la formation de l'appareilleur et du tailleur de pierre. On pourrait reconstituer avec une certaine précision les itinéraires de ce tour de France très spécialisé en relevant systématiquement les signes lapidaires laissés sur les ouvrages de référence par les compagnons passants. Il y a là une source écrite fort importante puisque ces signes sont bien localisés et qu'ils donnent, avec la date du passage, le surnom du compagnon qui est habituellement une appellation d'origine. Malheureusement les relevés qui en ont été faits sont encore très lacunaires. Si l'on en croit les historiens du compagnonnage, ces signes seraient une particularité du Midi de la France, ce qui est déjà en soi une indication intéressante. On en a reconnu au Pont du Gard, au château de Beaucaire, au Temple de Diane à Nîmes, à la vis de Saint-Gilles, au Fort Saint-André de Villeneuve-les-Avignon, aux Antiques de Saint-Rémi, etc. Les compagnons qui ont marqué les lieux se nomment Angevins, Tourangeaux, Nantais, Parisiens ; ils portent les noms des villes d'Orléans, de Saumur, de Chinon, de Bordeaux, etc.[4]. Ainsi s'esquisse une carte du tour de France qui présente d'évidentes similitudes avec celle de la stéréotomie. Ce tour de France n'est en réalité qu'une piste assez étroite contournant largement le Massif central. On serait tenté de l'identifier avec une variété de tradition localisée qui aurait pris l'aspect d'un réseau au lieu de former une zone. Le tour de France ne paraît pas faire véritablement exception à la règle d'inertie des traditions architecturales. Il y a eu sans aucun doute des échanges fructueux à l'intérieur du réseau, mais le tracé de celui-ci semble avoir été gravé dans le sol par une tradition séculaire. Chaque compagnon a seulement approfondi le sillon ouvert par le passage de ses prédécesseurs.

Reste l'effet des migrations d'artistes. Pierre Levesville, auteur du plus grand nombre des trompes sous le coin que nous connaissons en Aquitaine où elles sont plutôt rares, est originaire du bassin de la Loire qui est le berceau du type[5]. Le rôle de cet auteur de second plan est comparable à celui du compagnon. Les grands créateurs ne sont évidemment pas soumis aux mêmes tropismes. Nous avons vu que rien ne prédisposait la Basse Normandie à recevoir l'un des chefs-d'œuvre stéréotomiques de François Mansart. Gentilhâtre, architecte parisien, imite à Chauvirey, à l'extrémité orientale de la zone des trompes, un modèle bien connu à Paris.

Nous ne placerons pas au rang des exploits individuels l'introduction de la stéréotomie à Strasbourg. On peut cependant attribuer à Joseph Massol tous les ouvrages de stéréotomie réalisés à Strasbourg dans la première moitié du XVIIIe siècle et constater même une certaine concomitance entre la disparition de l'artiste et un retour aux habitudes locales complètement étrangères à la stéréotomie[6]. Joseph Massol, né à Béziers, fils de Guillaume maître maçon d'Avignon, est qualifié d'appareilleur et d'architecte du roi et du Cardinal de Rohan. Son collaborateur Jacques Gallay, né à Fribourg en Suisse d'un père architecte, qualifié de tailleur de pierre et d'appareilleur, s'est formé à Paris[7]. Comme H. Haug l'a bien montré, Massol, représentant de Robert de Cotte sur le chantier du nouvel archevêché, a été l'agent de la

« francisation » de l'architecture alsacienne[8]. Rien de plus net à cet égard : le trait de la pierre de taille, transplanté dans un pays que ses traditions architecturales rattachaient au monde germanique, prend un accent français accusé, peut-être faudrait-il même dire un accent parisien (fig. 130).

Le contexte géopolitique

Quelques aspects de la formation de l'Etat français peuvent être rapportés à notre sujet.

Première observation. La voûte en pierre de taille ne semble pas avoir dépassé les limites de la France du milieu du XVIIe siècle : Nice, la Savoie, la Franche-Comté, la Lorraine, l'Alsace, l'Artois, la Flandre forment les principaux vides de la carte des voûtes.

Deuxième observation. L'antagonisme Nord-Sud a beaucoup perdu de sa vigueur ; mais la localisation de la

130. Strasbourg, archevêché.
Trompe sphéroïdale sur le pan,
par Joseph Massol et Jacques Gallay, après 1731.

presque totalité des archétypes entre Toulouse et Valence rappelle l'antériorité du foyer méridional. F. de Dartein[9] a pu montrer que les ponts du Nord ont été construits, jusqu'à la fin du XVIIIᵉ siècle, sur des cintres légers, avec des joints assez épais, en tenant compte d'un tassement après décintrement ; tandis que les ponts languedociens étaient caractérisés par l'extrême ténuité de leurs joints — presque des joints vifs — qui ne pouvaient être obtenus que grâce à des cintres très résistants (au pont de Lavaur, les cintres étaient en dur). Nous retrouvons la tradition des constructions romaines et romanes du Sud-Est. En 1783, Giral recommandait même le retour à l'appareillage par rouleaux, illustré au Pont du Gard et au Pont d'Avignon[10].

Troisième observation. Le rôle de Paris, catalyseur de l'unité nationale, est évident. C'est à Paris qu'était située l'arrière-voussure de Saint-Antoine, la seule appellation d'origine qui n'appartenait pas à l'ensemble Toulouse-Valence. A Quintin, à La Moussaye, dans la Bretagne particulariste, la stéréotomie s'insinue derrière quelques architectes venus de l'est[11]. Elle s'implante à Brouage avant d'entrer dans La Rochelle avec l'armée royale. A Thouars, elle s'entoure de tous les autres signes de l'architecture régnicole. L'Intendant Dupré de Saint-Maur, représentant du pouvoir central, impose aux jurats de Bordeaux l'intervention d'artistes parisiens par l'argument, bien fallacieux d'ailleurs, que « plusieurs arts sont presqu'encore dans leur enfance à Bordeaux, notamment celui du trait et de la coupe des pierres »[12].

Les institutions monastiques et canoniales

Le déploiement stéréotomique n'est pas l'œuvre des seuls architectes du roi. Sur la carte des voûtes pour les dernières années du XVIIᵉ siècle et la première moitié du XVIIIᵉ, la majorité des points représentent les travaux des grandes institutions monastiques et canoniales[13], dans lesquels les architectes du roi n'interviennent pratiquement pas (le cas de R. de Cotte à Saint-Denis est une exception). Il faut donc rechercher là une explication d'un tout autre ordre que celle des relations Paris-Province.

Les quelques décennies envisagées correspondent à la période de reconstruction des établissements bénédictins touchés par la réforme de Saint-Maur ; les maîtres d'œuvre de ces travaux ont le plus souvent été trouvés dans les communautés elles-mêmes : deux motifs pour ne s'étonner ni de l'importance du chantier monastique, ni de son action unificatrice. Mais reste un point obscur : pourquoi les Mauristes se sont-ils faits les propagateurs de l'art du trait, au point que, dans tous les établissements que nous connaissons, la réforme a été associée à quelques chefs-d'œuvre de cet art ? D'après les *Constitutiones*, les monastères doivent être solides et simples ; on y interdit l'or, les peintures et les vains ornements. Les réformateurs pouvaient-ils mieux faire que d'emprunter au monachisme roman un de ses traits les plus significatifs, la puissante nudité de sa stéréotomie massive ? Cet emprunt fut-il conscient ? Y a-t-il eu une relation voulue entre la réforme du monachisme et cette sorte de retour au romanisme ? Il n'en est pas d'autre preuve que celle fournie par les œuvres elles-mêmes[14].

Les constructions des Prémontrés ont, dans la première moitié du XVIIIᵉ siècle, une ampleur comparable à celles des Mauristes ; mais l'art du trait n'y occupe pas la même place[15]. Les noms de Nicolas Bonhomme, de Charles Bonhomme et d'Adrien de Canlers s'inscrivent, il est vrai, au tableau d'honneur de la stéréotomie. Nicolas Bonhomme est l'auteur de l'exceptionnel escalier suspendu de la maison éponyme de Prémontré ; mais, curieusement, ses autres productions sont justement dans des établissements mauristes, l'abbaye Saint-Germain-des-Prés à Paris et l'abbaye de Marmoutier près de Tours. Son homonyme, Charles Bonhomme, a donné le devis de reconstruction de l'abbaye prémontrée Saint-Martin de Laon, qui contient quelques beaux ouvrages stéréotomiques ; mais Charles Bonhomme est également intervenu à l'abbaye mauriste de Saint-Denis. L'œuvre du frère Adrien de Canlers a entièrement disparu et avec elle, peut-être, quelques témoins excentriques de l'art du trait. Adrien de Canlers participe à la reconstruction des abbayes prémontrées de Dommartin et de Saint-André-au-Bois. Les Chroniques de ces abbayes disent à son propos : « Il était bon tailleur de pierre, il en cognaissait

131. *Ebersmunster (Bas-Rhin), église Saint-Maurice. (Photographie J.-C. Stamm). Exemple français de la manière d'Outre-Rhin : les voûtes en pendentifs sont entièrement couvertes par un décor peint.*

parfaitement les couppes », « il était très entendu particulièrement pour les voûtes et les escaliers de pierre ». A Saint-André, il a construit un escalier qui était admiré. Il en fit d'autres « dans le même goût, mais beaucoup plus beaux et plus hardis à l'abbaye de Longvilliers, à celle de Beaupré près de Beauvais, à Clairmaret et ailleurs » [16]. Tous ces établissements — les trois derniers ne relevaient pas de Prémontré — étaient situés dans cette France septentrionale peu douée pour la stéréotomie [17] ; mais l'œuvre de Canlers était-elle vraiment stéréotomique ?

La renaissance architecturale de Prémontré ne touche en réalité que le nord et l'est de la France. Les maîtres d'œuvre lorrains y prennent une part décisive. Le contexte géographique n'est donc pas celui de la renaissance mauriste, ce qui peut expliquer les différences que nous observons entre les constructions de ces deux institutions. Les seuls témoins de la stéréotomie prémon-

trée que nous ayons conservés sont dans les régions « naturellement » favorables au trait. Une exception apparemment, le bel ensemble de voûtes de l'abbaye de Rangeval dans la Meuse : mais Rangeval est encore à quelques dizaines de kilomètres à l'ouest de Toul, extrémité orientale de la zone stéréotomique au XVIe siècle.

Les voûtes sans pierre de taille

L'autre France ne se distingue pas par une typologie originale de la voûte. On retrouve la voûte en pendentifs à Saint-Vaast d'Arras, à Saint-Maurice d'Ebersmunster (fig. 131) ; la voûte en berceau à lunettes, à la cathédrale

132. *Tours (Indre-et-Loire),*
maison de Pierre du Puys, fin XVᵉ siècle.
Escalier « à la Rihour ».

et à Saint-Sébastien de Nancy ; la tribune d'orgue sur trompe en berceau ondée, à Notre-Dame de Metz et à Saint-Bénigne de Dijon ; l'escalier suspendu sur voûtes, aux Prémontrés de Pont-à-Mousson et à l'hôtel de ville de Metz. Il n'y a guère que les trompes coniques qui soient totalement ignorées dans cette France. La différence essentielle tient donc à l'emploi de la pierre de taille, dont nous connaissons les conséquences sur l'esthétique générale de la voûte.

Dans l'autre France, les couvrements sont assurés par des lambris de bois (notamment en Bretagne), par des voûtes en brique (surtout dans le Nord) et un peu partout par des voûtes en moellons enduites. L'enduit appelle plus souvent l'ornement et la peinture. Les deux sont associés dans le décor tapageur de Saint-Maurice d'Ebersmunster, qui appartient évidemment à la manière d'Outre-Rhin et se trouve aux antipodes du mode stéréotomique. La voûte en brique définit à elle seule une manière ; elle a ses terrains de prédilection ; la représentation cartographique de sa diffusion fournirait certainement la matière d'intéressantes observations. Pour conforter ou vérifier les conclusions auxquelles nous sommes déjà parvenu, nous avons étudié deux types de voûte en brique, dont la diffusion offre précisément quelques traits remarquables.

La voûte à la Rihour

Par la brique de son gros-œuvre, par son grand pignon à redents, la maison de Pierre du Puys (fin XVᵉ siècle) évoque l'architecture du Nord au cœur de la ville de Tours (fig. 16). La voûte de son escalier en vis a la réputation d'être curieuse, mais personne n'a pris le risque de l'analyser (fig. 132). C'est un berceau hélicoïdal en brique. Le demi-berceau externe est assisé, comme une vis de Saint-Gilles ; le demi-berceau interne est formé de voûtains de briques approximativement perpendiculaires aux tangentes du noyau : une dizaine de rangs de briques parallèles constituent un voûtain sur lequel s'appuie un autre voûtain de même type mais dont les rangs parallèles ont tourné de manière à retrouver la perpendiculaire à une tangente du noyau. Cet étonnant parti confirme la référence à l'architecture du Nord. Du baillage d'Aire-sur-la-Lys (1597-1600) à l'Hôpital général de Douai (milieu du XVIIIe siècle), nombreuses sont les voûtes dans lesquelles les briques sont disposées en appareils décoratifs. Dans la vis de Tours cependant, la disposition des briques est peut-être la solution trouvée à un problème technique. Pour construire la vis de Saint-Gilles en pierre, il faut des voussoirs « tordus » suivant une section d'hélice et cette torsion augmente régulièrement du lit externe reposant sur la cage au lit interne reposant sur le noyau. Les briques, elles, ne sont pas façonnées. Le rapport de leur module et du plan de la cage étant très petit, il est possible d'assiser le demi-berceau externe ; mais dans le demi-berceau interne, l'assisage, sans être irréalisable (voir le château de Wisques) est plus délicat, car il peut produire un polyèdre du plus vilain effet. D'où, de toute évidence, le parti adopté.

Celui-ci apparaît au Palais Rihour de Lille, entre 1453 et 1465. On sait que dans ce palais les habitudes locales de construction en briques se sont imposées, malgré la volonté de Philippe Le Bon qui voulait un palais en pierre comme celui de Bruxelles. Le parti de la vis peut être attribué au maître-maçon artésien Jean Pinchon et à Armand Mibon, le maître des œuvres d'Artois. Lille et Tours sont, semble-t-il, les limites nord et sud de la zone de diffusion du type, dont nous avons pu retrouver en Picardie (la Picardie de l'Ancien Régime, qui comprenait le Boulonnais) plusieurs exemples aux datations comprises entre le milieu du XVe siècle et le tout début du XVIIe : Belle, Senlecques, Dompierre-sur-Authie, Rambures, Saint-Riquier, Fontaine, Guémicourt, Amiens, Laboissière-en-Santerre. Cette vis que nous nous proposons d'appeler « à la Rihour » est toujours comprise dans un gros-œuvre en brique et souvent associée, comme à Tours, avec un pignon à redents (Senlecques, Guémicourt, Rambures). Peut-être pourrait-on expliquer partiellement la diffusion de la vis à la Rihour par le jeu des relations personnelles. Dompierre est à la limite de l'Artois, à quelques kilomètres de Hesdin, où se trouvait le fameux château à la construction duquel Jean Pinchon a collaboré. Dompierre appartenait aux Rambures, dont le château est lui-même proche de Saint-Riquier. Les maîtres d'ouvrage qui, à Rambures et à Saint-Riquier, ont commandé les vis à la Rihour, étaient étroitement liés au parti bourguignon. Ces relations personnelles se sont-elles étendues jusqu'à Tours ?

Ce qui donne tout son intérêt à cette petite série, sur laquelle nous nous appuyons pour définir sommairement la manière septentrionale, c'est qu'elle comprend également le château de Saint-Germain-en-Laye où l'on construit, à partir de 1539, des vis à la Rihour. Voilà une observation qui devrait inciter à revoir l'interprétation de la composition déroutante de ce château royal.

La voûte à la Roussillon, la voûte à la Volterra, la voûte sarrazine

Avec la voûte à la Roussillon, nous retrouvons une authentique appellation d'origine : nous voulons dire que l'appellation vient des textes et de la tradition et qu'elle n'est pas une création de l'histoire de l'art. Autre différence notable avec le cas précédent : les voûtes à la Rihour forment une famille très restreinte, dont la généalogie est établie ici pour la première fois ; alors que les voûtes à la Roussillon ont eu une descendance exceptionnellement abondante qui a déjà retenu l'attention. Nous apportons ici quelques compléments et une interprétation d'ensemble à l'étude que lui a consacrée Turpin C. Bannister.

Il a fallu attendre, semble-t-il, le rattachement du Roussillon à la France (1659) pour qu'un certain procédé de construction de voûtes en brique, traditionnellement utilisé dans toute la Catalogne, fasse son apparition dans les provinces françaises voisines. En 1707, on le signale à Castelnaudary ; en 1713 à Toulouse. Vers 1740, le

Maréchal de Belle-Isle fait venir des maçons de Perpignan pour faire couvrir par ce procédé les écuries de son château de Bizy près de Vernon en Normandie : le maître d'œuvre est Contant d'Ivry qui reprendra le procédé à l'église de Penthemont de Paris [18]. En 1747, le procédé est présenté à l'Académie d'architecture dont l'attention avait été attirée sur les voûtes en brique surbaissées dès 1684 [19]. En 1750, le *Mercure de France* signale qu'un architecte nommé Geoffroy a découvert et mis en œuvre aux environs d'Orange, un procédé de construction de voûtes en brique : c'est en réalité une variante assez banale de la voûte à la Roussillon [20]. Pendant le même temps, l'architecte Toussaint Loyer réalise des expériences similaires dans la région lyonnaise [21] et le Comte d'Espie fait couvrir son hôtel, rue Mage à Toulouse, de voûtes à la Roussillon. Laugier y fait allusion dans son *Essai* (1753) [22]. Mais c'est le mémoire que le Comte d'Espie consacre au sujet qui « lance » définitivement le procédé sur le plan national, et même international puisque son mémoire, publié en 1754, est traduit en anglais en 1756 et en allemand en 1760. Un premier exemple d'application est signalé en Angleterre en 1775. L'Académie d'architecture reconnaît les avantages du procédé en 1764 et en 1777 (mémoire de M. de Jussieu, envoyé de Lyon à Soufflot) ; enfin, après une mise à l'épreuve au Palais Bourbon en 1778, elle se décide à en recommander l'emploi [23]. La mention de la voûte à la Roussillon dans les *Monuments érigés à la gloire de Louis XV* (1765) de Patte [24], dans le *Cours* de J.-F. Blondel [25] et dans le *Traité* de Rondelet [26], atteste sa notoriété.

Celle-ci s'explique aisément. Le procédé permettait en effet de construire des voûtes surbaissées en associant la légèreté de la brique à l'adhérence du plâtre. La voûte n'était formée que d'une seule épaisseur de briques posées à plat et non de champ, et liées au plâtre. Contre toute attente, ce mince voile de briques tendu sur des courbes très faibles avait la résistance des grosses voûtes en pierre. Ce procédé vernaculaire, peu onéreux, facile à exécuter sans ouvriers très spécialisés, s'adaptait exactement aux préoccupations des architectes à la recherche de couvrement à faible flèche [27]. Nous verrons que sa vulgarisation a beaucoup compté dans la récession générale de l'art du trait, sensible dans la deuxième moitié du XVIIIe siècle. Peu à peu perfectionnée, cette voûte en briques s'est imposée dans toute l'architecture du XIXe siècle [28] et serait même, d'après Bannister, à l'origine de certains couvrements du XXe siècle.

Ce qui nous intéresse dans l'histoire si peu banale de cette voûte, c'est son mode de progression : d'abord de proche en proche, comme un procédé d'architecture vernaculaire ; puis à partir du milieu du XVIIIe siècle, à l'échelle internationale : l'internationalisation due au livre n'aurait sans doute pas eu lieu si la mise en œuvre du procédé avait imposé l'appel à une main-d'œuvre spécialisée, principale responsable, semble-t-il, de la relative stagnation des procédés stéréotomiques.

Ce qui nous paraît moins clairement, ce sont les origines du procédé. Dans ses *Elementa architecturae civilis*, G.B. Izzo (Vienne, 1764) le désigne sous l'appellation « voûte française » [29]. L'appellation « voûte à la Roussillon » n'est-elle pas elle-même tardive et approximative ? D'Espie signale le procédé au couvent des Cordeliers de Perpignan « construit depuis 300 ou 400 ans par les Espagnols ». Dans ses *Elementos de matemática*, Benito Bails consacre un intéressant développement à la « bóveda tabicada », à la « bóveda como on tabique », à la voûte comme une cloison, c'est-à-dire montée par rangs de briques à plat, en d'autres termes à la voûte dite en France « à la Roussillon ». « Esta casta de fábrica es muy antigua en España y muy usada en la Corono de Aragon de donde paso a Francia, en Andalucia, Murcia, etc. » [30].

Cependant le même procédé est utilisé depuis des générations en Italie autour de Pise et de Volterra, où cette voûte est justement appelée la « Volterrana ». Les apparitions que nous avons signalées à Orange et à Lyon peuvent être d'origine italienne. En 1810, l'ingénieur du corps impérial des Ponts et Chaussées Robert Bombicci recommande l'envoi de maçons toscans à Paris pour y construire des « volterranes », des voûtes à la manière de Volterra.

Il s'agit probablement d'un procédé très répandu dans le monde méditerranéen. Il est encore en usage en France sous le nom de voûte sarrazine. Rappelons les observations faites à propos de la cheminée sarrazine sur le sens de l'adjectif sarrazin qui est à peu près celui que nous avons donné nous-même à l'adjectif exotique. Nous avons eu l'occasion de voir monter un escalier suspendu sur voûte sarrazine. Le dessus et les contre-marches étaient des plaques de marbre. Sous chaque dessus, scellé dans le mur de cage et provisoirement posé en équilibre sur la contre-marche, le maçon jetait des briques dans le plâtre, puis recouvrait cette fourrure d'une ou de deux assises de brique rampantes formant ensemble la voûte plate et continue portant l'escalier. Le maçon travaillant par dessous, il fallait que le plâtre saisît aussitôt la brique pour que celle-ci ne retombât pas. L'étonnant était que le maçon avait l'air de suspendre une lourde masse de briques à des plaques de marbre dont la stabilité était précaire, alors que, le plâtre séché, c'était la masse de briques qui portait les marches. Le maçon montait ainsi au fur et à mesure contre-marche, dessus et voûte. A peine la dernière brique d'une marche était-elle posée, que la marche était ferme, prête à servir. Le maçon que nous avons vu travailler, était Italien; il était le seul maçon de l'entreprise à savoir monter une voûte sarrazine et affirmait que le secret s'en transmettait dans sa famille depuis plusieurs générations [31].

Permanence et évolution de la stéréotomie française

Les trois siècles, trois siècles et demi, sur lesquels s'étale notre étude présentent incontestablement une unité remarquable. A toutes les générations, celle de Delorme, celle de Jousse, de Derand, de François Mansart, celle de Jules Hardouin-Mansart et de Perrault, celle des Gabriel et des Franque, on voit le nom des plus grands architectes parmi les sectateurs de l'art du trait.

On ne saurait trop insister sur ces facteurs de permanence que représentent les traditions de métier, la pression que les maîtres d'œuvre subissent de la part des appareilleurs qui s'efforcent de mettre en évidence leur spécialité. «Les meilleurs architectes négligent de faire usage de tous les secrets que cet art nous enseigne et

dédaignent de faire parade de la plupart de ses ressources», écrit J.F. Blondel: «ils abandonnent aux appareilleurs les minuties, ces petits détails symétrisés qui ne prouvent que la difficulté de la main-d'œuvre» [32]. Les architectes changent plus facilement de style que les ouvriers du bâtiment ne changent de spécialité. Après 1750, alors que les architectes se montrent chaque jour plus réservés à l'égard de la stéréotomie, celle-ci reste la pierre de touche de la compétence dans les concours de maîtrise. Tous les ans, entre 1770 et 1784, à Bordeaux, les candidats ont à donner le trait d'une trompe ou d'une vis de Saint-Gilles. En 1780, Gabriel Durand, collaborateur de Louis dans les chantiers bordelais, devient maître en traitant un sujet qui est un petit chef-d'œuvre de pédanterie stéréotomique: «Un escalier en forme de fer à cheval en dehors, voûté et suspendu; il commencera par marches massives, la voûte commençant par une trompe dans l'angle dont une imposte [une naissance] sera rampante et l'autre de niveau; et sera terminé aussi par une trompe qui servira de pallier d'arrivée... la dite trompe naitra d'une plate-bande dont les voussoirs formeront les naissances de la dite trompe, la plate bande en dedans formera une voussure de Saint-Antoine rachetant une voûte sphérique, etc.» [33]. Le grand escalier de l'archevêché de Bordeaux est, pour les années 1770, un archaïsme, archaïsme qui ne s'explique que par le conservatisme des gens de métier (fig. 139). Cependant, pendant trois siècles, le goût pour les performances stéréotomiques est exalté avec constance et enthousiasme par les auteurs les plus divers et les plus autorisés. Nous ne citerons pas une fois de plus Delorme et Sauval. Mais Catherinot qui, dans son *Traité de l'Architecture* (1688) écrit: «La voûte est le chef-d'œuvre de l'architecture» [34]. Ou Tiercelet qui, dans son *Architecture moderne* (1728-1729) s'exclame: «Est-il rien de plus magnifique que ces vastes escaliers construits en pierre de taille qui se soutiennent d'eux-mêmes en l'air par l'artifice de leur appareil au moyen de l'invention admirable qu'on a trouvée de les évider dans le milieu et de rejeter la portée de ces masses suspendues sur les murs des quatre faces» [35]. Nombreux sont les contemporains pour vanter «ces trompes étonnantes où on voit un édifice se porter lui-même par la

133. *Bordeaux, archevêché, 1772-1778. (Photographie M. Dubau). Un des derniers chefs-d'œuvre
de la stéréotomie française : volée sur voûte gauche (d'abord plate puis en demi-berceau) appareillée en panache,
retour en vis de Saint-Gilles ; palier sur voûte en arc-de-cloître avec partie centrale appareillée en panache.*

force de la figure et de la taille des pierres, ces voûtes surbaissées et presque plates, ces rampes d'escalier qui, sans aucun pilier qui les soutienne, tournent en l'air le long des murs qui les enferment et vont se rendre à des paliers également suspendus sans autre appui que celui des murs et la taille ingénieuse des pierres »[36].

Dans le *Cours* de J.F. Blondel, on trouve sur ce sujet quelques contradictions, dues sans doute pour partie au fait qu'il y a eu deux mains dans la rédaction de ce cours, Blondel n'ayant pas eu le temps de l'achever

lui-même. Les déclarations les plus favorables à la stéréotomie peuvent être attribuées à Patte : « Après la composition d'un escalier, c'est la beauté de son appareil qui en doit faire le principal mérite. Les plus beaux escaliers sont d'ordinaire évidés dans le milieu et construits en pierre de taille ; ils doivent se soutenir en l'air par l'artifice de leur construction et par la manière dont on rejette le poids sur les murs »[37]. Blondel a un avis plus nuancé ; nous le retrouverons parmi ceux qui condamnent les excès de l'art du trait au nom de la

	1450-1500	XVIe		XVIIe		XVIIIe	
		1500-1550	1550-1600	1600-1650	1650-1700	1700-1750	1750-1800
Trompes coniques en tour-ronde	3	10	10	13	2		1
Trompes coniques sous le coin		1	2	21	12	1	
Autres trompes		2	2	7	10	7	6
Trompes. Totaux	3	13	14	41	24	8	7
Escaliers à retours sur trompe					9	1	
Escaliers à retours en arc-de-cloître				2	10	22	4
Autres escaliers suspendus		1	1	10	11	9	8
Escaliers. Totaux		1	1	12	30	32	12

Nota : *Ce tableau donne le décompte des édifices contenant des trompes clavées sortant du triangle, ou des escaliers suspendus sur voûtes en pierre de taille. Ont été écartées systématiquement les datations dont l'imprécision dépassait la moitié de siècle. Les datations précises s'inscrivant juste à la limite de deux siècles ou de deux moitiés de siècle, ont été réparties par moitié dans les colonnes adjacentes. Les lignes « autres trompes » et « autres escaliers » comprennent en particulier les ouvrages dont le type exact n'a pu être identifié.*

bienséance : « Nous n'entendons pas néanmoins qu'il faille négliger la beauté de l'appareil... ; nous blâmons seulement la prétention que la plupart des artistes subalternes attachent à cette servitude scrupuleuse »[38].

Evolution de la typologie

Nous manquons singulièrement de matériaux pour suivre l'évolution de la typologie des voûtes en France. Il n'y a pas la moitié du corpus rassemblé qui puisse servir à l'appui d'une démonstration. Cela tient à la difficulté de dater les ouvrages. Les auteurs de monographies ne datent que les grandes masses ; facilement leur échappe la reconstruction d'une voûte, l'adjonction d'un escalier. Que dire de la trompe dont nous savons qu'elle était souvent le moyen d'un remaniement, remaniement qui

presque toujours a échappé à l'attention de ces auteurs ! Dans la plupart des cas, les datations s'expriment par des approximations dont les amplitudes sont tellement diverses qu'il devient impossible de les additionner et de proposer une expression numérique des phénomènes. Nous devons nous contenter d'une représentation très simplifiée ne retenant que les datations des trompes et des escaliers suspendus s'inscrivant dans des moitiés de siècle : malgré ces simplifications, le tableau obtenu nous a paru assez suggestif.

La trompe conique en tour-ronde établit un lien entre le Moyen Age et les Temps modernes. C'est la trompe-type du XVIe siècle. La trompe conique sous le coin apparaît vers 1530 ; mais il ne semble pas que la belle invention de l'hôtel Pincé d'Angers ait été imitée avant les années 1570, où l'on imagina d'en grouper plusieurs sur consoles. C'est en groupement plus qu'isolée qu'elle prend le pas sur sa sœur en tour-ronde dans la première moitié du XVIIᵉ siècle. Dans ces années 1600-1650, la mode de la trompe est à son apogée. Non seulement les types traditionnels y sont représentés en grand nombre; mais les types se diversifient: trompe en coquille sous le coin, trompe cylindrique sur le pan et sous le coin, trompe plate sur le pan et en tour-ronde. Rappelons que dans les années 1640, se multiplient justement les traités de stéréotomie imprimés. La récession commence dans la seconde moitié du XVIIᵉ siècle. Si les trompes coniques sous le coin sont encore nombreuses entre 1650 et 1700, cela est dû à leur emploi dans les escaliers sur trompes (8 cas sur 12): la désaffection pour les tourelles ou logettes sur trompes (et d'ailleurs pour toute tourelle ou logette en surplomb) est donc beaucoup plus sensible qu'on ne pourrait le croire en regardant trop rapidement le tableau. Le nombre des trompes reste cependant relativement important jusqu'au milieu du XVIIIᵉ siècle; mais les trompes plates remplacent presque partout les trompes coniques. On ne construit plus de trompes après les années 1770.

L'escalier suspendu sur voûtes prend en quelque sorte le relais de la trompe. Avant 1650, les escaliers suspendus sont rares (d'autant plus rares d'ailleurs, que les escaliers dénombrés avant 1650 sont presque tous détruits). La seconde moitié du XVIIᵉ siècle est d'autant plus brillante que les deux types à retours sur trompe et à retours en arc-de-cloître sont en concurrence. Victime de cette concurrence, le type à trompes disparaît au XVIIIᵉ siècle, tandis que les arcs-de-cloître du second type sont surbaissés et doivent laisser quelquefois place à l'escalier sur voûte plate.

Déplacement du centre stéréotomique

L'art français de la voûte est au XVIᵉ siècle très provincial. S'il y a regroupement, c'est autour de centres régionaux, comme Toulouse qui, dans la première moitié du siècle, est la véritable capitale stéréotomique de la France. Les archétypes sont, pour la trompe, à Nantes, à Angers, à Lyon; pour la voûte en pendentifs, à Valence,

à Bournazel, aux Baux, à Villefranche-de-Rouergue; pour la coupole, à Moulins, à Bléré, à Vannes, à Toul; pour le berceau, à Nantes, à Joigny, etc.

Le détournement de l'activité provinciale au profit de Paris date du XVIIᵉ siècle. Le mouvement est déjà sensible au XVIᵉ siècle: le Lyonnais Delorme est parmi les premiers à être saisi par la fascination du pouvoir central. L'escalier suspendu passe de Toulouse aux Tuileries et s'établit à Paris dans la première moitié du XVIIᵉ siècle: palais du Luxembourg, hôtel de Bellegarde-Séguier, hôtel de Jars, hôtel de La Vrillière, hôtel Vanel, hôtel Vendôme, une liste sortie de Sauval qui justement écrit: «Depuis peu les hôtels des gens de qualité et riches ont été embellis de grands escaliers de pierre fort aisés, vides dans le milieu, suspendus en l'air, ou portés par des voûtes fort accroupies et surbaissées»[39]. Dans la première moitié du XVIIᵉ siècle, nous ne connaissons que deux escaliers sur voûtes en province, celui de Beaumesnil et celui de Balleroy.

L'invention ne se fait pas à Paris; mais à Paris se fixent les canons. Le cas de l'église avec berceau nu, coupole sur tour-lanterne de croisée est particulièrement net: le berceau et la coupole n'entrent pas dans Paris avant le début du XVIIᵉ siècle; mais ces éléments s'y combinent pour former ce que l'on peut appeler assez drôlement un stéréotype. C'est bien dans le creuset parisien que se fondent les canons de l'architecture française. La fixation sur Paris ne fait que s'accentuer dans la seconde moitié du XVIIᵉ siècle, jusqu'à la création des Académies. Il est tout de même curieux de penser que la voûte plate clavée est peut-être sortie d'un mémoire présenté à l'Académie des Sciences en 1699!

Après la phase d'aspiration commence, dès la fin du XVIIᵉ siècle, la phase d'expiration. Les Mansart, De Cotte, Gabriel vont promouvoir en province l'esthétique de la voûte stéréotomique. A cet égard, deux interventions des plus significatives: celle de De Cotte et de Massol à Strasbourg en terre de conquête; celle de Jules Hardouin-Mansart à Arles, dans une terre de tradition qui va, en quelque sorte, être réensemencée par l'apport parisien et produire une dernière moisson bien localisée, récoltée par les Franque.

19. L'Espagne

Sur le rapport de la voûte en pierre de taille, les similitudes et les relations entre la France et l'Espagne sont telles qu'il aurait fallu considérer ces deux Etats comme un seul ensemble. Cependant la frontière, qui ne devrait pas arrêter l'historien de l'architecture, est encore pour lui un obstacle sensible. Les traités d'architecture espagnols sont pour la plupart introuvables en France. Les historiens espagnols n'ont pas été plus diserts que leurs collègues français sur le sujet : tout passe donc par l'exploration du terrain et l'auteur lui-même connaît nécessairement mieux la France que l'Espagne. Dans ces conditions, il n'était pas possible de donner à cet essai les équilibres qui caractérisent les ouvrages de synthèse. Nous ne consacrons à l'Espagne qu'un chapitre de comparaison tendant principalement à affirmer les contours de notre portrait de la France.

134. Santiago de Compostella, cathédrale, la « Concha » construite entre 1573 et 1590, probablement par Rodrigo Gil de Hontañon.

Les traités

Le premier texte en espagnol concernant la construction des voûtes est dû à Rodrigo Gil de Hontañon et date des années 1540 : il est consacré à la construction des voûtes à nervures caractéristiques de l'architecture dite plateresque ; il est plus près de l'*Album* de Villard de Honnecourt que du traité de Delorme[1]. Rodrigo Gil est mentionné en 1539 comme un des maîtres espagnols les plus savants dans l'art du trait[2].

Pour retrouver le trait de Delorme dans la littérature espagnole, il faut attendre le « Libro de Traças de Cortes de Piedras » d'Alonso de Vandelvira, écrit entre 1575 et 1590 et publié pour la première fois en 1977 par Geneviève Barbé-Coquelin de Lisle, sous le titre de *Tratato de arquitectura*. Derrière Alonso se profile la grande ombre du père Andrés de Vandelvira, un personnage-clef de l'histoire de la « montea », c'est-à-dire du trait. Le traité d'Alonso est nourri de l'expérience d'Andrés, mais reste à Alonso le mérite d'avoir fait un effort exceptionnel pour « écrire » la pratique, ou du moins pour la décrire par la figure, effort soutenu mais souvent impuissant. Alonso l'avoue avec la spontanéité d'un Delorme, d'un

Chéreau ou d'un Jousse : « Hay algunas trazas tan dificultosas de enseñar por escrito que he tenido por mejor no tratar de ellas »[3]. On n'en est pas moins confondu par l'extrême diversité des modèles présentés : il n'y a rien en France, hors Frézier, qui ait une telle ampleur.

Le corpus de modèles proposés par Vandelvira rappelle par ses grandes divisions celui de Delorme : trompes ; arcs, voussures, arrière-voussures et descentes de cave ; vis et escaliers ; coupoles et voûtes en pendentifs. La presque totalité des modèles de Delorme (exception pour la trompe d'Anet, pour la voûte en pendentifs appareillée en éventails, etc.) se retrouve dans Vandelvira ; mais le corpus de Vandelvira est beaucoup plus riche. Des modèles présentés pour la première fois par Vandelvira, il nous semble que l'on peut faire trois parts. Il y a d'abord quelques modèles relevant probablement de l'expérience commune à Delorme et à Vandelvira mais que seul ce dernier a pris la peine de signaler : par exemple, la « pechina por arista » (la trompe dans le triangle, formée de deux quartiers de voûte d'arêtes) qui a été utilisée en

France, mais qui n'est pas signalée par la théorie française. Il y a ensuite une part importante de voûtes typiquement espagnoles, comme la voûte « avenerada », c'est-à-dire la voûte à côtes, et la voûte « por croceros », c'est-à-dire la voûte à nervures entrecroisées formant des compositions inconnues au nord des Pyrénées. En dernier lieu, il y a les chapitres sur les escaliers suspendus à retours qui frappent par leur précocité, malgré le précédent de l'escalier du Capitole de Toulouse.

Les modes de représentation de Vandelvira sont par certains côtés plus évolués que ceux de Delorme (voir par exemple la construction de la vis de Saint-Gilles carrée, qui est plus proche de celle de Derand que de celle de Delorme) ; mais quelquefois aussi d'une rare naïveté. Ainsi de la représentation des escaliers à retours (fig. 136). Dans le système de projection qui nous est familier, seules les volées parallèles au plan vertical de projection sont représentées en élévation, les volées perpendiculaires à ce plan étant en coupe. Vandelvira projette dans le même plan toutes les volées, bien que celles-ci fassent pourtant retour à 90° les unes par rapport aux autres. S'il n'y avait pas les plans au sol, on pourrait confondre les escaliers à jour central de Vandelvira avec des escaliers rampe-sur-rampe. Le parti sacrifie complètement la représentation des retours.

Bien que resté inédit — il n'est d'ailleurs pas prouvé que Vandelvira ait eu l'intention de le publier — le « Libro de Traças de Cortes de Piedras » a eu une influence considérable par le truchement des copies manuscrites. Le texte retenu par Geneviève Barbé-Coquelin de Lisle est lui-même établi à partir de deux versions à peu près identiques, mais adornées de digressions tardives. L'éditeur a recensé dans les bibliothèques espagnoles plusieurs manuscrits concernant la stéréotomie, qui formeraient la postérité du traité de Vandelvira. Il est peut-être excessif de tout rapporter à Vandelvira : rappelons l'existence en France d'ouvrages manuscrits qui sont la compilation d'une expérience personnelle et d'un savoir livresque.

Après Vandelvira, la littérature espagnole n'apporte plus de contribution vraiment originale au développement de la science stéréotomique. Le premier tome du *Arte y uso de Arquitectura* (1639) de Fray Lorenzo de San Nicolás contient quelques chapitres sur la stéréotomie des voûtes, dont le principal mérite est qu'ils sont les premiers textes publiés sur ce sujet en Espagne. La stéréotomie occupe une place plus restreinte dans le tome II (1663) du Fray Lorenzo[4]. Il ne faut pas oublier cependant que le *Arte y uso* est un traité complet d'architecture ; la stéréotomie y est mise sur le même plan que la théorie des ordres.

En revanche, c'est bien de régression qu'il faut parler pour le *Breve tratado de todo género de bóbedas asi regulares commo yrregulares* de Juan de Torija (1660). On sait que le véritable auteur de ce traité est Pedro de la Peña et que Torija a usurpé l'honneur de publier le premier traité espagnol de stéréotomie[5], publication qui eut un certain succès, puisque le *Breve tratado* a été réédité à Madrid en 1661, à Burgos en 1661 et 1664 et encore à Madrid en 1728. C'est pourtant un ouvrage bien médiocre. Le répertoire des modèles est réduit aux types les plus simples, le berceau, la voûte d'arêtes, la coupole. L'auteur donne les plans d'appareillage, d'ailleurs élémentaires puisque toutes ses voûtes sont assisées ; mais il ne donne pas, comme ses prédécesseurs, le développement des voussoirs.

Le traité XV du *Compendio matemático* de Thomas Vincente Tosca (1712) est intitulé « De la montea y cortes de canteria » : du trait et de la coupe des pierres. Comme son nom l'indique, le *Compendio* est une somme, une compilation en neuf volumes de tous les arts et sciences touchant de près ou de loin aux mathématiques : il y a un traité sur la musique, sur la perspective, sur l'astronomie et l'astrologie, sur la gnomonique et autres moyens de mesurer le temps, sur la pyrotechnie, la balistique, enfin sur l'architecture. Le traité sur le trait et la coupe des pierres y fait très honorable figure : typologie riche, méthode « plus écrite » que dans Vandelvira. On y trouve exposées, par exemple, comme dans les traités français, les deux méthodes de la coupe des pierres, méthode par dérobement et méthode directe. Cependant le propos est celui d'un mathématicien : il est plus spéculatif que pratique. Pas de référence à l'expérience, aux ouvrages exécutés. Le format in 8° du *Compendio* est à lui seul révélateur : les théoriciens de la stéréotomie qui s'adressent vraiment aux praticiens, présentent leurs figures dans des volumes in 4° ou in folio. Le *Compendio* a été réédité en 1727 et en 1757.

Les *Elementos de matemática* de Benito Bails (1783) constituent une encyclopédie des mathématiques que l'on distingue avec peine du *Compendio* de Tosca. Nous pourrions répéter à propos de l'ouvrage de Bails ce que nous avons dit de celui de Tosca, à quelques nuances près : une typologie moins développée ; des références plus précises aux traités français, en particulier à Frézier[6]. Un exemple : en plus des deux méthodes de coupe des pierres « por esquadria » (par équarrissement) et « por plantillas » (par panneaux) déjà exposées dans Tosca, on trouve dans Bails la méthode « por media esquadria », c'est-à-dire la méthode par semi-équarrissement dont Frézier attribue l'invention à La Hire[7].

Entre Tosca et Bails, deux ouvrages à signaler. D'abord la traduction en espagnol des *Universae architecturae civilis elementa* de Rieger. Entre le texte latin du savant Jésuite paru à Vienne, à Prague et à Trieste en 1756 et la traduction parue sous le titre *Elementos de toda la Architectura civil* à Madrid en 1763, une différence importante : dans l'édition d'Europe centrale, rien sur les voûtes et sur le trait ; dans la pseudo-traduction à l'usage de l'Espagne, quelques adjonctions sur les voûtes, notamment sur les voûtes plates[8]. Le second ouvrage est *El Arquitecto práctico* (1767) de Plo y Camin, qui contient quelques chapitres bien sommaires sur le trait des voûtes[9].

Enfin en 1795, le *Traité élémentaire* (1792) de Simonin est traduit en espagnol et cette fois la traduction suit de près l'original. Cette traduction pose le problème des relations entre la théorie française et la théorie espagnole. Les théoriciens espagnols citent quelquefois les théoriciens français ; les théoriciens français ignorent complètement les théoriciens espagnols. Dans une liste de théoriciens de l'architecture, Torija écrit à propos du traité de Delorme : « En el libro quarto trata de las formas de la capillas y todo genero de bóbedas y trompas, que llaman de Montpiller, en los cortes canteriles »[10]. Ce qui est piquant, c'est que justement Delorme ne parle pas de la trompe de Montpellier et que c'est probablement par Vandelvira que Torija en a eu connaissance. Nous avons vu quelques allusions à Frézier dans Bails, et enfin cette traduction de Simonin.

Au regard des traités français, si l'on met de côté Tosca et Bails qui sont mathématiciens, les traités espagnols apparaissent plus pratiques, moins spéculatifs, moins systématiques : le trait, la géométrie n'y sont jamais présentés comme principe d'une esthétique générale, et encore moins comme principe d'une manière nationale. Le traité de Vandelvira est comme l'*Album* de Villard de Honnecourt, une simple transcription de la tradition orale ; il n'est appelé qu'à la diffusion par copies manuscrites à l'usage du spécialiste. Nous sommes bien loin, semble-t-il, de l'ambition de Delorme qui, par le livre imprimé, fait entrer la stéréotomie dans le langage de l'architecture savante ; bien loin également de la méthode universelle de Desargues qui rattache intimement la stéréotomie au domaine des mathématiques.

Les archétypes et les appellations d'origine

Le traité de Vandelvira est rempli de références aux ouvrages exécutés et en particulier à ceux dus à Vandelvira père. Certains chapitres ne sont que des descriptions de ces ouvrages : entre Andrés et Alonso, il manque le temps qui seul peut abstraire de l'expérience les modèles théoriques et transformer l'ouvrage de référence en archétype. Cependant, dans quelques cas, la mutation s'accomplit en l'espace d'une génération.

Au chapitre consacré à la « capilla cuadrada por cruceros », Vandelvira écrit : « A esta capilla llaman algunos capilla de Cuenca »[11]. Cette coupole « appelée par certains *coupole de Cuenca* » est une voûte en pendentifs à caissons carrés formant un quadrillage parallèle au carré de base : seules les nervures sont appareillées et des dalles forment le fond des caissons. Il semble que l'expression « por cruceros » désigne toujours, dans le texte de Vandelvira, cette structure qui nous est déjà familière. L'archétype peut être identifié avec le voûtement de la chapelle de los Munoz à la cathédrale de Cuenca. Bien qu'Andrés de Vandelvira soit cité comme maître de l'œuvre de la cathédrale en 1560 [12], nous nous refusons à attribuer à celui-ci une réalisation encore médiévale d'esprit et assez maladroite.

L'*ochavo de la Guardia* est un cul-de-four à nervures radio-concentriques, ou plutôt une grande voussure concave en plein-cintre : en effet le pôle inférieur constitutif des culs-de-four est remplacé ici par un arc en plein-cintre qui est la directrice basse de la voussure. « Esta cabecera está puesta por obra en La Guardia por mi Señor padre Andrés de Baldelvira [Vandelvira] que sea en gloria y por eso le llaman ochavo de La Guardia » [13]. L'abside de la petite église de La Guardia [14] est en effet couverte d'une voûte de ce type : la lecture de sa structure qui, d'après le traité, serait « por cruceros », reste indécise.

La *bóveda de Murcia* s'insère difficilement dans la typologie classique, encore que sa définition soit simple : c'est un berceau dont la directrice est un arc dans un plan vertical. Vandelvira la compare à deux ochavos de La Guardia accolés. Il nous vient à l'esprit une comparaison plus prosaïque, mais plus suggestive, celle d'une moitié de pneu. Alonso donne deux variantes de la voûte de Murcie : l'une clavée, l'autre construite « por cruceros » [15]. L'archétype qui couvre la chapelle de Junteron, construite de 1525 à 1529 à la cathédrale de Murcie par Jeronimo Quijano [16], est tellement chargé d'ornements qu'il est là encore impossible d'en identifier la structure.

Ces trois appellations d'origine dûment attestées par Vandelvira, n'ont eu aucune postérité dans les traités. Seul le *caracol de Mallorca*, la vis de Majorque, est signalé à la fois par Vandelvira [17] et par Fray Lorenzo [18] : nous n'avons pu en retrouver l'archétype, mais il nous importe peu, car il s'agit d'une vis à marches porteuses et à limon hélicoïdal, sans doute tout à fait intéressante pour une histoire de l'escalier, mais ne relevant pas de l'art de la voûte. En revanche, nous regrettons de ne trouver, dans les travaux des historiens de l'architecture espagnole, aucune mention de l'escalier que Vandelvira appelle *caracol de Emperadores* [19]. Cet escalier est en réalité formé de deux vis emboîtées l'une dans l'autre : la vis centrale est une vis de Majorque ; la vis périphérique, une vis de Saint-Gilles. Il y a deux variantes : l'une de plan

circulaire, l'autre de plan carré. Il semble bien que la seconde ait été exécutée ; mais il est à peine croyable qu'une composition aussi étonnante, dotée d'une appellation aussi prestigieuse, n'ait pas laissé de trace. A moins qu'il ne faille en trouver le souvenir dans l'expression « escalier à l'impérial » qui désigne un tout autre type, mais dont l'origine espagnole est certaine sans être précise [20].

Reste, dans le texte de Vandelvira, deux appellations des plus précieuses : la « pechina torre redonda llama da *trompa de Monpeller* » et la *vía de San Gil*, « llamáse vía de San Gil porque esta puesto por obra en una villa que se llama San Gil en Francia » [21]. La convergence vers Montpellier et Saint-Gilles des références venant du nord par les traités français et de celles venant du sud par les traités espagnols confirme que ces lieux occupent une position centrale. Vandelvira n'ignore rien des particularités de la trompe de Montpellier et de la vis de Saint-Gilles. Mais ces appellations disparaissent dans les traités plus tardifs. Tosca décrit le modèle correspondant à la trompe de Montpellier et Bails, celui correspondant à la vis de Saint-Gilles [22], sans utiliser les appellations. Bails signale cependant le *capialzado de Marsella*, c'est-à-dire l'arrière-voussure « al qual los Franceses han dado el nombre de capialzado de Marsella porque el primero que han hecho está en una de las puertas de dicha ciudad » [23]. L'information vient de toute évidence des traités français : il n'en est pas moins remarquable qu'un théoricien espagnol reconnaisse l'antériorité d'un ouvrage français situé encore à l'épicentre stéréotomique.

Notons qu'au total les appellations d'origine espagnoles se rapportent à des ouvrages nervurés du XVIe siècle et que les appellations d'origine françaises, plus ou moins passées dans la langue espagnole, renvoient à des ouvrages massifs et nus.

Les trompes

A la différence de ce qui se passe en France, la période gothique ne correspond pas pour l'Espagne à une éclipse de la trompe conique. Ce sont des trompes coniques qui portent les tours-lanternes des cathédrales de Tarragone et de Lérida. Les trompes basses du château de Perpignan, dont nous avons déjà fait remarquer l'intérêt, sont reproduites à la chapelle Sainte-Anne du château de l'Almudaina et à la cathédrale de Palma de Majorque (début XIVᵉ) et sans doute sont-elles toutes du même auteur, Pons Descoyl, maître d'œuvre du roi de Majorque, d'origine roussillonnaise [24]. Ces trompes sont encore dans le triangle, comme d'ailleurs la plupart des trompes espagnoles du XVIᵉ siècle : chapelle du Connétable à la cathédrale de Burgos (entre 1482 et 1533), façade de San Esteban à Salamanque, façade du bras gauche à la cathédrale de Ségovie (entre 1522 et 1591), portail du château de Manzanares, etc. Les trompes de Burgos et de Ségovie sont nues ; les trompes de Salamanque sont « avenereda » [25], c'est-à-dire qu'elles ont un intrados côtelé leur donnant l'aspect d'une coquille Saint-Jacques. La « pechina avenerada », inconnue en France, est fort commune en Espagne.

La « concha » de Santiago de Compostella est ainsi côtelée. Nul doute qu'il faille y reconnaître le célèbre coquillage des pèlerins : la symbolique de la trompe se trouve enrichie d'une nouvelle signification. La grande trompe portant une tour d'escalier de l'édificio claustral, plaza de las Platerias, à côté du célèbre portail de la cathédrale et surnommée la « concha », retient l'attention à bien d'autres titres. Elle a été construite entre 1573 et 1590, probablement sur les dessins de Rodrigo Gil de Hontañon [26] à qui l'on doit pouvoir attribuer les trompes de Ségovie. Elle est conique, biaise, inclinée, dans l'angle et sous le coin ; sa directrice segmentaire est peu courbée ; ses côtes très atténuées (fig. 134). Par sa dimension comme par son type, elle forme un digne pendant aux grandes trompes de Sarlat et de l'hôtel Sarret de Montpellier. « Lo cierto es que llama la atencion de observadores instruidos » [27]. L'observateur instruit, le compagnon, l'amateur de stéréotomie ont ainsi, à Saint-Jacques comme à Saint-Gilles, des motifs de dévotion que bien peu de pèlerins partagent.

Vandelvira n'ignore aucune des subtilités de la typologie de la trompe conique : trompe en tour-creuse, en tour-ronde, sous le coin, trompe biaise, trompe surbaissée, etc. S'il ignore la trompe sphérique et la trompe plate, qui d'ailleurs n'apparaissent que tardivement dans la typologie française, il enrichit le répertoire avec la « pechina avenerada » et avec la « pechina por arista » [28]. Torija ne dit rien de la trompe ; Fray Lorenzo, quelques mots insignifiants. Les trompes coniques en tour-creuse, en tour-ronde et sous le coin reparaissent dans Tosca et dans Bails, qui décrit même la trompe « ondée » sans faire référence à la trompe d'Anet [29].

De la trompe conique sous le coin (« pechina en esquina » dans Vandelvira), Tosca écrit qu'elle est « de grande utilidad en muchos casos ». Au dire de Vandelvira, quatre de celles-ci couronnaient au XVIᵉ siècle la tour de la Iglesia mayor de Jaen [30]. Quant à nous, nous n'en avons trouvé qu'une, celle du monastère de San Juan Bautista à Poyo. Elle doit être de Fray Gabriel de Casas et dater de la fin du XVIIᵉ siècle ou du début du XVIIIᵉ [31]. Ce n'est certes pas un hasard si elle est « avenerada » et galicienne comme la concha de Santiago. La belle trompe qui, dans la cour du Palacio de la Generalidad de Valence, porte une tourelle polygonale probablement ajoutée au XVIIᵉ siècle, peut être assimilée à une trompe sous le coin dont l'angle serait abattu.

Au tableau de chasse, quelques rares trompes hors triangle. Mais nous n'avons fait que l'ouverture. L'amateur qui pourrait à longueur d'année arpenter la terre espagnole rabattrait sans nul doute des trompes en grand nombre.

Les escaliers suspendus sur voûtes

Eu égard aux difficultés que l'on rencontre toujours pour découvrir les escaliers en vis, plus modestes que les escaliers tournants à retours, on ne tirera pas de conclusion du fait que nous ne pouvons signaler ici aucune vis de Saint-Gilles. Nous avons dit que Vandelvira en faisait mention. Très tardivement seulement, Tosca décrit « un caracol circular que suba formando bóveda espiral, y suspensa por la parte interior en el ayre »[32], qui est une vis de Saint-Gilles suspendue.

Cependant il faut rappeler, après Pevsner[33], que l'Espagne a fait preuve d'une extraordinaire précocité dans l'adoption de l'escalier tournant à retours. Sous le seul rapport de la voûte, cette singularité est manifeste. Nous distinguerons quatre grands types d'escaliers tournants à retours et portés par des voûtes en pierre de taille, qui sont illustrés dès le XVIe siècle en Espagne.

Dans le premier type, les volées reposent sur des berceaux rampants ; la retombée haute des berceaux est appuyée sur les murs, la naissance basse de chaque berceau étant sur le flanc de la volée précédente. C'est donc le type que nous avons rencontré pour la première fois avec l'escalier de la Reine au palais des rois de Majorque à Perpignan (fig. 115). Le type est défini à la fois par la forme rudimentaire des retours qui ne font pas pénétration, et par la forme en berceau rampant des voûtes des volées. Ce dernier trait vient sans doute des escaliers extérieurs à une seule volée, si caractéristiques de la Catalogne : il y en a plusieurs à Perpignan même dans le palais des rois de Majorque ; mais également dans la Catalogne espagnole à Santes-Creus (escalier du Palacio Real entre 1349 et 1375), à Barcelone (escalier de la Diputacion, 1420) et à Lleida (escalier du patio de l'hôpital entre 1454 et 1509) etc. Plus au sud, à Valence, le berceau rampant reparaît encore dans des escaliers extérieurs à une seule volée, mais avec un gauchissement très audacieux : au Palacio de la Generalidad (1535), la génératrice rectiligne du berceau est inclinée de manière à reporter une partie des charges sur le mur du fond ; au Palais de la Bailia, la génératrice est horizontale à la naissance basse, puis s'incline peu à peu suivant un gauchissement progressif. De même, dans un palais au numéro 43 de la calle de Caballeros. Toutes ces manifestations du berceau rampant bien qu'elles ne soient pas situées dans des escaliers suspendus, ont leur importance : les Espagnols ont visiblement beaucoup plus travaillé sur ce thème que les Français. Ainsi l'escalier de la Reine à Perpignan n'a-t-il de descendance qu'en Espagne. La ville de Palma doit contenir plusieurs escaliers de ce type ; nous ne l'affirmons que d'après les informations très lacunaires données par les guides, n'ayant pas eu l'occasion d'aller compléter celles-ci sur place[34]. Mais notre démonstration s'appuie sur des exemples sûrs trouvés à Salamanque. Les deux escaliers du Colegio del Arzobispo (entre 1519 et 1538) font partie des travaux conduits successivement par Diego de Siloë, Covarrubias, Juan Pedro de Ibarra et Rodrigo Gil de Hontañon. Ce dernier est indiscutablement l'auteur du célèbre escalier construit en 1540 pour Fray Domingo de Soto au couvent de San Esteban[35] : les intrados sont ornés de caissons, alors qu'ils sont nus dans tous les escaliers que nous avons cités jusqu'alors et, sauf avis contraire, dans tous ceux que nous citerons par la suite. L'escalier de la Clereciá à Salamanque et les escaliers du couvent San Salvador à Celanova sont sans doute plus tardifs.

Vandelvira et Tosca[36] décrivent le second type (fig. 135), qui est aussi très spécifiquement espagnol. Les voûtes gauchies tiennent du berceau rampant et du demi-berceau : ce sont des berceaux rampants qui s'infléchissent pour devenir demi-berceaux dans leur partie haute. Leur pénétration sous les retours forme une arête saillante suivant la diagonale des repos. L'ancienne Université d'Orilhuela conserve un très bel escalier de ce type : celle-ci a été commencée de construire en 1552[37] ; mais l'escalier pourrait bien n'être que du XVIIe siècle, comme les escaliers du Palacio Oleza à Palma[38], de l'hôtel de ville et de la maison numéro 22 calle de Miguel Soler à Alicante. L'escalier du Colegio del Patriarca de Valence a été construit par Guillem del Rey entre 1586 et 1604.

Le troisième type est celui de l'escalier du Capitole de Toulouse (fig. 40). Nous le trouvons reproduit (similitude d'appareillage comprise) au palier de l'escalier d'Orilhuela, déjà cité, et au palais numéro 26 calle de Caballeros à Valence, deux exemples imparfaitement datés. A Grenade, l'escalier de la Cancillería, construit en 1578 par le maçon Pedro Marin, et celui du convento de la Victoria (aujourd'hui détruit, mais connu pour sa ressemblance avec celui de la Cancillería et également attribué à Pedro Marin)[39] reprennent le parti de Toulouse, mais avec un plan d'appareillage différent : les joints alignés sont parallèles aux murs de cage ; leur voûte en pendentifs est

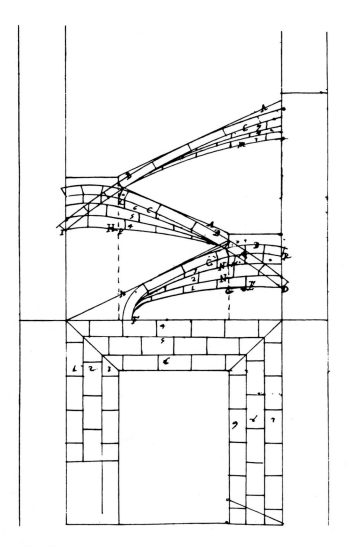

135. *Escalier suspendu à volées sur voûtes gauches (berceau rampant et demi-berceau) dont la pénétration sous les retours forme une arête saillante. (A. de Vandelvira, f° 58 v).*

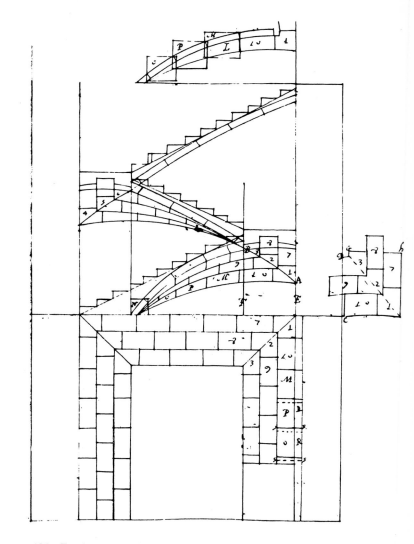

136. *Escalier suspendu à volées sur voûtes gauches (berceau rampant et demi-berceau) et à retours en pendentif (?), appareillés sur le plan du pendentif de Valence. (A. de Vandelvira, f° 59).*

donc appareillée comme un pendentif de Valence. Cette variante est décrite dans Vandelvira[40] (fig. 136).

Par comparaison avec ce que nous savons de la stéréotomie française, le chapitre du traité de Vandelvira qui nous surprend le plus est celui qui est consacré à « l'escalera a regla adulcida »[41] (fig. 137). L'escalier du couvent Santo Domingo à Plasencia (milieu XVIe siècle?) est conforme au modèle de Vandelvira : ses voûtes plates sont gauchies et ses retours en arête saillante. Aux escaliers du couvent San Martin Pinario (1681) à Santiago et du Collège de Calatrava (1717) à Salamanque, les voûtes ne sont pas gauchies et les retours sont plats, comme dans le *Compendio* de Tosca, qui présente un « escalera quadrada con bueltas a nivel, suspensa por la parte interior en el ayre »[42].

Avec ces considérations sur l'escalier, la comparaison de la France et de l'Espagne s'enrichit de deux constatations. Premièrement, il est clair que la typologie a des variantes propres à chacune de ces nations. Deuxièmement, non moins clair que l'Espagne prend un avantage notable sur la France au XVIe siècle dans le domaine de l'escalier suspendu à retours. Mais l'articulation entre ces deux nations est encore au nord des Pyrénées. L'escalier du Capitole de Toulouse reste l'archétype (1532-1542). Nous avons dit que, par son appareillage, il se rattachait à la famille espagnole. En France, les joints alignés sont toujours parallèles à la longueur des volées ; en Espagne, très souvent parallèles aux marches[43]. Cette curieuse distinction s'explique assez bien si l'on admet qu'il y en a en France une tendance à préférer le demi-berceau au berceau rampant, tandis que cette tendance est inversée en Espagne. L'appareillage assisé — celui que nous avons

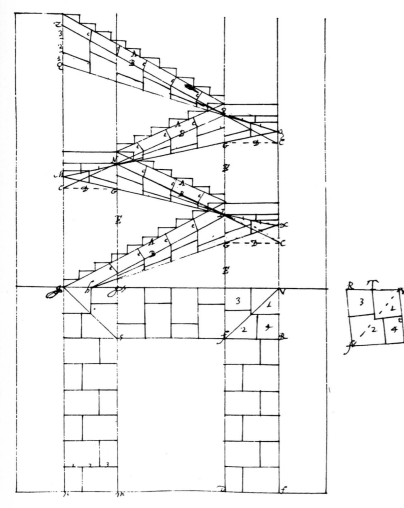

137. *Escalier suspendu sur voûtes plates et gauches avec retour en arête saillante.*
(A. de Vandelvira, f° 60).

désigné comme étant le plus « naturel » — donne pour le demi-berceau des joints alignés suivant la rampe et, pour le berceau rampant, des joints alignés dans l'autre sens. On expliquera de la même manière le fait que le retour en arête saillante soit plutôt espagnol et le retour en arc-de-cloître, plutôt français. L'escalier que Juan Soler construit à la fin du XVIIIe siècle à la Lonja de Mar de Barcelone, doit à ses retours en arc-de-cloître de paraître français.

Les voûtes en pendentifs

La présence de voûtes en pendentifs dans la France du XVIe siècle est quasi clandestine. En revanche, pendant le même siècle, la bóveda baída occupe en Espagne une place de choix, principalement du fait d'Andrés de Vandelvira ; Chueca Goitia a pu écrire que c'est à ce maître que l'on doit l'implantation de cette structure à grande échelle comme élément caractéristique du classicisme espagnol [44]. Vandelvira fils donne dans son traité plusieurs variantes de la coupole en pendentifs assisée, c'est-à-dire par assises concentriques (« por hiladas redondas ») : sur plan carré (« capilla cuadrada ») [45], sur plan rectangulaire, (« capilla perlongada ») [46], sur plan en triangle équilatéral [47] ou irrégulier, sur plan en losange, avec génératrice en anse-de-panier (« capilla carpanel ») ou avec génératrice segmentaire (« capilla escarzana ») [48].

Au sujet de la « capilla cuadrada por hiladas cuadradas », Vandelvira précise : « La cual llaman algunos capilla baída ». La capilla baída ou bóveda baída (surbaissée) serait donc plus précisément le nom espagnol du pendentif de Valence ou voûte en pendentifs à assises carrées. Alonso a rassemblé toutes les formes de voûtes que nous avons classées comme variantes du pendentif de Valence : plan carré, plan rectangulaire, plan triangulaire, plan en losange, en trapèze, génératrice en anse-de-panier, génératrice segmentaire [49].

Le premier exemple espagnol de voûte en pendentif de Valence se trouve dans la sacristie de la capilla del Salvador à Úbeda, commencée de construire en 1536 sur des plans de Diego de Siloë par Andrés de Vandelvira [50]. Si l'on pouvait encore s'interroger sur le point de savoir auquel de ces deux maîtres il fallait reconnaître la paternité de ces voûtes, Alonso dissiperait tous les doutes : ce type de voûte fut « puesta por obra en la sacristía del Salvador de la ciudad de Úbeda por orden de mi señor padre Andrés de Baldelvira » [51]. Le pendentif de Valence date de 1548 ; les voûtes d'Úbeda pourraient être contemporaines, peut-être un peu antérieures ; mais les secondes se distinguent de la première sur deux points importants : elles couvrent un bâtiment et non un édicule ; elles sont ornées de tables et non nues. Elles apparaissent avec les mêmes caractéristiques, mais plus grandes encore, sur les vaisseaux des cathédrales de Jaen et de Baeza, dont Andrés de Vandelvira dirige la construction de 1554 à 1575. Camón Aznar a bien noté l'intérêt exceptionnel du voûtement de ces ouvrages d'avant-garde [52]. Dans la seconde moitié du siècle, à l'Escorial, on remarque des pendentifs de Valence à intrados nu : deux, médiocres et petits, sous le grand escalier ; un dans le caveau des Infants, remarquable par ses dimensions et par sa génératrice segmentaire très surbaissée. Pour trouver en France une voûte pareille, il faut attendre l'intervention des Franque.

Même tableau pour la voûte en pendentifs appareillée en chevrons : une illustration précoce et remarquable par Andrés à la cathédrale de Jaen ; un répertoire détaillé par Alonso [53].

Le répertoire espagnol est à peu près aussi varié que le répertoire français : si l'on n'y trouve pas de voûtes en pendentifs appareillées sur le plan d'une voûte en éventails ou sur le plan d'une voûte à arêtes doubles, comme à Bournazel ou à Villefranche-de-Rouergue, en revanche le caveau des Infants de l'Escorial donne encore une grande voûte en pendentifs surbaissée et appareillée sur le plan de la voûte d'arêtes.

Le XVIe siècle est en Espagne comme en France le grand siècle de la voûte en pendentifs [54].

Les autres voûtes

Au chapitre des coupoles, nous tirons pour l'Espagne les mêmes conclusions que pour la France. D'après Vandelvira, la coupole vient de la manière romaine : pour les Espagnols du XVIe siècle, « il romano », c'est le style de la Renaissance antiquisante [55]. La coupole est donc bien, à tous égards, la seule voûte qui échappe au jeu des références internes du système franco-espagnol. Les variantes de coupole sont nombreuses dans Vandelvira comme dans Delorme. Certaines semblent venir de France, comme la coupole appareillée en limaçon [56] ; d'autres, comme la coupole à côtes, est sans doute un héritage de l'Espagne musulmane [57]. La grande mosquée de Kairouan est couverte dès le IXe siècle d'une coupole à côtes, portée par des trompes à côtes, le tout dûment appareillé en pierre de taille et assisé. Une belle coupole « avenerada » couvre la sacristie de la cathédrale de Murcie (à partir de 1521).

La coupole octogonale de la crypte de la chapelle du Palais de Charles-Quint à Grenade, est pénétrée de lunettes qui, datables de 1538, sont apparemment les premières lunettes appareillées de l'architecture des Temps modernes. Les deux vestibules dudit palais, qui sont peut-être plus tardifs mais en tout cas antérieurs à 1586, sont couverts de berceaux à lunettes. Le berceau à lunettes est partout présent à l'Escorial, notamment dans le patio de los Evangelistas, qui serait entièrement de Juan Bautista de Toledo, mort en 1567 [58]. La lunette est donc un thème familier de l'architecture espagnole dès le XVIe siècle. A l'avantage des Français, on peut seulement dire que la lunette espagnole garde pendant tout le XVIe siècle un tracé maigre et aigu qui n'est en rien comparable au tracé ample et souple des lunettes de Le Mercier. Les lunettes des berceaux du Consulado del Mar à Palma de Majorque se rapprochent plus des exemples français. Tous les traités espagnols, de Vandelvira à Bails, décrivent la lunette [59].

Chemin faisant, nous avons cité les deux édifices-phares de la Renaissance espagnole : le palais de Grenade et le palais de l'Escorial. Leurs voûtes à lunettes et appareil nu suffiraient pour les placer au premier rang des références stéréotomiques. Mais il y a mieux encore :

La voûte en berceau tournant, soigneusement appareillé en pierre de taille, qui couvre le portique annulaire du palais de Charles-Quint, est un ouvrage célébré par les amateurs de stéréotomie et même, fait notable, par les historiens de l'architecture. C'est à propos de la vis de Saint-Gilles que Vandelvira évoque le cas de la « bóveda alrededor de un patio redondo como está puesto por obra en la alcázar real del Alhambra de Granada » [60]. De la voûte de Grenade, Fray Lorenzo dit que c'est « una obra dificultosissima y de grande ingenio » [61]. Lampérez y Romea écrit qu'elle est justement célèbre comme modèle stéréotomique [62]. Elle ne se signale pas par l'originalité de son parti (nous connaissons une voûte romane identique dans la crypte de Montmajour) ; mais, par la nudité de son intrados, elle manifeste la conversion de l'Espagne à l'esthétique du trait. C'est un titre de plus pour Pedro Machuca, son auteur, à être placé parmi les plus grands.

La plus intéressante voûte de l'Escorial est celle qui couvre le *bajo coro* à l'entrée de l'église. C'est une voûte plate appareillée sur le plan d'une coupole, et d'une dimension exceptionnelle : elle n'a pas d'équivalent en France avant le XVIIIe siècle. Elle n'a pas échappé à l'attention des plus anciens historiographes de l'Escorial. Francisco de los Santos en 1657 : « La bóbeda que sustenta el coro que es de grandissimo primor en la arquitectura, pues con ser de piedra, y tan larga la fuga de los pilares esta tan llana como el mismo suelo que pone admiracion ver como se sustenta ; y consiste en el corte con que las piedras se travan, haziendo entre si mismas arcos por sus hiladas, hasta que se cierran en una clave »[63]. Quevedo, en 1849 : « Una bóveda admirable que á pesar de su larga fuga, se ve tan llana como el pavimento y aun con alguna convexidad »[64]. Quelqu'un de plus autorisé que nous devra faire l'étude du surbaissement des voûtes en Espagne ; mais il nous semble que la voûte de l'Escorial a été préparée de longue date. Les voûtes d'ogives de la crypte de la cathédrale et de l'hôpital de la Sainte-Croix de Barcelone (XIVe et XVe siècle) sont très fortement surbaissées. Les voûtes du passage d'entrée de l'Ayutamiento de Séville (début XVIe siècle) sont très déprimées, presque plates. A la fin du XVIe siècle, Pedro Blay agrandissant la Diputacion de Barcelone dans le style d'Herrera, reproduit dans le vestibule la grande voûte plate de l'Escorial. Ce qui est curieux, c'est que la théorie espagnole du XVIIIe siècle ne fait que de courtes allusions à la voûte plate et toujours en les appuyant de références aux Francais[65].

Conclusions

Il y a, semble-t-il, une coupure importante dans l'histoire de la stéréotomie espagnole après l'extraordinaire essor du XVIe siècle, qu'illustrent parfaitement les deux personnalités d'Andrés de Vandelvira et de Pedro Machuca.

Loin de nous l'idée de contester le mérite de Vandelvira, dont nous avons dit plusieurs fois l'importance. Il reste que la voûte de Vandelvira est toujours chargée d'ornements et qu'elle ne définit pas une esthétique stéréotomique. La voûte de Machuca est, à cet égard, beaucoup plus révolutionnaire. Il faudrait encore préciser le rôle d'Herrera. Le chantier de l'Escorial a-t-il été autant que l'affirme Portabales Pichel entre les mains des appareilleurs ? L'importance du parti stéréotomique dans l'effet d'ensemble de l'édifice pourrait confirmer cette thèse. Cependant l'épurement de l'art du trait correspond si bien à l'esprit du style auquel Herrera a laissé son nom, qu'il nous paraît difficile que le grand architecte et mathématicien ne soit pour rien dans la stéréotomie de l'Escorial.

Les éléments trop épars de notre documentation ne nous permettent pas d'affirmer qu'il y a, dans l'Espagne du XVIe siècle, des zones privilégiées de développement de l'art stéréotomique. Il y a bien sûr le foyer andalou, les côtes méditerranéennes de Barcelone à Alicante, la Galice ; mais aussi la Vieille Castille avec Salamanque. De plus, les voûtes de l'Escorial échappent au déterminisme du matériau, puisqu'elles sont en granite ; mais l'entreprise de Philippe II est, on le sait bien, un de ces faits du prince qui contraignent la nature elle-même.

Peut-on affirmer qu'avec le XVIIe siècle, la stéréotomie espagnole entre en décadence ? Ce n'est certes pas le traité de Torija qui inciterait à dire le contraire. Ni même celui de Fray Lorenzo de San Nicolás. Que Fray Lorenzo cite comme modèle de réalisation stéréotomique l'escalier du couvent de l'Ordre de Saint-Jacques à Uclés[66], fort médiocre sur ce point, trahit une nette récession. Autre preuve : le fait que les théoriciens espagnols du XVIIIe siècle soient plus ouverts aux enseignements de la théorie française contemporaine qu'à ceux de la tradition autochtone. Malgré quelques réalisations intéressantes, il est certain que l'Espagne ne fait plus le poids avec la France au XVIIe et au XVIIIe siècle. Motif probable de cette décadence : le goût permanent des Espagnols pour les décors couvrants, qui finit par envahir les voûtes qu'Herrera s'était employé à dépouiller.

138. Valence (Espagne), convento de Santo Domingo, capilla de los Reyes, 1437-1457. Cul-de-four à côtes, avec lunettes à voûtains sphériques. Les voûtes à côtes sont caractéristiques de l'Espagne.
139. Assier (Lot), chapelle Galiot de Genouillac, entre 1546 et 1550. Coupole à côtes, avec lunettes à voûtains sphériques, témoin exceptionnel de l'influence de la stéréotomie espagnole dans le Sud-Ouest français.

Situer dans ce schéma les courants d'échanges entre la France et l'Espagne apparaît comme une tâche particulièrement délicate. La simple comparaison des situations au XVIe siècle pousserait à reconnaître à l'Espagne le rôle d'initiatrice. Mais le point de convergence entre les deux nations doit certainement être cherché dans ce Moyen Age où les artistes français contrôlaient une partie de la construction espagnole. En témoignent les références de Vandelvira aux archétypes languedociens. Mieux encore : le vocabulaire de cet auteur est rempli de gallicismes. « Descenda de cava » pour « descente de cave » par exemple. Ou « trompa » comme synonyme de « pechina » pour désigner la trompe. Geneviève Barbé Coquelin de Lisle, l'éditeur de Vandelvira, a fort opportunément noté ces emprunts[67] ; mais nous ne pensons pas avec elle qu'il faille les expliquer par la diffusion du traité de Delorme. A notre connaissance, il n'y a pas de citation explicite du traité de Delorme en Espagne avant Torija qui d'ailleurs croit y avoir trouvé la trompe de Montpellier qui justement ne s'y trouve pas. Nous ne voulons pas dire pour autant que Delorme était ignoré des Espagnols : la salle capitulaire de la cathédrale de Séville a un dallage dont le dessin ressemble fort à celui de la chapelle d'Anet[68] et l'on pourrait encore comparer le dessin des nervures de la coupole de cette chapelle avec celui de certaines coupoles de Vandelvira[69]. Celui-ci est d'ailleurs informé des derniers développements de la manière française par son plus proche collaborateur, Esteban Jamete, Etienne Jamet, originaire d'Orléans. Mais l'essentiel de l'apport français ne passe pas par quelques individus, aussi importants soient-ils. L'évolution sémantique de certains termes au-delà du XVIe siècle fournit la preuve de relations continues. Ainsi de « rincon de claustro » et « arc de cloître » dont l'évolution est identique et concomitante : d'abord pénétration de deux berceaux dans Vandelvira et Torija, puis coupole rectangulaire dans Tosca[70]. Notre hypothèse, qui reste à vérifier, est que Vandelvira n'a appris de Delorme que la manière d'écrire ces modèles que la tradition espagnole empruntait pour une bonne part au vieux fonds languedocien.

Les apports français à la science espagnole ne nous paraissent plus discutables. Mais il y a eu, non moins certainement, une certaine réciprocité dans les relations. Exemple : la voûte d'Assier à laquelle nous donnons ici une origine espagnole. La capilla de los Reyes (1437-1457) du convento de Santo Domingo à Valence est couverte de voûtes fort curieuses (fig. 138). Dans les travées droites, ce sont des voûtes d'arêtes à quatre quartiers brisés. Leur originalité tient au fait que les quartiers latéraux sont pénétrés de lunettes, également brisées ; que les voûtains constitutifs des quartiers et des lunettes sont des sections de sphère ; que le plan d'appareillage est en chevrons. Ces voûtes font très modernes : ce sont des voûtes médiévales dépouillées de leurs nervures. On les retrouve encore à Valence à la Torres de Cuarte construite par Pedro Bonfil (1441-1460). Mais ce qui retient l'attention, c'est surtout le cul-de-four de la capilla de los Reyes, traité dans le même esprit. On peut la décrire comme une demi-coupole à côtes avec des lunettes à voûtains sphériques dans chaque côté et avec des trompes construites comme des voûtes d'arêtes à trois quartiers et à voûtains sphériques, rachetant le plan carré de l'extrémité de la chapelle. La voûte de la chapelle Galiot de Genouillac d'Assier est une coupole à côtes en tous points conforme au modèle valentinois (fig. 139). Ainsi s'explique cet étonnant *unicum* de l'architecture française, qui n'est qu'une coupole « avenerada » et bien, comme nous l'avons dit, un authentique produit stéréotomique, puisque le trait de cette coupole est dans Vandelvira.

Donc, de toute évidence, réciprocité. Mais l'influence espagnole n'a pas dû se faire sentir au-delà du Sud-Ouest français. Gebelin a rappelé les relations des constructeurs du château d'Assier avec le milieu toulousain[71]. Ainsi, quel que soit le point de départ, on se trouve toujours reporté aux mêmes foyers languedociens.

20. De quelques autres Etats voisins de la France

Après l'exemple de l'Espagne qui se rattache aux zones d'expansion de la voûte en pierre de taille, nous envisageons trois autres Etats voisins de la France, dans lesquels l'art du trait, tel que nous l'avons défini, est pratiquement inconnu : l'Italie, l'Allemagne et la Grande-Bretagne.

La théorie

Rien de plus révélatrices que les lacunes, les omissions volontaires ou même les exclusives qui caractérisent la théorie européenne à l'égard du trait. Le chapitre des voûtes y est peu développé et n'aborde généralement la question que sous l'angle de la statique. La géométrie n'est sollicitée que pour décrire les formes élémentaires, non les structures des voûtes. Le principe du clavage n'est décrit qu'à propos de l'arc. Les références aux théoriciens français du trait sont nombreuses, mais jamais exploitées. « L'Europe étonnée nous regarde avec raison comme ses modèles en ce genre » déclare Simonin au nom des Français[1]. L'assertion doit être nuancée : l'art du trait est unanimement reconnu comme une spécialité française ; mais son acclimatation aux pratiques locales, rarement recherchée.

L'Italie

Le cas de l'Italie est particulièrement intéressant eu égard à l'importance du commerce franco-italien. Il est vrai qu'il est presque entièrement dû au dynamisme de l'industrie italienne. Les Français ont envers le produit italien un préjugé tellement favorable qu'ils font venir leurs coupoles d'Italie au lieu d'exploiter les réserves locales d'origine romane. Cependant ces deux pays, si proches par l'histoire, ont des traditions de métier, des matériaux et une géographie profondément différents. Les ordonnances et les ornements transitent à travers les Alpes ; pas les structures, pas les matériaux de gros-œuvre, pas les formes soumises aux structures et aux matériaux. Dans sa traduction française des *Quattro libri*

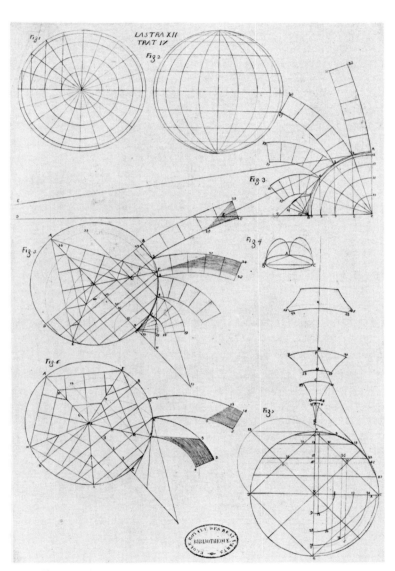

140. G. Guarini, Architettura civile, *pl. XL.*
Un des rares exemples de démonstration stéréotomique publiés hors de France et d'Espagne.

de Palladio, Le Muet néglige les premiers chapitres consacrés aux matériaux. Etudiant le livre de Palladio, l'Académie d'architecture constate qu'il y est traité «des différentes formes de voûtes, sans qu'il soit parlé d'aucun appareil de pierre, parce que les Italiens ne se servent que de briques»[2].

La stéréotomie entre dans la théorie italienne avec Guarini, lui-même professeur de mathématiques (fig. 140). Dans le traité IV de son *Architettura civile* (publié seulement en 1737), qui est consacré à l'*ortografia gettata*, il déclare celle-ci «poco conosciuta della italiana architettura, solamente della francese in molte occasioni egregiamente adoperata. Perché adunque per tagliare le pietre e ritrovare le giuste forme è necessario sapere quali siene le loro superfizie, acciocché fatte e tagliate secondo quelle, quando si pongono in opera, si assettino al suo luogo, e convengano colle altre, perciò è stata ritrovata questa ortografia, che appunto mette le loro superfizie in piano...»[3]. W. Müller pense que Guarini a mis à profit son voyage en France pour s'initier à cet aspect du génie français[4]. Le «Degli archi et delle volte» (1732) de Temanza[5] ne mérite pas plus qu'une mention. Bernardo Vittone, auteur de l'édition posthume de l'*Architettura civile* de Guarini, consacre aux voûtes un chapitre de ses *Istruzioni elementari* (1740)[6]. Il y cite Frézier comme «scrittore assai valente ed erudito in questa facolta». Dans ce chapitre, il est surtout question de statique et le trait ne sert qu'à définir des formes de nervures particulièrement complexes. Dans le chapitre des voûtes des *Principi d'architettura civile* (1781), Milizia écrit: «Né gli antichi, né gl'italiani... hanno trattato mai questo soggetto teoricamente. I francesi all' incontro vi si sono impiegati con profitto, applicandovi la geometria; il Deran, il Deschalles, il Blondel, il de La Rue sono stati i primi a perscriverne delle regole»[7]. Milizia cite encore Frézier et, ce qui est plus rare, Torija[8]. Il ne retient presque rien de la stéréotomie, mais reproduit cependant la voûte plate de Frézier. Le même auteur à l'article «volta» de son *Dizionario* n'envisage la voûte que comme un support de la peinture et fait quelques références aux auteurs qui ont traité du «meccanismo delle volte», c'est-à-dire de la statique. Le cas de Guarini reste unique en Italie.

L'Allemagne

Suivant W. Müller, la science stéréotomique et l'art de la voûte en Allemagne seraient faits de trois composantes: la tradition «Spätgotik»; l'influence de Guarini et de Vittone; enfin après 1700, l'influence de la science française, influence médiate par Guarini et Vittone, mais aussi influence directe par les traités français[9]. Cependant les Allemands n'auraient jamais fait usage de la méthode de coupe par panneaux, c'est-à-dire de la méthode moderne dont W. Müller attribue l'invention aux Français; ils seraient toujours restés fidèles à la méthode médiévale par équarrissement.

Il est vrai que les premiers traités allemands des Temps modernes touchant le sujet de la voûte ont une étonnante coloration «Spätgotik». Nous ne pensons d'ailleurs ni au *Büchlein* de Mathias Roriczer (1486), qui ne s'applique qu'aux pinacles, ni à l'*Album* de Wolfgang Rixner (dernier quart du XVe siècle) qui ne traite que du clavage de l'arc[10]; mais aux *Underweisungen* de Lorentz Lacher (1516), qui ne vont guère plus loin que l'*Album* de Villard de Honnecourt, et même à l'album de Dresde (après 1544) étudié par F. Bucher, qui décrit les voûtes à nervures complexes que l'on faisait encore en Saxe et en Bohème dans la première moitié du XVIe siècle. L'auteur de cet album anonyme a sans doute autant de géométrie qu'un Delorme, mais il ne l'applique pas au même objet: stéréotomie des claveaux de nervures et donc stéréotomie de l'arc, contre stéréotomie des voussoirs et des voûtes massives.

Les misères du XVIIe siècle n'ont pas favorisé la théorie allemande qui ne renaît qu'à la fin du siècle et au début du XVIIIe siècle au moment de l'essor de l'influence française[11]. D'un voyage à Paris en 1719, L.C. Sturm retient cette notation: «Die Franzosen [machen] von der Coupe des pierres so gar viel Wunders und Rühmens in ihren Werken»[12]. Dans ses *Vollständige Anweisung* de 1720, il écrit: «Die Franzosen haben die Steine zu allerley Arten der Gewölbe auf eine geometrische Art zu behauen gefunden, diese schliessen sich von selbst so in einander dass sie auf die über die Lehe-Bogen genagelte Bretter an einander gesetzet werden dürffen»[13]. Sturm entreprend de traduire D'Aviler:

sa traduction (1725), suivant l'usage, est surchargée de remarques personnelles, en particulier d'une remarque sur l'art du trait (Anmerkung von dem Schnittriss) : « Diese Wissenschafft wird bei den französischen Baumeistern vor ein Geheimniss gehalten. Unser Autor [D'Aviler] rühmet dieselbe mit solchem Eiffer dass ich dadurch zu dem Vorsatz gebracht worden, nicht eher zu ruhen biss ich dieses Geheimniss ergründet hätte » [14].

Ce secret tant vanté par D'Aviler est maintenant à la disposition des Allemands, car Derand et Desargues viennent d'être traduits [15] : Sturm les a lus ; il y a trouvé beaucoup de modèles « sehr curios », très difficiles à exécuter, mais sans utilité ! On trouve les principaux modèles de la typologie française, très sommairement représentés, dans le *Traité d'architecture* (1768) de Jean Antoine, publié en français à Trèves.

Que l'on consulte Penther, qui publie à Augsbourg en 1744, Rieger qui publie à Vienne, Prague et Trieste en 1756 ou Stieglitz qui publie à Leipzig en 1792-1798, partout et toujours la même opinion : « Die Franzosen sind die ersten, welche diesen Theil der Baukunst [la partie concernant les voûtes] untersucht und die Geometrie darauf angewandt haben » [16]. Rappelons que dans la traduction espagnole, les *Elementa* de Rieger sont augmentés d'instructions sur les voûtes qui ne figurent pas dans l'édition allemande.

La Grande-Bretagne

Avant le XIXe siècle, il n'y a pratiquement rien sur la voûte dans la théorie anglaise. Prenons par exemple le *City and Country Purchaser and Builder's Dictionary* (1703) de Richard Neve, qui apparaît un peu comme un émule de D'Aviler par son goût des définitions et des typologies : à l'article « vault », très court, il n'y a pas de typologie.

Peter Nicholson signale un ouvrage intitulé « Stone-cutting » publié à Londres en 1766 et qui ne serait qu'une compilation de De La Rue. Cet ouvrage a-t-il été vraiment publié ? On peut en douter puisque Nicholson ajoute à propos de son *Popular and practical treatise on masonry and stone-cutting* (1827) : « The following work is the first and only one in English on the art of stone-cutting » [17]. Par cet ouvrage, Nicholson se proposait de donner un manuel abrégé inspiré des traités français mais ne retenant que quelques modèles, « most of those in the french publications being such as the english workman would never meet in the course of his practice » [18]. En réalité, Nicholson décrit seulement la manière de tailler les claveaux pour quelques cas, dont les plus difficiles sont celui de l'arc biais et celui de l'arc en tour-ronde ! Dans son *Architectural Dictionary* (1819), l'équivalent du *Dictionnaire d'architecture* de Quatremère de Quincy, Nicholson avait déjà écrit à côté d'un article « vault », assez insignifiant, un article sur la « stéréotomy » définie comme « science and art of cutting solids under certain specified conditions ». Le mot a donc son acception la plus large et non l'acception restreinte que nous lui avons donnée par référence à la pratique française, en confondant stéréotomie, coupe des pierres et art de la voûte. Il reste tout de même curieux que dans ce long article consacré à la géométrie descriptive et inspiré par Monge, il n'y ait pas une seule allusion à l'application de cette science à la construction des voûtes !

La pratique

S'il est déjà difficile d'interpréter la théorie par ses silences, c'est une gageure que de prétendre décrire la pratique par ses lacunes. Après avoir visité les Etats des frontières orientales et septentrionales de la France, de Lecce à York, nous n'oserions pas affirmer qu'il ne s'y trouve ni trompe clavée, ni arrière-voussure, ni vis de Saint-Gilles, ni une quelconque voûte en pierre de taille. Mais les langues de ces Etats ne paraissent s'être enrichies des mots nécessaires pour désigner ces ouvrages que par l'apport tardif des historiens de l'architecture.

L'arrière-voussure et la trompe

Comme interprète de D'Aviler, Sturm traduit « arrière-voussure » par « Hinter-Bogen » et retient deux appellations d'origine française : « Hinter-Bogen... genennet von

Marseille », « Hinter-Bogen... genennet de Saint-Antoine »[19]. Le plus récent glossaire allemand propose « Hinterwölbung »[20]. Roland Le Virloys qui s'est mis en tête de faire de son *Dictionnaire d'architecture* (1770), un ouvrage polyglotte donne « backlending » pour l'anglais. La trompe devient dans Roland Le Virloys « Kugelgewölbe » et « jews harpe ». Sturm traduit « trompe conique dans l'angle, et en tour-ronde » par « aufgekragter runder Thurn im Winckel mit geraden Abschuss der Verkragung » et « trompe en coquille sous le coin » par « Blint an der Ecke mit Verkragung derselben gemachet »[21]. Incertitude du vocabulaire, recours aux périphrases ou aux traductions littérales : l'effort de ces traducteurs n'a aucun écho dans l'usage.

Les travaux lexicographiques de L. Réau trahissent sur ce point la confusion la plus grande et donnent motif à dénoncer les traductions qui ne reposent pas sur une véritable analyse des notions architecturales. Dans son *Dictionnaire polyglotte des termes d'art*, qui est une nomenclature française avec traduction en plusieurs langues, Louis Réau ne signale pas moins de cinq synonymes allemands pour le mot trompe : « Ecknische », « Ecktrichter », « Trichtornische », « Vorgekragte Wölbung » et enfin « Trompe ». Mais dans son *Lexique polyglotte des termes d'art*, qui est une nomenclature polyglotte et qui de ce fait témoigne plus directement de l'usage, tous ces termes disparaissent. Pour l'ensemble des langues traitées, le mot « squinch » est le seul que l'on retrouve dans les deux ouvrages. Or, d'après le *Dictionary of Architecture* de John Harris, ce mot désigne un support quelconque dans un angle et sur un pan coupé. Pour le *Piccolo dizionario* de R. Cevese, « tromba » et « pennachio », donnés comme synonymes italiens de trompe dans le *Dictionnaire* de Réau, signifient écoinçon ou pendentif. Tous ces mots cernent des réalités voisines, mais jamais identiques ; certains viennent, semble-t-il, des travaux historiques consacrés à la trompe orientale et à la trompe romane. Les historiens étrangers de l'architecture française utilisent simplement le mot « trompe » qui désigne pour eux un ouvrage spécifiquement français dont ils n'ont d'ailleurs généralement qu'une idée assez vague[22].

Mis à part le cas du pendentif, c'est-à-dire de la trompe en triangle sphérique dans son emploi sous coupole, qui est évidemment fort commun dans toute l'Europe, on peut affirmer que la trompe clavée est un ouvrage spécifique de l'architecture française et de l'architecture espagnole. Certes, les voyages d'historiens de l'art à travers l'Europe ne manqueront pas de faire ressortir des témoins qui contrediront, au moins apparemment, cette affirmation. Au Steen d'Anvers, nous avons nous-même vu une trompe conique appareillée en panache (vers 1225) ; mais elle ne sortait pas du triangle. Mme Liliane Châtelet-Lange a attiré notre attention sur la trompe dans l'angle et sous le coin collée à la loggia del banditore (après 1441) du palazzo communale d'Anagni ; cette trompe n'est qu'un berceau sommairement clavé mais elle n'en paraît pas moins très « française ». Et pourtant son modèle se trouve à Anagni même. Le baptistère en tour-ronde de la cathédrale est porté par une grande trompe en berceau : on ne peut affirmer qu'il est contemporain des premières campagnes de construction menées pour Pierre de Salerne entre 1072 et 1104, puisqu'il n'est pas solidaire de la cathédrale (il y a un net collage entre les deux parties) ; s'il est roman comme il paraît l'être, il présenterait un exemple précoce et remarquable de surplomb sur voûte, mais n'en constituerait pas pour autant une exception dirimante, car sa trompe est entièrement en blocage. Comme d'ailleurs les balcons sur trompes en demi-berceau de l'antique Ostie, qui ne sont que du remplissage entre des consoles. M. Volker Hoffmann nous a fourni l'information que nous cherchions sur la trompe de la maison Zum Walfisch de Fribourg-en-Brisgau : c'est une trompe en berceau (XVIe siècle ; son type est proche de celui de la trompe de l'archevêché de Strasbourg), enduite et nervurée comme une voûte gothique. A la maison Kaplanka de Česky Krumlov (Tchécoslovaquie, vers 1513-1515), M. Jean Guillaume a noté un cul-de-lampe à galbe concave qui pourrait être assimilé à une trompe cylindrique, mais qui est appareillé en tas-de-charge. Quant aux trompes de la « Barbacane » de Varsovie (XVIe siècle) auxquelles nous n'aurions pas pensé sans M. Yves-Jean Riou, elles sont en brique dans le triangle et appareillées par rouleaux à ressauts.

Les escaliers

L'appellation «vis de Saint-Gilles» est pratiquement inconnue dans les régions que nous étudions présentement et ceci jusqu'à nos jours [23]. Qu'en est-il de la voûte elle-même ? La vis de Bramante au Vatican est couverte d'une voûte en berceau hélicoïdal (fig. 33) : «Si l'architecte qui l'a conduite eust entendu les traicts de géométrie au lieu qu'il a faict la voûte en briques, il l'eust faicte de pierre» [24]. La réflexion de Delorme peut être extrapolée de Bramante à Vittone et de la vis de Saint-Gilles à l'escalier suspendu sur voûte qui en dérive. Vittone parle en effet de l'escalier suspendu sur voûte ; mais il s'agit de l'escalier de brique [25]. Dans toute l'Italie, il n'est probablement pas un seul escalier qui soit plus proche des modèles français que celui du Palais Durazzo Pallavicini à Gênes, construit vers 1780 par Andrea Tagliafichi, architecte génois, très lié avec les milieux français (il est correspondant de l'Académie royale d'architecture depuis 1778) : l'escalier réputé pour son audace est en effet sur voûtes en demi-berceau avec retours en arc-de-cloître [26] ; mais ses voûtes ne sont pas appareillées en pierre de taille, elles sont enduites. Décidément la stéréotomie de la voûte en pierre ne franchit pas les Alpes !

Ni le Rhin ! Le beau livre que F. Mielke a consacré à l'escalier allemand nous donne cette assurance. Cependant l'Europe n'a évidemment pas ignoré les avantages de l'escalier suspendu, mais elle s'est ralliée à une formule qui avait deux mérites, celui d'être simple et celui d'être italienne : sa fortune était assurée ! Luciano Laurana avait construit au Palais ducal d'Urbino (1465-1475) des escaliers en vis à marches porteuses à jour et sans limon, une formule que Palladio a fait connaître par le bel exemple de la Carità à Venise (1561) et surtout par les modèles des *Quattro libri* de 1570 [27]. Les marches ne tiennent que par l'appui qu'elles prennent les unes sur les autres et par leur queue engagée dans le mur de cage. Nous retrouvons donc ici l'opposition des deux grands principes illustrés par le cul-de-lampe et par la trompe [28].

A-t-on jamais dit que le succès de l'escalier suspendu à marches porteuses en Grande-Bretagne était peut-être une forme du palladianisme britannique ? Les escaliers de Wren à Saint-Paul de Londres font évidemment penser à celui de Palladio à la Carità. Ce qui est sûr, c'est que la formule s'est si bien vulgarisée en Grande-Bretagne, qu'elle a passé rapidement pour un type indigène. «On fait en Angleterre des escaliers en pierre beaucoup plus simples que les nôtres», lit-on dans le *Cours* de J.-F. Blondel. «On n'y emploie point de voûtes ni de limon : tout l'art consiste dans la manière de tailler les marches qui sont d'un seul morceau de pierre dure et de les placer les unes au-dessus des autres en scellant un de leurs bouts bien solidement dans les murs» [29]. Lorsque ce texte paraît en 1777, la France est en train de se convertir à cette formule qui, heureux opportunisme ! a troqué sa nationalité italienne contre la nationalité britannique désormais plus recherchée sur le plan international.

L'appellation «escalier à l'anglaise» est courante en France au XIXe siècle, mais plus particulièrement dans le vocabulaire de la charpente où elle désigne un escalier à marches assemblées sans limon côté jour. L'idée de «suspension» n'est jamais inscrite dans les définitions, mais on peut la considérer comme implicite. D'ailleurs les escaliers suspendus en pierre de Grande-Bretagne sont en effet sans limon : on voit partout du côté du jour la crémaillère des marches. Les traités français de charpente du XIXe et du XXe siècle opposent l'escalier à l'anglaise ou sans limon à l'escalier à la française ou avec limon [30]. Il est vrai encore que l'escalier français traditionnel est habituellement avec limon. Mais ces deux applications ont été visiblement peu à peu vidées d'une partie de leur sens original. Pour Neve, les «French styers» sont semble-t-il des escaliers à trois volées droites et à retours sur repos carré [31]. C'est donc tout à fait le type auquel les Français adapteront la voûte porteuse, mais il n'est pas question de celle-ci dans la définition de Neve. Cependant on passe facilement de la définition de Neve à celle de Guadet, qui comprend explicitement la voûte porteuse [32]. Au début du XVIIIe siècle, donc au moment où Neve publiait, on demandait à Strasbourg aux candidats à la maîtrise de donner les plans d'un «escalier droit français» [33]. Que de sous-entendus peuvent se cacher derrière ce «droit», sous-entendus qui ne sont pas nécessairement les mêmes que ceux des contemporains britanniques! Dans un recueil sans titre publié à Augsbourg en 1745 Bernhard-Christoph Anckermann donne la planche d'un « degré à la française »[34] : c'est un escalier à vis suspendu sur voûte plate ou peut-être même à marches porteuses! De toute évidence, il nous manque beaucoup trop d'éléments pour reconstituer l'évolution et le contenu sémantiques de l'appellation, mais il nous semble que l'idée de suspension reste sous-jacente dans tous ses emplois.

Les autres voûtes

Les formes simples, les plus communes — comme le berceau et la coupole — sont des formes internationales. En Italie, plus tôt qu'ailleurs, ces formes se sont substituées aux formes gothiques : on trouvera dès le XVe siècle, au Palais d'Urbin, des berceaux à lunettes. Par exception, ces berceaux à lunettes sont appareillés, et très soigneusement, à l'église Saint-Loup de Namur et dans les chapelles latérales de Saint-Charles-Borromée à Anvers ; mais faut-il s'étonner que le Jésuite Pierre Huyssens, maître d'œuvre de la première et auteur probable des secondes, ait été informé mieux que quiconque des travaux du Père François Derand, son contemporain ?

Les formes les plus complexes font fortune dans l'Italie de Borromini et de Guarini et en Europe centrale. La France les refuse (sauf bien sûr lorsque Guarini lui-même travaille à Paris) ; mais la science française du trait est mise à contribution pour tourmenter la voûte. « L'arc arqué », « the three-dimensional arch », c'est-à-dire l'arc construit dans un plan vertical cintré, aurait été transmis de Delorme à Prandtauer par François Mansart et Guarini[35]. Les œuvres de Georges Dance le Jeune et de John Soane contiennent des voûtes enduites dont les formes rappellent curieusement le répertoire français (voûtes en pendentifs, voûtes à arêtes doubles, etc.) : J. Summerson a montré que ces ressemblances s'expliquaient par la diffusion du traité de J.-B. de La Rue en Angleterre[36].

L'Europe presque tout entière est couverte de voûtes en briques et de voûtes en moellons. La brique doit être nue : elle crée une tache de couleur qu'animent souvent des jeux d'appareils. Ceux-ci sont sans doute plus recherchés par les architectes du Nord, mais Vittone construit en briques au Palazzo Giriodi (1740) de Castigliole, une voûte en pendentifs appareillée en chevrons qui ne déparerait pas une maison flamande. La voûte enduite est en général le champ privilégié de l'efflorescence ornementale et des grandes compositions picturales dont les exemples viennent encore d'Italie. Mais, de Brunelleschi à Palladio, il y a aussi en Italie un parti de la voûte « blanche », qui n'est pas sans affinité avec le parti stéréotomique : la rigueur du dessin architectural élimine de lui-même les digressions ornementales et picturales. A San Giorgio Maggiore, le blanc de l'enduit des voûtes tranche sur la matière des élévations en pierre de taille : l'effet reste cependant très différent de celui que produisent la cathédrale de Jaen et l'église de la Sorbonne, admirables par l'unité de leur texture.

En conclusion et réserve faite pour le cas espagnol, on doit donc pouvoir dire avec les théoriciens et commentateurs contemporains, avec Sauval en particulier, que les inventions stéréotomiques des Français sont restées inconnues des « Etrangers » qu'elles « n'ont pas encore passé nos portes, quelque merveilleuses qu'elles soient »[37].

21. Destin de la stéréotomie après 1750

Dans la seconde moitié du XVIIIᵉ siècle, la stéréotomie recule sous le double effet de la concurrence d'autres techniques et d'une proscription esthétique. Mais il ne s'agit que d'une éclipse de quelques dizaines d'années. Le XIXᵉ siècle rétrospectif favorise la renaissance de la stéréotomie, qui rentre en faveur à la fin du siècle et au début du XXᵉ siècle.

Evolution des techniques et récession de la stéréotomie

Au XVIIIᵉ siècle, les Français commencent à prendre conscience des avantages de la voûte en brique : légèreté, résistance au feu, facilité d'emploi, enfin économie, surtout « économie de savoir ». La voûte à la Roussillon s'impose par sa simplicité dans les tracés surbaissés auxquels la voûte en pierre ne parvient que par un tour de force. La voûte à la Roussillon cristallise toute l'attention et toute l'ingéniosité des constructeurs : les variantes se multiplient. M. de Saint-Far propose une voûte en poterie construite suivant un procédé renouvelé des Romains[1].

Le paradoxe est en effet que les procédés nouveaux sont en réalité des procédés réhabilités ou redécouverts, comme si la consigne avait été, après 1750, d'exploiter systématiquement le passé, tout le passé, et pas seulement le noble passé gréco-romain. La charpente « à petits bois », inventée par Delorme et qui n'avait pas eu un grand succès de son vivant, est de nouveau mise en œuvre en plusieurs occasions, la plus remarquée étant celle de la construction de la Halle au blé de Paris, que Legrand et Molinos couvrent d'une charpente à la Delorme en 1783. Il est admirable que dans les avatars de ce seul édifice, on ait vu successivement la stéréotomie de Le Camus de Mézières, la charpente en bois de Legrand et Molinos et enfin, après l'incendie de 1802, la charpente en fer de Bélanger. Delorme, le père de la stéréotomie française, est encore le précurseur de cette architecture de charpente qui, par le jeu de petits éléments assemblés, peut, comme la voûte, franchir de

grands espaces et qui, grâce au fer, deviendra la véritable architecture du XIXᵉ siècle.

Dans le même esprit, les Français se mettent à construire ces escaliers suspendus à marches porteuses qui ont la simplicité d'un procédé de charpente. Derand en avait décrit le principe[2]. J.B. Franque avait cherché à l'appliquer sans grand succès au début du XVIIIᵉ siècle[3] ; mais, dans la seconde moitié, les choses changent. Les escaliers suspendus de Victor Louis sont à marches porteuses, non seulement à Besançon[4] où la stéréotomie ne s'est jamais implantée, mais encore à Bordeaux : ses escaliers à marches porteuses des hôtels de Saige (1775-1780) et de Fonfrède (1775-1776) sont contemporains de l'escalier « archaïque » de l'archevêché. D'ailleurs Louis rencontre dans ses prétentions à l'innovation toute la résistance des ouvriers locaux. L'entrepreneur Barathier refuse de construire l'audacieux escalier de Fronfrède, en arguant de l'expérience qu'il a acquise par la construction « dans plusieurs hôtels et maisons de Bordeaux d'au moins une vingtaine d'escaliers suspendus »[5].

Dans tout cela transparaît une volonté de se débarrasser des pesanteurs de la stéréotomie, un besoin de simplicité, de vérité, qui situe tous les problèmes à mi-chemin de la technique et de l'esthétique. Le fer et l'antique ont une même beauté virile. La mode de l'escalier suspendu à marches porteuses a la double caution de Palladio et des Anglais.

Révolution esthétique et condamnation de la stéréotomie

Il y a dans le classicisme français un principe qui est en définitive plus français que classique, c'est la règle du bon goût, de la convenance, ce que, dans l'ordre social, on appelle la bonne éducation. Or la stéréotomie française a de ces écarts de langage qui ne sont pas appréciés de la bonne société. A propos de la stéréotomie, J.F. Blondel dit que les bons architectes « pensent avec raison que la vraissemblance doit avoir le pas sur une témérité présomptueuse »[6]. Il est admirable que soit invoquée ici la vraisemblance qui, comme chacun sait, est le principe de la tragédie classique française.

Nous avons là un des leitmotive de la doctrine française. Le témoignage le plus inattendu vient de Frézier: « La nouveauté de cet art [l'art du trait] et les difficultés qu'il contient engageaient les architectes des deux derniers siècles à chercher des occasions de faire parade de leur science, où ils affectaient d'en faire même sans nécessité. Les architectes de notre temps [...] ont banni toutes ces hardiesses bizarres » [7]. Les interventions de Laugier et de Cochin sur les clefs pendantes, sur les voûtes gauchies, sur les escaliers suspendus, vont dans le sens des réformes que prônent ces deux théoriciens. Laugier, dans l'*Essai sur l'architecture* (1753): « On me montrait un jour dans une église un jubé planté sur trois arcades soutenues en l'air en forme de culs-de-lampe [clefs pendantes]. On me dit: voilà un morceau bien hardi. Cela est vrai, répondis-je; mais si votre architecte au lieu de ces effrayants culs-de-lampe avait fait votre jubé en plate-bande toute unie, son morceau n'aurait pas été moins hardi et il aurait été plus naturel » [8]. Laugier, dans ses *Observations sur l'architecture* (1765): « Les voûtes à traits irréguliers ne doivent avoir lieu que dans les endroits où la nécessité y oblige. Leur hardiesse et leur bizarrerie ne peuvent faire honneur à l'architecte que lorsque l'on voit bien qu'il y a été forcé par la difficulté d'un assujettissement qu'il ne pouvait éviter » [9]. Cochin, dans son *Voyage d'Italie* (1758): « On pourrait bien désapprouver ces escaliers suspendus en l'air qui sont si fort en usage à Paris... Ils sont aussi solides que les autres [mais] ils pèchent contre l'apparence de la solidité » [10]. La règle de vraissemblance chère à Blondel s'applique particulièrement aux escaliers suspendus. « Il est bien que les voûtes paraissent retenues par l'art du trait; mais il faut user de beaucoup de circonspection dans leur aspect car, quoique la théorie nous rassure contre la légèreté apparente des voûtes, il est de la prudence d'un architecte de conserver de la vraissemblance dans ce genre de construction; autrement on y monte avec inquiétude » [11].

Dans les années 1770, on commence à détruire les plus célèbres archétypes (vers 1778, destruction de la porte Saint-Antoine); la théorie se sclérose et n'est plus développée que par des théoriciens honteux de leur spécialité. Jusqu'aux écoles du trait, qui ne font plus le plein de leurs effectifs. A l'Ecole royale et spéciale d'architecture, au début du XIXᵉ siècle, il n'y aurait plus de volontaires pour devenir appareilleurs (au dire de Viel qui est un peu suspect, car il a un vieux compte à régler avec Rondelet, qui est justement le professeur de stéréotomie de cette école).

Avec Viel, la condamnation du trait prend une signification nouvelle. Viel traite dans un chapitre entier de ses *Principes* (1797) « des dangers et de l'abus de la science du trait dans la construction des édifices »: « L'application immodérée faite de ces nouveaux procédés a d'abord porté un véritable échec dans l'ordonnance de certains édifices » [12]. Le débat s'élargit singulièrement: par un amalgame, apparemment injustifié mais au fond — nous le montrerons — parfaitement juste, l'art du trait est rendu responsable des licences prises contre les règles classiques de la composition. « Au XVIIᵉ siècle, écrit Quatremère, on s'avisa de considérer les édifices moins en eux-mêmes ou dans la vue de leur emploi que comme susceptibles de devenir la matière de problèmes compliqués à résoudre pour l'art du trait; que comme un assemblage de coupes extraordinaires dont la géométrie seule avait le secret... De là ce règne de la bizarrerie sous lequel toute ligne droite eût passé pour une aberration » [13]. Traduit dans le vocabulaire des historiens de l'art d'aujourd'hui, le jugement de Quatremère donne ceci: l'art du trait est baroque !

Pour comprendre Viel et Quatremère, il faut une fois de plus isoler le cas de la trompe qui est en vérité l'expression la plus représentative de la plastique stéréotomique. D'Aviler (1691) se contente de dire qu'il ne faut l'utiliser que lorsqu'elle est utile [14]. L'Académie d'architecture qui trouve la trompe d'Anet « affectée sans nécessité » déclare en 1693 que les ouvrages sur trompe doivent « être évités autant qu'il est possible, quoique les trompes soient d'un fort bon usage dans les bâtiments en beaucoup de rencontres » [15]. Dans le même temps, l'ouvrage en surplomb disparaît presque totalement de l'art officiel. Le surplomb est un accident qui s'inscrit mal

141. Paris, église
Saint-Sulpice, trompe
plate-sphéroïdale sur le pan
et en tour-ronde, 1774, par
Charles de Wailly.
(Photographie B. Vialles).
Dernier exemple de
stéréotomie massive donné
par un maître du classicisme.

dans le dessin de la nouvelle architecture française. La logette de l'archevêché de Strasbourg, rejetée sur une face latérale, se justifie cependant par la nécessité de construire au-dessus de la voie publique une dépendance qui n'avait pas été prévue dans le projet initial. A l'hôtel de Canillac de Paris (1717), Boffrand doit trouver la place d'un grand salon en construisant au-dessus de la cour. De Wailly est un des derniers architectes classiques à faire valoir l'argument de la nécessité lorsqu'il doit construire la trompe de Saint-Sulpice (1774) (fig. 141). Mais, au fond, tout le monde s'est rallié aux principes de Cochin : « Tout ce qui peut inquiéter le spectateur du côté de la solidité doit être absolument banni de l'architecture »[16]. Et à ceux de Laugier : « Dans les vrais principes tout ce qui a l'air du porte-à-faux, tout ce qui n'a pas une solidité apparente, est vicieux »[17]. Les auteurs de traités de stéréotomie suivent le mouvement. Simonin écrit : « Aujourd'hui toutes les trompes sont tombées dans le discrédit parce qu'on ne sait où les placer sans gâter la façade au-delà de laquelle elles font saillie »[18]. Et Douliot : « Le bon goût a proscrit les trompes de l'architecture civile »[19]. Les trompes ne sont plus décrites dans les traités que comme des exercices pédagogiques[20]. Avec le recul, Quatremère porte le jugement le plus perspicace, quoique tendancieux, sur l'usage des trompes : celui-ci fut « extrêmement commun en France dans toutes les bâtisses du Moyen Age et s'est perpétué en France jusqu'au XVIIᵉ siècle où le goût de l'architecture antique, devenu général, relégua cette sorte de construction dans la classe des caprices ». Quatremère observe qu'il n'y a pas de trompe dans l'architecture antique : il en déduit que son invention est liée à la pratique médiévale du surplomb[21]. Les grands antagonistes sont enfin mis en présence : Antiquité contre Moyen Age, réforme classique contre tradition. Nous pourrions multiplier les citations pour montrer que la stéréotomie est assimilée par les classiques à une survivance du gothique. Ainsi Viel envisage-t-il l'hypothèse où « l'architecture se précipiterait dans les formes gothiques et barbares, inévitable gouffre où la conduiraient les études d'arrière-voussure »[22].

Le procès de l'architecture religieuse du XVIIᵉ siècle, instruit par les classiques du XVIIIᵉ siècle, porte en partie sur les caractères « romans » de l'église, en particulier sur les arcades et la voûte massive. « Dans toutes les églises que nous avons bâties depuis la renaissance de l'architecture grecque, la voûte est lourde et massive » écrit Laugier : « ... Entrons à Saint-Sulpice, rien de si insipide que le berceau nu, percé de lunettes tout aussi nues ». De la voûte en berceau, il écrit : « Cette forme n'a sa parfaite beauté que lorsque le berceau est plein et sans lunette » ; il propose de substituer aux lunettes l'éclairage zénithal[23]. C'est la critique motivée par la référence à l'Antiquité où les berceaux n'avaient pas de lunettes. Boullée est de ceux qui ont poussé le plus loin la critique de l'église française : « Cette ordonnance pesante et lâche, formée par de lourdes arcades dont les piédroits massifs ont pour tout ornement un plaquis de quelques pouces d'épaisseur qu'on nomme pilastre, est couronnée par une voûte percée de lunettes qui ressemblent à des soupiraux de cave. Ces angles aigus et désagréables que présentent les lunettes font paraître la voûte d'une pesanteur affreuse »[24]. La suppression des lunettes donne un caractère plus antique aux voûtes classiques du XVIIIᵉ siècle. Cependant la critique de la pesanteur peut conduire à une tout autre réaction. Laugier, dont la pensée est pleine de contradictions, n'opposait pas la voûte de Saint-Sulpice à la voûte à l'antique, mais à la voûte de Saint-Eustache : « Entrons à Saint-Eustache, rien de plus élégant que la voûte de cette église par la bizarrerie de ses contours, par l'entrelassement de ses nervures »[25]. Ce qui apparaît comme contradiction avec Laugier devient synthèse avec Soufflot. On sait que l'ambition de celui-ci était d'allier la structure des gothiques avec l'ordonnance des Grecs. Le résultat est inscrit à Sainte-Geneviève (fig. 142). Le voûtement (entre 1776 et 1778) en paraît assez complexe. En fait, il ne s'agit que de coupoles en pendentifs séparées par de très courts berceaux pénétrés par de profondes lunettes. Le tout rappelle en effet les voûtements très « articulés » de l'époque gothique, sans pour autant participer de la voûte d'ogives. Viel, contempteur virulent du gothisme, ne s'y est pas trompé : Sainte-Geneviève « doit à la stéréotomie dite savante les vingt lunettes gothiques et de toute inutilité qui en déparent les voûtes »[26].

Derrière le conflit classicisme-gothisme, il faut deviner des antagonismes plus profonds encore. Nous verrons dans le livre suivant que le classicisme unificateur pourchasse toutes les manifestations des pluralismes régionaux et nationaux. La stéréotomie, trop idiomatique, trop française, a été sacrifiée à la recherche du langage universel.

Eclectisme et réhabilitation de la stéréotomie

La réaction à l'internationale classique se fait très vite sentir. Le XIXe siècle est le siècle du nationalisme et de l'éclectisme. Les grandes nations redécouvrent dans le gothique l'âme de leur peuple. La stéréotomie a naturellement une seconde chance. Nous laisserons à d'autres le soin de décrire le *revival* stéréotomique. Nous nous contenterons de l'illustrer de quelques exemples probants.

Au château de La Maboulière à Bourg d'Iré, René Hodé a construit en 1852 quatre échauguettes avec trompes coniques sous le coin jumelées[27] : ce faisant, il donnait à sa clientèle la double satisfaction d'un anachronisme et d'un régionalisme. On se souvient que les trompes coniques sous le coin, et particulièrement en groupement, sont chez elles en Anjou : le retour à la terre de l'aristocratie angevine s'exprime ainsi heureusement par des emprunts aux traditions locales. Le surplomb que le classicisme avait proscrit, revient massivement dans l'immeuble urbain de la fin du siècle, et avec lui la trompe. Celle-ci s'impose alors aussi bien à Lille qu'à Tours, Paris ou Marseille[28]. L'immeuble du 29 Boulevard de Courcelles à Paris est un compendium de la stéréotomie traditionnelle : berceau tournant, vis de Saint-Gilles suspendue, lunettes, appareil nu. C'est sans doute un des plus beaux exemples de ce que le Modern Style doit à la stéréotomie des Temps modernes. Les historiens de ce style l'ont-ils noté ? Pour donner à la pierre cette plasticité qui permet de traiter une façade comme une sculpture, les architectes du Modern Style se sont mis à l'école des maîtres anciens, donnant ainsi une preuve posthume aux théoriciens classiques qui prétendaient que « l'application immodérée » de ces procédés portait « un véritable échec dans l'ordonnance de certains édifices ». La plus jeune des trompes parisiennes annonce tout naturellement le conservatoire des traditions de métiers : la maison des Compagnons du Devoir du Tour de France (coin des rues de Brosse et de l'hôtel de ville, vers 1950).

Et pour preuve que les mêmes causes produisent les mêmes effets, quelques exemples en Espagne : le très bel escalier suspendu sur voûte de la Diputacion de Barcelone (fin XIXe siècle) ; les trompes coniques jumelées du Palais épiscopal d'Astorga (1887-1893) qui nous apportent la plus significative des conclusions : Antonio Gaudi.

LIVRE TROIS

L'UTOPIE CLASSIQUE

Dans l'Europe pluraliste est née, au début de la Renaissance, une idéologie qui devait modifier profondément le cours de l'histoire de l'architecture : idéologie classique, exaltante dans ses ambitions, redoutable par son intolérance, comme toutes les idéologies. Le classicisme ne s'imposa pas sans combat, ni sans compromission. Il dut composer avec l'idéologie nationale pour vaincre les particularismes régionaux, simplifier la carte de l'Europe, avant d'avouer sa véritable nature, internationaliste, ou mieux encore utopiste (fig. 143).

Utopiste par doctrine, le classicisme prétendait libérer l'architecture de la topographie. Utopiste aussi comme ces chimères qui, bien qu'elles ne tiennent pas compte de la réalité, peuvent s'imposer.

Il est vrai que la dictature du classicisme n'eut qu'un temps et que rapidement l'on refusa le langage universel. Ce fut pour dire des choses que l'on croyait très singulières et qui n'étaient que très banales : le classicisme avait assuré définitivement la prééminence de l'ubiquité sur la diversité.

143. *Projet de E.-L. Boullée, dernières années du XVIIIe siècle. (Cabinet des estampes de la Bibliothèque nationale).*
La pyramide est le monument commun à toute l'architecture primitive. Elle est utopique, c'est-à-dire sans lieu (ou-topos).
Elle appartient au langage universel que parlait l'Humanité avant qu'elle ne se partageât en nations.

LIVRE TROIS

Première partie

Le classicisme national

« Lorsqu'un art naît et croît avec un peuple,
lorsqu'il se développe par les besoins de ce peuple
et par ses convenances,
il s'identifie à ses usages,
il les perpétue et en reçoit la perpétuité »

(A. Ch. Quatremère de Quincy, *Recueil de notices*, 1834,
notice sur Chalgrin, p. 3)

« Les peuples policés appellent goût ce qu'ils imaginent être la perfection de leur art... L'orgueil de chaque Nation a donc créé à son avantage ce mot qu'elles appliquent ensuite à tous les objets, afin de proscrire plus sûrement ce qui n'entre pas dans leurs usages ou ce qui choque leurs habitudes »[1]. On ne peut trouver meilleure définition du classicisme national : elle est due à Sébastien Mercier. A des degrés divers, toutes les nations de l'Europe occidentale ont en effet éprouvé le besoin de dépouiller la pratique de toute contingence. Mais, inégalement servies par les circonstances, toutes n'ont pas pu construire un corps de doctrine justifiant les particularités du génie national.

Dans son *Epithoma rerum germanicarum* (1505), Wimpheling proclame la supériorité de l'architecture allemande[2]. Alors que l'italianisme bat son plein et que le modèle français commence à s'imposer, le *Ehren-Ruff Teutschlands* (1698) de Wagner von Wagenfels place encore l'architecture allemande à égalité avec l'architecture italienne et au-dessus de l'architecture française[3]. Ces historiens et théoriciens de la nation allemande ne comptent par parmi les spécialistes de l'architecture. Ces derniers, plus avertis, sont plus modestes. On ne saurait trouver dans les laborieux efforts de Sturm pour définir une manière allemande faite d'italianismes et de gallicismes, les bases d'un classicisme allemand. Gœthe lui-même ne reconnaissait-il pas que l'Allemagne n'avait jamais réuni les conditions nécessaires à l'apparition d'un véritable classicisme national[4] ?

L'insularité, une conscience nationale sourcilleuse, une tradition architecturale originale et vivante, auraient pu porter à son accomplissement le classicisme anglais. Mais celui-ci procédait de Palladio par Inigo Jones et ne devait rien à la tradition nationale. L'implant italien ne s'est pas résorbé dans le tissu anglais, comme il l'a fait en France. Si bien qu'il faut distinguer la manière anglaise, qui est restée presqu'ignorée de l'Europe, et le classicisme anglais, qui a eu au contraire une audience considérable, d'autant plus considérable d'ailleurs qu'il était moins national et que, de ce fait, il a pu séduire les utopistes. La coexistence de deux manières savantes dans un même milieu fait de l'Angleterre un cas particulier. Mais faut-il s'en étonner lorsque l'on sait que dans la nation elle-même ont longtemps cohabité sans se confondre une aristocratie normande importée et une aristocratie saxonne autochtone ?

Une idiosyncrasie affirmée, une industrie exportatrice et le goût de la spéculation sont les trois conditions qui doivent être réunies pour que s'épanouisse un classicisme national : elles n'ont vraiment été rassemblées à l'époque moderne que dans le cas de l'Italie et de la France.

22. *Le classicisme italien*

Le classicisme italien a servi de modèle au classicisme français. Ce que les Français ont imité, c'est moins le produit décrit par le classicisme italien, que la manière dont il est décrit; ils ont emprunté une recette qui, appliquée au produit français, devait lui donner une aura comparable à celle du produit italien. C'est pourquoi il nous paraît nécessaire de présenter — après bien d'autres, mais avec des intentions différentes — la genèse du classicisme italien.

La Renaissance ou restauration nationale : « La Italia liberata da gotthi »

Pétrarque est probablement le créateur de la notion de « temps obscurs ». L'arrivée des Barbares, l'effondrement de l'Empire romain ont recouvert l'Italie de ténèbres. Pétrarque n'a fait œuvre d'historien que pour fonder dans l'histoire son rêve de l'unité italienne. La Renaissance commence avec le couronnement de Pétrarque au Capitole en 1341, avec l'équipée de Cola de Rienzo, élu tribun et libérateur de l'Etat romain en 1347.

De l'architecture gothique, Filarete écrit : « Credo che non fusse se non gente barbara che la condusse in Italia ». Ou encore : « Questo uso e modo anno avuto da 'tramonti, cioé da tedeschi e da francesi »[1]. Tout le traité de Filarete est traversé par le grand thème de l'invasion étrangère qui a enseveli la tradition nationale. Pour son malheur, l'Italie est tombée entre les mains, non de hordes apatrides, qui n'auraient fait que ruines; mais de Tudesques et de Francs, les peuples du Nord, qui apportaient avec eux leurs ouvriers et leur déplorable manière de construire. Le conflit ancien-moderne s'identifie au conflit national-étranger; il s'étend à tous les aspects de la civilisation et en particulier à la langue[2].

De la cathédrale de Milan, Cesare Cesariano écrit dans son *Vitruve* de 1521, qu'elle est tracée « more germanico »[3]. Dans une lettre à Léon X, Raphaël condamne la « maniera dell' architettura tedesca » qui s'est imposée « tanto che Roma fu dominata da Goti » et lui oppose la « belle maniera delli romani »[4]. Les malheurs de la patrie inspirent à Gian-Giogiorgio Trissino, « l'inventeur » de Palladio, son *Italia liberata da Gotthi* (1547), long poème consacré à la guerre entre les Goths et les Byzantins, représentants du monde antique. On connaît en Vasari l'un des principaux contempteurs de la manière gothique. « Questa maniera fu trovata dai Goti » qui ont recouvert « tutta l'Italia di questa maledizione di fabbriche ». A propos du palais de la Seigneurie à Arezzo, Vasari parle d'un « palazzo delle maniera de Goti ». Tout est occasion pour Vasari d'attaquer « il modo di quella maniera di ediffizi ch'oggi da noi son chiamati tedeschi »[5].

La Renaissance s'inscrit ainsi autant dans l'espace que dans le temps : elle n'est pas seulement rejet d'un passé récent, retour à un passé ancien; elle est un avatar de la tension permanente qui oppose le Nord et le Sud et dont la dernière manifestation est l'invasion française contre laquelle Jules II mobilisait au cri de « Fuori i Barbari ! »

L'Antiquité nationale : les ordres italiens

Burckhardt l'a justement noté : la relation Renaissance-Antiquité n'est pas tout à fait de même nature en Italie que dans le reste de l'Europe. « En dehors de l'Italie, il s'agit de la mise en œuvre savante et réfléchie de quelques éléments fournis par le monde antique; en Italie, c'est le monde savant et le peuple qui rendent hommage à l'Antiquité et qui veulent la faire revivre, parce qu'elle rappelle à tous la grandeur passée de leur pays »[6].

Pour que les Italiens soient reconnus comme les fils naturels des anciens Romains, il fallait démontrer que la lignée nationale n'avait jamais été interrompue. L'absence d'un gothique tardif dans l'Italie centrale donnait créance à cette thèse. Certaines constructions du XIIIᵉ siècle assuraient la continuité avec les arts paléochrétien et roman qu'un Filarete tenait pour antiques : la Santa Croce de Florence, à propos de laquelle on a pu en effet parler de proto-renaissance du XIIIᵉ siècle, s'inspire des édifices paléochrétiens de Rome, et notamment de la vieille basilique Saint-Pierre; dans les constructions italiennes de Frédéric II, comme la Porte impériale de Capoue (1234-1239), les frontons à l'antique voisinaient avec les voûtes gothiques à la française. Les principaux modèles de la renaissance brunelleschienne sont les édifices romans de Florence.

Alberti est le premier théoricien à avoir présenté la théorie des cinq ordres. Vitruve ne connaissait que les trois ordres grecs. Alberti a, de son propre chef, élevé à la dignité canonique deux espèces italiennes et, pour légaliser son coup de force, il a démontré que les ordres grecs eux-mêmes avaient été nationaux avant d'être canoniques [7].

Vitruve en effet ne parle pas de l'ordre toscan mais du temple à la manière toscane [8]. La distinction n'est pas spécieuse, bien que les théoriciens italiens eux-mêmes tiennent « maniera » et « ordine » pour à peu près synonymes [9] ; il y a une nuance sensible : le classicisme transforme la *maniera* en *ordine*. On sait que l'ordre toscan n'est qu'une variété locale de proto-dorique. Mais pour Alberti qui se pose en héritier de l'antique nation toscane, l'ordre toscan était pratiqué par les Etrusques bien avant que les Grecs n'inventassent l'ordre dorique [10]. Pour Scamozzi, l'ordre toscan est le plus ancien des ordres et il a été imité par les Grecs. Dans sa traduction très libre, et même fautive, D'Aviler fait dire à Scamozzi : « Ne voulant rien recevoir de l'invention des Grecs, les Toscans s'imaginèrent un genre de bâtir différent de ceux de ces nations » [11]. Alors que l'on découvre enfin le vrai dorique de la Grèce et que la primauté de l'Italie est remise en cause par l'archéologie, Piranèse s'efforce encore de démontrer le caractère indigène de l'ordre toscan [12].

Dans Vitruve, il n'est pas question du cinquième ordre, que les théoriciens italiens du XVe et du XVIe siècle appellent latin, italique ou romain. C'est un genre composite, auquel Alberti a voulu faire un sort particulier. « Nullum tamen sese exhibet quod merito prae his comprobes, praeter unum id, quod, nequid omnia ab exteris accepta referamus, italicum nuncupo » [13]. Dans la traduction française de Martin, ce passage devient : cet ordre doit être appelé italien « afin que l'on ne pense pas que toute la louange d'innovation soit due aux

144. *Ordre de l'arc de triomphe élevé à Rome pour commémorer la prise de Jérusalem par Titus, premier exemple de l'ordre composite dit ordre latin. (Fréart de Chambray).*

145. *Ordre du temple de Jérusalem,
archétype de tous les ordres, représentation
symbolique de l'ordre divin.
(Fréart de Chambray).*

étrangers » [14]. Pour Palladio, « l'ordine composito [...] vien anche detto latino, perche fu inventione de gli Antichi Romani » [15].

A bien des égards, la création de l'ordre latin peut être considérée comme le début de l'histoire moderne des ordres. Elle n'est pas liée à l'érection d'un temple comme les ordres plus anciens mais à celle d'un arc de triomphe, celui de Titus (fig. 144). Son contenu politique est évident. Après avoir subjugué les Grecs, inventeurs des ordres, les Romains viennent de prendre Jérusalem : Titus en son triomphe rapporte les dépouilles du temple où s'est formée la pensée du plus vénérable des ordres, l'ordre tyrien, une sorte de proto-corynthien [16] (fig. 145). Cependant l'ordre composite n'est pas seulement monument au sens étymologique : il est l'expression même du génie collectif d'une nation. « Les Romains qui se sont rendus recommandables par leur politique et par leurs armes, se voulant aussi distinguer des autres nations par leurs édifices, inventèrent l'ordre composite », écrit D'Aviler [17].

La manière étrusco-toscane

L'unité linguistique et culturelle de l'Italie s'est faite autour d'une langue vulgaire, celle de Dante, de Pétrarque et de Boccace, comme l'unité française s'est faite autour du parler de l'Ile de France. Des ouvrages apologétiques — comme le *Dialogo delle lingue* de Sperone Speroni (1542) qui est pratiquement contemporain de la *Deffense et Illustration de la langue française* de Du Bellay (1549) — assurent la prééminence du toscan sur les patois italiens, en particulier sur le romanesco qui, à Rome même, recule devant le toscan.

Un phénomène identique se produit dans le domaine des Beaux-Arts. L'art toscan est l'art central ; il devient l'art italien par excellence. Comme le fait remarquer Pevsner, l'art vénitien, trop proche de celui de Byzance et l'art silicien, trop mauresque, ne prennent place qu'à la périphérie [18]. Même si l'on tient compte de ce que sa réputation doit au chauvinisme toscan, Brunelleschi,

146. *Frontispice du* Della Magnificenza *d'architettura de Romani de Piranèse (1761). Démonstration par les armes de la supériorité de la manière romaine.*

l'incomparable inventeur de la coupole de Florence, apparaît bien comme le restaurateur de l'architecture. Filarete le présente en ces termes : « Cittadino fiorentino, famoso e dignissimo architetto e sottilissimo imitatore di Dedalo, il quale risuscitò nella città nostra di Firenze questo modo antico dello edificare per modo che oggi dì in altra maniera non s'usa se none all'antica » [19].

A l'avènement de Cosme comme Grand Duc en 1540 est instaurée une politique officielle d'exaltation du génie florentin, qui préfigure celle que conduira Colbert au profit du génie français. L'*Academia fiorentina* est fondée en 1541 pour entretenir le culte de Dante, de Pétrarque et de Michel-Ange. Avec les *Vite* de Vasari (1550-1568), nous atteignons à une sorte « d'hypertoscanisme » [20]. Après une éclipse au XVIIᵉ siècle, le toscanisme retrouve un interprète en Ruggieri, dont le *Studio d'architettura civile* (1722-1728) est le pendant des recueils d'architecture française de Marot, Mariette et J.F. Blondel.

Dans son *Art et humanisme à Florence*, A. Chastel écrit : « Il apparaît bien qu'au niveau populaire des légendes et au niveau humaniste des grandes perspectives historiques, une certaine conscience du passé étrusque et de sa singularité a commencé à emmerger au quattrocento » [21]. Le traité d'Alberti traduit en français par Martin, expose en effet que « l'architecture de longtemps avait sa demeure en Italie, principalement parmi les Chiusiens (qui sont maintenant Florentins), lesquels entre les choses admirables qui se lisent de leurs Roys triomphaient en édification de labyrinthes, sépultures et temples » [22]. Les humanistes toscans ont tenté de détourner au profit de Florence l'idéal national incarné par Rome. A ce propos, A. Chastel met en évidence la portée symbolique d'un événement qui fait suite à l'avènement de Léon X, un Médicis, au pontificat (1513) : Julien de Médicis prend au Capitole le titre de citoyen romain dans un décor provisoire, rempli de références iconographiques et littéraires au passé étrusque de Rome. Au XVIIIᵉ siècle, le mythe étrusque reçoit la consécration de l'archéologie savante — celle des *Lezioni di antichità toscane* (1766) de G. Lami — et de l'archéologie poétique — celle du *Della Magnificenza [...] de Romani* (1761) de Piranèse. Ce Vénitien romanisé écrit : « Veramente la nazione toscana e per l'antichità e per le ricchezze aveva avuto tempo e comodo di portare ogni genere di arti all' ultima perfezione»[23]. Le *Della Magnificenza*, au frontispice formé d'un trophée d'armes (fig. 146), est un livre de combat dans lequel Piranèse appelle les Etrusques au secours de Rome menacée par le retour en force de l'influence grecque[24]. Nous retrouverons avec le mythe des Gaulois l'idée que l'architecture est native du pays où la manière nationale s'épanouit en classicisme.

Peut-on vraiment parler d'une manière étrusco-toscane? Faut-il prendre au sérieux par exemple le parallèle que Chipiez établit entre la saillie exceptionnelle de la corniche antique dans l'ordre toscan de Vitruve et celle, non moins considérable, de la corniche des palais florentins de la Renaissance?[25] (fig. 147). La thèse de la continuité a des partisans moins objectifs, plus engagés, mais qui nous fournissent des preuves par leur partialité même. Serlio est le principal responsable de la confusion entre l'ordre toscan et le genre rustique, à laquelle nous avons fait allusion à propos de l'emploi des bossages. «A me pare che la [maniera] rustica si convenga più e sia più conforme alla Toscana che alcun'altra. Ilche manifestamente si comprende esser stato osservato da' Toscani cosi dentro nella maggiore e principal città loro che è Fiorenza, come fuori per le ville, i tanti e cosi belli edifici e ricche fabriche pur fatte d'opera rustica»[26]. Vasari nomme «rustico» le premier des ordres. Il cite toutes sortes d'édifices étrusques et florentins comme étant construits suivant cet ordre[27]. Scamozzi rapproche la manière simple et solide, expression de la force, des

147. *Florence, palais Strozzi, commencé en 1489 par Benedetto da Maiano, terminé au début du XVIe siècle par Cronaca. Volume cubique sans avant-corps, toit non apparent, rapport des pleins et des vides, cordon unique, corniche très saillante, bossages, caractéristiques de la manière italienne et plus particulièrement de la manière toscane.*

anciens Florentins de celle des modernes Etrusques. «Solevano i Toscani nelle loro maniere d'edifici procurar un certo che di grave... : onde dall'altre Nationi si fatta maniera d'edificare fu chiamata Toscana »[28] (fig. 148).

Pluralité des manières italiennes

La fortune de la manière toscane ne doit pas faire oublier qu'il y eut en fait plusieurs manières en Italie : quelques Etats ont pu produire simultanément à leur manière sous l'étiquette italienne. C'est la différence essentielle qui apparaît entre le classicisme de l'Italie divisée et celui de la France unifiée, où les provinces ont perdu définitivement avec les Temps modernes toute identité internationale.

L'héritage antique a, il est vrai, conféré à la manière italienne une apparente unité qui a pu tromper les nations étrangères. Le style nouveau est appelé « il Romano » en Espagne. Vredeman de Vries parle de « la manière d'antique italienne »[29]. Nous avons cité maints textes français où reparaît ce syncrétisme. En contrepartie, nous n'avons trouvé qu'un texte dans lequel le style « chartreuse de Pavie » de la première Renaissance française soit qualifiée de « manière lombarde ».

Cependant les étrangers ont bien perçu le régionalisme toscan. Il suffit pour s'en convaincre de relire les commentaires des contemporains sur le palais du Luxembourg construit pour Marie de Médicis (fig. 36), qui avait elle-même choisi le modèle du palais Pitti. Le commentaire de Sauval est particulièrement suggestif : « Quelques-uns se sont plaints de ce qu'une femme avait bâti une maison toscane, mais leur plainte a cessé quand ils se sont souvenus que c'était une princesse toscane qui voulait faire éclater en France l'ordre de sa Patrie »[30]. Tout est dit : l'équivalence genre rustique-manière toscane ; le triomphalisme toscan ; enfin et surtout, la récurrence de l'opposition nationalisme-classicisme. Le classicisme utopique nie en effet l'origine nationale des ordres ; il lui substitue une interprétation symbolique et anthropologique. L'ordre toscan, interprété comme ordre masculin, ne conviendrait pas en principe au palais d'une femme. Mais cette femme a apporté du sang étrusque à la lignée de France !

C'est dans la Rome de Bramante et de Raphaël qu'a été exposé pour la première fois le dilemme du langage universel et des traditions locales[31] ; et dans la Rome de Piranèse, qu'il a été tranché. Mais la Rome moderne, celle de la Contre-Réforme, n'en a pas moins eu sa manière, le mode « alla romana » qu'Hildebrandt se vantait de pratiquer à Vienne[32] et que Visentini dénonçait à Venise en faisant le procès de Michel-Ange, du Bernin, de Borromini, du père Pozzo et « tutti architetti viziosi ». Dans la liste de proscription de Visentini figure le Piémontais Bernardo Vittone, à qui un séjour à Rome a suffi pour prendre le « corrotto gusto romano moderno »[33]. Visentini déplore que le goût corrompu des Romains n'ait pas totalement épargné la patrie de Palladio.

Venise, dont la manière est aussi typée que celle de Florence, a rapidement tiré parti de l'exemple florentin en développant, à partir de la seconde moitié du XVIe siècle, une historiographie rivale de celle de Florence et, comme elle, à l'usage des étrangers. De plus, la théorie y a trouvé avec Palladio et Scamozzi des interprètes dont l'audience fut exceptionnelle. L'audience de Palladio n'est plus à décrire. Sans suivre les historiens qui, apparemment abusés par les explications rétrospectives des classiques, ont doté la fortune de Palladio d'une sorte d'ubiquité transcendante, il faut reconnaître que l'on ne peut réduire le palladianisme à un quelconque avatar du vénétianisme ou de l'italianisme. Palladio, dont le discours était ni plus universel ni moins idiomatique que celui d'un Alberti ou d'un Bramante, a bénéficié d'une élection posthume qui l'a placé au-dessus de ses pairs comme témoin de l'idéal classique. Un Fréart de Chambray distingue si bien Palladio du reste de l'architecture « tramontaine » qu'il trouve dans cet auteur l'antidote à la perversion moderne de celle-ci. Le palladianisme est donc ainsi, non par nature mais par aventure, la première forme du classicisme européen.

23. Le classicisme français

Si l'on en croit Charles et Claude Perrault, les Français sont « xénomanes » : ils sont « naturellement enclins à présumer tout à l'avantage des étrangers »[1]. L'idée est ancienne. Charles de Sainte-Marthe déjà (1540) déplorait « la mauvaise grâce / que nous avons des nostres desprisés / Et (sans propos) les autres tant prisés : / Qu'a l'Italie ou toute l'Allemagne / La Grèce, Escoce, Angleterre ou Hespaigne / Plus que la France ?... / Un seul cas ont (et cela nous fait honte) / C'est que des leurs ils tiennent un grand compte /[2]. Et Du Bellay : « Pourquoy sommes-nous si grands admirateurs d'autruy ? Pourquoy sommes-nous tant iniques à nous mesmes ? Pourquoy mandions-nous les langues étrangères, comme si nous avions honte d'user de la nostre ? »[3]. Pour Delorme, « la plupart [des Français] ne trouvent rien bon... s'il ne vient d'estrange païs... Voilà le naturel du Français qui en pareil cas prise beaucoup plus les artisans et artifices des nations étranges, que ceux de sa patrie »[4].

Les Sainte-Marthe, Du Bellay, Delorme, Perrault seraient-ils des exceptions et les seuls des Français à ne pas donner dans la xénomanie ? En réalité, les Français n'ont jamais cessé de se plaindre que la part faite aux étrangers dans les chantiers nationaux ait été trop belle et de proclamer leur capacité à se débrouiller seuls. Voir par exemple la célèbre épitre posthume de la traduction du traité d'Alberti par Jean Martin (1553) : « Il ne faut plus que la Grèce se vante / D'être en cet art plus que la France savante / Il ne faut plus que les Français aient peine / d'aller chercher es autres régions / Les gens d'esprit et leurs inventions / Car Martin seul en rend la France pleine /»[5]. Ou encore dans le *Livre d'architecture* (1559) d'Androuet du Cerceau, l'adresse au roi sur l'état du royaume « lequel de jour en jour on voyt augmenter de tant beaux et sompteux édifices que doresnavant vos suggets n'auront occasion de voyager en estranges païs pour en veoir de mieux composez. Et d'avantage vostre Majesté prenant plaisir et délectation mesmes à l'entretènement de si excellents ouvriers de vostre nation, il ne sera plus besoing avoir recours aux étrangers »[6].

Dans tout cela, rien sans doute qu'un très banal réflexe de défense corporative et nationale dont on trouverait l'équivalent hors de France. Mais ce réflexe n'en est pas moins un des plus puissants motifs du classicisme national qui, dans son principe, rappelle beaucoup le protectionnisme économique.

Il est fort difficile de faire le point des influences auxquelles l'architecture française a été soumise pendant les Temps modernes : un peu d'allemand, un peu de flamand, de l'anglais en faible dose, beaucoup d'italien, voilà sans doute les ingrédients du cocktail français. J.F. Blondel résume assez bien l'opinion d'un Français sur l'état de l'Europe dans les années 1760-1770 : « Il faut en convenir, l'Espagne, l'Allemagne, les Peuples du Nord, qui ont cru imiter les productions de l'Antiquité, s'en sont encore beaucoup plus éloignés [que les Italiens et les Français]... A l'exception de quelques édifices pour lesquels ces Nations ont appelé des architectes célèbres de France et de l'Italie, on n'aperçoit guère dans leurs bâtiments que des membres incorrects, que de la bizarrerie dans les formes et de la confusion dans les ornements. L'Angleterre, nous osons l'avouer, est peut-être la seule qui ait suivi de plus près le bon genre des Anciens... Les Anglais se sont garantis de cet esprit national qui a gagné toutes les cours »[7]. La chute est inattendue sous la plume d'un théoricien qui passerait facilement pour le plus nationaliste qui soit, s'il n'y avait justement Colin Campbell, l'auteur du *Vitruvius Britannicus*, que Blondel cite pour preuve de la largeur d'esprit des Anglais ! Reste l'admiration de Blondel pour Wren et pour son école. Elle n'est pas partagée par tous les Français. Pour l'abbé Leblanc, « le Vitruve anglais semble avoir été écrit pour démontrer que l'architecture n'est pas naturalisée en Angleterre ». Les Anglais « qui veulent passer pour avoir du goût [...] sont forcés de contraindre le leur en tout et d'en affecter un qui leur est étranger ». Ils ont en effet tenté de « naturaliser » les modèles italiens qui ne sont pas faits pour le climat de Londres[8]. Tardivement, l'influence anglaise s'est cependant fait sentir en France. Dans les jardins bien sûr. Dans la construction également. Le Comte d'Artois demande à Bélanger les plans d'une « Nouvelle Londres » qui devait être formée de maisons « dans le genre de celles anglaises »[9]; mais nous sommes déjà dans les dernières années du XVIIIᵉ siècle.

Très rares et très ponctuelles sont les influences

149. *Projet du Bernin pour la façade orientale du Louvre, 1665. (Gravure de J. Marot).*
Rapport des pleins et des vides, couverture non apparente, caractéristiques de la manière italienne ; avant-corps à la française.

septentrionales attestées par des appellations d'origine : lucarne flamande, poêle à l'allemande, etc. En revanche l'influence italienne est au centre de l'architecture française qui se définit par rapport à elle, éventuellement contre elle.

L'italianisme en France

Le classicisme a rapidement débarrassé l'Italie des envahisseurs goths ; il a fallu plus longtemps pour chasser de France les Italiens dont la force tenait à ce qu'ils étaient les gardiens des lieux saints de l'Antiquité. Le retour des premiers architectes français qui ont fait le pèlerinage de Rome porte, dans les années 1540, un coup sérieux aux Italiens. Mais c'est aussi dans ces années que Serlio vient en France. Les Français n'ont jamais cherché à cacher ce qu'ils lui doivent : « Serlio a assez diligemment escrit et figuré beaucoup de choses selon les règles de Vitruve et a esté le commencement de mettre telles doctrines en lumière au Royaume », reconnaît Goujon [10]. « C'est luy qui a donné le premier aux Français par ses livres et desseings la connaissance des édifices antiques » ajoute Delorme [11]. Cette situation de dépendance a donné au classicisme français un ton assez agressif. « Anet, Mouceaux, Verneuil, Vincennes, presque toutes nos Maisons royales et la plupart des hôtels que je viens de nommer sont plus magnifiques et plus grands sans comparaison que le palais Farnèse, celui du Grand Duc Caprarolle et tous ceux dont se vante l'orgueilleuse Italie », écrit Sauval [12]. « Si les Italiens jugeaient sans prévention, ils avoueraient sincèrement qu'il n'y a point [de palais] mieux bâti ni de plus régulier » que le palais du Luxembourg, écrit Lerouge [13].

Le point le plus sensible de la confrontation franco-italienne fut incontestablement le Louvre. Les Français se sont montrés particulièrement fiers que sur le chantier royal — national par excellence — Lescot ait été préféré à Serlio et Perrault au Bernin. Ces deux choix que plus d'un siècle sépare, ont été volontiers rapprochés [14]. Ce sont les deux victoires de la Marne. Elles ont coûté cher aux maçons français. Il a fallu faire des concessions à l'italianisme ; il a fallu surtout abandonner la conception de l'ouvrage à deux amateurs éclairés qui n'étaient pas du métier, l'abbé de Clagny et le médecin Perrault. Mais le classicisme français se retrouva fortifié de l'échec du Bernin dans le dernier combat. Après la retraite du Cavalier, on voit paraître la Colonnade du Louvre et l'Académie d'architecture. J.F. Blondel qui admire Le Bernin, pense qu'il eut « bien fait de rester en Italie où il était regardé comme le Michel-Ange de son temps ». Il lui reproche de n'avoir pas su s'adapter [15]. Le Bernin aurait-il ignoré cette nécessité dont Serlio lui-même avait si consciencieusement tenu compte ? R.W. Berger a soutenu que Le Bernin avait en fait cherché à s'adapter, mais en s'inspirant de l'œuvre de A. Le Pautre, un Français déjà romanisé. Il est vrai que l'admiration du Bernin, peu portée vers l'art français, va d'instinct vers ce qu'il y a dans cet art de plus romanisé : Poussin, Martellange. Il dut cependant prendre un peu l'air du pays, sans bien en avoir conscience. « Le Bernin paya dans son projet [pour le Louvre] le tribut à l'air dangereux du climat et, sacrifiant à la mode française, fit aussi dans ses façades des arrière-corps qu'accotaient de maigres pavillons » écrit Legrand que nous avons déjà cité parmi les censeurs des idiotismes [16] (fig. 149).

Tout ce que les historiens ont fait passer sous les mots de maniérisme, de baroque et de rococo, les théoriciens français l'expliquaient par la décadence de l'architecture italienne. En s'établissant en France dans les années 1540, la bonne architecture y serait venue chercher refuge. Vers 1650, Fréart de Chambray écrit : « On peut dire que la pauvre architecture est mal traittée. Mais il ne faut pas en imputer le plus grand reproche à nos ouvriers français, car les Italiens sont maintenant encore plus licencieux et font bien voir que Rome a présentement ses modernes aussi bien que ses antiques ». Ou encore : « La licence effrénée qui règne aujourd'hui... [sappe] les fondements de la vraye architecture pour en introduire une nouvelle Tramontaine, plus barbare et moins plaisante que la gothique » [17]. D'Aviler craint qu'il n'arrive « à la France aujourd'hui si éclairée ce qui est arrivé à l'Italie où présentement la licence dans les Arts n'a plus de bornes... Ce ne sont que cartouches, frontons brisés, colonnes nichées et autres extravagances que des architectes, tels que les Cavaliers Borromini, Pierre de Cortone, Rainaldi et plusieurs autres ont mis en usage au mépris de ces monuments si magnifiques dont ils sont les dépositaires » [18].

Cependant, pourvu qu'ils restent à Rome, les maîtres romains sont jugés avec sérénité. Le Bernin, que D'Aviler épargne, est de tous celui qui est le plus proche de l'antique, ce qui lui vaut l'admiration des Français [19]. Et Lafont de Saint-Yenne n'aurait pas pris la peine de dénoncer les « beautés séduisantes mais défectueuses du Bernin », si celui-ci n'avait pas eu l'audace de faire un projet pour le Louvre : « Peut-être l'Italie accoutumée depuis un siècle à la licence des savants de sa nation dans les arts et les lettres, eut admiré son projet » [20].

On oppose volontiers Borromini l'incompris au Bernin, salué par tous comme le maître de son temps. Mais, en examinant d'un peu près le jugement des Français sur Borromini, on voit que la situation n'est pas aussi tranchée. L'Académie est critique mais ne condamne pas [21]. Pour Montesquieu, pour J.F. Blondel, Borromini est un génie singulier, mais un génie [22]. On ne lui reproche au fond que d'avoir eu des disciples — depuis ce « novateur téméraire, il n'y a plus de bons ouvrages à Rome » écrit Dézallier [23] —, disciples qui ont propagé sa manière. Guarini l'a portée jusqu'à Paris (1662-1666). Dans ses projets de palais pour Paris, on voit qu'il a cherché à assimiler la manière des hôtels parisiens [24]; mais à Sainte-Anne la Royale, l'église des Théatins de Paris, (fig. 150), il donne dans les « extravagances du Cavalier Borromini ». Pour Brice, Guarini y « fit bien voir la forfanterie de sa Nation et le peu de goût et d'expérience qu'il avait dans la belle architecture » [25]. L'incursion de Guarini qui eut plus de succès que celle du Bernin, fut pourtant moins commentée. Il y a à cela deux raisons, nous semble-t-il. D'abord, bien sûr, que la commande des Théatins n'a pas le retentissement d'une commande royale. Mais également qu'il s'agit d'une église et non d'un palais et que l'Italien est donc dans un domaine que le Français lui abandonne plus volontiers.

D'après les théoriciens français de la seconde moitié du XVIIIe siècle, le rococo est le fait de quelques artistes italianisés ou même « borrominisés », qui n'ont eu qu'une audience limitée en France. Cet apport allogène n'a pas rompu la tradition du grand goût français ; il n'aurait d'ailleurs été produit en France qu'en vue de l'exportation. Le célèbre voyage que Marigny fit en Italie en 1749, est habituellement signalé comme origine de la réaction classique en France : « Pour le mettre en garde contre les concetti italiens, les licences et les bizarreries de leurs compositions [ceux d'Italie] dans tous les genres », le futur Directeur des bâtiments était heureusement accompagné de Soufflot et de Cochin [26]. Ce dernier écrit : « Quelques efforts que la Nation française ait fait depuis plusieurs années pour accoutumer sa raison à se plier aux écarts de leur imagination [celle des Italiens], elle n'a pu y parvenir entièrement » [27]. Par son enseignement, J.F. Blondel applique une médecine préventive à ceux qui prennent le risque d'un voyage en Italie. Et cependant « quelques architectes français ont abusé à leur tour de ces licences à l'imitation de l'Italie » [28]. Le Père Avril met en garde contre « un certain papillotage de décoration théâtrale qui, depuis le commencement de ce siècle, s'est introduit à Naples, à Venise et même un peu à Rome, quoique la pureté du goût s'y soutienne beaucoup mieux qu'ailleurs » [29].

« Les promoteurs français du rococo n'étaient pas purement français » remarque Pevsner [30] : Oppenord, né de père hollandais, a fait un voyage décisif en Italie ;

150. Paris, église Sainte-Anne la Royale,
construite par G. Guarini à partir de 1662.
(G. Guarini, Architettura civile). Dans cet
exceptionnel témoin de la manière italienne en
bord de Seine, les Français contemporains ont
reconnu « les extravagances du Cavalier
Borromini ».

151. Paris, projet pour l'église
Saint-Sulpice, 1726, par J.-A. Meissonier.
(Recueil) D'après Cochin, Meissonier était
un « génie sans règle et de plus gâté en Italie
par son admiration pour le Borromini ».

Meissonier, né à Turin, est de souche provençale, comme Vassé. On pense aussitôt aux propos acerbes de Cochin sur Meissonier (fig. 151): «C'est un génie sans règle et de plus gâté en Italie par son admiration pour le Borromini». A Oppenord, Cochin reproche d'être sorti «du bon goût du siècle de Louis XIV»[31]. Ce fut le «Borromini de la France», écrit Dézallier d'Argenville: «Génie vaste et fécond, il employait volontiers les ornements à la mode, quoiqu'il revint souvent aux règles de l'architecture ancienne qu'il avait étudiées dans sa jeunesse. Le succès de ses productions a presque opéré en France la décadence de l'architecture. Les Guarini, les Meissonier et les Germain également amateurs des formes bizarres et contournées, auraient replongé la France dans la barbarie, sans les efforts de quelques artistes éclairés qui n'ont jamais perdu de vue les vraies principes de l'architecture»[32]. Pour les classiques français, le rococo n'était que l'aile française du baroque, c'est-à-dire de la manière italienne. Cochin ne peut être plus clair: à Stupinigi, il reconnaît «le goût des folies de Meissonier»[33]. De prime abord, cette thèse paraît difficilement conciliable avec celle des historiens de l'art qui, après F. Kimball, ont décrit le rococo comme un phénomène original et bien français. En fait, les deux thèses ne se situent pas sur le même plan. Les historiens ont mis en évidence des filiations courtes, directes, indiscutables, entre Bérain, le décor Louis XIV et le rococo. L'explication manichéenne et triséculaire des classiques fait de l'italianisme dévoyé une tentation permanente qui n'épargne pas Bérain lui-même.

Il reste que la France a été un relais fort important pour la diffusion de cette manière. Nous trouvons ici une procédure que nous pourrions comparer à celle qu'utilisent aujourd'hui les entreprises multinationales: le produit italien retouché a été revendu aux importateurs étrangers sous la marque française. D'où les attaques de Ware contre la manière d'Outre-Manche: «This is called the French taste, a frivolous people, when we are too apt to imitats». Il consiste en «twisted curves», «softened curves» et autres ornements «little less barbarous than the gothic». Ware appelle à la mobilisation de l'esprit national («the national spirit») contre l'art dépravé, le gouvernement misérable et la folle religion des Français[34]. Cependant, même avec Ware, le rococo français n'apparaît guère que comme une manière de décor et plus particulièrement de décor intérieur. Le rococo n'a touché que superficiellement l'architecture française. Les grands projets de Meissonier ont tous été des échecs[35]. Boffrand, dont le traité est une profession de foi classique, ne se «baroquise» que lorsqu'il travaille pour les Lorrains ou pour les Allemands. Au fond, comme beaucoup d'autres architectes régnicoles, il est entré dans le complot dont Cochin révèle les motifs: «Nous consentons qu'ils [les architectes régnicoles] servent de cette marchandise tortue à tous provinciaux et étrangers qui seraient assez mauvais connaisseurs pour préférer notre goût moderne à celui du siècle passé. Plus on répandra ces inventions chez les étrangers et plus on pourra espérer de maintenir la supériorité de la France»[36]. Notons l'assimilation de la province à l'étranger: nous y reviendrons.

Formation d'une doctrine classique en faveur de la France

L'histoire de l'architecture racontée en français

La rivalité des classicismes nationaux a produit autant de versions de l'histoire de l'architecture qu'il y a eu de nations en présence, chacune de celles-ci la racontant avec l'ambition de se placer soit à l'origine, soit à la conclusion de cette histoire.

Les Italiens de la Renaissance ont soutenu simultanément ces deux interprétations. Par les Etrusques, ils touchent aux sources; mais ils se placent eux-mêmes au dernier stade de l'évolution. Alberti distingue trois espaces-temps: l'Asie, la Grèce, l'Italie. L'architecture «est devenue en perfecte maturité entre les latins au pays d'Italie» fait dire à Alberti la traduction de Martin[37].

Jean Lemaire des Belges dans ses *Illustrations des Gaules et singularités de Troyes* (1510), Jean Picard, dans sa *Celtopoedia* (1556), Ronsard dans sa *Franciade* (1572), ont soutenu qu'il y avait eu en Gaule une civilisation très avancée, antérieure à la civilisation grecque. Les historiens grecs et romains auraient volontairement, par chauvinisme, gommé toutes les traces de cette brillante civilisation gauloise. Il revenait à Lefèvre de La Boderie d'ajouter à cette légende un chapitre sur l'architecture. D'après sa *Galliade* (1578), le roi Magus a créé l'architecture en Gaule peu de temps après le déluge. Avant lui, il n'y avait que des cabanes ; il bâtit des temples et des palais. Après lui, l'architecture a déserté la Gaule, « jusques à nostre temps, qu'on la veu retourner/Au pourpris de la France... ». Les Italiens de la Renaissance n'ont fait que rendre à la France son héritage, Serlio notamment « qui a de la Toscane/Rapporté ce bel art en terre Gallicane ». Les Français modernes ont su rentrer dans leur bien. La France « a nourry une troupe nombreuse/De célestes esprits, lesquels de toutes parts/Nous y ont ramené la rivière des Arts/Qui sourgeonna jadïs de sa fontaine ombreuse »[38].

La thèse de la primauté gauloise ne pouvait être acceptée par un historien sérieux. Elle est déjà abandonnée dans les *Recherches de la France* (1560) de Pasquier. Restait à lui substituer l'idée de progrès qui, en plaçant le présent au-dessus du passé, redonnait une chance à la France. Cette intention est latente dans ce que l'on a appelé la Querelle des Anciens et des Modernes, dont est sortie la version française du classicisme[39]. C'est dans ce contexte qu'il faut évidemment replacer l'apport spécifique des Français au progrès de l'architecture : l'art du trait et l'art de la distribution.

L'histoire des Temps modernes est écrite par D'Aviler (1691) en ces termes : « Ainsi avec beaucoup de travail, l'Architecture se perfectionna peu à peu jusques au point où nous la voyons à présent. Et comme l'Italie l'avait reçue la première de la Grèce, ce fut aussi chez elle qu'elle reprit son ancienne vigueur, et peu après passant les monts, elle fut reçue avec tant d'accueil par la magnificence de nos rois, que leurs bastiments pourraient aisément disputer avec les Antiques et l'on doit espérer que dans quelque temps ils les pourront même surpasser de beaucoup »[40].

L'idée de progrès pouvait être complétée par l'idée de restauration : les Italiens ayant dévoyé l'architecture, il revenait aux Français de la remettre sur le bon chemin. François Blondel décrit la situation qui sera créée lorsque le travail de restauration en cours aura abouti : « Alors l'architecture rétablie par les Français paraîtra dans tout son éclat et dans toute sa pompe... Et les Etrangers viendront chez nous à l'avenir pour s'instruire des préceptes de l'architecture »[41]. L'œuvre de restauration n'est achevée qu'au XVIIIe siècle. C'est alors que l'Académie raconte une histoire de l'architecture dans laquelle les Italiens modernes n'ont plus de part : les Egyptiens ont créé l'architecture ; les Grecs « l'ont perfectionnée » ; les Romains « l'ont enrichie ». « Enfin, après le barbarisme qui s'est introduit dans l'architecture, les Français l'ont pour ainsi dire ressuscitée »[42]. Le « pour ainsi dire » est assez savoureux : il supprime la Renaissance ; il enchaîne gothique et baroque. C'est alors que paraissent les monuments du triomphalisme français, comme ces *Monuments érigés en France à la gloire de Louis XV* (1765), rassemblés par Patte.

Les Français et l'antique

Dans la seconde moitié du XVIe siècle se multiplient les ouvrages d'érudition consacrés aux antiquités des plus anciennes villes du royaume[43]. Cependant, à y regarder de près, il apparaît que l'architecture n'occupe qu'une place secondaire dans la plupart de ces ouvrages. Le *Discours historial de l'antique et illustre cité de Nismes* (Lyon, 1560), avec ses descriptions des édifices antiques, est assez exceptionnel. D'autre part, constatation plus curieuse, mais peut-être sujette à caution : il ne semble pas que ces antiquités aient été jamais invoquées comme preuve de la vocation nationale au classicisme. Les plus importants exemples de l'architecture antique conservés en France ont sans doute été jugés trop éloignés de l'épicentre du classicisme national. Le même pouvoir central qui, en 1669, donnait à l'architecte Mignard d'Avignon la mission de relever les antiquités du Sud-Est, ordonnait en 1677 la destruction des Piliers de Tutelle à Bordeaux. Ah ! Si les Nîmois avaient tenu la promesse faite à Louis XIV de lui donner pour le parc de Versailles la Maison carrée (fig. 152) que François Ier avait admirée deux

siècles plus tôt, les antiquités méridionales auraient pu, comme la stéréotomie méridionale, se fondre dans le creuset parisien et leur fortune eût peut-être été différente !

Pour apposer le sceau national sur l'indispensable référence à l'antique, il y avait mieux à faire que de prétendre comparer les vestiges conservés sur le sol national à ceux, infiniment plus nombreux et plus prestigieux, conservés en Italie : il suffisait de montrer que l'interprétation de ces derniers passait nécessairement par l'érudition française. En 1682, les travaux des archéologues français débouchent sur une publication remarquable, *Les édifices antiques de Rome* de Desgodets, qui rend caducs les produits les plus estimés de l'érudition italienne. L'Académie prend un malin plaisir à signaler les inexactitudes, les omissions que le parallèle avec Desgodets fait apparaître dans Palladio[44].

Il reste que, dans ces conditions, la référence antique ne peut être exploitée par les Français comme elle l'est par les Italiens. «Sans doute les ouvrages des Anciens seront toujours des chefs-d'œuvre, écrit J.-F. Blondel, mais ils ne peuvent nous servir de modèles : leurs artistes peuvent bien nous apprendre à penser, mais nous ne pouvons penser comme eux. Tous les peuples ont un caractère, une manière de sentir qui leur est propre». Les chefs-d'œuvre antiques, «il faut les savoir appliquer à nos usages, à la température de notre climat, aux différentes qualités des matières qui nous sont offertes». J.-F. Blondel dénonce l'antiquomanie de ceux de ses élèves qui vont à Rome : certains vont chercher leurs modèles «dans les entrailles de Rome et dans les ruines de la Grèce» et les appliquent «inconsidérément à nos édifices sans consulter le local, nos matières, nos usages». Avant d'aller à Rome, il faut qu'ils aient sérieusement étudié l'architecture française : «Faute de cet exercice fait à Paris sous les yeux de leurs maîtres, la plupart ne rapportent que des idées fausses... ils viennent au milieu de cette capitale élever des bâtiments d'habitation dans le genre des anciens monuments d'Italie [...] sans égard à la différence du sol »[45]. L'engouement des jeunes pensionnaires français des générations des années 1750 pour l'architecture antique inquiète tous les représentants du pouvoir central. Marigny, le Directeur des Bâtiments, écrit au Directeur de l'Académie de Rome : «Je voudrais que nos architectes s'occupassent plus qu'ils ne le font des choses relatives à nos mœurs et à nos usages que des temples de la Grèce »[46].

Cette référence obstinée au local, les historiens du classicisme français, qui sont pour la plupart des historiens des Lettres, ne l'ont pas relevée. Pour l'architecture, (le seul des arts qui soit immeuble), la querelle des Anciens et des Modernes, c'est un peu, c'est beaucoup la querelle des Français et des Italiens. J.-F. Blondel écrit : «Ces imitations romaines ne sont plus de notre temps »; et il conseille à ses élèves «de faire revivre les procédés qu'ont suivis les Mansart et les Perrault qui connaissaient tout aussi bien l'Italie qu'eux; mais qui [...], en suivant les routes des anciens, n'en ont pas moins créé un genre d'architecture qui nous appartient ». Quand J.-F. Blondel parle de «remonter à la source », il ne pense pas aux anciens, mais à François Mansart, «le Dieu de l'architecture »[47].

Les anthologies d'architecture française et les œuvres de référence

Ces grands inventaires de la manière régnicole que sont *Les plus excellents bastiments de France* de Jacques Androuet du Cerceau, et les recueils de Jean Marot, de Jean Mariette et de Jacques-François Blondel publiés sous le même titre d'*Architecture française,* ont certainement beaucoup contribué à la prise de conscience nationale. J.-F. Blondel nous précise d'ailleurs le motif de sa publication : «Donner aux étrangers une idée distincte de notre manière de bâtir en France». Ce qui est bien remarquable, c'est que presque toutes les nations de l'Europe se sont simultanément attachées au même projet. Blondel le fait remarquer : «Notre recueil est semblable [...] aux collections connues sous le nom de Vitruve Danois, Suédois, Britannique »[48].

Il n'est pas sans intérêt d'examiner d'un peu près le parallèle ainsi établi. Dans *Den Danske Vitruvius. Le Vitruve danois* (1746-1749), Thurah déclare : «J'ai moins eu mes compatriotes en vue en composant cet ouvrage que les étrangers »; l'auteur veut «faire connaître aux étrangers de manière convaincante que le royaume de Danemark possède autant de beauté [...] dans l'art de l'architecture qu'aucun autre royaume de l'Europe »[49]. Il faut sans doute identifier le Vitruve suédois cité par Blondel avec la publication inachevée (1716) de la *Sueccia antiqua e hodierna* de Dahlberg, ouvrage remarquable mais dépourvu malheureusement de commentaire. L'absence de commentaire limite aussi pour nous l'intérêt du *Nouveau théâtre de la Grande Bretagne* (1708-1724). C'est dans le *Vitruvius Britannicus* qu'il faut chercher la présentation de la manière anglaise. Nous avons plusieurs fois cité l'ouvrage de Colin Campbell publié sous ce titre en 1715-1725. Donnons ici la parole à Woolfe et Gandon, auteurs d'un second *Vitruvius Britannicus* publié en 1767-1771 : «The many elegant and sumptuous buildings already recently erected, and still erecting throughout Great Britain, have furnished us with an opportunity of convincting the world and posterity that architecture was brought to as great a point of perfection in this kingdom in the eighteenth century, as ever it was known to be among the Greeks and Romans; and that if we were not inferior to the ancients in this respect, we far surpassed our contemporaries of every other country »[50]. Le *New Vitruvius Britannicus* de G. Richardson (1802-1808) met une fois encore à la disposition des étrangers les productions de la manière anglaise[51]. Rappelons que le *Vitruvius Scoticus* n'est qu'un recueil sans commentaire de l'œuvre de William Adam. Au total, la France est loin d'être seule à faire de la publicité pour ses productions.

Cependant rien n'égale la suffisance des Français. Voici quelques exemples du style d'un guide français à l'usage des étrangers dans les premières années du XVIIIᵉ siècle. A propos du Val-de-Grâce, Le Rouge écrit : «L'excellence de ce superbe édifice a toujours obligé les Etrangers sincères et sans prévention pour leur patrie, d'avouer de bonne grâce que l'on ne peut rien voir de plus somp-tueux, ni de plus magnifique ». A propos de Versailles : « Il n'y a point de véritables connaisseurs et d'étrangers désentêtés de leur patrie qui n'avouent sincèrement et de bonne foi que Versailles est aujourd'hui la huitième merveille du monde » [52]. Les Tuileries et le Luxembourg sont cités ensemble dans les morceaux choisis de Cl. Perrault et de J.-F. Blondel ; la leçon est évidente : dans l'un et l'autre cas, une Italienne a donné la préférence à un maître français. Le Luxembourg est « l'édifice le plus accompli de l'Europe » [53]. Pour Courtonne, la façade de Saint-Gervais est « peut-être le plus bon morceau d'archi-tecture qu'il y ait dans toute l'Europe » [54].

Au sommet de la hiérarchie classique figure le Louvre, qui est « le portrait du caractère de la Nation » [55]. Il se distingue par deux morceaux : le bâtiment de Lescot, par lequel la nation s'est émancipée de la tutelle italienne (fig. 38) ; la colonnade de Perrault, par laquelle la nation s'est emparée de la première place dans le concert européen (fig. 153). Le bâtiment de Lescot « est considéré entre les plus beaux morceaux d'architecture qui soient, non seulement en France mais en Europe » [56]. « Les estrangers mesmes avouent que ce qui a esté basty dans ce temps là au Louvre, est encore à présent le modèle le plus accomply » [57]. Peu de commentateurs de l'architecture française qui n'aient pris position par rapport à la Colonnade. Pour Patte, c'est « le triomphe de l'architec-ture française » [58] : entendez que c'est le parangon de la manière nationale.

La manière française réduite en principes

A propos d'un mémoire de Desgodets sur les propor-tions, l'Académie remarque ingénument « que M. Desgo-dets cherchant à établir une règle générale s'est conformé autant qu'il a pu à ce qui a été exécuté dans les édifices de Paris les plus considérables et les plus estimés » [59]. D'après l'épître dédicatoire, le *Cours* de J.-F. Blondel a été « l'occasion de réduire en principes la plus grande partie des règles que les Mansart ont mises en pratique dans leurs édifices » [60].

L'Académie royale d'architecture est créée en 1671.

« Frappé de la grandeur, de la magnificence des édifices élevés de toutes parts par ses ordres, frappé de la beauté du dessein du péristyle dans lequel Perrault se montra si supérieur au plus célèbre architecte de l'Italie, Louis XIV crut que le temps était arrivé de fixer pour jamais la belle architecture en France et fonda cette Académie ». Les académies jouent en France le même rôle qu'en Italie. L'Académie d'architecture donne à la manière française une cohérence qui assure « la haute réputation où sont nos architectes dans toutes les cours de l'Europe » [61] ; consultée sur les projets de la province et de l'étranger, elle fait de Paris un foyer européen. Créées à l'imitation de celles de Paris, les académies provinciales et étrangères diffusent la théorie française de Madrid à Saint-Petersbourg. L'Académie de France à Rome jette un pont entre le classicisme antique et le classicisme moderne.

La France devient « une école d'architecture, probable-ment la meilleure en Europe à l'heure actuelle » déclare le célèbre Wren lors de son passage à Paris en 1669 [69]. La théorie devient enseignement et les traités prennent le nom de « Cours d'architecture » (A.-Ch. D'Aviler, F. Blondel, J.-F. Blondel). Les élèves de J.-F. Blondel sont « destinés pour la plupart à porter un jour dans les pays les plus éloignés les modèles de nos productions : que leurs progrès attestent à ces peuples que la Nation française ne le cède à aucune de celles qui se sont le plus signalées dans ce bel art ! » [63].

L'enseignement de l'architecture dans les écoles provin-ciales n'est que l'écho de l'enseignement parisien. A Lille, Gombert ouvre son cours par cette déclaration : « L'archi-tecture moderne est celle qui participe des proportions antiques par l'ordonnance, comprend l'élégance des formes et la commodité des dedans et peut être désignée sous le nom d'architecture française » [64].

Le sixième ordre

Dès lors que la théorie reconnaissait que les cinq ordres canoniques étaient en fait des ordres nationaux — nous avons vu à ce propos comment les ordres toscan et latin s'inscrivaient dans la politique classique de l'Italie

153. Paris, Colonnade du Louvre, 1667.
(J.-F. Blondel, Architecture française).
*Pour les classiques français du XVIIIe siècle,
la Colonnade est le parangon de la manière
nationale : l'accouplement des colonnes associé
au grand encolonnement serait un gallicisme ;
pour les « gothiques » français du XIXe siècle,
la Colonnade est un masque italien sans
rapport ni avec les dispositions intérieures, ni
avec la tradition nationale.*
154. Ordre français, dessin de S. Leclerc.
(Cabinet des estampes de la Bibliothèque
nationale).
155. Ordre français par Ch. Le Brun,
galerie des Glaces de Versailles, 1678.

*La fleur de lys, le coq, le soleil, la lyre
d'Apollon, sont les principaux ornements
symboliques des ordres français.*

Arc de triomphe a la gloire de Louis le grand du dessein de Charles le Brun premier peintre du Roi

156. *Projet non exécuté de Ch. Le Brun pour l'arc de triomphe de la place du Trône, entre 1660 et 1669 (J.-F. Blondel,* Architecture française). *Premier exemple d'emploi de l'ordre français : l'accouplement et l'étirement des colonnes sont considérés comme caractéristiques de cet ordre. L'ordre national est ici associé au thème des nations enchaînées et, comme à l'arc de Titus, au thème du prince triomphant.*

— il était légitime de prétendre consacrer l'accession de la France au classicisme par la création d'un ordre national. Rappelons que Delorme avait « francisé » les cinq ordres. Pour créer un sixième ordre, Colbert ouvre en 1671 un concours, auquel participent les plus grands noms de l'architecture française et quelques étrangers (fig. 154). L'ordre français apparaît dans les hauts lieux de l'architecture régnicole : la Galerie d'Apollon et la Cour carrée au Louvre, la Galerie des Glaces à Versailles (fig. 155), l'arc de triomphe de la place du Trône (fig. 156). Jean Lamour l'affiche sur la grande place de Nancy, comme la marque des droits acquis par la Couronne sur la Lorraine. La colonne française, dont la proportion oscille entre 20 et 21 modules, étant la plus élancée des colonnes canoniques, Laugier peut écrire : « Il est juste que l'ordre français participe au caractère que toute l'Europe nous attribue et qu'étant regardée comme la Nation qui a l'esprit le plus délicat et les mœurs les plus légères, l'ordre français soit le plus léger des ordres »[65].

A l'instar de la France, les autres nations de l'Europe se donnent un ordre national[66].

L'architecture classique et la nation

Au célèbre mot de Bossuet — « La nation ne fait pas corps en France, elle réside tout entière dans la personne du roi » —, on peut opposer celui de Montesquieu : « C'est Paris qui fait les Français : sans Paris, la Normandie, la Picardie, l'Artois, seraient allemands comme l'Allemagne ; sans Paris, la Bourgogne et la Franche-Comté seraient suisses comme la Suisse ; sans Paris, la Guyenne, le Béarn, le Languedoc seraient espagnols comme l'Espagne »[67]. La manière qui va peu à peu faire la conquête du royaume, lui donner une unité, est en effet à la fois la manière du roi et celle de sa capitale. Mais il y a bien en réalité deux pôles distincts : la déclinaison d'un pôle par rapport à l'autre est égale à la distance qui sépare Versailles de Paris. P. Francastel a cherché à décrire ces deux pôles : le pôle monarchique serait plus baroque, plus ouvert à l'italianisme ; le pôle parisien, plus classique, plus national[68].

L. Hautecœur a étudié les effets de la centralisation sur l'architecture française[69] : au XVIe siècle, aucune province ne peut prétendre faire à elle-seule l'art français, mais toutes les provinces commencent à subir l'attraction du pôle ; au XVIIe siècle, la définition territoriale de l'art dit français se. rétrécit en même temps que les maîtres répondent à l'appel de Paris ; au XVIIIe siècle, l'art parisien part à la conquête de la province.

La centralisation

Il ne nous revient pas de décrire cette France du XVIe siècle, dans laquelle des foyers de Renaissance originaux et précoces apparaissent jusque dans des pays « reculés », comme le Rouergue qu'illustrèrent Georges d'Armagnac, Philander et Lissorgues. Mais nous devons nous interroger sur la nature des relations que les provinces entretiennent avec la première d'entre elles, celle dans laquelle réside le roi, que ce soit le Val de Loire ou l'Ile de France.

Les travaux de P. Roudié sur le Bordelais et le Bazadais entre 1453 et 1550 nous proposent une matière exceptionnellement riche et admirablement documentée. En 1453, la Guyenne est définitivement rattachée à la France. En 1491, apparaît dans les textes la première mention de la « guise de France ». Le 17 septembre 1525, Arnaud de Lestonnac, marchand bordelais, passe un contrat avec Etienne Baudoyn aux termes duquel celui-ci doit « parachever à la mode de France » la maison du marchand qui avait été commencée « à la guyse de Bordeaux ». Des expressions diverses désignent la manière locale : « à la fasson de la ville », « ainsi que l'on a coutume de faire en cette ville », ou même « de la moulure de la ville », ce qui suppose un langage architectural très élaboré. Mais la confrontation entre la manière locale et la manière de France n'est vraiment sensible que dans le traitement des parties hautes : toits plats, tuiles creuses d'une part ; hauts toits, ardoises et lucarnes

d'autre part. Nous avons déjà rappelé qu'en 1547, Pierre de Bidard avait fait couvrir une chapelle avec un toit à la mode de France[70]. Cette mode se répand dans tout le Midi. En Bordelais après 1550, on abandonne la mode de France pour revenir aux habitudes locales. Cependant, aux générations de Gabriel et de Louis, le Bordelais nous fournit de nouvelles illustrations aussi éloquentes des relations Paris-Province : ce n'est pas que la région soit exceptionnelle ; c'est qu'elle a été plus étudiée, les travaux de F.G. Pariset sur Bordeaux au XVIIIe siècle complétant ceux que P. Roudié a consacrés au XVIe siècle.

Dans le milieu du XVIIe siècle, la relation Paris-Province change de nature. Est-ce un hasard si les témoignages sur la diversité provinciale viennent désormais des Parisiens en voyage ? Dans un voyage de 1660, Mademoiselle de Montpensier découvre qu'Avignon est à l'italienne et Narbonne à l'espagnole[71]. C'est déjà le point de vue de Montesquieu : sans Paris, la province serait étrangère ; elle n'a pas d'identité propre. « Paris estant la capitale du royaume et le séjour des Roys, il est certain qu'elle donne le mouvement à tout le reste du royaume, que toutes les affaires du dedans commencent par elle » écrit Colbert[72]. Pour Vauban, Paris est « la mère commune des Français et l'abrégé de la France, par qui tous les peuples de ce grand état subsistent »[73].

Le thème du ridicule provincial fait son apparition avec la Comtesse d'Escarbagnas de Molière ; celui de l'exil provincial avec le Racine d'Uzès ; celui de la grossièreté provinciale avec les pièces de Quinault. Tout cela est bien connu ; mais a-t-on toujours à l'esprit l'ampleur du discrédit dans lequel est tombée la vie provinciale ? Une citation pour donner le ton. Dans son apologie de Houdar de La Motte, l'abbé de Pons apostrophe le critique provincial en ces termes : « Est-ce bien à un misérable auteur et lyonnais à reprendre un excellent écrivain et parisien en fait de bon français ? »[74].

Une politique systématique de centralisation, dont nous avons vu les effets en ce qui concerne la stéréotomie, a vidé la province de sa substance. « On a fait venir dans la capitale les gens de lettres, comme on y a fait venir les Grands Seigneurs et par les mêmes motifs, pour les avoir sous la main. On les tient plus en respect de près que de loin » écrit L.S. Mercier [75]. La migration des architectes vers Paris est commencée bien avant la création de l'Académie d'architecture, qui n'est que la partie la plus apparente de cette politique ; on ne pouvait devenir académicien sans accepter l'obligation de résider à Paris. L'Académie elle-même reconnaît que « de tous temps l'amour de la gloire a porté les hommes les plus distingués dans les talents à aller jouir aux centres des grands états de la considération qu'ils méritent... On sait qu'ils ne peuvent développer leur génie s'ils ne sont employés par des rois, par des princes ou par des particuliers très riches qui résident ordinairement dans les capitales » [76]. L'architecte provincial est bien convaincu de sa misère : « Il faut parcourir Paris et ses environs pour y voir tous les hôtels de ville et toutes les maisons de campagne. Il n'appartient qu'aux traitans, partisans et gens d'affaire de bastir en cette ile de France. Les provinciaux, comme ils n'ont rien, ne font rien » [77]. Ce passage est extrait du livre de vingt-quatre pages sans illustration, pompeusement appelé *Traité d'architecture,* publié à Bourges en 1688 par Catherinot. La librairie nous donne une preuve bien convaincante de l'état de la province. Les traités de Jousse sont, sauf erreur de notre part, les derniers apports notables de la province à la théorie. Et ce n'est pas le *Traité d'architecture* de Jean Antoine, publié à Trèves (1768), qui nous fera changer d'avis : on a peine à croire qu'il est contemporain du *Cours* de J.-F. Blondel ; c'est une compilation illustrée de gravures que l'on daterait du XVIe siècle. Quant à l'architecture du traité, c'est un gallimatias gallo-germanique d'un archaïsme extrême.

Si l'on s'en tient aux témoignages contemporains, il n'y a plus d'architectes en province qui sachent bien construire. En 1652, Mademoiselle de Montpensier veut faire aménager son château de Saint-Fargeau : « Je m'informai s'il n'y avait point d'architecte dans ce pays ; qui fut une grande faute que je fis : car les ouvriers de Paris sont toujours les meilleurs et les plus diligents » [78]. La publication des traités qui se multiplient à Paris, a justement pour objet de pallier les insuffisances des provinciaux. *L'art de bâtir* de Briseux est de ceux-là : « Les personnes qui fréquentent les Provinces reconnaîtront d'autant mieux la nécessité de cet ouvrage qu'elles savent le peu d'arrangement qu'on observe dans les bâtiments qu'on y construit... Ce défaut provient souvent de la difficulté de trouver sur les lieux un habile architecte » [79]. Aux jurats de Bordeaux qui doutent qu'il soit possible d'exécuter le portique du grand théâtre tel que Louis l'a projeté, celui-ci répond insolemment : « Si vous n'eussiez désiré pour votre édifice théâtral que des choses d'une exécution possible à vos architectes, il était inutile de me faire venir de Paris ». Les architectes locaux qui conseillaient les jurats, jugeaient en effet du possible d'après leur capacité [80]. Qu'on se souvienne du différend entre Louis et un entrepreneur bordelais à propos de la construction de l'escalier suspendu de l'hôtel Fonfrède.

La situation de la province était-elle vraiment aussi misérable que les témoignages, pour la plupart parisiens, tendent à le faire paraître ? Pour la durée du règne de Louis XIV, L. Hautecœur ne distingue qu'une école régionale vivante, celle du Sud-Est, dont l'originalité tient à ce qu'elle est en fait une marche de l'art italien : ses maîtres sont François des Royers de La Valfenière et Pierre Puget. Puget était trop méridional pour que le tropisme parisien l'emportât sur le tropisme génois et même romain : cependant on voit bien les deux forces en action dans ses projets de place royale pour Marseille : la composition d'ensemble est très italienne, mais les élévations proviennent des places de J. Hardouin-Mansart [81].

La situation paraît plus diffuse et finalement meilleure au XVIIIe siècle. J.-F. Blondel reconnaît d'autant plus volontiers qu'il y a « quelques hommes de mérite » en province [82], que ceux-ci sont bien souvent de ses élèves. La liste donnée par L. Hautecœur contient les noms d'artistes de qualité, mais qui ne paraissent plus rien devoir au particularisme régional. Peut-être peut-on relever quelques exceptions, comme celle des Franque qui nous ramène au Sud-Est. Mais Jean-Baptiste Franque se vantait d'avoir « toutes les beautés de Paris en portefeuille » [83]. Quant à son fils François, il est happé par la force centripète, infirmant ainsi le jugement que le Directeur de l'Académie de France avait porté sur son compte lorsqu'il était pensionnaire du roi à Rome : « C'est un architecte de province qui dessine passablement avec un génie très modéré... Il sera bon pour sa province. Je ne pense pas qu'il puisse faire carrière à Paris »[84].

Si le vide provincial est moins sensible au XVIIIe siècle, c'est que Paris a envahi la France. « De la capitale de la France, le goût des Beaux-Arts s'est répandu dans les principales villes de nos provinces », écrit J.-F. Blondel[85]. Cela veut dire tout simplement que Jules Hardouin-Mansart s'est manifesté à Arles, à Dijon, à Tours, à Lyon, etc. et que son exemple a été suivi par les De Cotte, les Gabriel et autres régnicoles. Cependant il semble bien que cet investissement de la province soit plus le fait de la capitale que celui du roi. C'est un modèle d'architecture urbaine qui se diffuse et ce sont les grandes villes de province qui en bénéficient. « A l'exemple de la capitale, nos villes de province ont signalé leur goût pour les embellissements... A peine comptait-on le siècle dernier quelques villes dignes de la curiosité des étrangers, aujourd'hui, il y en a un très grand nombre ornées d'édifices les plus somptueux »[86]. Patte illustre cette affirmation avec toutes les places royales commandées par les Intendants des provinces aux artistes parisiens. A la même époque, La Martinière écrit : « Aix est une des villes de tout le royaume qui imite le mieux Paris, tant par la grandeur de ses édifices, que par la politesse de ses habitants »[87]. Grâce aux travaux de J.-J. Gloton sur Aix, on peut aujourd'hui mieux apprécier la portée de cette affirmation.

Il y a en effet en plus du décalage Paris-Province, un décalage urbain-rural. Le château, nous l'avons noté, est le conservatoire de la tradition, le lieu des archaïsmes acceptés ou peut-être même recherchés. Le modèle versaillais n'a eu d'imitation que dans les cours souveraines. La diffusion du modèle versaillais est également surveillée par les architectes parisiens. Exemple : l'affaire Peyre le Jeune-d'Ixnard à propos du château de Trèves. Pierre-Michel d'Ixnard, architecte provincial, actif sur les deux rives du Rhin, a été obligé de soumettre ses projets du château de Trèves à l'architecte académicien A.F. Peyre le Jeune. Pour calmer le provincial ulcéré de cette intervention, le Directeur des bâtiments d'Angivillers lui écrit le 23 juin 1780 : « Vous ne devez pas trouver au reste humiliant qu'un architecte de l'Académie royale qui a étudié son art à Rome et qui l'exerce dans une ville où la distribution est portée à la plus grande recherche, ait trouvé des moyens de décoration et de distribution qui ne se sont pas présentés à vous »[88].

La province accepte cette tutelle avec une passivité qui nous étonne. Il est vrai que nous n'entendons plus les murmures des artistes locaux privés des plus prestigieuses commandes qu'à travers les protestations mesurées des jurats de Bordeaux qui mirent en vain tous les obstacles possibles à la venue des Gabriel et de Louis[89]. Mais il ne faut pas non plus surestimer le volume de la commande qui était ainsi accaparée par les Parisiens. Il restait aux provinciaux de confortables fortunes à faire dans le bâtiment.

La politique internationale

Sur le rapport de la diffusion de la manière française, la province est mise à peu près sur le même pied que l'étranger. Nous avons déjà cité un étonnant passage de Cochin qui voulait réserver l'usage du rococo à la province et à l'étranger pour préserver le prééminence de Paris.

Le XVIIIe siècle a fait naître ce fait exceptionnel que la distance séparant la capitale de ses provinces n'apparaisse pas moins grande que la distance séparant cette capitale de celles des autres royaumes. Tandis qu'un Montesquieu reconnaissait dans les provinces les marches des Etats voisins de la France, les citoyens éclairés de ces Etats se déclaraient français. Caraccioli, ambassadeur de Naples à Versailles, écrit dans son *Paris, le modèle des nations étrangères ou l'Europe française* (1777) : « La France est la patrie de toutes les nations... Chaque étranger peut s'y regarder comme chez soi ». Ou encore : « Le Parisien qui voyage en Europe s'aperçoit à peine qu'il a quitté Paris ». Ou enfin : « Les Seigneurs moscovites sont devenus presque parisiens à force de les copier »[90]. Le Wurtembourgeois Schwab déclarait en 1784 : « Dans le goût français, il y a quelque chose qui s'accommode à celui de toutes les nations de l'Europe »[91].

Il y avait cependant une différence fondamentale entre les provinces et les Etats étrangers, c'est que ces derniers

157. *Porte triomphale élevée par J. Goujon,
rue Saint-Denis à Paris pour l'entrée
d'Henri II, le 16 juin 1549. (Cabinet des
estampes de la Bibliothèque nationale).
L'avènement d'Henri II marque l'émancipation
de l'architecture française, désormais représentée
par des artistes nationaux aussi savants que leurs
contemporains italiens. L'arc est orné d'un ordre
persique qui, comme l'ordre cariatide, également
en faveur à l'époque, associe le thème de l'ordre
d'architecture à celui de la nation vaincue.*

avaient encore une architecture originale, dont ces messieurs de Paris eux-mêmes devaient tenir compte. Rien de plus révélateur à cet égard que la discussion qui s'est ouverte à l'Académie d'architecture lorsqu'il a été question de donner à celle-ci des correspondants. La question était en effet de savoir s'il fallait prendre ces correspondants en province ou à l'étranger. La solution retenue fut de donner la préférence « aux premiers architectes des rois et des souverains de l'Europe, parce qu'elle [l'Académie] pourra trouver des connaissances plus étendues des architectes étrangers que de ceux qui sont employés dans les provinces »[92]. Les relations architecturales sont donc bien désormais des relations de capitale à capitale ; elles s'inscrivent dans la politique internationale au niveau des Etats.

La politique artistique de Colbert est inspirée des mêmes principes que sa politique industrielle et commerciale : recherche de l'autarcie, de la puissance ; rééquilibrage de la balance commerciale au profit de la France. Van Robais s'installe en France l'année du voyage du Bernin. Parodiant le mot de Clausewitz sur la guerre, nous pourrions dire que l'architecture, c'est la politique menée par d'autres moyens. « A défaut des actions éclatantes de la guerre, rien ne marque davantage la grandeur et l'esprit des Princes que les bastimens », écrit Colbert à Louis XIV[93]. La récurrence du thème de la guerre dans la littérature de l'art est étonnante. « Là donques Français, marchez courageusement vers cette superbe cité romaine et des serves dépouilles d'elle, comme vous l'avez fait plusieurs fois, ornez vos temples et vos autels »[94]. Du Bellay transpose ici une fois de plus un modèle italien : les auteurs italiens décrivent l'asservissement de la Grèce par Rome comme la latinisation de la source des arts. Le texte de Du Bellay est exactement contemporain des arcs de triomphe que Jean Goujon élève pour l'entrée d'Henri II à Paris et qui marquent la majorité de l'architecture française (fig. 157). Ces arcs sont ornés des ordres cariatide et persique, qui commémorent la destruction de Caryae par les Lacédémoniens et la victoire de Platées sur les Perses : l'ordre s'impose aux nations vaincues.

L'allégorie des nations enchaînées est maintes fois

158. *Frontispice des* Dix livres d'architecture de Vitruve *par Claude Perrault, 1673, gravure de Sébastien Mercier. De l'avant vers l'arrière, le chapiteau de l'ordre français, l'arc de triomphe de la place du Trône (projet qui fut préféré à celui de Ch. Le Brun reproduit fig. 156), la Colonnade du Louvre et l'Observatoire de Paris. A droite, figure allégorique de la France et au centre le traité de Vitruve. Ce frontispice illustre le programme du classicisme national : la leçon antique sert à l'exaltation de la première des nations modernes.*

illustrée par la peinture et la sculpture du règne de Louis XIV. «Tandis que les victoires les plus éclatantes se succédaient avec rapidité et que la France devenait redoutable au dehors, la peinture et l'architecture la rendaient supérieure à ses voisins», écrit Du Perron en 1758. Pour le même auteur, l'issue de la rivalité franco-italienne, c'est que «le Cavalier Bernin s'avoua vaincu par le Vitruve français»[95].

Le frontispice du *Vitruve* de Perrault (fig. 158) est l'image du triomphe français. Au fond, la Colonnade, qui est à l'histoire de l'architecture française ce que Rocroy est à celle des batailles : la France sort vainqueur de la confrontation avec les deux nations méditerranéennes, super-puissances des armes et des arts. Au premier plan, l'ordre français et l'arc de la place du Trône où l'ordre de Perrault fut probablement pour la première fois employé : l'arc de Louis XIV illustre l'hégémonie de la France comme les arcs d'Henri II illustraient son émancipation ; les ordres anthropomorphes y sont remplacés par un ordre composite qui se réfère à l'ordre composite latin, créé pour l'arc de Titus. Pour écrire une histoire politique de l'architecture, il suffirait de commenter les frontispices et les dédicaces des traités. Nous l'avons déjà noté : dans le frontispice du *Della Magnificenza e d'Architettura de Romani*, Piranèse donne plus de place à l'argument des armes qu'à celui des arts (fig. 146). Mais le chef-d'œuvre du genre reste certainement le frontispice du *Vitruve* de Perrault. Son succès est attesté par le *Compendio* de Castañeda, qui est une traduction en castillan du livre de Perrault : l'auteur est allé jusqu'à traduire graphiquement le frontispice en remplaçant simplement la figure de la France par celle de l'Espagne, la vue du Louvre par celle de l'Escorial et en gommant toute autre trace de la gloire française.

La langue

La corrélation des phénomènes linguistiques et des phénomènes architecturaux est particulièrement nette dans le contexte des classicismes nationaux qui associent politique de la langue et politique de l'architecture. Renvoyons à ce que nous avons déjà dit de l'expansion parallèle du français et de l'opus francigenum au XIIIᵉ siècle ; de la place du toscan dans le classicisme italien.

Dans l'histoire de l'architecture française des Temps modernes, nous avons distingué deux temps : celui de l'émancipation et celui de l'hégémonie. A ces deux temps correspondent deux traités fondamentaux pour l'histoire de la langue, la *Deffense et illustration de la langue française* de Du Bellay (1549) et le *Discours sur l'universalité de la langue française* (1784) de Rivarol. «Le temps viendra [...] que notre langue [...] qui commence encore à jeter ses racines, s'élèvera en telle hauteur et grosseur qu'elle se pourra égaler aux mesmes Grecs et Romains»[96]. Ce texte est de Du Bellay ; pour que l'on puisse l'attribuer à Delorme, il suffirait d'y remplacer le mot langue par le mot architecture. On pourrait traduire de la même façon toutes les déclarations de la Pléiade en faveur de la langue. «Je vous recommande par testament que vous ne laissiez point perdre [les] vieux termes ; que vous les employez et défendiez hardiment contre les marauds qui ne tiennent pour élégant ce qui n'est pas écorché du latin ou de l'italien», écrit Ronsard[97]. Ou encore : «C'est un crime de leze-majesté d'abandonner le langage de son pays, vivant et florissant, pour vouloir déterrer je ne scay quelle cendre des anciens»[98]. L'intrusion de formes et de mots antiques ou italiens rencontrent une forte résistance de la tradition. Pour montrer que «les anciens mots et naturels des arts et sciences de ce pays ont esté chassez de leur authorité et sièges depuis quelques années», Noël du Fail raconte l'histoire de Maître Pihourt qui, confronté vers 1537 sur le chantier du château de Chateaubriant avec quelques-uns de ses confrères qui n'utilisaient que des mots étranges comme «frontiscipes, piedestals, obélisques, coulonnes, chapiteaux, frizes, cornices, soubassemens», leur déclara «que les manches du grand bout de cohue ne pouvait aller droict fil... selon l'équipolation de ses hétéroclites» et passa pour un maître très averti[99]. Montaigne se moque de ces maçons italianisés qui «s'enflent de ces grands mots de pilastres, architraves, corniches [pour désigner] les chétives pièces de la porte de [sa] cuisine»[100]. Delorme plaide cependant que «nostre langue française en l'explication de plusieurs choses est si pauvre et si stérile que nous n'avons mots qui les puissent représenter proprement si nous n'usurpons le langage et mot étranges ». A forme nouvelle, mot nouveau. Souvent cependant, le mot nouveau concurrence un mot ancien. Ainsi de la « scotie », « appelée des ouvriers nancelle qui est un nom duquel ils usaient par cy devant aux édifices modernes qu'ils disaient estre faits à la mode française, de laquelle on se voulait encore ayder lors que je fis commencer le chasteau de Saint-Maur », écrit Delorme[101]. Scotie ou nancelle, c'est la gorge profonde qui sépare les deux tores d'une base : la nancelle est à sa place dans une base gothique, la scotie dans une base antique. Cependant dans ces deux formes, théoriquement identiques, l'art de « phraser » le corps de moulures, de le ponctuer de filets et de réglets, d'en accentuer ou d'en atténuer les inflexions, produit deux styles très différents, dont rendent compte les deux expressions linguistiques.

Les premiers exposés sur l'universalité de la langue française paraissent dans les années 1670-1680 (Le Laboureur, *Comparaison de la langue et de la Poësie françoises avec la latine*, 1670 ; Charpentier, *De l'excellence de la langue française*, 1683). En 1685, Bayle écrit : « La langue française est désormais le point de communication de tous les peuples de l'Europe, et une langue que l'on pourrait appeler transcendantelle par la même raison qui oblige les philosophes à donner ce titre aux natures qui se répandent et se promènent dans toutes les catégories »[102]. A la même époque, l'architecture française devient aussi « transcendantelle ». La carte de l'expansion de la langue est exactement celle de l'expansion de l'architecture. Tandis que l'Allemagne n'est plus peuplée que de « Französlinge », que la langue allemande est pénétrée de partout par la « Verwelschung » (et en particulier le vocabulaire de l'architecture qui est truffé de gallicismes, dont il faudrait faire l'étude), l'Italie reste presque entièrement hermétique à l'influence française. Il y a bien Caraccioli, le plus français des Italiens ; mais, dit-il, « si les Italiens font moins usage de la langue française que les autres Nations, c'est que, se souvenant d'avoir autrefois maitrisé l'Univers, ils sont arrêtés par un principe de vanité »[103].

L'Europe a été successivement et simultanément confrontée aux deux grands classicismes des Temps modernes, l'italien et le français. Ces classicismes ne sont que les génies de ces nations, temporairement pétrifiés, statufiés. Schwab, le Wurtembourgeois, l'a compris : le français doit une partie de son universalité à sa fixité, au fait que ses particularités sont codifiées[104]. En réalité, aucune langue n'est jamais fixée ; mais grammaires et dictionnaires, qui sont à la langue ce que les traités sont à l'architecture, en arrêtent pour un temps l'évolution. Ce temps d'arrêt, cette pose du génie national, c'est cela le classicisme national.

LIVRE TROIS

Deuxième partie

L'Europe unifiée

« La propagation des lumières
a rendu ce grand service à l'Europe
qu'il n'y a plus de nation
qui puisse recevoir d'une autre
l'humiliation du nom de barbare :
on observe entre toutes les contrées de l'Europe
une communauté d'instruction
et de connaissance, une égalité de goût,
de savoir et d'industrie...
C'est à maintenir, à favoriser
et à augmenter cette communauté
que doivent tendre toutes les pensées »
(A. Ch. Quatremère de Quincy, *Lettres,* 1796, p. 3)

L'existence des manières nationales dans l'Europe des Temps modernes est démontrée par la convergence de tous les témoignages et de toutes les observations. Le libre-échange des idées et des formes a certes, en trois siècles, quelque peu atténué les différences; il a surtout singulièrement compliqué la carte des manières. Les voyages ont favorisé les échanges; mais ils ont aussi accéléré la prise de conscience de la diversité. Les théoriciens français de l'architecture les plus nationalistes n'ont pas hésité à inscrire les voyages dans leur programme pédagogique. «Comme il n'y a point de pays qui renferme entièrement un art qui a tant d'étendue et que les nations différentes batissent à proportions des diverses températures de l'air... il faut terminer ses études par les voyages». D'Aviler, qui n'est allé en Tunisie que malgré lui (il avait été fait prisonnier par les «barbaresques»), reste cependant très prudent en ses conseils, puisqu'il ajoute: «L'Italie fournit assez de sujets de curiosités sans aller en d'autres pays»[1]. J.-F. Blondel recommande à ses élèves de «comparer les divers usages, les différentes matières, la manière de les employer dans les différentes contrées... Loin de s'attacher à un seul genre national, l'univers doit être la patrie d'un grand artiste»[2]. Il y a deux façons d'interpréter ce texte, probablement aussi justes l'une que l'autre: l'artiste doit maîtriser toutes les manières pour pouvoir s'exprimer partout; l'artiste doit s'élever au-dessus des particularismes.

La diversité reconnue de tous n'est en fait acceptée par personne, ou plutôt par presque personne, car il y a une exception remarquable: l'architecte Pierre de Vigny, sur lequel Michel Gallet a justement attiré l'attention[3]. Vigny est un cas étonnant. Jusqu'à la fin du XVIIIe siècle, la quasi-totalité de la réflexion théorique est classique: elle tend vers l'unité. La «Dissertation sur l'architecture» (1752) de Vigny annonce avec un siècle d'avance le renversement de tendance du XIXe siècle, pendant lequel sera affirmé avec vigueur le droit à la différence. Vigny dénonce «l'espèce d'esclavage» dans lequel les architectes se sont placés «en s'asservissant à suivre uniquement les anciens monuments des Grecs et des Romains». «La cause de cette servitude provient de ce que les architectes ne voyagent pas dans les pays lointains et n'ont aucune relation avec les pays étrangers». Vigny est allé en Turquie; François Blondel aussi y était allé, mais il n'en avait rien retenu, tandis que Vigny ose traiter de l'architecture turque comme de l'architecture européenne. De la théorie relativiste («la nature des matériaux et la nécessité de bâtir ont engendré les proportions et l'habitude les fixe... Chaque Nation trouve sa langue plus commode et plus belle que celle des autres», etc.), Vigny tire un précepte révolutionnaire: «L'architecture n'a d'autres principes que l'essor du génie de chaque pays qui porte à un point de perfection ses productions particulières»[4]. Il est vrai qu'avant Vigny Claude Perrault s'était fait remarquer en professant la relativité du Beau: «La Beauté [n'a] pas d'autre fondement que la fantaisie qui fait que les choses plaisent selon qu'elles sont conformes à l'idée que chacun a de leur perfection». Mais la solution de Perrault était diamétralement opposée à celle de Vigny: «On a besoin de règles qui forment et qui rectifient cette idée. Et il est certain que ces règles sont tellement nécessaires en toutes choses que si la Nature les refuse à quelques-uns, ainsi qu'elle a fait au langage, aux caractères de l'écriture, aux habits et tout ce qui dépend du hasard, de la volonté, de l'accoutumance, il faut que l'institution des hommes en fournisse et que pour cela on convienne d'une certaine autorité qui tienne lieu de raison positive»[5].

La pesanteur des coutumes a longtemps freiné le mouvement vers l'unité, qui l'emporte finalement dans la deuxième moitié du XVIIIe siècle. Pour la première fois dans l'histoire de l'architecture européenne, la théorie classique épouse un style qui lui-même peut être légitimement appelé classique.

24. Syncrétisme

Convenir d'une manière commune faite du meilleur de chacune des manières particulières et réduire les particularismes aux variables du monde physique, tels pouvaient être les principes d'un classicisme syncrétique. Dans le domaine des Lettres, Rivarol décrit ce classicisme en ces termes : « On appelle livres classiques les livres qui font la gloire de chaque nation particulière et qui composent ensemble la bibliothèque du genre humain »[1].

Le compromis général

Une des solutions qui eut le plus de succès en Europe, mettait à profit la complémentarité des deux manières dominantes et associait les dehors à l'italienne aux dedans à la française.

Ce compromis apparaît sous une première forme dans le Sixième livre de Serlio où se manifeste à maintes reprises l'intention « di compagnare la commodittà francese col costume italiano »[2]. Le partage « commodittà » et « decoro » laisse à l'Italie tout le domaine noble de la composition. Mais la France, puissance montante, rectifiera par la suite ce partage à son avantage en s'attribuant la maîtrise des jardins et du décor intérieur. Dans la lettre du 24 juin 1666, déjà citée, par laquelle Benedetti avertissait Colbert que les architectes italiens mandés pour achever le Louvre, étaient trop « imbus de la mode de [leur] pays » en matière de distribution pour « se conformer à celle de France », l'auteur, après avoir affirmé que les architectes français, faute de connaître les monuments d'Italie, manquaient pour leur part « d'une certaine noblesse que l'on possède ici », parvenait à cette conclusion : « Pour unir les qualités, je serais d'avis de choisir ce qu'il y a de meilleur dans l'une et l'autre manière »[3]. Chantelou était aussi partisan du compromis : Le Bernin et François Mansart « eussent pu s'accommoder, le Cavalier pour le Grand, les pensées nobles, et M. Mansart pour l'économie du dedans »[4]. Un bon demi-siècle plus tard, le Président de Brosses écrit encore : « En règle générale, nous [Français] entendons incomparablement mieux la distribution, les ornements,

l'ordre et les commodités de l'intérieur ; eux [les Italiens], la magnificence et la grande manière des dehors. Des deux goûts réunis, on en ferait une maison parfaite »[5].

Au XVIIIe siècle, de nombreux Français se déclaraient prêts à reconnaître la prééminence des Italiens dans leur spécialité, à la condition que ceux-ci admettent la supériorité des Français dans la leur[6]. Les Italiens ne se prêtèrent que bien rarement à cet échange de bons procédés. En revanche, les artistes des autres nations virent très tôt le moyen de concilier l'enseignement de leurs maîtres français et italiens. Au cours de son voyage en France, le Suédois Nicodème Tessin, disciple du Bernin, s'était donné une idée assez peu flatteuse de l'architecture française, et particulièrement de celle de J. Hardouin-Mansart ; en revanche, son admiration était allée à Le Nôtre et à Berain, c'est-à-dire aux plus éminents représentants du jardin et du décor intérieur à la française[7]. De Stockholm, en 1698, il écrit à Cronström qui lui propose un dessin de la grande façade de Versailles : « Je ne le souhaite pas, n'estant nullement de mon goust, ny à dire le vray d'aucun battiment de France pour les dehors, mais bien pour la décoration intérieure ». Quelques années plus tard, à propos du voyage de formation entrepris par son fils en Europe, il écrit encore : « Selon mes advis, il doit imiter la décoration intérieure et la commodité à l'égard de la française et l'extérieur par rapport à l'italienne »[8]. L'Allemand Knobelsdorf, qui a fait le voyage de France en 1740, « donnait la préférence aux Italiens pour l'architecture extérieure et aux Français pour la distribution, la commodité et les ornements des appartements »[9]. Algarotti est un des rares Italiens à reconnaître que les palais de l'Italie ne sont que « de beaux masques » : « Pour moi, je voudrais loger dans une maison française en face d'un palais bâti par Palladio »[10]. Cette originale façon de concilier les dehors à l'italienne avec les dedans à la française, inspire peut-être encore Lord Chesterfield, qui met sa maison à la disposition de Lord Burlington pour que celui-ci puisse habiter en face de Burlington house et admirer ce chef-d'œuvre palladianisant sans être obligé d'y vivre[11]. Chesterfield house, aujourd'hui détruit, avait été construit par Isaac Ware qui, pour ne rien devoir aux

Français, prétendait avoir inventé lui-même tous les perfectionnements dont on créditait habituellement ceux-ci. Pour remplacer Vallin de La Mothe, en 1779, Catherine II veut prendre un architecte italien ; Grim lui conseille de prendre deux architectes, un Italien « pour la pureté du style » et un Français « pour l'intelligence et l'agrément de la distribution intérieure » [12]. Finalement, Catherine II choisit Quarenghi, un Italien certes, mais un Italien qui, de son propre aveu, s'est beaucoup préoccupé de « rendersi familiare l'interna distribuzione dei Francesi » [13].

La fortune du parti « bastardo » de Serlio — le maître qui dans les années 1540 écrit les premiers lieux communs de la théorie européenne — préparait la voie à une solution plus générale. Voltaire appelle à la concertation : « Si les Nations de l'Europe, au lieu de se mépriser injustement les unes les autres voulaient faire une attention moins superficielle aux ouvrages et aux manières de leurs voisins [...], peut-être de ce commerce naîtrait ce goût général qu'on cherche si inutilement » [14]. Les propositions allant dans ce sens se succèdent jusqu'à la fin du XVIIIe siècle. Guillaumot : « En matière de goût, il n'y a que les exemples reçus de toutes les Nations qui puissent faire loi » [15]. Legrand : « Pour démêler les vrais principes, on doit les faire jaillir d'un rapprochement de tous les monuments qui méritent d'être connus... On ne pourra plus établir en principe général d'architecture, ce qui ne serait qu'une acception particulière à tel peuple, à tel siècle » [16].

Les variables aléatoires et les variables régulières

A ce modèle concret, formé par concrétion d'éléments hétérogènes, on pouvait substituer un modèle abstrait, inspiré par la seule Raison. Cette mutation supposait une sorte de sublimation des manières. J.-F. Blondel décrit le comportement de l'architecte classique en imaginant ce qu'aurait fait Perrault s'il avait été invité à travailler hors de Paris : « Si, de cette capitale, il eut été appelé à Madrid, à Vienne, à Saint-Pétersbourg, il aurait commencé par saisir le local, par s'informer de l'usage du pays, ensuite il aurait cherché à concilier les règles de l'art avec le goût national et par là il serait parvenu à créer un genre qui, sans trop s'éloigner des préceptes reçus, aurait insensiblement amené la Nation qui aurait eu recours à ses talents, à produire un genre d'architecture plus véritablement régulier » [17].

Au-dessous des principes qui sont par nature invariables, on pouvait encore, en s'inspirant des méthodes des sciences naturelles, dégager les règles qui régissent le système des variables. Il y a en effet des variables que l'on peut dire régulières. Mais on pouvait s'étonner qu'entre deux manières très proches, il y ait d'autres variables qui paraissaient mettre en cause jusqu'à l'immutabilité des principes. « Il est vrai que le site des lieux et la différence de l'air a pu apporter quelques diversités dans l'ordonnance des édifices de l'Italie et de la France, mais cette variété dans le climat aurait dû, ce semble, n'influer que sur l'emploi des matières, sur la disposition des bâtiments, sur la manière de les couvrir, sur la plus ou moins grande quantité de leurs ouvertures, enfin sur les différentes largeur et hauteur de ces dernières : toutes les autres parties de la décoration, telles que l'application des ordres, les ornements [...] la forme des portes et croisées, la distribution des avant-corps, la relation de ceux-ci avec l'étendue du bâtiment, les repos qu'il convient d'observer entre chaque membre [...], tous ces objets doivent être les mêmes dans les unes et dans les autres productions, puisque les préceptes sont un, universels, et qu'ils nous viennent des Grecs où l'une et l'autre Nation ont également puisé les règles de l'Art » [18]. La position de Blondel est simple : « Les productions de l'architecture doivent être belles dans tous les pays et dans tous les temps et ne différer que relativement au climat et à la diversité des matières » [19]. En d'autres termes, seules les variables écologiques sont régulières. Mais d'autres auteurs font place dans le système aux variables sociologiques. « Quand nous avons dit que la destination d'un édifice en déterminait les distributions et les proportions, nous avons établi une règle générale à tous les peuples » écrit Viel ; « mais l'application de cette règle est relative à la nation aux yeux de laquelle on construit l'édifice... elle sera donc déterminée alors par les mœurs et les usages particuliers de la nation »[20].

Les textes les plus importants qui aient été écrits sur ce classicisme syncrétique qui tend moins à proscrire les topiques qu'à les réduire, à les mesurer, à les intégrer dans un système, sont dus à Quatremère de Quincy. Nous citons un peu longuement ici un passage de cet auteur qui est sans doute la première réflexion qui ait été faite sur le sens des appellations d'origine. « En ajoutant au terme qui désigne un art le nom d'un peuple, d'une région ou d'une ville, on n'entend pas, dans le langage ordinaire, qu'il s'agisse d'une invention particulière et originale, mais on veut exprimer simplement une variété de caractère dans l'emploi du même art : c'est ainsi qu'on dit peinture vénitienne, architecture toscane. Il ne s'agit que d'une variété de style ou de talent relative à la manière particulière dont le même système d'art est envisagé ou mis en pratique en divers lieux, ce ne sont que les dialectes d'une même langue. On peut donc ajouter au mot architecture le nom d'un peuple, sans que cela signifie nécessairement que ce peuple en ait été l'inventeur, sans que cela désigne cette architecture comme originaire de son pays, comme une langue distincte de toute autre. Mais il y a aussi dans l'association du mot architecture avec le nom de tel ou tel peuple, un sens qui signifie qu'elle est née et s'est formée dans tel ou tel pays, qu'elle a son système à part et son existence indépendante, de telle sorte que les besoins de ce pays aient produit ce genre de construction, que des convenances nécessaires aient fait naître son ordonnance, qu'un instinct local ait inspiré son goût de décoration »[21].

Comment distinguer alors dialecte et langue, l'un et l'autre signalés également par des appellations d'origine ? Quatremère ne le dit pas explicitement. Mais dans le *Dictionnaire d'architecture*, dont le passage que nous venons de citer est extrait, Quatremère ne consacre d'articles particuliers qu'aux architectures chinoise, arabe, indienne, etc., c'est-à-dire aux architectures périphériques du monde gréco-romain, qui sont de toute évidence considérées comme des langues. Les variables qui apparaissent au sein du monde gréco-romain, ne seraient donc pas de même nature que celles qui différencient les manières du monde oriental. Cette dichotomie, tout à fait artificielle à nos yeux — il n'y a pas changement de nature, mais changement d'échelle —, Quatremère est de ceux qui l'ont introduite dans l'histoire de l'architecture où elle s'impose encore aujourd'hui : on admet parfaitement qu'il y ait des topiques de l'architecture chinoise ou de l'architecture indienne ; on admettra également, plus tardivement, qu'il y a des topiques de l'architecture bretonne ou de l'architecture savoyarde ; mais on se refuse à reconnaître les topiques de l'architecture française et de l'architecture italienne.

25. Supranationalité

L'idée nationale coexiste dans les mêmes traités avec la mystique des divines proportions. La transcendance est inscrite dans les ordres, que E. Forssman définit justement comme « les mots d'une langue architecturale commune »[1]. La règle est concurremment justifiée par la tradition héritée des nations dominantes et par l'origine divine du plus ancien des ordres, l'ordre du temple de Salomon (fig. 145).

Fréart de Chambray est le premier parmi les Français, qui ait tenté d'épurer la règle des ordres de toute contingence. Quatremère de Quincy ne s'y est pas trompé, qui qualifie le *Parallèle de l'architecture antique avec la moderne* (1650) de « théorie purement classique »[2]. Fréart prétend « remonter jusqu'à la source des ordres ». Il ne retient que les trois ordres grecs et condamnent les ordres modernes. Le composite est « indigne du nom d'ordre, puisqu'il a esté la cause de toute la confusion qui s'est introduite dans l'architecture, depuis que les ouvriers ont pris licence de se dispenser de ceux que les Antiques nous avaient prescrits pour en gotthizer à leur caprice une infinité, qui passent sous ce nom ». Le système ternaire des ordres n'est pas susceptible d'extension. « Pauvres gens qu'ils sont de croire qu'en fantastiquant une espèce de corniche particulière ou telle autre chose, ils ayent fait un ordre nouveau »[3]. Fréart est également l'auteur d'une traduction des *Quatre livres* de Palladio (1650), qui est très différente de celle de Le Muet (1645). Il s'agit d'imposer l'exemple de Palladio pour rétablir « l'architecture régulière », pour « bannir cette capricieuse et monstrueuse façon de bâtir que quelques modernes ont introduite malheureusement comme une hérésie dans l'art ». A propos de Palladio, Fréart déclare : « Je dirai donc seulement tout en un mot avec le consentement universel des intelligents, qu'il est le premier entre ceux de sa profession et qu'on peut tenir ce livre comme un Palladium de la vraie architecture »[4]. Les « Intelligents », c'est ainsi que se désignaient eux-mêmes les doctrinaires classiques groupés autour du Surintendant des Bâtiments Sublet de Noyers, auquel est dédié le *Parallèle*. La carrière du Surintendant fut courte et l'influence du petit groupe limitée. Il y eut l'esquisse d'un premier style classique, dont le parangon fut l'église du Noviciat des Jésuites,

construite par Martellange (fig. 26). Mais ce style ne paraît pas avoir eu d'autre principe que celui de la simplicité, du dépouillement. Nous retrouvons, latente, l'idée que les topiques sont des surcharges et qu'il importe de retrouver la nudité originelle.

Dans le même temps se développe en Grande-Bretagne un phénomène comparable. Inigo Jones trouve dans Palladio les éléments d'un langage qu'il voudrait universel ; il parvient à créer en effet un vrai style dont l'influence sera durable et dépassera même, dans la seconde moitié du XVIIIe siècle, les limites de la Grande-Bretagne. L'entreprise anglaise aura donc meilleure fortune que l'entreprise française. Mais l'une comme l'autre sont pratiquement coupées de la nation. Les Intelligents forment une élite. L'art de Jones, parfaitement classique, atopique, est un art de cour ; les compatriotes de Jones quant à eux ont réservé leurs faveurs à une des manières les plus fortement typées qui soient, la manière hollandaise : témoins la Holland house de Londres (1607) et la Dutch house de Kew (1631) et maints autres ouvrages avec briques, pignons chantournés et appellations d'origine (fig. 159).

Pour que la doctrine classique s'incarne réellement dans un style supranational, il a fallu attendre le siècle des Lumières, le développement du cosmopolitisme, cette atrophie du sentiment national qui a d'abord fait le jeu de l'expansion de l'art français avant de se retourner contre lui. D'un Italien qui prétendait ne pas aimer l'architecture française, Montesquieu écrit : « Cela signifie qu'il n'estime point l'architecture, car l'architecture française est la même que l'italienne et celle de toutes les autres nations. Elle consiste partout dans les cinq ordres ». La prétention de l'Italien est aussi absurde que si lui-même Montesquieu prétendait ne point estimer la géométrie italienne ![5]. Le Prince de Ligne déclarait pour sa part : « Il n'y a qu'un bon et un mauvais goût... j'ai été longtemps à trouver mauvais qu'on dit : c'est français, c'est un italien... ; je voulais seulement qu'on dise : c'est bon »[6].

Ici trouve sa place un texte fondamental de Quatremère de Quincy, datant de 1796, qui, depuis les travaux de F.-G. Pariset, est cité dans toutes les études sur le néo-classicisme. «La propagation des lumières a rendu ce grand service à l'Europe qu'il n'y a plus de nation qui puisse recevoir d'une autre l'humiliation du nom de barbare : on observe entre toutes les contrées de l'Europe une communauté d'instruction et de connaissance, une égalité de goût, de savoir et d'industrie. Il est vrai de dire qu'il se trouve entre elles beaucoup moins de différence qu'on en rencontre quelquefois entre les provinces d'un seul empire : c'est que par une heureuse révolution, les arts et les sciences appartiennent à toute l'Europe et ne sont plus la propriété exclusive d'une nation. C'est à maintenir, à favoriser et à augmenter cette communauté que doivent tendre toutes les pensées »[7]. Qùe s'est-il donc passé pour que dans l'Europe, encore dominée par la France, naisse un architecte à qui

159. Londres, Kew Gardens, Dutch House, 1631.
La Dutch House ou maison hollandaise est
contemporaine des ouvrages d'Inigo Jones : l'art
savant, l'art de cour d'inspiration italienne,
illustré par ce célèbre architecte, cohabite dans
l'architecture anglaise avec une tradition plus
populaire, plus pittoresque,
héritée de la manière hollandaise.

revienne «le titre d'habitant de l'Univers, parce que son art est intelligible à toutes les nations ? »[8]. Un événement considérable en vérité : le long procès est enfin arrivé à son terme et la sentence condamnant tous les particularismes a été exécutée.

La condamnation de la tradition. Le gothique et le baroque

Ce mal que le classicisme condamne est sans doute d'une grande complexité. Mais la vision manichéenne des classiques lui confère une surprenante unité. Il n'est qu'un mot pour le désigner et c'est le mot gothique. Le passé barbare est là, toujours présent, toujours menaçant, prêt à détruire le fragile équilibre classique. Le mot gothique ne désigne pas seulement l'architecture médiévale et la survie des formes médiévales ; mais encore tous les phénomènes que nous désignons aujourd'hui par les mots de maniérisme, de baroque, de rococo, de rocaille, etc.

On sait que ces concepts sont des créations relativement tardives de l'histoire de l'art. Il y a cependant, dans les textes contemporains ou presque contemporains du phénomène décrit, quelques exemples de l'emploi du mot baroque avec une acception qui paraît proche de celle que nous lui donnons. Ces textes méritent d'être cités car les deux mots baroque et gothique y sont étroitement associés. Le Président de Brosses écrit : «Les Italiens nous reprochent qu'en France, dans les choses de mode, nous redonnons dans le goût gothique, que nos cheminées, nos boîtes d'or, nos pièces de vaisselle d'argent sont contournées et recontournées comme si nous avions perdu l'usage du rond et du carré ; que nos ornements deviennent du dernier baroque : cela est vrai. Mais cela est plus excusable, ou peut-être même plus convenable dans ces petites choses... ; le goût gothique étant petit, délicat, détaillé, peut convenir aux petits objets »[9]. A propos des ornements «vagues, baroques... que nous nommons chicorée», Le Camus de Mézières déclare : «Ecartons ces extravagances gothiques »[10]. Avec Quatremère qui écrit, dans les années 1830, « Borromini a donné les plus grands modèles du baroque » ou « Guarini peut passer pour le maître du baroque »[11], le mot baroque prend son acception définitive et, simultanément d'ailleurs, le mot gothique trouve la sienne.

Dans certains textes, le baroque est innommé et seulement comparé au gothique. De la manière de Borromini, de Cortone et de Rainaldi, D'Aviler trouve bon de remarquer qu'elle est « moins artiste que le gothique »[12]. Et J.-F. Blondel : « Il est des ornements de Meissonier comme des ornements gothiques... ils fatiguent les yeux par leur confusion »[13].

Frankl avait remarqué que l'architecte Isaac Ware condamnait simultanément le gothique et le rococo ; mais il pensait qu'on ne pouvait inférer du fait de leur association dans une même condamnation qu'ils étaient pris l'un pour l'autre. Frankl citait pour preuve que les deux notions étaient alors bien distinctes, le cas de Boffrand, un maître du rococo condamnant le gothique[14]. La preuve n'a convaincu que ceux qui ignorent le traité par lequel Boffrand fait hautement savoir dans quel camp il voulait qu'on le comptât : il n'est pas seulement anti-gothique ; il condamne aussi à pleines pages les « ornements pesants », le « mélange confus de lignes courbes et de lignes droites », la mode qui « en différents temps a pris plaisir à donner la torture à toutes les parties d'un édifice », et, afin que personne ne s'y trompe, il donne l'exemple de Sainte-Anne-la-Royale[15].

On passe insensiblement des déclarations de Fréart de Chambray et de J.-F. Blondel, qui trouvent Delorme un peu gothique[16], à celles de Brice qui rend responsable de la décadence maniériste de la fin du XVIe siècle les « ouvriers encore infectés du gothique que l'on pratiquait depuis plusieurs siècles en Europe »[17]. Le pape Alexandre VII inaugurant en 1660 la toute nouvelle église Saint-Yves de Borromini, déclare : « Lo stile del Cavalier Borromini era gotico ne esser meraviglia per esser nato in Milano dove era il Domo di architettura »[18]. Que Borromini soit né à Bissone sur le lac de Lugano et non à Milan, ne diminue pas l'intérêt de ce jugement, puisqu'il faut seulement reporter aux années de formation le contact du jeune Borromini avec l'éternel chantier gothi-

que de la cathédrale de Milan. L'hypothèse d'une influence soutenue du gothique lombard sur l'art de Borromini a visiblement frappé les contemporains. Bellori traite Borromini de « gotico ignorantissimo »[19], et Pompei dénonce à son propos le danger d'un retour aux « secoli longobardi »[20].

Les édifices baroques les plus divers sont régulièrement qualifiés de gothiques : le Saint-Suaire de Turin[21], le Belvédère de Vienne, la cathédrale Saint-Paul de Londres[22], la Bourse de Copenhague avec sa flèche torse borrominienne[23]. Pour trouver gothiques les couronnements chantournés, nous avons des auteurs aussi différents que l'architecte Vigny, admirateur de Borromini[24], l'architecte vénitien Visentini, dont les *Osservazioni* (1771) sont un curieux recueil des erreurs baroques à ne pas commettre[25], et les architectes-académiciens français[26]. Les colonnes torses sont gothiques : « C'est une invention purement gothique, inconnue aux anciens Grecs et Romains », écrit Vigny : « On en voit au portail de l'église de Pise bâtie autrefois dans le goût du Nord »[27]. A propos de l'ordre français, F. Blondel dit que le concours de 1671 a produit pas mal « d'extravagances et chimères gothiques ». Le même auteur rattache le couplage des colonnes de la Colonnade du Louvre au goût des gothiques pour les piliers en faisceaux[28]. Le grand entrecolonnement qui résulte de ce couplage appelle de la part de Perrault lui-même, qui n'ignore pas que les Anciens usaient de colonnes serrées, le commentaire suivant : « Le goût de notre siècle, ou du moins de notre nation, est différent de celui des Anciens, et peut-être qu'en cela il tient un peu du gothique : car nous aimons l'air, le jour et les dégagemens »[29]. « Nous sommes revenus à la barbarie des Goths », déplore l'abbé Leblanc, qui combat le rococo[30] ; tandis que le Père Avril voit dans le baroque allemand une résurgence de la tradition nationale des ancêtres Goths[31]. Est gothique tout ce qui n'est pas classique, dans le *Saggio sopra l'Architettura gotica* (1766) de P. Frisi[32] et dans le *Paris, modèle des Nations* (1777) de Caraccioli[33].

Les contemporains ont donc identifié le baroque avec un avatar du gothique. Cette conviction est par elle-même un fait d'histoire qui s'impose comme tel ; mais, en tant que jugement sur l'histoire, elle doit être soumise à une critique de fond. Or, à bien y regarder, les historiens du baroque ne sont pas loin de donner raison aux contemporains du baroque. Pour Wittkower, Borromini est partagé entre la tradition romaine (le dôme dans la tradition Bramante-Michel-Ange que l'on retrouve à Sainte-Agnès par exemple) et la « Old North-Italian tradition » (surtout à Saint-Charles et à Saint-Yves). Wittkower compare le couronnement de la façade de Saint-Philippe de Néri avec celui de la façade de la cathédrale de Milan [34]. Borromini était à Milan de 1610 à 1619 : il a dû faire partie des maçons engagés sur le chantier de la cathédrale. Dans l'œuvre de ce Tessinois, il y a des souvenirs probables des bulbes traditionnels dans les régions alpines ; il y a aussi d'authentiques survivances du gothique médiéval ou des éléments d'un néo-gothique précoce (voir le tombeau du Cardinal Giussano par exemple). Le succès de Borromini en Europe centrale s'expliquerait, d'après Portoghesi, par de profondes affinités entre la « nuova tematica spaziale » et les traditions régionales de cette partie de l'Europe fortement marquée par le gothique [35]. La référence gothique a une importance exceptionnelle dans l'art de Guarini [36]. On consacre aujourd'hui des études au gothisme des Vittone, des Juvara et des Vanvitelli [37]. Les maîtres du baroque anglais, les Wren, les Vanbrugh, les Hawksmoor, ont produit plusieurs ouvrages dans un style gothique original et donc parfaitement authentique. Pevsner parle du « gothisme baroque » de Vanbrugh [38].

Il n'est pas possible d'opposer aux inventeurs du mot gothique l'acception restreinte que nous lui donnons aujourd'hui. En reprenant pour « décrire » un mot qui avait été inventé pour « décrier », on ne pouvait que créer des malentendus. Le mal est fait. Il reste à trouver des substituts pour rendre compte de cet amalgame du gothique au sens strict avec le baroque au sens vague. Ce que les classiques combattent, c'est le particularisme et l'archaïsme, en un mot la tradition qui est topique, spontanée et irrationnelle, inerte et toujours renaissante, aussi vivace que de la mauvaise herbe. « Ce qui doit paraître le plus étonnant, c'est que, dans tous les temps, les écrivains ont blâmé ces abus [baroques] sans pour

cela que l'on se soit corrigé ; tant il est vrai que le goût dominant des Nations perce toujours malgré les préceptes les mieux établis » [39].

Coïncidence bien remarquable, les deux principes de l'antinomie classique-baroque naissent au XVIe siècle en même temps que le titre d'architecte, qui désigne désormais, parmi les maîtres-maçons, ceux qui échappent au conservatisme des corporations. La création des académies au XVIIe et au XVIIIe siècles institutionnalise cette distinction : l'académie parisienne « juge que le nom d'architecte ne devait se donner qu'à ceux qui, ayant fait une étude particulière des principes de cet art, s'emploient avec tout le génie nécessaire à la cultiver » [40]. Le titre d'Architecte du roi que confère l'entrée à l'Académie est un simple substitut du titre d'architecte qui a été lui-même galvaudé [41]. L'Architecte du roi n'a pas droit, en règle générale, de faire entreprise. A sa création, en 1744, la Real Academia de Madrid exclut de son sein les maîtres les plus éminents du baroque national, comme Alberto de Churriguera. Il faut bien voir où se situe la césure dans le cas espagnol : non entre l'architecture populaire et l'architecture savante ; mais entre l'architecture nationale et l'architecture apatride. C'est sensiblement le même partage que nous trouvons dans l'architecture anglaise du XVIIe siècle entre l'art de Jones et de ses descendants d'une part, et, d'autre part, « l'artisan mannerism », l'art des maîtres-charpentiers et des maîtres-maçons, héritiers de l'architecture élisabéthaine et d'un flamingisme également traditionnel en Angleterre. N'y a-t-il pas, dans la prouesse maniériste ou baroque, quelque chose du chef-d'œuvre de maîtrise qui est expression libre des possibilités extrêmes de la technique ? Plus encore que la corniche exagérément chantournée, la trompe, celle d'Anet plus particulièrement, est caractéristique de cet art d'architecte-artisan ; elle devient ouvrage d'orfèvre au frontispice des œuvres de Meissonier (fig. 160). Du rococo allemand, Pevsner écrit que « c'est le langage spontané qui correspond comme l'architecture flamboyante à l'instinct esthétique d'un peuple » [42].

Remarquons que cette interprétation du baroque n'est pas inconciliable avec les interprétations sociologiques qu'ont données Tapié et Francastel, qui opposaient le

ŒUVRE

de

STE AURELE MEISSONNIER

Peintre Sculpteur Architecte &c

Dessinateur

de la chambre et Cabinet

DU ROY

160. *Frontispice du*
Recueil des œuvres de
J.-A. Meissonnier, *première*
moitié du XVIIIᵉ siècle. Cette
trompe, dont l'appareillage est
soigneusement marqué, est
traitée, comme la plupart des
œuvres de Meissonier, à la
façon d'une pièce d'orfèvrerie.
La stéréotomie, fille de la
géométrie, abusée par son goût
de la performance, s'est trouvé
compromise dans des
entreprises « baroques » qui
ont justifié la condamnation
dont elle fut l'objet de la part
des classiques.

baroque rural, conservateur, lié à une société hiérarchisée, stable, proche de la société féodale, et le classicisme urbain, bourgeois, novateur, lié à une société en pleine mutation.

La condamnation du classicisme français

« Le tombeau de Voltaire est celui des Beaux Arts ; il fait la clôture du beau siècle de Louis XIV. Nous entrons maintenant dans le siècle de Pline, de Sénèque et de Quintilien »[43]. Frédéric II voit très juste quand il date de la mort de Voltaire la fin du siècle français. La mort de Jacques-François Blondel est pour l'architecte Mathurin Crucy, l'époque d'un « grand changement dans le goût de l'architecture »[44]. Blondel meurt en 1774 ; Voltaire en 1778. L. Bertrand a consacré à la mutation des années 1770 un livre au titre provocateur : *La fin du classicisme et le retour à l'antique dans la seconde moitié du XVIIIᵉ siècle* (1897). Habituellement, l'idée de classicisme est associée à celle de retour à l'antique. Pour comprendre que ces idées peuvent s'opposer, il faut ajouter au mot classicisme le qualificatif de national, ou ici plus précisément le qualificatif de français.

Les coalitions de nations européennes que les Français, de Louis XIV à Napoléon Iᵉʳ, rencontrent sur les champs de bataille, se forment en 1770 pour lutter contre l'impérialisme de la civilisation française. La lutte anti-française se développe sur tous les fronts, celui de la mode, celui des mœurs, celui de la langue, celui des Beaux-Arts. A Berlin, où en 1784 triomphe encore le *Discours sur l'universalité de la langue française*, Algarotti publiait dès 1750 son *Saggio sopra la lingua francese* qui est un féroce réquisitoire contre le français. Les patriotes allemands, que l'on retrouvera à Leipzig, sont parmi les plus violents : autant aura été puissante l'emprise française sur les pays allemands, autant sera radicale la réaction. Winckelmann, Mengs, les architectes néo-grecs de Munich, les doctrinaires les plus fanatiques du « siècle de Pline », sont de la nation de Frédéric II. Pevsner explique la curieuse alliance de la maison palladienne et du jardin naturel, qui se déclare en Angleterre dans les années 1750, comme « l'effet d'une attitude concertée contre la politique française, telle que les Beaux-Arts la manifestaient ». L'architecture régulière des jardins était assimilée à l'absolutisme ; « les jardins à l'anglaise sont d'abord des jardins anti-français » une révolte de l'esprit de tolérance contre la tyrannie[45]. Quant au palladianisme, il s'oppose au second aspect du génie français tout à fait antinomique du premier, la frivolité. Pour Horace Walpole, Jones a établi « the throne of architecture in Britain while itself languishes at Rome, wantons in tawdry imitations of the French in other parts of Europe and struggles in vain at Paris to surmount their prepossession in favour of their own errors »[46]. Le palladianisme d'un Isaac Ware est résolument anti-français[47].

Les réactions des Français eux-mêmes, plus désintéressées, sont plus intéressantes. La parole est maintenant aux élèves de J.F. Blondel. Ceux-ci multiplient les dessins d'après l'antique « pour opposer ces études au style maniéré des Mansard que le professeur Blondel vantait beaucoup dans ses leçons ». Bientôt apparaissent dans Paris « les premiers triomphes publics obtenus dans la lutte établie depuis longtemps dans l'école entre l'architecture moderne et l'architecture antique. Sans doute on ne regrettera point » commentent Legrand et Landon « que l'avantage soit restée à cette ainée et que l'école des Peyre, des David Le Roy, des Clérisseau, imitateurs des anciens, l'ait emporté sur celle de Blondel »[48]. L'Ecole de chirurgie construite par Gondouin (fig. 161) est un de ces triomphes publics : c'est « l'ouvrage le plus classique du XVIIIᵉ siècle » écrit Quatremère[49]. Nous avons déjà rapporté les commentaires qu'a suscités sa façade qui, par la disparition de tout avant-corps, prenait le contre-pied des habitudes françaises.

Dans son *Essai sur l'histoire générale de l'architecture*, Legrand donne une nouvelle version des mouvements qui traversent l'histoire des arts depuis la Renaissance. « Au moment de la renaissance, les arts du dessin transplantés de l'Italie [en France] après avoir dissipé les ténèbres de la barbarie, étaient tout près de la perfection ; et fondés sur l'étude des productions de l'antiquité, ils allaient égaler leurs modèles. A peine cette route qui venait de

161. Paris, *Ecole de chirurgie*, 1769-1775, *par Jacques Gondouin*. (J. Gondouin, Description des Ecoles de Chirurgie, 1780).
162. Paris, *maison de Neubourg*, 1762, *par Marie-Joseph Peyre*. (M.-J. Peyre, Œuvres).

Ces deux ouvrages sont particulièrement caractéristiques de la réaction classique antiquisante contre la tradition nationale.
A propos de l'Ecole de chirurgie, Landon a écrit : « Tout le système de la vieille architecture française fut renversé par cet exemple
inattendu et les partisans de la routine furent stupéfaits de voir une façade sans pavillon, sans avant-corps au milieu,
sans arrière-corps, et dont la corniche suivait d'un bout à l'autre sans ressaut, ni profil, contre l'usage reçu en France ».
Dans la maison de Neubourg, Peyre a volontairement rejeté les subtilités qui avaient fait la réputation de la distribution
française : toutes les pièces se commandent comme dans les maisons à l'italienne de Serlio (voir fig. 11). Les archaïsmes de
Gondouin et de Peyre, justifiés en principe par le retour à l'antique, apparaissent encore comme des italianismes.

ramener le bon goût était frayée, que l'amour-propre conseillait aux artistes de s'en écarter pour en tracer une nouvelle sur un autre goût que l'on appelait national et qui n'était qu'une déviation des grands principes suivis jusqu'alors. De là sortirent les ordres prétendus français, les accouplements, les entre-colonnes larges qui honoraient, disait-on, l'art du trait »[50]. Guillaumot fait à son tour le procès de l'ordre français[51] et d'ailleurs, dès 1763, l'Académie condamne l'idée du sixième ordre[52].

Marie-Joseph Peyre, dit Peyre l'Aîné, qui, par ses *Œuvres* publiées en 1765, prend rang parmi les chefs de la nouvelle école, se propose de « rassembler les principes des Grecs et des Romains » pour « combattre en France l'architecture dite française »[53]. Nous avons cité sa « Dissertation sur les distributions des Anciens comparées à celles des Modernes » (1773) dans laquelle il contestait que les Français aient fait faire quelques progrès à la distribution. La maison qu'il construit pour la Baronne de Neubourg à Paris en 1762 (fig. 162), illustre ses idées : toutes les pièces se commandent entre elles, comme dans une maison du XVIᵉ siècle. L'archaïsme conscient de la distribution est ici un hommage involontaire à la moins contestable des conquêtes des Français. Ainsi les critiques des néo-classiques vont droit au cœur de l'architecture française et confirment indirectement l'analyse que nous en avons faite.

L'Antiquité, modèle hors du temps et de l'espace

L'Antiquité est le modèle hors du temps et de l'espace que recherchent les classiques. Bien sûr, les modernes n'ignorent pas que le monde antique a été un monde partagé, soumis aux lois de l'évolution, traversé par des migrations et des conquêtes. Mais, en ce qui concerne l'histoire particulière de l'architecture, l'Antiquité fort simplifiée par le recul qui estompe les différences, se trouve de fait réduite à quatre espaces-temps, qui sont,

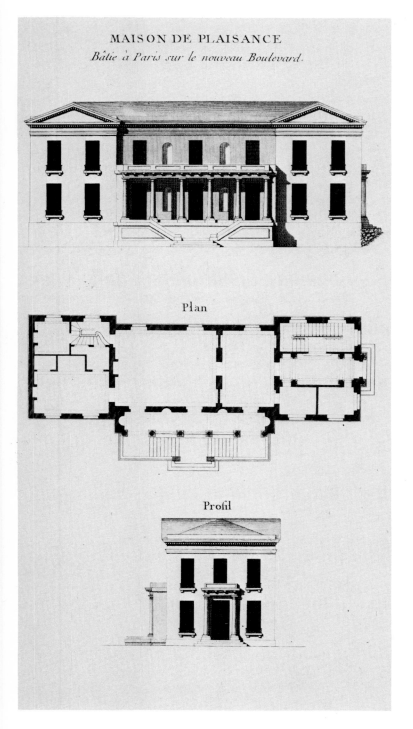

MAISON DE PLAISANCE
Bâtie à Paris sur le nouveau Boulevard.

Plan

Profil

du plus proche au plus éloigné : Rome, la Grèce, l'Egypte, le monde primitif. Chacun de ces espaces-temps est perçu comme immobile. Avec la constante préoccupation d'échapper à l'histoire et à la géographie, les classiques devaient fatalement remonter ce cours de plusieurs siècles : après un départ laborieux qui retient longtemps les explorateurs à l'embouchure romaine qu'ils atteignent à la Renaissance, il suffira de quelques décennies — celles de la fin du XVIIIe siècle — pour atteindre la source.

Le passage du classicisme de Voltaire à celui de Pline suppose nécessairement l'abandon de la capitale parisienne au profit de la capitale romaine. Dans ses *Lettres sur le préjudice qu'occasionnerait aux Arts et à la science le déplacement des monuments de l'Art de l'Italie* (1796), Quatremère s'oppose au projet de transporter à Paris les antiquités de Rome en application du droit de conquête. Rome est le lieu d'une confrontation exceptionnelle, qui vivifie l'art européen tout entier ; il ne faut pas espérer recréer le miracle romain à Paris, qui est pourtant le carrefour politique de l'Europe. Paris est une capitale internationale et Rome, une capitale supranationale. « Combien d'artistes ne quittent qu'à Rome ces préjugés locaux [...], ces goûts vicieux de terroir qui, comme autant d'accens défectueux, ne se perdent que dans la capitale de la république des arts » [54]. Cette idée n'est pas propre à Quatremère. D'après Clérisseau, les artistes qui ont séjourné à Rome « ont appris des chefs-d'œuvre qui les entouraient, à mépriser, à secouer les préjugés nationaux » [55]. C'est à peu près l'idée que développait Montaigne quand il écrivait : Rome est « la plus commune ville du monde et où l'étrangeté et différence de nation se considère le moins ; car de sa nature, c'est une ville rapiécée d'étrangers » [56].

Malgré une incontestable permanence dans l'approche du thème romain depuis la Renaissance, son interprétation se modifie très sensiblement dans la deuxième moitié du XVIIIe siècle. A cela, une seule explication à nos yeux : l'art italien a cessé d'être un art dominant ; l'Antiquité romaine est rendue à une sorte de neutralité ; pour la première fois, on peut la voir autrement que comme le passé de l'art italien. Il est très net que pour

Quatremère, Rome a le mérite d'être morte aux ambitions temporelles : il fallait au classicisme une capitale loin du « tumulte des grandes villes », loin du commerce et de la politique [57].

Pouvait-on considérer que l'héritage romain était définitivement devenu le patrimoine commun de l'Europe, alors qu'à Rome même un Piranèse défendait ardemment à l'arrière-garde les droits des héritiers directs ? Beaucoup de classiques pouvaient constater avec Le Roy que « les Romains n'exécutèrent sous leurs premiers rois que des monuments à la manière toscane » [58]. La polémique qui oppose Piranèse à Le Roy porte justement sur la question étrusque qui est pour le premier la preuve de l'antériorité de l'art latin ; pour le second, la preuve de sa contingence. Le Roy est l'auteur des *Ruines des plus beaux monuments de la Grèce* (1758), l'ouvrage qui, pour la première fois, met à portée d'une imitation directe le modèle grec. L'admiration que nous avons pour le génie de Piranèse ne nous cache pas la faiblesse des preuves que celui-ci développe en faveur de l'art romain. Piranèse va jusqu'à tirer argument du fait que Louis XIV a choisi Rome et non Athènes pour fonder son Académie de France [59]. Piranèse se trompe de siècle : le choix des Français ne fait plus autorité. Les maîtres à penser, Winkelmann, Mengs, se recrutent désormais parmi les Allemands francophobes. N'ayant rien à faire valoir dans leur passé récent — celui des trois siècles de la modernité, pendant lesquels la conscience nationale s'est perdue dans les divisions politiques et les imitations des arts italien, français et hollandais — les Allemands adoptent d'instinct le langage international. Sur une éminence dominant le Danube, ils construisent la Walhalla, le panthéon des dieux germaniques, dans le plus pur style néo-grec. Mieux encore, lorsque la révolte des Monténégrins de 1766, le soulèvement général contre les Turcs de 1821, auront conduit les Grecs à l'indépendance de 1830, c'est dans la dynastie bavaroise que l'on trouvera le premier monarque du nouvel Etat et ce sont les architectes de Munich — Leo von Klenze, Friedrich Gärtner, Karl-Friedrich Schinkel — qui introduiront le style néo-grec en Grèce [60]. Faut-il établir une corrélation entre l'indépendance de la Grèce et la régression du style néo-grec en Europe ? Il nous paraît, en tout cas, que le modèle grec n'aurait pas eu la préférence s'il n'avait pas été emprunté à une civilisation que l'on pouvait croire définitivement éteinte.

Au-delà de la civilisation gréco-romaine, il y avait un monde qui fascinait d'autant plus qu'on en savait peu de chose. Le passé de l'Egypte n'avait pas encore été reconstitué. Des voyageurs témoignaient avoir vu en Amérique centrale des pyramides qui rappelaient celles d'Egypte. Les ziggurats de Mésopotamie appartenaient à cette même famille de monuments pyramidants en forme de tumulus, souvent enlacés de rampes et de terrasses conduisant au sommet. Le plus célèbre de ces monuments, et sans doute le plus ancien puisque la Bible en rapporte la construction aux premiers temps de l'histoire de l'humanité, était la tour de Babel que l'imagination d'innombrables artistes avait parée, à travers des restitutions fantaisistes, de toutes les beautés de l'architecture. Dans la remontée aux sources, les classiques rencontrent donc cette borne gigantesque qui marquait le premier des confluents. En ce lieu, Dieu avait donné aux hommes pour leur malheur la diversité des langues et des manières. Désormais incapables de construire ensemble, les hommes, abandonnant la tour inachevée, s'étaient, à partir de ce lieu, dispersés.

Les trois siècles de la Modernité s'achèvent par une révolution, qui se donne pour modèles la fraternité primitive et l'architecture antérieure à la diaspora (fig. 143). L'architecture devient utopique : architecture de nulle part et de n'importe quand, architecture de projets non finalisés, en laquelle certains historiens ont vu les prémices de l'architecture du XXᵉ siècle. Il a fallu en effet plus d'un siècle encore pour que l'ennui de l'uniformité se répande sur le monde. Hitchcock et Gropius ont lancé l'expression « International Style » pour désigner les tendances de l'architecture mondiale après la guerre de 1914-1918. Le béton international et le classicisme international n'ont en commun qu'un refus : refus des topiques par lesquels se définit l'architecture de tradition. Nous pensons avoir démontré que celle-ci comprend non seulement l'architecture populaire, mais encore, jusqu'à la fin des Temps modernes, l'architecture savante.

26. *A la recherche de la diversité perdue*

Pour mesurer l'ampleur du séisme révolutionnaire, par lequel furent détruites certaines des racines de l'architecture traditionnelle, il faut entrer dans le XIXᵉ siècle dont l'extrême complexité peut s'organiser en partie sur la perspective qui a été la nôtre dans toute cette étude.

Une première constatation s'impose. Les partisans de l'uniformité l'ont emporté pour l'essentiel. «On construit à Alger des immeubles semblables à ceux de la rue de Rivoli», écrit Viollet-le-Duc; «aujourd'hui Genève élève des maisons semblables à celles que l'on bâtit à Lyon, lesquelles ressemblent aux habitations de Paris»[1].

Cependant cette uniformité n'est pas celle dont rêvaient les classiques. Les villes modernes ressemblent quelque peu aux jardins à fabriques du XVIIIᵉ siècle, que l'Abbé Delille décrivait en ces termes: «Chaos d'architecture et sans but et sans choix / Dont la profusion stérilement féconde / Enferme en un jardin les quatre parties du monde /»[2]. L'éclectisme est le contre-coup presqu'instantané de la victoire du classicisme. Les artistes qui prônent l'unité autour du modèle gréco-romain, cherchent également dans les jardins un exutoire à leur besoin de diversité. Mais ce n'est plus une diversité vécue; c'est une diversité inventée; principalement produite par l'utilisation simultanée de styles empruntés à des époques différentes: ce qu'on appelle l'historicisme. Ce n'est pas le parti-pris rétrospectif qui est ici nouveau. La Renaissance était aussi un «revival», une rétrospection stylistique; mais le modèle que celle-ci se donnait était unique, puisque les hommes de la Renaissance ne percevaient qu'imparfaitement la diversité du monde antique et la réduisaient aux cinq variétés d'ordre. Il y eu, en quelque sorte, passage, au XIXᵉ siècle, d'une monoculture à une polyculture.

Les topiques sont bien sûr cultivés; mais ils ont changé de nature. Non par le fait qu'ils sont plus qu'avant transplantés: nous avons vu que la transplantation est une pratique ancienne qui ne dénature pas les topiques. Pour mieux voir ce qui a changé, il faut passer de la métaphore de la culture à celle du langage. Les langues utilisées sont désormais des langues mortes. L'utilisation des topiques relève également de l'historicisme: c'est là que se situe le grand bouleversement. Rien de plus caractéristique à cet égard que la question des styles nationaux: les nations sont toujours là et plus conscientes d'elles-mêmes qu'elles ne l'ont jamais été; mais elles n'ont plus de manières propres: il leur faut un style qu'on ira chercher de préférence dans le passé de la nation.

Dans l'Europe du XIXᵉ siècle, il y a encore, il est vrai, des topiques vivants, ceux de l'architecture populaire. La prise en considération de ceux-ci, qui est également une nouveauté des dernières années du XVIIIᵉ siècle, donne naissance au style rustique. L'hommage du XIXᵉ siècle au *Genius loci* est ainsi fait de deux styles fort différents, mais aussi dépourvus de naturel l'un que l'autre; le style rustique et le style national.

Le style rustique

Ce sont en effet ceux-là mêmes qui ont établi la coupure désormais définitive entre l'architecture populaire et l'architecture savante qui ont également inventé le style rustique ou transposition de l'architecture rurale, paysanne, dans le répertoire savant. Le style rustique ne reste pas confiné dans les jardins. Nous avons eu l'occasion de démontrer ailleurs comment le type le plus commun de l'architecture bourgeoise du XIXᵉ siècle, la villa, procédait des fermes de Lombardie, de Toscane, du Latium, que les architectes commençaient à relever dans les dernières années du XVIIIᵉ siècle[3] (fig. 163).

C'est bien sûr une réalité très simplifiée qui est imitée. Le XIXᵉ siècle n'a pas appliqué à l'étude de l'architecture vernaculaire l'échelle des pays (il y a plusieurs centaines de pays en France) qui seule pouvait isoler les familles et rendre compte de leur singularité. On voit bien ici ou là quelques esprits curieux de noter, comme Victor Hugo, «les originalités locales» de l'architecture «non frelatée par les architectes»[4]. Mais ces esprits eux-mêmes ne sont pas préparés à percevoir des variations plus fines que celles d'une typologie rudimentaire: villas, cottages, chalets, chaumières, isbas, etc. Défaut de perception sans doute, mais aussi volonté de simplifica-

163. Clisson (Loire-Atlantique), garenne Lemot, maison du jardinier à l'italienne, début XIXe siècle, probablement par M. Crucy (C. Thiénon, Voyage pittoresque dans le bocage de la Vendée, 1807). Le style rustique ou transposition savante de l'architecture rurale réduite à quelques types nationaux, naît en même temps que le style classique et réintroduit par artifice la référence à la topographie dans un langage qui tend à l'universalité.

tion, comparable à celle qui a donné la théorie des ordres : la théorie met de l'ordre dans une réalité complexe dont la présence s'impose malgré tout, mais qui s'analyse difficilement. Dans les « ordres rustiques » du XIXe siècle, comme dans les ordres classiques, la référence topographique reste sous-jacente (villa italienne, cottage anglais, etc.).

A l'Exposition universelle de Paris de 1889, Charles Garnier élève des constructions « pour servir à l'histoire de l'habitation humaine »[5]. Il y a trois sections : les habitations préhistoriques, les habitations historiques et les habitations des peuples primitifs n'ayant exercé aucune influence sur la Civilisation. Dans la section historique, l'Europe est naïvement représentée par trois belles maisons — une romane, une gothique, une renaissance — qui sont des maisons cossues, bien françaises, visiblement empruntées au *Dictionnaire* de Viollet-le-Duc (fig. 164) : la France est l'Europe ; en France, il n'y a de diversité que diachronique et l'histoire de l'architecture s'y arrête au XVIe siècle conformément aux conclusions, devenues classiques, du *Dictionnaire*. Toutes les grandes civilisations périphériques ont droit à une maison. Et il y a même place pour la cabane des sauvages dans ce vaste discours universel.

L'enquête sur les conditions de l'habitation en France (1894-

1899), lancée à l'initiative du Comité des travaux historiques et scientifiques, est la première tentative d'approche scientifique de l'architecture rurale française : Foville, son initiateur, croyait bien faire en dégageant un type par province. L'ambition d'un tel projet, pourtant bien mince au regard de la réalité qu'il prétendait décrire, ne fut pas comprise des « Parisiens » contemporains : d'après Foville lui-même, ceux-ci croyaient que l'architecture populaire, élémentaire, ne pouvait qu'être partout semblable[6] ; le Parisien de la fin du siècle ne percevait pas la géotypologie des pays de France.

Le paradoxe du XIXe siècle est que se côtoient une architecture vernaculaire authentique et une architecture rustique qui n'en est que le pastiche, d'ailleurs plein de ressources et d'inventions.

Le style national

« Il existe entre l'architecture et la valeur réelle d'une nation, des rapports tellement intimes qu'on pourrait faire l'histoire morale des peuples en examinant leurs édifices »[7]. « Dans un pays, deux choses doivent être éminemment nationales, la langue et l'architecture, c'est

164. *Exposition universelle de Paris, 1889. Ensemble de constructions élevées par Ch. Garnier « pour servir à l'histoire de l'habitation humaine ». L'Europe y est représentée par trois maisons de trois styles : le Roman, le Gothique et la Renaissance. L'Européen de la fin du XIXᵉ siècle ne perçoit dans sa propre civilisation que la diversité apportée par l'histoire ; la diversité topographique est réduite à la confrontation de la civilisation européenne avec les civilisations extra-européennes, également illustrées sommairement par Garnier.*

ce qui exprime le plus nettement le caractère d'un peuple »[8]. Sur ces bases théoriques se fonde la doctrine du style national. Mais Viollet-le-Duc ajoute : « C'est depuis le XVIIᵉ siècle que, peu à peu, ont été perdues les dispositions originales qui avaient été adoptées dans la plupart des villes d'Europe en raison du climat et des habitudes locales. L'art a-t-il gagné quelque chose à cette uniformité et, à une époque où on parle tant de nationalité, d'autonomie, ne serait-ce pas l'occasion pour chaque contrée, de prendre les formes architectoniques qui conviennent aux mœurs et aux climats ? »[9].

Les guerres de la Révolution et de l'Empire ont réveillé dans toute l'Europe le sentiment national ; la tourmente a emporté l'universalisme idéaliste du XVIIIᵉ siècle, qui avait surtout profité à la nation française. Au XIXᵉ siècle, la conception française de la nation est encore fort proche de celle d'un Bossuet : le contrat volontaire a simplement remplacé le roi comme ciment de la nation. Dans la conception allemande, la nation est un être. Le concept du Volksgeist n'est pas nouveau ; mais il est moderne : il constitue le véritable contexte idéologique de l'art du XIXᵉ siècle.

André Siegfried, un des adeptes de « l'âme des peuples » écrit : « Il y a dans la psychologie des peuples un fond de permanence qui se retrouve toujours »[10]. Voilà le point fondamental : il ne s'agit pas de cette très lente évolution que nous avons pu assimiler, à travers trois siècles, à une permanence relative, mais d'une permanence absolue qui serait assurée par le déterminisme de données ethnologiques et écologiques supposées constantes.

Dans son article « Sobre el mito de los nacionales caracteres », J.-A. Maravall cite des textes du Xᵉ siècle, qui prouvent l'ancienneté du mythe des caractères nationaux : par exemple, Ibn Saïd publie à Tolède au XIᵉ siècle un livre au titre suggestif : *Libro de las Caracterias de las Naciones*. L'idée ne s'impose pas cependant avant Montesquieu et sa théorie des climats ; avant Voltaire, dont l'*Essai sur les mœurs* isole la part du génie particulier de chaque peuple dans l'histoire universelle. Les *Ideen zur Philosophen der Geschichte der Menschheit* (Riga 1784-1791) de Johann-Gottfried Herder, définissent la civilisation d'un peuple comme une unité organique ; l'art ne serait authentique que lorsqu'il est « organisch », « genetisch ». L'historiographie romantique, d'inspiration allemande, décrit les communautés linguistiques modernes comme des entités permanentes. Aussi admet-on partout que l'art doit être national[11]. Herder condamne pêle-mêle la Renaissance et le classicisme, la romanisation et la francisation de la littérature allemande.

Viollet-le-Duc distingue la civilisation « sympathique » qui « se développe au milieu d'une agglomération d'hommes de même race ou de races ayant entre elles certaines affinités » et la civilisation « politique, qui s'obtient par l'influence prépondérante, soit par les armes, soit par l'adresse, soit par le commerce, d'un peuple (d'une poignée d'hommes quelquefois) sur de vastes territoires occupés par des races qui n'ont avec ces dominateurs, ni même entre elles, aucun rapport ». La civilisation grecque, la civilisation gothique, sont des civilisations sympathiques; la civilisation gréco-romaine, imposée par Rome à l'Europe, est une civilisation politique. Le cosmopolitisme de Rome, qui fut une vertu pour les classiques, est naturellement une tare pour Viollet-le-Duc qui parle du « mélange irrévocablement corrompu et inerte que Rome avait fait des principes vitaux de l'Occident et du Midi de l'Europe ». Viollet-le-Duc, admirateur de l'*Essai sur l'inégalité des races humaines* de Gobineau, croit à la supériorité du sang arien et des races du Nord [12].

Tandis que ces idées se développent, la lente remontée du centre de gravité de l'Europe vers le Nord, commencée au XVIIe siècle, met à la première place l'Angleterre et l'Allemagne. Les Allemands tirent une sorte de jeunesse de la léthargie dans laquelle s'est trouvée plongée leur nation pendant trois siècles : ils sont ainsi au premier rang de tous les combats, celui du style antique, comme celui du style national. L'engouement des romantiques français pour l'Allemagne est trop connu pour que nous ayons à le décrire. Mais a-t-on bien vu que le prestige des Allemands tient en partie au fait que ceux-ci prétendent avoir un style national (la théorie de Boisserée sur l'origine germanique du gothique s'impose alors à tous), alors que les Français croient n'en point avoir ? « Les arts en France ne sont pas, comme ailleurs, natifs du pays même où leurs beautés se développent » écrit Madame de Staël, dans *De l'Allemagne* (1810) [13], le livre par lequel les Français ont découvert la civilisation germanique. Fait sans précédent dans l'histoire de l'architecture, deux Allemands construisent en France : Gau et Hittorf y comptent parmi les plus importants architectes au milieu du siècle; ils étaient l'un et l'autre nés à Cologne, que Boisserée venait de porter au rang de capitale européenne du gothique. Quel surprenant revers de fortune : dans le Paris de Louis XIV que Napoléon leur a abandonné, les Goths ont fait rentrer avec leurs armes leur manière de construire !

Le retour au gothique du XIXe siècle n'est pas sans ressemblance avec le retour à l'antique du XVe et du XVIe siècle. Dans l'un et l'autre de ces mouvements, l'archéologie joue un rôle primordial. C'est d'elle qu'on attendra l'établissement de liens privilégiés entre la nation et l'héritage du passé. Il est curieux que cette ressemblance n'ait pas été sentie par les contemporains. Les romantiques ont pu dire, avec Madame de Staël, à propos de la Renaissance : « Comment le génie [aurait-il] trouvé son essor dans un travail où la mémoire et l'érudition sont si nécessaires ? » [14]. Les romantiques ont eu l'innocence de croire que l'architecture retournait d'instinct à son origine médiévale.

Le débat archéologique se charge même, au XIXe siècle, d'une agressivité sans équivalent à la Renaissance. La question de l'antique n'a pas été l'occasion d'une véritable controverse : les hommes de la Renaissance se sont rapidement entendus pour ne distinguer que cinq variétés d'antique — cinq ordres — fondues en un ensemble homogène dans la civilisation romaine, donc italienne. Le gothique est si diversifié que l'on a pu prétendre qu'il y avait autant de gothiques que de nations. Le Père Avril est peut-être bien le premier (1774) à soutenir cette thèse : « Serait-il impossible de découvrir dans l'architecture gothique, sinon des différences aussi marquées que celles qui caractérisent les divers ordres grecs, au moins une certaine manière analogue au génie des peuples qui l'ont employée, en sorte qu'on pût distinguer jusqu'à un certain point le gothique français du gothique allemand, comme on distingue le corinthien du dorique ? ». Le Père Avril croit pouvoir répondre affirmativement à cette question et s'employer à décrire les caractéristiques des différents gothiques nationaux [15]. Cependant ces variétés ne peuvent qu'être les dérivés d'un gothique originel. Celle des nations qui sera reconnue comme berceau du gothique aura, bien sûr, plus que toute autre, le droit d'en faire son style national. Or chacune des trois nations dominantes de l'Europe du XIXe siècle fait valoir des droits à cette antériorité.

En 1772, Gœthe découvre la cathédrale de Strasbourg et s'exclame : « Das ist deutsche Baukunst, unsere Baukunst » [16]. La même année, il publie à Francfort son « Von deutscher Baukunst » dans lequel il présente Erwin von Steinbach, le maître-maçon de Strasbourg, comme un garde aux frontières de la Germanité face aux Latins. L'image fait son chemin grâce à Herder, à Schlegel, et malgré le revirement de Gœthe qui, pendant le voyage d'Italie de 1786, se convertit à l'antique et au classicisme [17].

La cathédrale de Cologne, « le monument le plus grandiose, le plus important, le plus parfait de toutes les époques », a trouvé un panégyriste, aussi teutomane que gallophobe, en Sulpice Boisserée qui, dans son *Geschichte und Beschreibung des Doms von Köln* (1823), expose une thèse qui aura une audience considérable. L'art qu'il faut appeler germanique, et non gothique — puisque le mot gothique a été inventé par les détracteurs italiens de cet art — est né à Cologne. La cathédrale inachevée est en outre le symbole de la nation dont l'unité reste à faire : son territoire était d'ailleurs partiellement occupé par les Français lorsque Boisserée commençait ses études sur la cathédrale [18]. On sait comment, grâce à Boisserée, la cathédrale fut considérée comme le monument de la résurrection nationale après la victoire de 1813, comment elle fut achevée par souscription : « L'esprit qui élève ces portails est le même que celui qui, il y a vingt-neuf ans, brisa nos chaînes » déclare le roi de Prusse à la cérémonie d'inauguration de 1842. L'architecture est une fois de plus compromise dans un projet belliqueux et le plus dangereux de tous, celui du roi de Prusse.

Quant à l'archéologie, elle est asservie à l'idéologie politique plus qu'elle ne l'a jamais été, même au temps où Lefèvre de La Boderie lui faisait dire que l'architecture était née en Gaule. Ainsi cette réflexion de Boisserée après la séance de l'Institut de France, du 13 septembre 1823, à laquelle il avait été invité : « Les gardiens du temple du siècle de Louis XIV ont [l'architecture gothi-que] en abomination... Mais cela ne sert de rien [...], l'architecture gothique les déborde... Les Français sont vaincus par les autres nations, non seulement au point de vue militaire, mais encore sur le terrain moral, littéraire et artistique » [19]. Edgar Quinet réplique dans la *Revue des deux mondes,* en juin 1832 : « Pour se venger en un coup de sa longue défaite, l'Allemagne est obligée de remonter jusqu'à son moyen-âge. C'est là, dans la pompe de son empire écroulé, qu'elle s'encourageait au sentiment renaissant de son unité... Elle mettait de l'érudition dans son complot, de l'archéologie dans son émeute » [20].

Wittington avait défendu la thèse de la primauté française dès 1809 [21]. Mais les idées de Boisserée s'étaient imposées en France. Vitet parle du « style allemand » jusqu'en 1845, date à laquelle paraît sa monographie sur la cathédrale de Noyon, dans laquelle il démontre l'antériorité du gothique français. Il fallut longtemps pour que les Allemands se convainquent que Cologne procédait d'Amiens et non le contraire. Aussi les champions de la France, les Didron, les Verneilh eurent-ils tout loisir d'échanger avec Boisserée et ses épigones quelques-uns de ces mots qui tiennent plus de la cocarde que de la science. Verneilh voyait dans les églises de Marbourg et de Trèves, comme « l'avant-garde de l'invasion de l'art français » [22] ; tandis que Boisserée dénonçait la « conquête archéologique » que représentaient à ses yeux les congrès de la Société française à Lille, Reims et Metz [23].

Les prétentions des Anglais à la propriété du gothique ne produisirent jamais de pareilles manifestations de chauvinisme. C'est, nous semble-t-il, que l'architecture anglaise a bénéficié d'une continuité « gothique » sans exemple ailleurs, si bien que le néo-gothique y paraît plus naturel. La nation se retrouve spontanément dans ce gothique typiquement anglais qu'est le gothique perpendiculaire, « the native english style » [24]. Sans être polémique, le discours architectural des Anglais reste cependant chargé d'un contenu politique : le monument le plus représentatif du néo-gothique britannique n'est-il pas le Parlement de Londres ?

Les plus beaux textes français sur le gothique national sont dus à Chateaubriand, qui ne soupçonnait pas que ce style pouvait être d'origine française. Pour lui, le gothique était l'art barbare, l'art du Nord, où trouvait sa place la tradition gauloise, face au monde méridional gréco-romain. Le gothique était plus naturel, plus proche de la forêt primitive, et donc plus expressif des forces profondes. Au total, toutes les nations des grandes forêts septentrionales pouvaient prendre pour elles le discours du *Génie du Christianisme*. Dans ce discours, le mot national ne veut pas dire français, mais indigène, topique. On peut donner la même interprétation des textes les plus nationalistes de Viollet-le-Duc. L'architecture du XIIIe siècle est « la seule qui appartienne à notre sol, qui soit un art développé et original ; la seule qui soit en harmonie avec notre climat et nos matériaux »[25]. Pour Viollet-le-Duc, comme d'ailleurs pour Vitet, et pour Verneilh, le mot national a aussi le sens particulier de bourgeois. Le gothique est l'art des communes bourgeoises : il est national parce que la bourgeoisie constitue la nation, parce que le roman est monastique, parce que le classicisme est aristocratique et monarchique.

Le néo-gothique s'inscrit ainsi dans un contexte idéologique qui est assez différent suivant les nations. La définition française de la nation, celle du contrat volontaire, est plus ouverte que l'allemande, plus facilement conciliable avec l'universalisme. Lorsque les archéologues français auront découvert le rôle joué par la France de saint Louis dans l'Europe du XIIIe siècle, ils pourront d'autant plus facilement prêcher un œcuménisme gothique que celui-ci ne pouvait se reconstituer qu'autour de l'art français.

L'étude du néo-gothique est encore aujourd'hui trop sommaire pour que nous soyons à même de dire tout ce qu'il a emprunté aux anciens particularismes nationaux. D'autres répondront aux quelques questions que nous nous posons en ce qui concerne la France :

Le mythe de la France médiane, mi-barbare mi-latine, partagée entre le Nord et le Sud, a-t-il marqué le néo-gothique français ? Le siècle de saint Louis avait été celui de la conquête du Midi par les seigneurs du Nord. Aussi à propos des restaurations de Viollet-le-Duc à Toulouse, très critiquées à l'époque par les Toulousains, un érudit local peut-il dire que leur auteur est un « savant illustre dont la spécialité [est] de construire des bâtiments du Nord dans le Midi »[26].

Le néo-gothique s'inscrit-il dans la France centralisée ou dans la France des provinces ? Les effets de la centralisation sur l'architecture française en général n'ont pas cessé d'augmenter. « La centralisation administrative a non seulement enlevé aux provinces leurs écoles et avec elles les procédés particuliers, les industries locales, mais les sujets capables » écrit Viollet-le-Duc[27]. En sens inverse, l'archéologie d'un Arcisse de Caumont a fait naître l'idée des écoles régionales romanes et gothiques. A propos de Caumont, Montalembert a un mot étonnant s'appliquant à un travail d'érudition : Caumont « a essayé de combattre l'uniformité qui se répandait rapidement avec son immense ennui sur toutes les contrées de la France »[28]. La province s'est-elle contentée d'une revanche archéologique ? N'y a-t-il pas un folklore provincial du néo-gothique ? Les trompes angevines de Hodé nous le donneraient à penser.

Le néo-gothique est certainement l'essai le plus continu et le plus inspiré qui ait été fait au XIXe siècle pour redonner à l'architecture des attaches au sol. Mais il y avait d'autres issues que le néo-gothique. Celui-ci est contesté en France par les classiques au nom des mêmes principes nationaux. Le néo-gothique est un art élitiste, sans attache populaire. La Renaissance du Val de Loire serait plus conforme au génie national[29]. Celui-ci est épris de clarté, de méthode ; il est de race latine, aux antipodes en tout cas du génie ténébreux des Germains[30].

Certains auteurs en viennent à recommander un style « simple, énergique, national, mais sans référence archéologique »[31]. « Il nous faut un style » proclame Ruskin au nom de la nation anglaise : « Il importe peu, si nous avons un code et si les lois en sont bonnes, qu'elles soient récentes ou anciennes, étrangères ou indigènes, romaines ou saxonnes, normandes ou anglaises ; mais il importe essentiellement que nous ayons un code, que ce code soit accepté et mis en vigueur d'un bout à l'autre de l'île ». L'architecture devra « être soumise à une loi nationale aussi stricte et aussi méticuleusement impérieuse que les lois qui réglementent la religion, la politique et les relations sociales »[32].

274

165. *Mairie à la manière alsacienne par Ch. Letrosne (*Murs et toits pour les pays de chez nous, *t. I, 1923). Les travaux des géographes ont fait prendre conscience de la diversité régionale. Une typologie encore abusivement simplifiée (un type de maison par province) impose ses modèles aux régionalistes qui prônent le retour aux traditions locales.*

MAIRIE pour UN BOURG ALSACIEN

LA PLACE QUI ENTOURE LA MAIRIE ALSACIENNE OFFRE SES VASTES ESPACES AUX RÉUNIONS COUTUMIÈRES, AUX MANI-
FESTATIONS LOCALES : MARCHÉS, FESTIVAL, PROCESSIONS. UNE POPULATION ACTIVE ET GAIE ANIMERA, AUX JOURS
DE FÊTE, LE DÉCOR AIMABLE DE LA MAIRIE D'ALSACE. SUR L'ENDUIT CLAIR DE LA TOUR SE DÉTACHE, SUIVANT LES
TRADITIONS LOCALES, QUELQUE DÉCOR AUX NUANCES VIVES, DONT LA RICHESSE HABILLE L'ARCHITECTURE PARTICULIÈRE
DE LA MAISON DE VILLE ET S'HARMONISE AVEC LES SILHOUETTES AMUSANTES DES MAISONS ALSACIENNES.
L'ENCORBELLEMENT DES CROISÉES POURRA S'ILLUSTRER UN JOUR DE QUELQUE CORTÈGE NUPTIAL EN TENUE DE GALA.
DU HAUT DU PERRON, LE MAIRE HARANGUERA SES ADMINISTRÉS, TANDIS QUE LES JOLIES FILLES EN COIFFES NOIRES
ET EN JUPES ROUGES S'ASSEMBLERONT AUTOUR DES TILLEULS DE LA FONTAINE OÙ S'ÉLÈVE UN LANSQUENET DE BRONZE.
POÉSIE RUSTIQUE ET SIMPLE DE CE PEUPLE CHARMANT, À L'IMAGINATION RÊVEUSE, ÉPRISE DE LÉGENDES...

Internationalisme contre régionalisme

La poursuite de la diversité n'ayant produit qu'un melting-pot de styles, l'échec du XIXe siècle est sanctionné par un retour en force de l'internationalisme. Sans y prétendre, les architectes modernistes de l'Entre-deux-guerres renouent en fait avec la tradition du classicisme universaliste. S'ils ne doivent rien aux théoriciens vitruviens et aux modèles gréco-romains, c'est que leur chantier n'est pas l'Europe mais le Monde et qu'ils récusent l'autorité de l'Histoire, au point d'oublier sous les cendres de la Révolution les utopistes de la fin du XVIIIe siècle avec lesquels ils partagent pourtant tant d'idées. *Le Nouveau*, l'essai d'Henry van de Velde de 1929, voue l'architecture aux « formes pures, souveraines, nouvelles et éternelles » : les styles « seront vaincus par l'idée d'un style unique, vieux comme le monde, nouveau né d'aujourd'hui, un style dont l'unité, l'ubiquité, la mondialité sont la conséquence immédiate de la similitude de la source : la conception rationnelle »[33]. Comme de juste, le politique prend ici sa part. Ces rescapés de la Grande Guerre travaillent à construire la Société des Nations. La critique, qui accuse Le Corbusier d'être le fourrier du communisme, dénonce, en usant encore de la vieille métaphore du langage, le « ciment-volapük ». La confusion tend vers son comble. Les nations les plus nationalistes se mettent à l'antique, comme les cosmopolites du XVIIIe siècle, tandis que le balancier revient des universaux vers les topiques.

Dans les années 1900-1920, grâce aux travaux des géographes français, la connaissance des vestiges de l'architecture rurale populaire a fait des progrès considérables. Chaque province, au moins parmi les plus hautes en couleurs, a récupéré sa chaumière, une à chacune et pas plus d'une. Une fois encore, suivant une tradition qui remonte à la Renaissance (et peut-être même au-delà), c'est l'érudition qui fraye la voie de l'architecture. L'architecte Ch. Letrosne publie en 1923 ses projets régionalistes dans *Murs et toits pour les pays de chez nous* (fig. 165). L'Exposition de 1937 est une confrontation universelle dans laquelle (tandis que l'Allemagne et l'U.R.S.S. s'affrontent avec les plus forts symboles de l'arsenal architectural), la France, pour la première fois laissant le pas à ses provinces, montre ses terroirs en invoquant ses traditions pour conjurer le sort qui la menace. Lorsque celui-ci a frappé, elle enrôle le folklore dans l'entreprise de restauration nationale.

Après la Deuxième Guerre, le folklore est à l'encan. Le commerce une fois de plus s'empare des topiques : tel François Ier dans son château à l'espagnol, le bourgeois s'installe dans son *mas* provençal aux abords de Paris. Quant à l'internationalisme, s'il perd peu à peu sa justification doctrinale, il s'arme en revanche d'un argument technique décisif, la pré-fabrication. Quel progrès n'aurait pas fait le classicisme si Colbert avait eu l'idée d'ouvrir une manufacture royale qui aurait eu pour tout le royaume le monopole de la fabrication des ordres d'architecture : ces colonnes construites sur l'ordre du roi et suivant les canons auraient été frappées de la devise que Louis XIV fit graver sur les pièces de l'artillerie royale : *ultima ratio regum !*

Cependant une nouvelle architecture paraît sous l'étrange drapeau du post-modernisme. Est-ce l'enfant posthume d'une histoire achevée ou l'enfant prodigue une nouvelle fois à la recherche de la maison du père ? N'abandonne-t-on un modernisme vieilli que pour « recourir » à un historicisme qui, depuis longtemps, n'aurait plus rien à donner ? Nous voulons avant de conclure exprimer deux convictions. La première est que les périodes pendant lesquelles l'architecture s'est livrée aux délices de la rétrospection sont des périodes aussi riches d'innovations que les rares périodes qui ont privé l'archi-

tecture (au moins apparemment et ce n'est sans doute qu'apparence) de toute référence au passé. La deuxième est que l'histoire de l'architecture est très loin d'avoir fait le tour de son sujet. On commence seulement à prendre la mesure de celui-ci en ce qui concerne l'architecture populaire ; et l'architecture savante réserve encore d'éclatantes surprises. Ce n'est pas l'historicisme qui est épuisé ; c'est l'érudition. Il faut que les architectes cessent de croire que tout est dit dans le *Recueil des édifices en tous genres* de Durand (un ouvrage dont la longévité comme instrument pédagogique est stupéfiante), dans les dictionnaires de Quatremère de Quincy et de Viollet-le-Duc, dans l'histoire de l'architecture de Choisy et dans le manuel d'Hubrecht et Doyon ; et même qu'ils n'usent plus sans précaution de ces ouvrages de praticiens, qui, avec un talent incontestable, ont fixé le regard sur des objets trop précis. Le passé est un gisement inépuisable d'innovations, qui ne peut être méthodiquement exploité que par des historiens dénués de tout préjugé doctrinal.

Quant au post-modernisme, il n'est qu'une nouvelle phase de l'alternance millénaire dont la modulation principale aura été le passage d'une diversité naturelle à une diversité artificielle, d'une uniformité recherchée à une uniformité imposée par la révolution des techniques et des media. L'historien peut s'abstenir de rejoindre les doctrinaires qui poussent à la roue ; celle-ci tournerait peut-être toute seule. Tel un paysan pratiquant l'assolement, l'architecte abandonne aujourd'hui le champ épuisé des illusions classiques pour revenir aux jachères des nostalgies historicistes.

CONCLUSIONS

Tous les défauts de l'historiographie fondée sur l'explication par les styles viennent probablement d'un péché originel : à la naissance de presque tous les concepts mis en œuvre, on trouve un détournement de sens et un anachronisme, fautes majeures pour un historien ! Il n'y avait qu'une définition historique possible du gothique : le gothique n'aurait été que la rémanence du passé médiéval (y compris bien sûr la période romane) dans l'art des Temps modernes. La polysémie du mot gothique tient à ses origines bâtardes. A preuve, le mot roman qui, créé par l'archéologie pour l'archéologie, est resté univoque.

Les styles sont tantôt définis comme tendances, tantôt comme périodes, et quelquefois concurremment. La seconde définition a rencontré d'incontestables succès. On ne pourrait plus se passer du mot gothique pour désigner l'art du Moyen Age dans la période allant approximativement du milieu du XIIᵉ siècle à la fin du XVᵉ siècle. Les difficultés ne commencent que lorsque le gothique, après la Renaissance, devient tendance. La définition des historiens concurrence alors celle des contemporains. Comment imaginerions-nous l'église Sainte-Anne-la-Royale de Guarini si nous ne la connaissions que par les témoins français de sa construction pour qui elle était « gothique » ?

L'extrême instabilité de la notion de baroque vient de ce que celle-ci ne s'est pas solidement ancrée à une période. Pouvions-nous adopter en place du mot « moderne » le mot « baroque », admirablement sonore et évocateur, mais justement trop riche de connotations contradictoires ? Pour la seule application aux Temps modernes (on sait qu'Eugenio d'Ors distinguait plusieurs périodes baroques de l'Antiquité à nos jours), il a fallu constamment réajuster la notion à la réalité, créer des classicismes baroques, des baroques classiques (d'après V.L. Tapié, l'art français est un « classicisme de coloration baroque » !), des baroques gelé (E. Kaufmann), fleuri (Y. Bottineau), etc., isoler des sous-ensembles maniériste, rococo, etc.

Les notions de style sont tiraillées entre la réalité à laquelle il faut bien qu'elles s'adaptent, et l'éon, l'idéal-typus, que leur définition comprend toujours, explicitement ou implicitement. Il faudrait abandonner ces notions à la philosophie de l'art ; en défaire l'histoire de

l'architecture. Le danger de l'idéal-typus a été parfaitement décrit par H.I. Marrou, dans une étude sur les méthodes de l'histoire : « Il faut se défendre d'hypostasier ces notions, de leur conférer [...] la valeur d'une idée, d'une essence, d'une réalité supérieure, d'un principe de cohésion et d'intelligibilité. Le processus d'erreur est le suivant : l'historien [...] décide de désigner une période par ce qui lui paraît avoir été un caractère dominant : on dira par exemple l'Age baroque ; puis, il tend à expliquer les phénomènes observés par ce Baroque, oubliant que la notion n'a pas d'être propre » [1].

C'est Wölfflin et ses disciples qui ont fourvoyé l'histoire de l'architecture. Les *Kunstgeschichtliche Grundbegriffe* ont de toute évidence été conçus pour la peinture et seulement par la suite extrapolés à l'architecture : « L'étude des styles [...] dans les arts tectoniques offre cet intérêt particulier que le concept s'y trouve libéré pour la première fois de tout ce qui le rattachait aux nécessités de l'imitation et qu'il y paraît comme un pur concept de l'ordre décoratif » [2]. Le raisonnement de Wölfflin est simple : si l'architecture n'est pas imitation, elle ne peut qu'être ornementation ! Les *Entwicklungsphasen* de Frankl, prolongement critique des idées de Wölfflin adaptées à l'architecture, réintroduisent dans le sytème la notion de fonction. Mais le système ici encore précède l'analyse : une cinquantaine de chefs-d'œuvre complaisants se prêtent à la démonstration de Frankl. Ainsi des voûtes traitées comme éléments constitutifs de la « composition spatiale », l'une des quatre catégories de Frankl : la typologie que Frankl en propose est abusivement simplifiée et en quelque sorte irréelle.

La dialectique du classicisme et du baroque se condamne d'elle-même ; elle aboutit nécessairement à des débats scolastiques : le seul fait qu'on ait débattu sur le point de savoir si Versailles était classique ou baroque prouve bien l'inanité de ces concepts. Nous ne sommes pas entré dans cet esprit de système en opposant classicisme et tradition. Qu'on veuille bien remarquer que nous avons seulement décrit un courant doctrinal, qui était dualiste par principe et qui a été appelé classique dans la dernière phase de son évolution par ses représentants eux-mêmes. Nous nous sommes bien gardés « d'hypostasier » la nation, qui est notre thème d'observation, comme Wölfflin lui-même le faisait quand il écrivait : « A l'intérieur de cette unité [culturelle de l'Europe], il faut tenir compte de la pluralité des types nationaux qui la diversifient... Il y a une manière propre aux Italiens, propre aux Allemands, et elles subsistent toujours semblables à travers les siècles... Un temps viendra où l'histoire de l'architecture européenne [...] fera ressortir les physionomies nationales que les styles importés ne parviennent pas à effacer tout à fait » [3]. Wölfflin postulait un « type d'imagination » par nation. Nous ne sommes parti d'aucun *a priori* : nous avons constamment affirmé le primat de l'observation.

Aussi nous sentons-nous très proche des géographes qui ont les premiers étudié *in situ* la maison rurale. Mais ceux-ci n'ont pas su remettre en question la dichotomie du populaire et du savant ; il manque à leurs typologies à la fois la dimension historique et l'appui des textes. On commence à prendre conscience de l'existence de types populaires internationaux (la « maison-halle » que l'on trouve en Allemagne du nord et dans le Sud-Ouest de la France, par exemple) dont les résurgences à des lieues de distance ne pourront être expliquées que par les historiens. Les historiens de l'architecture n'ont d'ailleurs pas oublié de fournir quelques preuves de l'influence des données écologiques. L. Hautecœur a largement traité de cette question dans son *De l'architecture* ; mais la presque totalité de ses exemples sont empruntés à l'architecture populaire.

En définitive, nous n'acceptons de nous reconnaître des devanciers que parmi les historiens des écoles régionales de l'architecture médiévale. Il faut examiner ici les critiques dont ceux-ci ont été l'objet. Arcisse de Caumont est le fondateur de la théorie à l'usage de la France : il y aurait eu des écoles régionales correspondant aux anciennes provinces, chaque province ayant ses caractères distinctifs. La première critique vient de Quicherat qui, s'inspirant des méthodes des sciences de la nature, substitue au classement géographique un classement par type de voûtes. Cependant il définit l'aire d'expansion de chaque type et adopte finalement la géotypologie qu'il avait primitivement condamnée. La théorie des écoles est reprise par Viollet-le-Duc, par Anthyme Saint-Paul, par Enlart, par Choisy, par Lefèvre-Pontalis, etc., qui n'arri-

vent à s'entendre ni sur le nombre, ni sur l'extension de ces écoles.

Brutails fait paraître en 1923 un important essai sur la *Géographie monumentale de la France aux époques romane et gothique*, qui remet en cause la notion d'école, mais en retient l'essentiel : il n'y a pas de territoires homogènes, mais des foyers, des mouvements de diffusion, qui montrent l'importance de certaines voies, en particulier de la voie Rhône-Saône. Brutails reconnaît par des citations de Gilliéron sa dette envers la géographie linguistique. Brutails n'élude pas le problème de l'évolution. Il croit pouvoir reconnaître une alternance de périodes d'unification et de périodes de diversification. L'art roman est plus unifié au XIe siècle ; plus diversifié au XIIe siècle, qui est la période pendant laquelle le particularisme provincial s'impose avec le plus d'évidence. L'art gothique serait plus diversifié à ses débuts qu'à sa fin. On n'admet plus aujourd'hui les conclusions de Brutails sur le gothique, qui ne tiennent pas compte de l'apparition des gothiques nationaux du XIVe et du XVe siècle ; mais on a retenu celles sur le roman, et surtout l'idée du cycle unification-diversification.

Focillon accepte la théorie des écoles, mais avec les correctifs qui s'imposent : les limites des écoles ne coïncident pas avec celles des grands Etats féodaux ; les unités régionales sont constamment remodelées par les relations inter-régionales et internationales et par les alluvions successifs des siècles.

Francastel propose de substituer à la notion d'école celle de série [4]. Il distingue la série par émulation qui est construite sur un modèle abstrait : c'est la compétition des créateurs pour réaliser ce modèle ; et la série par imitation d'un modèle concret, qui aboutit à la sclérose, à l'académisme. Au terme d'une série par émulation peut donc se raccorder une série par imitation. Ce système, construit pour l'architecture romane, permet de rendre compte des zonages et des cycles. Les séries par émulation sont souvent très dispersées ; les séries par imitation, groupées autour du modèle. Le XIe siècle et le début du XIIe est une période d'émulation et de diffusion internationale ; le XIIe siècle, une période d'imitation, caractérisée par la stabilisation des écoles régionales. A tenter d'étendre le système de Francastel au-delà de l'art monumental roman, on rencontre plus de questions que de réponses, mais ce sont des questions stimulantes. Les séries par émulation ne sont-elles pas propres à l'architecture savante? Les séries par imitation de l'architecture populaire s'articulent-elles sur des séries par émulation de l'architecture savante? Certaines séries par émulation n'ont-elles pas des aires de dispersion comparables à celles des séries par imitation? Dans le cas de la stéréotomie moderne, il semble que l'on puisse dire que les séries par émulation sont plus groupées que les séries par imitation qui en dérivent.

Dans son « Introduction à une étude de la géographie artistique de la France » (1956), E. Lambert développait la théorie des cycles de Brutails: Renaissance carolingienne ou unification; puis diversification; unification encore à partir de la fin du Xe siècle; diversification à partir de la fin du XIe siècle; unification à partir du début du XIIIe siècle. Le début du XVe siècle voit paraître «une diversité d'écoles artistiques, comme il n'y en avait guère eu jusqu'alors que dans la France du XIIe siècle». E. Lambert s'interrogeait sur la possibilité de prolonger le système des cycles jusqu'à la fin des Temps modernes. On doit pouvoir admettre en effet que la situation créée au XVe siècle se perpétue jusqu'au milieu ou jusqu'à la fin du XVIIe siècle, et que commence alors une phase d'unification qui d'ailleurs ne concerne plus seulement la province française, mais l'Europe entière.

La notion d'école régionale est tombée depuis plusieurs années dans une sorte de discrédit, parce qu'elle évoque la conception trop rigide de Caumont et de ses successeurs immédiats. P. Héliot parle «des familles régionales auxquelles les historiens ont trop souvent donné le nom d'école»[5]. Il est rituel aujourd'hui d'exorciser les écoles dans les études sur l'architecture médiévale. Mais entre R. Crozet qui les défend encore, et P. Héliot ou A. Mussat[6] qui, tout en se gardant d'utiliser le mot, consacrent leurs travaux à la géotypologie, à la typologie régionale, il n'y a peut-être qu'une divergence de vocabulaire. Nous avons jugé bon de rester en marge de ce débat, en nous gardant d'utiliser le mot école. Mais la critique de la théorie étant réduite à sa juste mesure, nous avons pu nous avancer sur le chemin ouvert par les maîtres de l'archéologie médiévale.

C'est certainement sur une trame chronologique assez proche de celle que nous venons de décrire, qu'il faut présenter le problème de la diversité régionale entre le XVIe et le XVIIIe siècle. Depuis Taine, on admet que la Renaissance s'est propagée dans un milieu formé de «terroirs»: «La dominante éclatante et accablante de la beauté classique n'était point venue discipliner l'élan des génies originaux; il y avait des arts de province, accommodés au climat, au pays, à tout l'ensemble des mœurs qui les entouraient, encore affranchis des académies et des capitales»[7]. L. Hautecœur refuse la notion d'école régionale, mais reconnaît qu'il y a des «microstyles» comme il y a des microclimats[8]. Au total, il faut bien admettre que les historiens des Temps modernes — parce que la tâche était considérable — ont dû s'en tenir à une vague notion de provincialisme à peine décrite. Il y a bien sûr quelques études régionales remarquables: celle de H. Haug et de P. Parent, qui ont particulièrement retenu notre attention parce qu'elles concernent ces régions sensibles que sont les régions frontalières; celles de P. Roudié et de J.-J. Gloton, les plus récentes. Mais l'étude régionale ne peut qu'imparfaitement rendre compte de la singularité régionale, puisque celle-ci n'apparaît que par comparaison. On peut en dire autant d'ailleurs de la singularité nationale: c'est pourquoi, dans une étude consacrée théoriquement à la France, avons-nous beaucoup parlé des Etats voisins de la France. L'Europe, qui, pour cette période, constitue un ensemble à peu près clos de relations architecturales, serait incontestablement l'unité d'étude optimale.

Passant du plan régional ou provincial au plan national, il nous faut nous situer par rapport aux historiens nationalistes de l'art français. Ceux-ci ont été plus préoccupés d'isoler l'influence étrangère pour la vilipender, que de décrire la francité. A commencer par Taine, pour qui l'influence ultramontaine a été néfaste. Peu importe d'ailleurs que Taine se soit trompé sur le rôle des Jésuites de France qui (P. Moisy l'a montré) étaient plus soucieux d'efficacité et d'économie — ce qui favorisait plutôt l'appel aux ressources locales — que de faire triompher une sorte de romanisation de l'architecture. L'essentiel est plutôt que Taine et bon nombre de ses successeurs semblent avoir confondu l'histoire avec la critique d'art. Le nationalisme d'un historien « engagé », d'un historien du présent, comme J.-F. Blondel, est parfaitement acceptable, puisque c'est le parti-pris du créateur lui-même. Celui de Courajod est en revanche insoutenable. Si bien que nous tenons à nous démarquer des historiens de cette tendance. Tant des Deville, Palustre, Vachon, qui ont eu le grand mérite de retourner aux sources et de faire ressortir les noms oubliés des maîtres-maçons français ; mais qui ont cru pouvoir inférer de la nationalité de ces maçons (dont le rôle reste d'ailleurs incertain) que la Renaissance était en France bien française. Que de Courajod lui-même qui écrit : « Le style de l'art français à ce moment était presque exclusivement d'origine étrangère, il n'était pas issu naturellement du mélange des essences ethnographiques dont notre race avait été formée par l'histoire. C'était la Gaule une seconde fois embrigadée par Rome. Dans ce langage, importé et subi, le génie français ne put manifester sa personnalité que par certaines réticences » [9]. Pour ce maître dont l'enseignement dans les années 1887-1896 eut un retentissement considérable, les Temps modernes sont l'époque d'une déplorable « dégallicanisation » de l'art français. Courajod ne retourne pas aux textes et regarde à peine les œuvres : un mouvement d'humeur le porte à dénoncer l'action des Jésuites et des Académiciens qui ont réduit au silence la voix franque. Si Courajod avait lu les textes et analysé les œuvres, il aurait défendu sa thèse de la permanence du génie national en tirant arguments des faits que nous avons nous-même mis en valeur ici, alors qu'en réalité notre thèse est tout autre. Pour Courajod, le génie national peut disparaître et reparaître, puisqu'il est permanent par essence. Pour nous est français tout art qui se dit tel : la permanence que nous constatons, c'est celle du discours sur la francité.

Il est cependant un aspect de la thèse de Courajod qui retient l'attention. L'auteur a su trouver les textes qui illustrent les relations Nord-Sud, Barbares-Latins, charpente-maçonnerie dans le Haut Moyen Age. Personne ne conteste aujourd'hui le jeu de ces relations dans le roman et le gothique français, et nous l'avons retrouvé jusque dans la stéréotomie moderne. S'il y avait, dans le génie français, une constante qui aurait mérité d'être exaltée par un historien nationaliste, c'est à coup sûr l'étroite conjugaison de l'héritage du Nord avec celui du Midi, Nord et Midi qui ne se définissent eux-mêmes que par rapport à un centre relatif, ici la France, ailleurs l'Espagne.

On retrouve tous les préjugés de Courajod, à peine nuancés, dans les écrits de Rocheblave. Le Bernin est un « prodigieux ouvrier de décadence » ; le siècle de Louis XIV, « une brillante décadence qui s'est prise pour un âge d'or ». La Colonnade du Louvre, couverte d'outrages par Viollet-le-Duc et Courajod, reste le témoin honteux d'un art d'artifices, qui a masqué le fonctionalisme national. Dans le dessein de Rocheblave, le même postulat douteux. Rocheblave se proposait d'étudier les « langages expressifs de l'âme d'un peuple sous les espèces diverses de tous les Beaux Arts à la fois, liés entre eux par des correspondances secrètes qui nous conduisent jusqu'au plus intime et jusqu'au plus profond de la race ». Cela ne nous empêche pas de souscrire à certaines conclusions de l'auteur : « Notre architecture [...] n'a guère plus changé que notre langage ; elle n'a même changé qu'avec notre langage » [10].

La réhabilitation de l'architecture française des Temps modernes n'est plus à faire. De grands historiens, au premier rang desquels se place L. Hautecœur, s'en sont chargés. Mais la nation a été la victime expiatoire de cette révision : aujourd'hui, prétendre décrire l'architecture par la nation, c'est encourir l'ostracisme dont ont été justement frappés la plupart des historiens de XIXᵉ siècle qui ont écrit sur l'art français. On nous fera valoir que les plus récentes histoires de l'architecture européenne reflètent encore par leur plan les divisions par nations ; mais ce n'est guère plus qu'une commodité d'exposé, justifiée par une géotypologie sommaire : le château élisabéthain, la maison brugeoise, l'hôtel parisien, le palais vénitien, etc. L'échappatoire était fournie par une conclusion de la Vie des formes de Focillon : « On est donc fondé à reconnaître que les écoles nationales ne sont pas seulement des cadres. Mais entre ces groupes, au-dessus d'eux, la vie des formes établit une sorte de communauté mouvante. Il existe une Europe romane, une Europe gothique, une Europe humaniste, une Europe romantique » [11].

Pour rester fidèle jusqu'au bout au parti qui est de mettre en parallèle la France avec ses voisins, il nous faut dire un mot de l'historiographie particulière de ceux-ci. Le gothique est partout le fondement de l'explication nationaliste. Du Early English, Pevsner dit «qu'il apparaît comme le reflet fidèle du caractère national, qui ne semble pas jusqu'à présent avoir beaucoup changé : une même méfiance de tout ce qui est logique et système»[12]. Gloag trace une ligne sans solution de continuité du Perpendicular à l'époque contemporaine : son étude dégage d'authentiques constantes de formes qui se retrouvent jusque dans l'architecture du début du XXᵉ siècle ; mais elle tend à faire oublier que le gothisme du XXᵉ siècle procède du *revival* du XIXᵉ siècle plus que du gothique médiéval.

Le mudéjar et surtout le plateresque apparaissent aux Espagnols comme un gothique enfin défrancisé, naturalisé. En réaction contre B. Bevan, qui décrit l'art espagnol comme un art alluvial, un conglomérat d'influences étrangères, F. Chueca Goitia a écrit ses *Invariantes Castizos de la arquitectura española*. Nous pouvons d'autant plus librement critiquer cette thèse ambitieuse qu'elle a été partiellement reniée par son auteur : la permanence du tempérament national est encore postulée ; les apports allogènes sont censés recouvrir le substrat national sans le modifier ; l'architecturologie est réduite à une esthétique abstractive qui peut être la complice de n'importe quelle démonstration.

L'Allemagne d'après la défaite archéologique donne dans le *Spätgotik* que Dehio veut appeler «neo-germanic» et Gerstenberg «deutsche Sondergotik». Le racisme y atteint un sommet avec le *Geist der Nationen, Francozen, Italienen, Deutsche* de Brinckmann, un disciple de Courajod, et avec les *Formprobleme der Gotik* de Worringer. L'ouvrage de Brinckmann est «une histoire de l'art écrite en fonction des nationalités» : «La création est le produit des tendances raciales particulières d'un peuple». L'Italie est sensualité ; l'Allemagne, spiritualité ; la France, rationalité. Pour Worringer, le sang germanique est la condition du gothique : les Français ne l'ont illustré que parce qu'ils ont de ce sang. L'explication que Dehio et Worringer donnent des Temps modernes est éminemment dialectique : le baroque serait la réaction des peuples du Nord au classicisme italo-français. Il n'y a pas lieu de s'attarder à examiner ces théories qui ne se défendent qu'au prix d'une falsification. P. Francastel a dit comment l'histoire de l'art avait été utilisée en Allemagne comme instrument de propagande[13]. Les Allemands ne furent pas les seuls à asservir l'histoire. Qu'on se souvienne de ce que pouvaient écrire dans les années 1920 de respectables historiens français, comme Louis Reynaud, Louis Réau et Emile Mâle[14].

A vrai dire, ce que nous refusons dans la thèse des historiens nationalistes, c'est moins le postulat du Volksgeist que l'usage que l'on en a voulu faire pour juger du bien et du mal en architecture. Là encore nous retrouvons le redoutable despotisme de la méthode classique, auquel peu d'historiens ont su totalement échapper. N'est-ce pas avec l'intolérance d'un Quatremère de Quincy qu'on a écrit, par référence à un prétendu principe de modernité, l'histoire de l'architecture contemporaine, dont D. Watkin a fort opportunément dénoncé le sectarisme ?

S'il y a une identité de la nation, elle ne peut que ressortir des faits et des idées qui composent son histoire, *sine ira et studio*. Au cours de notre étude, nous n'avons trouvé aucun lien mécanique entre le milieu et l'architecture. Les formes ont une origine, mais l'origine n'est pas consubstantielle à celles-ci : de même le cheval, que l'Amérique doit à l'Europe, ou le tabac, que l'Europe doit à l'Amérique, n'étaient pas prédéterminés à paraître d'abord sur un de ces continents plutôt que sur l'autre. Les manières ne sont que des ensembles relativement stabilisés d'un certain nombre de topiques, qui se déforment lentement.

Notre démonstration ne cachait aucune intention apologétique. Nous ne prétendions même pas démontrer la supériorité de l'architecture des topiques sur l'architecture des universaux. La première de nos études n'était-elle pas consacrée au plus utopique des architectes, Etienne-Louis Boullée ? Cependant, si nous avons obéi à une de ces impressions personnelles qui compromettent l'objectivité de l'historien, c'est certainement à cette peur de l'uniformité, que partagent nombre de nos contemporains, à la nostalgie de ces particularismes que bientôt nous ne vivrons plus que grâce à l'Histoire.

ANNEXES

Voûtes construites en France à partir du XVᵉ siècle

Cette annexe est formée de notices sur les voûtes en pierre de taille, à appareil clavé et nu, construites entre le milieu du XVᵉ siècle et la fin du XVIIIᵉ siècle. Cependant elle contient également des notices sur des voûtes tardives, des voûtes enduites, des voûtes en brique, des fausses-voûtes, etc. Sauf précisions contraires, les voûtes décrites répondent à la définition que nous venons de donner.

Nous avons marqué d'un astérisque les notices des ouvrages dont nous n'avons qu'une idée imparfaite, faute de les avoir vus ou d'avoir trouvé dans la documentation une information suffisante. Cette documentation est elle-même de qualité très inégale. Plusieurs édifices paraissent n'avoir jamais été étudiés. Beaucoup ne sont mentionnés que dans des études de seconde main, auxquelles nous n'avons pas jugé utile de renvoyer. Nous n'avons d'ailleurs poussé nos recherches bibliographiques aussi loin que possible que dans le cas des ouvrages stéréotomiques de référence.

Nous avons donné un tableau regroupant par départements les références aux voûtes clavées des Temps modernes, comme légende de la carte, p. 187.

ABBEVILLE (Somme)

Manufacture de Rames
Pigeonnier (en ruines en 1978) porté par quatre trompes coniques sous le coin sur un pilier cruciforme.

ACQUIGNY (Eure, arr. d'Evreux)

Château
Milieu du XVIᵉ siècle. Trompe conique en tour-ronde, voûte d'arêtes et voûte d'arêtes à plafond de type exceptionnel, cf. description p. 156.

AIX-EN-PROVENCE (Bouches-du-Rhône)

Cathédrale Saint-Sauveur
Deux coupoles polygonales avec nervures sur les arêtes : celle du baptistère (1577) par Pierre Laureas et Arnoulx Bonaud, maître-maçon d'Aix ; celle de la chapelle D'Estienne de Saint-Jean (1576). D'après le prix-fait de 1577, la coupole du baptistère (ultérieurement recouverte de gypseries) a été construite en brique avec nervures en pierre : la brique devait rester apparente avec joints rehaussés de blanc. La coupole de la chapelle a probablement la même structure (J. Boyer, *L'architecture religieuse*, p. 22 et sv.)

Chapelle des Carmélites ou des Oblats
60, place Forbin. Construite de 1693 à 1707. Sa coupole ovale, assez maladroitement appareillée, ne mérite attention que parce que les voûtes des autres églises d'Aix sont enduites.

Chapelle du collège des Jésuites
20, rue de Lacépède. Reconstruite entre 1681 et 1698 (P. Moisy). Tribune d'orgue sur une fausse-voûte en berceau très déprimée : la partie centrale est complètement plate ; dans les retombées, lunettes avec faux-appareil en panache. « La grande tribune d'orgues qui surprend les architectes par les pierres feintes et par son artifice n'est que de bois » (D'après les *Annales* citées par J. Boyer, *L'architecture religieuse*, p. 160).

Hôtel de ville
Construit de 1655 à 1670. Escalier suspendu : deuxième volée à deux montées parallèles portées par une voûte en berceau rampant qui, dans sa partie haute, se confond avec la voûte en demi-berceau qui porte le palier. D'après J.J. Gloton (*Renaissance et baroque*, p. 498), l'escalier pourrait être de Girard Desargues. Cf. p. 177.

Hôtel d'Albertas
10, rue Espariat. Médiocre trompe sur le pan coupé et sous le coin, en berceau incliné. 1643 (vestige de l'hôtel de Séguiran).

Hôtel Boyer d'Eguilles
6, rue Espariat. Construit vers 1675, attribué sans preuve à Pierre Puget. Escalier suspendu formé d'une volée et d'un palier en retour : voûte gauchie, d'abord plate, puis en demi-berceau sous la volée et retour en arc-de-cloître. La voûte, assez mal tracée, a deux jarrets. Sous le palier, l'appareil de la voûte, peut-être remanié, n'est pas visible.

Hôtel de Villeneuve d'Ansouis
9, rue du Quatre-Septembre. Milieu du XVIIIᵉ siècle. Médiocre trompe sphéroïdale, sur le pan et en tour-ronde, portant le balcon central.

AMIENS (Somme)

Logis du roi
Hôtel dit Logis du roi, commencé vers 1518. Escalier en vis couvert d'une voûte à la Rihour. Cf. p. 194.

ANCENIS (Loire-Atlantique)

Maison, 34, rue Aristide-Briand.
Trompe conique sous le coin. Première moitié du XVIIᵉ siècle.

LES ANDELYS (Eure)

Eglise Notre-Dame
L. Hautecœur (*Histoire de l'Architecture*, t. I², p. 537) date entre 1555 et 1571 la coupole de la croisée qui paraît bien en effet contemporaine des travaux faits au transept à ces dates. Cependant le chanoine Porée la date du XVIIᵉ siècle et M. Baudot (« Les églises des Andelys ») de 1675.

ANET (Eure-et-Loir, arr. de Dreux)

Château
Œuvre de Philibert Delorme.

● Chapelle, 1549-1552. Couverte d'une coupole sur la rotonde centrale et de voûtes en berceau sur les bras. La coupole est assisée (comme il apparaît à l'extrados en couverture; l'appareil n'est pas lisible à l'intrados). Son intrados est orné de « branches rempantes au contraire l'une de l'autre, et faisant par mesme moyen leur compartiment qui sont à plomb et perpendiculaires dessus le plan et pavé de la dicte chapelle » (Ph. Delorme, f° 112). En d'autres termes, l'intrados est orné de deux jeux de nervures hélicoïdales, l'une dans le sens des aiguilles d'une montre, l'autre dans l'autre sens, formant ensemble des caissons : cette mouluration est la projection verticale sur une sphère du dessin en spirales du pavement. Les voûtes en berceau des bras sont assisées et sculptées : l'arc de pénétration de ces berceaux dans le mur de la rotonde est cintré à la fois suivant la génératrice du berceau et suivant le plan de la rotonde. Cf. p. 89, 150, fig. 96.

● Bâtiment d'entrée, 1552. Le passage central est couvert d'une voûte plate appareillée et nue dans sa partie antérieure et, dans sa partie postérieure, d'une voûte en berceau assisée, ornée de nervures dessinant des caissons en losange curviligne. Les deux « allées » latérales sont couvertes de voûtes plates dallées. La pièce à gauche du passage est couverte d'une voûte mi-partie voûte d'arêtes et voûte plate appareillée sur le plan d'une voûte d'arêtes. Cf. p. 105, 163.

● Cryptoportique, 1552, en partie détruit. La restitution d'A. Bourgeois fait apparaître une galerie ouverte, terminée à chacune de ses extrémités par une abside, et une suite de pièces alternativement petites et grandes s'ouvrant dans le long mur de fond de cette galerie. Ont été conservés les culs-de-four qui couvrent les absides et les berceaux qui couvrent les pièces et qui sont transversaux par rapport à l'axe de la galerie. Dans les petites pièces, le berceau s'achève sur un pan cylindrique qui transforme le tout en une demi-voûte en arc-de-cloître. Les grandes pièces présentent des absidioles dont le couvrement en cul-de-four assisé pénètre dans la retombée du berceau. Du couvrement de la galerie ne restent que les naissances des pénétrations que les berceaux transversaux y faisaient. A partir de ces naissances, A. Bourgeois a restitué une suite de voûtes d'arêtes. Il n'est pas douteux que la galerie était couverte d'un berceau faisant voûtes d'arêtes avec les berceaux transversaux des grands pièces qui ont la même hauteur que la galerie. Mais A. Bourgois n'a pas remarqué que les petites pièces étaient un peu moins hautes et que leurs voûtes devaient donc faire lunettes dans le berceau longitudinal. L'appareillage des naissances étant celui de pénétrations « filées », les lunettes d'Anet seraient les premières lunettes canoniques de France. Delorme (f° 24 v) recommande de recouvrir de marbre les cryptoportiques : il ne nous paraît pas qu'il ait pensé à revêtir le cryptoportique d'Anet, dont l'appareillage nu est remarquable. Cf. p. 110, 111, 114, 140, fig. 55.

● Après avoir décrit le trait particulièrement difficile du perron en fer-à-cheval qu'il a construit à Fontainebleau, Delorme écrit (f° 125) : «J'ay fait faire semblablement au chasteau d'Anet [...] un perron sous la forme d'un croissant [...] devant le cryptoportique... Ceux qui voudront voir telles œuvres [...], ils y pourront trouver quelques bons traicts ».

● La célèbre trompe « ondée » portait le cabinet du roi ajouté sur la façade postérieure du corps central, dans l'angle de l'aile en retour, à gauche de cette façade. Cette construction peut dater de l'année 1552 (le 22 octobre, Scibec de Carpi passe contrat pour la décoration du cabinet du roi. Cf. M. Roy, p. 172). D'Aviler (*Dictionnaire*, article « trompe ») nous apprend que la trompe « a été démontée de l'endroit où Philibert Delorme l'avait bâtie... et remontée à une autre place avec beaucoup de soins par le sieur Girard Vyet, architecte de M. le Duc de Vandome ». On connaît assez mal les travaux exécutés en 1682 pour le Duc de Vendôme, propriétaire d'Anet. Dans les papiers de Robert de Cotte (B.N., estampes, Va 404 et grandes pièces Va 430), on trouve un relevé qui doit être postérieur à 1681 puisqu'il porte le grand escalier ajouté par le Duc de Vendôme : or ce relevé montre non seulement que l'ouvrage de Delorme est toujours en place, mais encore qu'un ouvrage, en tous points semblable, a été construit en pendant à l'autre extrémité de la façade postérieure. Cet ouvrage a bien été rajouté puisqu'il ne figurait pas sur le relevé de Du Cerceau. Dans la série des « Maisons royales de France dessinées et gravées par J. Rigaud, commencées par lui en 1730 et terminées par son neveu » (B.N. estampes Ve 17), apparaît encore, dans une vue générale d'Anet, une représentation de l'ouvrage de Delorme : la trompe paraît en effet assez transformée, mais on ne peut tirer de conclusion sérieuse d'une représentation sommaire, à grande échelle, surtout quand on sait combien il est difficile de représenter la trompe ondée. Le Marquant (p. 59) signale « aux deux côtés du principal corps du château et dans chacun des angles qui forment les pavillons latéraux, les deux trompes d'Anet qui font à juste titre l'admiration des connaisseurs ». On est donc en droit de penser que Girard Vyet n'a pas démonté la trompe de Delorme, comme l'affirme D'Aviler ; mais bien plutôt qu'il l'a reproduite dans un ouvrage en pendant. Il reste cependant des incohérences dans la gravure reproduite par le traité de Delorme. La position du crypto-portique laisse supposer que le dessin a été retourné : la grande fenêtre appartiendrait au corps central du logis et l'oculus à l'aile sur jardin. Mais sur le relevé de Du Cerceau, l'escalier qu'éclaire cet oculus est bien dans le corps central. Remarquons pour finir que l'emploi de la trompe permet de trancher sur un point contesté de l'histoire d'Anet : il ne nous paraît pas douteux que la construction du logis était très avancée au moment de l'intervention de Delorme et que c'est avec l'intention d'éviter des destructions massives que celui-ci a fait usage de la trompe pour ajouter le cabinet du roi. Cf. p. 80, 94, 129, fig. 39.

● Escalier suspendu de l'aile gauche. «C'est le sieur Desgaux [Claude Desgots] qui a donné les dessins du nouvel escalier... et un maçon d'Anet qui l'a exécuté et qui a fait gougeonner toutes les pierres du palier pour en assurer la hardiesse qui fait l'objet de l'admiration des connaisseurs » (Le Marquant, p. 44). Escalier construit entre 1680 (retour de Desgots à Paris) et 1712, date de la mort de Louis-Joseph de Vendôme, qui a commandé l'escalier. Volée et palier sur voûtes plates : ces voûtes peuvent être aussi analysées comme des voûtes en demi-berceau très déprimées, mais les retombées cintrées sont très courtes et d'ailleurs entièrement découpées par des lunettes. Cf. p. 174, 178, fig. 48.

ANGERS (Maine-et-Loire)

Abbaye du Ronceray

Bâtiments construits pour l'abbesse Antoinette du Puy (1651-1666).

● Cloître couvert de voûtes d'arêtes, sauf aux coins qui, sur quelques mètres, sont couverts de berceaux formant arc-de-cloître à l'angle.

- Escalier suspendu : première volée sur voûte gauche (plate au départ et en demi-berceau à l'arrivée), repos sur voûtes d'arêtes, deuxième volée en demi-berceau.
- Logette sur une grande trompe conique sous le coin, barlongue (3 mètres × 2 mètres environ).

Abbaye Saint-Aubin, actuelle préfecture
Bâtiments conventuels construits de 1668 à 1692, peu après l'introduction de la réforme de Saint-Maur (1660). Escalier suspendu : volées du rez-de-chaussée sur voûtes plates ; premier palier sur voûte à lunettes multiples formant une sorte de voûte d'arêtes irrégulière ; volées des étages sur voûtes en demi-berceau et retours en arc-de-cloître ; cage couverte par une coupole portant sur les reins d'un berceau, le tout appareillé ; sur les baies, arrière-voussures et lunettes. Le changement de parti entre le rez-de-chaussée et les étages correspond-il à une reprise ? Les étages dont le limon fait retour à angle vif, peuvent être antérieurs à 1692 ; mais le rez-de-chaussée avec son limon à retours gauchis paraît postérieur. A noter cependant qu'un changement de parti identique apparaît à l'escalier de l'abbaye Saint-Serge.

Abbaye Saint-Nicolas
Rattachée à la congrégation de Saint-Maur. Bâtiments construits de 1725 à 1732. Escalier à volées sur demi-berceau et retours en arc-de-cloître ; doubleaux sous les pénétrations : cet escalier n'est suspendu que sur trois côtés de son jour rectangulaire ; le quatrième côté correspondant aux paliers, est porté par des piliers.

Abbaye Saint-Serge
Actuellement lycée. Rattachée à la congrégation de Saint-Maur. Bâtiments de la deuxième moitié du XVIIe siècle. Escalier suspendu : rez-de-chaussée à volées sur voûtes plates ; étages à volées sur voûtes en demi-berceau et retours en arc-de-cloître. Le rez-de-chaussée avec ses voûtes enduites paraît avoir été refait : cependant on trouve un changement de parti identique à l'ancienne abbaye Saint-Aubin. Si l'ensemble est homogène, il doit être postérieur à 1700 ; les limons gauchis aux retours du rez-de-chaussée ne doivent pas être antérieurs à cette date.

Abbaye Toussaint
37, rue Toussaint. Trompe conique en tour-ronde. Première moitié du XVIIe siècle.

Ancien grand séminaire
Actuellement musée des Beaux Arts. L'ancien logis Barrault, acquis en 1673 pour y loger le grand séminaire, est agrandi par des travaux commencés en 1697. Dans les parties nouvelles, deux escaliers suspendus sur voûtes en demi-berceau et retours en arc-de-cloître.

Hôtel Pincé
Construit à partir de 1523 pour Jean de Pincé. (Ch. Urseau).
- Deux petites pièces donnant directement dans la cage d'escalier : celle du rez-de-chaussée est couverte d'une voûte en pendentifs, très plate, clavée et portée par des nervures en caissons ; celle du premier étage est couverte d'une voûte plate dallée portée par un réseau d'arcs-diaphragmes déprimés formant des caissons. Cf. p. 152.
- L'aile avec trompe a été ajoutée par Jean de L'Espine entre 1533 et 1535 pour le même Jean de Pincé. Ouvrage porté côté rue par un cul-de-lampe et côté cour par une trompe conique dans l'angle et sous le coin. Cf. p. 127, fig. 74.

Maison, 12, place du Tertre
Médiocre trompe conique en tour-ronde. Première moitié du XVIIe siècle.

Maison, 1-3, rue Toussaint et place Sainte-Croix
Trompe conique en tour-ronde, figurant sur le cliché des Archives photographiques des Monuments historiques nº 11.554 : nous n'avons pas su la retrouver sur place.

ARAMON (Gard, arr. de Nîmes)
Ancien hôtel particulier, actuel hôtel de ville
Début XVIIe siècle (?). Tourelle portée par deux trompes coniques en tour-ronde jumelées sur console. Cf. p. 134, fig. 87.

Hôtel, 3, rue Voltaire
Première moitié du XVIIe siècle. Trompe conique sous ouvrage polygonal.

Hôtel Sauvan
XVIIe siècle. Dans le vestibule, voûte en pendentifs dont les premières assises sont appareillées comme celles d'un pendentif de Valence ; les dernières assises sont grossièrement appareillées en chevrons : il s'agit probablement d'un pendentif de Valence sommairement achevé par un maçon incompétent. Cf. p. 152.

ARBORAS (Hérault, arr. de Lodève)
Château
Trompe conique en tour-ronde, après 1627.

ARGENTAN (Orne)
Eglise Saint-Germain
Chapelles du chœur construites par Jacques Gabriel à partir de 1609, couvertes de voûtes plates sur ogives-diaphragmes. Cf. p. 163.

ARGOUGES (Calvados, arr. de Bayeux, commune de Vaux-sur-Aure)
Manoir
Fin XVe ou début XVIe siècle. Trompes en berceau sur le pan et sous le coin, en tas-de-charge.

ARLES (Bouches-du-Rhône)
Eglise Saint-Trophime
Tribune à l'extrémité de chaque bras du transept, portée par une trompe formée d'un demi-berceau en rouleaux prolongé par deux demi-coquilles. Exécuté en 1695 pour Mgr Jean-Baptiste Adhémar de Monteil de Grignan. L'attribution que nous faisons de ces ouvrages aux collaborateurs de Jules Hardouin-Mansart n'est fondée que sur le fait que J.-B. A. de Monteil accompagnait Mansart dans son voyage de 1673 qui avait pour objectif le château de Grignan, mais qui eut pour effet second la création de la grande voûte de l'hôtel de ville : les trompes de Saint-Trophime ont le même plan d'appareillage que les arrière-voussures de l'hôtel de ville. Cf. p. 132.

Eglise Saint-Honorat
Chapelle construite pour Louise de Castellane en 1630, couverte d'une voûte en arc-de-cloître. Cf. p. 150.

* Eglise Notre-Dame de la Major
Tribune avec deux trompes sphériques signalées par J.-J. Gloton.

Collège des Jésuites
Actuellement musée Arlaten. Parmi les constructions datant de 1737-1738 : tribune de la chapelle sur trompe en demi-berceau construite en tas-de-charge ; salle couverte d'une grande voûte en arc-de-cloître à lunettes.

Hôtel de ville
La voûte du vestibule est le chef-d'œuvre de la stéréotomie française. Cf. notre description et nos commentaires, p. 116. Sur l'histoire de cette voûte, encore controversée, voir surtout l'étude de J. Boyer. Lorsque Jules Hardouin-Mansart passe à Arles en juin 1673, les fondations du nouvel hôtel de ville venaient d'être posées sur les plans de Dominique Pilleporte et de Jacques Pey-

tret. La question se posait encore de savoir si le vestibule, qui devait former une sorte de lieu public couvert et devait être aussi dégagé que possible, pouvait être couvert d'une seule voûte, sans supports médians. Mansart consulté aurait convaincu les consuls qu'une telle voûte était réalisable. On sait que Peytret a suivi Mansart à Béziers pour faire sous sa direction le dessin de la voûte, probablement celui qui a été exécuté. Cependant, d'après L. Charvet, le modèle de la voûte exécutée d'après le dessin de Mansart aurait été envoyé de Paris, fin novembre 1674. Le même auteur signale d'autre part : en 1673, un paiement à Antoine dit La Rivière, maître-maçon d'Aix, pour un modèle de voûte pour le vestibule; en 1674, un paiement à Jean Vallié dit Bonaventure, maçon de Marseille, pour le même motif. D'après F. Benoît (« Histoire municipale d'Arles »), Pierre Puget aurait été également consulté et Peytret serait le seul créateur de la voûte. Ces divers auteurs n'ont pas utilisé les *Procès-verbaux de l'Académie d'Architecture*. Le 28 juillet 1684, l'Académie délibère sur « la construction d'une voûte que M. Mansart a ordonné de faire à l'Hôtel de ville d'Arles [...] et qui a été construite par un compagnon passant, venant d'Italie, nonobstant la difficulté qui paraissait à cause du peu de montée qu'elle a ». Le 17 décembre 1792, François Franque présente à l'Académie le relevé qu'il a fait de la voûte d'Arles, qui est attribuée à Mansart. Fig. 59.

Ancien archevêché
Escalier suspendu faisant partie des constructions faites à partir de 1669 pour Monseigneur Jean-Baptiste Adhémar de Monteil de Grignan. Volées sur voûtes en demi-berceau et sur voûtes gauchies, retours en arc-de-cloître, retour sur trompe, lunettes.

Maison, 10, place des Arènes
Balcon sur trompe plate en tour-ronde, construite en tas-de-charge. XVIIIᵉ siècle.

Maison, 6, rue Giraud
Escalier avec palier couvert d'une voûte en pendentif de Valence. Début XVIIᵉ siècle. Cf. p. 152.

Maison, 6, rue Balze
Escalier suspendu sur voûtes en demi-berceau, retours sur trompe. Deuxième moitié du XVIIᵉ siècle (?). Cf. p. 175.

Etablissement non identifié, 2, rue de la Calade
Vestige d'une voûte en pendentif de Valence, avec fleurs de lys en relief sur les voussoirs en V; XVIᵉ siècle ? Cf. p. 152.

L'ARMELLIÈRE
(Bouches-du-Rhône, com. et arr. d'Arles)

* Château
Construit de 1606 à 1607 pour Pierre de Sabatier par les maçons Pierre Breugier et Jean Cavar (J. Boyer). Ce dernier, maçon de Beaucaire, serait l'auteur des voûtes, qui, d'après J.-J. Gloton, sont remarquables par leur stéréotomie.

ARMENTIÈRES-SUR-OURCQ (Aisne, arr. de Château-Thierry)

Château
De part et d'autre de l'entrée, tourelle portant sur contrefort et sur deux trompes jumelées de part et d'autre du contrefort. Ces trompes, dans l'angle et en tour-ronde, de forme irrégulière, peuvent être lues soit comme des trompes en berceau un peu incliné, soit comme des trompes coniques très surbaissées : elles sont grossièrement appareillées de monolithes en panache. L'ensemble de l'ouvrage d'entrée a été daté des années 1270 (J. Mesqui, p. 128). En fait, seuls la porte et les contreforts sont de la fin du XIIIᵉ siècle. La reprise est très nette sous la naissance des trompes : pour renforcer la défense de l'entrée, un assommoir a été créé en doublant le mur qui est à l'aplomb de la porte par un second mur placé en avant de cet aplomb et encadré par les deux tourelles. Ce remaniement pourrait dater du XVᵉ siècle (nous n'avons pu visiter l'intérieur des tourelles). Cf. p. 124, 134, fig. 67.

ARNAY-LE-DUC
(Côte-d'Or, arr. de Beaune)

Eglise Saint-Laurent
Chapelle couverte d'une voûte en pendentifs rectangulaire, avec nervures radio-concentriques formant caissons; XVIᵉ siècle (H. David). Ce plan de nervuration, qui vient des coupoles hémisphériques, n'est pas adapté au plan rectangulaire de la voûte : les nervures concentriques extérieures ne trouvent pas la place de former un cercle complet. Seules les nervures sont clavées; les fonds de caisson paraissent formés de dalles. Cf. p. 152.

ASSIER (Lot, arr. de Figeac)

Eglise
Chapelle funéraire construite pour Galiot de Genouillac entre 1546 et 1550. Le plan des arêtes de la voûte serait un rappel de l'étoile emblématique des Genouillac (P. Vitry). Cf. notre description, p. 151, 212, fig. 139.

Château
Grande trompe conique en tour-ronde, médiocrement appareillée, sous la partie haute de la tour sud-ouest qui surplombe l'angle de l'aile occidentale; peut-être contemporaine des travaux de 1525-1535.

AUCH (Gers)

Cathédrale
Retable du maître-autel par Pierre II Souffron vers 1609 : trompe conique en tour-ronde sous chacun des ambons; vis de Saint-Gilles.

L'AUDARDIÈRE (Vendée, arr. des Sables d'Olonne, com. d'Apremont)

Château
Trompe conique en tour-ronde sous tourelle datée 1586.

AUXERRE (Yonne)

Pont sur le ru de Baulches, près d'Auxerre
1781-1786 par Emiliand Gauthey (F. de Dartein, *Etudes sur les ponts*, t. IV). Trompe plate-cylindrique, sur le pan et en tour-ronde, portant les refuges.

AVALLON (Yonne)

Pont sur le Cousin, près d'Avallon
1786-1790, par Emiliand Gauthey et Antoine Puiné (F. de Dartein, *Etudes sur les ponts*, t. IV). Arches à voûte segmentaire; rapport flèche-portée : 1/17.

AVIGNON (Vaucluse)

Eglise Saint-Agricole
Chapelle des Grillet, 1547. Voûte plate dallée, portée par un réseau d'arcs-diaphragmes en anse-de-panier découpant la voûte en caissons carrés.

Couvent de l'Oratoire
Chapelle commencée en 1713; reprise des travaux en 1730 par Jean-Ange Brun sur les plans de Ferdinand Delamonce; en 1738, Jean-Baptiste II Péru remplace Brun; la coupole porte la date 1741 (J. Vallery-Radot). Voûtes plates appareillées en mosaïque sous les tribunes. Coupole ovale à lunettes.

Ancien séminaire Saint-Charles
Chapelle construite de 1749 à 1757 par Jean-Baptiste Franque (E. Bonnel).

● Tribune portée par une grande voûte plate rectangulaire, appareillée sur le plan d'une voûte en éventails : la plus grande partie de l'intrados est plat, mais les angles sont de petits éventails. Cf. p. 166.
● Cinquième travée de nef couverte d'une coupole rectangulaire : c'est une sorte de voûte en arc-de-cloître déprimée dont les arêtes seraient fortement adoucies ; elle est appareillée sur le plan d'une voûte en éventails.

Noviciat des Jésuites
Actuel hospice Saint-Louis. Vestibule d'entrée couvert d'une voûte en pendentifs très surbaissée et appareillée en éventails. Le noviciat a été construit à partir de 1627 par François des Royers de La Valfenière. La voûte, visiblement rajoutée, doit dater de l'intervention entre 1685 et 1712 de Jean Péru (J. Girard, *Evocation*, p. 332 et sv.)

Couvent des Annonciades Célestes
Actuel palais de justice. Chapelle couverte de trois voûtes à arêtes doubles et plafond en mosaïque, d'une voûte en pendentifs à appareillage complexe (appareil en panache dans les angles ; appareil en éventails et plafond en mosaïque), d'un cul-de-four à trois pans appareillé en mosaïque. Voûtes datant de la première moitié du XVIIIᵉ siècle.

*Hôpital Sainte-Marthe
Chapelle construite en 1751 par Jean-Baptiste Franque. Les voûtes seraient remarquables et comparables à celles construites ailleurs par les Franque.

Pont Saint-Bénézet
Deux grandes trompes coniques, dans le triangle, de part et d'autre de l'avant-bec sous la chapelle. Les becs du pont et les deux trompes sont visiblement des adjonctions, probablement du XVIIᵉ siècle.

Hôtel Madon de Châteaublanc
13, rue Banasterie. Construit par Pierre Mignard à partir de 1687 (J. Girard, *Avignon*, p. 147). Escalier suspendu à volées sur voûtes en demi-berceau et retours sur trompe. Cf. p. 175.

Hôtel Salvador
19, rue de la Masse. Construction de l'escalier entre 1708 et 1711 par Jean-Baptiste Franque (correspondance de celui-ci avec l'architecte d'Allemand de Carpentras, appartenant à l'actuel propriétaire de l'hôtel, le Marquis de Bimard). Escalier suspendu à marches porteuses : mal conçu, il a fallu soutenir par

des barres de fer les paliers qui s'effondraient.

Hôtel de Villeneuve
Actuel musée Calvet. Construit de 1742 à 1754 par Jean-Baptiste Franque, probablement aidé par son fils François. Toutes les pièces du rez-de-chaussée étaient couvertes de « voûtes plates » qui ont été supprimées. (J. Girard, *Evocation*, p. 200 et sv.). Passage d'entrée couvert d'une voûte gauche en pendentifs et en berceau, appareillée en mosaïque. A l'étage, plusieurs arrière-voussures avec plan d'appareillage complexe.

Maison, 35, rue Bonneterie
Trompe sur le pan, en tour-ronde, en arrière-voussure, portant un balcon. Les refends ne suivent pas les joints de l'appareillage qui n'est pas visible.

AZAY-LE-RIDEAU (Indre-et-Loire, arr. de Chinon)

Château
Construit de 1518 à 1527. Escalier rampe-sur-rampe, à mur-noyau. Volées couvertes d'une voûte plate, inclinée, à nervures en caissons : une lierne rectiligne médiane, des arcs-diaphragmes transversaux. Paliers sous voûtes à nervures en caissons ou à ogives-diaphragmes, probablement dallées ; peut-être, pour certaines, clavées. Cf. p. 163.

BAILLEUL (Seine-Maritine, arr. du Havre, com. d'Angerville-Bailleul)

Château
Construit vers 1550-1553. Escalier rampe-sur-rampe à mur-noyau. Volées couvertes de voûtes en berceau incliné ; paliers couverts par des voûtes d'arêtes.

BALLEROY (Calvados, arr. de Bayeux)

Château
Vers 1626, par F. Mansart. Escalier suspendu à deux étages. Volées sur voûtes gauches, proches du type dit « en pendentifs » (elles sont en effet cintrées à la fois suivant la largeur et suivant la longueur de la volée) ; repos de retour sur un demi-cul-de-four. Palier sur demi-berceau terminé à chaque extrémité par un demi-cul-de-four. Le retour du troisième repos est soutenu par une colonne. A. Braham et P. Smith (p. 23) pense que cette colonne est un repentir de F. Mansart qui aurait observé des déformations en cours de travaux. Cependant il y a, sous tous les autres retours suspendus, un « carreau » de pierre tout à fait semblable à

l'abaque de la colonne. On a donc plutôt l'impression que Mansart prévoyait, au moment de la coupe des pierres, que l'escalier serait porté, et qu'il ne s'est convaincu de le suspendre qu'en cours de travaux. A moins que, dernière hypothèse qui, pour nous, est la bonne, Mansart ait voulu marquer par un faux repentir l'audace du parti adopté : la première colonne ne serait là que pour rendre manifeste l'absence des suivantes. Cf. p. 174, 188, 199, fig. 120.

BARBENTANE (Bouches-du-Rhône, arr. d'Arles)

Château
Tout le rez-de-chaussée est couvert de voûtes attribuées à Thibaut, première moitié du XVIIIᵉ siècle. Sur le salon dit des statues (environ 6 m 50 × 8 m 50), très grande voûte plate appareillée sur le plan d'une voûte en éventails, avec partie centrale appareillée en étoile. Cf. p. 166.

Maison, 4 sur le Cours
Importante trompe conique sous le coin, appareillée en panache, XVIIᵉ siècle. Les naissances ont respectivement 2 m 10 et 2 m 20. L'intrados n'est qu'approximativement conique. La génératrice, rectiligne vers les naissances, s'incurve légèrement à la ligne de faîte ; c'est le type que A.-F. Frézier (*La théorie*, t. II, p. 451) appelle « conico-sphérique ».

Maison, 8, rue Porte-Neuve
Trompe sous balcon, sphéroïdale, sur le pan, en tour-ronde. XVIIIᵉ siècle.

BARJOLS (Var, arr. de Brignoles)

Hôtel de Pontevès
Trompe conique en tour-ronde, peut-être contemporaine du portail daté 1532.

BARSAC (Gironde, arr. de Bordeaux)

Eglise Saint-Vincent
Tribune d'orgue, 1752-1765, par André Mollié (P. Courteault, *Bordeaux*, p. 94). Trois grandes trompes en berceau et deux trompes plates sphéroïdales sur le pan et en tour-ronde. A la façade, deux trompes coniques « dans le triangle ». Cf. p. 134, fig. 85.

BASSAC (Charente, arr. de Cognac)

Abbaye Saint-Etienne
Rattachée à la congrégation de Saint-Maur en 1666. Bâtiments conventuels rebâtis par Dom Robert Plovier ou Plouvié : 1677-1678, aile orientale ; 1683, pas-

sage d'entrée vers le cloître; 1685, aile méridionale; 1715, aile occidentale (P. Dubourg-Noves). Rez-de-chaussée entièrement couvert de voûtes à appareil nu.
● Passage d'entrée couvert de voûtes d'ogives.
● Salle capitulaire de l'aile orientale, couverte d'une voûte en arc-de-cloître rectangulaire, dont chaque grand côté est presque entièrement remplacé par une grande lunette: les petits voûtains qui peuvent être considérés comme les restes de ces grands côtés, sont gauchis. Cf. p. 151.
● Escalier de l'aile orientale, suspendu sur voûtes en demi-berceau; premier retour sur trompe; deuxième et troisième retours en arc-de-cloître. Cf. p. 175.
● Escalier de l'aile sud, suspendu sur voûtes en demi-berceau et retours en arc-de-cloître.
● Dans une dépendance, trompe cylindrique, sur le pan, sous le coin.

BAUGÉ (Maine-et-Loire, arr. de Saumur)
Maison, 63, place du Marché
Belle arrière-voussure de Saint-Antoine dans un devant de lucarne, datée 1644.

LES BAUX (Bouches-du-Rhône, arr. d'Arles)
Hôtel de Manville
Grande-rue. Hôtel construit vers 1570 par l'architecture vivarois Flayelle pour Claude II de Manville. Deux trompes coniques en tour-ronde, jumelées sur une console. Les naissances des deux trompes ne sont pas au même niveau; la trompe la plus basse est la plus surbaissée. Ces trompes devaient porter le départ d'un escalier en vis, aujourd'hui détruit.

Pavillon dit de la Reine Jeanne
Construit pour Jeanne de Quiqueran, femme du Baron des Baux (1566-1581). Edicule couvert d'une coupole hexagonale en pendentifs, appareillée en chevrons. Cf. p. 153.

BAYEUX (Calvados)
Ancien évêché
Actuelle mairie. Chapelle couverte d'une voûte plate dallée sur ogives-diaphragmes; 1516. Cf. p. 163.

BEAUCAIRE (Gard, arr. de Nîmes)
Hôtel de ville
Le 18 mars 1679, Jacques Cubizol, architecte à Nîmes, s'engage à construire l'escalier qui sera « porté par des colonnes jumelées ». Dans une lettre du 14 octobre 1680, M. de la Feuille, inspecteur des ouvrages du roi en Languedoc et bailli de Beaucaire, demande de « changer la manière de l'escalier en supprimant les piliers pour soutenir tout avec des voûtes solides ». La même année, M. de la Feuille fait la vérification des travaux exécutés à l'hôtel des Trésoriers de France à Montpellier, en particulier de la construction du grand escalier qui est le modèle de celui de Beaucaire (Ch. Ewert, p. 84). Escalier suspendu à volées et paliers sur voûte en demi-berceau et retours sur trompe. Cf. p. 175.

Coin de la rue de la Placette et de la rue Mirabeau
Médiocre trompe conique portant le coin.

BEAUGENCY (Loiret, arr. d'Orléans)
Abbaye
Trompe conique dans le triangle. Escalier suspendu sur voûtes en demi-berceau, retours en arc-de-cloître, lunettes, arrière-voussures, médiocrement appareillés.

BEAULIEU-LES-LOCHES (Indre-et-Loire, arr. de Loches)
Abbaye
Rattachée à la congrégation de Saint-Maur en 1662.
● Maison dite du Prieur. Grande trompe conique probablement du type dit trompe de Montpellier. XVIe siècle? Cf. p. 127.
● Bâtiment de la première moitié du XVIIIe siècle (actuelle mairie). Grandes voûtes en arc-de-cloître. Une voûte en éventails, faisant probablement partie de l'ancien cloître. Cf. p. 161.

Maison, 4, rue de l'Abbaye
Médiocre trompe cylindrique sur le pan et sous le coin, XIXe siècle.

BEAUMESNIL (Eure, arr. de Bernay)
Château
Construit par Gallard, maçon de Rouen, de 1633 à 1640 pour Jacques Le Comte, marquis de Nonant: la construction a pu continuer après 1640, jusqu'en 1667 (H. Quevilly). Escalier suspendu sur voûtes; cf. description, p. 177. Les dernières volées se rétrécissent progressivement pour donner plus d'importance au jour et créer un effet de perspective; le dernier palier s'achève en coursière faisant le tour de la cage. La coursière est sur voûte en demi-berceau avec retours en arc-de-cloître.

BEAUNE (Côte-d'Or)
Collégiale Notre-Dame
Chapelle construite de 1530 à 1533 pour Jean-Baptiste de Bouton par les maçons Jean et François Lejay (H. David). Couverte d'une grande voûte plate à caissons. Seules les nervures sont appareillées. Le fond des caissons paraît formé par une dalle. Les clefs aux croisements des nervures doivent être suspendues à une structure d'extrados qui n'est pas visible. Cf. p. 163.

BEAUVAIS (Oise)
Cathédrale
Bras gauche du transept construit de 1500 à 1537 par Martin Chambiges (mort en 1532), (Ph. Bonnet-Laborderie), escalier en vis de Saint-Gilles. Cf. p. 145.

Maison dite du Pont d'Amour
Rue de la Frette, détruite lors de la dernière guerre. Trompe construite en 1562 par Guillaume Petit. D'après les photographies faites avant destruction, on peut restituer une grande trompe portant l'angle de la maison au-dessus du pan coupé (peut-être un peu concave): c'était donc une trompe cylindrique (ou sphérique) sous le coin. Il apparaît aussi nettement que cette trompe n'était pas clavée, mais construite en tas-de-charge. On ne comprend donc pas qu'elle ait passé pour un chef-d'œuvre. D. Simon (*Supplément*; le Nobiliaire de vertu, p. 95) écrit « Petit, architecte a fait en 1562 la maison du Pont d'Amour, où il y a une trompe sur le coin qui est un chef-d'œuvre ». L. Palustre (t. I, p. 65) ajoute: « C'est l'époque où Guillaume Petit... enfante des prodiges de stéréotomie ». V. Leblond a publié le marché de construction de cette maison: il est passé le 20 août 1562 entre Antoine Chéniau dit Daguion, maçon de pierre, Jean Masson, maçon de brique, et Jean Pajot le Jeune, marchand bourgeois de Beauvais; il n'y est pas question de Guillaume Petit. Cf. p. 130.

Hôtel des postes
Angle des rues Saint-Laurent et Jean-Racine. Début XXe siècle (?). Trompe cylindrique sur pan coupé et sous le coin.

BEAUVOIR (Seine-et-Marne, arr. de Melun)
Château
Trompe plate sphéroïdale sur un pan et en tour-ronde portant un balcon; milieu

XVIIᵉ siècle. Il semble que cette trompe soit montée par assises en tas-de-charge.

LE BEC-HELLOUIN (Eure, arr. de Bernay)

Abbaye
Rattachée à la congrégation de Saint-Maur. (A. Rostand).
• Ancien réfectoire (actuelle chapelle), 1742-1747, couvert d'une voûte en berceau à lunettes.
• Trois escaliers suspendus, 1750-1751 : deux petits escaliers sur voûtes plates et le grand escalier sur voûtes en demi-berceau très déprimées, presque plates, avec retours en arc-de-cloître.

BELLE (Pas-de-Calais, arr. de Boulogne-sur-Mer, com. de Belle-et-Houllefort)

Manoir
Vis à la Rihour, XVᵉ ou XVIᵉ siècle. Cf. p. 194.

BÉNOUVILLE (Calvados, arr. de Caen)

Château
Construit de 1770 à 1774 par Ledoux. Escalier à troisième volée double et palier suspendus sur voûtes plates. Cf. p. 188.

BERGERAC (Dordogne)

* Maison dite château d'Henri IV
Rue de l'Ancien Pont. Ouvrage sur trompe conique en tour-ronde. XVIᵉ siècle (?).

BERNAY (Eure)

Abbaye
Rattachée à la congrégation de Saint-Maur. Reconstruction commencée en 1686 par Jacques Bayeux, maître-maçon (A. Rostand). Escalier suspendu sur voûtes en demi-berceau et retours en arc-de-cloître. Une aile couverte de grandes voûtes d'arêtes.

BÉZIERS (Hérault)

Maison, 7, rue du Quatre-Septembre
Trompe conique en tour-ronde, à directrice en anse-de-panier. XVIIᵉ siècle.

Maison, 24, rue du Quatre-Septembre
Trompe conique en tour-ronde.

Passim
Nombreuses trompes portant un coin au-dessus d'un pan coupé. De dimension et de facture médiocres ; appareillage difficilement lisible.

BICÊTRE (Val-de-Marne, arr. de L'Hay-les-Roses, com. du Kremlin-Bicêtre)

Hôpital
Réservoir, 1733-1735, par G. Boffrand. Cf. description de la voûte, p. 158.

BIRON (Dordogne, arr. de Bergerac)

Château
• Escalier suspendu sur voûtes en demi-berceau avec retours en arc-de-cloître et lunettes. Fait partie des travaux commencés en 1715 par Tranchant, entrepreneur à Bordeaux (F. Anne).
• Trompe en berceau et en tour-ronde, dans l'angle, portant un passage dans la cour. Rajouté probablement au cours des mêmes travaux.

BLAYE (Gironde)

Citadelle
Deux escaliers à la Porte Royale et un à la Porte Dauphine, couverts de voûtes en berceau formant vis de Saint-Gilles dans les parties tournantes, datant probablement des travaux exécutés par Vauban entre 1685 et 1688.

BLÉRÉ (Indre-et-Loire, arr. de Tours)

Chapelle de Seigné
Construite en 1526 pour Jean de Seigné (F. Lesueur). Coupole octogonale à extrados en couverture : à l'intrados, l'appareil est nu et les arêtes nervurées. Une voûte inférieure sépare la coupole de l'espace intérieur de la chapelle. Cf. p. 150.

BLOIS (Loir-et-Cher)

Château
(F. Lesueur)
• Escalier de l'aile Louis XII, vers 1503 : cage couverte d'une voûte à nervures dont les quartiers sont formés d'un voûtain en pierre et d'un voûtain en brique.
• Escalier de l'aile François Iᵉʳ, entre 1515 et 1524. Cage recouverte d'un berceau tournant sur le noyau à doubleaux rayonnants.

Abbaye Saint-Lomer
Rattachée à la congrégation de Saint-Maur. Escalier suspendu dans la partie construite de 1703 à 1723 par Guillaume de La Tremblaye (F. Lesueur) : volées et paliers sur voûtes en demi-berceau ; retours en arc-de-cloître. Médiocre état de l'appareil.

Ancien évêché (actuelle mairie)
Construit à partir de 1700 par Jacques V Gabriel (F. Lesueur). Escalier suspendu à volées sur voûtes en demi-berceau et paliers sur voûtes complexes formées de quartiers et de lunettes : l'une de ces voûtes, par exemple, est une voûte d'arêtes à quatre quartiers, dont un à lunette.

Hôtel d'Alluye
8, rue Saint-Honoré. Début XVIᵉ siècle. Cage d'escalier couverte d'un berceau tournant sur le noyau, avec doubleaux rayonnants.

Hôtel Denis Dupont
4, rue Saint-Honoré. Construit pour Denis Dupont, en 1524. Cage d'escalier couverte d'un berceau tournant sur le noyau.

BONNEVAL (Eure-et-Loir, arr. de Chateaudun)

Abbaye Saint-Florentin
Rattachée à la congrégation de Saint-Maur en 1660. Cloître, 1735, par Pierre Toufaire (V. Bigot) : alternance de voûtes d'arêtes et de voûtes à arêtes doubles ; aux retours, voûte en éventails. Cf. p. 161.

BORDEAUX (Gironde)

Eglise Notre-Dame et couvent des Dominicains (actuelle bibliothèque municipale)
• Eglise construite de 1683 à 1707 par Michel du Plessy (P. Courteault, *Bordeaux*, p. 74). Tribune d'orgue et coursière portées sur sept trompes : une grande trompe en berceau, deux trompes plates-sphéroïdales, quatre trompes sphériques dans l'angle et en tour-ronde. Cf. p. 129, 134.
• Couvent construit à partir de 1684. Escalier suspendu à volées sur voûtes en demi-berceau et retours sur trompe.

Eglise Saint-Seurin
Tribune d'orgue, 1771 par les frères Laclotte (P. Courteault, *Bordeaux*, p. 90) : portée par une grande trompe en berceau à surplomb ondé. Cf. p. 134.

Ancien séminaire des Ordinants
7-13, rue du Palais-Gallien. Construit entre 1720 et 1730. Escalier suspendu, assez médiocre : volées sur voûtes en demi-berceau ; retours en arc-de-cloître.

Hôtel de la Bourse
1749 par Jacques-Jules Gabriel. Escalier suspendu à volées jumelées portées par une voûte gauche (P. Courteault, *La place royale*).

Théâtre
Par Victor Louis. Voûtes plates du vesti-

bule : les travées carrées délimitées par les colonnes sont couvertes d'une voûte très déprimée à caissons. Dans la « Récapitulation des ouvrages qui restaient à faire à la nouvelle salle de spectacle... 12 mars 1779 », on trouve « les voûtes plates du vestibule », (Ch. Marionneau, p. 399).

Ancien archevêché
Actuel hôtel de ville. Palais archiépiscopal construit de 1772 à 1778 sur les plans de l'architecte Joseph Etienne, remplacé en 1776 par l'architecte Richard-François Bonfin. L'entreprise a été menée par l'architecte et entrepreneur Poirier ; l'appareilleur était un nommé Léger (J. D'Welles). Escalier suspendu à volées sur une voûte plate au départ et gauchie progressivement pour former un demi-berceau. Ce demi-berceau tourne pour porter le premier retour suspendu ; une trompe rachète le carré de la cage sous le demi-berceau tournant. Le palier est porté par une demi-voûte en arc-de-cloître. La lecture de cette structure, déjà passablement complexe, est encore compliquée par des jeux d'appareil tout à fait gratuits : le départ gauche sous volée et la partie centrale sous palier sont appareillés en panache, comme une trompe ; la lunette sous volée a une pénétration ondée. Cf. p. 175, 178, 197, fig. 133.

Hôtel Fonfrède
1, place Jean-Jaurès. Construit par Victor Louis de 1775 à 1776 pour Pierre Boyer-Fonfrède. Par acte du 30 janvier 1776, l'entrepreneur Barathier déclare refuser de construire l'escalier suivant les plans de Louis qu'il juge trop audacieux ; il dit avoir « exécuté dans plusieurs hôtels ou maisons de Bordeaux au moins une vingtaine d'escaliers suspendus, dont il se flatte d'être le seul architecte ». L'escalier construit finalement suivant les dessins de Louis est une des curiosités de Bordeaux à la fin du XVIIIe siècle (M. de Lapouyade). Escalier en vis suspendu à marches porteuses ; le jour va en se rétrécissant de bas en haut. Cf. p. 219.

Hôtel de Montméjan
9, rue Poquelin-Molière.
● Voûte formée d'un demi-berceau appareillé en rouleaux entre deux demi-coquilles. Cette voûte couvre la « tour creuse » du portail et porte une terrasse ; elle est prolongée par une voûte en berceau portant un surplomb ondé. L'interprétation iconographique de cette composition, que nous donnons p. 138, est transmise par tradition orale.
● Escalier suspendu, deuxième moitié du

XVIIe siècle : volées sur voûtes en demi-berceau et retours en arc-de-cloître.

Hôtel de Ragueneau, puis Du Paty
71, rue du Loup. La coursière courant sur le mur de clôture se prolonge sur trois grandes trompes en berceau : l'une centrale faisant surplomb sur rue au-dessus du portail ; deux latérales faisant surplomb ondé sur cour. L'hôtel date de la première moitié du XVIIe siècle, mais la coursière et ses trompes ont été visiblement rajoutées : on les date quelquefois de 1683 ; mais elles doivent être postérieures à 1700, année pendant laquelle le président Gillet de Lacase, dont on voit le monogramme dans le garde-corps de la coursière, a acquis l'hôtel.

Hôtel de Saige
Actuellement préfecture, rue Esprit des Lois. Construit entre 1775 et 1780 par Victor Louis. (Ch. Marionneau).
● Porche avec voûtes plates : les travées rectangulaires délimitées par les colonnes sont couvertes de voûtes déprimées formées d'une partie centrale plate appareillée sur le plan d'une coupole et de quatre petits pendentifs très aplatis. Cf. p. 166, fig. 113.
● Escalier suspendu à marches porteuses.

Hôtel de Sèze
12, rue de la Devise. Dans la cour, trompe conique en tour-ronde sous une tourelle. Petit escalier suspendu : volée sur voûte en berceau rampant ; palier sur voûte en demi-berceau ; retour en arc-de-cloître. Grand escalier suspendu : volée sur voûte en demi-berceau gauchie en berceau rampant ; palier sur voûte en demi-berceau ; retours en arc-de-cloître. Les deux escaliers paraissent être de la deuxième moitié du XVIIe siècle ; la trompe pourrait être plus ancienne.

Maison, 16, rue Fernand-Philippart
Balcon en tour-ronde sur trompe en arrière-voussure. XVIIIe siècle.

Maison, 12, rue Teulère
Un balcon sur demi-berceau en tas-de-charge et deux balcons sur trompe plate-sphéroïdale. XVIIIe siècle.

Passim
Notamment 34, rue de la Fusterie, 21, rue Raze. Trompes en berceau sous balcon. XVIIIe siècle.

Passim
Notamment coin de la rue de Grassi et de la rue de la Porte-Dijeaux, coin de la rue Margaud et de la rue Sainte-Catherine. Trompes cylindriques sur le

pan et sous le coin (le coin étant souvent lui-même abattu). Le surplomb est généralement médiocre. XVIIIe siècle.

Passim
Notamment 27, 29, 32, rue Saint-Rémi, 25, rue du Parlement-Saint-Pierre, 18, rue du Parlement Sainte-Catherine, coin rue du Puits-des-Cujols et Leupold, 4, rue Saint-James, quai des Chartrons, quai de Bacalan. Balcons sur trompe en demi-berceau terminée en éventail aux deux extrémités. Ces trompes sont construites en tas-de-charge. Le balcon est souvent ondé. XVIIIe siècle.

LE BOSCHEL (Ille-et-Vilaine, arr. de Redon, com. de Bourg-des-Comptes)

Château
Construit entre 1660 et 1680. Quatre ouvrages d'angle portés chacun par trois trompes coniques sous le coin jumelées sur consoles.

BOURG-EN-BRESSE (Ain)

Eglise Notre-Dame
Tribune d'orgue datée 1682 : deux petites trompes plates-cylindriques en tour-ronde, appareillées en panache et à intrados décoré d'une coquille. Cf. p. 132.

BOURGES (Cher)

Hôtel Cujas
1515 (?) par Guillaume Pelvoysin. Trompe en éventail, sur ouvrage circulaire, appareillée en tas-de-charge. Cf. p. 130.

Hôtel Lallemand
Chapelle probablement entre 1494 et 1535 : voûte plate dallée à nervures en caissons.

BOURGUEIL (Indre-et-Loire, arr. de Chinon)

Abbaye
Rattachée à la congrégation de Saint-Maur. Bâtiment construit en 1739 probablement par Jean Miet, architecte de Saumur (J. Goupil de Bouillé). Grand escalier suspendu : volées sur voûtes en demi-berceau ; retours en quart de vis de Saint-Gilles et en arc-de-cloître. La partie la plus remarquable est le grand repos qui est sur voûte en demi-berceau tournant aux retours avec de grandes trompes coniques, appareillées en panache et très inclinées rachetant l'angle de la cage. Palier formant un surplomb sur voûte. Cage couverte d'une voûte en arc-de-cloître. Cf. p. 175, fig. 122.

BOURNAZEL (Aveyron, arr. de Rodez)

Château
● Dans l'escalier de l'aile nord portant la date 1545 : palier de départ couvert de deux voûtes en pendentifs appareillées sur le plan d'une voûte en éventails ; porte d'entrée couverte d'une arrière-voussure de Montpellier ; moitié tournante portée par deux trompes coniques en tour-creuse. La comparaison de ce parti stéréotomique avec celui de l'escalier de la maison Dardennes à Villefranche-de-Rouergue et avec les prouesses stéréotomiques du château de Graves, maison et château qui sont des ouvrages sûrs de Guillaume Lissorgues, renforce la thèse d'une intervention de ce maçon au château de Bournazel (F. Gébelin, p. 62).
● Dans le sous-sol de l'aile est (peut-être une sorte de crypto-portique) : vestige d'une trompe sphérique dans le triangle ; soupirail couvert d'une voûte en canonnière. Le sous-sol, sinon l'aile entière (plus tardive que l'aile nord), doit être d'un maître de la stéréotomie, peut-être de Lissorgues. P. Vitry rejette l'attribution à Lissorgues, parce qu'il ne retrouve pas l'art et la science de Bournazel au château de Graves : c'est négliger les ordres de l'escalier de Graves qui sont supérieurement dessinés. Cf. p. 120, 155.

BRANTÔME (Dordogne, arr. de Périgueux)

Abbaye
Rattachée à la congrégation de Saint-Maur. Transformation de la deuxième moitié du XVIIᵉ siècle.
● Rez-de-chaussée entièrement voûté. Dans une pièce, une voûte à arêtes doubles. Réfectoire couvert d'une voûte en arc-de-cloître à lunettes et à plafond : dans chaque pan, deux lunettes montant jusqu'au plafond ; de part et d'autre de chaque arête rentrante, prise entre deux de ces lunettes, les pans sont réduits à un mince voûtain. Cf. p. 151.
● Escalier suspendu sur voûtes en demi-berceau à retours sur trompe conique. La première volée suspendue est portée par une voûte gauche plate au départ et en demi-berceau à l'arrivée. Cf. p. 175.

BRESSUIRE (Deux-Sèvres)

Eglise Notre-Dame
Tour « parachevée... par L. Gendre Ordonnet 1542 », couverte d'une coupole polygonale.

BRIARE (Loiret, arr. de Montargis)

Coin de l'avenue du Général-Leclerc et de la rue de la Libération
Trompe en coquille sous le coin. La maison paraît être du XIXᵉ siècle ; mais il se pourrait qu'elle ait été seulement remaniée et que la trompe soit plus ancienne.

BRISSAC (Maine-et-Loire, arr. d'Angers)

Château
Construit de 1614 à 1620 par Jacques Corbineau, Léonard Malherbe, René Lemeunier (C. Port).
● Escalier à volées couvertes de voûtes en berceau incliné et repos couverts de voûtes plates appareillées sur le plan d'une voûte en arc-de-cloître (environ 4 mètres sur 4 mètres). Cf. p. 142, 163.
● Vestibule couvert de deux demi-voûtes d'arêtes séparées par un doubleau médian (les demi-quartiers ont leur ligne de faîte sur les murs parallèles au doubleau).
● Les deux baies libres jumelées donnant du vestibule dans l'escalier sont couvertes d'arrière-voussures de Marseille.

BROUAGE (Charente-Maritime, arr. de Rochefort, com. d'Hiers-Brouage)

Enceinte fortifiée
Construite de 1630 à 1646 par Pierre d'Argencourt. A la Porte royale, salle couverte d'une grande voûte en arc-de-cloître avec lunettes. Cf. p. 191.

CAEN (Calvados)

Abbaye aux Dames
Peut-être par Guillaume de La Tremblaye, à partir de 1702 ; les travaux ne sont pas terminés en 1767 (M. Baylé).
● Cloître couvert de voûtes en éventails, alternant avec des voûtes à arêtes doubles. Cf. p. 161.
● Vestibule entre le cloître et l'église, couvert de voûtes en éventails, et donnant dans la cage d'escalier par des baies libres couvertes d'arrière-voussures de Saint-Antoine.
● Escalier tournant à deux jours et volées doubles, suspendu à partir de la troisième volée ; celle-ci est portée par une voûte gauche commençant comme un berceau rampant et se terminant comme un demi-berceau ; quatrième volée et palier sur voûte en demi-berceau ; retours en arc-de-cloître.

Abbaye aux Hommes
Rattachée à la congrégation de Saint-Maur en 1653. Bâtiments conventuels construits de 1704 à 1761 sur les plans de Guillaume de La Tremblaye. L'ensemble du rez-de-chaussée est couvert de voûtes mais les plus remarquables sont postérieures à la mort de Guillaume de La Tremblaye (1715) et peuvent être attribuées à un architecte nommé Bayeux (A. Rostand ; H. Couzy) (fig. 108), notamment :
● Grand berceau à lunettes et arrière-voussures du réfectoire.
● Trois escaliers suspendus sur voûtes en demi-berceau surbaissées avec retours en arc-de-cloître et avec lunettes.

Eglise du Vieux Saint-Etienne
Porche, XVIᵉ siècle, couvert d'une voûte plate dallée sur ogives-diaphragmes. Cf. p. 163.

Eglise Saint-Pierre
Déambulatoire et chapelles construits par Hector Sohier entre 1518 et 1545, couverts de voûtes plates dallées sur ogives-diaphragmes. Cf. p. 163.

Hôtel d'Escoville
Entre 1535 et 1540. Porche et loggia couverts de deux voûtes plates dallées et à caissons, séparées l'une de l'autre par un arc-diaphragme. Cage d'escalier en vis couverte d'une voûte en berceau tournant sur le noyau. Fig. 94.

Hôtel de Thon
Détruit. D'après une gravure de G. Bouet, 1882 (dans *C.A.* 1884, p. 324), l'hôtel avait une tourelle ronde sur trompe : le type (conique ?) et l'appareillage de cette trompe sont incertains ; l'ensemble de l'ouvrage paraît postérieur (XVIIᵉ siècle ?) au reste de l'hôtel (fin XVIᵉ siècle).

CAHORS (Lot)

Maison Mazieu
6, rue Saint-André. Trompe conique sous le coin. Première moitié du XVIIᵉ siècle.

CAPOUE (Tarn-et-Garonne, arr. et com. de Montauban)

Château
Trompe conique en tour-ronde.

CARCASSONNE (Aude)

Maison, 1, rue Trivalle
Deux médiocres trompes en coquille sous le coin d'une terrasse. Début XVIIIᵉ siècle ?

CARPENTRAS (Vaucluse)

Hôtel-Dieu

Construit par Antoine d'Allemand, 1750-1761 (E. Bonnel).

● Escalier suspendu : dernière volée sur voûte gauche en demi-berceau, retours en arc-de-cloître combiné avec les lunettes du palier.

● Dans la chapelle et dans le passage d'entrée, voûtes à arêtes doubles avec plafond appareillé en mosaïque. Petite voûte plate sous la tribune de la chapelle. La voûte la plus remarquable est celle qui couvre la troisième travée de la chapelle : c'est une voûte en pendentifs à plafond, appareillée sur le plan d'une voûte en éventails ; la retombée des pendentifs est appareillée en panache.

CASTRES (Tarn)

Hôtel Nayrac

12, rue Frédéric-Thomas. Deux ouvrages sur trompe conique en tour-ronde, probablement du type dit trompe de Montpellier. Deuxième moitié du XVI\e siècle. Cf. p. 127, fig. 72.

Hôtel de Poncet

Rue Gabriel Guy. Escalier à volées sur voûte en demi-berceau et retours sur trompe ; fin XVII\e siècle ? Cf. p. 175.

CAUMONT (Gers, arr. de Mirande)

Château

Deuxième moitié du XVI\e siècle (P. Roudié). Quatre tourelles sur trompes coniques : deux en tour-ronde et deux polygonales.

CAUNES-MINERVOIS (Aude, arr. de Carcassonne)

Eglise

Bras droit couvert d'une voûte d'arêtes, appareillée en chevrons : les arêtes sont à peine marquées ; c'est presque une voûte en pendentifs. Est-ce une voûte romane ou une voûte moderne ? M. Durliat qui a étudié l'église romane, fait seulement remarquer que les voûtes de la nef ont été refaites au XVIII\e siècle (elles portent la date 1770) ; mais il ne dit rien de la voûte du bras droit.

CAVAILLON (Vaucluse, arr. d'Apt)

Ancien hôpital

Actuel musée. Chapelle construite en 1758 sur les plans de Joseph-Abel Mottard, architecte d'Avignon, par Jean-Louis Bertet, maître-maçon de Cavaillon (contrat de construction du 8 décembre 1758, conservé sur place). Voûtes à arêtes doubles et plafond en mosaïque. Appa-

reillage dans le genre des Franque, mais de qualité inférieure.

LA CAVALERIE
(Aveyron, arr. de Millau)

Maison, 4, place de la Mairie
Trompe sur le pan et sous le coin.

CHÂLON-SUR-SAÔNE (Saône-et-Loire)

Maison, 6, rue des Tonneliers
Trompe conique en tour-ronde, XVII\e siècle.

CHAMBORD (Loir-et-Cher, arr. de Blois)

Château
1526-1533.

● Dans les trois étages de salles du donjon, voûtes clavées en berceau anse-de-panier, ornées de nervures en caissons. Cf. p. *103*.

● Voûtes plates dallées à caissons sur la cage d'escalier, dans les loggias. Dans la galerie ouest au rez-de-chaussée, les dalles sont soutenues au centre par des doubleaux, qui sont comme des arcs-diaphragmes sans diaphragme.

LE CHAMP-DE-BATAILLE (Eure, arr. d'Evreux, com. du Neubourg)

Château
1680 (?). Huit trompes coniques sous le coin dans les piliers des portails. Cf. p. 137.

CHAMPIGNY-SUR-VEUDE
(Indre-et-Loire, arr. de Chinon)

Chapelle du château
Construite de 1508 à 1558. Le porche (une des dernières parties construites) est couvert d'une voûte en berceau, ornée de tables.

CHAMPS-SUR-MARNE (Seine-et-Marne, arr. de Meaux)

Château
Construit de 1701 à 1707 pour Poisson de Bourvalais par J.B. Bullet de Chamblain. Escalier à troisième (et dernière) volée et palier suspendus sur voûtes gauches formant une sorte de voûte en pendentifs rampante.

CHANTILLY (Oise, arr. de Senlis)

Château
Ecuries construites à partir de 1719 par Jean Aubert. (F. Souchal). Voûtes en berceau à lunettes en arrière-voussure, coupole polygonale, arrière-voussures.

CHÂTEAUBRIANT (Loire-Atlantique)

Château
Terminé en 1537. Escalier rampe-sur-rampe : volées couvertes de voûtes clavées en berceau orné de nervures en caissons ; voûtes plates dallées ornées de caissons aux paliers. (F. Ch. James). Cf. p. 142.

CHÂTEAUDOUBLE (Drôme, arr. de Valence)

Château
Deux ouvrages carrés sur trompe conique sous le coin. Première moitié XVII\e siècle.

CHÂTEAUDUN (Eure-et-Loir)

Château
Escalier de l'aile de Longueville, entre 1511 et 1532 : loggias couvertes de voûtes plates dallées ; cage couverte d'une voûte en berceau tournant sur le noyau, nervurée. (M. Martin-Demézil).

CHATELLERAULT (Vienne)

Pont Henri IV sur la Vienne
Projet de Laurent Jacquet et Gaschon Belle en 1564, exécuté par Robert Blondin. Cornes-de-vache sur les arches (F. de Dartein, *Etudes sur les ponts*, t. I). Cf. p. 119.

CHÂTILLON (Isère, arr. de La Tour du Pin, com. d'Aoste)

* Château
Support rudimentaire rappelant la trompe conique en tour-ronde : sa structure ne paraît pas relever de la stéréotomie.

CHAUVIREY-LE-CHÂTEL (Haute-Saône, arr. de Vesoul).

Château
Construit par J. Gentilhâtre entre 1606 et 1610. (L. Châtelet-Lange). Logette portée par trois trompes coniques sous le coin, jumelées sur consoles. Cf. p. 134, 190.

CHAVIGNY (Indre-et-Loire, arr. de Tours, comm. de Jouy-les-Tours)

* Manoir
Construit par P. Raffet vers 1880 : trompe conique en tour-ronde (d'après une lithographie de V. Dargaud, extraite de la revue « Habitations particulières », s.d.)

CHEMAZÉ (Mayenne, arr. de Château-Gontier)

Château
Escalier en vis, première moitié du XVI\e

siècle (?) Volées couvertes par le plafond hélicoïdal formé par le délardement des marches ; sur ce plafond, nervures hélicoïdales. Cage couverte par une voûte en berceau segmentaire tournant sur le noyau, ornée de fines nervures en caissons.

CHEVERNY (Loir-et-Cher, arr. de Blois)

* Château
Escalier rampe-sur-rampe, fini en 1634, peut-être par Jacques Bougier, l'architecte du château (mort en 1632). Couvert d'une voûte en berceau à lunettes (les lunettes correspondent aux baies percées dans le mur-noyau) formant retours aux paliers. Cf. p. 142.

CHINON (Indre-et-Loire)

Maison, 82, rue Voltaire
Ouvrage sur trompe conique en tour-ronde, avec décor en perspective dont les lignes de fuite sont les génératrices de la trompe. Deuxième moitié XVIe siècle. Cf. p. 138.

CLAGNY (Yvelines, arr. et com. de Versailles)

Château
Construit de 1676 à 1683 par J. Hardouin-Mansart. « L'appareil de pierre » du grand escalier est « fort ingénieux » (G.L. Le Rouge, t. II, p. 239). Détruit.

CLERMONT-FERRAND (Puy-de-Dôme)

Maison du coin de la rue Chaussetier et de la rue Terrasse
Trompe conique sous ouvrage polygonal.

COMPIÈGNE (Oise)

Porte Chapelle
Construite entre 1552 et 1557, peut-être par Ph. Delorme (A. Blunt, p. 102). Passage couvert d'une voûte en berceau.

CORDOUAN (Gironde, arr. de Lesparre-Médoc, com. de Verdon-sur-Mer)

* Phare
Surhaussé en 1788-1789 par Joseph Teulère (ou Thulaire, voir ce nom à la documentation). « Sans autre maître que les écrits de la rue [De La Rue], il s'était tracé de nouvelles règles du trait plus expéditives et il avait imaginé une méthode plus simple pour les développements de toute espèce de voûtes » (*Notice sur le phare de Cordouan*). L'escalier de la surélévation serait remarquable par ses voûtes (R. Faille).

CRAVANT (Yonne, arr. d'Auxerre)

Eglise Saint-Pierre et Saint-Paul
(J. Vallery-Radot). Chapelle sous la tour (1551) et chapelle d'axe (1555) couvertes de voûtes en pendentifs assisées (?) avec des nervures imitant ogives et tiercerons. Première chapelle du chœur couverte d'une voûte plate dallée sur ogives - diaphragmes. Voûtes en berceau à caissons sur les deuxième, troisième, cinquième et sixième chapelles du chœur (la sixième est datée 1591) et sur la grande chapelle à deux vaisseaux en pendant de la tour (1594-1617) : les nervures (dont le profil est à axe vertical et non perpendiculaire à la tangente du berceau) paraissent porter des dalles qui forment le fond des caisons. Cf. p. 139, 163.

CUNCY (Nièvre, arr. de Clamecy, com. de Villers-sur-Yonne)

Château
Trompe conique en tour-ronde, 1614. (R. Colas, p. 99).

DAMPIERRE (Aube, arr. de Troyes)

* Château
Il n'y a pas à notre connaissance d'étude sérieuse sur ce château ; nous n'avons pas reçu l'autorisation de le visiter. On le dit construit à partir de 1660 pour François Picot, marquis de Dampierre, par F. Mansart. Cette attribution est rejetée par Braham et Smith. L'escalier, dont la structure a, semble-t-il, une certaine réputation, pourrait être un escalier suspendu sur voûtes.

DAMPIERRE-SUR-BOUTONNE (Charente-Maritime, arr. de Saint-Jean d'Angely)

Château
Milieu du XVIe siècle. Galerie couverte d'une voûte plate dallée sur doubleaux-diaphragmes en anse-de-panier et nervures longitudinales découpant l'intrados en caissons.

DIEPPE (Seine-Maritime)

Eglise Saint-Jacques
Trois chapelles rayonnantes (chapelle axiale de la Vierge, chapelle Saint-Yves à droite et chapelle Sainte-Croix à gauche), construites entre 1530 et 1550, probablement pour Jean d'Ango. Leurs voûtes ont été détruites ou endommagées par le bombardement de 1694 : celle de la chapelle de la Vierge a été refaite au XVIIIe siècle ; celle de la chapelle Sainte-Croix,

restaurée en 1878 (F. Deshoulières). Les vestiges du voûtement primitif sont suffisants pour que l'on puisse restituer des voûtes plates dallées sur ogives-diaphragmes dans les trois chapelles. Cf. p. 163.

DIJON (Côte-d'Or)

Hôtel de Sassenay
3 rue de Berbisey. Escalier, deuxième moitié du XVIIIe siècle. La dernière volée paraît portée par une seule grande trompe et le palier, par une voûte en arc-de-cloître ; en réalité, ces voûtes sont fausses et l'escalier porte sur des arcs prenant appui sur la cage. Cf. p. 186.

DOMPIERRE-SUR-AUTHIE (Somme, arr. d'Abbeville)

Château
Escalier en vis à la Rihour dans la partie construite en 1627 pour Pierre de Rambures. Cf. p. 194.

DREUX (Eure-et-Loir)

Eglise Saint-Pierre
Bras droit attribué à Clément I Métezeau (mort en 1545) ou à son fils Jean (mort en 1600) : la construction paraît être de l'extrême fin du XVIe siècle.
● Intérieur couvert d'une voûte en berceau à lunettes avec liernes et tiercerons. L'appareil en pierre de taille, qui n'est pas régulier, est laissé nu. Les nervures (et en particulier les tiercerons qui recouvrent la pénétration des lunettes), curieusement taillées dans la masse, affleurent au nu de l'intrados et sont traitées comme le cadre mouluré de tables. Cf. p. 140.
● Sous la tourelle d'escalier, trompe conique, en tour-ronde (il y a peut-être également une trompe sous la seconde tourelle d'escalier dont la base n'est plus visible).

DURAS (Lot-et-Garonne, arr. de Marmande)

Château
Trompe conique dans le triangle.

DURTAL (Maine-et-Loire, arr. d'Angers)

Château
Escalier rampe-sur-rampe, à mur-noyau, construit probablement pour Henri de Schomberg entre 1600 et 1628 : sur les volées, voûtes en berceau incliné ; sur les repos et paliers, voûte plate dallée (rez-de-chaussée) ou voûte en berceau trans-

versal (étages) sans pénétration avec les voûtes des volées. Cf. p. 142.

ECOUEN (Val d'Oise, arr. de Montmorency)

Château

Les parties que nous citons ont été construites entre 1540 et 1550.
- Chapelle couverte d'une voûte en berceau à lunettes nervurée : des tiercerons remplacent les pénétrations. L'intrados est peint : avant les dernières restaurations, on percevait sous le décor l'appareillage régulier des quartiers. Cf. p. 140, fig. 91.
- Sous-sol de l'extrémité antérieure de l'aile droite et de la partie droite de l'aile antérieure. Le soin apporté au traitement des voûtes, la présence d'une cheminée, le fait que des fenêtres avaient été prévues dans l'escarpe, prouvent que le maître du logis avait accès aux quelques pièces de cette partie du sous-sol (peut-être un appartement des bains) : pièce couverte d'une voûte en arc-de-cloître rectangulaire ; pièce couverte d'une voûte en arc-de-cloître à retombée centrale ; pièce couverte d'une voûte en arc-de-cloître très déprimée (c'est presque une voûte plate appareillée sur le plan d'une voûte en arc-de-cloître) ; grande salle couverte de trois voûtes en berceau très déprimées (presque plates), parallèles, retombant sur de grands arcs-diaphragmes. Dans les autres parties du sous-sol, des voûtes en berceau brisé, moins habiles, appartenant visiblement à une autre campagne. Cf. p. 150, 151, 163.
- Escalier de l'aile gauche. Avant-dernière volée couverte d'une voûte en berceau très déprimée, presque plate, faisant retour sur le repos. La pénétration en arc-de-cloître est reportée sur un doubleau d'angle en cerce rallongée (son décor est une anamorphose des grecques des doubleaux droits). Pour la datation de cette partie haute, très différente de la partie basse, le rapprochement avec le voûtement de la grande salle du sous-sol, est important. Cf. p. 185.
- Escalier de l'aile droite. Volées couvertes de voûtes en berceau incliné et paliers couverts de voûtes plates dallées. Sous la première volée, voûte gauche, plate d'abord et prenant progressivement la forme du berceau des volées suivantes. Dernières volées couvertes de voûtes plates. L'homogénéité de cet escalier est attestée par la présence de ces voûtes identiques au départ et à l'arrivée. On y retrouve la qualité et les particularités de la stéréotomie du sous-sol. Cf. p. 142.

ESTAING (Aveyron, arr. de Rodez)

Château

Sous la terrasse, deux grandes trompes coniques sous le coin, jumelées de part et d'autre d'un contrefort ; première moitié du XVIIe siècle ?

EVRON (Mayenne, arr. du Laval)

Abbaye

Rattachée à la congrégation de Saint-Maur en 1640. Escalier suspendu sur voûtes en demi-berceau, retours en arc-de-cloître, lunettes, faisant partie de la reconstruction commencée en 1726 sur les plans de Guillaume de La Tremblaye et exécutée par Jacques-Laurent Bayeux, maître-maçon d'Evron (A. Ceuneau).

FÉCAMP (Seine-Maritime, arr. du Havre)

Abbaye de la Trinité

Rattachée à la congrégation de Saint-Maur en 1649. Galeries de cloître couvertes de voûtes à arêtes doubles et escaliers suspendus sur voûtes plates, construits dans la première moitié du XVIIIe siècle (A. Rostand).

FÈRE-EN-TARDENOIS (Aisne, arr. de Château-Thierry)

Château

Dans la culée du pont d'entrée, construit entre 1552 et 1562, peut-être par Jean Bullant, escalier rampe-sur-rampe couvert d'une voûte en berceau formant retour aux repos. Cf. p. 142.

LA FERTÉ-BERNARD (Sarthe, arr. de Mamers)

Eglise Notre-Dame des Marais

Chapelles absidales construites entre 1536 et 1544 par Mathurin Delaborde : voûtes plates dallées sur ogives-diphragmes. Cf. p. 163, fig. 111.

LA FLÈCHE (Sarthe)

Collège des Jésuites

Tribune d'orgue, 1636, par Jacques Nadreau, maître-maçon. Trois trompes sur console : grande trompe centrale en berceau et trompes latérales coniques en tour-ronde (P. Moisy). L'attribution ancienne de cet ouvrage à M. Jousse, est aujourd'hui habituellement abandonnée. Jousse actif à La Flèche, y publie son *Secret d'architecture* (1642). Bien que le marché de 1636 donne le nom de Nadreau et non celui de Jousse, nous restons convaincu que Jousse n'est pas étranger à cette réalisation : les trompes coniques de la tribune sont, semble-t-il, du type dit de Montpellier, qui est signalé par le *Secret d'architecture*. Cf. p. 127, 134, fig. 84.

FLEURIGNY (Yonne, arr. de Sens, com. de Thorigny-sur-Oreuse)

Château

Reconstruit vers 1520. Chapelle couverte d'une voûte en berceau attribuée à Jean Cousin. Voûte clavée ornée de nervures en caissons : pas de relation entre le plan d'appareillage et le dessin des caissons. Deux détails exceptionnels : le profil des nervures longitudinales n'est pas rampant, c'est-à-dire perpendiculaire à la génératrice, mais d'aplomb, comme pour une voûte plate ; dans certains caissons, chutes imitant des clefs pendantes. Cf. p. 140.

FONTAINE (Seine-Maritime, arr. de Dieppe, com. de Blangy-sur-Bresle)

Manoir

Porte la date 1607. Construit en briques. Pignons à redents. Vis à la Rihour, mais recoupée par des arcs-diaphragmes entre chaque « quartier ». La vis pourrait être antérieure à 1607. Cf. p. 194.

FONTAINEBLEAU (Seine-et-Marne, arr. de Melun)

Château

- Les loggias de la Porte dorée, construite entre 1528 et 1538 par Gilles Le Breton, sont couvertes de voûtes en berceau ornées de nervures en caissons. Cf. p. 140.
- La chapelle Saint-Saturnin, construite à partir de 1531 par Gilles Le Breton, est couverte d'un berceau, terminé à ses deux extrémités par des culs-de-four et portant un lanternon à coupolette : ce couvrement est peint ; nous n'avons pas pu identifier sa structure.
- La chapelle de la Trinité est couverte en berceau, peint entre 1608 et 1618.
- A propos du perron en fer à cheval construit par ses soins en 1558, dans la cour du Cheval blanc, Delorme écrit (f° 124) : « J'ay faict faire à Fontainebleau un perron qui est en la basse court, où vous voyez les voûtes par dessous les marches qui rampent comme la vis Sainct Gilles, mais il est encor plus difficile, car il y a trois sortes de traicts ensemble, le premier est comme la porte ou arc rempant sur la tour ronde, le second sont arcs rempants et creux par le devant, qui vont d'un pilier à autre. Et ces deux

traicts icy qui sont à l'extrémité de la montée s'accomodent et assemblent avec la voûte rempante et estant faicte en berceau (qui est pour le troisième traict) tous encathenez et liez ensemble, non sans grand artifice et merveilleuse difficulté ». Ce perron a été remplacé en 1634 par un nouveau perron en fer-à-cheval dû à Jean Du Cerceau : sous les parties tournantes des volées, vis de Saint-Gilles avec lunettes. Cf. p. 146.

FONTAINE-HENRY (Calvados, arr. de Caen)

Château
Chapelle remaniée au XVIᵉ siècle. Chaque travée de plan est couverte d'une voûte plate dallée, simplement ornée d'une fausse-clef en son centre, portée par des doubleaux-diaphragmes.

FONTEVRAULT (Maine-et-Loire, arr. de Saumur)

Abbaye
(M. Mélot).
● Escalier du dortoir : escalier droit couvert d'une voûte en berceau à caissons, enduite. 1542.
● Escalier de Saint-Lazare : vis suspendue sur voûte en demi-berceau faisant une révolution complète, prolongée par des volées droites à retours sur voûtes plates. A la suite de déformations, cet escalier, assez médiocre, a été entièrement remonté au cours d'une restauration récente. Cf. p. 171.

GAILLON (Eure, arr. des Andelys)

Château
Chapelle basse construite à partir de 1504 et chapelle haute entre 1505 et 1510. La chapelle basse est couverte d'une voûte plate dallée sur ogives-diaphragmes. La chapelle haute (détruite) devait être couverte de la même manière (G. Huard). Ce chantier est dirigé jusqu'en 1506 par Guillaume Senault, puis par Pierre Fain (E. Chirol). Cf. p. 163.

GRATOT (Manche, arr. de Coutances)

Manoir
Trompes cylindriques sur le pan et sous le coin, montées en tas-de-charge.

GRAVES (Aveyron, arr. et com. de Villefranche-de-Rouergue)

Château
Construit par Guillaume Lissorgues pour

Jean Imbert Dardennes à partir de 1545 (P. Vitry). Sur les portes, presque toutes placées dans les angles des pièces, les couvrements associent arrière-voussures, cornes-de-vache, berceaux à arc de front en angle et autres artifices stéréotomiques.

GUÉMICOURT (Somme, arr. d'Amiens, com. de Saint-Germain-sur-Bresle)

Manoir
Début XVIᵉ siècle. Construit en briques. Pignon à redents. Vis à la Rihour. Cf. p. 194.

HENNEBONT (Morbihan, arr. de Lorient)

Abbaye de la Joie
Trompe conique sous le coin, fin XVIIᵉ siècle

HERBEYS (Isère, arr. de Grenoble)

Château
Construction commencée en 1680. Trompes plates en tour-ronde et sur le pan, portant les tourelles de la façade postérieure, qui sont apparement des adjonctions du XIXᵉ siècle.

HOMPS (Aude, arr. de Narbonne)

Pont sur l'Aude
1781-1788 par Bertrand Garipuy. Arches à voûtes segmentaires et cornes-de-vache. Rapport flèche-portée : 1/6. (F. de Dartein, *Etudes sur les ponts*, t. III).

L'ISLE-SUR-LA-SORGUE (Vaucluse, arr. d'Avignon)

Hôtel Dieu
Construit de 1746 à 1757, sur des plans de Jean-Baptiste Franque, par Esprit, Jean-Ange et Esprit-Joseph Brun. (E. Bonnel). De part et d'autre de l'entrée de l'escalier, trompe sphérique sur pan concave et sous le coin.

ISSAN (Gironde, arr. de Bordeaux, com. de Cantenac)

Château
Trompe conique en tour-ronde.

JOIGNY (Yonne, arr. d'Auxerre)

Eglise Saint-Jean
(J. Valléry-Radot)
● Voûte en berceau à lunettes, ornée de tables, sur le vaisseau central, construite de 1557 à 1596 par Jean Chéreau. Ins-

cription à l'extrémité antérieure du vaisseau : « Ceste neif et voulte depuis le jube jusques icy a este conduicte par jehan cheriau enfant de joigny acheve le 17 mars 1596 ». Le jubé est le mur construit à l'extrémité postérieure de ce vaisseau et qui constitue en fait le fond du chœur liturgique. A cette extrémité, la voûte porte la date 1557, qui marque donc le début des travaux. Le plan de cette voûte figure dans le traité de Chéreau (fᵒ 102) où elle est dite « faicte en parquets ». Cf. p. 139, 140, fig. 46, 47.
● « Jubé » avec arcs biais datés 1548, peut-être de « Laurens Grassin » qui signe une voûte à nervures, placée derrière le jubé et portant la date 1549.

JOINVILLE (Haute-Marne, arr. de Saint-Dizier)

Château dit le Grand Jardin
Construit pour Claude de Guise. Chapelle couverte d'une voûte en berceau clavée, à caissons, portant la date 1546.

JONQUIÈRES (Hérault, arr. de Lodève)

Château
Trompe conique en tour-ronde, démontée.

JOUY-SOUS-THELLE (Oise, arr. de Beauvais)

Eglise Saint-Pierre et Saint-Paul
Construite par un Italien (?) à la fin du XVIᵉ siècle. Les voûtes, datées 1606-1607, ne sont pas solidaires des murs : voûtes en berceau, en petit appareil réglé de pierre de taille, enduites (elles ne l'étaient peut-être pas à l'origine) ; doubleaux à caissons ornés ; petites lunettes dans les naissances des berceaux. Cf. p. 140.

LABOISSIÈRE-EN-SANTERRE (Somme, arr. de Montdidier)

Manoir
Fin XVᵉ-début XVIᵉ siècle. Escalier en vis à la Rihour. Cf. p. 194.

LACAPELLE-MARIVAL (Lot, arr. de Figeac)

Château
Trompe en berceau dans l'angle sous un passage en tour-ronde, appareillée de gros moellons grossièrement équarris et non de pierres de taille.

LANDERNEAU (Finistère, arr. de Brest)

Eglise Saint-Thomas
Sur la tour-clocher, quatre trompes dans

l'angle et sous le coin, en tas-de-charge, fin XVIe siècle - début XVIIe siècle.

LANDIFER (Maine-et-Loire, arr. de Saumur, com. du Vieil-Baugé)

* Château
XVIe siècle. Escalier à volées couvertes de voûtes en berceau.

LANGRES (Haute-Marne)

Cathédrale
● Chapelle de l'Invention de la Sainte-Croix, construite de 1547 à 1549 pour Jean IV d'Amoncourt (H. Ronot). Voûte en berceau, ornée de tables, appareillée par assises et par rouleaux : la grille des joints alignés coïncide avec le dessin des tables. Cf. p. 140.
● Porche construit de 1760 à 1768 par Claude-Louis D'Aviler, couvert de voûtes plates clavées.

LANTENAY (Côte-d'Or, arr. de Dijon)

Château
Vers 1650 :
● Grande trompe conique en tour-ronde, formée de monolithes en panache. Cette trompe porte la cage d'un escalier en vis qui est construit au-dessus du jour de l'escalier tournant à retours qu'il prolonge. Nous pensons que la vis, plus ancienne, a été privée de sa partie inférieure lors de la construction de l'escalier à retours et que la trompe a été alors établie pour porter la partie supérieure conservée.
● Escalier en vis de Saint-Gilles suspendu, d'une ampleur exceptionnelle ; grand appareil en grès rouge. Cf. p. 171, 186.

LAON (Aisne)

Abbaye Saint-Martin
Etablissement de Prémontrés, reconstruit dans la première moitié du XVIIIe siècle, probablement par Charles Bonhomme.
● Grande salle couverte d'un voûtement en trois parties : aux deux extrémités, une voûte en demi-arc-de-cloître ; au centre, une voûte en pendentifs très surbaissée, appareillée en chevrons.
● Escalier suspendu sur voûtes en demi-berceau très surbaissées et gauchies aux extrémités des volées pour s'adapter à un limon en arc rampant. Les intrados sont décorés de tables moulurées.
● Trompe conique en tour-ronde, appareillée en panache, probablement antérieure au XVIIIe siècle.

LAVAL (Mayenne)

Cathédrale
Travée de plan construite à gauche de la troisième travée de nef, par Pierre Guillot, à partir de 1575, couverte d'une coupole en pendentifs ovale, décorée de nervures.

LAVARDENS (Gers, arr. d'Auch)

Château
1620, par Pierre Levesville. Deux trompes coniques sous le coin (G. Costa).

LAVAUR (Tarn, arr. de Castres)

Pont sur l'Argout
1769-1791 par J.-M. De Saget. Une seule arche d'une portée exceptionnelle de 48 m 75 (F. de Dartein, *Etudes sur les ponts*, t. III). Cf. p. 191.

LECTOURE (Gers, arr. de Condom)

* Evêché
Construit de 1676 à 1682. Escalier suspendu sur voûtes : le type de cet escalier, que nous ne connaissons que par des photographies, paraît fort proche de celui de l'escalier du château de Balleroy.

LILLE (Nord)
Palais Rihour
Construit pour Philippe le Bon, duc de Bourgogne. La tour dite « Tour de la garde des Joyaux » a été construite entre 1453 et 1465. Les maîtres-maçons actifs en 1462 sont Jean Pinchon, ancien maître-maçon des ouvrages du château de Hesdin, et Armand Mibon, maître des ouvrages d'Artois (M. Bruchet). L'escalier de la tour est une vis couverte d'un berceau hélicoïdal en brique, dont nous étudions l'appareillage particulier, p. 194.

Maison, place Simon-Vollant
Trompe conique sous le coin ; fin XIXe siècle.

LION-SUR-MER (Calvados, arr. de Caen)

Manoir
Trompes en berceau sur le pan et sous le coin, en tas-de-charge.

LIVILLIERS (Val-d'Oise, arr. de Pontoise)

Eglise
Porche par le maître-maçon Garnot-Germain en 1560. Voûte en berceau, ornée de nervures en caissons. Les limites des caissons ne correspondent pas à celles des voussoirs.

LODÈVE (Hérault)

Cathédrale
Tribune d'orgue, 1752. (H. Vidal). Trois trompes sur consoles : grande trompe centrale en berceau et trompes latérales coniques en tour-ronde. Cf. p. 134.

LOUVIERS (Eure, arr. d'Evreux)

Eglise Notre-Dame
Sous la tourelle de la face gauche de la tour-lanterne, trompe conique en tour-ronde ; fin XVIe siècle.

LUZARCHES (Val d'Oise, arr. de Montmorency)

* Eglise Saint-Damien
Porche construit en 1551 par Nicolas de Saint-Michel, couvert d'une voûte en berceau ornée de tables de faible relief.

LYON (Rhône)

Abbaye Saint-Pierre
Construite de 1659 à 1687 par François et Paul des Royers de La Valfenière. Escalier suspendu à retours : volées sur voûte en demi-berceau ; retours en arc-de-cloître. L'intrados étant enduit, il n'est pas prouvé que la voûte soit en pierre de taille.

Hôtel de ville
Grand escalier tournant, porté par des voûtes en demi-berceau avec retours en arc-de-cloître et escalier ovale en vis de Saint-Gilles à jour. Décrits par Cl. F. Ménestrier (3e partie, V, p. 3) : « L'un est une vis admirable qui passe pour un chef-d'œuvre de l'art, si bien elle est tournée en limaçon ; l'autre qui n'est pas moins hardie est un rampant large de 12 pieds, poussé sans appuy hors de la muraille ». Ces deux escaliers se trouvent dans la partie construite de 1646 à 1655 par Simon Maupin ; leur attribution à G. Desargues n'est pas fondée, semble-t-il, que sur le fait que les plans de Maupin avaient été soumis à Desargues dès 1646 (T. Desjardins, p. 7) ; mais Desargues lui-même désigne J. Le Mercier comme l'auteur du grand escalier (A. Bosse, *Traité des manières de dessiner les ordres*, pl. XXXIX). Les voûtes de ces escaliers sont aujourd'hui enduites. On devine cependant l'appareil en pierre de taille dans l'escalier en vis. Les revêtements peints du grand escalier ont dû être ajoutés en 1670, lorsque le peintre Thomas Blanchet a décoré la cage. Cf. p. 171.

Ancien théâtre
Construit par Soufflot, détruit. Cf. ci-dessous, la Loge du Change.

Loge du Change
Construite en 1747-1749 par Soufflot. Soufflot écrit : « Les voûtes très considérables de la Bourse et du théâtre à Lyon, dont la hardiesse donnait de l'inquiétude, sont des preuves existantes de la manière dont j'ai su renvoyer les efforts sur les résistances » (Lettre à Marigny du 5 mai 1770, cité par J. Monval, p. 457). La grande voûte de la Loge ne se distingue que par sa grande portée ; elle n'est pas en pierre de taille.

Hôtel Bullioud
8, rue Juiverie. En 1536, pour Antoine Bullioud, Philibert Delorme double l'ancien corps de l'hôtel pour améliorer sa distribution (Ph. Delorme, f° 90). La nouvelle construction est partiellement en surplomb sur deux trompes coniques en tour-ronde. Celle de gauche est probablement une trompe de Montpellier. Cf. p. 125, 137, fig. 71.

Maison de M. de Saint-Oyen
Sur le Pont du Change, dit encore Pont de Pierre, détruit. Trompe construite en 1651 par G. Desargues (P. Colonia, notice sur Desargues). Cette maison et le pont qui la portait existaient encore en 1840 : ils sont connus par plusieurs estampes et photographies (Lyon, Archives municipales) qui ne donnent malheureusement que des informations très sommaires (et quelquefois contradictoires). Cf. description, p. 127.

Maison, 19, rue du Bœuf
Trompe conique en tour-ronde. Deuxième moitié du XVIe siècle.

LA MABOULIÈRE (Maine-et-Loire, arr. de Segré, com. de Bourg d'Iré)

* *Château*
1852 par René Hodé. Ensemble d'ouvrages portés par des trompes coniques sous le coin jumelées sur consoles. Il semble qu'il y ait quatre ouvrages et trois trompes sous chacun d'eux (Ch. Derouet). Cf. p. 224.

MÂCON (Saône-et-Loire)

Maison, 11, rue de la Libération
Trompe cylindrique sur le pan, sous le coin, appareillée en panache. Pas datable.

Maison, place Saint-Etienne, au coin de la rue Châtillon
Trompe annulaire, assez modeste.

MADRID (Hauts-de-Seine, arr. et com. de Boulogne-Billancourt)

Château
Escalier en vis de Saint-Gilles, signalé par Ph. Delorme (f° 124) et par H. Sauval (t. II, p. 308) : « Le plus grand des escaliers y est admiré à cause de son noyau creux et que son rampant est enrichi de métamorphoses de basses tailles... C'est un de ces escaliers que ceux de la profession appellent vis de Saint-Gilles, parce que le premier de cette sorte a été fait au Prieuré de Saint-Gilles en Provence ; mais peut-être est-ce celui qu'ils admirent davantage, soit pour la conduite, soit pour l'exécution ». Le chantier du château est resté ouvert de 1528 à 1570 (F. Gebelin, p. 145). Cf. p. 146.

MAGNY-EN-VEXIN (Val d'Oise, arr. de Pontoise)

Eglise Notre-Dame
Dans la partie droite (bas-côté et façade) construite dans le milieu du XVIe siècle par les Grappin, une grande trompe conique dans le triangle (à l'extérieur) et voûtes plates dallées (l'une datée 1561).

MAILHOC (Tarn, arr. d'Albi)

Château
Ouvrage sur trompe conique en tour-ronde. XVIe siècle.

LE MANS (Sarthe)

Abbaye Notre-Dame de la Couture
Rattachée à la congrégation de Saint-Maur. Bâtiments conventuels construits au XVIIIe siècle. François Pradel est cité comme « architecte des religieux de la Couture du Mans » dans le contrat de construction de 1761 du château de Sources (voir la notice de ce château) : il couvre la chapelle de ce château en 1768-1769 avec des voûtes qui, d'après P. Lavedan, ressembleraient à celles de la Couture. Le rez-de-chaussée de la Couture est entièrement voûté.
● Angle des galeries du cloître couvert d'une grande voûte en éventails. Cf. p. 161, fig. 110.
● A un retour à 90° d'un grand couloir couvert d'une voûte en berceau : le demi-berceau externe fait retour en arc-de-cloître (une arête rentrante partant de l'angle externe et montant à la clef) ; le demi-berceau interne est tournant (le mur formant l'angle interne a un plan en segment de cercle suivant la directrice du demi-berceau tournant) ; deux lunettes ju-

melées de part et d'autre de l'arc-de-cloître et une lunette dans le berceau tournant. Fig. 57.
● Grand escalier suspendu sur voûtes en demi-berceau, retours en arc-de-cloître, lunettes. Probablement contemporains du grand escalier de l'abbaye Saint-Vincent du Mans (dans les années 1750), avec lequel il présente une grande ressemblance. Fig. 41.

Abbaye Saint-Vincent
Actuel lycée de jeunes filles. Rattachée à la congrégation de Saint-Maur (R. Triger).
● Parloir couvert d'une voûte en arc-de-cloître à lunettes ;
● Réfectoire de 1733 couvert d'une voûte en berceau à lunettes.
● Grand escalier construit en 1758, peut-être par un nommé Bayeux, qui serait l'auteur des escaliers suspendus de l'abbaye aux Hommes de Caen : volées et paliers sur voûtes en demi-berceau, retours en arc-de-cloître, lunettes.

Evêché, chapelle détruite
Chapelle construite entre 1509 et 1519 à l'évêché du Mans par Simon Hayeneufve pour le Cardinal Philippe de Luxembourg. Connue par une vue du Mans, début XVIIe siècle : elle était couverte d'un dôme octogonal (H. de Berranger, « Nos églises », p. 148). Souvent citée comme un des premiers ouvrages à « coupole » de la Renaissance française. Cf. p. 148.

MARCILLY-SUR-MAULNE (Indre-et-Loire, arr. de Tours)

* *Château*
Voûte en berceau avec lunettes « carrées » ; fin XVIe siècle. Cf. p. 114.

MARSEILLE (Bouches-du-Rhône)

Hôtel de Ville
(A. Bouyala d'Arnaud).
● Escalier construit entre 1780 et 1786 par Esprit-Joseph Brun. Escalier suspendu à volées doubles. Volées sur voûte gauche (elle est plate au départ et devient, par gauchissement progressif, en demi-berceau à l'arrivée). Retour en arc-de-cloître, mais appareillé en panache comme une trompe. Le palier de l'étage porte sur le couvrement de la porte d'entrée du rez-de-chaussée et, pour son surplomb, sur une trompe en berceau déprimé. Le couvrement de la porte est lui-même formé d'une voussure appareillée en panache, portée par des trompes et

extradossée d'une arrière-voussure, également en panache. La stéréotomie de cet ensemble complexe nous a paru suspecte : l'appareil des parties les plus délicates pourrait bien n'être que simulé sur enduit. Cf. p. 175, 178.

● Passage couvert construit en 1786 par Esprit-Joseph Brun. Voûte en pendentifs très surbaissée et d'une grande portée ; appareillage sur les plans combinés de coupoles et de voûtes en éventails. Fig. 101.

Hôtel-Dieu
Construit à partir de 1692 sur les plans de Mathieu Portal et Jules Hardouin-Mansart. Les deux grands escaliers seraient de l'architecte Esprit-Joseh Brun. Escaliers suspendus à volées sur voûtes en demi-berceau et retours en arc-de-cloître : la voûte de la volée de départ est gauche, d'abord plate, puis en demi-berceau.

Maison, 12, boulevard du Jardin zoologique
Fin XIXe siècle ou début XXe. Trompe conique en tour-ronde.

Emplacement inconnu
Arrière-voussure dite de Marseille. Elle se trouvait « à une des portes de la ville » (A. Ch. D'Aviler, art. « arrière-voussure »). Cf. p. 84, 120.

LA MAUVOISINIÈRE (Maine-et-Loire, arr. de Cholet, com. de Bouzillé)

Château
Deux ouvrages sur trompe conique sous le coin ; XVIIe siècle.

MIREPOIX (Ariège, arr. de Pamiers)

Pont sur l'Hers
1773-1792, par Bertrand Garipuy. Arches à voûte segmentaire. (F. de Dartein, *Etudes sur les ponts*, t. III). Cf. p. 115.

MONPAZIER (Dordogne, arr. de Bergerac)

Angle sud-ouest de la Grande-Place
Trompe sur le pan et sous le coin rajoutée au XVIIe siècle ou au début du XVIIIe. Peut être rattachée à la famille des trompes cylindriques bien qu'elle présente une arête médiane peu marquée séparant deux cylindres à peine distincts.

MONTFERRAND (Puy-de-Dôme, arr. et com. de Clermont-Ferrand)

Hôtel Régin
36, rue de la Rodade. Trompe conique

sous ouvrage polygonal, première moitié XVIIe siècle.

Hôtel de Fontenilhes
13, rue Jules-Guesde. Trompe conique en tour-ronde, fin XVIe ou début XVIIe siècle.

Maison, 26, rue Jules-Guesde
Trompe conique en tour-ronde, fin XVIe ou début XVIIe siècle.

MONTIGNY-SUR-AUBE (Côte d'Or, arr. de Montbard)

Château
Chapelle construite en 1552 pour Jean IV d'Amoncourt, archidiacre de Langres, puis évêque de Poitiers ; attribuée sans preuve à Jean Bullant. Voûte en berceau et cul-de-four polygonal ornée de tables.

MONTPELLIER (Hérault)

Eglise Notre-Dame des Tables
Ancienne chapelle du collège des Jésuites construite entre 1705 et 1748 par Jean Giral. Tour couverte d'une voûte en pendentif de Valence. Cf. p. 152.

Eglise Saint-Denis
Construite vers 1700 par A. Ch. D'Aviler. Coupole en pendentifs, recouverte d'un enduit au XIXe siècle, qui serait, d'après le devis de D'Aviler, « un cul-de-four dit pendentif de Valence ». (Communication orale de B. Sournia). Cf. p. 152.

Amphithéâtre de Chirurgie
A partir de 1755, par Jean-Antoine Giral. Portique d'entrée couvert de voûtes plates, qui peuvent être analysées comme deux voûtes parallèles en berceau très déprimé à lunettes. Cf. p. 167.

Hôtel de Manse
4, rue Embouque d'Or. D'après H. Leenhardt, l'escalier aurait été construit vers 1650, c'est-à-dire à l'époque où Jacques de Manse, Trésorier de France, prend possession de l'hôtel ; il serait cité comme une des curiosités de Montpellier dans un manuscrit du milieu du XVIIe siècle, aujourd'hui perdu. C. Ewert (p. 47) le croit plus tardif (au plus tôt vers 1660) par comparaison avec l'escalier de l'hôtel des Trésoriers de France, construit en 1676, dont la rampe d'appui a été faite de « mesme façon que celle de M. de Manse » (voir hôtel des Trésoriers de France). Escalier suspendu à volées et palier sur voûtes en demi-berceau et retours sur trompe. Cf. p. 175.

Maison Roch
Rue Embouque d'Or. Les maisons qui appartenaient au Moyen Age à la famille Roch, de part et d'autre de la rue Embouque d'Or (à la hauteur des numéros 5 et 7) étaient reliées par un corps de bâtiment jeté au-dessus de la rue et dit « arc d'En-Roch ». Cet « arc », détruit, en 1836, est connu par une lithographie de Bonaventure Laurent éditée chez Boëhm à Montpellier et à peu près contemporaine de la destruction. Dans un angle, tourelle sur trompe conique en tour-ronde. Il est difficile de dater cette tourelle ; mais il ne paraît pas impossible de la faire remonter au XVe siècle. Cf. p. 124.

Maison Sabatier
9, rue de la Petite-Loge. Trompe conique en tour-ronde, deuxième moitié du XVIIe siècle (?).

Hôtel Sarret
6, rue du Palais.
● La célèbre « Coquille » est une trompe conique sous le coin, à l'angle de deux rues (le terme de coquille est donc particulièrement impropre). Elle doit dater des remaniements faits à l'hôtel en 1636. Elle a été longtemps attribuée à A. Ch. D'Aviler. Or D'Aviler, à propos de la trompe de Montpellier (cf. ci-dessous) parle en ces termes de la Coquille : « Il y a aussi dans la même ville de Montpellier une barlongue qui est plus estimée [que la précédente] et qui a environ 7 pieds de large sur 11 de long ». Cette description s'applique assez bien à la Coquille qui est « barlongue », c'est-à-dire que ces deux naissances n'ayant pas la même longueur, elle s'inscrit dans un rectangle. Les dimensions données par D'Aviler sont sensiblement supérieures à celles de la Coquille : 2 m 27 × 3 m 56 au lieu de 1 m 40 × 2 m 78. Cependant il faut exclure qu'il y ait eu à Montpellier une trompe plus grande que la Coquille. Cf. p. 127, 137, fig. 75.
● Il y a une seconde trompe dans la cour de cet hôtel ; elle portait un ouvrage (détruit) formé d'un pan droit et d'un pan circulaire. Elle est conique, mais gauchie et percée d'un oculus. Ses naissances ont respectivement 0 m 84 et 2 m 10. Elle doit être contemporaine de la Coquille ; mais son environnement a été très remanié au XIXe siècle. Cf. p. 129, fig. 76.

Hôtel des Trésoriers de France
5, rue des Trésoriers-de-France. En 1676, Antoine Armand, maître-maçon à Mont-

pellier, s'engage à construire l'escalier « le tout suspendu à voûte par dessous, laquelle voûte sera faite en demy berceau et au rencontre des plans, dans les angles, seront faites des trompes ou voûtes en arc-de-cloître... et au-dessus de la dite voûte seront posées les marches... [La rampe d'appui sera] une balustrade de fer de mesme façon que celle de M. de Manse » (voir l'hôtel de Manse). Le 19 août, Armand s'engage à faire l'escalier en huit mois. La réception des travaux a lieu en 1680 (C. Ewert, p. 56). Escalier suspendu à volées et palier sur voûtes en demi-berceau et retours sur trompe.

Maison, 55, rue de l'Aiguillerie
Trompe conique en tour-ronde.

Maison, rue de l'Herberie
Charles d'Aigrefeuille écrit en 1737 (t. I, p. 556) : la « trompe de Montpellier... qui est mentionnée dans plusieurs livres d'architecture [est] au coin de la maison du sieur Plantier ». L. Guiraud a identifié l'emplacement de la maison Plantier sur le compoix de 1738 et reconstitué la succession des propriétaires de celle-ci ; l'auteur attribue, sans preuve sérieuse, la construction de la trompe à Jacques Audibert, marchand, acquéreur de la maison en 1631. Or la trompe de Montpellier est citée dès la fin du XVIe siècle dans les traités de A. de Vandelvira (fo 16 v) et de J. Chéreau (fo 105 v.). J.M. Amelin (1827, p. 234) est le dernier auteur à avoir vu la trompe en place : il en a laissé un croquis (Bibliothèque municipale, recueils factices, vol. I, p. 65, pl. 127). Après lui, le souvenir de la trompe se perd : on la confond habituellement avec la Coquille de l'hôtel Sarret. A propos de cette dernière, que l'on peut dater de 1636 (cf. ci-dessus), Amelin écrit : « Ce n'est pas celle communément appelée trompe de Montpellier qui est beaucoup plus ancienne construction, mais plus petite et moins remarquable ». Cf. p. 84, 125.

Emplacement inconnu
Arrière-voussure dite de Montpellier. Citée pour la première fois (?) dans le *Traité* de Ph. de La Hire (fin XVIIe siècle) mais déjà réalisée en 1545 à Bournazel. Cf. p. 84, 120.

MORIÈRES (Calvados, arr. de Caen, com. de Vendeuvre)
Manoir
XVIe siècle. Trompes en berceau sur le plan et sous le coin, en tas-de-charge.

MOULINS (Allier)
Château
Chapelle construite entre 1497 et 1503 pour Pierre II de Bourbon et Anne de Beaujeu (détruite) ; couverte d'une coupole en pierre. Présence probable sur le chantier de quelques-uns des Italiens ramenés par Charles VIII en 1497 pour « faire ouvrage à la mode d'Italie ». (P. Pradel). Cf. p. 148.

LA MOUSSAYE (Côtes-du-Nord, arr. de Dinan, com. de Plénée-Jugon)
Château
Construit entre 1582 et 1615 pour les Guyon-La Moussaye (L.M. Gohel). Sur le portail (entre 1582 et 1585), une arrière-voussure de Montpellier. Sur les vestiges des galeries (vers 1615), arrachement de voûtes d'arêtes. Berceaux inclinés sur les soupiraux du logis. (Intérieur non visité). Cf. p. 191.

NANTES (Loire-Atlantique)
Cathédrale
Tribune d'orgue, vers 1620, présentant de chaque côté une trompe conique sous le coin. Dans le bras droit, passage sur voûte en demi-berceau assisée par Tugal Caris, 1657.

Collégiale Notre-Dame
Chapelle Saint-Thomas construite entre 1514 et 1524 pour Thomas Le Roy, évêque de Dole, détruite en 1866, connue par une estampe de 1850 : couverte d'un berceau sur nervures en caissons, probablement une voûte dallée en pierre (H. de Berranger, *Evocation du vieux Nantes*). Cf. p. 139, 140.

Château
Tour de la Rivière, voûte du dernier étage formée d'un berceau et d'un cul-de-four à lunettes, ornée d'une croisée de plusieurs ogives dont la clef porte les armes d'Henri IV. Cette voûte est donc postérieure à 1598, date à laquelle Henri IV prend Nantes et séjourne dans le château, et antérieure à la mort d'Henri IV (1610). Cf. p. 140.

Hôtel de Châteaubriand
13, rue de Briord. Escalier suspendu sur voûtes en demi-berceau et retours en arc-de-cloître. Deuxième moitié du XVIIe siècle.

Hôtel du Fief
3, rue du Château. Construit en 1654 par les frères Jagueneau pour Claude de Saint

Domingo, sieur de Villeneuve (H. de Berranger, *Evocation du vieux Nantes*).
● Escalier formé de volées en vis de Saint-Gilles suspendues : les paliers droits sont couverts en arc-de-cloître et portés par deux piliers.
● Trompe cylindrique sur le pan, sous le coin, appareillée en panache. Cf. p. 132, fig. 82.

Hôtel de Goulaines
14, rue du Château. Escalier rampe-sur-rampe, couvert d'une voûte en berceau, avec lunette, et formant retour au repos. Milieu XVIIe siècle (?).

Hôtel Grou
16, quai Duguay-Trouin et 30 rue de Kervégan. Construit vers 1750 pour Guillaume Grou, probablement par Pierre Rousseau (H. de Berranger, *Evocation du vieux Nantes*). Escalier suspendu sur voûtes en demi-berceau et retours en arc-de-cloître.

Hôtel de La Villestreux
3, place de la Petite-Hollande. Vers 1740-1750 pour Nicolas Perrée de La Villestreux probablement par l'architecte Launais (H. de Berranger, *Evocation du vieux Nantes*). Trois escaliers avec volées sur voûte en demi-berceau et retours en arc-de-cloître. L'escalier central, médiocre, est entièrement suspendu ; les deux autres ne sont que partiellement suspendus (piliers sous deux retours, portant un des côtés du jour carré).

Hôtel de Rosmadec
Dépendance de la mairie. Bâti en 1653 par Jacques Malherbe pour César Renouard, seigneur de Drouges (H. de Berranger, *Evocation du vieux Nantes*). Escalier suspendu sur voûtes en demi-berceau et retours en arc-de-cloître.

Maison, 11, rue de Kervégan et 9, quai de Turenne
Vers 1750, attribuée à Pierre Rousseau (H. de Berranger, *Evocation du vieux Nantes*). Deux escaliers suspendus sur voûtes en demi-berceau et retours en arc-de-cloître.

Maison, 32, rue de Kervégan
Entre 1750 et 1770 (H. de Berranger, *Evocation du vieux Nantes*). Escalier suspendu sur voûtes en demi-berceau et retours en arc-de-cloître.

Passim
Notamment 9, 12, 13, 14, 19, 21, 28, 30, rue de Kervégan, 15, 16, quai Duguay-Trouin. Balcons sur trompe en demi-berceau terminée en éventails aux deux

extrémités, construite en tas-de-charge, entre 1750 et 1770.

NANTOUILLET (Seine-et-Marne, arr. de Meaux)

Château
1520. Tourelle sur l'élévation postérieure, portée par une trompe unique en son genre. Cf. p. 130.

NAVILLY (Saône-et-Loire, arr. de Châlon-sur-Saône)

Pont sur le Doubs
1782-1790 par Emiliand Gauthey. Arches avec voûtes en caissons. Cornes-de-vache et surplomb des becs formant une seule voûte au gauchissement complexe. (F. de Dartein, *Études sur les ponts*, t. IV). Cf. p. 119.

NEMOURS (Seine-et-Marne, arr. de Melun)

Pont sur le Loing
Construit de 1795 à 1804 sur un projet de Perronet de 1771. Arches à voûtes segmentaires. Rapport flèche-portée 1/15,6 pour une portée de 16 m 25 (F. de Dartein, *Études sur les ponts*, t. II). Cf. p. 116, fig. 60.

NÉRAC (Lot-et-Garonne)

Château des Albret
Coursière en partie sur voûte en demi-berceau appareillée en tas-de-charge. Fin XVᵉ siècle. Cf. p. 132.

Église Saint-Nicolas
Construite de 1758 à 1787 sur les plans de Barreau de Chefdeville et de Sauvageot. Dans le massif-antérieur, trois voûtes plates sur le plan d'une voûte en arc-de-cloître.

NEUILLY (H.-de-Seine, arr. de Nanterre)

Pont sur la Seine
1768-1774 par Perronet. Voûtes des arches en anse-de-panier avec cornes-de-vache segmentaires (F. de Dartein, *Études sur les ponts*, t. II). Cf. p. 116, fig. 60.

NEVERS (Nièvre)

Église Saint-Pierre
Église du collège des Jésuites, construite de 1612 à 1653. Sur l'élévation droite, grande trompe conique dans le triangle.

OFFEMONT (Oise, arr. de Compiègne, com. de Saint-Crépin-aux-Bois)

Prieuré Sainte-Croix
Cloître couvert de voûtes en berceau à décor de tables, formant au retour (un seul retour est aujourd'hui conservé) une pénétration en arc-de-cloître. Deuxième moitié du XVIᵉ siècle. Cf. p. 112.

ORLÉANS (Loiret)

Hôtel Toutin
26, rue Notre-Dame de la Recouvrance. Construit à partir de 1536 pour Guillaume Toutin. Portique couvert d'une voûte plate dallée, ornée de caissons de très faible relief. Trompe conique en tour-ronde, ornée de caissons et portant la date 1540.

ORMESSON (Val-de-Marne, arr. de Nogent-sur-Marne)

Château
1578. Trois trompes coniques sous le coin, jumelées sur consoles portant un pavillon au-dessus des fossés. Il y a deux pavillons de ce type. Cf. p. 134, fig. 88.

PARIS

Église des Billettes
Construite en 1756 par le frère Claude. Tribunes couvertes de voûtes à arêtes doubles très déprimées.

Église des Carmes
Rue de Vaugirard. Couverte d'un berceau à lunettes et d'une coupole, le tout en bois et plâtre. Le marché de charpente pour ce couvrement est de l'année 1628 (L. Lambreau). Cf. p. 148.

Noviciat des Dominicains
Place Saint-Thomas-d'Aquin. Projet de reconstruction générale du noviciat en 1682 par Pierre Bullet (mort en 1716); construction du cloître de 1735 à 1740 (M. Dumolin, « Les maisons »). Dans le cloître, alternance de voûtes d'arêtes et de voûtes en pendentifs ovales avec quatre lunettes ; aux retours, voûtes en arc-de-cloître à plafond et à lunettes remplaçant presque entièrement le pan de l'arc-de-cloître. Cf. p. 151.

Église de l'Oratoire
Chœur et transept construits de 1621 à 1630 par Clément Métezeau, puis par Jacques Le Mercier. C'est à ce dernier que l'on peut attribuer la voûte en berceau à lunettes nue (seuls les doubleaux sont ornés). Nef contruite dans les années 1740. Cf. p. 110, 114, 140, fig. 53.

Couvent des Petits Augustins
Actuelle école des Beaux-Arts, rue Bona-

parte. Eglise construite de 1617 à 1619, couverte d'un lambris en berceau. La chapelle des Louanges, construite de 1608 à 1613, probablement par le maître-maçon Jean Autissier, est une chapelle hexagonale couverte d'une coupole en charpente, remaniée ultérieurement. Cf. p. 148.

Abbaye Sainte-Geneviève
● Dans les bâtiments conventuels (actuel Lycée Henri IV), escalier de la Vierge, construit par le père Claude-Paul De Creil, génovéfain, vers 1695. « Les voûtes sont d'une coupe hardie et ingénieuse ». (G. Brice, t. II, p. 498). La première volée est couverte d'une voûte gauche, qui est une sorte d'énorme arrière-voussure en anse-de-panier à base rectiligne, dont les génératrices sont convexes latéralement et concaves au centre. Les deuxièmes volées sont couvertes d'une voûte gauche dont la génératrice est segmentaire au départ et droite à l'arrivée. Dans le vestibule, au pied de l'escalier, quatre trompes sphériques, sous le coin, appareillées en panache.
● Eglise. Construite entre 1759 et 1778 par Soufflot. Sous-sol couvert de voûtes en berceau à lunettes. Vaisseaux couverts d'une suite de coupoles en pendentifs encadrées par de courts berceaux à lunettes. Les intrados sont nus en sous-sol et sculptés dans les vaisseaux. Dans sa *Dissertation* (p. 19), Rivaud vante la beauté de la stéréotomie de cette église. Il écrit notamment (note S) : « En 1759, j'appris sous M. Chardon, apareilleur en chef des travaux de Sainte-Geneviève, l'appareil et l'application de la théorie à la pratique de cet art, où il est très habile, passant souvent les bornes que se prescrivent les ouvriers ordinaires et innovant dans l'occasion. On en sera convaincu par les voûtes spirales dans leur coupe qu'il a inventées pour les croisées de ce beau monument ». Nous ne voyons pas dans l'édifice actuel de voûtes qui puissent être dites spirales. Cf. p. 110, fig. 142.

Abbaye Saint-Germain-des-Prés
Rattachée à la congrégation de Saint-Maur en 1631.
● Ouvrage au coin de rue Jacob et de la rue Saint-Benoît, porté par trois trompes coniques sous le coin, jumelées sur consoles. Fin XVIᵉ-début XVIIᵉ siècle. Détruit en 1850 (B.N., Estampes, Va 269).
● « Dans l'intérieur du monastère est un grand escalier regardé par les artistes comme l'un des plus beaux et des plus

hardis qu'on connaisse en France. L'architecte est un nommé Bonhomme » (L.V. Thierry, t. II, p. 513). Il s'agit de Nicolas Bonhomme, auteur de l'escalier de Prémontré : l'escalier de Saint-Germain devait être également un ouvrage de stéréotomie.

Eglise Saint-Gervais
Sur l'ensemble des travaux stéréotomiques de Saint-Gervais, cf. Rivaux, p. 13.
● A propos de cette église, H. Sauval (t. I, p. 452) écrit : « Le degré du clocher est une vis de Saint-Gilles, dont toutes les marches sont délardées et la voûte tantôt à angles, tantôt ronde, les arêtes de la voûte angulaire commencent à la muraille de la tour et finissent aux angles du noyau, ou de la colonne... Il semble que l'architecte ait pris plaisir à se jouer dans ce degré et montrer qu'il savait se servir de la science où il voulait et quand il voulait, car le noyau et la tour de cet escalier sont tantôt ronds et tantôt à pans et angulaires... Il y a une autre vis de Saint-Gilles à pans dans l'angle diamétralement opposé à celui-ci ». Le premier escalier peut être identifié avec la vis de Saint-Gilles placée à l'angle postérieur du bras gauche, qui est de plan hexagonal au départ et passe à mi-parcours sur plan circulaire par une habile transition. Par le comble du bras, cet escalier conduit en effet à la tour, dont l'escalier est condamné dans sa partie basse depuis que la construction du transept a mis cette tour dans-œuvre. Le second escalier, à l'angle postérieur de l'extrémité du bras droit, est une vis de Saint-Gilles hexagonale. Le transept a été commencé de construire en 1494 par le bras gauche et terminé par le bras droit en 1578 (L. Brochard). L'attribution du bras gauche à Martin Chambiges ne reposait que sur de vagues mentions : elle nous paraît plus sûre depuis que nous avons constaté que la disposition très particulière des escaliers de Saint-Gervais se retrouvait au bras gauche de la cathédrale de Sens, construite par Martin Chambiges entre 1508 et 1513. Cf. p. 112, 145, 146.
● Tribune d'orgue, 1628 par Claude Monnard, maître-maçon (L. Brochard). Trois trompes sur consoles : une grande centrale, en berceau ; deux latérales, coniques, en tour-ronde. Cf. p. 134.

Eglise Saint-Jean-en-Grève
Détruite. Trompe portant la tribune d'orgue. « Elle est toute suspendue en l'air, sur une espèce d'arrière-voussure ou corne-de-vache, que M. Pasquier de l'Isle

a conduite excellemment et dont Nicolas Dailly a été l'appareilleur... » écrit H. Sauval (t. I, p. 426) ; « je n'ai rien vu de plus hardi dans le trait que cette voussure... Pasquier a suivi ponctuellement toutes les moulures des piliers gothiques qui leur servent de fondement, et c'est en quoi consiste particulièrement la merveille de l'ouvrage... [c'est] une voûte de quatre toises de long, fort surbaissée et qui sort en saillie du coin du pilier, de quatre pieds ou environ en forme de balcon, arrondi sur les extrémités : elle roule et tourne au-dessus de la largeur de la grande nef ». Pasquier de l'Isle est actif dans les années 1610 (M. H. Fleury).

Séminaire de Saint-Magloire
Rue Saint-Jacques, détruit. Escalier suspendu à retours construit à partir de 1658 par Abel de Sainte-Marthe, et considéré par un contemporain comme un « des plus beaux et des plus hardis de Paris ». (P. de Longuemare). Assez probablement un escalier sur voûtes.

Abbaye Saint-Martin-des-Champs
Escalier construit par François Soufflot dit le Romain en 1786 (Ch. Lucas), du même type que celui de l'hôtel de ville d'Aix (cf. description p. 177). Ce qui reste des bâtiments du XVIIIe siècle est couvert au rez-de-chaussée de voûtes d'arêtes, de voûtes en arc-de-cloître, de voûtes en berceau à lunettes ; l'enduit, sans doute ajouté, cache une structure qui paraît être en pierre de taille.

Eglise Saint-Médard
Chapelle absidale construite en 1784 par Petit-Radel : grande voûte (ou fausse voûte ?) en pendentifs très surbaissée, appareillée en chevrons.

Eglise Saint-Merri
Dans cette église, H. Sauval (t. I, p. 438) signale une « vis de Saint-Gilles dans les deux tourelles qui sont aux deux côtés de la croisée hors d'œuvre. L'une est à pans et l'autre ronde. Toutes deux ont été dessinées par un architecte très savant et fort entendu à la coupe des pierres ». La « vis à pans est tantôt pentagone et tantôt hexagone... Il est difficile d'en trouver une dont les traits fort doux et hardis soient ni mieux conduits ni mieux exécutés [que ceux de la ronde]... La merveille de ces deux vis consiste en leur petitesse ». Ces deux escaliers sont aux angles du bras droit : l'escalier antérieur est en effet de plan pentagonal en bas et de plan hexagonal en haut ; l'escalier posté-

rieur, de plan circulaire. La construction du bras droit s'achève en 1526. Pierre Anglart est cité comme maître d'œuvre en 1530. Nous proposons l'attribution à Martin Chambiges, auteur de dispositions presque semblables aux transepts de Saint-Gervais et de la cathédrale de Sens. Cf. p. 112, 145, 146.

Eglise Saint-Paul - Saint-Louis et ancienne maison professe des Jésuites
● Eglise construite de 1627 à 1641 par Martellange et Derand. Les plans sont de Martellange qui abandonne le chantier en 1629 : l'église n'est alors bâtie que jusqu'au niveau des imposte des arcades. On peut donc attribuer à Derand qui le remplace, l'ensemble du couvrement (P. Moisy, Les églises des Jésuites). Vaisseau central couvert de voûtes d'arêtes avec des motifs sculptés qui laissent cependant nue la plus grande partie de l'intrados. Bas-côtés couverts de coupolettes en pendentifs avec un décor sculpté beaucoup plus couvrant. Tribunes couvertes de voûtes en berceau à lunettes nues. Croisée couverte d'une coupole en charpente. Cf. p. 108, 148, 156.
● Dans les bâtiments conventionnels (actuel lycée Charlemagne), escalier suspendu sur voûtes, très remanié : il ne reste qu'une volée en demi-berceau qui doit dater de la deuxième moitié du XVIIe siècle. Retours probablement en arc-de-cloître.

Eglise Saint-Sulpice
Chapelle de la Vierge, ajoutée au-dessus de la rue Garancière par Charles de Wailly en 1774. Trompe plate-sphéroïdale. Cf. p. 132, 222, fig. 141.

Eglise de la Sorbonne
Construite de 1635 à 1642 par Jacques Le Mercier pour Richelieu. Coupole de croisée partiellement ornée. Nef et chœur couverts de voûtes en berceau à lunettes nues : les deux lunettes gauches de la nef ont une pénétration filée ; la première lunette droite de la nef et la deuxième lunette droite du chœur ont une pénétration à extrados irrégulier ; les autres lunettes ont une pénétration extradossée. Cf. p. 98, 114, 148, 150.

Eglise du Val-de-Grâce
● Trompe conique sous le coin, à l'angle postérieur-droit du chevet. D'après les gravures anciennes, on peut restituer quatre trompes de ce type sur le chevet construit en 1645 par François Mansart.
● Couvrement exécuté à partir de 1655 par Pierre Le Muet sur les plans de

François Mansart : voûtes en berceau à lunettes et coupole à intrados ornés.

Chapelle de la Visitation
1632 par François Mansart. Coupole à lunettes à appareil nu, mais orné de tables. Trompe conique en tour-ronde. Cf. p. 150.

Palais du Louvre
● Trompe signalée à la fin du XVII⁰ siècle : « Au Louvre, dans le vieil bastiment une trompe de Montpellier qui a deux fois sa montée » (Liste des curiosités les plus remarquables de Paris, annexée au *Voyage à Paris en 1698* de M. Lister, p. 282).
● Escalier rampe-sur-rampe dit escalier Henri II, 1551 (marché du 17 avril publié par L. Batifol, p. 289). Volées couvertes de voûtes en berceau, décorées de caissons de faible relief ; sur les paliers, voûtes plates dallées. L'escalier symétrique de celui-ci, au nord du Pavillon de l'Horloge, est semblable ; seule différence : l'appareil est nu. Ce deuxième escalier est dû à J. Le Mercier, 1639. Cf. p. 142, fig. 92.
● En 1630, J. Le Mercier remplace par la voûte actuelle le plancher qui couvrait la salle des Cariatides et le Tribunal (L.H. Collard et E.J. Ciprut, p. 41 et 44). En 1639, les travaux du Pavillon de l'Horloge reprennent sur un projet de J. Le Mercier. D'après l'état de 1639, les dépenses de l'année comprennent l'achèvement des fondations. Les voûtes du passage traversant le pavillon doivent être de l'année 1640 ; le pavillon est achevé en 1642 (T. Sauvel). En avril 1639, Le Mercier donne le dessin des voûtes du rez-de-chaussée de la partie de l'aile au nord du pavillon (Louvre, Cabinet des dessins, recueil du Louvre, t. II, pl. 66). J. Le Mercier est donc l'auteur de l'ensemble du voûtement du rez-de-chaussée de l'aile occidentale de la Cour carrée : ce sont partout des voûtes en berceau anse-de-panier, à lunettes ; dans la Salle du Tribunal, un cul-de-four à lunettes. L'appareillage très soigné est partout laissé nu : seuls les doubleaux sont ornés. Cf. p. 108, 114, 140, fig. 52.

Palais du Luxembourg
Construit de 1615 à 1630 sur les plans de Salomon de Brosse. Salomon de Brosse est remplacé dans la direction du chantier par Marin de La Vallée en 1624 et par Jean Thiriot en 1630.
● H. Sauval (t. III, p. 8) signale « l'escalier gauche, dont les traits sont fort hardis et où il y a des rencontres de traits dans les fenêtres fort belles, par Marin de La Vallée et conduit par Guillaume de Toulouse ». La hardiesse du trait annonce-t-elle ici un escalier suspendu ? En tout cas, il ne faut pas confondre cet escalier « gauche » avec le grand escalier central que cite encore Sauval : le grand escalier était également dû à Marin de La Vallée et à Guillaume de Toulouse ; il n'était pas suspendu et d'ailleurs assez critiqué. L'escalier gauche, qui, comme le grand escalier, a disparu, devait être assez remarquable. On doit pouvoir l'identifier avec ce « degré de Mademoiselle » que Sauval cite comme l'un des ouvrages les plus « hardis » qu'ait produit le trait (t. I, p. 426). En effet, à la mort de Gaston d'Orléans (1660), la partie gauche (orientale) du Luxembourg était revenue à la Duchesse de Montpensier, la Grande Mademoiselle. Claude Malingre (p. 401) décrit le grand escalier comme « un magnifique escalier en forme ronde et en coquille » ; ce qui ne correspond pas à ce que l'on sait de l'escalier principal ; n'aurait-il pas confondu avec l'escalier « gauche » ? On ne voit aucun escalier rond sur les plans du Luxembourg publiés par J.F. Blondel (*Architecture française*, t. II, p. 49), mais, de l'avis de l'auteur, ces plans ne donnent pas exactement le détail de l'état des lieux. Cf. p. 168, 171.
● A. Ch. D'Aviler (article « escalier ») donne comme exemple de vis de Saint-Gilles carrée « les petits escaliers du Palais d'Orléans dit Luxembourg » ; c'était sans doute les escaliers (aujourd'hui détruits) des pavillons antérieurs.
● H. Sauval signale encore un « pendentif de Valence » par Jean Thiriot. L'expression ne désigne peut-être ici qu'une simple coupole en pendentifs. Cf. p. 152.
● H. Sauval signale enfin « la voûte-en-cul-de-four... fort hardie de la chapelle par Dominique de La Fond ». D'après J.F. Blondel (*ibidem*, p. 50), « la chapelle [...] est terminée par une voûte en cul-de-four d'un trait assez hardi pour le temps où elle fut bâtie ». Notons que l'expression « cul-de-four » désigne ici probablement une coupole (voir le sens de cul-de-four dans D'Aviler). Cf. p. 150.
● Au rez-de-chaussée du corps d'entrée, coupole à lunettes, seul morceau de stéréotomie encore en place aujourd'hui.

Palais des Tuileries
Le palais construit par Delorme pour Catherine de Médicis est commencé en 1564 ; le chantier est abandonné en 1572, deux ans après la mort de Delorme. Le grand escalier, détruit en 1664, était un chef-d'œuvre de stéréotomie. Pour H. Sauval (t. II, p. 54), c'est le « degré le plus vaste, le plus aisé et le plus admirable qui soit au monde... Jusqu'à présent, il ne m'est encore rien vu de ce genre-là, de plus hardi, ni de plus admirable ». F. Blondel (p. 689) ajoute qu'il était construit « avec tant de soin et tant d'art, qu'il pouvait servir d'étude à ceux qui veulent apprendre quelque chose de solide dans la science du trait de la coupe des pierres ». A. Blunt (p. 118 et sv.) en a donné la restitution suivante : une première partie à trois volées jumelées lui permettait de passer du niveau du jardin au niveau de la cour, plus élevé ; la deuxième partie était formée de deux volées séparées par un repos, inscrites dans un plan ovale et tournant autour d'un jour ovale. Il y avait donc en réalité deux escaliers, distincts par leur plan, la volée centrale du premier venant déboucher au milieu du jour du second qui conduisait au premier étage. C'est ce second escalier qui nous intéresse ici, car il était suspendu sur voûte. Blondel est très précis : « C'était un escalier rond à vis sans noyau dont la rampe était suspendue en l'air ; son diamètre était de vingt-sept pieds qui, partagés en trois, donnaient neuf pieds pour la longueur des marches de chaque côté et neuf pieds pour la largeur du vide du milieu ». Malgré certaines contradictions de détail, on retrouve ces dispositions dans la description plus détaillée de Sauval et dans le plan des Tuileries au premier étage daté vers 1595 (M. Dumolin, « Le Louvre ») provenant de la collection Destailleur (B.N., Estampes, V⁰ 534, f⁰ 1281). Nous proposons (p. 169), une restitution du voûtement d'après ces descriptions. Delorme est mort avant d'avoir achevé la construction de cet escalier. « Après sa mort, pas un architecte, ni géomètre n'osa le continuer » écrit encore Sauval : « Boullet, maître-maçon, fut le seul qui se vanta d'avoir trouvé le trait du défunt ; sur cela Henri IV lui en ayant abandonné la conduite, tout ce qu'il a fait a été de finir de mauvaise grâce le miracle de la coupe des pierres... Il y en a qui prétendent que si ce grand Géomètre [Delorme] eut vécu davantage, il auroit rehaussé de plus de tours et de retours, de plis et de replis une élipse si gentille et si industrieuse ; bien loin de la finir ni si court, ni si roide, ni de si mauvaise grâce, que toutes les marches en eussent été douces et tournantes de fond en comble ; et enfin

qu'il l'aurait fait régner jusques dans le dôme. D'autres au contraire veulent que jamais de Lorme n'auroit continué les marches jusques dans le dôme, qu'il s'en seroit bien donné de garde ; qu'autrement l'entrée auroit été semblable à celle d'une trape et d'un cabaret borgne ». Sur Martin Boullet et l'escalier des Tuileries, cf. J.P. Babelon, « Les travaux d'Henri IV », p. 69. A la maison de M. de Châteauneuf (cf. notice ci-après), F. Mansart a donné un « corrigé » de l'escalier des Tuileries, en montrant en particulier comment, à son sens, il aurait fallu le terminer. L'escalier de l'hôtel de Châteauneuf a malheureusement disparu comme l'escalier de l'hôtel de Vendôme (cf. notice ci-après), qui était également imité de celui des Tuileries. Denis Simon (p. 121 et le « nobiliaire du Beauvaisis », p. 92) donne une explication très différente des imperfections de l'escalier des Tuileries. Le maître-maçon et appareilleur Jean Vaast aurait été le véritable auteur du trait de l'escalier. Pour s'en attribuer le mérite, Delorme aurait renvoyé son collaborateur. Avant de partir, Vaast aurait effacé l'épure qu'il avait tracée au sol et Delorme aurait dû la reconstituer tant bien que mal. Mais Simon ajoute un détail qui réduit beaucoup la vraissemblance de cette anecdote : Vaast « alla delà faire la belle voûte qui est en l'église de Mégnelay ». La voûte de l'église Sainte-Marie-Madeleine de Maignelay (Oise) doit être d'ailleurs de Jean Ier Vaast (mort en 1524) et non de son petit-fils Jean III, actif aux Tuileries en 1564 : c'est une voûte à nervures dans la tradition gothique, qui ne se distingue que par la surcharge du décor et la maladresse des tracés.

Palais Royal
● Vestibule et grand escalier construit entre 1752 et 1770 par Pierre Contant d'Ivry : berceau à lunettes, coupole à lunettes, voûtes gauches.
● Théâtre construit de 1786 à 1790 par Victor Louis. Partie centrale du vestibule couverte d'une voûte plate appareillée sur le plan d'une coupole. Cette voûte de dimension exceptionnelle a été malheureusement recouverte lors de la dernière restauration.

Palais de Justice
Tourelle sur trompe dans la cour des femmes, construite dans les années 1860 par Duc et Daumet. La trompe en tour-ronde, construite dans un angle,

prend appui sur deux consoles qui donnent à son appui un plan concave.

Ecole militaire
Chapelle construite de 1769 à 1772 par J.-A. Gabriel, couverte d'une voûte en berceau anse-de-panier, ornée de tables et partiellement de caissons ; les retombées sont percées d'oculus sans lunette.

Ecole de Chirurgie
Actuelle Ecole de Médecine, rue de l'Ecole-de-Médecine. Construite par Jacques Gondouin, 1769-1775 : voûtes plates appareillées sur le plan de la coupole ; voûte en berceau tournant à lunettes ; escalier suspendu sur voûtes plates.

Hôtel des Invalides
Partie construite à partir de 1671 par Libéral Bruant. Deux grands escaliers sur voûtes, identiques. Ils ne sont suspendus qu'à partir du milieu de la troisième volée. La seconde moitié de celle-ci est portée par une voûte sphérique appareillée comme si elle était formée de deux trompes sphériques, sous le coin, en panache, jumelées. La quatrième volée est portée par une voûte en demi-berceau ; le palier, par une demi-voûte en pendentifs, très surbaissée, appareillée comme un pendentif de Valence. Cf. p. 150, 178, fig. 62.

Hôpital Saint-Louis
Chapelle construite en 1607-1609, couverte d'une fausse-voûte en berceau. La tribune d'orgue est distribuée par deux cages d'escalier sur trompe en tour-ronde conique. Ces trompes sont en pierre, mais leur appareil n'est pas visible.

Observatoire
Construit à partir de 1667 par Claude Perrault. « Toutes les pièces sont voûtées avec une solidité immuable et l'appareil de ces voûtes est autant de chefs-d'œuvre aussi bien que l'art du trait qui y a été poussé au plus haut degré de perfection » (J.-F. Blondel, *Architecture française*, t. II, p. 59). Cf. p. 162.
● Escalier suspendu sur voûte en demi-berceau avec moitié-tournante sur vis de Saint-Gilles et palier sur voûte en arc-de-cloître. G. Brice déclare (t. III, p. 154) : « C'est un chef-d'œuvre de la coupe des pierres ».
● A l'extrémité de la terrasse, trompe conique en tour-ronde.

Halle au Blé
Construite de 1763 à 1766 par Nicolas Le Camus de Mézières. Les greniers étaient couverts d'un voûte en berceau annulaire

en brique et pierre. Seule vestige : un escalier en vis ovale, suspendu, à marches porteuses.

Central téléphonique
48, rue du Louvre. Construit en 1890 par J.-M. Boussard. Deux ouvrages portés par deux trompes coniques, sous le coin, jumelées sur console ; appareillage en panache, peut-être faux.

Pont-Neuf
1578-1609 par Baptiste Androuet du Cerceau et Guillaume Marchand. Cornes-de-vache (F. de Dartein, *Etudes sur les ponts*, t. I).

Pont-Royal
1685, par Jacques IV Gabriel et frère Romain de Maestricht. Arches en berceau anse-de-panier. G. Brice (t. IV, p. 146) signale que « les deux extrémités sont en trompes fort larges et d'une coupe très ingénieuse ». Ces trompes, portant les ailes, ne sortent pas du triangle : leur appareil n'est plus lisible du fait des revêtements du XIXe siècle (F. de Dartein, *Etudes sur les ponts*, t. II). Cf. p. 116.

Porte Saint-Antoine
Détruite vers 1778. Une arrière-voussure dite « de Saint-Antoine » couvrait chacune des trois baies de cette porte, côté ville. D'après H. Sauval (t. III, p. 1), « l'avant portail de la porte Saint-Antoine » a été construit en l'honneur d'Henri III à son retour de Pologne « sur les dessins de Métezeau ». Il ne pourrait s'agir que de Thibaut Métezeau. On distinguait alors la porte Saint-Antoine, ouvrage fortifié construit pour Charles V et détruit vers 1674, et son « avant-portail », c'est-à-dire la porte triomphale qui devient « porte Saint-Antoine » après 1674. D'après J. Du Breul, l'avant-portail portait les armes de France et de Pologne et la date de sa construction : 1585. Cependant il est de bons auteurs pour affirmer, non sans de solides arguments, que cette date ne marque que l'achèvement de la construction ou même un remodelage d'une porte commencée sous Henri II : la décision municipale du 20 août 1585, à propos des armes de France et de Pologne à apposer sur le « portail naguère faict de neuf » nous paraît tout à fait explicite. (Sur cette question, voir A. Bonnardot, P. Marmottant, M. Poëte et M. Grimault). Dans cette hypothèse, l'arrière-voussure de la baie centrale daterait des années 1550. Quant aux baies latérales, avec leur arrière-voussure, elles datent de l'importante transformation exécutée en

1672 par François Blondel, pour améliorer le trafic passant par la porte. Cf. p. 84, 120.

Hôtel d'Angoulême ou de Lamoignon
24, rue Pavée. Ouvrage porté par trois trompes coniques sous le coin, jumelées sur consoles, probablement contemporain de l'aile sur laquelle il est placé : celle-ci a été bâtie de 1624 à 1640 par Jean Thiriot pour Charles d'Angoulême (J.-P. Babelon, *Demeures parisiennes*, p. 277). Fig. 89.

Hôtel Aubert de Fontenay
5, rue de Thorigny. Construit en 1656 pour Aubert de Fontenay par Jean Boullier dit de Bourges. Escalier suspendu sur voûtes : deuxième volée en berceau rampant terminé en demi-berceau, retours en arc-de-cloître ; lunettes.

Hôtel de Beauvais
68, rue François Miron. 1654 par Antoine Lepautre. Le balcon convexe de la façade porte sur un organe qui était primitivement orné et qui est aujourd'hui recouvert d'un enduit : il n'est donc plus possible d'identifier la nature de l'appareillage.

Hôtel de Bellegarde-Séguier
Rue de Grenelle (actuelle rue Jean-Jacques Rousseau), détruit. Construit dans les années 1610 par Jacques II Androuet du Cerceau pour le duc de Bellegarde ; acquis en 1634 par Pierre Séguier (chancelier en 1635) qui le fait transformer par Jean du Cerceau ; devient ensuite l'hôtel des Fermes. Son grand escalier est décrit par plusieurs auteurs. H. Sauval (t. II, p. 196) : « Son grand escalier suspendu en l'air inventé et conduit par Toussaint Vergier [est] une grande masse de pierre à quatre noyaux et à trois étages, vides dans le milieu, renfermée dans une cage carrée... et portée sur des voûtes et des trompes fort accroupies et surbaissées ». A. Ch. D'Aviler (article « escalier ») : « Escalier en arc-de-cloître suspendu et à repos, celui dont les rampes et paliers quarrés en retour, portent en l'air sur une demi-voûte en arc-de-cloître, comme l'escalier de l'hôtel des Fermes du roi, rue de Grenelle ». J. A. Piganiol de La Force (t. III, p. 250) : « Le grand escalier fut inventé et conduit par Toussaint Vergier ; il est enfermé dans une cage carrée et accompagné de grands paliers et de marches bordées d'appuys et de balustres de pierre, qui portent en l'air sur une demi-voûte en arc-de-cloître. Cet escalier qui fut admiré

dans son temps, est mal éclairé et d'un dessein très lourd et de mauvais goût ». Notons le désaccord entre Sauval d'une part, D'Aviler et Piganiol d'autre part, sur le type de cet escalier (retours sur trompe ou retours en arc-de-cloître). Sa construction est généralement rattachée aux travaux des années 1610 ; rien ne prouve en fait qu'il ne date pas seulement des travaux des années 1640. Toussaint Vergier est actif à l'hôtel de Châteauneuf (cf. notice ci-après) vers 1630. Cf. p. 175.

Hôtel de Bersan, ancien hôtel d'Epernon
110, rue Vieille-du-Temple. 1731, par Denis Quirot (M. Gallet, *Stately Mansions*, p. 182). Trompe conique sous le coin.

Hôtel de Bézenval
142, rue de Grenelle. Salle de bains construite en 1782 par Brongniart. « La voûte de cette salle a 18 pieds de largeur sur 30 pieds de longueur ; elle n'a que 5 pouces de voussure et onze pouces d'épaisseur et est remarquable par l'appareil et la coupe des pierres » (L.V. Thiéry, p. 575).

Hôtel de Canillac
Rue de Paradis (actuelle rue des Francs-Bourgeois), détruit. 1707 par Germain Boffrand. G. Brice (t. II, p. 94) décrit : « Une galerie au milieu de laquelle est un salon circulaire soutenu par une trompe ou tour-ronde ingénieusement pratiquée sur la cour pour donner plus de largeur au salon et à la galerie ». D'après cette description, on doit pouvoir restituer une trompe plate, sur le pan et en tour-ronde. Cf. p. 222.

Maison de M. de Châteauneuf
Rue Coquillière, détruite. Construite vers 1630 par François Mansart pour Charles de l'Aubespine, marquis de Châteauneuf. Cf. p. 171, 178.
● De l'escalier, H. Sauval, (t. II, p. 202) écrit : « Il est en partie de pierre et quarré, en partie elliptique et de charpente, enduite de plâtre : au reste, c'est un diminutif de celui du palais des Tuileries ; mais terminé d'une petite lanterne où on entre par une porte faite en trape, qu'a conduit un charpentier entendu que les gens de métier appellent Père Cotton, et on dit que Mansart le fit faire exprès ainsi, afin de nous montrer sur le bois les défauts qu'il avait remarqués dans celui de Catherine de Médicis ; et en même temps, nous enseigner de quelle manière il pensait que cet escalier de pierre, dont on fait tant de cas, devait être achevé par Philibert Delorme ». La partie en pierre

et carrée doit correspondre à la première partie de l'escalier des Tuileries rachetant la dénivellation entre le jardin et la cour ; la partie elliptique et suspendue est donc construite en charpente, mais avec la volonté d'imiter les escaliers en pierre.
● La trompe au-dessus du portail, rue Coquillière a été appareillée par Toussaint Vergier. H. Sauval (t. II, p. 202) la qualifie de « corne de vache » : « Quoique cette trompe porte vingt-quatre pieds d'ouverture, il lui a donné si peu de montée, toute bombée qu'elle soit en tour-ronde, qu'elle rachète une grande perte avec ses claveaux encore bombés, et relevés en bosse par assises ». D'après la restitution très hypothétique donnée par A. Braham et P. Smith, cette corne-de-vache ne serait pas une trompe.

Hôtel de Cluny
6, place Paul-Painlevé. Vers 1485 pour l'abbé Jacques d'Amboise. Tourelle d'escalier sur trompe conique en tour-ronde. Cf. p. 124.

Hôtel de Duras
Près de la place des Vosges. A. Ch. D'Aviler (article « trompe ») signale une trompe « réglée » derrière l'hôtel de Duras près de la Place royale. Rappelons que « trompe réglée » veut généralement dire trompe conique.

Hôtel Dodun
21, rue de Richelieu. Première moitié du XVIIIe siècle, par Jean-Baptiste Bullet de Chamblain. Escalier suspendu, avec revêtement cachant la structure.

Hôtel d'Evreux
19, place Vendôme. Escalier construit en 1747 par Contant d'Ivry pour le baron de Thiers (J.F. Blondel, *Architecture française*, t. III, p. 103). Escalier en fer-à-cheval sur voûte plate : l'intrados devait présenter à l'origine des moulures décrivant des tables.

Hôtel Frécot de Lanty
Actuelle Ecole des Ponts-et-Chaussées, 28, rue des Saints-Pères. Construit vers 1768-1774, par Jacques-Denis Antoine. Escalier suspendu sur voûtes plates.

Hôtel de Guénégaud ou de Nevers
Quai de Conti, détruit. Une trompe non identifiable, reproduite par A. Braham et P. Smith (fig. 323) : d'après ces auteurs (p. 240), ce serait une adjonction postérieure à l'intervention de François Mansart dans cet hôtel.

Hôtel de Guénégaud des Brosses
60, rue des Archives. Construit par Fran-

çois Mansart pour Jean-François de Gué-négaud, seigneur de Brosse ou des Bros-ses, vers 1653 (J.P. Babelon). L'escalier est décrit par H. Sauval (t. III, p. 4) en ces termes : « Le degré de M. de la Brosse est un rempant qui porte son cintre sous les marches et va finir en anse de panier sous un palier quarré. Les courbes en sont maniées avec beaucoup de douceur et avec cette propreté qui se remarque par excellence dans tous les ouvrages de Mansart ». La première volée n'est pas suspendue. La deuxième volée et le deuxième repos sont portés par une voûte en berceau rampant gauchie ; ce berceau est assisé, mais ses assises se mettent à tourner au retour. La troisième volée et le palier sont portés par une voûte en demi-berceau ; le retour est formé par un quart de vis de Saint-Gilles ; l'extrémité du palier est portée par un quart de cul-de-four dans lequel les assises du demi-berceau se terminent en rouleaux. Le voûtement suit une courbe presque continue, interrompue seulement par une arête saillante entre le deuxième repos et la troisième volée. Sous les voûtes du palier, l'angle de la cage est racheté par des pendentifs. L'un de ces pendentifs est combiné avec la voussure d'une fenêtre. Ce détail a frappé Sauval : « Il y a certaine trompe dont les arêtes vives unies à celles de la croisée, font un effet aussi galant qu'il est hardi ». Cf. p. 174, 177.

Hôtel de Jars

Rue de Richelieu, détruit. Construit par François Mansart à partir de 1648. A propos de l'escalier, H. Sauval écrit (t. II, p. 206) : « Il est quarré, porté en l'air à la moderne, pour une voûte plate et suspendue sans aucun pilier ou noyau, et renfermé dans une cage qui porte deux cent vingt trois pieds de long sur vingt de large... Les voûtes roulent, tournent et montent fort lentement, et différemment, il n'y a point de rampe où l'on ne trouve soit lunette ou arc-de-cloître, ou des arcs et des voûtes rampantes, et où l'on ne voye que toutes ces pièces sont mariées fort agréablement les unes avec les autres, et menées en l'air autour de la cage, par des pierres gauchées, sans plis ni coude, ni aucune ligne, soit droite ou parallèle. Ce bel escalier est de l'invention de Mansart ; mais tous ces traits de géométrie, très beaux et très difficiles à assembler, ont été conduits par Simon Lambert, fils de celui que les ouvriers appellent par excellence la mer-du-trait, et qui

entend aussi bien la coupe des pierres que son père ». Cf. p. 174, 177.

Hôtel de Jaucourt

A l'angle des rues de La Vrillière (n° 2) et Croix des Petits-Champs (n° 43). 1733, par Pierre Desmaisons, architecte, et Sé-bastien Charpentier, maçon (M. Gallet, « Desmaisons », p. 11). Deux avant-corps portés par une trompe plate-cylindrique, sur le pan et en tour-ronde. Cf. p. 132, fig. 83.

Hôtel de La Chataigneraie

58 bis, rue des Francs-Bourgeois. Construit en 1642 par P. Le Muet pour Denis Marin de La Chataigneraie. Esca-lier à volées sur voûtes en demi-berceau et retours en arc-de-cloître.

Hôtel de La Feuillade

Place des Victoires, détruit. J.B. de La Rue (chapitre IX) signale en 1728 deux trompes plates en tour-ronde « au bout de la galerie de l'hôtel de laFeuillade, place des Victoires ». A.F. Frézier (t. III, p. 206) n'en signale plus qu'une « pour porter un cabinet sur la rue ». E. Rouché et Ch. Brisse (p. 116), dont le témoignage n'est pas toujours très sûr, signalent de nouveau deux trompes de ce type au coin de la rue de La Vrillière et de la rue des Petits-Champs. L'hôtel de La Feuillade occupait en effet le terrain délimité par la place des Victoires, la rue de La Feuil-lade et la rue de La Vrillière. Ces trompes ont dû être construites entre 1683 (acquisition de l'hôtel de Senneterre par La Feuillade) et 1691 (mort du Maréchal) ; elles sont en tout cas anté-rieures à 1728. Il y avait donc une extraordinaire concentration de trompes rue de La Vrillière : à l'angle sud, en face de La Feuillade, les deux trompes de la maison rue Radziwill ; à l'extrémité orien-tale de la rue, les deux trompes de l'hôtel de Jaucourt. En comptant également les trompes de l'hôtel de La Vrillière et celles de la maison de M. de Longueval-Crécy, rue Radziwill, il y avait neuf trompes en deux îlots.

Hôtel de La Vrillière

Rue de La Vrillière, détruit. Construit de 1635 à 1638 par François Mansart.
● H. Sauval (t. II, p. 229) signale : « deux grands escaliers vides à la mo-derne sans noyau dans le milieu, et portés sur une voûte suspendue, condui-sent au premier étage ; l'un est carré, l'autre ovale ; l'ovale est bordé d'un ba-lustre en fer, le quarré d'un balustre de pierre de Tonnerre ». L'escalier ovale est

incontestablement une vis de Saint-Gilles suspendue ; Sauval ajoute en effet : « Ses marches sont courbées sur des rampes qui forment une ellipse agréable ». L'esca-lier carré pourrait bien être un escalier sur voûtes en demi-berceau ; mais, d'après Sauval, « chaque appui de ce grand escalier » est fait « d'une seule pierre de liais » : précision bien difficile à interpréter ! L'appareilleur de ces escaliers ne serait-il pas Philippe Legrand, auteur de la trompe (cf. ci-dessous) ? Cf. p. 171.
● « Cette trompe fut exécutée par Me Philippe Le Grand, qui lui a fait porter à l'ordonnance deux fois sa mon-tée ; dehors on n'en connaît point l'arti-fice, ni par les joints, ni par ses coupes ; l'industrie de cet appareilleur est cachée dedans et recouverte de pierres ; les joints et les lits de ces pierres par dedans sont tous faits par entailles, et si adroitement enclavés les unes dans les autres qu'en-core que cette masse soit toute suspendue et soutenue en l'air, elle durera plus néanmoins que toutes les autres parties du logis » (H. Sauval, t. II, p. 229). La trompe portait l'angle de la galerie au-dessus de la rue Neuve-des-Bons-Enfants (actuelle rue Radziwill) dont le percement n'était pas encore prévu lorsque Mansart établissait ses plans. C'était une trompe en coquille, sous le coin. Détruite en 1870 (photographiée avant destruction, Bi-bliothèque historique de la ville de Paris, G.P. III, 14, 17 octobre 1869), elle a été reconstruite à peu près à l'identique en 1872, par Charles Questel, architecte, P. Lavit et A. Canivet (L. Monduit et A. Denis, p. 191) Cf. p. 132.

Hôtel de Liancourt

Rue de Seine, détruit. Transformé en 1623 par Jacques LeMercier qui ajoute deux logettes sur trompe conique sous le coin (gravure de la façade sur jardin par Jean Marot. Cf. R. Coope, p. 63).

Maison de M. de Longueval-Crécy

Détruite. Cette maison se trouvait rue Neuve-des-Bons-Enfants (actuelle rue Radziwill) à côté de l'hôtel de La Vril-lière (voir ci-dessus). Elle avait deux trompes sur rue, construites, semble-t-il, entre 1635 et 1640 (cf. A. Braham et P. Smith, p. 211).

* Hôtel de Matignon

57, rue de Varenne. Commencé en 1720 par Jean Courtonne. En 1723, le Comte de Matignon achète l'hôtel, dont le gros-œuvre était seul terminé, et remplace Courtonne par l'architecte Mazin.

● Le 21 décembre 1723 (Courtonne est parti depuis juillet) est passé avec Pierre Lafon le marché de construction de l'escalier (L.H. Labande). Pierre Lafon, identifié avec Pierre de La Fond par M. Gallet (« Pierre de Vigny ») est l'appareilleur. Dans son *Traité de la perspective* (p. 114). Courtonne décrit l'escalier comme son ouvrage. L'édition de 1738 du *Cours* de A. Ch. D'Aviler (p. 226 et pl. 63 verso) l'attribue au sieur Bruant, architecte du roi, et fait l'éloge de « la hardiesse avec laquelle tout cet escalier qui est de pierre est soutenu en l'air : la précision de l'appareil répond à la singularité du trait et fait regarder avec justice cet escalier par les gens de l'art comme un chef-d'œuvre de la coupe des pierres ». Commentaire élogieux dans l'*Architecture française* de J.F. Blondel (t. I, 1752, p. 219). Courtonne lui-même, dit que « cette continuité de masse de pierre suspendue fait un effet des plus surprenants ». Dans ces descriptions, rien ne laisse supposer que cet escalier est entièrement revêtu de marbres multicolores. Ce placage est-il postérieur à la construction (nous n'avons pas pu nous en assurer sur place) ? Volées et paliers en demi-berceau ; retours en arc-de-cloître.

● Vestibule ovale couvert d'une voûte surbaissée : elle a 24 pieds de diamètres sur 21 et seulement 16 pouces de flèche « ce qui la fait passer au sentiment des connaisseurs pour une pièce assez hardie » (Courtonne). Cf. p. 115.

Hôtel de Mayenne

21, rue Saint-Antoine. La tourelle sur trompe conique en tour-ronde dans l'angle antérieur-droit de la cour doit faire partie des remaniements exécutés dans les années 1610 par le maçon Christophe Deschamps ou par Jean ou Jacques II Androuet du Cerceau (J.P. Babelon, *Demeures parisiennes*).

Maison Patouillet

Détruite. Se trouvait rue Savaterie (emplacement de la Préfecture de Police). Trompe construite par Philibert Delorme, signalée par Delorme (f° 90), par H. Sauval (t. III, p. 3), par G. Brice (édition de 1698, t. II, p. 360 : « Dans la rue de la Savaterie, derrière les Barnabites, on va voir par admiration un morceau d'architecture du dessein de Philibert Delorme qui se trouve dans un coin où cet excellent maître a fait une manière de trompe sous laquelle il a pratiqué deux portes qui font paraître l'ouvrage tout en l'aire ») et par un auteur anonyme de la fin du XVIIᵉ siècle (annexe au *Voyage* de M. Lister, p. 286 : « La trompe de la rue de la Savaterie [...] fort belle et fort accroupie et surbaissée, n'ayant qu'une fois la montée, est trompe de Montpellier »). Malgré l'erreur sur le sens de l'expression « trompe de Montpellier » (qui n'est pas surbaissée), on peut déduire de cette description qu'il s'agissait d'une trompe conique en tour-ronde. A. Berty (p. 21, note 1) déclare avoir trouvé « sur un vieux plan manuscrit... une indication ponctuée de la trompe... elle était située dans le deuxième angle rentrant de la rue Saint Eloy [nom de la rue Savaterie en 1738], à droite en arrivant par la rue de la Vieille Draperie. La maison du Sire Patrouillet ou Patoillet... s'appelait maison de l'Asne rayé en 1354, l'hostel du roy Pepin dans les deux siècles suivants, et la maison de la Grande Croix Blanche au XVIIIᵉ siècle ». Cf. p. 137.

Hôtel de Soissons

Chapelle construite par Claude Guérin en 1581. « On y entre par un portail [...] couronné de deux clochers suspendus en l'air sur deux trompes » (H. Sauval, t. II, p. 217).

Hôtel Vanel

Rue des Petits Champs, détruit. Construit pour Claude Vanel de Tricourt de 1640 à 1643 (J.-P. Babelon. *Demeures parisiennes*, p. 277). H. Sauval (t. III, p. 5) y signale « un escalier rampant et vide dans le milieu... Le trait est si beau et si hardi qu'il semble comme suspendu en l'air. La faiblesse des murs et la crainte de la dépense sont cause que Dominique de Lafons n'a pu le continuer jusqu'au dernier étage ».

Hôtel Vendôme

Place Vendôme, détruit. A propos de l'escalier de Delorme aux Tuileries, H. Sauval (t. III, p. 43) écrit : « Il y en a un à l'hôtel de Vendosme qui lui ressemble et quoi qu'il s'en faille beaucoup qu'il ait tant de grandeur, en récompense, il est plus magnifique et mieux proportionné ». Cet hôtel de Vendôme est sans doute identifiable avec l'hôtel construit pour Antoine de Gondy du Perron dans la deuxième moitié du XVIᵉ siècle ; rebâti par la veuve du duc de Mercœur, propriétaire depuis 1602, qui le cède à sa fille, épouse de César de Vendôme ; acquis en 1685 par le Roi qui le détruit pour faire la place Vendôme (A. de Boislisle, p. 95). L'escalier pourrait dater des années 1600 ; nous déduisons de sa ressemblance avec l'escalier des Tuileries qu'il était suspendu aux voûtes. Cf. p. 171.

Coin des rues Brisemiche et Taillepain

La trompe qui portait le coin (emplacement du 5 rue Brisemiche) a disparu en même temps que la rue Taillepain en 1911, au moment de l'élargissement de la rue Brisemiche. C'était une grande trompe cylindrique (ou peut-être sphérique, le pan coupé pouvant être légèrement concave), sous le coin (Bibliothèque historique de la ville de Paris, G.P. XIII, 109 : photographie avant destruction).

Coin des rues de Brosse et de l'hôtel de ville

Trompe cylindrique sur le pan et sous le coin, exécutée vers 1950 par les Compagnons du Devoir du Tour de France. Cf. p. 224.

Coin des rues Chanoinesse et Saint-Landry

Trompe cylindrique (ou peut-être sphérique) portant le coin au-dessus d'un pan coupé (ou peut-être concave), détruite, connue par une photographie Marville (vers 1865, Bibliothèque historique de la ville de Paris, G.P. XVI, 62).

Immeuble, 29, boulevard de Courcelles

Construit en 1902 par Xavier Schoellkopf. Remarquable exemple de renouveau de la stéréotomie dans le Modern Style. Vestibule couvert d'un berceau tournant. Escalier en vis sur voûtes en demi-berceau : cage ovale, jour en forme de rognon, lunettes. Cf. p. 224.

Cour du Dragon

Construite de 1728 à 1732 par Pierre de Vigny, détruite en 1925. Deux tourelles d'escalier circulaires portées par une trompe au-dessus d'un renforcement concave. L'appareilleur était Pierre de La Fond (M. Gallet, « Pierre de Vigny »).

Coin des rues Madame et de Mézières

Trompe cylindrique sur le pan et sous le coin, détruite, connue par une eau-forte de Martial Potemont 1867.

Coin des rues Madame et du Pape Carpentier

Trompe cylindrique sur le pan et sous le coin, détruite, connue par une photographie de la Commission du Vieux Paris.

Maison à l'angle de la rue Radziwill et de la rue de La Vrillière

Détruite. Deux trompes à l'angle de ces rues, antérieures semble-t-il à 1643, date à laquelle cette maison est rattachée par

M. de La Vrillière à son hôtel voisin (cf. A. Braham et P. Smith, p. 211).

Emplacement non identifié, rue de Varenne
A. Ch. D'Aviler (*Cours*, édition de 1738, p. 164 et pl. 51 a) signale une trompe sous balcon d'une maison rue de Varenne : c'est une trompe en berceau et en tour-ronde.

Coin nord-ouest des rues Vieille-du-Temple et des Francs-Bourgeois
Trompe cylindrique sur le pan et sous le coin, détruite, signalée par E. Rouché et Ch. Brisse (p. 121) et connue par plusieurs photographies (en particulier, Bibliothèque historique de la ville de Paris, XII, 21, clichés Atget, 1902).

PÉRIGUEUX (Dordogne)

Maison, 2, rue de la Miséricorde
Escalier, deuxième moitié du XVIe siècle (?) : paliers couverts de voûtes plates dallées.

Maison, 1, rue de la Sagesse
Escalier, deuxième moitié du XVIe siècle (?) : paliers couverts de voûtes plates dallées.

PÉZENAS (Hérault, arr. de Béziers)

Hôtel de ville
Construit en 1552 ; l'escalier n'est pas antérieur au début du XVIIe siècle. Sur chacun des paliers, deux pendentifs de Valence. Cf. p. 152.

Hôtel Bazin de Bezons
22, cours Jean-Jaurès. Escalier à repos couvert de deux pendentifs de Valence.

PIBRAC (Haute-Garonnne, arr. de Toulouse)

Château
Remanié vers 1540 peut-être par Nicolas Bachelier. (F. Gébelin, p. 158). Deux ouvrages sur trompe conique en tour-ronde. Deux tourelles jumelées portées sur une seule grande trompe conique, qui est peut-être une trompe de Montpellier.

LE PIMPÉAN (Maine-et-Loire, arr. de Saumur, com. de Grézillé)

Château
Trois trompes conique sous le coin ; XVIIe siècle ?

POITIERS (Vienne)

Ancienne Unviersité, dite « Les grandes Ecoles »
Rue des Grandes-Ecoles. La tourelle d'escalier sur trompe conique en tour-ronde, qui prolonge la tour de l'escalier principal, a été ajoutée en application du marché de construction du 10 juillet 1460. (Ph. Rondeau, p. 137). D'après M. Favreau, le marché de construction, assez mal publié par Rondeau, porte la cote J. 1236 aux Archives municipales. La figure sculptée du trompillon confirme la datation donnée par les textes. Cf. p. 124.

PONCÉ-SUR-LE-LOIR (Sarthe, arr. du Mans)

Château
Escalier rampe-sur-rampe, 1542. Trois volées couvertes de voûtes en berceau, décorées de nervures en caissons. Trois volées couvertes de voûtes plates dallées inclinées, sur nervures en caissons. Cf. p. 142.

PONS
(Charente-Maritime, arr. de Saintes)

Château
● Partie haute de l'angle nord-est du donjon : trompe en berceau dans l'angle et sous le coin, formée de claveaux monolithes. Les parties hautes du donjon ont été plusieurs fois remaniées. Cependant la trompe existait avant l'important remaniement de 1904 (G. Gaborit). Masse, qui a relevé le donjon au XVIIIe siècle, fait état de transformation des parties hautes pour Jeanne d'Albret : la trompe pourrait dater des années 1550-1570. Nous ne pensons pas que cette trompe « qui sort du triangle » puisse dater, comme la masse du donjon, de la seconde moitié du XIIe siècle.
● Au logis seigneurial (actuelle mairie), trompe du même type, mais construite sur le pan et non dans l'angle. La présence de cette trompe, qui ne peut être antérieure à la deuxième moitié du XVIe siècle, confirme la datation que nous venons de donner pour celle du donjon.

Maison, 8, rue Charles-de-Gaulle
Deux trompes cylindriques sur le pan, sous le coin, appareillées en panache, assez médiocres.

PONT-À-MOUSSON (Meurthe-et-Moselle, arr. de Nancy)

Abbaye des Prémontrés
Construite à partir de 1705 (ou de 1711) par Nicolas Pierson et Thomas Mordillac. L'escalier dit de l'Atlante est de 1727 (P. Pillet). Toutes les voûtes sont enduites, sauf trois arrière-voussures de Saint-Antoine du cloître. Les trois escaliers suspendus sont construits sur des voûtes en brique enduites.

PONTLEVOY (Loir-et-Cher, arr. de Blois)

Abbaye
Rattachée à la congrégation de Saint-Maur. Rez-de-chaussée entièrement voûté. Escalier suspendu sur voûtes en demi-berceau, retours en arc-de-cloître, lunettes ; XVIIIe siècle. Cloître de 1772 : voûtes d'arêtes avec d'importantes arrière-voussures.

PONT-SAINTE-MAXENCE (Oise, arr. de Senlis)

Pont sur l'Oise
Détruit. Construit en 1772-1786 par Perronet. Arches à voûtes segmentaires. Rapport flèche-portée 1/12. (F. de Dartein, *Etudes sur les ponts*, t. II).

PONT-SAINT-ESPRIT (Gard, arr. de Nîmes)

Eglise Saint-Pierre
1780, par Jean-Pierre Franque, vaisseau couvert de voûtes à arêtes doubles. Tribune sur grande voûte en berceau déprimé, appareillée sur un plan complexe : les retombées appareillées en panache sur le plan d'une trompe en tour-ronde ; la partie centrale déprimée est pratiquement une voûte plate appareillée sur le plan d'une voûte en éventails. Cf. p. 142.

* Eglise des Minimes
1608. Dans une chapelle latérale, voûte (XVIIIe siècle ?) dans le genre de celle de l'église Saint-Pierre (Communication orale d'Alain Girard).

PRÉMONTRÉ (Aisne, arr. de Laon)

Abbaye
Construite à partir de 1719 ; de 1726 à 1730, la construction est conduite par Nicolas Bonhomme, auteur d'importants ouvrages de stéréotomie, notamment de l'escalier de Prémontré (Ph. Bonnet).
● Vestibule du bâtiment central (actuelle chapelle) couvert d'une voûte en arc-de-cloître barlongue, surbaissée et à lunettes : les petits pans de la voûte ont un plan segmentaire et non rectiligne.
● Escalier en vis de Saint-Gilles suspendu, à cage et jour ovale dans le bâtiment de gauche. L'hélice du demi-berceau perd progressivement de la pente sous les

paliers, puis après un bruque ressaut, retrouve la pente des volées. Plusieurs lunettes. Cf. p. 171, 178, fig. 119.
● Grand escalier détruit. «L'escalier de Prémontré est un de ces morceaux dont la hardiesse a quelque chose d'effrayant : on le doit à la seule connaissance du trait » (M.A. Laugier, *Essai sur l'architecture*, p. 152). Relevé exécuté par F. Franque, présenté en 1792 à l'Académie d'architecture (*P.V. Acad. archit.*, t. IX, p. 326).

LE PUY-DU-FOU (Vendée, arr. La Roche-sur-Yon, com. des Epesses)

Château
Escalier, XVIe siècle, à volées couvertes de voûtes en berceau clavées, ornées de caissons de faible relief et sans rapport avec la structure. Cf. p. 142.

QUÉTILLAC (Loire-Atlantique, arr. de Châteaubriant, com. de Bouvron)

Château
Trois trompes coniques sous le coin, jumelées sur consoles, portant une logette ; XVIIe siècle ?

QUINTIN (Côtes-du-Nord, arr. de Saint-Brieuc)

Château
Dans les sous-sols, une des rares parties conservées du château reconstruit vers 1640 pour les Guyon-La Moussaye, par Gabriel du Cerceau, probablement un membre oublié de la dynastie des Androuet (L.M. Gohel et communication orale de G. Le Louarn) : voûtes en moellons équarris avec quelques ouvrages en pierre de taille, lunettes, berceaux biais sur les soupiraux, etc. Cf. p. 191.

RAMBURES (Somme, arr. d'Abbeville)

Château
Construction datée des années 1450-1470, peut-être plus précisément vers 1460. A ces dates, le maître de l'ouvrage serait Jacques de Rambures (Ph. Seydoux). Quatre vis à la Rihour. Cf. p. 194.

RANGEVAL (Meuse, arr. de Commercy, com. de Géville)

Abbaye des Prémontrés
Reconstruction dans les premières années du XVIIIe siècle : voûtes à arêtes doubles ; voûtes nervurées à la manière gothique avec quartiers en pierre de taille (l'une porte la date 1703) ; quelques voûtes enduites. Cf. p. 192.

LES RÉAUX (Indre-et-Loire, arr. de Chinon, com. de Chouzé-sur-Loire)

Château
D'après certains auteurs, la reconstruction du château aurait été commencée en 1462 pour Jean Briçonnet ; d'après d'autres auteurs, elle n'aurait pu être commencée qu'à la fin du XVe siècle pour Guillaume Briçonnet, fils de Jean (R. Ranjard, *Touraine*). Les sculptures de la façade ne paraissent pas être antérieures aux années 1540. La voûte en berceau clavée et nue qui couvre le passage d'entrée, date probablement du début du XVIe siècle.

REDON (Ille-et-Vilaine)

Abbaye Saint-Sauveur
Rattachée à la congrégation de Saint-Maur en 1628. Cloître, deuxième moitié du XVIIe siècle, à galeries couvertes de voûtes d'arêtes et retours couverts de voûtes à arêtes doubles. Une seule de ces voûtes est entièrement appareillée, d'ailleurs médiocrement ; les autres voûtes sont enduites, seules leurs arêtes étant appareillées.

Hôtel Carmois
6, rue du Port. Construit en 1681. Dans l'angle du logis en équerre, trompe dans le triangle, formée par une demi-voûte en arc-de-cloître, assez médiocrement appareillée.

RENNES (Ille-et-Vilaine)

Abbaye Saint-Mélaine
Rattachée à la congrégation de Saint-Maur en 1627. Galerie de cloître portant la date 1683, peut-être due à Pierre Corbineau (B.A. Pocquet du Haut-Jussé) : voûtes d'arêtes ; au centre, une voûte à arêtes doubles et à plafond ; aux extrémités, deux grandes voûtes plates.

Hôtel Michau de Ruberzo
Actuelle préfecture, 1, rue Martenot. Le grand escalier suspendu pourrait dater de la construction de l'hôtel pour la famille Michau de Ruberzo, vers 1733 : volées et palier sur voûtes en demi-berceau, retours en arc-de-cloître.

LA RÉOLE (Gironde, arr. de Langon)

Abbaye
Rattachée à la congrégation de Saint-Maur. Bâtiments conventuels commencés en 1704 par Maurice Mazet pour Dom Hugues de Lauvergnac (P. Dubourg-Noves, *Villes d'art du Bordelais*).
● Grand escalier suspendu avec deuxième volée sur voûte d'arêtes, troisième volée sur voûte en demi-berceau, palier sur voûte d'arêtes.
● Petit escalier suspendu sur voûtes en demi-berceau ; retours sur trompe ; la trompe du palier forme un surplomb ondée ; lunettes dans les demi-berceaux ; cage couverte par une coupole ovale sur pendentifs en panache. Cf. p. 175.
● Au perron de la façade postérieure, trompe en coquille en tour-ronde.
● Dans l'église Saint-Pierre, tribune d'orgue et coursière, contemporaines des travaux des bâtiments conventuels : grande trompe en berceau et deux trompes coniques en tour-ronde. Cf. p. 134.

RICHELIEU (Indre-et-Loire, arr. de Chinon)

Château
1631 par Jacques Le Mercier, détruit. Deux ouvrages carrés sur trompe conique sous le coin (Cf. la gravure de Jean Marot montrant la façade sur jardin).

LA ROCHEFOUCAULD (Charente, arr. d'Angoulême)

Château
Entre 1516 et 1533. Portiques de la cour, couverts de voûtes plates dallées sur arcs-diaphragmes entrecroisés. Cf. p. 163.

LA ROCHELLE (Charente-Maritime)

Cathédrale Saint-Louis
Commencée en 1742 sur les plans de Jacques Gabriel (qui meurt en 1742), construite sous la surveillance de Jacques-Ange Gabriel. Les voûtes sont bâties entre 1774 et 1777. Le chœur et la coupole datent du XIXe siècle (P. Moisy, «Deux cathédrales»). Voûtes en berceau à lunettes sur les vaisseaux principaux ; voûtes d'arêtes surbaissées dans les bas-côtés.

Chapelle des Carmes
Façade, 1676. Trompe en coquille portant un balcon de plan polygonal : des refends recoupent maladroitement les joints rayonnants.

Eglise de l'Oratoire
Arrière-voussure de Saint-Antoine datant soit de la construction de 1610, soit, plus probablement, des réfections consécutives au siège de La Rochelle (vers 1630).

Hôtel de ville
Portique sur cour, entre 1595 et 1606, couvert d'une suite de voûtes plates dallées, séparées par des doubleaux-

diaphragmes et ornées de tables ; arcades couvertes d'arrière-voussures de Marseille et d'arcs jumelés avec retombée centrale pendante.

Palais de Justice
Commencé en 1783 par l'architecte Duchesne, terminé en 1789. Portique sur rue couvert de voûtes d'arêtes déprimées. Cf. p. 156, fig. 107.

Hôtel dit de Diane de Poitiers
Rue des Augustins. Construit pour Hugues Pontard (mort en 1565) peut-être par Léonard de La Réau, présent à La Rochelle en 1544. Dans les galeries et sur les paliers de l'escalier, suite de voûtes plates dallées, séparées par des doubleaux-diphragmes et ornées de tables.

LA ROCHE-RACAN (Indre-et-Loire, arr. de Tours, com. de Saint-Paterne-Racan)

* Château
Terrasse sur voûtes en berceau anse-de-panier : l'une de celles-ci se prolonge pour former trompe en tour-ronde sous une avancée de la terrasse. Sous une autre avancée, trompe conique en tour-ronde. Une partie au moins de ces ouvrages date de la reconstruction faite par Jacques Gabriel, maçon à Saint-Paterne, pour le poète Racan vers 1636 ; le reste date de 1880.

RODEZ (Aveyron)

Cathédrale
Tribune de l'entrée de la nef, sur une voûte en berceau segmentaire, très surbaissée, ornée de caissons ; deuxième moitié du XVIe siècle. Cf. p. 163.

ROUEN (Seine-Maritime)

Abbaye Saint-Ouen
Rattachée à la congrégation de Saint-Maur. Escalier suspendu à retours, construit par Jean-Baptiste Le Brument, architecte de l'abbaye en 1768 ; l'escalier est peut-être postérieur à 1770 ; il a été détruit en 1926 ; il était porté par des voûtes en demi-berceau et formait, semble-t-il, un beau morceau de stéréotomie. (A. Masson, fig. 137 « L'escalier latéral sud du trottoir, avant l'incendie de 1926 »).

Porte du Bac
Construite en 1615, détruite en 1816. Présentait deux trompes sous le coin, appareillées en panache (F.T. de Jolimont) : leur type exact est difficile à préciser (trompe cylindrique sur pan cou-

pé ou trompe sphérique sur pan concave). Cf. p. 132.

SABLÉ-SUR-SARTHE (Sarthe, arr. de La Flèche)

Château
Construit de 1711 à 1715 par Claude Desgots pour J.B. Colbert de Torcy. Le grand escalier est habituellement daté des importantes transformations exécutées au XIXe siècle : ce serait un très rare exemple de pastiche mettant en œuvre la stéréotomie. Celle-ci (nous n'avons pu l'examiner que dans de très mauvaises conditions) pourrait parfaitement être de la première moitié du XVIIIe siècle. Les portes de la cage sont d'ailleurs marquées des armes des Colbert. L'argument en faveur d'une datation tardive est évidemment tiré des plans gravés publiés par Mariette, sur lesquels l'emplacement du grand escalier est occupé par une salle de billard. Mais est-on assuré que ces plans gravés sont les plans exécutés ? Les deux escaliers latéraux figurant sur les plans et effectivement exécutés, sont trop modestes pour que l'on ait jamais songé à leur donner la fonction principale. Enfin, l'escalier de droite, celui qui est voisin du grand escalier, ne part pas du rez-de-chaussée, comme il paraît sur les plans gravés, mais du premier étage où s'arrête le grand escalier ; et il semble bien que cette disposition soit d'origine. Dans le grand escalier, deuxième (et dernière) volée suspendue sur voûte gauche, palier sur demi-berceau, retour en arc-de-cloître, lunettes.

SAINT-AIGNAN-SUR-CHER (Loir-et-Cher, arr. de Blois)

Château
Trompe conique en tour-ronde. XVIe siècle.

SAINT-BEAUZEIL (Tarn-et-Garonne, arr. de Castelsarrazin)

Chapelle des Morinies
Aux quatre angles de la chapelle, trompe sphérique sous le coin ; XVIIe siècle (?).

SAINT-BENOIST-SUR-VANNE (Aube, arr. de Troyes)

Château
Deux ouvrages portés par deux trompes coniques en tour-ronde jumelées sur console. XVIIe siècle ?

SAINT-CLOUD (Hauts-de-Seine, arr. de Boulogne-Billancourt)

Emplacement inconnu
Trompe signalée comme « trompe sur le coin, pour faire un pan coupé au rez-de-chaussée » par A. Ch. D'Aviler (Dictionnaire, article « trompe »). C'était donc une trompe sur le pan et sous le coin.

SAINT-DENIS (Seine-Saint-Denis, arr. de Bobigny)

Abbaye
Rattachée à la congrégation de Saint-Maur (sur les travaux du XVIIIe siècle, cf. J. Mayer-Long).
● Chapelle des Valois (détruite) construite à partir de 1563. Les travaux sont arrêtés en 1585, avant que la chapelle ne soit couverte. Elle reçoit une couverture provisoire au début du XVIIe siècle. Les gravures de J. Marot montrent une coupole en maçonnerie, mais il n'est pas prouvé que ces gravures reproduisent le projet d'exécution.
● Dans l'aile orientale des bâtiments conventuels, construite entre 1698 et 1715 sur les plans de Robert de Cotte et sous la surveillance de Guillaume de La Tremblaye : vestibule couvert d'une voûte en arc-de-cloître à lunettes ; grande salle (actuelle chapelle) couverte d'une voûte en berceau à lunettes ; salle du chapitre couverte d'une voûte en berceau à lunettes terminée à ses extrémités par un cul-de-four en coquille.
● Dans l'aile méridionale (mêmes dates et mêmes auteurs que la précédente) : réfectoire couvert d'une voûte en berceau à lunettes ; grand escalier, non suspendu, dont la dernière volée est portée par une voûte en berceau rampant d'une ampleur exceptionnelle.
● Dans l'aile occidentale construite de 1737 à 1757 sur les plans de Charles Bonhomme, paraphés par Jacques Gabriel (les travaux sont conduits par Charles Bonhomme et, à partir de 1751, par Bayeux), deux escaliers suspendus : l'un à volées sur voûtes en demi-berceau presque plates à lunettes et à retours en arc-de-cloître ; l'autre sur voûtes plates à intrados orné de tables.
● Cloître couvert de voûtes en berceau et, aux retours, de coupoles sur pendentifs.

SAINT-DIÉ (Vosges)

Pont sur la Meurthe
Construit entre 1804 et 1821 sur un projet de François-Michel Lecreulx de 1785. Arches à voûtes segmentaires et cornes-de-vache. Rapport flèche-portée :

1/18. (F. de Dartein, *Etudes sur les ponts*, t. II). Cf. p. 119, fig. 60.

SAINT-FLORENT-LE-VIEIL
(Maine-et-Loire, arr. de Cholet)

Abbaye
Rattachée à la congrégation de Saint-Maur en 1636. Voûtes d'arêtes sur tout le rez-de-chaussée et dans l'église. Dans celle-ci, une voûte à arêtes doubles. Escalier suspendu à volées et repos sur voûtes en demi-berceau et à retours en arc-de-cloître. Ces ouvrages sont datés des environs de 1720.

SAINT-GERMAIN-EN-LAYE (Yvelines)

Château
Les trois escaliers hors-œuvre de la cour sont des vis à la Rihour; cf. p. 194. Nous pensons que ces voûtes datent du XVIe siècle et qu'elles ont été seulement très restaurées au XIXe siècle (voir en particulier celle près de la chapelle qui est la mieux conservée). E. Millet les signale comme anciennes; en revanche, les escaliers en vis en dans -œuvre ou hors-d'œuvre sur les faces extérieures ont été rajoutés : l'un d'eux est couvert d'une voûte en berceau hélicoïdal. C'est sans doute à ce dernier que font allusion L. Monduit et A. Denis (p. 213) : un escalier en vis à voûte hélicoïdale en brique revêtue de plâtre aurait été exécuté au château de Saint-Germain-en-Laye, au moment de sa restauration, dans l'aile appelée « Château Neuf (sic) ». Les voûtes à la Rihour n'ont pas retenu l'attention de l'auteur de la principale monographie consacrée au château (G. Houdard). C. Sauvageot en donne un dessin, sans commentaire : remarquons que la publication de Sauvageot est exactement contemporaine de l'achèvement des travaux de restauration. L'auteur de ces escaliers est-il Pierre Ier Chambiges, qui signe le marché de reconstruction du château en 1539? Ou Pierre-Guillaume Guillain, ou Jean Langeois, qui succèdent à Chambiges en 1544 ?

SAINT-JEAN-DE-LUZ
(Pyrénées-Atlantiques, arr. de Bayonne)

Maison Mocoenia ou Lohobingue, dite maison de Louis XIV
Deux ouvrages portés chacun par trois trompes coniques sous le coin, jumelées sur consoles. Fin XVIe siècle ou début XVIIe siècle.

SAINT-MALO (Ille-et-Vilaine)

Cathédrale Saint-Vincent
Bras gauche et collatéral gauche construits de 1595 à 1607 par « Me Thomas Poussin, architecte du roy » (inscription) : voûtes en berceau à lunettes à développement irrégulier (certaines formes des voûtes d'arêtes avec le berceau principal).

Hôtel d'Asfeld
Début XVIIIe siècle. Escalier suspendu sur voûtes enduites : demi-berceau sous les volées; arc-de-cloître aux retours; lunettes.

SAINT-MICHEL-DE-BOULOGNE
(Ardèche, arr. de Privas)

* *Château de Boulogne*
Trompe cylindrique sur le pan et sous le coin, appareillée en tas-de-charge; fin XVIe siècle.

SAINT-PHAL (Aube, arr. de Troyes)

* *Eglise Saint-Phal*
Médiocre trompe conique sous le coin, appareillée en panache (?) placée sur une façade fin XVe siècle, mais probablement rajoutée.

SAINT-RIQUIER (Somme, arr. d'Abbeville)

Abbaye
A son départ, l'escalier de la tourelle droite de la tour-clocher antérieure est une vis à la Rihour (cf. p. 194). Nous pensons pouvoir dater le morceau en brique des restaurations faites à la tour après l'incendie de 1475 pour l'abbé Pierre le Prestre par les maçons Philippe de Bernay, Jean Lefebvre et Jean Panier. Ce morceau aurait été conservé dans la reconstruction en pierre de la façade, commandée par l'abbé Thibaut de Bayencourt (1511-1536) (G. Durand).

SAINT-SAVIN-SUR-GARTEMPE (Vienne, arr. de Montmorillon)

Maison au coin des rues Saint-Louis et des Quatre-Vents
Médiocre trompe cylindrique sur le pan et sous le coin; deuxième moitié du XIXe siècle.

Mairie
Deux médiocres trompes cylindriques sur le pan et sous le coin; XIXe siècle.

SAINT-THIBÉRY (Hérault, arr. de Béziers)

Abbaye
Rattachée à la congrégation de Saint-Maur en 1646. Escalier (en ruine) à volées sur voûtes en demi-berceau et retours sur trompe, datant probablement des transformations projetées en 1695 et exécutées dans les premières années du XVIIIe siècle. Cf. p. 175.

SAINT-WANDRILLE (Seine-Maritime, arr. de Rouen)

Abbaye
Rattachée à la congrégation de Saint-Maur en 1636.
● Escalier Saint-Jacques (dans le corps occidental, terminé en 1668) : voûtes en berceau incliné sur les volées; voûtes d'arêtes sur le repos et le palier.
● Escalier des matines, entre 1678 et 1683 : voûtes en berceau incliné et en berceau rampant sur les volées; voûtes d'arêtes sur les repos et paliers.
● Petit escalier dit escalier Louis XV (dans le Pavillon de la Grâce, construit entre 1755 et 1758), suspendu sur voûtes plates.
● Grand escalier (dans le corps oriental), 1781 : suspendu sur voûtes plates; le palier est porté par une grande voûte en berceau anse-de-panier avec cornes-de-vaches pour donner l'échappée nécessaire.
● Sacristie et salle capitulaire, 1671-1674, voûtes d'arêtes.
● Couloirs d'accès au réfectoire : voûte en berceau tournant.

SARLAT (Dordogne)

Hôtel de Plamon
10, rue des Consuls. Terrasse sur trompe en tour-ronde ajoutée au XVIIe siècle. La trompe est à peu près conique, cependant la génératrice, parfaitement rectiligne vers les naissances, s'incurve légèrement à la ligne de faîte : c'est le type que A.-F. Frézier (*La théorie*, t. III, p. 207) appelle « conico-sphérique ». La naissance de gauche a 2 m 35; celle de droite, 3 m 80; la hauteur maximale à partir du sol, 3 m 50. Cf. p. 129, 137, fig. 73.

Hôtel, 4, rue Magnanat
Petite trompe conique sous le coin, portant un passage au-dessus du portail, rajouté au XVIIe siècle.

Hôtel de Maleville
Trompe conique « dans le triangle ».

SAUMUR (Maine-et-Loire)

Abbaye des Ardilliers
Deux logettes carrées, sur trompe sphéri-

que dans l'angle du bâtiment conventuel en U. Celui-ci était achevé en 1643. Les logettes ne sont pas solidaires du bâtiment : elles peuvent avoir été ajoutées dans les années 1660 au plus tard. Cf. p. 129, fig. 78.

Eglise Saint-Pierre
Voûte en berceau clavée à caissons (le dessin des voussoirs ne coïncide pas avec celui des caissons) portant la date de 1549, couvrant l'arcade profonde entre la chapelle gauche et la troisième travée de nef. Pour les arrière-voussures romanes du chœur, cf. p. 120.

Maison à l'angle du quai Mayaud et de la rue de la Tonnelle
Trompe cylindrique sur le pan et sous le coin. Fin XVIIIe siècle-début XIXe ?

Maison, 6, rue Basse-Saint-Pierre
Ouvrage rectangulaire porté par deux trompes coniques sous le coin, jumelées sur console. Première moitié du XVIIe siècle.

Maison, 18, rue Basse-Saint-Pierre
Trompe conique sous le coin. Première moitié du XVIIe siècle.

Pont Fouchard sur le Thouet
1773-1783 par Jean de Voglie et François-Michel Lecreulx. Arches à voûte segmentaire ; rapport flèche-portée : 1/10 pour une portée de 26 mètres (F. de Dartein, *Etudes sur les ponts*, t. II).

SELLES-SUR-CHER (Loir-et-Cher, arr. de Romorantin)

Château
Deux tourelles sur trompe conique en tour-ronde, ajoutées de part et d'autre de la porte d'entrée, probablement lors des transformations de 1604.

SENLECQUES (Pas-de-Calais, arr. de Boulogne, com. de Pernes-lès-Boulogne)

Manoir
Escalier en vis à la Rihour ; XVe ou XVIe siècle. Cf. p. 194.

SENS (Yonne)

Cathédrale
• Dans la « tour de plomb », construite entre 1180 et 1200, escalier en vis de Saint-Gilles. Cf. p. 144.
• Dans le bras gauche du transept construit entre 1500 et 1513 par Martin Chambiges, deux escaliers en vis de Saint-Gilles ; à l'escalier de l'angle antérieur, la cage est d'abord octogonale, puis

circulaire ; à l'escalier de l'angle postérieur, qui ne prend son départ qu'à la coursière, la cage est circulaire. Dans le bras droit, l'escalier est à marches-portant-noyau ; mais il date du XIVe siècle, Martin Chambiges n'ayant eu qu'à achever le bras entre 1490 et 1499 (sur l'intervention de Chambiges, cf. Ch. Porée, « Les architectes »). Cf. p. 145.
• Chapelle du Sacré-Cœur (ou Sainte-Claire ou Notre-Dame de Lorette), fondée en 1556 par le chanoine Fritart (Ch. Potée, « les architectes »). Voûte en berceau et cul-de-four, ornée de caissons.

SERRANT (Maine-et-Loire, arr. d'Angers, com. de Saint-Georges-sur-Loire).

Château
Escalier construit entre 1560 et 1575 (J.-M. Pérouse de Montclos). Volées couvertes de voûtes en berceau, ornées de caissons de faible relief. Voûtes plates ornées aux paliers. Cf. p. 142.

SOLESMES (Sarthe, arr. de La Flèche)

Abbaye
Rattachée à la congrégation de Saint-Maur. Bâtiments conventuels reconstruits vers 1732. Réfectoire couvert d'une voûte en berceau à lunettes : les lunettes sont segmentaires, à jouées droites et forment arrière-voussure.

LE SOMAIL (Aude, arr. de Narbonne, com. de Ginestas)

Pont
1770-1774 par François Garipuy. Arches à voûte segmentaire (F. de Dartein, *Etudes sur les ponts*, t. III).

SOURCHES (Sarthe, arr. du Mans, comm. de Saint-Symphorien)

* Château
Contrat de construction de 1761 signé par François Pradel « architecte des religieux de la Couture du Mans », qui n'est probablement qu'un exécutant. Mais, avec Pierre Mapettier, dit La Rose, appareilleur, il est probablement l'auteur des voûtes de la chapelle construite en 1768-1769 : ces « voûtes plates ne sont pas sans rappeler celles de la Couture du Mans » (P. Lavedan).

STRASBOURG (Bas-Rhin)

Archevêché
Construit sur les plans de Robert de Cotte (1727) sous la direction de Joseph Massol (à partir de 1731) auquel on doit

pouvoir attribuer les ouvrages de stéréotomie de cet édifice. Jacques Gallay dit « Fribourg » est l'appareilleur de la trompe (H. Haug, « L'architecture Régence »). Ces ouvrages sont tous exécutés en grès.
• Portique d'entrée couvert de voûtes plates appareillées sur le plan d'une coupole en pendentifs. Cf. p. 166.
• Grand escalier suspendu sur voûtes en demi-berceau avec retours en arc-de-cloître appareillés en panache comme des trompes. Il y a une reprise dans la troisième volée qui n'est que partiellement en pierre de taille : à partir de celle-ci, les voûtes sont enduites. La peinture blanche qui recouvre le bel appareil en grès rouge des parties basses ne date que de la dernière restauration.
• Oriel de plan rectangulaire porté par une trompe sphéroïdale sur le pan et en tour-ronde, appareillée en panache, avec refends. C'est le gauchissement de la tête des voussoirs qui assure le passage du plan circulaire de la trompe au plan rectangulaire de l'oriel. Cf. p. 222, fig. 130.
• Pièces du sous-sol couvertes de voûtes en arc-de-cloître à retombée centrale. Cf. p. 151.

Grand Séminaire
2, rue des Frères. Le séminaire formait avec le collège voisin (lycée Fustel de Coulanges) un grand ensemble projeté par les Jésuites en 1681, lors de l'annexion de Strasbourg, et abandonné avant achèvement, lors de l'expulsion de ceux-ci en 1762. Le séminaire a été exécuté après cette date sur les plans de l'architecte parisien Houlié. Le seul morceau de stéréotomie est, au départ d'un escalier, un repos sur voûte plate appareillée en panache comme une trompe : ce beau morceau en grès rouge, sans relation avec le reste de l'escalier qui ne doit rien à la stéréotomie, est probablement antérieure aux travaux de Houlié. Nous l'attribuons à Joseph Massol, auteur du Collège des Jésuites. Cf. p. 178.

Hôtel de Hesse-Darmstadt
Actuel hôtel de ville. Construit de 1730 à 1736 par Joseph Massol. Escalier sur voûtes en grès rouge, présentant un seul retour suspendu à la rencontre d'une volée sur berceau rampant et du palier sur voûte en arc-de-cloître.

SUZE-LA-ROUSSE (Drôme, arr. de Nyons)

Château
Escalier tournant à trois volées (première

volée centrale, deuxième volée double à montées divergentes, troisième volée double à montées parallèles) : troisième volée et palier suspendus sur voûtes en demi-berceau, avec retours sur trompe. Autour de la cage, une coursière suspendue sur voûte en demi-berceau et retours en arc-de-cloître. La comparaison avec les escaliers de Montpellier, de Beaucaire, d'Avignon permet de dater cet escalier de la deuxième moitié du XVIIe siècle. La tradition voudrait qu'il ait été reconstruit au XIXe siècle ; F. Gebelin (p. 171) ne rejette pas totalement une datation du XVIe siècle.

TANLAY (Yonne, arr. d'Avallon)

Château
Vestibule couvert de voûtes en pendentifs de Valence assez plates. Elles sont couvertes aujourd'hui d'un enduit qui ne cache pas l'appareillage et qui a été probablement rajouté. Elles datent probablement des travaux exécutés par Pierre Le Muet entre 1643 et 1649. Cf. p. 152.

TARASCON (Bouches-du-Rhône, arr. d'Arles)

Eglise Saint-Jacques
1741 par Jean-Baptiste Franque. A la croisée, grand pendentif de Valence. Deuxième travée des deux bas-côtés : voûte en pendentifs appareillée en chevrons. Troisième travée des deux bas-côtés : voûte en arc-de-cloître à plafond et à lunettes remplaçant presque entièrement les pans. Cf. p. 151, 152.

Hôtel de ville
1648. Balcon porté à ses deux extrémités par une trompe conique en tour-ronde sur consoles.

Hôpital
Voûte à arêtes doubles et plafond, voûte en berceau à lunettes. Vers 1740.

Coin de l'impasse Proudhon et de la rue Emile Pelletan
Médiocre trompe cylindrique portant le coin sur un pan coupé.

THOUARS (Deux-Sèvres, arr. de Bressuire)

Château
Parties construites par Robert de Cotte en 1707 : portiques de la cour couverts de voûtes d'arêtes, de voûtes en arc-de-cloître et de voûtes d'arêtes à lunettes ; orangerie couverte de voûtes en berceau à lunettes. Cf. p. 191.

TILLIÈRES-SUR-AVRE (Eure, arr. d'Evreux)

Eglise
Chapelle couverte d'une voûte plate dallée sur ogives-diaphragmes, 1543-1546. Cf. p. 163.

TONNERRE (Yonne, arr. d'Avallon)

Eglise Notre-Dame
Rez-de-chaussée de la tour de façade couvert d'une voûte en pendentifs, assisée, surbaissée, avec des nervures dans le style gothique. Porte d'entrée par la tour, couverte d'une arrière-voussure de Marseille. L'escalier de la tour est probablement une vis de Saint-Gilles (nous n'avons vu que le débouché que cet escalier fait en façade). Tous ces ouvrages peuvent être du XVIe siècle comme la face antérieure, ou de 1628 comme la tour. Cf. p. 152.

TOUL (Meurthe-et-Moselle)

Cathédrale Saint-Etienne
● Chapelle de Tous-les-Saints, construite pour le chanoine Jean Forget (mort en 1549), terminée en 1565 (?). Coupole octogonale à caissons : seules les nervures sont appareillées ; les fonds des caissons sont formés d'une dalle. Cf. p. 150.
● Chapelle des Evêques, fondée par l'évêque Hector d'Ailly et achevée après sa mort (1532). Voûte plate à caissons : elle est, semble-t-il, entièrement clavée et couvre sans supports médians la totalité de la surface de la chapelle. Il doit y avoir un artifice pour expliquer l'exceptionnelle portée de cette voûte, probablement un ou plusieurs points de suspension à une structure d'extrados (nous n'avons pu voir celui-ci). Cf. p. 163.
● Tribune d'orgue, première moitié du XVIIIe siècle, sur voûte d'arêtes. Le quartier postérieur, celui qui est sous le surplomb ondé de la tribune, est une trompe en berceau. Le quartier antérieur est presque entièrement remplacé par un pan de voûte en arc-de-cloître pénétré par une lunette.

TOULOUSE (Haute-Garonne)

Cathédrale
Tribune d'orgue, 1610 par Pierre Levesville. Deux trompes coniques sous le coin, jumelées sur console (G. Costa).

Capitole
● La tour de la vis ou de l'Horloge, détruite en 1885 et connue par des relevés exécutés avant destruction (le meilleur et le plus complet est celui

d'A. de Baudot, Archives des Monuments historiques, n° 10.664) contenait un escalier à retours, suspendu sur voûtes, qui avait été construit de 1532 à 1542 par le maître-maçon Sébastien Bouguereau. Cet escalier, dont nous étudions la structure exceptionnelle p. 168 paraît étonnamment précoce. Rien ne permet cependant de mettre en doute la chronologie soigneusement établie par J. Chalande. En 1532, le Conseil de la ville décide de construire une tour d'escalier qui, grâce à un passage sur pont, devait desservir l'étage de la tour des Archives (le donjon). Les travaux commencent en 1532 et s'achèvent en 1542. Dans les actes, il est question de « l'œuvre de la vis de massonnerie » : le mot vis est communément utilisé localement pour désigner des escaliers à retours (marchés de construction de l'escalier du château de Larrazet en 1500 ; de l'escalier de l'hôtel d'Assézat en 1555). Le plus ancien relevé que nous connaissions date de la fin du XVIIe ou du début du XVIIIe siècle (Auxerre, Bibliothèque municipale, ms. 388). Il faut écarter l'idée d'une reconstruction du XVIIe siècle, qui aurait fait disparaître la « vis » de Bouguereau et n'aurait pas laissé de trace dans les archives : le type même de l'escalier est lié à la distribution des baies ; or celles-ci sont identifiables dans les actes où elles sont soigneusement décrites. Le portail, par exemple, est construit en trois fois : en 1536-1537, on construit un entablement sur colonnettes, orné des armes des capitouls de l'année ; en 1542, Bouguereau double les colonnettes, ajoute des colonnes qui portent un attique avec les armes des capitouls de l'année ; l'attique supérieur, avec de nouveau les armes des Capitouls, est ajouté à une date incertaine (1559 ?). L'horloge (en place dès 1542) reçoit un cadran extérieur dans un cadre d'architecture en 1603. J. Chalande a en outre détruit quelques légendes concernant cet escalier (construction par Guillaume Norman en 1558 ; utilisation prévue pour monter des canons). Cf. p. 84, 201, 206, fig. 40.
● Dans la même tour, voûte en pendentifs appareillée en chevrons (voir le relevé Archives des Monuments historiques 39.254), portant le passage sur pont vers la tour des Archives. Cette voûte est probablement contemporaine de l'escalier.
● Porte de la Commutation (remontée au jardin des plantes). Deux ouvrages portés chacun par trois trompes coniques sous le coin, jumelées sur consoles, construits par Pierre Levesville en 1620 (G. Costa).

Pont de pierre
Commencé en 1542. Voûtes des arches en anse-de-panier, en brique et chaines de pierre, avec cornes-de-vache, construites par Jacques Le Mercier à partir de 1614 (F. de Dartein, *Etudes sur les ponts*, t. I). Cf. p. 116.

Hôtel de Bernuy
1, rue Gambetta. Construit pour Jean de Bernuy (P. Mesplé).
● Dans la première cour, grande voûte en berceau segmentaire ornée de nervures à caissons, par Louis Privat, vers 1530.
● Dans le passage entre les deux cours, suite de coupolettes en pendentifs, assisées, en brique, avec une croisée de fausses-ogives en pierre.
● Dans la deuxième cour, tourelle sur trompe conique en tour-ronde, ajoutée en 1502-1503, probablement par Merigo Cayla, maître-maçon. Cf. p. 125.

Hôtel de Chalvet
12, place du Parlement. 1610. Trompe conique sous le coin : son appareil mixte brique et pierre est exceptionnel.

Hôtel Dahus ou Tournoer
A l'angle des rues Ozannes et d'Aussargues. 1532 (P. Mesplé). Tourelle d'escalier polygonale sur trompe conique.

Hôtel Felzins
22, rue de la Dalbade. 1550. Trompe conique en tour-ronde.

Hôtel Mansensal
Rue Espinasse. Tourelle d'escalier sur trompe conique en tour-ronde. Milieu du XVIᵉ siècle.

Hôtel Ulmo
15, rue Ninau. 1526, par Louis Privat (P. Mesplé). Une trompe conique en tour-ronde. Trois trompes coniques dans le triangle, dont une en brique.

TOURS (Indre-et-Loire)

Abbaye Saint-Martin
● Tour de Charlemagne. XIᵉ siècle. Escalier en vis à berceau hélicoïdal enduit.
● * Cloître construit par Bastien François en 1508-1509, couvert de voûtes en pendentifs.

Cathédrale
Tours couvertes d'une coupole polygonale nervurée. La tour nord est terminée en 1507 par Pierre de Valence ; la tour sud, en 1534-1547 par Pierre Gadier. Cf. p. 148.

Maison de Pierre du Puys
16, rue Briçonnet. Probablement construite pour Pierre du Puys à la fin du XVᵉ siècle (Ch. de Grandmaison). Escalier en vis à la Rihour, reproduit par J. Guadet (t. IV, p. 438). Cf. p. 193, fig. 16, 132.

Maison, 3, rue Baleschoux
Deux trompes coniques en tour-ronde jumelées sur console ; première moitié du XVIIᵉ siècle ?

Maison, 22, rue Bretonneau
Trompe conique en tour-ronde, XVIᵉ siècle (?).

Maison, 7, rue des Cerisiers
Trompe conique en tour-ronde probablement ajoutée fin XVIᵉ siècle ou début XVIIᵉ.

Maison, 14, rue Colbert
Détruite. Trompe du XVIᵉ siècle signalée dans L. Hautecœur, *Histoire de l'architecture*, t. I¹, p. 49, note 5.

TRÊVES (Maine-et-Loire, arr. de Saumur, com. de Chênehutte-Trêves-Cunault)

Manoir
Ouvrage carré porté par trois trompes coniques sous le coin, jumelées sur consoles. Première moitié du XVIIᵉ siècle (?).

TROYES (Aube)

Cathédrale
Escaliers en vis de Saint-Gilles dans les tours de la façade construite par Martin Chambiges. Dans la souche de la tour de gauche, cage hexagonale ; dans ses parties hautes, cage circulaire : il y a en fait deux escaliers à des aplombs différents, reliés par une voûte habilement gauchie et non un seul escalier avec changement de plan. L'escalier de la souche, commencé en 1510, est certainement de Martin Chambiges ; mais les parties hautes ne sont construites qu'en 1580 par Girard Faulchot et Laurent Baudrot (L. Pigeotte). La tour de droite, commencée en 1511 par Martin Chambiges, contient aussi un escalier en vis de Saint-Gilles (d'après V. de Courcel. Nous n'avons pu la voir). Cf. p. 145.

USSÉ (Indre-et-Loire, arr. de Chinon, com. de Rigny-Ussé)

Château
Escalier construit entre 1659 et 1699. Volées et repos couverts de voûtes d'arêtes ; arrière-voussures ; certains quartiers des voûtes d'arêtes sont gauchis en arrière-voussure pour couvrir une baie.

UZÈS (Gard, arr. de Nîmes)

Hôtel de Rafin
21, rue du Docteur-Blanchard. Deux trompes coniques sous le coin. Divers ouvrages de stéréotomie (arcs biais de l'escalier ; voûtes d'arêtes).

Maison, place de la République, angle nord
Tourelle sur deux trompes coniques en tour-ronde, jumelées sur console. Fin XVIᵉ siècle ? Cf. p. 134.

Maison, place de la République, angle sud-ouest
Trompe conique en tour-ronde sous la tourelle d'escalier.

Maison, 12, rue de la République
Cinq voûtes en pendentifs de Valence sous le repos et le palier de l'escalier ; XVIIᵉ siècle. Cf. p. 152.

Maison, rue Saint-Etienne
Loggia couverte de deux voûtes en pendentifs de Valence ; XVIIᵉ siècle ?

VALBONNE (Gard, arr. de Nîmes, com. de Pont-Saint-Esprit)

Chartreuse
Chapelle construite par Jean-Pierre Franque, de 1770 à 1780 (A. Girard). Les trois travées de nef sont couvertes de voûtes à arêtes doubles et à plafond appareillé en mosaïque. L'unique travée droite du chœur est couverte de la même manière, mais son couvrement ne forme qu'une seule voûte avec le cul-de-four de l'abside, dont l'appareillage est d'une rare complexité. Cf. p. 155, fig. 102, 103, 104.

VALENCE (Drôme)

Cathédrale
Reconstruite de 1604 à 1619. Le contrat de 1604 prévoit la reconstruction à l'identique, c'est-à-dire en style roman : voûtes en berceau et voûtes d'arêtes. Cf. p. 182.

Le Pendentif
Sépulture de la famille Mistral, près de la cathédrale, construite en juillet 1548 pour le chanoine Nicolas Mistral ; attribuée sans preuve à Philibert Delorme. Archétype de la voûte dite « pendentif de Valence » (M. Villard). Cf. p. 84, 152, fig. 99.

VALMONT (Seine-Maritime, arr. du Havre)

Abbaye
Chapelle de la Vierge, construite vers 1540-1550 (vitraux de 1552), couverte d'une voûte plate dallée sur arcs-diaphragmes. Cf. p. 163.

VANNES (Morbihan)

Cathédrale
Chapelle du Saint-Sacrement, construite en 1537 pour Jean Daniélo, chanoine de la cathédrale. (J.M. Le Mené). Coupole circulaire à caissons. Cf. p. 148.

Hôtel de Francheville
Angle des places des Lices et du Poids public. Ouvrage porté par trois trompes coniques sous le coin, jumelées sur consoles. 1666.

VERDELLE (Sarthe, arr. de La Flèche, com. de Poillé)

Manoir
XVe siècle. Tourelle polygonale portée par un ouvrage complexe comprenant une trompe en éventail formée d'assises en tas-de-charge. Cf. p. 130.

VERSAILLES (Yvelines)

Château
● A l'article « escalier en arc-de-cloître suspendu et à repos » de son *Dictionnaire*, A. Ch. D'Aviler cite comme exemple l'escalier de « l'aile du côté du nord au château de Versailles ». Dans l'aile nord construite par J. Hardouin-Mansart à partir de 1684 se trouvait en effet un escalier de ce type, détruit dès 1710 pour faire place à la chapelle (A. et J. Marie, t. II, p. 530).
● Orangerie par J. Hardouin-Mansart, 1684-1686. Voûte en berceau sans doubleau : berceaux tournants aux retours ; berceaux inclinés à lunettes sous les escaliers. Cf. p. 108, 143, fig. 93.

Cathédrale Saint-Louis
Tribune d'orgue, 1760, sur une trompe sphérique en tour-ronde, appareillée en panache, avec intrados à tables.

LE VIEIL-BAUGÉ (Maine-et-Loire, arr. de Saumur)

Eglise Saint-Symphorien
Bras droit, entre 1530 et 1540, attribué sans preuve à Jean de L'Espine (J. Mallet), couvert d'une voûte en berceau en petit appareil, ornée de moulures en caissons. Les moulures sont elles-mêmes clavées, mais n'ont aucune part à la structure. L'intrados est partiellement enduit : on peut penser qu'il était entièrement revêtu à l'origine, l'appareil n'étant pas soigné.

VILLANDRY (Indre-et-Loire, arr. de Tours)

Château
Escalier suspendu du même type que celui de Beaumesnil (cf. description, p. *164 bis*), construit pour les Castellane, probablement pour Michel-Ange de Castellane, propriétaire de Villandry en 1754 et mort en 1782.

LA VILLEDIEU DE COMBLÉ (Deux-Sèvres, arr. de Niort, com. de Sainte-Eanne)

Château
Galerie couverte d'une sorte de voûtes plates dallées séparées par des doubleaux-diaphragmes, ornées de caissons de faible relief. XVIe siècle.

VILLEFRANCHE-DE-ROUERGUE (Aveyron)

Maison Dardennes
Place Notre-Dame. Maison remaniée au milieu du XVIe siècle par Guillaume Lissorgues pour Jean Imbert Dardennes (Goffinet).
● Sur les paliers de l'escalier, voûtes en pendentifs appareillées sur le plan d'une voûte à arêtes doubles. Cf. p. 155.
● Passages sur trompes coniques en tour-ronde aux deuxième et troisième étages (peut-être également au premier ; mais la trompe serait cachée par les constructions-parasites de la cour).
● Tourelle d'escalier sur trompe conique en tour-ronde (peut-être une trompe de Montpellier). Cf. p. 127.

Angle de la rue Marcellin-Fabre et de la rue Bories
Trompe sphérique dans l'angle et sous le coin portant une logette carrée qui appartient à une maison de la place Notre-Dame. XVIIe siècle ? Cf. p. 129.

Maison, 2, rue Marcellin-Fabre
Arc profond en anse-de-panier, portant l'avant-corps de la cage d'escalier. Début XVIe siècle.

VILLELAURE (Vaucluse, arr. d'Apt.)

Château dit de la reine Laure
Galeries construites entre 1579 et 1587, couvertes de voûtes en berceau avec retours en arc-de-cloître. Cf. p. 112, fig. 56.

VILLENEUVE-LES-AVIGNON (Gard, arr. de Nîmes)

Abbaye Saint-André
Rattachée à la congrégation de Saint-Maur. Voûtes attribuées à Jean-Baptiste Franque, première moitié du XVIIIe siècle (R. Bacou). Voûtes à arêtes doubles et plafond en mosaïque. Grande voûte plate rectangulaire avec partie centrale en mosaïque. Voûte en éventails. Cf. p. 161, 166.

Chartreuse
● Cloître dit du Cimetière, construit au XIVe siècle, revoûté entre le XVIe et le XVIIIe siècle : les berceaux forment aux retours une pénétration en arc-de-cloître. Cf. p. 112.
● Dans une salle, grande voûte à arêtes doubles, XVIIIe siècle.

Collégiale
Voûte du rez-de-chaussée de la tour, ajoutée probablement par Jean-Baptiste Franque : voûte à arêtes doubles à cinq cantons avec un plafond appareillé en mosaïque. Fig. 51.

Chapelle des Pénitents gris
Peut-être par Jean-Baptiste Franque, première moitié du XVIIIe siècle.
● Vaisseau et chapelles latérales couverts de voûtes à arêtes doubles avec plafond appareillé en mosaïque.
● Vestibule de la sacristie couvert d'une voûte plate rectangulaire (ou plus précisément d'une voûte très déprimée) appareillée en mosaïque.
● Sacristie couverte d'une voûte en pendentifs, presque plate, avec pendentifs appareillés comme des éventails et plafond en mosaïque.
● Tribune sur voûte en arc-de-cloître surbaissée à lunettes prolongée par un arc profond portant le surplomb ondé.

VILLERS-COTTERÊTS (Aisne, arr. de Soissons)

Château
Construit entre 1533 et 1559 par Guillaume et Jacques Le Breton. Escaliers rampe-sur-rampe. Dans l'escalier du Roi, les volées sont couvertes de voûtes plates dallées inclinées, portées par des doubleaux-diaphragmes transversaux. L'escalier d'honneur est couvert d'une voûte en berceau, ornée de caissons, à retours en arc-de-cloître sur les paliers. Cf. p. 142.

Chapelle dans le parc du château
1552-1553 par Philibert Delorme. D'après le contrat passé avec les maçons et tailleurs de pierre Robert Vaultier et Gilles Agasse, « toutes les voultes et couverture... seront faict de pierre de taille... tels compartiments à ornemens qu'il sera dict et monstré par le dict architecte ». Le dict architecte, Philibert Delorme, donne-

ra le « trait de ces voûtes » (P. Vanaise, p. 35). Le dessin de Du Cerceau (A. Blunt, fig. 48) permet d'identifier trois culs-de-four et une coupole.

VIVIERS (Ardèche, arr. de Privas)

Cathédrale
Voûtes de la nef, 1755-1757, probablement par Jean-Baptiste Franque (M. Barber). Trois voûtes à arêtes doubles, surtout intéressantes par l'appareillage des voûtains compris entre les arêtes (les voussoirs ne sont pas perpendiculaires à l'axe des voûtains, mais obliques) et par l'appareillage des lunettes latérales de la deuxième voûte (un panneau de voussoirs en mosaïque). Cf. p. 158.

Palais épiscopal
1732-1737, par Jean-Baptiste Franque

(M. Barber). Vestibule couvert d'une grande voûte en pendentifs surbaissée, presque plate, appareillée comme une voûte en éventails.

WAILLY (Somme, arr. d'Amiens, com. de Conty)

Château
Voûte en arc-de-cloître à lunettes, habituellement datée de la fin du XVIIIe siècle, mais présentant toutes les caractéristiques d'une voûte de la première moitié du siècle.

WASSY (Haute-Marne, arr. de Saint-Dizier)

Eglise Notre-Dame
Deux trompes coniques sous le coin, en façade, vers 1600 (?).

WISQUES (Pas-de-Calais, arr. de Saint-Omer)

Château
Actuelle abbaye Saint-Paul. Construit dans la deuxième moitié du XVe siècle ou les premières années du XVIe siècle.
● Escalier en vis sur berceau hélicoïdal en brique entièrement assisé. Cf. p. 194.
● Escalier en vis en brique : sous chaque marche, fraction triangulaire de berceau dont la tête bute sur un arc construit à l'aplomb de la contre-marche.

ZUTHOVE (Nord, arr. de Dunkerque, com. de Renescure)

Château
Fin XVe siècle ? Vis à berceau hélicoïdal assisé en brique.

Documentation

Nous présentons ici les références de tous les ouvrages que nous avons cités en note. Nous avons volontairement omis de donner le lieu d'édition lorsqu'il s'agissait de Paris.

ABRÉVIATIONS

A.B. : The Art Bulletin.
A.E.A. : Archivo Español de Arte.
A.N. : Archives nationales de France.
B.A. : Bulletin archéologique.
B.M. : Bulletin monumental.
B.N. : Bibliothèque nationale.
B.S.A.F. : Bulletin de la Société nationale des Antiquaires de France.
B.S.H.A.F. : Bulletin de la Société de l'histoire de l'art français.
C.A. : Congrès archéologique de la Société française d'archéologie.
G.B.A. : Gazette des Beaux-Arts.
I.H.A. : Information d'histoire de l'art.
J.S.A.H. : Journal of the Society of architectural Historians.
M.H. : Monuments historiques de la France.
P.V. Acad. archit. : *Procès-verbaux de l'Académie royale d'architecture 1671-1793*, publiés par H. Lemonnier, 1911-1929.

MANUSCRITS ANONYMES

Auxerre, bibliothèque municipale, manuscrit 328, « Traité des voûtes ».

Bordeaux, bibliothèque municipale, manuscrit 619, recueil sur l'art du trait.

Paris, bibliothèque de l'Ecole des Ponts-et-Chaussées, manuscrit 1504, documents concernant l'essai de voûte « à la Roussillon » au Palais Bourbon, 1767-1768.

Paris, bibliothèque de l'Ecole des Pont-et-Chaussées, manuscrit 1517, « Mémoires sur les avantages et les inconvénients des voûtes surbaissées... »

Paris, bibliothèque de l'Ecole des Ponts-et-Chaussées, manuscrit 2927 : recueil de textes de la même main concernant la géométrie descriptive, la gnomonique, la coupe des pierres (f° 73 à 180), etc.

Rennes, bibliothèque municipale, manuscrit 15.634, « La pratique du trait dans la coupe des pierres pour en former des voûtes ».

Rouen, bibliothèque municipale, manuscrit 1626, esquisse d'un traité de stéréotomie.

AUTRES MANUSCRITS ET BIBLIOGRAPHIE

ABEILLE, mémoire concernant les voûtes plates, dans *Machines et inventions approuvées par l'Académie royale des Sciences*, t. I (1735), p. 159 à 161.

ABRAHAM (Pol), *Viollet-le Duc et le rationalisme médiéval*, 1934.

ADAM (Robert et James), *The Works in Architecture*, Londres 1778-1779, réimpression 1959.

ADAM (William), *Vitruvius scoticus ; being a collection of plans... of public buildings, notlemen's and gentlemen's houses in Scotland...*, Edimbourg s.d.

ADHÉMAR (Joseph-Alphonse), *Traité de la coupe des pierres*, deuxième édition 1840.

Advis charitables sur les diverses œuvres et feuilles volantes du Sieur Girard Desargues, chez Melchior Tavernier, 1642.

AGAPITO Y REVILLA (Juan), « Un laborioso arquitecto castillano del siglo XVI, Rodrigo Gil », dans *Arquitectura*, Madrid, t. V (1923), p. 57 à 63.

AIGREFEUILLE (Charles d'), *Histoire de la ville de Montpellier*, Montpellier 1737.

ALBERTI (Leon-Battista), *De re aedificatoria*, Florence 1485, réimpression Milan 1966.

ALBERTI (Leon-Battista), *L'architecture et art de bien bastir... traduicts par Jean Martin*, 1553.

ALCOLEA (Santiago), *Granada*, Barcelone 1951.

ALCOLEA (Santiago), *La catedral de Santiago*, Madrid s.d.

ALGAROTTI (Francesco), *Lettres sur la Russie*, 1739, traduction française Londres 1769.

ALGAROTTI (Francesco), *Œuvres*, Berlin 1772, traduction de l'italien.

AMELIN (J.M.), *Guide du voyageur dans le département de l'Hérault...*, 1827.

ANDROUET DU CERCEAU (Jacques), *Livre d'architecture...*, 1559.

ANDROUET DU CERCEAU (Jacques), *Les plus excellents bastiments de France*, 1576-1579.

ANNE (Françoise), *Le château de Biron*, s.l.n.d.

ANTOINE (Jean), *Traité d'architecture*, Trèves 1768.

AUBERT (Marcel), « Les plus anciennes croisées d'ogives, leur rôle dans la construction », dans *B.M.*, 1934, p. 5 à 67, 131 à 237.

AUBERT (Marcel), « La construction au Moyen Age », dans *B.M.*, 1958, p. 231 à 241 ; 1960, p. 241 à 259 ; 1961, p. 7 à 42, 81 à 120, 181 à 209, 297 à 323.

AVRIL (Le père Louis Avril, dit l'abbé Mai), *Temples anciens et modernes*, 1774.

BABELON (Jean-Pierre), « L'hôtel de Rambouillet », dans *Paris et Ile de France. Mémoires*, 1960, p. 313 à 362.

BABELON (Jean-Pierre), « Hôtel Guénégaud des Brosses », dans *La vie urbaine*, 1964, t. III, p. 161 à 176.

BABELON (Jean-Pierre), *Demeures parisiennes sous Henri IV et Louis XIII*, 1965.

BABELON (Jean-Pierre), « Du Grand Ferrare à Carnavalet. Naissance de l'hôtel classique », dans *Revue de l'art*, n° 40-41 (1978), p. 83 à 108.

BABELON (Jean-Pierre), « Les travaux d'Henri IV au Louvre et aux Tuileries », dans *Paris et Ile de France. Mémoires*, 1978, p. 55 à 130.

BACOU (Roseline), « L'abbaye Saint-André à Villeneuve-les-Avignon », dans *C.A.*, 1963, p. 195 à 201.

BAGLIONE (Giovanni), *Le vite de pittori, scultori et architetti*, Rome 1642.

BAILS (Benito), *Principios de matemàtica...*, Madrid 1776, t. III, p. 107 à 224, « Principios de arquitectura ».

BAILS (Benito), *Elementos de matemàtica*, Madrid 1783, t. IX, « Que trata de la arquitectura civil ».

BALTRUŠAITIS (Jurgis), *Anamorphoses ou perspectives curieuses*, 1955.

BANNISTER (Turpin C.), « The Roussillon Vault, the Apotheosis of a Folk construction », dans *J.S.A.H.*, 1968, p. 163 à 175.

BARBER (Maurice), « L'œuvre de J.B. Franque à Viviers », dans *Revue du Vivarais*, 1928, p. 145 à 161.

BATIFFOL (Louis), « Les premières constructions de Pierre Lescot au Louvre », dans *G.B.A.*, 1930, p. 277 à 303.

BAUDOT (Marcel), « Les églises des Andelys », dans *Les nouvelles de l'Eure*, mai 1960, p. 3 à 43.

BAYLE (Pierre) éditeur, *Nouvelles de la République des lettres*, Amsterdam 1684-1687.

BAYLÉ (Maylis), « La Trinité de Caen », dans *C.A.*, 1974, p. 22 à 54.

BEAUCAMP (Fernand), *La Flandre et l'Artois. Recueil de documents sur l'architecture civile. Epoque médiévale, XVIᵉ et XVIIᵉ siècle*, 1923.

BECHMANN (Roland), « L'architecture gothique, une expression des conditions du milieu », dans *Pour la science*, 1978, p. 94 à 106.

BÈDE le VÉNÉRABLE, *Historia Ecclesiastica gentis anglorum*, dans *The complete works of venerable Bede*, Londres, t. II et III (1843).

BÈDE le VÉNÉRABLE, *Vita beatorum Abbatum wiremuthensium et Girvensium Benedicti...*, dans *The complete works of venerable Bede*, Londres, t. IV (1844).

BELTRAN (Antonio), *Valencia*, 1945, seconde édition Barcelone 1953.

BÉNARD (Pierre), *L'architecture française et les arts qui s'y rattachent considérés en province au Moyen Age et dans les temps modernes*, Saint-Quentin 1860.

BENOIT (Fernand), « Histoire municipale d'Arles », dans *Bouches-du-Rhône, Encyclopédie départementale*, 1935, t. IV, p. 608 à 612.

BERGER (Robert W.), *Antoine Le Pautre*, 1969.

BERRANGER (Henri de), « Nos églises sarthoises, le legs de la Renaissance », dans *Revue historique et archéologique du Maine*, deuxième série, t. XXIX (1949), p. 148 à 166.

BERRANGER (Henri de), *Evocation du vieux Nantes*, 1966.

BERTRAND (Louis-Marie-Emile), *La fin du classicisme et le retour à l'antique dans la seconde moitié du XVIIIᵉ siècle et les premières années du XIXᵉ siècle en France*, 1897.

BERTY (Adolphe), *Les grands architectes français de la Renaissance*, 1860.

BEULÉ (Charles-Ernest), « D'une architecture nationale et religieuse », dans *Revue des Cours publiés*, 25 janvier 1857.

BIGOT (Victor), *Histoire abrégée de l'abbaye Saint-Florentin de Bonneval*, Chateaudun 1875.

BLANC (Annie), *Etude régionale des matériaux de construction des monuments historiques*, étude polycopiée du Centre de Recherche sur les Monuments historiques, 1974.

BLONDEL (François), *Cours d'architecture*, 1675-1683.

BLONDEL (Jacques-François), *De la distribution des maisons de plaisance et de la décoration des édifices en général*, 1737-1738.

BLONDEL (Jacques-François), *Discours sur la manière d'étudier l'architecture et les arts relatifs à celui de bâtir*, 1747.

BLONDEL (Jacques-François), *Discours sur la nécessité de l'étude de l'architecture*, 1754.

BLONDEL (Jacques-François), *Architecture française*, 1752-1756.

BLONDEL (Jacques-François), *Cours d'architecture*, 1771-1777.

BLUNT (Anthony), *Philibert Delorme*, 1958, traduction française 1963.

BOFFRAND (Germain), *Livre d'architecture*, 1745.

BOISLILE (Arthur-Michel de), « La Place Vendôme », dans *Mémoires de la Société historique de Paris et Ile-de-France*, t. XV (1888), p. 46 et sv.

BOISSERÉE (Sulpice), *Histoire et description de la cathédrale de Cologne*, Stuttgart et Paris 1823, édition 1843.

BOISSIEU (J.L. de), « Note sur le mot salon », dans *Le Français moderne*, 1977, n° 1.

BOITO (Camillo), *Il Duomo di Milano*, Milan 1889.

BOMBICCI (Robert), Mémoire sur les voûtes en briques dites « volterranes », Archives du Génie, article 21, section 7, paragraphe 6, carton 1, pièces 14 et 15.

BONET CORREA (Antonio), *La arquitectura en Galicia durante el siglo XVII*, Madrid 1966.

BONET CORREA (Antonio), « Le scale imperiali spagnole », dans *G. Alessi, atti del convegno Genova 1974*, Gènes 1975, p. 631 à 645.

BONNARDOT (Alfred), *Dissertation archéologique sur les anciennes enceintes de Paris*, 1852.

BONNEL (Emile), « Avignon, chapelle Saint-Charles », dans *C.A.*, 1963, p. 318 à 322.

BONNEL (Emile), « L'Hôtel-Dieu d'Isle-sur-la-Sorgue », dans *C.A.*, 1963, p. 391 à 393.

BONNEL (Emile), « L'Hôtel-Dieu de Carpentras », dans *C.A.*, 1963, p. 312 à 327.

BONNET (Philippe), *Les constructions de l'ordre de Prémontré en France aux XVIIᵉ et XVIIIᵉ siècles*. A paraître.

BONNET-LABORDERIE (Philippe), *La cathédrale Saint-Pierre de Beauvais*, Beauvais 1978.

BOSSE (Abraham), *La manière universelle de M. Desargues ... pour placer les heures et autres choses aux cadrans au Soleil*, 1643.

BOSSE (Abraham), *La pratique du traict à preuve de M. Desargues, lyonnais pour la coupe des pierres à l'architecture*, 1643.

BOSSE (Abraham), *Manière universelle de M. Desargues pour pratiquer la perspective...*, 1648.

BOSSE (Abraham), *Traité des manières de dessiner les ordres... Avec plusieurs belles particularités touchant les bastiments...* 1664.

BOTTINEAU (Yves), *L'art de cour dans l'Espagne de Philippe V 1700-1746*, Bordeaux 1960.

BOÜARD (Michel de), *Manuel d'archéologie médiévale*, 1975.

BOULLÉE (Etienne-Louis), *Architecture. Essai sur l'art*, édition 1968.

BOURGEOIS (Auguste), *Château d'Anet. Restauration du cryptoportique et du perron*, 1877.

BOURGET (Pierre) et CATTAUI (Georges), *Jules Hardouin-Mansart*, 1956.

BOUSQUET (Marius), *Coupe des pierres*, 1912.

BOUYALA d'ARNAUD (André), *Evocation du vieux Marseille*, 1961.

BOYER (Jean), *Le pavillon Vendôme*, Aix 1946.

BOYER (Jean), « Jules Hardouin-Mansart et l'hôtel de ville d'Arles », dans *G.B.A.*, 1969², 2, p. 1 à 32.

BOYER (Jean), *L'architecture religieuse de l'époque classique à Aix-en-Provence*, Gap 1972.

BOYER (Jean), « Le château de l'Armellière », dans *C.A.*, 1976, p. 172 à 181.

BRAHAM (Allan) et SMITH (Peter), *François Mansart*, Londres 1973.

BRANNER (Robert), *Saint Louis and the Court style in gothic Architecture*, Londres 1965.

BRANNER (Robert), « La place du "style de cour" de Saint Louis dans l'architecture du XIIIe siècle », dans *Le siècle de Saint Louis*, ouvrage collectif 1970, p. 133 à 139.

BRÉHIER (Louis), *Le style roman*, 1941.

BRICE (Germain), *Description de la ville de Paris*, édition 1752.

BRINCKMANN (Albert-Erich), *Geist der Nationen, Françozen, Italiener, Deutsche*, traduction française Bruxelles 1944.

BRISEUX (Charles-Etienne), *Architecture moderne ou l'Art de bien bâtir pour toutes sortes de personnes*. Voir A.-C. Tiercelet.

BRISEUX (Charles-Etienne), *L'art de bâtir les maisons de campagne*, 1743.

BROCHARD (Louis), *Saint-Gervais*, 1938.

BROSSES (Le Président Charles de), *Lettres sur l'Italie*, 1931, édition annotée par Y. Bezard.

BRUCHET (Max), « Notice sur la construction du palais Rihour à Lille », dans *Bulletin de la Commission historique du département du Nord*, t. XXXI (1922), p. 209 à 298.

BRUNEL (Clovis), « L'origine du mot ogive », dans *Romania*, 1960, p. 289 à 295.

BRUNHES (Jean), *Géographie humaine de la France*, t. I (1920) et t. II (1926) de l'*Histoire de la nation française*.

BRUTAILS (Jean-Auguste), *La géographie monumentale de la France aux époques romane et gothique*, 1923.

BRUZEN DE LA MARTINIÈRE (Antoine-Augustin), *Le grand dictionnaire géographique et critique*, La Haye 1726-1739.

BUCHEL (Arnold van), « Description de Paris, 1585-1586 », dans *Mémoires de la Société de l'histoire de Paris et de l'Ile de France*, t. XXVI (1899), p. 59 à 195.

BUCHER (François), « The Dresden sketchbook of vault projection », dans *Actes du 22e congrès international d'histoire de l'art, Budapest 1969*, Budapest 1972, t. I, p. 527 à 537 et t. III, figures.

BUCHER (François), *Architector. The lodge Books and Sketch books of medieval Architects*, New-York 1979.

BULLET (Pierre), *L'Architecture pratique*, 1691, édition 1788.

BURCKHARDT (Jacob), *Die Cultur der Renaissance in Italien*, 1850. Edition française, *Civilisation de la Renaissance en Italie*, 1958.

CAMÓN AZNAR (José), « La intervención de Rodrigo Gil de Hontañon en el manuscrito de Simon Garcia, » dans *A.E.A.*, 1941, p. 300 à 305.

CAMÓN AZNAR (José), *La arquitectura plateresca*, Madrid 1945.

CAMÓN AZNAR (José), *La arquitectura y la orfebreria españolas del siglo XVI*, Madrid 1959.

CAMPBELL (Colin), *Vitruvius Britannicus*, Londres 1715-1725.

CARACCIOLI (Louis-Antoine de), *Paris, le modèle des nations étrangères ou l'Europe française*, Venise et Paris 1777.

CARBONERI (Nino), « Il dibattito sul gotico », dans *Atti del convegno Vittone, Turin 1970*, Turin 1972, t. I, p. 111 à 138.

CASSIANO DEL POZZO, « Le château de Fontainebleau en 1625 d'après le Diarium du Commandeur del Pozzo », dans *Mémoires de la société d'histoire de Paris*, t. XII (1885), p. 275 à 278.

CASTAÑEDA (Joseph), *Compendio de los diez libros de Arquitectura de Vitruvio*, Madrid 1761.

CASTYNE (Oda van de), *L'habitation privée en Belgique dans les centres urbains aux XVIe et XVIIe siècles*, Bruxelles 1934.

CATHERINOT (Nicolas), *Traité de l'architecture*, Bourges 1688.

CELLINI (Benvenuto), *La vita di Benvenuto Cellini*, édition Rome 1901.

CESARIANO (Cesare), *De Architectura libri decem...*, Milan 1521.

CEUNEAU (Abbé Augustin), *L'église et l'abbaye bénédictine Notre-Dame d'Evron*, Evron 1931.

CEVESE (Renato), *Piccolo dizionario dei termini di storia dell'arte*, Milan 1966.

CHAIX (J.), *Traité de la coupe des pierres*, 1890.

CHALANDE (Jules), *Histoire monumentale de l'hôtel de ville de Toulouse*, Toulouse 1922, p. 96 à 106.

CHAMBERS (William), *A Treatise on Civil Architecture*, Londres 1759.

CHAPPUIS (René), « Géométrie et structure des coupoles sur pendentifs dans les églises romanes entre Loire et Pyrénées », dans *B.M.* 1962, p. 7 à 39.

CHARPENTRAT (Pierre), *Du maître d'ouvrage au maître d'œuvre. L'architecture religieuse en Allemagne du Sud, de la Guerre de Trente ans à l'Aufklärung*, 1974.

CHARVET (Léon), *L'hôtel de ville d'Arles*, 1898.

CHASTEL (André), *Art et humanisme à Florence*, 1959.

CHÂTELET-LANGE (Liliane), « Jacques Gentilhâtre et les châteaux de Thons et de Chauvirey », dans *Le pays lorrain*, 1978², p. 65 à 95.

CHAUNU (Pierre), *Histoire, Science sociale*, 1974.

CHÉREAU (Jean), « Livre d'architecture », entre 1567 et 1574, Gdansk, bibliothèque municipale, manuscrit 2280.

CHIPIEZ (Charles), *Histoire critique des origines et de la formation des ordres grecs*, 1876.

CHIROL (Elisabeth), *Le château de Gaillon*, Rouen 1952.

CHOBAUT (H.), « Etudes biographiques sur les Franque et les Brun, architectes », dans *Mémoires de l'Académie de Vaucluse*, 1932, p. 125 à 145.

CHOBAUT (H.), « Documents sur la construction du château de la Tour d'Aigues (1545-1577 », dans *Mémoires de l'Académie de Vaucluse*, 1940, p. 135 à 144.

CHOISY (Auguste), *L'Art de bâtir des Romains*, 1873.

CHOISY (Auguste), *L'Art de bâtir chez les Byzantins*, 1883.

CHOISY (Auguste), *Histoire de l'architecture*, 1899, édition 1943.

CHUECA GOITIA (Fernando), *Invariantes castizos de la arquitectura española*, Madrid 1947.

CHUECA GOITIA (Fernando), *La catedral nueva de Salamanca*, Salamanque 1951.

CHUECA GOITIA (Fernando), *Arquitectura del siglo XVI*, dans *Ars Hispanae*, vol. 11, Madrid 1953.

CHUECA GOITIA (Fernando), *Historia de la arquitectura española. Eda antigua y edad media*, Madrid 1965.

CLÉMENT (Pierre), *Histoire de la vie et de l'administration de Colbert*, 1846.

CLÉRISSEAU (Charles), *Antiquités de la France. Monuments de Nîmes*, 1778.

CLOQUET (Louis), « Les anciennes maisons en Belgique », dans *Revue de l'art chrétien*, 1908, p. 30 à 36, 93 à 101, 170 à 179, 328 à 337 ; 1909, p. 95 à 101, 245 à 250, 311 à 316.

COCHIN (Charles-Nicolas), « Supplication aux orfèvres », dans *Mercure de France*, décembre 1754.

COCHIN (Charles-Nicolas), « Lettre à l'abbé R... », dans *Mercure de France*, février 1755.

COCHIN (Charles-Nicolas), *Voyage d'Italie...*, 1758.

COCHIN (Charles-Nicolas), *Mémoires inédits sur le Comte de Caylus, Bouchardon, les Slodtz*, 1880.

COLBERT (Jean-Baptiste), *Lettres, Instructions et Mémoires*, t. V (1868).

COFFIN (David R.), « Padre Guarino Guarini in Paris », dans *J.S.A.H.*, t. XV (mai 1956), p. 3 à 11.

COLAS (Raymond), *Châteaux en Nivernais*, 1976.

COLASANTI (Arduino), *Volte e soffitti italiani*, Milan 1926.

COLLARD (Louis-Henri) et CIPRUT (Edouard-Jacques), *Nouveaux documents sur le Louvre*, 1963.

COLOMBIER (Pierre du) et ESPEZEL (Pierre d'), « Le Sixième livre retrouvé de Serlio et l'architecture française de la Renaissance », dans *G.B.A.*, 1934, p. 42 à 59.

COLOMBIER (Pierre du) et ESPEZEL (Pierre d'), « L'habitat au XVIe siècle d'après le Sixième livre de Serlio », dans *Humanisme et Renaissance*, t. I (1934), fasc. 1-4, p. 31 à 49.

COLOMBIER (Pierre du), « Sebastiano Serlio en France », dans *Etudes d'art*, Alger 1946.

COLOMBIER (Pierre du), *Les chantiers des cathédrales*, 1953.

COLOMBIER (Pierre du), « Amédée-François Frézier », dans *Mélanges Karl Lohmeyer*, Saarbrück 1954, p. 159 à 166.

COLOMBIER (Pierre du), *L'architecture française en Allemagne au XVIIIe siècle*, 1956.

COLONIA (le Père Dominique de), *Histoire littéraire de la ville de Lyon*, Lyon 1730.

COOPE (Rosalis), *Salomon de Brosse*, Londres 1972.

CORRAZE (Raymond), « Sébastien Bouguereau, maître-maçon toulousain (1480-1550) », dans *Revue historique de Toulouse*, t. XXIV (1937), n° 79, p. 129 à 145.

Correspondance des directeurs de l'Académie de France à Rome, publié par A. de Montaiglon 1887-1908.

Correspondance de Nicodème Tessin le Jeune et Daniel Cronström, publiée par R.A. Weigert et Hernmark, sous le titre *Les relations artistiques entre la France et la Suède 1693-1718*, 1964.

COSTA (Georges), « Pierre Levesville... » dans *Actes du 96e Congrès national des Sociétés savantes, Toulouse 1971*, section archéologie, t. II (1976), p. 313 à 381.

COSTE (Pascal), « Y a-t-il possibilité de créer une architecture nationale », dans *Mémoires de l'Académie de Marseille*, Marseille 1848, p. 209 à 227.

COURAJOD (Louis), *Leçons professées à l'Ecole du Louvre 1887-1896*, 1901-1903.

COURCEL (Valentin de), « La cathédrale de Troyes », dans *C.A.* 1955, p. 9 à 28.

COURTEAULT (Paul), *La place royale de Bordeaux*, Bordeaux 1923.

COURTEAULT (Paul), *Bordeaux, cité classique*, 1932.

COURTONNE (Jean), *Traité de la perspective pratique avec des remarques sur l'architecture*, 1725.

COUZY (Hélène), « Saint-Etienne de Caen. Bâtiments monastiques », dans *C.A.*, 1974, p. 96 à 117.

Cronique du Roy Francoys Premier de ce nom, publiée par G. Guiffrey 1860.

CROZET (René), « Problèmes de méthode : les théories françaises sur les écoles romanes », dans *Boletin del seminario de Estudios de Arte*, t. XXII (1956), p. 39 à 45.

CURABELLE (Jacques), *Examen des œuvres du Sieur Desargues*, 1644.

CURABELLE (Jacques), *Faiblesse pitoyable du sieur G. Desargues employée contre l'examen fait de ses œuvres par J. Curabelle*, s.l.n.d.

DAHLBERG (Erik), *Teckningarna till Suecia antiqua e hodierna*, 1716, Stockholm 1963-1970.

DALY (César), « De la construction des terrasses et des voûtes plates », dans *Revue générale de l'architecture et des travaux publics*, 1841, p. 255 à 269.

DARTEIN (Fernand de), *Etude sur l'architecture lombarde...*, 1865-1882.

DARTEIN (Fernand de), *Etudes sur les ponts en pierre... antérieurs au XIXe siècle*, 1907-1912.

DAUZAT (Albert), *La géographie linguistique*, 1922.

DAVID (Henri), « La voûte de la chapelle Saint-Laurent à l'église paroissiale d'Arnay-le-Duc », dans *Bulletin de l'Académie des Sciences, Arts et Belles-Lettres de Dijon*, 1924, p. 129 à 132.

DAVID (Henri), « Beaune. Notre-Dame, la chapelle de Bouton », dans *C.A.*, 1928, p. 289.

D'AVILER (Augustin-Charles), *Cours d'architecture...*, 1691, deuxième édition Amsterdam 1694.

D'AVILER (Augustin-Charles), *Dictionnaire d'architecture...*, 1693. Ce dictionnaire constitue le tome II du *Cours d'architecture*.

DELAMONCE (Ferdinand), « De l'estime singulière que méritent les beaux-arts », discours prononcé à l'Académie de Lyon, le 2 mars 1746, Lyon, Bibliothèque de l'Académie, ms 190.

DELILLE (l'abbé Jacques), *Les jardins*, 1782.

DELORME (Philibert), *Le premier tome de l'architecture*, 1567. Nous utilisons l'édition de 1568, dans laquelle les *Nouvelles inventions pour bien bastir et à petits frais* (première édition 1561) forment les livres X et XI.

DELUMEAU (Jean), *La civilisation de la Renaissance*, 1967.

DERAND (Le père François), *L'architecture des voûtes*, 1643. Rééditions en 1743 et 1755.

DEROUET (Charles), « René Hodé », dans *M.H.*, 1976, n° 4, p. 49 à 64.

DESARGUES (Girard), *Brouillon project d'exemples d'une manière universelle du sieur G.D.L., touchant la practique du trait à preuve pour la coupe des pierres en architecture...*, 1640. Nous avons utilisé l'exemplaire de la bibliothèque municipale de Quimper, qui est un des rares exemplaires connus avec illustration.

DESARGUES (Girard), *Récit au vray de ce qui a esté la cause de cet escrit*, s.l.n.d.

DESARGUES, voir Bosse.

DESCHAMPS (Paul), « Saint Louis et le rayonnement de l'art français », dans *Le siècle de Saint Louis*, ouvrage collectif 1970, p. 143 à 152.

DESHOULIÈRES (François), « Dieppe. Eglise Saint-Jacques », dans *C.A.*, 1926, p. 251 à 279.

DESHOULIÈRES (François), « Les trompes des coupoles romanes en France », dans *B.A.*, 1927, p. 367 à 378.

DESJARDINS (Tony), *Histoire de l'hôtel de ville de Lyon*, Lyon deuxième édition 1871.

DESTAILLEUR (Henri), *Notices sur quelques artistes français, architectes, dessinateurs, graveurs du XVIe au XVIIIe siècle*, 1863, p. 51 à 57, note sur Mathurin Jousse.

DEVILLE (Achille), éditeur, *Comptes de dépenses de la construction du château de Gaillon*, 1850.

DÉZALLIER d'ARGENVILLE (Antoine-Nicolas), *Voyage pittoresque de Paris*, 1749.

DÉZALLIER d'ARGENVILLE (Antoine-Nicolas), *Vies des fameux architectes*, 1787.

DOBAI (Johannes), *Die Kunstliteratur des klassizismus und der Romantik in England, 1700-1840*, Bern 1974-1977.

DORÉ (R.), « La cathédrale d'Apt », dans *C.A.*, 1932, p. 65 à 74.

DOUAIS (Célestin), *L'art à Toulouse*, Toulouse 1904.

DOULIOT (J.-P.), *Traité spécial de coupe des pierres*, 1825.

DU BELLAY (Joachim), *La déffence et illustration de la langue francoyse*, 1549, édition d'Henri Chamard 1904.

DU BELLAY (Joachim), *Les Regrets*, 1558.

DUBOURG-NOVES (Pierre), *Villes d'art du Bordelais*, 1973.

DUBOURG-NOVES (Pierre), « Aperçus sur l'art roman du XIIIe au XIXe siècle dans la France du Sud-Ouest », dans *Congrès des Sociétés savantes. Toulouse 1971*, t. II (1976), p. 125 à 139.

DUBOURG-NOVES (Pierre), *L'abbaye de Barsac*, s.l.n.d.

DU BREUIL (le P. Jean), *La perspective pratique*, 1642-1649, édition de 1651.

DU BREUL (le père Jacques), *Le théâtre des Antiquitez de Paris*, 1612.

DUCOS (Henri), « Châteaux et salles du Lectourois », dans *Sites et monuments du Lectourois*, ouvrage collectif, Auch 1974, p. 165 à 290.

DU FAIL (Noël), *Contes et discours d'Eutrapel*, 1875.

DULAURE (Jacques-Antoine), *Histoire... des environs de Paris*, 1825-1827, deuxième édition 1838.

DUMOLIN (Maurice), « Le Louvre de Le Mercier et de Le Vau », dans *G.B.A.*, 1928[2], p. 139 à 147.

DUMOLIN (Maurice), « Les maisons du noviciat des Jacobins et leurs locataires », dans *Commission du Vieux-Paris*, P.V. du 23 février 1929, annexe.

DU PERRON, *Discours sur la peinture et sur l'architecture*, 1758.

DURAND (Charles), *La corporation des maîtres-maçons et architectes de la ville et fauxbourgs de Bordeaux*, Bordeaux 1878.

DURAND (Georges), « Saint-Riquier », dans *C.A.*, 1936, p. 96 à 124.

DÜRER (Albrecht), *Underweisung der Messung...*, Nuremberg 1525.

DURLIAT (Marcel), *L'art dans le royaume de Majorque*, Toulouse 1962.

DURLIAT (Marcel), « L'église de Caunes-Minervois », dans *Carcassonne et sa région. Congrès de la Fédération historique du Languedoc méditerranéen...*, 1968, p. 59 à 63.

DURLIAT (Marcel), « L'architecture gothique méridionale au XIIIe siècle », dans *Ecole antique de Nîmes*, Bulletin annuel, 1973-1974, p. 63 à 132.

D'WELLES (Jacques), *Le palais Rohan de Bordeaux*, 1954.

ENLART (Camille), *Manuel d'archéologie*, 1902.

ESPIE (Comte Félix-François d'), *Manière de rendre toutes sortes d'édifices incombustibles ou Traité de la construction des voûtes faites avec des briques et du plâtre, dites voûtes plates et d'un toit de brique, sans charpente appelé comble briqueté*, 1754.

ESQUIEU (Yves), « L'église Saint-Marthe de Tarascon », dans *C.A.*, 1979, p. 133.

« Estat des gaiges » des ouvriers italiens de Charles VIII, dans *Archives de l'Art français*, t. I (1851-1852), p. 107.

ETLIN (Richard-A), « Les " dedans " Jacques-François Blondel and the system of the home », dans *G.B.A.*, 1978[1], p. 137 à 147.

EVANS (Joan), *Monastic Architecture in France*, Cambridge 1964.

EVELYN (John), *The Diary of John Evelyn (1620-1706)*, Londres 1906.

EWERT (Christian), *Offene Treppenhaüser in den südfranzösischen Städten Lyon, Montpellier, Pezenas, Beaucaire et Nîmes*, Berlin 1964, thèse multigraphiée.

FAILLE (René), *Les trois plus anciens phares de France, Cordouan, les Baleines, Chassiron*, 1974.

FÉLIBIEN DES AVAUX (André), *Des principes de l'architecture de la peinture et des autres arts qui en dépendent, avec un dictionnaire des termes propres à chacun de ces arts*, 1676.

FÉLIBIEN DES AVAUX (Jean-François), *Recueil historique de la vie et des ouvrages des plus célèbres architectes*, 1687.

FÉLIBIEN DES AVAUX (Jean-François), *Les plans et la description des plus belles maisons de campagne de Pline... avec une dissertation touchant l'architecture antique et l'architecture gothique*, 1699.

FILARETE (Antonio Averlino dit), *Trattato d'architettura*, 1461-1464, édition Milan 1972.

FISCHER VON ERLACH (Johann-Bernhardt), *Entwurf einer Historischen Architectur*, Vienne 1721 et Leipzig 1725.

FLEURY (Marie-Antoinette), « Les plus anciens documents sur l'activité de François Mansart », dans *B.S.H.A.F.*, 1961, p. 183 à 191.

FOCILLON (Henri), *Vie des formes*, 1934, édition 1970.

FORMIGÉ (Jules), « Note sur l'appareil des voûtes en cul-de-four romanes de Provence », dans *B.M.* 1923, p. 197 à 201.

FORSSMAN (Erik), *Dorisch, Ionisch, Korinthisch. Studien über den Gebrauch der Säulenordnungen in der Architektur des 16-18 Jahrhunderts*, Stockholm 1961.

FOURREY (Emile), *Notions de stéréotomie*, 1955.

FOVILLE (Alfred de), *Enquête sur les conditions de l'habitation en France, les maisons-types*, 1894-1899.

FRANCASTEL (Pierre), *L'Humanisme roman. Critique des théories sur l'art du XIe siècle en France*, Rodez 1942, édition 1970.

FRANCASTEL (Pierre), *Histoire de l'art, instrument de la propagande germanique*, 1945.

FRANCASTEL (Pierre), « L'architecture de Versailles, fonction et décor », dans *Urbanisme et Architecture. Mélanges Lavedan*, 1954, p. 119 à 126.

FRANCASTEL (Pierre), « Versailles et l'architecture urbaine au XVIIe siècle, dans *Annales E.S.C.* 1955, p. 465 à 479.

FRANCASTEL (Pierre), « Baroque et classique », dans *Annales E.S.C.* 1957, p. 207 à 222.

FRANCASTEL (Pierre), « Baroque et classicisme. Histoire ou typologie des civilisations », dans *Annales E.S.C.* 1959, p. 142 à 151.

FRANCISCO DE LOS SANTOS (le père), *Description breve del Monasterio de S. Lorenzo el Real del Escorial unica maravilla del mundo*, Madrid 1657.

FRANKL (Paul), *Die Entwicklungsphasen der neueren Baukunst*, Stuttgart 1914. Nous citons la traduction *Principles of architectural history*, Cambridge (Mass) et Londres 1968.

FRANKL (Paul), « The secret of mediaeval masons », dans *A.B.*, 1945, p. 46 à 64.

FRANKL (Paul), *The gothic, Literary sources and Interpretations through Eight centuries*, Princeton 1960.

FRANKLIN (Alfred), *Paris et les parisiens au XVIe siècle*, 1921.

FRÉART DE CHAMBRAY (Roland), *Parallèle de l'architecture antique avec la moderne*, 1650.

FRÉART DE CHANTELOU (Paul), *Journal du voyage en France du Cavalier Bernin*, 1930.

FRÉDÉRIC II DE PRUSSE, *Œuvres*, Berlin R. Decker 1846-1857.

FREEDEN (Max H. von), *Quellen zur Geschichte des Barocks in Franken unter den Einfluss des Hauses Schönborn*, Augsbourg et Würzbourg 1951.

FRÉZIER (Amédée-François), *La théorie et la pratique de la coupe des pierres et des bois pour la construction des voûtes... ou Traité de stéréotomie*, Strasbourg-Paris 1737-1739. Suivi de *Dissertation sur le genre de décorations qu'on appelle les ordres d'architecture*, 1738. Réédition en 1754-1769.

FRÉZIER (Amédée-François), *Eléments de stéréotomie à l'usage de l'architecture pour la coupe des pierres*, 1760.

FURTTENBACH (Joseph), *Architectura civilis...*, Ulm 1628.

FURTTENBACH (Joseph), *Architectura recreationis*, Augsbourg 1640.

FÜTER (Eduard), *Geschichte der neueren Historiographie*, Munich 1911, traduction de l'allemand *Histoire de l'historiographie moderne*, 1914.

GABORIT (Germain), « Le donjon de Pons », dans *C.A.* 1956, p. 229 à 233.

GALLACCINI (Teofilo), *Trattato sopra gli errori degli architetti*, Venise 1767.

GALLEGO Y BURIN (Antonio), *Guia de Granada*, Grenade 1938-1940.

GALLET (Michel), « L'œuvre de Pierre Desmaisons », dans *B.S.H.A.F.* 1959, p. 91 à 100.

GALLET (Michel), *Stately Mansions*, New-York et Londres 1972.

GALLET (Michel), « Pierre de Vigny », dans *G.B.A.* 1973[2], p. 263 à 286.

GALLET (Michel), « Ledoux et Paris », dans *Cahiers de la Rotonde*, 1979, p. 1 à 188.

GARCIA (Simon), *Compendio de arquitectura y simetria de los templos*, vers 1681-1685, première édition 1868. Nous avons utilisé l'édition Churubusco 1979.

GARCIA SALINERO (Fernando), *Lexico de Alarifes de los siglos de Oro*, Madrid 1968.

GARMS (Joerg), « Projects for the Pont Neuf and Place Dauphine in the First Half of the Eighteenth Century », dans *J.S.A.H.*, mai 1967, p. 102 à 113.

GAUTHEY (Emiliand), *Mémoire sur l'application des principes de la mécanique à la construction des voûtes et des dômes*, Dijon 1771.

GAUTHIER (Martin-Pierre), *Les plus beaux édifices de la ville de Gênes et de ses environs...*, 1818-1830.

GÉBELIN (François), *Les châteaux de la Renaissance*, 1927.

GENTILHÂTRE (Jacques), manuel d'architecture attribué à J. Gentilhâtre par L. Châtelet-Lange, manuscrit, B.N., fonds français, 14.727, f° 406 à 451, « Livre de démonstration des traits de masongnerie ».

GÉRARD (Véronique) « L'Alcázar de Madrid et son quartier au XVIᵉ siècle », dans *Coloquio Artes*, décembre 1978, p. 37 à 45.

GÉRARD (Véronique), *El Alcázar de Madrid y su barrio en el Siglo XVI*, Madrid, à paraître.

GERMANN (Georg), *Gothic Revival in Europe and Britain. Sources, Influences and Ideas*, Londres 1972.

GIBBS (James), *A Book of Architecture*, 1728, deuxième édition Londres 1789.

GIDEL (Charles-Antoine), « Les gens de province au XVIIᵉ siècle » dans *Revue des Cours littéraires*, 5 février 1870, p. 149 à 153 ; 12 février, p. 168 à 175 ; 9 avril p. 296 à 301.

GILLOT (Hubert), *La querelle des Anciens et des Modernes en France*, 1914.

GIMPEL (Jean), *Les bâtisseurs de cathédrales*, 1958.

GIRAL (Jean-Antoine), *Projet d'un pont à plusieurs arches sans piles ni piliers*, mémoire imprimé, 24 août 1779 (un exemplaire aux Archives nationales, F¹⁴ 191ᴮ).

GIRAL (Jean-Antoine), *Mémoire sur la manière de construire les arches et ponts sur les grandes rivières*, mémoire imprimé 1783 (un exemplaire aux Archives nationales F¹⁴ 191ᴮ.)

GIRARD (Joseph), *Avignon, ses monuments...*, 1930.

GIRARD (Joseph), *Evocation du vieil Avignon*, 1958.

GLOAG (John), *The English Tradition in Architecture*, Londres 1963.

Glossarium artis. Gewölbe und Kuppeln, Tubingen et Strasbourg 1975.

GLOTON (Jean-Jacques), « Pierre Puget, architecte romain », dans *Provence historique*, 1972, n° 2, p. 55 à 73.

GLOTON (Jean-Jacques), *Renaissance et Baroque à Aix-en-Provence*, thèse polycopiée 1974, à paraître.

GODEFROY, *Voyages en Gascogne, Bigorre et Béarn, 1644-1646*, publiés par Louis Batcave.

GOETHE (Johann-Wolfgang von), *Werke*, Stuttgart et Tübingen 1827-1842.

GOFFINET, « Villefranche de Rouergue, vieilles maisons », dans *C.A.* 1937, p. 126 à 134.

GOHEL (Louis-Michel), « La diffusion du classicisme en Bretagne : Quintin et La Moussaye », dans *Arts de l'Ouest. Etudes et documents*, février 1979, p. 37 à 64.

GOLDMANN (Nicolaus), *Vollständige Anweisung zu der civil Baukunst*, publié par L.C. Sturm 1696, réimpression 1962.

GOUPIL DE BOUILLÉ (Jean), « Les anciens bâtiments de l'abbaye de Bourgueil », dans *Bulletin trimestriel de la Société archéologique de Touraine*, t. XXIII (1927) p. 250 à 271.

GRANDMAISON (Charles de), *Tours archéologique*, 1879.

GRODECKI (Louis), *L'architecture ottonienne*, 1958.

GUADET (Jules), *Eléments et théorie de l'architecture*, 1901-1904.

GUARINI (Guarino), *Architettura civile*, 1737, réédition Milan 1968.

GUILLAUMOT (Charles-Alexandre), *Remarques sur un livre intitulé Observations sur l'architecture de M. l'abbé Laugier par M.G... architecte*, 1768.

GUILLERMOU (A.), « L'universalité de la langue française au XIIIᵉ siècle », dans *Le Siècle de Saint Louis*, ouvrage collectif, 1970, p. 107 à 112.

GUIRAUD (Louise), « Recherches topographiques sur Montpellier au Moyen Age », dans *Mémoires de la Société archéologique de Montpellier*, deuxième série, t. 1 (1899), p. 167 à 169.

GWILT (Joseph), *An Encyclopaedia of Architecture*, Londres 1842.

HARRIS (John) et LEVER (Jill), *Illustrated glossary of architecture*, Londres 1966.

HART (Franz), *Kunst und Technik der Wölbung*, Munich 1965.

HAUG (Hans), « Le style Louis XIV à Strasbourg, essai sur la transition entre la manière allemande et le goût français, 1681-1730 », dans *Archives alsaciennes d'histoire de l'art*, t. III (1924), p. 65 à 111.

HAUG (Hans), « L'architecture Régence à Strasbourg (1725-1760) », dans *Archives alsaciennes d'histoire de l'art*, t. V (1926), p. 133 à 197.

HAUPT (Albrecht), *Das Grabmal Theoderichs des Grossen zu Ravenna*, Leipzig 1913.

HAUPT (Albrecht), *Baukunst der Renaissance in Frankreich und Deutschland*, Berlin 1923.

HAUTECOEUR (Louis), « De la trompe aux moukarnas », dans *G.B.A.*, 1931, p. 27 à 59.

HAUTECOEUR (Louis), *De l'architecture*, 1938.

HAUTECOEUR (Louis), *Histoire de l'architecture classique en France*, 1948-1967.

HAUTEMER (l'abbé de), *Description historique et topographique de la ville de Strasbourg*, Strasbourg 1785.

HAVARD (Henry), *Dictionnaire de l'ameublement*, s.d.

HAY (Denys), « Italy and Barbarian Europe », dans *Italian Renaissance Studies*, Londres 1960, p. 48 à 68.

HÉLIOT (Pierre), « La fin de l'architecture gothique en France durant le XVIIᵉ et XVIIIᵉ siècles », dans *G.B.A.* avril-juin 1951, p. 121 à 128.

HÉLIOT (Pierre), « Eglises françaises de l'Est et du Midi influencées par l'art médiéval au XVIIᵉ et au XVIIIᵉ siècles », dans *B.A.*, 1954, p. 207 à 231.

HÉLIOT (Pierre), « Les influences médiévales sur l'architecture bretonne de l'Ancien Régime », dans *Annales de Bretagne*, 1954, p. 65 à 95.

HÉLIOT (Pierre), « L'héritage médiéval dans l'architecture de l'Anjou et de l'Aquitaine aux XVIIᵉ et XVIIIᵉ siècles », dans *Annales du Midi*, 1955, p. 143 à 159.

HÉLIOT (Pierre), « La fin de l'architecture gothique dans le Nord de la France aux XVIIᵉ et XVIIIᵉ siècles », dans *Bulletin de la Commission royale des monuments et des sites*, Bruxelles, t. VIII (1957), p. 7 à 159.

HÉLIOT (Pierre), « Eglises gothiques du XVIIᵉ et XVIIIᵉ siècles en Roussillon », dans *Mousseion, Studien und Geschichte für Otto H. Förster*, Cologne 1960, p. 123 à 132.

HÉLIOT (Pierre), « Les voûtes d'arêtes et les coupoles dans l'architecture romane », dans *B.S.A.F.* 1960, p. 148 à 150.

HÉLIOT (Pierre), « Art roman », dans *Histoire de l'art. Encyclopédie de la Pleiade*, t. II (1970), p. 409 à 522.

HIRSCHFELD (C.L.L.), *Théorie der Gartenkunst*, Leipzig 1775, traduction française Leipzig 1779-1785, réimpression 1973.

HOFFMANN (Volker), Compte-rendu de W. Prinz, *Die Entstehung der Galerie*, dans *Architectura*, 1971, p. 102 à 112.

HOFFMANN (Volker), « Philibert Delorme und das Schloss Anet », dans *Architectura*, 1973², p. 131 à 152.

HOUDARD (Georges), *Les châteaux royaux de Saint-Germain-en-Laye*, Saint-Germain-en-Laye 1909-1910.

HUARD (Georges), « La chapelle haute de Gaillon », dans *B.S.H.A.F.*, 1926, p. 21 à 31.

HUBER (Martin R.), « Sebastiano Serlio : sur une architecture civile « alla parisiana ». Ses idées sur le « gusto francese e italiano », sa contribution à l'évolution vers le classicisme français », dans *I.H.A.*, 1965¹, p. 9 à 17.

HURET (Grégoire), *Optique de la portraiture et peinture...*, 1670.

HUYSSEN (Henrich von), *Exacte Relation von Sr Szaarschen Majestät Petro Alesiewitz an den Grossen Neva und des Ost-See neu erbauten Vestung und Stadt St Petersburg...*, Leipzig 1713.

IÑIGUEZ ALMECH (Francisco), *Casas reales y jardines de Felipe II*, Madrid et Rome 1952.

IÑIGUEZ ALMECH (Francisco), *Geografià de la arquitectura españa*, Madrid 1957.

IZZO (le père Giovanni-Battista), *Elementa architecturae civilis*, Vienne 1764. Traduction française, *Elemens de l'architecture civile*, Vienne 1772.

JAMES (Francis-Charles), «Le château de Châteaubriant», dans *C.A.*, 1968, p. 288 à 303.

JEANTON (Gabriel), *Les cheminées sarrasines de la Bresse*, Mâcon 1924.

JOLIMONT (F.T. de), *Monuments de la Normandie*, 1820.

JOMBERT (Charles-Antoine), *Architecture moderne ou l'art de bien bâtir pour toutes sorte de personnes*. Voir A.-C. Tiercelet.

JOSEPHSON (Ragnar), *L'architecte de Charles XII, Nicodème Tessin à la cour de Louis XIV*, Paris et Bruxelles 1930.

JOURDAIN (Frantz), *Constructions élevées au Champ-de-Mars par M.Ch. Garnier pour servir à l'histoire de l'habitation humaine. Exposition universelle de 1889*, s.d.

Journal d'un bourgeois de Paris sous le règne de François premier (1515-1536), publié par Ludovic Lalanne, Société de l'histoire de France, 1854.

JOUSSE (Mathurin), *Le secret d'architecture découvrant fidèlement les traits géométriques, couppes et dérobements nécessaires dans les bastimens...*, La Flèche 1642. Le privilège est de 1635.

JOUSSE (Mathurin), *Le théâtre de l'Art de charpentier...*, La Flèche 1650.

JOUSSE. Voir Viator.

JOUVEN (Georges). *L'architecture cachée. Tracés harmoniques*, 1979.

JURGENS (Madeleine) et COUPERIE (Pierre), «Le logement au XVIe et XVIIe siècles», dans *Annales E.S.C.*, mai-juin 1962, p. 488 à 500.

KALNEIN (Wend Graf), *Das kurfürstlicher Schloss Clemensruhe in Poppelsdorf*, Dusseldorf 1956.

KIMBALL (Fiske), *Le style Louis XV*, traduction française 1949.

KIMPEL (Dieter), «Le développement de la taille en série dans l'architecture médiévale», dans *B.M. 1977*, p. 195 à 222.

KLOTZ (Heinrich), *Der Ostbau der Stiftskirche zu Wimpfen im Tal. Zum Frühwerk des Erwin von Steinbach* Munich, Berlin 1967.

KUBLER (George), «Gothic computation of rib vault thrusts», dans *G.B.A.*, 1944², p. 138 à 148.

LABANDE (Léon-Honoré), «L'hôtel de Matignon à Paris», dans *G.B.A.*, 1935, p. 257 à 270, 347 à 363.

LABASTIE (Jean-Louis Octave Puy de), *Des grandes lignes architecturales et de leurs rapports harmoniques avec les climats*, 1877.

LABBÉ (P. Philippe), *Nova bibliotheca manuscriptorum librorum* 1657.

LABORDE (Léon de), *Le château du Bois-de-Boulogne*, 1855.

LABORDE (Léon de), *Les comptes des bâtiments du Roi...*, 1877-1880.

LACHER (Lorentz ou Lorenz Lechler), «Underweisungen und Lerungen für seynen Son Moritzen», 1516, manuscrit conservé à Cologne. Edition annoncée par L.R. Shelby, dans *J.S.A.H.* 1971, p. 140 à 154.

LAFONT de SAINT-YENNE, *L'ombre du grand Colbert*, 1749, deuxième édition 1752.

LA GRANGE (Amaury de) et CLOQUET (Louis), *Etudes sur l'art à Tournai*, Tournai 1889.

LA HIRE (Philippe de), «Traité de la coupe des pierres», Paris, bibliothèque de l'Institut, manuscrit 1596, fin XVIIe-début XVIIIe siècle.

LAMBERT (Elie), «Introduction à une étude de la géographie artistique de la France», dans *Etudes médiévales*, t. I (1956), p. 7 à 12.

LAMBREAU (Lucien), «Les Carmes... de la rue de Vaugirard», dans *Commission du vieux Paris*, P.V. du 29 juin 1918, annexe p. 74.

LAMPÉREZ Y ROMEA (Vicente), *La arquitectura civil española desde el siglo I hasta el XVIII*, Madrid 1922-1923.

LANDON (Charles-Paul), *Annales du Musée*, 1801-1835.

LAPOUYADE (Maurice Méaudre de), «A propos de l'escalier de l'hôtel Fonfrède», dans *Revue historique de Bordeaux*, 1920², p. 117 à 120.

LA RUE (Jean-Baptiste de), *Traité de la coupe des pierres*, 1728. Rééditions en 1764 et 1858.

LAUGIER (l'abbé Marc-Antoine), *Essai sur l'architecture*, 1753.

LAUGIER (l'abbé Marc-Antoine), *Observations sur l'architecture* 1765.

LAVEDAN (Pierre), «Le château de Sourches», dans *C.A.*, 1961, p. 281-283.

LEBLANC (abbé Jean-Bernard), *Lettres d'un Français*, La Haye 1745.

LEBLOND (Victor), *L'art et les artistes en Ile de France au XVIe siècle (Beauvais et Beauvaisis), d'après les minutes notariales*, 1921.

LE CAMUS DE MÉZIÈRES (Nicolas), *Le Génie de l'architecture ou l'Analogie de cet art avec nos sensations*, 1780.

LECLERC (Sébastien), *Traité d'architecture*, 1714.

LECOTTÉ (Roger), «Les inscriptions compagnonniques du Pont-du-Gard», dans *Arts et traditions populaires*, 1954 (n° 4), p. 324 à 327.

LECOTTÉ (Roger), «Archives historiques du compagnonnage», catalogue d'exposition, Paris, Musée des A.T.P. 1951-1952, publié dans *Mémoire de la Fédération folklorique d'Ile-de-France*, 1956.

LEEDY Jr. (Walter C.), «The origins of Fan Vaulting» dans *A.B.* juin 1978, p. 207 à 213.

LEENHARDT (Albert), *Vieux hôtels montpelliérains*, Bellegarde 1935.

LEES-MILNE (James), *English Country Houses Baroque 1685-1715*, Londres 1970.

LEFÈVRE DE LA BODERIE (Guy), *La Galliade ou la Révolution des arts et des sciences*, 1578.

LEGRAND (Jacques-Guillaume), *Essai sur l'Histoire générale de l'architecture*, 1799.

LEGRAND (Jacques-Guillaume) et LANDON (Charles-Paul), *Description de Paris et de ses édifices*, 1806-1809, édition 1818.

LEJEUNE (Emile), *Traité pratique de la coupe des pierres*, 1872.

LE MARQUANT, *Description du château d'Anet*, Chartres Veuve Le Tellier 1777.

LE MENÉ (J.M.), «L'église cathédrale de Vannes», dans *C.A.* 1881, p. 220 à 222.

LE MUET (Pierre), Cf. A. Palladio et P. Le Muet.

LE MUET (Pierre), *Manière de bastir pour toutes sortes de personnes*, 1664.

LE ROUGE (Georges-Louis), *Les curiosités de Paris, de Versailles...* 1716, édition 1760.

LEROY (Charles-Félix-Auguste), *Traité de stéréotomie...*, 1844.

LE ROY (Julien-David), *Les ruines des plus beaux monuments de la Grèce*, 1758.

LE ROY LADURIE (Emmanuel), *Histoire du climat depuis l'an mil*, 1967.

LESUEUR (Frédéric), «Blois. L'évêché», dans *C.A.*, 1925, p. 80 à 82.

LESUEUR (Frédéric), «Blois. Abbaye de Saint Lomer», dans *C.A.*, 1925, p. 121 à 124.

LESUEUR (Frédéric), «Bléré, la chapelle de Seigne», dans *C.A.* 1948, p. 220 à 225.

LESUEUR (Frédéric), *Le château de Blois*, 1970.

LETROSNE (Charles), *Murs et toits pour les pays de chez nous*, 1923-1926.

LEVESQUE (Richard), «Renaissance romane au milieu du XVIe siècle», dans *Annuaire de la Société d'émulation de la Vendée*, 1977, p. 35 à 48.

LIÉBARD (Odile), « Les maisons d'Auxerre au XVIe siècle », dans *B.A.*, 1968[4], p. 155 à 209.

LIGNE (Charles-Joseph, prince de), *Coup d'œil sur Belœil*, Belœil 1781, édition 1922.

LISTER (Martin), *Voyage de Lister à Paris en 1698*, traduction française 1873.

LOCATELLI (Sebastiano), *Voyage en France... (1664-1665)*, traduit et publié par A. Vautier 1905.

LO GATTO (Ettore), *Gli architetti del secolo XIX a Pietroburgo e nelle tenute imperiale*, Rome 1943.

LONGUEMARE (Paul de), « Un architecte du 17e siècle, Abel de Sainte-Marthe », dans *Réunion Soc. Beaux Arts des départements*, 1904, p. 549 à 556.

LORENZO DE SAN NICOLÁS (fray), *Arte y uso de arquitectura*, Madrid 1639-1663.

LOYER (Toussaint), « Observations sur les voûtes plates », 1762, Lyon, bibliothèque de l'Académie, manuscrit 190.

LOYER (Toussaint), Discours de réception à l'Académie de Lyon sur le goût en architecture, Lyon, bibliothèque de l'Académie, ms 194.

LUCAS (Charles), « François Soufflot le Romain », dans *Nouvelles Archives de l'art français*, 1892, p. 275 à 279.

LUDMANN (Jean-Daniel), *Le Palais Rohan de Strasbourg*, Strasbourg 1979.

MACHABEY (A.), « Gérard Desargues, géomètre et musicien », dans *XVIIe siècle*, 1954, n° 21-22, p. 396 à 402.

MALAFOSSE (Joseph de), *Etudes et notes d'archéologie et d'histoire, Documents toulousains*, Toulouse 1898.

MÂLE (Emile) *L'art allemand et l'art français du Moyen Age*, 1917, édition 1922.

MALINGRE (Claude), *Les antiquités de la ville de Paris...*, 1640.

MALLET (Jacques), « Jean de Lespine et les constructions Renaissance de l'église du Vieil Baugé », dans *Mémoires de l'Académie d'Angers*, 1966, p. 88 à 106.

MARAVALL (José-Antonio), « Sobre el mito de los caracteres nacionales », dans *Revista de Occidente*, juin 1963, p. 257 à 276.

MARCONI (Paolo), « Guarino Guarini ed il gotico », dans *Atti del convegno Guarini Turin 1968*, Turin 1970, t. I, p. 613 à 636.

MARIE (Alfred et Jeanne), *Versailles, son histoire*, 1972-1976.

MARIETTE (Jean), *L'architecture française*, 1727.

MARIETTE (Pierre-Jean), *Abecedario*, publié par Ph. de Chennevières et A. de Montaiglon 1853-1862.

MARIONNEAU (Charles), *Victor Louis*, Bordeaux 1881.

MARMOTTAN (Paul), POËTE (Marcel), GRIMAULT (M.), communications sur la porte Saint-Antoine à la Commission du Vieux Paris. *Procès-verbaux*, 1917, p. 210 à 213 ; 1922, p. 19 à 23.

MAROT (Daniel), *Oeuvre du Sieur D. Marot*, Amsterdam 1712.

MARROU (Henri-Irénée), *De la connaissance historique*, 1954.

MARTIN (Jean), *Architecture et art de bien bastir de Marc Vitruve Pollion, traduction de Jean Martin*, 1547.

MARTIN (Pierre), *Recherches sur l'architecture... Les maisons du Moyen Age et de la Renaissance à Lyon*, Paris et Lyon s.d.

MARTIN-DEMEZIL (Monique), « Le château de Châteaudun », dans *I.H.A.*, décembre 1970, p. 237 à 244.

MASCHERONI (Lorenzo), *Nuove ricerche sull'equilibrio delle volte*, Milan 1829.

MASSON (André), *L'abbaye Saint-Ouen de Rouen*, 1930.

MAYER-LONG (Jannic), *L'abbaye de Saint-Denis au XVIIIe siècle*, mémoire de maîtrise polycopié, 1978.

MEISSONIER (Juste-Auréle), *Recueil des œuvres de J.A. Meissonier...*, 1888.

MELOT (Michel), *L'abbaye de Fontevrault*, 1971.

MENAND, professeur, *L'art d'appareil qui fait une partie essentielle de l'architecture*, 1757.

MÉNESTRIER (le père Claude-François), *Eloge historique de la ville de Lyon...*, Lyon 1669.

MERCIER (Louis-Sébastien), *De la littérature et des littérateurs*, Verdon 1778.

MERCIER (Louis-Sébastien), *Tableaux de Paris*, 1781, édition Amsterdam 1782-1788.

MESPLÉ (Paul), *Vieux hôtels de Toulouse*, Toulouse 1948.

MESQUI (Jean), « La fortification dans le Valois du XI au XVe siècle... », dans *B.M.*, 1977, p. 109 à 149.

MIELKE (Friedrich), *Die Geschichte der deutschen Treppen*, Berlin 1966.

MIGNOT (Claude), « Le bossage à la Renaissance. Syntaxe et iconographie », dans *Formes, Bulletin de l'APAHAU*, 1978[2], p. 15 à 23.

MILIZIA (Francesco), *Opere complete*, Bologne 1826-1828. Tomes II et III : *Dizionario delle Belle Arti del Disegno* (première édition Bassano 1797). Tomes VI et VIII : *Principi d'architettura civile* (première édition Finale 1781).

MILLET (Eugène), *Monographie de la restauration du château de Saint-Germain-en-Laye*, s.d.

MILLIET de CHALES (le père Claude-François), *Cursus seu mundus mathematicus*, Lyon 1674, t. II, tractatus XII, « De lapidum sectione ».

MINGUET (J. Philippe), *Esthétique du rococo*, 1966.

MIROT (Léon), « Le Bernin en France. Les travaux du Louvre et les statues de Louis XIV », dans *Mémoires des sociétés historiques de Paris et de l'Ile de France*, 1904, p. 161 à 288.

MOISY (Pierre), « Textes retrouvés de Desargues », dans *XVIIe siècle*, 1951, p. 93 à 95.

MOISY (Pierre), « Deux cathédrales françaises, La Rochelle et Versailles », dans *G.B.A.*, 1952[2], p. 89 à 102.

MOISY (Pierre), *Les séjours en France de Sulpice Boisserée*, Lyon et Paris 1956.

MOISY (Pierre), *Les églises des Jésuites de l'ancienne Assistance de France*, Rome 1958.

MOISY (Pierre), « La chapelle du collège des Jésuites de La Flèche », dans *C.A.*, 1964, p. 219 à 229.

MONDUIT (Louis) et DENIS (Alexandre), *Stéréotomie au point de vue de la coupe des pierres*, 1889.

MONFALCON (Jean-Baptiste), *Histoire monumentale de la ville de Lyon*, Lyon 1866.

MONGE (Gaspard), *Géométrie descriptive*, 1788, édition 1820.

MONTAIGNE (Michel Eyquem de), *Œuvres*, A. Desrez 1837.

MONTALEMBERT (Charles-René de), *Du vandalisme et du Catholiscisme dans l'art*, 1839.

MONTESQUIEU (Charles de Secondat, baron de), *Œuvres complètes*, Le Seuil 1964.

MONTPENSIER (Anne-Marie-Louise d'Orléans, duchesse de), *Mémoires*, 1858-1859.

MONVAL (Jean), *Soufflot*, 1918.

MORTET (Victor), *Recueil de textes relatifs à l'histoire de l'architecture...*, 1911-1929.

MÜLLER (Werner), « The Authenticity of Guarini's Stereotomy in his Architettura civile », dans *J.S.A.H.*, 1968, p. 202 à 208.

MÜLLER (Werner), « Stereotomie und Barockbaukunst », dans *Deutches Museum Abhandlungen und Berichte*, 1969[2], p. 41 et 42.

MÜLLER (Werner), « Guarini e la stereotomia », dans *Atti del convegno Guarini, Turin, 1968*, Turin 1970, t. I, p. 531 à 556.

MÜLLER (Werner), « Vittone ed il modo stereotomico », dans *Atti del Convegno Vittone, Turin 1970*, Turin 1972, t. II, p. 81 à 117.

MÜLLER (Werner), « Über den Planriss eines Schlingrippengewölbes in der Akademie der Bildenden Kunste in Wien und verwandte Probleme aus der Geschichte des Steinschnitts », dans *Osterreichische Zeitschrift für Kunst*, 1972, p. 45 à 53.

MÜLLER (Werner), « Technische Bauzeichnungen der deutschen Spät-gotik », dans *Technikgeschichte*, 1973 (article non consulté, à nous signalé par R. Recht).

MÜLLER (Werner), « Zum Problem des technologischen Stilvergleichs in deutschen Gewölbebau der Spätgotik », dans *Architectura*, 1973 (article non consulté, à nous signaler par R. Recht).

MÜLLER (Werner), « Die Zeichnungsvorlagen für Friedrich Hofstadts Gothisches A B C Buch und der Nachlass des Nürnberger Rats baumeister Wolf Jacob Stromer (1561-1614) », dans *Wiener Jahrbuch für Kunstgeschichte*, 1975 (article non consulté, à nous signalé par R. Recht).

MÜLLER (Werner), « Das Weiterleben gotischer Überlieferungen in der oberdeutschen Steinmetzlehre von endenden 16. bis ins 18. Jahrhundert », dans *Technikgeschischte* 1976 (article non consulté).

MUSSAT (André), *Le style gothique de l'Ouest de la France*, 1963.

MUSSAT (André), « Saint-Pierre de Saumur », dans *C.A.*, 1964, p. 572 à 578.

NEVE (Richard), *City and Country Purchaser and Builder's Dictionary*, Londres 1713, deuxième édition 1726.

NICÉRON (Le Père Jean-François), *La perspective curieuse*, 1638.

NICHOLSON (Peter), *An Architectural Dictionary*, Londres 1819.

NICHOLSON (Peter), *A popular and practical treatise on mansonry and stone-cutting...*, Londres 1827.

NICOLAS (l'abbé C.), « Constructions et réparations de l'église de Saint-Gilles du Gard », dans *Mémoires de l'Académie de Nîmes*, t. XXIII (1900), p. 95 à 140 ; t. XXV (1902), p. 95 à 122.

Notice sur le phare de Cordouan, Bordeaux Feret et Fils 1884.

Nouveau Théâtre de la Grande-Bretagne ou Description exacte du palais de la reine et des maisons les plus considérables... Londres 1708-1724.

ŒCHSLIN (Werner), « Aspetti dell'internazionalismo nell'architettura del primo settecento », dans *Barocco Europea...*, actes du colloque de Lecce, 1970, p. 141 à 155.

OLLIVIER (Jules), *Notice sur un monument funéraire connu sous le nom de pendentif de Valence*, Valence 1833.

OUDIN (Antoine), *Recherches italiennes et francoises, ou Dictionnaire...*, 1640, édition 1653.

PALLADIO (Andrea), *I Quattro libri dell'Architettura*, Venise 1570.

PALLADIO (Andrea) et LE MUET (Pierre), *Traité des cinq ordres d'architecture... traduit du Palladio, augmenté de nouvelles inventions par le Sr Le Muet*, 1645.

PALLADIO (Andrea) et FRÉART DE CHAMBRAY (Roland), *Les quatre livres de l'architecture d'André Palladio*, traduction française de Fréart de Chambray, 1650.

PALLADIO (Andrea), *Architecture... avec des notes d'Inigo Jones... mis à jour par Jacques Leoni*, La Haye 1726.

PALUSTRE (Léon), *La Renaissance en France*, 1879-1889.

PANOVSKY (Erwin), *Gothic Architecture and Scholasticism*, Latrobe 1951.

PANOVSKY (Erwin), *Renaissance and Renascences in western Art*, Stockholm 1960.

PARENT (Paul), *L'architecture civile à Lille au XVII⁰ siècle*, Lille 1925.

PARENT (Paul), *L'architecture des Pays-Bas méridionaux (Belgique et Nord de la France) aux XVI⁰, XVII⁰ et XVIII⁰ siècles*, Paris et Bruxelles 1926.

PARENT (Paul), « Les caractères régionaux de l'architecture dans le Nord de la France », dans *Revue du Nord*, 17 février 1927, p. 5 à 43.

PARISET (François-Georges), *L'art classique*, 1965.

PARKER (John-Henry), *Glossary of terms used in grecian, roman, italian und gothic architecture*, 1836, deuxième édition 1838.

PATTE (Pierre), *Monuments érigés en France à la gloire de Louis XV*, 1765.

PATTE (Pierre), *Mémoire sur les objets les plus importants de l'architecture*, 1769.

PENTHER (Johann-Friedrich), *Anleitung zur burgerlichen Baukunst enthaltend ein Lexicon Architectonicum...*, Augsbourg 1744.

PEREZ SANCHEZ (Alonso), *Murcia, Albacete y sus Provincias*, Barcelone 1961.

PÉROUSE DE MONTCLOS (Brigitte), *Le Palais russe sous Pierre le Grand*, diplôme d'études supérieures polycopié, Paris 1963.

PÉROUSE DE MONTCLOS (Jean-Marie), « Le château de Serrant », dans *C.A.*, 1964, p. 332 à 351.

PÉROUSE DE MONTCLOS (Jean-Marie), « Palladio et la théorie classique dans l'architecture française du XVII⁰ siècle », dans *Bollettino del Centro Palladio*, t. XII (1970), p. 97 à 105.

PÉROUSE DE MONTCLOS (Jean-Marie), *Vocabulaire de l'architecture. Principes d'analyse scientifique*, 1972.

PÉROUSE DE MONTCLOS (Jean-Marie), « De la villa rustique au pavillon de banlieue », dans *Revue de l'art*, n⁰ 32 (1976), p. 23 à 36.

PÉROUSE DE MONTCLOS (Jean-Marie), « Le sixième ordre d'architecture ou la pratique des ordres suivant les nations », dans *J.S.A.H.*, t. XXXVI (décembre 1977), p. 223 à 240.

PÉROUSE DE MONTCLOS (Jean-Marie), « Piranèse, les Français et le classicisme international », dans *Piranèse et les Français. Académie de France à Rome, colloque du 12-14 mai 1976*, Rome 1978.

PÉROUSE DE MONTCLOS (Jean-Marie), « La voûte de l'hôtel de ville d'Arles est-elle le produit de la tradition locale ou une importation parisienne ? », dans *Actes du colloque d'Aix-en-Provence 1978*, à paraître.

PÉROUSE DE MONCLOS (Jean-Marie), « La vis de Saint-Gilles et l'escalier suspendu dans l'architecture française du XVI⁰ siècle », dans *Actes du colloque de Tours 1979*, à paraître.

PÉROUSE DE MONCLOS (Jean-Marie), « Les voûtes dans les abbayes mauristes de Normandie », dans *Actes du colloque de Caen 1979*, à paraître.

PÉROUSE DE MONTCLOS (Jean-Marie), « Du toit brisé et de quelques autres gallicismes à l'aile Lescot du Louvre », dans *B.S.H.A.F.*, à paraître.

PERRAULT (Charles), *Parallèle des Anciens et des Modernes*, 1686-1692, deuxième édition 1692-1696.

PERRAULT (Charles), *Mémoires de ma vie*, 1909 (première édition, incomplète, 1759).

PERRAULT (Claude), *Les Dix livres d'architecture de Vitruve...*, 1673.

PERROT (Chanoine) et THIOLLIER (Noël), « Valence, cathédrale », dans *C.A.*, p. 227 à 248.

PERROT (Jean-Claude), *Genèse d'une ville moderne, Caen au XVIII⁰ siècle*, 1975.

PEVSNER (Nikolaus), *The Out line of european Architecture*, Londres 1943. Nous avons utilisé la traduction française, *Génie de l'architecture européenne*, 1970.

PEVSNER (Nikolaus), « Goethe and architecture », dans *Palladio* 1951, réédité dans *Studies in art, architecture and design*, Londres 1968, p. 165 à 173.

PEVSNER (Nikolaus), « The Three-Dimensional Arch from the sixteenth to the Eighteenth Century », dans *J.S.A.H.* 1958[4], p. 22 à 24.

PEYRE (Henri), *Qu'est-ce-que le classicisme...*, 1933, édition revue et complétée 1965.

PEYRE (Marie-Joseph), *Oeuvre d'architecture...*, 1765. *Nouvelle édition augmentée d'un discours sur les monuments des anciens comparés aux nôtres...*, 1795.

PEYRE (Marie-Joseph), « Dissertation sur les distributions des Anciens comparées à celles des Modernes, et sur leur manière d'employer les colonnes », dans *Mercure de France*, août 1773, p. 161 à 180.

PIGANIOL DE LA FORCE (Jean-Aymar), *Description historique de la ville de Paris*, édition 1765.

PIGEOTTE (Léon), *Etude sur les travaux d'achèvement de la cathédrale de Troyes 1450 à 1630*, 1870.

PILLET (Jules-Jean), *Traité de stéréotomie*, 1887.

PILLET (Paul), « L'abbaye des Prémontrés de Pont-à-Mousson », dans *M.H.* 1967[4], p. 55 à 93.

PIRANESI (Giovanni-Battista), *Della Magnificenza e D'Architettura de Romani*, Rome 1761.

PIRANESI (Giovanni-Battista), *Parere Sull' Architettura*, Rome 1765.

PLO Y CAMIN (Antonio), *El Arquitecto practico...*, Madrid 1767.

POCQUET DU HAUT-JUSSÉ (B.A.), « Rennes. L'abbaye Saint-Mélaine », dans *C.A.*, 1968, p. 9 à 22.

POLDO D'ALBENAS (Jean), *Discours historial de l'antique et illustre cité de Nîmes...*, Lyon 1560.

POMPEI (Alessandro), *Li cinque ordini dell'architettura civile di Michel Sanmicheli...*, Vérone 1735.

PONCET DE LA GRAVE (Guillaume), *Mémoires intéressants pour servir à l'histoire de France*, 1788-1789.

PORÉE (le chanoine André-Adolphe), « L'église Notre-Dame des Andelys », dans *La Normandie monumentale et pittoresque. Eure*, ouvrage collectif, t. I, (1896), p. 147 et sv.

PORÉE (le chanoine André-Adolphe), « Les architectes de la cathédrale de Sens », dans *C.A.* 1907, p. 559 à 597.

PORT (Célestin), *Dictionnaire... du Maine et Loire*, édition Angers 1965.

PORTABALES PICHEL (Amancio), *Maestros mayores, arquitectos y aparejadores del Escorial*, Madrid 1952.

Portefeuille iconographique de V. Louis, précédé d'une notice architectonographique sur le Grand-Théâtre de Bordeaux..., 1828.

PORTOGHESI (Paolo), *Borromini nella cultura europea*, Rome 1964.

PORTOGHESI (Paolo), « La lingua universale : cultura ed architettura tra il 1503 ed il 1527 », dans *Studi Bramanteschi. Atti del convegno Milano-Urbino-Roma 1970*, De Luca editore 1974, p. 351 à 371.

POUDRA (Noël-Germinal), *Oeuvres de Desargues*, 1864.

POUDRA (Noël-Germinal), *Histoire de la perspective ancienne et moderne*, 1864.

POUILLON (Fernand), *Les Baux de Provence*, 1973.

PRADEL (Pierre), « Le premier édifice de la Renaissance en France », dans *Mémoires de la Société nationale des Antiquaires de France*, 1969, p. 243 à 258.

PRICE (Francis), *The British Carpenter...*, Londres 1735.

PRINZ (Wolfram), *Die Entstehung der Galerie in Frankreich und Italien*, Berlin 1970.

PUGIN (Augustus-Welby), *Les vrais principes de l'architecture ogivale*, traduction de l'anglais Bruxelles 1850.

QUARENGHI (Giacomo), *Disegni di Giacomo Quarenghi*, catalogue d'exposition, Bergame 1967.

QUATREMÈRE DE QUINCY (Antoine-Chrysostome), *Lettres sur le préjudice qu'occasionnerait aux Arts et à la science le déplacement des monuments de l'Art de l'Italie*, 1796.

QUATREMÈRE DE QUINCY (Antoine-Chrysostome), *Dictionnaire historique d'architecture*, 1832.

QUATREMÈRE DE QUINCY (Antoine-Chrysostome), *Recueil de notices historiques lues dans les séances publiques de l'Académie royale des Beaux-Arts*, 1834.

QUEVEDO (José), *Historia del Real Monasterio del Escorial...*, Madrid 1849.

QUEVILLY (H.), « Beaumesnil », dans *C.A.*, 1889, p. 352 à 360.

QUINET (Edgar), « De l'avenir de l'art », dans *Revue des deux mondes*, juin 1832, p. 493 à 514.

RABREAU (Daniel) et GALLET (Michel), « La chaire de Saint-Sulpice », dans *Bulletin de la Société d'histoire de Paris et de l'Ile de France*, 1971, p. 115 à 139.

RABREAU (Daniel), « Le théâtre de Nantes ou l'urbanisme mis en scène », dans *M.H.*, 1980.

RAMÉE (Daniel), *Histoire générale de l'architecture*, 1860-1862.

RANJARD (Robert), *La Touraine archéologique*, Tours 1930.

RAPHAËL SANZIO, *Lettera... a papa Leone X*, Rome 1840.

RÉAU (Louis), *L'art russe*, 1921-1922, édition 1968.

RÉAU (Louis), *L'Art français sur le Rhin au XVIIIe siècle*, 1922.

RÉAU (Louis), *Histoire de l'expansion de l'art français*, 1924-1933.

RÉAU (Louis), *Lexique polyglotte des termes d'art*, 1928.

RÉAU (Louis), *L'Europe française au siècle des Lumières*, 1938, édition 1971.

RÉAU (Louis), *Dictionnaire polyglotte des termes d'art*, 1953.

RECHT (Roland), « La loge et le soi-disant secret des bâtisseurs de cathédrales », dans *Histoire et archéologie* dossier n° 47, novembre 1980, p. 8 à 22.

RECHT (Roland), « Sur le dessin d'architecture gothique », dans *Etudes d'art médiéval offertes à Louis Grodecki*, 1981, p. 233 à 250.

Répertoire des carrières de pierre de taille exploitées en 1889, 1890.

REY (Raymond), *La cathédrale de Cahors et les origines de l'architecture à coupoles d'Aquitaine*, 1925.

REYNAUD (Louis), *Histoire générale de l'influence française en Allemagne*, 1914.

REYNAUD (Louis), *L'influence allemande en France au XVIIIe et XIXe siècles*, 1922.

RICHARD (Jules-Marie), *Mahaut, Comtesse d'Artois et de Bourgogne*, 1887.

RICHARDSON (George), *The New Vitruvius Britannicus*, Londres 1802-1808.

RIEGER (le père Christian), *Universae architecturae civilis elementa...*, Vienne, Prague et Trieste 1756.

RIEGER (le père Christian), *Elementos de toda la arquitectura civil*, Madrid 1763, traduction libre en espagnol par Miguel Benavante des *Elementa*.

RIVAUD ou C. GRIVAUD, *Dissertation sur l'architecture française qui...tend à démontrer que la Nation française a atteint le même point de perfection dans la pratique des arts que les Grecs et les Romains... Invention d'un ordre français, très neuf dans sa composition*, La Haye et Chalons 1762.

ROBERT (Paul), *Dictionnaire alphabétique et analogique de la langue française*, 1953-1964.

ROCHEBLAVE (Samuel), *L'art et le goût en France de 1600 à 1900*, édition 1923, paru d'abord sous le titre *Le goût en France, les arts et les lettres de 1600 à 1900*, 1914.

ROCHEBLAVE (Samuel), *L'âge classique de l'art français*, 1932.

RODIÈRE (Roger), *Le Pays de Montreuil*, Amiens et Paris 1933.

ROLAND LE VIRLOYS (Charles-François), *Dictionnaire d'architecture...*, 1770-1771.

RONDEAU (Philippe), « L'ancien hôtel de ville de Poitiers », dans *Mémoires de la Société des Antiquaires de l'Ouest*, t. XXXIX (1869), p. 129 à 160.

RONDELET (Jean-Baptiste), *Traité théorique et pratique de l'art de bâtir*, 1802-1817, édition 1827-1829.

RONOT (Henry), *La cathédrale de Langres*, s.l.n.d.

RORICZER (Mathias), *Das Büchlein von der fialen Gerechtigkeit* 1486, réédition Trèves 1845 par Reichensperger.

ROSTAND (André), « L'œuvre architecturale des Bénédictins de la Congrégation de Saint-Maur en Normandie (1616-1789) », dans *Bulletin de la Société des Antiquaires de Normandie*, 1939, p. 82 à 223.

ROUCHÉ (Eugène) et BRISSE (Charles), *Coupe des pierres*, 1893.

ROUDIÉ (Paul) et DUCOS (J.H.), « Le château de Caumont », dans *C.A.*, 1970, p. 272 à 288.

ROUDIÉ (Paul), *L'activité artistique à Bordeaux, en Bordelais et en Bazadais de 1453 à 1550*, Bordeaux 1975.

ROY (Maurice), « Anet », dans *B.S.H.A.F.*, 1924, p. 122 à 180.

ROY (Maurice), *Artistes et monuments de la Renaissance en France*, 1929.

RUBENS (Pierre-Paul), *Palazzi di Genova, raccolti et designati da Pietro-Paolo Rubens*, Anvers 1622, première édition en français 1755.

RUGGIERI (Ferdinando), *Studio d'architettura civile*, Florence 1722-1728.

RUSKIN (John), *Les sept lampes de l'architecture*, 1849, édition française 1916.

RUSSACK (Hans-Hermann), *Deutsche Bauen in Athen*, Berlin 1942.

Russkaïa Architectura Piervoï Polaviny XVIII vieka, publié sous la direction d'Igor Grabar, Moscou 1954.

SAINTE-MARTHE (Charles de), *La Poésie françoise...*, Lyon 1540.

SAINT-SIMON, *Mémoires*, édition A. de Boislisle 1879-1920.

SAMBRICIO (Carlos), « Benito Bails et l'architecture espagnole de la seconde moitié du XVIIIe siècle », dans *G.B.A.*, novembre 1978, p. 173 à 186.

SAUVAGEOT (Claude), *Palais, châteaux, hôtels et maisons de France du XVe au XVIIIe siècle*, 1687.

SAUVAL (Henri), *Histoire et recherches des Antiquités de la ville de Paris*, 1724. (Cet ouvrage a été écrit entre 1654 et 1676. Bernard Rousseau, auteur de l'édition de 1724, y a apporté quelques modifications).

SAUVEL (Tony), « Le Mercier et la construction du pavillon de l'horloge », dans *B.M.*, 1966, p. 243 à 257.

SAVOT (Louis), *L'architecture française des bastimens particuliers...*, 1624, seconde édition 1685 avec les notes de F. Blondel.

SCAMOZZI (Vicenzo), *L'Idea della architettura universale*, Venise 1615.

SCAMOZZI (Vicenzo), *Œuvres d'architecture*, La Haye 1736, première traduction française complète reprenant la traduction de D'Aviler pour le sixième livre.

SCAMOZZI (Vicenzo), *Taccuino di viaggio da Parigi a Venezia (14 marzo-11 maggio 1600)*, Venise 1959.

SCHILLINGER (Georg-Peter), *Architectura civilis... Oder Beschreibung und Vornisse von mancherley Dachwerkern und winckelrechten Gebaüde von teutscher, frantzösischer und italiänischer Façon*, Nuremberg 1745-1748.

SCHOY (Auguste), *Histoire de l'influence italienne sur l'architecture des Pays-Bas*, Bruxelles 1879.

SCHÜBLER (Johann-Jacob), *Architectonische Werke...*, Nuremberg 1786.

SCHWAB (Johann-Christoph), *Dissertation sur les causes de l'universalité de la langue française*, traduit de l'allemand 1803.

SÉJOURNÉ (Paul), *Grandes voûtes*, 1913-1916.

SERLIO (Sébastiano), *Regole generali di architettura*, Venise 1537, première édition française Anvers 1545.

SERLIO (Sebastiano), *Tutte l'opere d'architettura et prospetiva di S.S... diviso in sette libri... raccolto da M. Gio. Domenico Scamozzi Vicentino*, Venise 1619.

SERLIO (Sebastiano), *Sesto libro : Delle habitationi di tutti li gradi degli homini*, Milan 1968, fac-similé du manuscrit de Munich.

SERLIO (Sebastiano), *On Domestic Architecture*, New-York et Cambridge, Mass., 1978, fac-similé du manuscrit du livre VI conservé à Colombia University.

SEYDOUX (Philippe), *Le château de Rambures en Picardie*, s.l., 1974.

SIEGFRIED (André), *L'âme des peuples*, 1950.

SIGURET (Philippe), « Les voûtes plates », dans *Gypsum* 1963[1], p. 94 à 98.

SIMON (Denis), *Supplément à l'histoire du Beauvaisis*, 1704.

SIMONIN, *Traité élémentaire de la coupe des pierres ou art du trait*, 1792.

SIMONIN, *Tratado elemental de los Cortes de Canteria... Escrito en francès por Mr Simonin, Profesor de matemàticas... y traducido al espanõl...*, Madrid 1795.

SINAUD (Henry), *Coupe des pierres limitée aux épures usuelles avec l'indication sommaire des sujets qui ne sont plus en usage*, 1890.

SOIL de MORIAMÉ (Eugène), « L'habitation tournaisienne du XIe au XVIIIe siècle », dans *Annales de la Société historique et archéologique de Tournai*, t. VIII (1904).

SONNIER (Jean), *Eglise Notre-Dame et Saint-Laurent d'Eu*, s.d., étude polycopiée, Paris, bibliothèque des Monuments historiques.

SOUCHAL (François), « Jean Aubert, architecte des Bourbon-Condé », dans *Revue de l'art*, 1969, n° 6, p. 29 à 38.

STEIN (Henri), « Un manuscrit français de la bibliothèque de Dantzig », dans *Le Bibliographe moderne*, t. XXI (1923), p. 183 à 197.

STERN (Jean), *Belanger*, 1930.

STIEGLITZ (Christian-Ludwig), *Enzyklopädie der burgerlichen Baukunst*, Leipzig 1792-1798.

STOEHR (Franz), *Alt-Strassburger Treppen Kunst*, Fribourg 1927.

STURM (Leonhard-Christoph), *Erste Ausübung der vortreflichen und vollständigen Anweisung zu der civil-Bau-Kunst Nicolai Goldmanns...*, Braunschweig 1699.

STURM (Leonhard-Christoph), *Vollständige Anweisung Regierungs-Land und Rath-Haüser... worinnen Nicolai Goldmanns...*, Augsbourg 1718.

STURM (Leonhard-Christoph), *Durch einen grossen Theil von Teutschland und den Niederlanden bis nach Pariss gemachtete Architectonische Reise-Anmerkungen*, Augsbourg 1719.

STURM (Leonhard-Christoph), *Vollständige Anweisung innerer Austheilung der Gebaüde...*, Augsbourg 1720.

STURM (Leonhard-Christoph), *Ein sehr nöthiges Haupt-stuck der vollständigen Anweisung zu der civil-Bau-Kunst nach Nicolai Goldmanns Gründen...*, Augsbourg 1721.

STURM (Leonhard-Christoph), *Ausfürliche Anleitung zu der ganzen Civil Bau-Kunst*, Augsbourg 1725, traduction libre du *Cours* de D'Aviler.

STURM (Leonhard-Christoph), *Vollständige Anweisung grosser Herren Palläste starck, bequem, nach den Reguln der antiquen Architectur untadelich, und nach dem heutigen Gusto schön und prächtig anzugeben...*, Augsbourg 1752.

SUMMERSON (John), *Architecture in Britain. 1530-1830*, 1953, édition Londres 1970.

SUMMERSON (John), *The classical language of architecture*, Cambridge (Mass) 1963.

TACHON (E.), *Traité pratique de la coupe des pierres*, 1914.

TAINE (Hippolyte), *Philosophie de l'art*, 1865-1869, sixième édition 1893.

TAINE (Hippolyte), *Voyage en Italie*, 1866, édition Julliard 1965.

TALEPOROVSKI (V.N.), *Quarenghi*, Moscou 1954.

TALLEMANT DES RÉAUX (Gédéon), *Les historiettes*, édition établie par G. Mongrédien, 1932-1934.

TAPIÉ (Victor-Lucien), *Baroque et Classicisme*, 1957.

TASSE (Torquato Tasso dit le), *Lettera del Signor Torquato Tasso nella quale paragona l'Italia alla Francia*, Mantoue 1581.

TATARKIEWICZ (Wladyslaw), « Les quatre significations du mot classique », dans *Revue internationale de philosophie*, Bruxelles, n° 43 (1958), p. 5 à 22.

TATON (René), *Gaspard Monge*, Bâle 1950.

TATON (René), « Documents nouveaux concernant Desargues », dans *Archives internationales d'histoire des Sciences*, n° 16 (1951), p. 620 à 630.

TATON (René), *L'œuvre mathématique de Desargues*, 1951.

TATON (René), *Histoire de la géométrie descriptive*, 1954.

TEMANZA (Tommaso), *Degli archi e delle volte e regole generali dell'architettura civile*, 1732, publié par Pietro Lucchesi Venise 1811.

The Age of Neo-classicism, catalogue d'exposition, Londres 1972.

THIÉRY (Luc-Vincent), *Guide des amateurs... à Paris*, 1787.

THULAIRE (Joseph Teulère ?), Discours relatif à la stéréotomie prononcé à l'Académie de Bordeaux, le 9 septembre 1786, Bordeaux, Bib. municipale, ms 1234.

THURAH (Lauritz de), *Den Danske Vitruvius. Le Vitruve danois. Der Danische Vitruvius*, Copenhague, t. I (1746), t. II (1749), t. III (1967).

TIERCELET (Augustin-Claude), *Architecture moderne ou l'art de bâtir pour toutes sortes de personnes...*, 1728, édition 1764.

TORIJA (Juan de), *Breve tratado de todo genero de bovedas asi regulares como irregulares*, Madrid 1660, édition 1661.

TOSCA (Thomas-Vicente), *Compendio matemàtico...*, Valencia 1712, traité XV, « De la montea y cortes de canteria », (dans l'édition Madrid 1727, t. V, p. 81 à 252).

TOURNIER (René), *Les églises comtoises...*, 1954.

TOUSSAINT (Claude-Joseph), *Nouveau manuel complet de la coupe des pierres... Nouvelle édition corrigée, refondue et augmentée...*, 1902 (la première édition, que nous n'avons pu retrouver, date du début du XIXe siècle).

TRIGER (Robert), « L'abbaye Saint-Vincent du Mans », dans *Revue historique et archéologique du Maine*, t. XXX (1924), p. 173 à 220.

TRISSINO (Gian-Giorgio), *La Italia liberata da Gotthi*, Rome 1547.

TRUCHET (R.P. Sébastien), « Mémoire concernant les voûtes plates », dans *Machines et inventions approuvées par l'Académie royale des Sciences*, t. I (1735), p. 163 à 164.

UNNERBÄCH (Eyvind), *Welsche Giebel. Ein italienisches Renaissancemotiv und seine Verbreitung in Mittel-und Nordeuropa*, Stockholm 1971.

URSEAU (le chanoine Ch.), « Le logis Pincé », dans *C.A.* 1910, p. 246 à 250.

VACHON (Marius), *La Renaissance française. L'architecture nationale. Les grands maîtres-maçons*, 1910.

VACQUIER (Jules-Félix), *Les anciens châteaux de France*, 1923-1925.

VALLERY-RADOT (Jean), « Cravant. Eglise Saint-Pierre et Saint-Paul », dans *C.A.*, 1958, p. 282 à 293.

VALLERY-RADOT (Jean), « Saint-Jean de Joigny », dans *C.A.*, 1958, p. 123 à 129.

VALLERY-RADOT (Jean), « Avignon. La chapelle de l'Oratoire », dans *C.A.*, 1963, p. 119 à 124.

VANAISE (Paul), « La construction de la chapelle du parc de Villiers-Cotterêts (1552-1553) », dans *B.S.H.A.F.*, 1967, p. 27 à 38.

VANDELVIRA (Alonso de), « Libro de traças de cortes de piedras... », Madrid, biblioteca de la Escuela de Arquitectura, manuscrit, édité par Geneviève Barbé-Coquelin de Lisle sous le titre *Tratado de arquitectura*, Albacete 1977.

VAN DE VELDE (Henry), *Déblaiement d'art suivi de... Le Nouveau, etc.*, Bruxelles 1979.

VANDEVIVERE (Ignace) et PERIER D'IETEREN (Catheline), *Belgique renaissante. Architecture*, Bruxelles 1973.

VASARI (Giorgio), *Vite de più eccelenti pittori, scultori ed architettori*, 1550-1568, édition Florence 1906 avec commentaires de G. Milanesi.

VAUBAN (Sébastien Leprestre, marquis de), *De l'importance dont Paris est à la France et le soin qu'on doit prendre de sa conservation...*, 1821.

VERNEILH (Félix de), « La cathédrale de Cologne », dans *Annales archéologiques*, t. IX (1849), p. 11 à 26.

VIATOR (Jean Pélerin, dit), *De artificiali perspectiva*, Toul 1505. Traduction française par Mathurin Jousse sous le titre *La perspective positive de Viator latine et française...*, La Flèche 1635.

VIDAL (Henri), « Les grandes orgues de la cathédrale de Lodève » dans *Un diocèse languedocien : Lodève Saint-Fulcran...*, ouvrage collectif, Millau, 1975, p. 244.

VIDAL DE LA BLACHE (Paul), *Principes de géographie humaine*, 1922, chap. IV, p. 149 à 167, les matériaux de construction.

VIEL (Charles-François), *Principes de l'ordonnance et de la construction des bâtiments*, 1797.

VIEL (Charles-François), *De la chute imminente de la science de la construction des bâtiments en France...*, 1818.

VIGNY (Pierre de), « Dissertation sur l'architecture », dans *Journal économique*, mars 1752, p. 68 à 107.

VILLARD (Marius), « Monuments de la Renaissance à Valence », dans *Bulletin de la Société départementale d'archéologie de la Drôme*, 1907, p. 129 à 159.

VILLARD DE HONNECOURT, *Album*, édition critique par H. Hahnloser *(Villard de Honnecourt, Kritische gesamtausgabe der Bauhüttenbuches)* édition Graz 1972.

VIOLLET-LE-DUC (Eugène), « De l'art étranger et de l'art national », dans *Annales archéologiques*, 1844, p. 284 à 290.

VIOLLET-LE-DUC (Eugène), *Dictionnaire raisonné de l'architecture française du XIe au XVIe siècle*, 1854-1868.

VIOLLET-LE-DUC (Eugène), « L'enseignement des arts », dans *G.B.A.*, 1862, t. XII, p. 393 à 402 et 525 à 534 ; t. XIII, p. 71 à 82 et 251 à 255.

VIOLLET-LE-DUC (Eugène), *Entretiens sur l'architecture*, 1872.

VIOLLET-LE-DUC (Eugène), *Histoire de l'habitation humaine*, s.d.

VISENTINI (Antonio), *Osservazioni di Visentini che servono di continuazione al trattato di Teofilo Gallaccini*, Venise 1771.

VITET (Louis), « Le Louvre », dans la *Revue contemporaine*, 15 septembre 1857.

VITRUVE, cf. Jean Martin, Claude Perrault.

VITRY (Paul), « Assier », dans *C.A.*, 1937, p. 330 à 342.

VITRY (Paul), « Les châteaux de Bournazel et de Graves », dans *C.A.*, 1937, p. 351 à 359.

VITTONE (Bernardo), *Istruzioni elementari, per indirizzo di giovanni allo studio dell' Architettura civile*, Lugano 1740.

VOLTAIRE (François-Marie Arouet de), *Oeuvres complètes*, édition Garnier 1877.

VREDEMAN DE VRIES (Jean), *Architectura*, Anvers, 1577.

WAGNER VON WAGENFELS (Hans-Jakob), *Ehren-Ruff Teuschlands...*, Vienne 1698.

WARD (William-Henry), *French Châteaux and Gardens in the XVI th century*, London, Batsford, 1909.

WARD (William-Henry), *The Architecture of the Renaissance in France from 1495 to 1830*, Londres 1911.

WARE (Isaac), *A complete body of architecture...*, Londres 1767.

WATKIN (David), *Morality and architecture, the development of a theme in architectural history and theory from the gothic Revival to the Modern Movement*, Oxford 1977.

WETHEY (Harold E.), « Escaleras del Primer Renacimiento Español », dans *A.E.A.*, 1964, p. 295 à 305.

WILINSKI (Stanislaw), « Studi palladiani. Portali e finestre tripartiti nell' architettura di Andrea Palladio », dans *Odeo Olimpico*, 1974-1976, p. 67 à 152.

WILTON-ELY (John), « Vision and Design : Piranesi's Fantasia and the graeco-roman controversy », dans *Piranèse et les Français*. Académie de France à Rome, colloque du 12-14 mai 1976, Rome 1978.

WIND (Bartina), *Les mots italiens introduits en français au XVIe siècle*, Amsterdam 1928.

WITTKOWER (Rudolf), *Palladio and english palladianism*, Londres 1974.

WITTKOWER (Rudolf), *Gothic versus Classic. Architectural Projects in seventeenth-Century Italy*, New York 1974.

WÖLFFLIN (Heinrich), *Kunstgeschichtliche Grundbegriffe*, Munich 1915, traduction française 1952, édition Gallimard 1966.

WOOLFE (John) et GANDON (James), *Vitruvius Britannicus*, Londres 1767-1771.

WORRINGER (Wilhelm), *Formprobleme der Gotik*, Munich 1911, traduction française *L'Art Gothique*, édition 1967.

ZAKAVEC (François), « Rapports entre l'art français et l'art tchèque », dans *Congrès international d'histoire de l'art, Paris 1921*, 1924.

ZEPEDANO Y CARNERO (Don José Maria), *Historia... de la Basilica Compostelana*, Lugo 1870.

La voulte d'areste entour ronde et rempante propre entre autres chofes pour les efcaliers.

Index

Cet index renvoie aux citations des noms de lieux et de personnes faites au cours de l'ouvrage. Cependant, pour les lieux cités du fait de la présence d'une construction stéréotomique, les renvois à la pagination ne sont donnés que dans l'annexe intitulée « Voûtes construites en France à partir du XVe siècle ». En ce qui concerne les noms des auteurs de publications utilisées ici comme références documentaires, nous n'avons retenu que les citations faites dans le corps même de l'ouvrage, à l'exclusion des citations des annexes et des notes.

Borboni (Domenico), 36.
Bordeaux, 51, 191, 196, 219, 241, 247, 248.
Borromini (Francesco), 235, 238, 240, 262, 263.
Bosse (Abraham), 96, 98, 99.
Bossuet, 246, 271.
Bottineau (Yves), 74, 278.
Bouget, 338.
Boughton house, 40, 45, 53.
Bougier (Jacques), 294.
Bouguereau (Sébastien), 170, 313.
Boullée (Etienne-Louis), 222, 226, 282.
Boullet (Martin), 303, 304.
Boullier (Jean), dit de Bourges, 305.
Boulogne (Château de Boulogne, dit de Madrid), 17, 18, 19, 21, 65.
Bourbon (Pierre II de), 148.
Bourges, 130.
Boussard (J.-M.), 304.
Bramante (Donato), 57, 70, 217, 235.
Branner (Robert), 28.
Braunstein, 37.
Bréhier (Louis), 182.
Brême, 54.
Bressy (Charles), 98, 99.
Breugier (Pierre), 287.
Brice (Germain), 36, 148, 238, 262.
Brinckmann (Albert-Erich), 282.
Briseux (Charles-Etienne), 43, 64, 248.
Bristol, 162.
Brongniart (Alexandre), 305.
Brosse (Salomon de), 72, 73, 303.
Brosses (le président Charles de), 39, 257, 261.
Brouage, 191.
Bruant, 307; (Libéral), 304, 349.
Bruges, 54.
Brun (Esprit), 296; (Esprit-Joseph), 296, 298, 299; (Jean-Ange), 278, 296.
Brunelleschi (Filippo), 185, 218, 231.
Brunhes (Jean), 9, 43.
Brutails (Jean-Auguste), 279, 280.
Bruxelles, 54.
Buchel (Arnold van), 36.
Bucher (François), 214.
Bullant (Jean), 295, 299.
Bullet (Pierre), 43, 44, 46, 48, 301, 344.
Bullet de Chamblain (Jean-Baptiste), 293, 305.
Burckhardt (Jacob), 229.
Burgos, 204.
Burlington (Lord), 257.
Buzardière (La), 123, 342.
Byzance, 231.

Cadenet, 344.
Camon Aznar (José), 207.
Campbell (Colin), 24, 25, 40, 57, 72, 73, 76, 236, 243.
Canale (Martino de), 29.
Canivet (A.), 306.

Canlers (Adrien de), 191, 192.
Capoue, 230.
Caprarole, 23, 237.
Caraccioli (Louis-Antoine de), 249, 253, 262.
Caris (Tugal), 300.
Carpentras, 38, 55, 59.
Cartaud (Jean-Sylvain), 66.
Caryae, 250.
Casas (Fray Gabriel de), 204.
Cassiano del Pozzo, 63, 74.
Castañeda (Joseph), 252.
Castelnaudary, 194.
Castigliole, 218.
Catherine II de Russie, 278.
Catherinot (Nicolas), 196, 248.
Caumont (Arcisse de), 9, 16, 274, 279, 280.
Caus (Salomon de), 20.
Cavar (Jean), 287.
Cayla (Merigo), 125, 314.
Celanova, 205.
Cellini (Benvenuto), 140.
Cesariano (Cesare), 229.
Česky Krumlov, 216.
Cevese (Renato), 216.
Châlons-sur-Marne, 43.
Chambers (William), 31, 55.
Chambiges (Martin), 146, 289, 302, 312; (Pierre Iᵉʳ), 24, 311.
Chambord, 45, 344.
Chardon, 301.
Charles VIII de France, 26, 34, 148.
Charles IX de France, 95.
Charles IV de Luxembourg, roi de Bohême, 29.
Charpentier (François), 253.
Charpentier (Jacques), 184.
Charpentier (Sébastien), 131, 306.
Charpentrat (Pierre), 26.
Chastel (André), 232.
Chateaubriand (François-René de), 273.
Chateaubriant, 252.
Châtelet-Lange (Liliane), 216.
Chatenet (Monique), 19.
Chaunu (Pierre), 10.
Cheniau (Antoine) dit Daguion, 289.
Chenonceau, 52.
Chéreau (Jean), 12, 85, 95, 125, 129, 138, 139, 150, 153, 155, 161, 182, 185, 296.
Chesterfield (Lord), 257.
Chiaveri (Gaetano), 37.
Chipiez (Charles), 233.
Choisy (Auguste), 9, 113, 114, 153, 156, 181, 276, 279.
Chueca Goitia (Fernando), 207, 282.
Churriguera (Alberto de), 263.
Clagny, 64.
Clairmaret, 192.
Claude (le frère), 301.
Clément IV, pape, 29.
Clérisseau (Charles-Louis), 265, 267.

Clermont-Ferrand, 29, 186.
Clisson, 270.
Cochin (Charles-Nicolas), 38, 67, 220, 222, 238, 240, 249.
Colbert, 60, 61, 62, 232, 246, 247, 250, 257, 276.
Colmar, 43.
Cologne, 28, 29, 272, 273.
Colombier (Pierre du), 23.
Colonia (le père Dominique de), 127.
Conrad (Christophe), 37.
Contant d'Ivry (Pierre), 195, 304, 305.
Copenhague, 61, 262.
Corbineau (Jacques), 292; (Pierre), 309.
Cortone (Pierre de), 238.
Cotte (Robert de), 22, 23, 36, 57, 63, 74, 190, 191, 199, 249, 262, 310, 312, 313.
Cotton, 305.
Courajod (Louis), 27, 281, 282.
Courtonne (Jean), 69, 115, 244, 306, 307.
Cousin (Jean), 295.
Covarrubias (Alonso de), 205.
Creil (Claude-Paul de), 301.
Cronaca, 233.
Crozat le jeune, 66.
Crozet (René), 280.
Crucy (Mathurin), 265, 270.
Cubizol (Jacques), 289.
Cuenca, 202.
Cunault, 157.
Curabelle (Jacques), 92, 98.

Dahlberg (Erik), 243.
Dailly (Nicolas), 302.
D'Allemand (Antoine), 288, 293.
Dance le Jeune (George), 218.
Danielo (Jean), 148.
Dante, 231, 232.
Daumet (Honoré), 304.
Dauzat (Albert), 21, 23.
D'Aviller (Augustin-Charles), 17, 34, 40, 48, 53, 75, 96, 99, 112, 125, 127, 138, 147, 152, 174, 214, 215, 220, 230, 231, 238, 241, 244, 256, 262, 299; (Claude-Louis), 297.
De Bourges, 67.
Dehio (Georg), 282.
Delaborde (Mathurin), 295.
Delamonce (Ferdinand), 287.
Delille (l'abbé Jacques), 269.
Delorme (Philibert), 10, 11, 36, 44, 48, 50, 52, 53, 64, 70, 80, 81, 85, 86, 88, 89, 91, 92, 93, 94, 95, 98, 99, 105, 111, 112, 115, 125, 127, 129, 134, 136, 137, 145, 149, 150, 152, 153, 155, 161, 170, 182, 184, 185, 199, 200, 201, 202, 212, 214, 217, 218, 219, 236, 237, 246, 252, 253, 262, 284, 285, 294, 295, 298, 303, 304, 305, 307, 314, 315; (Pierre), 70.
Demangeon (Albert), 9.
Démocrite, 181.

Notes

Introduction

1. P. Chaunu, p. 13 et 14.

**LIVRE UN
LA MANIÈRE NATIONALE**

Première partie
INITIATION A L'ÉTUDE
DE LA MANIÈRE NATIONALE

1. G. Germann, p. 11 et sv.
2. A.-Ch. Quatremère, *Dictionnaire*, article « style ».

1. Méthode d'étude

1. Voir les exemples cités dans M. Aubert, « La construction », p. 101 et sv.; dans P. du Colombier, *Les chantiers*, p. 61, 101; dans L. Hautecœur, *Histoire de l'architecture*, t. I², p. 131, t. I³, p. 393, 451, 798; etc.
2. J.-F. Blondel, *Cours*, t. II, p. IX.
3. G. Tallemand des Réaux, t. II, p. 318.
4. H. Sauval, t. II, p. 308. Egalement G. cet de La Grave, t. IV, p. 319, qui reproduit visiblement le texte de Sauval.
5. F. Gébelin, p. 148, n. 41.
6. J. Androuet du Cerceau, *Les plus excellents bastiments*, t. I, p. 4.
7. Ce contrat du 15 octobre 1550 nous a été obligeamment signalé par Monique Chatenet qui prépare une étude d'ensemble sur Madrid.
8. L'actuelle cheminée en brique de la salle de bal porte les armes de François 1er. Mais que reste-t-il de la cheminée du XVI siècle après les restaurations du XIX ? Nous savons que la cheminée n'était pas au XVI siècle à l'emplacement qu'elle occupe aujourd'hui. On ne retrouve plus « l'allée estant derrière la cheminée de Castille » dont parle le mémoire de 1547, ni le « petit passage par où l'on va du tribunal par derrière la cheminée de Castille de la grande salle du bal à la petite viz où l'on descend de la grande salle du bal aux galleryes du dict chasteau » (L. de Laborde, *Les comptes*, t. II, p. 319, 320). Sur le plan de Saint-Germain donné par Du Cerceau, on voit nettement un petit escalier droit passant dans le mur derrière la cheminée. Le tribunal est évidemment une tribune et celle-ci rappelle les tribunes sur les sallettes de Madrid. Il y avait d'ailleurs, derrière les cheminées de ces sallettes, qui n'étaient pas adossées, un escalier et un passage. Ce passage ne figure que sur l'élévation perspective de la cheminée donnée par Du Cerceau; mais pas sur le plan du même auteur.
9. V. Gérard nous a aimablement communiqué les notes de son livre à paraître sur l'Alcazar de Madrid.
10. *Journal d'un bourgeois*, p. 329.
11. *Cronique du Roy Francoys Premier*, p. 77.
12. J. Du Breul, p. 1309; S. Locatelli, p. 187; G. Brice, édition 1725, t. I, p. 175.
13. S. Locatelli, p. 187.
14. Cité dans F. Iñiguez Almech, *Casas*, p. 166. Cette référence nous a été donnée par V. Gérard.
15. H. Sauval, t. II, p. 308.
16. A. Haupt, *Baukunst*, p. 246.
17. A. Dauzat, p. 32; 31; 155; 165; 176; 172.
18. P. du Colombier, *L'architecture française en Allemagne*, p. 139.
19. *Correspondance Tessin-Cronström*, lettre de Cronström du 17 août 1705.
20. Lettre du 20 novembre 1800 au Comte Vorontzov, cité dans V.N. Taleporovski, p. 26.
21. Lettre de Quarenghi à la Princesse Daškowa, citée par E. Lo Gatto, p. 56.
22. L. Palustre, t. I, p. IV.
23. L. Vitet, p. 22.
24. L. Réau, *L'Europe française*, p. 252.
25. *Correspondance Tessin-Cronström*, lettre de Tessin du 18 mars 1693.
26. P. Charpentrat, p. 51.
27. J. Androuet du Cerceau, *Les plus excellents bastiments*, notice sur Saint-Germain-en-Laye.

2. Formation de la manière nationale

1. Ph. Labbé, t. I, p. 709.
2. Bède, *Historia*, t. II, p. 360.
3. Bède, *Vita beatorum*, p. 366. « Pour construire son église en pierre à la manière romaine qu'il avait toujours admirée ».
4. Bède, *Vita beatorum*, p. 420.
5. Cité dans F. de Dartein, *Etude sur l'architecture lombarde*, p. 78.
6. P. Vidal de La Blache, p. 161.
7. M. de Boüard, p. 48.
8. L. Grodecki, p. 30.
9. C. Enlart, p. 208.
10. Sur ce sujet, cf. M. Durliat, « L'architecture gothique méridionale ».
11. Sur ce sujet, cf. V. Mortet, t. II, p. 296; P. Frankl, *The Gothic*, p. 55 et sv.; H. Klotz.
12. P. Deschamps.
13. F. Zakavec.
14. C. Boito, p. 184.
15. Ph. Delorme, f° 107, 111, 112.
16. Sur ce sujet, cf. A. Guillermou.
17. M. Gallet, « Ledoux et Paris », p. 16.
18. P. Patte, *Mémoires sur les objets*, p. 75.

Deuxième partie
ÉLÉMENTS D'UNE GÉOTYPOLOGIE

1. F. Blondel, préface.
2. A.-Ch. D'Aviler, *Cours*, édition de 1738, p. XVII. La même idée est développée dans l'édition originale de 1691, mais en des termes un peu différents.
3. J.-F. Blondel, *Architecture française*, t. I, p. 23.
4. B. Bails, *Elementos*, t. IX, p. 625 : « Nous reconnaissons qu'il y a d'autres goûts particuliers liés aux opinions, aux échanges et aux caractères nationaux ».
5. J.-B. Fischer von Erlach, préface.
6. « Estat des gaiges ».
7. Cité sans référence dans I. Vandevivere et C. Périer d'Ieteren, p. 19.
8. S. Serlio, *Tutte l'opere*, livre VII, p. 62, 188; livre IV, p. 154 à 156. *Sesto libro*, ms. Munich, f° 3v., 43 v., 48 v., 155v.
9. S. Serlio, *Sesto libro*, ms. Munich, f° 62, 100.
10. Voir à ce propos l'article de M.-R. Huber qui donne la bibliographie du sujet.
11. Cité par J.-P. Babelon, « Du Grand Ferrare », p. 97.

12. A. van Buchel, 5 septembre 1585.
13. S. Locatelli, p. 128, 129, 135, 141, 161.
14. G. Brice, édition de 1725, t. II, p. 182; J.-A. Piganiol, édition de 1742, t. V, p. 371.
15. A.-M.-L. de Montpensier, t. III, p. 399.
16. L'abbé de Hautemer, p. 56.
17. G. Furttenbach, *Architectura recreationis*, p. 6, 47, 115, 116; pl. 3, 9, 11, 15 à 18, 29; *Architectura civilis*, p. 7.
18. L.-C. Sturm, *Ein sehr nöthiges Haupt-Stuck*.
19. M.-H. von Freeden, t. I², document 1029.
20. Cité dans P. du Colombier, *L'architecture française en Allemagne*, p. 197.
21. Cité dans L. Réau, *L'art russe*, t. II, p. 31.
22. Cité dans B. Pérouse de Montclos, p. 103.
23. Sur ce sujet, cf. B. Pérouse de Montclos.
24. H. von Huyssen, p. 43. Nous empruntons à l'étude de B. Pérouse de Montclos sur le palais russe, les références à l'*Exacte relation*; celles-ci renvoient non à l'édition allemande de Leipzig, mais à la traduction russe parue dans *Russkaia Starina*, t. XXXVI, octobre et novembre 1882, p. 33 à 61 et p. 293 à 331.
25. H. von Huyssen, p. 45, 46, 47.
26. *Russkaia Architectura*, p. 190 et 191.
27. F. Algarotti, *Lettres sur la Russie*, p. 69.

3. Le volume et l'espace

1. Ch.-N. Cochin, *Voyage d'Italie*, t. I, p. 20.
2. N. Goldmann, *Vollständige Anweisung*, pl. 74; L.-C. Sturm, *Ein sehr nothiges Haupt-Stuck*, pl. III.
3. G.-L. Le Rouge, t. II, p. 136.
4. J.-F. Blondel, *De la distribution*, t. I, p. 173.
5. Le Président de Brosses, t. I, p. 26, 31.
6. L. Savot, p. 45 et sv.
7. J.-P. Babelon, « Du Grand Ferrare ».
8. N. Goldmann, *Vollständige Anweisung*, pl. 72.
9. Cité par J. Lees-Milne, p. 38.
10. C. Campbell, t. I, p. 34, 35, 36.
11. Probablement un certain Bouget qui a laissé des dessins en Angleterre. Cf. J. Lees-Milne, p. 41, note 1.
12. *P. V. Acad. archit.*, t. II, p. 177, 24 mars 1689; p. 297, 7 février 1695.
13. P. Robert, article « boulingrin ».
14. A.-Ch. D'Aviler, *Dictionnaire*, article « boulingrin ».
15. J.-A. Dulaure, t. II, p. 48.
16. G. Houdard, t. II, p. 213.
17. J.-F. Blondel, *Cours*, t. I, p. 155.
18. Ch.-J. de Ligne, p. 147; p. 101; p. 198; p. 159; p. 57, 188, 257.
19. C.-L.-L. Hirschfeld, t. I, p. 6; p. 82; p. 83.

4. Le toit

1. A. Palladio, *I Quattro libri*, livre I,

chapitre XXIX, p. 67; *P. V. Acad. archit.*, t. I, p. 39, 3 juillet 1673.
2. V. Scamozzi, *L'Idea*, parte seconda, libro ottavo, cap. XXII, p. 345 : « Les Français font leurs toits de différentes manières; en général, ils préfèrent la forme en triangle équilatéral; mais dans certains endroits comme à Châlons, ils les font un peu plus plats que les nôtres ».
3. V. Scamozzi, *Taccuino*, f° 11 : « A Châlons, toutes les maisons sont couvertes de tuiles creuses comme en Lombardie... tous les toits sont plus plats que les nôtres ».
4. V. Scamozzi, *Taccuino*, f° 15 : « Les toits sont plats et presque tous couverts de tuiles creuses à la lombarde ».
5. V. Scamozzi, *Taccuino*, f° 35 : « Les toits sont plus pointus que ceux de la Lorraine ».
6. V. Scamozzi, *Taccuino*, f° 11 : « Ce ne sont pas les pays, mais les natures des matériaux, comme l'ardoise, qui font les toits pointus ».
7. J. Brunhes, t. I, p. 441.
8. V. Scamozzi, *L'Idea*, p. 344.
9. *P. V. Acad. archit.*, t. II, p. 153, 29 décembre 1687.
10. Ch.-E. Briseux, *L'art de bâtir*, t. II, p. 97.
11. B. Vittone, p. 520.
12. J.-F. Blondel, *Cours*, t. III, p. 251.
13. L.-C. Sturm, *Vollständige Anweisung*, pl. 5, fig. 3; L.C. Sturm, *Erste Ausübung*, p. 98 et sv. et pl. XV.
14. C.-L. Stieglitz, t. I, p. 510, article « Dach ».
15. S. Serlio, *Sesto libro*, ms. Munich, f° 58 v.
16. P. Fréart de Chantelou, 7 juin et 23 septembre.
17. S. Serlio *Tutte l'opere*, livre VII, p. 62 : « La couverture de cette maison sera à la française; on pourra y faire dans les greniers beaucoup de ces logements qu'en France on nomme galetas ».
18. P. Roudié, *L'activité artistique à Bordeaux*, p. 315.
19. A.-C. Tiercelet, t. II, p. 93, 140 et *passim*.
20. P. Bullet, p. 394.
21. S. Serlio, *Tutte l'opere*, livre VII, p. 196 à 199.
22. Gers, arr. de Condom, com. de Castet-Arrouy.
23. H. Ducos, p. 219.
24. Ph. Delorme, f° 295.
25. I. Ware, p. 121, « ogee roof »; J. Gwilt, article « impérial ».
26. H. Sauval, t. II, p. 27.
27. L. Hautecœur, *Histoire de l'architecture*, t. I³, p. 645, note 1.
28. J.-M. Pérouse de Montclos, « Du toit brisé ».

29. F. Blondel, p. 406; L. Savot, p. 309, note de F. Blondel.
30. Montesquieu, p. 292, voyage de Gratz à La Haye.
31. P. Bullet, p. 204.
32. J. Boyer, *Le pavillon Vendôme*. Cette « mansarde » a été remplacée peu après sa construction par un étage carré et un toit plat.
33. L.-C. Sturm, *Ausführliche Anleitung* p. 199 : « Mansardische Dach »; J.-J. Schübler, cahier 4, p. 34 : « das gebrochenen Französischen Dach »; C.-L. Stieglitz, t. I, p. 510 : « das neufranzösische oder das gebrochen Dach »; I. Ware, p. 121 « mansart roof »; P. Nicholson, *An Architectural Dictionary*, « curb roof » ou « mansart roof »; F. Milizia, *Principi*, 3e partie, p. 194 : « alla mansarda ».
34. Cité dans C.-L. Stieglitz, t. I, p. 513 : « Des raisons pour lesquelles le toit à la Mansard est devenu aujourd'hui si commun ».
35. J.-F. Blondel, *Cours*, t. III, p. 252.
36. L. Savot, p. 56.
37. Saint-Simon, t. XXVIII, p. 160.
38. *P. V. Acad. archit.*, t. VII, p. 258, 28 juillet 1766.
39. P. Bullet, p. 396.
40. J.-F. Blondel, *Cours*, t. VI, p. 129; p. 265. et sv.
41. J.-F. Blondel, *Cours*, t. II, p. 235 et 246.
42. M.-A. Laugier, *Observations*, p. 27 et 38.
43. Voir, par exemple, E. Unnerbäck.
44. Voir la liste donnée par P. Héliot, « La fin de l'architecture gothique », p. 72.
45. L. Cloquet.
46. J.-M. Richard, p. 390; 269; 400.
47. V. Leblond, p. 302.
48. P. Parent, *L'architecture civile à Lille*, p. 144.
49. C. Enlart, t. I, p. 17, t. II, p. 466.
50. L. Hautecœur, *Histoire de l'architecture*, t. I¹, p. 59 et 163.
51. P. Parent, *L'architecture des Pays-Bas*, p. 116.
52. S. Serlio, *Tutte l'opere*, Livre VII, p. 80; *Sesto libro*, ms. de Munich, f° 56 v, 58 v. : « En France l'usage est de faire des toits très hauts dans lesquels sont placés des logements. Comme il est nécessaire de donner du jour à ces logements, on construit sur la corniche quelques fenêtres appelées lucarnes ».
53. *P. V. Acad. archit.*, t. II, p. 276, 15 février 1694.
54. P. Bullet, p. 394.
55. A.-Ch. D'Aviler, *Dictionnaire*, article « lucarne ».
56. A. Félibien, pl. XXII.
57. S. Leclerc, t. II, p. 146.
58. O. Liébard, p. 171 et 183. Nombreuses références à des textes conservés aux Archives de l'Yonne.

59. J.-P. Babelon, *Demeures*, p. 84.
60. P. Parent, *L'architecture civile à Lille*, p. 121 ; 166.
61. L. Palustre, t. I, p. 6.
62. A. de La Grange et L. Cloquet, p. 27 ; E. Soil de Moriamé, p. 83.
63. E. Soil de Moriamé, p. 37.
64. O. Van de Castyne, p. 171, p. 190, note 3.
65. L. Hautecœur, *De l'architecture*, p. 139.
66. F. Le Sueur, *Le château de Blois*.
67. Ph. Delorme, Livre IX.
68. *P.V. Acad. archit.*, t. III, p. 35, 14 avril 1698.
69. S. Serlio, *Tutte l'opere*, livre VII, p. 70, 71, 74, 75.
70. C. Douais, p. 172.
71. E. Viollet-le-Duc, *Dictionnaire*, article « ardoise ».
72. J. Du Bellay, *Les Regrets*, XXXI.
73. H. Sauval, t. II, p. 201.
74. J.-P. Babelon, *Demeures*, p. 68, note 35.
75. S. Serlio, *Tutte l'opere*, livre VII, p. 198 : « En France, les lieux nobles sont couverts d'écailles d'une pierre bleutée nommée ardoise, qui est une chose tout à fait plaisante et distinguée ».
76. Le Tasse, p. 24.
77. H. Chobaut, « Documents », p. 141.
78. Voir les actes de 1680 et de 1737 conservés aux Archives de l'Hérault et reproduits dans le dossier de l'Inventaire général.
79. Voir la lettre de La Feuille du 14 octobre 1680, reproduite dans le dossier de l'Inventaire général.

5. *Le mur et l'élévation*

1. Ph. Delorme, f° 27.
2. Ch. Perrault, *Mémoires*, p. 64.
3. T. Loyer, « Discours », f° 175.
4. Dans le dictionnaire de A. Oudin, ce mot porte encore l'astérisque qui marque les mots étrangers.
5. Ph. Delorme, f° 239.
6. A.-Ch. D'aviler, *Dictionnaire*, article « balcon ».
7. H. Haug, « Le style Louis XIV ».
8. J. Lees-Milne, p. 41, note 3.
9. N. Le Camus de Mézières, p. 73. Voir aussi M.-A. Laugier, *Observations*, p. 26.
10. J.-F. Blondel, *Cours*, t. III, p. 430.
11. M. Laugier, *Essai*, p. 37.
12. J.-G. Legrand et Ch.P. Landon, t. I, p. 276.
13. Ch.-P. Landon, t. IV, p. 119. Voir également Quatremère, *Dictionnaire*, article « ressaut ».
14. S. Serlio, *Tutte l'opere*, livre IV. p. 154 v. à 156.
15. J. Guadet, t. I, p. 107.

16. A.-C. Tiercelet, t. I, p. 125 ; M.-A. Laugier, *Observations*, p. 64.
17. *P.V. Acad. archit.*, t. I, p. 41, 24 juillet 1673.
18. J.-F. Blondel, *Cours*, t. III, p. 424.
19. J.-F. Blondel, *Architecture française*, t. IV, p. 51.
20. J.-F. Blondel, *Cours*, t. III, p. 434.
21. J.-F. Blondel, *Cours*, t. I, p. 331.
22. A.-Ch. D'Aviler, *Dictionnaire*, et Ch.-F. Roland le Virloys, article « porte ».
23. L.-C. Sturm, *Erste Ausübung*, p. 3 et pl. VII ; C.-L. Stieglitz, t. V, p. 236.
24. S. Serlio, *Tutte l'opere*, livre VII, p. 100, p. 180 à 183.
25. L. Hautecœur, *Histoire de l'architecture*, t. II, p. 8.
26. Ch. d'Aigrefeuille, p. 346.
27. P. Nicholson, *An Architectural Dictionary* et J. Gwilt, article « french casement ».
28. H. Lister, p. 174.
29. H. Sauval, t. II, p. 201.
30. W. Chambers, p. 72 : « En France, les fenêtres sont fréquemment descendues jusqu'au sol : quand le bâtiment est entouré de jardins ou autres belles perspectives, cela rend les appartements très agréables ».
31. A.-C. Tiercelet, t. I, p. 126.
32. *P.V. Acad. archit.*, t. I, p. 280, 24 avril 1680 et t. II, p. 298, 28 février 1695.
33. N. Le Camus de Mézières, p. 70.
34. C. Campbell, t. II, pl. 2 à 19 et pl. 27.
35. J. Gibbs, p. VII ; F. Price, p. 42 ; W. Chambers, p. 71 ; I. Ware, p. 467 ; J. Woolfe et J. Gandon, t. II, p. 7 ; P. Nicholson, *An Architectural Dictionary* et J. Gwilt, article « venetian window ».
36. R. Wittkower, *Palladio and English palladianism*.
37. C.-L. Stieglitz, t. II, p. 119.
38. E. Lo Gatto, p. 56, lettre de Quarenghi à la princesse Dàškowa.
39. J.-M. Pérouse de Montclos, « Palladio ».
40. L.-V. Thiéry, t. I, p. 64.
41. H. Sauval, t. II, p. 116.
42. P. Fréart de Chantelou, 19 août.

6. *La distribution intérieure*

1. A. Félibien, dictionnaire, article « distribution ».
2. J.-G. Legrand et Ch.-P. Landon, t. II, p. 186 et sv.
3. N. Le Camus de Mézières, p. 45 ; 101 ; 116.
4. J.-F. Blondel, *Architecture française*, t. I, p. 27.
5. F. Milizia, *Principi*, deuxième partie, livre III, chap. I.

6. A.-C. Quatremère, *Dictionnaire*, article « distribution ».
7. Cité dans J.-F. Blondel, *Architecture française*, t. IV, p. 12.
8. *P.V. Acad. archit.*, t. VI, p. 256, 23 février 1756.
9. J.-F. Félibien, *Les plans et la description*, p. 3.
10. A. Palladio, *Architecture*, préface du traducteur.
11. *P.V. Acad. archit.*, t. III, p. 93, 29 mars 1700. Voir aussi t. I, p. 47, 28 août 1673 ; t. I, p. 275, 276, 278, 279, 26 février, 4 mars, 18 mars, 1er avril, 8 avril 1680 ; t. I, p. 312, 315, 317, 318, 28 mai, 16 juin, 7 juillet, 14 juillet 1681 ; t. II, p. 301, 302, 305, 11 avril, 25 avril, 6 juin 1695 ; t. III, p. 144, 30 janvier 1702.
12. Ch. Perrault, *Mémoires*, p. 60.
13. *P.V. Acad. archit.*, t. I, p. 41, 24 juillet 1673.
14. J.-B. Colbert, t. V, p. 246 et sv ; p. 251 et sv., p. 258 et sv.
15. P. Fréart de Chantelou, 23 juin 1668.
16. Bibliothèque nationale, Mélanges Colbert, volume 121 bis, n° 900. Lettre de Benedetti à Colbert du 24 juin 1664.
17. *P.V. Acad. archit.*, t. I, p. 284, 27 mai 1680.
18. J.-F. Blondel, *Architecture française*, chapitre III, p. 21.
19. S. Serlio, *Sesto libro*, ms. Munich, p. 1.
20. M. Jurgens et P. Couperie.
21. Le Tasse, p. 23 : « Je n'ai pas trouvé dans leurs maisons cette commodité si vantée ».
22. Cité dans L. Palustre, t. II, p. 46, d'après le *Diarium* de Cassiano del Pozzo conservé à la bibliothèque de Naples (il n'y a pas à notre connaissance d'édition complète de ce manuscrit contenant ce passage).
23. Ch. Perrault, *Parallèle*, p. 161.
24. J.-P. Babelon, « L'hôtel de Rambouillet ».
25. J.-F. Blondel, *Cours*, t. I, p. XII ; t. IV, p. 106.
26. A.-N. Dézallier d'Argenville, p. LXIX.
27. J.-F. Blondel, *Cours*, t. II, p. 192. Voir aussi A.-Ch. D'Aviler, *Cours*, p. 156.
28. J.-F. Blondel, *Architecture française*, t. I, p. 21. Voir aussi du même le *Cours*, t. IV, p. 100.
29. P. Patte, *Monuments*, p. 5. Voir aussi J. Courtonne, p. 92.
30. A.-C. Tiercelet, *Architecture moderne*, p. 1 à 59.
31. J.-F. Blondel, *Architecture française*, t. I, p. 27 et sv.
32. M.-A. Laugier, *Essai*, p. 156 à 176.
33. M.-A. Laugier, *Observations*, p. 198 à 225.
34. L.-S. Mercier, *Tableaux de Paris*, t. II, p. 109.
35. J.-F. Blondel, *Cours*, t. I, livre I, première partie, chapitre I.

36. J.-F. Blondel, *Architecture française*, t. I, p. 26.

37. *P.V. Acad. archit.*, t. IX, p. 307, 10 juillet 1791.

38. Ph. Delorme, f° 20.

39. J.-F. Blondel, *Cours*, t. VI, p. 489. Voir aussi P. Patte, *Monuments*, p. 6.

40. J.-F. Blondel, *Cours*, t. IV, p. 100.

41. A.-C. Tiercelet, t. I, p. 91.

42. L.-C. Sturm, *Vollständige Anweisung grosser Herren Palläste*, pl. XIV et XV.

43. R. et J. Adam, t. I, cahier I, p. 10 : « L'arrangement convenable et le dégagement des appartements sont des branches où les Français ont surpassé toutes les autres nations, ce qui a réuni dans leurs hôtels particuliers la magnificence à l'utile : aussi les a-t-on généralement copiés à cet égard. »

44. F. Blondel, p. 270.

45. J. Androuet du Cerceau, *Les plus excellents bastiments*, t. I, p. 4.

46. *P.V. Acad. archit.*, t. II, p. 298, 21 février 1695.

47. *P.V. Acad. archit.*, t. I, p. 41, 24 juillet 1673.

48. L. Hautecœur, *Histoire de l'architecture*, t. II, p. 340, note 2 ; A.-M.-L. de Montpensier, t. II, p. 457.

49. H. Sauval, t. III, p. 14.

50. J.-F. Blondel, *De la distribution*, t. I, p. 196.

51. Cl. Perrault, p. 206 et pl. LIV ; Ch.-A. Jombert, t. II, p. 162 ; J.-F. Blondel, *Cours*, t. V, p. 100 ; Ch.-F. Roland Le Virloys, article « sallon » ; N. Le Camus de Mézières, p. 108.

52. *P.V. Acad. archit.*, t. VIII, p. 43, 6 mars 1769.

53. Ch.-N. Cochin, *Voyage d'Italie*, t. I, p. 22.

54. L. Savot, p. 83.

55. J.-B. Colbert, t. V, p. 286.

56. L. Savot, p. 83.

57. A. Palladio et P. Le Muet, p. 21.

58. J.-P. Babelon, *Demeures*, p. 195.

59. J.-L. de Boissieu ; A.-Ch. D'Aviler, *Dictionnaire*, article « salon ».

60. L. Savot, p. 37. Sur cette question, cf. W. Prinz.

61. Sur les origines médiévales de la galerie française, cf. V. Hoffmann, compte-rendu.

62. A. Palladio et P. Le Muet, p. 20.

63. H. Sauval, t. III, p. 49.

64. S. Serlio, *Tutte l'opere*, livre VII, p. 42, 56, 188.

65. V. Scamozzi, *L'idea*, première partie, livre II, chap. XVIII, p. 305.

66. L.-C. Sturm, *Vollständige Anweisung innerer Austheilung*, p. 12 : « Dans les Temps modernes, les peuples ont inventé pour leur confort des pièces sinon tout à fait nouvelles en tout cas distinguées par des noms particuliers, telles chez les Français, les longues pièces dites galeries ».

67. Cellini cité par L. Palustre, t. I, p. 198.

68. J.-B. Colbert, t. V, p. 246 et sv.

69. *P.V. Acad. archit.*, t. I, p. 119, 15 juin et 22 juin 1676.

70. A.-C. Quatremère, *Dictionnaire*, article « loge ».

71. Cl. Perrault, p. 140.

72. Sturm, *Ein sehr nothiges Haupt-stuck*.

73. Le Tasse, p. 23.

74. L. Savot, p. 92, note de F. Blondel.

75. F. Blondel, p. 688.

76. *P.V. Acad. archit.*, t. I, p. 315, 16 juin 1681.

77. Rabelais, *Gargantua*, chap. LVII.

78. J. Courtonne, p. 97.

79. G.-B. Izzo, *Elemens*, p. 168.

7. Le décor

1. A. Deville, p. 405.

2. J.-M. Pérouse de Montclos, « Le sixième ordre ».

3. G. Guarini, traité III, chapitre XXV, titre de l'observation I et chapitre XXIII, observation 8 : « Pour orner les escaliers, on ne doit pas adopter l'architecture rampante... La manière romaine qui est de faire les colonnes et les balustres droits dans les parties rampantes de l'escalier ».

4. V. Hoffmann, « Ph. Delorme », p. 140.

5. Ph. Delorme, f° 124.

6. *P.V. Acad. archit.*, t. II, p. 12, 15 juin 1682 et p. 197, le 19 juin 1690.

7. L. Savot, note 54, commentaire de F. Blondel.

8. *P.V. Acad. archit.*, t. I, p. 297, 23 novembre 1680.

9. Cl. Mignot, « Le bossage ».

10. A.-N. Dézallier d'Argenville, *Vies*, p. 327 et 358.

11. A.-C. Quatremère, *Dictionnaire*, article « bossage ».

12. C. Campbell, maison d'Hopeton en Ecosse.

13. C. Campbell, Newbuld Hall, Chester Lee-Street.

14. P. Parent, *L'architecture civile à Lille* et *L'architecture des Pays-Bas méridionaux*, *passim*. Voir par exemple l'hôtel de Gracy à Douai.

15. F. Garcia Salinero, article « chimenea », mention de la « chimenea francesa » en 1538.

16. S. Serlio, *Tutte l'opere*, Livre VII, p. 32, 68, 69, 72, 73.

17. V. Scamozzi, *L'idea*, première partie, livre III, chap. XXI, p. 322 ; F. Blondel, p. 569.

18. J.-F. Blondel, *De la distribution*, t. II, p. 68 et 172 ; P. Patte, *Monuments*, p. 6 ; A.-N. Dézallier d'Argenville, *Vies*, p. 412 à 419 ; F. Milizia, *Principi*, deuxième partie, chap. V, XVIII, des cheminées. Sur ce sujet, voir aussi L. Hautecœur, *Histoire de l'architecture*, t. II, p. 664 et 665.

19. F. Kimball, p. 59-60. Nous n'avons pu retrouver la référence exacte de l'article de Kimball intitulé « The development of the cheminée à la Royale ».

20. Voir par exemple les cheminées du château de Tanlay.

21. D. Marot, p. 181 et sv., p. 187 ; L.-C. Sturm, *Durch einen grossen Theil*, p. 53, lettre de Rostock, 14 septembre 1716 ; B. Bails, *Principios*, t. III, p. 168.

22. F. Blondel, p. 567 ; Ch.-F. Roland Le Virloys, article « cheminée » ; H. Havard, article « cheminée ».

23. A. Franklin, p. 284.

24. J.-A. Piganiol de La Force, t. IX, p. 219.

25. L. Hautecœur, *Histoire de l'architecture*, t. III, p. 201.

26. G.-B. Izzo, *Elements*, p. 143.

27. L.-C. Sturm, *Vollständige Anweisung grosse Herren palläste*, p. XIV et XV.

28. J. Antoine, p. 78.

29. F. Milizia, *Principi*, deuxième partie, livre III, dans *Opere*, t. VII, p. 187 : « Les lambris sont très répandus en France où ils paraissent d'une grande utilité pour rendre les intérieurs plus secs et plus chauds ».

30. Cassiano del Pozzo : « Deux chambres couvertes de bois mouluré et doré par endroits, jusqu'à hauteur d'homme-le-bras-levé, à la manière de France ».

31. Y. Bottineau, p. 276.

32. M. Lister, p. 171.

33. Cité dans B. Pérouse de Montclos, p. 76.

34. *P.V. Acad. archit.*, t. II, p. 341, 26 novembre 1696.

35. E. Viollet-le-Duc, *Dictionnaire*, t. VII, article « plafond ».

36. H. Sauval, t. II, p. 202.

37. *P.V. Acad. archit.*, t. I, p. 22, 28 février 1673.

38. L. Hautecœur, *Histoire de l'architecture*, t. I³, p. 913.

39. Voir le dossier de l'Inventaire général sur l'hôtel de ville de Beaucaire.

40. Voir la publication de l'Inventaire général sur les cantons de Cadenet et de Pertuis.

41. A.-Ch. D'Aviler, *Dictionnaire*, article « sofite ».

42. L.-C. Sturm, *Vollständige Anweisung Regierungs-Land*, p. 13

Note de synthèse sur la géotypologie

1. V. Gérard, *El Alcàzar*.

LIVRE DEUX
LA STÉRÉOTOMIE,
PIERRE DE TOUCHE
DE LA MANIÈRE FRANÇAISE

1. E. Viollet-le-Duc, *Dictionnaire*, t. IX, p. 548.
2. Sur le sujet de la transmission du langage des maçons, cf. notre introduction au *Vocabulaire de l'architecture*.
3. E. Viollet-le-Duc, *Dictionnaire*, t. IX, p. 549 ; p. 315.
4. Ph. Delorme, f° 91.
5. Paris, Ponts et Chaussées, ms. 2927, f° 73.

Première partie
THÉORIE FRANÇAISE
DE LA VOÛTE MODERNE

1. Auxerre, bibliothèque municipale, manuscrit 388, sans pagination, « Escallier quarré sur son plant en forme de l'escallier de Toulouze ».

8. Le secret d'architecture

1. Les dictionnaires de la langue française ne font apparaître ce terme qu'au début du XVIIIe siècle. Or Curabelle l'emploie dans son *Examen des œuvres du Sieur Désargues* dès 1644.
2. Ph. de La Hire, f° 1.
3. Cité sans référence dans P. Bourget et G. Cattaui, p. 42 et attribué par ces auteurs à Ch. Perrault.
4. Villard de Honnecourt, pl. 39.
5. J. Gimpel.
6. Ph. Delorme, f° 87v.
7. H. Sauval, t. II, p. 233.
8. F. Derand, préface.
9. Ch. Perrault, *Parallèle*, p. 168.
10. *P.V. Acad. archit.*, t. III, p. 87, 11 janvier 1700.
11. A.-F. Frézier, *La théorie*, p. XII et XIII.
12. Ph. Delorme, f° 87.
13. F. Derand, préface.
14. Ph. Delorme, f° 124.
15. A.-F. Frézier, *La théorie*, discours préliminaire.
16. E. Viollet-le-Duc, *Dictionnaire*, t. IX, p. 531.
17. Paris, Ponts et chaussées, ms. 1517.
18. L. Savot, p. 352, note de F. Blondel.
19. Voir par exemple, Ph. Delorme, f° 78, 79.
20. G. Monge, p. XVI.
21. W. Müller, « Stéréotomie » et « Uber den Planriss ».
22. A.-F. Frézier, *La théorie*, t. VI, p. 11 à 13.
23. Ph. Delorme, f° 73v.
24. Ph. Delorme, f° 124.
25. F. Derand, p. 9.
26. Dans A.-F. Frézier, *La théorie*, p. 115.
27. Ph. Delorme, f° 125 ; f° 120v.
28. D. Kimpel ; R. Recht.
29. Voir par exemple l'escalier du Pavillon de la Reine au château de Vincennes. Son traitement stéréotomique est très inférieur à ce que l'on faisait communément à cette date (à partir de 1652).
30. G. Jouven.

9. Les traités

1. Ph. Delorme, f° 107 v et 108.
2. A.-Ch. D'Aviler, *Cours*, p. 236.
3. P. Moisy, *Les églises des Jésuites*, p. 73 et sv.
4. J.-P. Mariette, *Abecederio*, notice sur Curabelle.
5. J. Curabelle, *Examen*, privilège.
6. A. Bosse, *La pratique*, p. 52 à 54.
7. P. Moisy, *Les églises des Jésuites*, p. 77 et sv., p. 131 et sv.
8. A. Ch. D'Aviler, *Cours*, p. 242.
9. L. Savot, *L'architecture française*, p. 352, note de Blondel.
10. *P.V. Acad. archit.*, t. V, p. 2 à 4, 28, 34, 41 à 43, 46, 49, 270, 276, 338, 339.
11. J.-B. de La Rue, préface de la troisième édition (1858).
12. G. Huret, *Optique*, privilège.
13. Bibliothèque de l'Institut de France, manuscrit 1595.
14. *P.V. Acad. archit.*, t. II, p. 137, 152, 169 ; t. III, p. 82, 162, 205, 258, 281, 304 ; t. IV, p. 14, 31.
15. P. du Colombier, « Frézier ».
16. J.-F. Blondel, *Cours*, t. V, p. 263 et sv.
17. A.-F. Frézier, *La théorie*, t. II, p. 459 et sv. et pl. 66.
18. Simonin était professeur au Croisic (*P.V. Acad. archit.*, t. IX, p. 342).

Deuxième partie
TYPOLOGIE DE LA VOÛTE
FRANÇAISE MODERNE

10. Caractères généraux

1. Pour les appareillages particuliers de la voûte médiévale, cf. P. Héliot, « les voûtes d'arêtes ».
2. L'expression « en parquets » apparaît dans le marché du 17 avril 1551 concernant l'escalier Henri II du Louvre et dans le traité de J. Chéreau à propos de la voûte de Saint-Jean de Joigny.
3. Ph. Delorme, f° 127 et sv.
4. J. Chéreau, f° 110 v. ; F. Derand, p. 5 ; A. Félibien, article « arc de cloître ».

5. A.-Ch. D'Aviler, *Cours*, p. 239.
6. A. Choisy, *Art de bâtir des Romains*, pl. XVIII.
7. Charente-Maritime, arr. de Saintes, com. de Saint-Bris-des-Bois.
8. R. Doré. Des lunettes également à l'église Saint-Vincent du Mas d'Agenais et à l'église Saint-Géraud de Monsem, qui sont probablement des remaniements du XVIIe siècle. Au château de Simiane, des lunettes dans une coupole du XIIe siècle : elles sont seulement formées par le tas-de-charge des assises de la coupole.
9. A.-F. Frézier, *La théorie*, t. II, p. 459 et sv.
10. Ph. Delorme, f° 68.
11. Paris, Ponts et chaussées, ms. 1517, p. 2.
12. R. Rodière, p. 353 : la voûte construite en 1690 à l'abbaye Saint-André au Bois s'effondre en 1720 ; elle est refaite avec une flèche plus grande.
13. Voir, par exemple, les observations de La Hire sur les voûtes « surbaissées » dans *P.V. Acad. archit.*, t. II, p. 170, 19 novembre 1688.
14. M.-A. Laugier, *Observations*, p. 302.
15. M.-A. Laugier, *Observations*, p. 289.
16. M.-J. Peyre, « Dissertation », p. 170.
17. J.-F. Blondel, *Discours sur la manière*, p. 9.
18. Sauf près des naissances où de hautes assises en tas-de-charge ont été recoupées par des faux-joints pour retrouver le module général.

11. Les couvrements de baie

1. Villard de Honnecourt, pl. 40. D'après H. Hahnloser, le dessin serait de Villard lui-même et le commentaire du Magister 2.
2. D'après J.-P. Babelon (*Demeures*, p. 166 et 248), cette remise se trouvait en face de la rue Saint-Nicolas du Louvre et appartenait à la veuve de l'un des maçons de la famille Noblet ; il y avait une famille de Girard maçons actifs à Paris dans la première moitié du XVIIe siècle.
3. H. Sauval, t. II, p. 233 et t. III, p. 3.
4. J.-A. Giral, « Projet d'un pont ».
5. Ph. Delorme, f° 67 et sv., f° 72 et sv.
6. Ph. Delorme, f° 69 et sv. ; M. Jousse, *Le secret*, p. 16.
7. Ph. Delorme, f° 58 et sv.
8. Simonin, *Traité* p. 29.
9. A. Mussat, « Saint-Pierre de Saumur », p. 572.
10. Souvent confondue avec un cul-de-four ou une coquille, dont l'intrados est une fraction de sphère. L'intrados de l'arrière-voussure de Saint-Antoine est une surface gauche.
11. Ph. de La Hire, f° 260.

12. A.-Ch. D'Aviler, *Dictionnaire*, article « arrière-voussure ».
13. Première mention dans J. Chéreau (f° 113 v. et 114). Réalisation à l'hôtel de ville de La Rochelle entre 1595 et 1606. Ph. Delorme (f° 64) donne une arrière-voussure sans appellation, qui a les mêmes directrices que celle de Marseille, mais dont la génératrice est une droite.
14. H. Sauval, t. II, p. 1.
15. F. Blondel, p. 604 à 608.

12. *Les trompes*

1. Notamment F. Deshoulières, « Les trompes » ; L. Hautecœur, « De la trompe » ; R. Chappuis.
2. Y. Esquieu.
3. Voir, par exemple, l'église de Fontaines-en-Sologne.
4. M. Durliat, *L'art dans le royaume de Majorque*.
5. Aveyron, arr. de Millau. Dans l'histoire de l'architecture orientale, on trouve (à Bagdad au XIII⁰ siècle notamment) des trompes qui sortent du triangle, mais elles ne sont pas clavées ; elles sont petites et intégrées dans des mukarnas où elles se confortent les unes les autres ; enfin, elles ne sont pas chargées sur leur partie en surplomb.
6. E. Viollet-le-Duc, *Dictionnaire*, t. IX, article « trompe », fig. 3 et 4.
7. Aisne, arr. de Laon.
8. Château du Plessis-Macé (Maine-et-Loire) vers 1450 ; château de Plessis-lez-Tours (Indre-et-Loire) ; palais épiscopal de Beauvais (Oise), vers 1500, manoir de La Buzardière (Sarthe), fin XV⁰ ou début XVI⁰ siècle ; etc.
9. H. Sauval, t. III, p. 8.
10. Ph. de La Hire, f° 1 v.
11. A.-Ch. D'Aviler, *Dictionnaire*, article « trompe ».
12. J. Chéreau, f° 105 v.
13. M. Jousse, p. 108 et 109, fig. 54.
14. A.-Ch. D'Aviler, *Dictionnaire*, article « trompe ».
15. J.-B. de La Rue, troisième partie, chap. X.
16. Ph. Delorme, f° 90 v.
17. Ph. Delorme, f° 100 et sv.
18. J. Chéreau, f° 109 v. ; J. Gentilhâtre, f° 425.
19. A.-Ch. D'Aviler, *Dictionnaire*, article « trompe ».
20. A. Bosse, *La pratique*, pl. 79.
21. Ph. Delorme, Livre IV, chap. VII.
22. F. Derand, troisième partie, chap. XIII. Voir aussi A.-F. Frézier, *La théorie*, t. II, p. 258.

23. Aramon, hôtel n° 3 rue Voltaire ; Clermont-Ferrand ; Montferrand, hôtel Regin ; Toulouse, hôtel Dahus.
24. Ph. Delorme, f° 103 v. et sv.
25. M. Jousse, p. 90.
26. J. Chéreau, f° 104.
27. A.-F. Frézier, *La théorie*, t. II, p. 451 et sv., pl. 65 et t. III, p. 207 et sv. et pl. 97. Autre exemple de cette trompe à Barbentane.
28. Ph. Delorme, f° 88.
29. F. Derand décrit la trompe « ondée » sans faire allusion à Anet (troisième partie, chap. XI). J.-B. de La Rue donne Anet comme exemple de trompe ondée (troisième partie, chap. XI). A.-F. Frézier désigne sous le nom de « trompe d'Anet » la trompe ondée (*La théorie*, t. II, p. 265).
30. A.-F. Frézier, *La théorie*, t. II, pl. 32.
31. Biron.
32. F. Derand, troisième partie, chap. XVI ; J.-B. de La Rue, troisième partie, chap. IX ; A.-F. Frézier, *La théorie*, t. III, p. 192.
33. J. Gentilhâtre, f° 430 v. et 431 ; J. Chéreau donne (f° 115) un modèle difficile à interpréter.
34. J.-B. de La Rue, troisième partie, chap. VI ; A.-F. Frézier, *La théorie*, t. II, p. 368.
35. Paris, cour du Dragon, 1728-1732.
36. La Rochelle, chapelle des Carmes, 1676.
37. Mâcon, maison place Saint-Etienne. Pour la théorie, cf. E. Rouché et Ch. Brisse, p. 131 et fig. 141.
38. E. Viollet-le-Duc, *Dictionnaire*, article « trompe », fig. 4.
39. J. Gentilhâtre, f° 425.
40. Ph. Delorme, f° 90.
41. H. Sauval, t. III, p. 43.
42. E. Viollet-le-Duc, *Dictionnaire*, t. IV, p. 251.
43. Angers, hôtel Pincé ; Montpellier, hôtel Sarret ; Paris, hôtel de Mayenne, hôtel de La Vrillière, hôtel de Liancourt ; Poitiers, ancienne université ; Selles-sur-Cher ; Sarlat, hôtel de Plamon ; Saumur, Notre-Dame des Ardilliers ; Toulouse, cathédrale ; Villefranche de Rouergue, maison Dardennes ; etc.
44. Ph. Delorme, f° 86.
45. Ph. Delorme, f° 91.
46. Ph. Delorme, f° 90.
47. « J'en ay depuis assez commandé et ordonné faire en d'autres sortes et souls tel nombre que je serais bien long de les réciter » (Ph. Delorme, f° 90 v.).
48. *Archives de l'art français*, deuxième série, t. II, p. 90 à 92.
49. A.-Ch. D'Aviler, *Dictionnaire*, article « trompe ».

13. *Les voûtes en berceau*

1. Cathédrale de Soissons, Saint-Seurin de Bordeaux au XIII⁰ siècle ; Notre-Dame de Niort, Saint-Médard de Thouars au XIV⁰ siècle.
2. Nantes, chapelle Saint-Thomas de la collégiale Notre-Dame (entre 1514 et 1524) ; Fleurigny (vers 1520) ; Chambord (entre 1526 et 1533) ; Fontainebleau (entre 1528 et 1538) ; Toulouse, hôtel de Bernuy (vers 1530) ; Le Vieil-Baugé (entre 1530 et 1540) ; Joinville (1546) ; Saumur, Saint-Pierre, 1549 ; Anet, porche (1552) ; Sens, cathédrale (1556) ; Livilliers (1560).
3. Cravant (1597-1598).
4. Langres, cathédrale (1547-1549) ; Luzarches, Saint-Damien (1551) ; Montigny-sur-Aube (1552) ; Champigny-sur-Veude (avant 1558) ; Joigny, église Saint-Jean (entre 1557 et 1596) ; Offemont, prieuré Sainte-Croix.
5. J. Chéreau, f° 102v.
6. E. Viollet-le-Duc, *Dictionnaire*, t. IV, p. 124.
7. L. de Laborde, *Les comptes*, t. I, p. 26.
8. B. Cellini, p. 350, année 1543.
9. Chapelle de l'hôpital Saint-Louis (1607-1609), église des Petits Augustins (1617-1619), église des Carmes (1628).
10. Jusqu'en 1723 à Saint-Louis-en-l'Ile et à Saint-Roch. Exceptions : à Saint-Paul - Saint-Louis, les voûtes de Derand (entre 1629 et 1641) sont des voûtes d'arêtes sur le vaisseau central et les berceaux à lunettes nus ne sont utilisés que dans les tribunes ; les voûtes de Pierre Le Muet au Val-de-Grâce (à partir de 1655) sont chargées d'un décor sculpté exceptionnellement riche.
11. La Rochelle, cathédrale par les Gabriel : voûtes construites entre 1774 et 1784.
12. Orangerie de Versailles (1684-1686). Ecurie de Chantilly (à partir de 1719).
13. Galerie Mazarine à la Bibliothèque nationale, Galerie d'Apollon au Louvre, Galerie des Glaces à Versailles, chapelles de Fontainebleau et de Versailles.
14. Réfectoire de l'abbaye aux Hommes de Caen (1747), de l'abbaye du Bec-Hellouin (1742-1747), de l'abbaye de Saint-Denis (1720).
15. A.-F. Frézier, *La théorie*, t. II, p. 459 et sv. et pl. 66. Frézier a construit un de ces berceaux irréguliers à la chapelle du château de Beckenheim en Allemagne.
16. Arènes d'Arles.
17. A Chemazé (début XVI⁰ siècle), à l'hôtel d'Alluye (début XVI⁰ siècle) et à l'escalier François 1ᵉʳ (entre 1515 et 1524) de Blois, l'intrados est couvert de doubleaux rayonnants, souvent recoupés par des liernes

circulaires qui délimitent des caissons. A l'hôtel Denis Dupont de Blois (1524) et à l'hôtel d'Escoville de Caen (entre 1535 et 1540), l'intrados est nu.

18. Dans notre définition de la vis de Saint-Gilles du *Vocabulaire de l'architecture*, nous avons omis deux éléments essentiels : « clavé » et « pierre de taille ». Nous avons sur ce point suivi le mauvais exemple des auteurs les plus récents. Il faut évidemment revenir à la tradition ancienne qui fait de la vis de Saint-Gilles un ouvrage de stéréotomie.

19. J.-B. Rondelet, IIIe livre, p. 208.

20. C. Nicolas.

21. Ph. Delorme, f° 123 ; f° 124.

22. Un exemple à l'église Notre-Dame du Fort à Etampes, à l'abbaye Saint-Martin de Tours. La vis de l'église de Mélas (Ardèche, com. de Theil) habituellement désignée comme une vis de Saint-Gilles antérieure à celle du Gard, n'est couverte que d'un berceau en blocage avec quelques éléments de clavage grossiers dans les assises externes.

23. E. Viollet-le-Duc (*Dictionnaire*, t. V, p. 296). Les vis d'Eu ne sont malheureusement pas datables avec certitude. J. Sonnier pense que ces escaliers sont antérieurs à la reconstruction menée entre 1186 et 1226, mais il constate que leurs voûtes ne sont pas dans le même matériau que leurs noyaux et leurs cages et qu'elles doivent être le fait d'un remaniement. Il reste que ce remaniement peut avoir eu lieu aussi bien à la fin du XIIe siècle qu'au XVe siècle.

24. Dans le *Dictionnaire* de E. Viollet-le-Duc, nous n'avons trouvé qu'une fois l'expression « vis de Saint-Gilles » et c'est dans une citation de H. Sauval (*Dictionnaire*, t. V, p. 307).

25. M. Jousse, p. 187.

26. A. Choisy, *Art de bâtir chez les Byzantins*, p. 47.

27. Ph. Delorme, f° 123 v.

28. H. Sauval, t. I, p. 452 ; p. 438.

29. Ph. Delorme, f° 122 v. à 127 ; f° 124.

30. A.-F. Frézier. *La théorie*, t. II, p. 434.

31. J.-B. Rondelet, p. 208.

32. E. Panofsky, *Gothic Architecture and Scholasticism*.

14. *Les coupoles, les voûtes en arc-de-cloître et les voûtes en pendentifs*

1. Ph. Delorme, f° 112, 113 v., 274.

2. A.-Ch. D'Aviler, *Dictionnaire*, articles « voûtes » et « cû-de-four ».

3. P. Robert, article « coupole ».

4. A.-Ch. D'Aviler, *Dictionnaire*, article « coupole ».

5. Vannes, chapelle du Saint-Sacrement ; Toul, chapelle de Tous-les-Saints ; Anet ; Villers-Cotterêts ; Saint-Denis, chapelle des Valois ; Aix, baptistère et chapelle Saint-Jean à la cathédrale.

6. La coupole de croisée de l'église Notre-Dame des Andelys daterait de la seconde moitié du XVIIe siècle, malgré son style très XVIe siècle.

7. J.-A. Piganiol, t. VIII, p. 236.

8. P. Moisy, *Les églises des Jésuites*, p. 409.

9. G. Brice, édition de 1725, t. II, p. 183.

10. G. Brice, édition de 1725, t. II, p. 182 ; Piganiol, édition de 1742, t. V, p. 371.

11. A. Blunt, p. 57.

12. Escaliers de l'abbaye de La Réole et de l'abbaye Saint-Aubin d'Angers.

13. Ph. Delorme, f° 119 et sv. ; J. Chéreau, f° 118 v.

14. F. Derand, quatrième partie, chapitre XII, XIII, XV ; J.-B. de La Rue, deuxième partie, chapitre IX ; A.-F. Frézier, *La théorie*, t. II, p. 332 ; J.-B. Rondelet, t. II, pl. XXXII.

15. F. Derand, quatrième partie, chap. XXI et XXIII ; A.-F. Frézier, *La théorie*, t. II, p. 357 et 362.

16. Dans le *Vocabulaire de l'architecture*, nous avons retenu deux façons de désigner ces voûtes : coupoles circulaires appareillées sur le plan d'une coupole polygonale ou coupoles appareillées en coquilles : en effet les rangs arqués qui, projetés en plan, donnent des parallèles, constituent les rouleaux d'une coquille. Cependant seule la première appellation a pour elle l'autorité des traités et de l'usage.

17. M. Jousse, p. 174 et 175.

18. Nous avons nous-même retenu cette interprétation dans le *Vocabulaire de l'architecture*, chap. IX, fig. 73.

19. A. de Vandelvira, f° 107 v. ; M. Jousse, *Le Secret*, p. 172, 173. (l'identification de ce modèle est incertaine).

20. Les médiévistes ne font pas usage de l'expression « coupole en pendentifs » ; ils parlent volontiers de « coupole à pendentifs non distincts ». Voir la carte de ces coupoles en Anjou dans A. Mussat, *Le style gothique de l'ouest*, p. 39.

21. Ph. Delorme, f° 113.

22. Ph. Delorme, f° 116 et 116 v.

23. M. Jousse, f° 126 et 127. « De la voûte en cul-de-four quarrée :... la place est quarrée et la coupe ronde sans aucuns arcs ni arrestes ».

24. A.-Ch. D'Aviler, *Dictionnaire*, articles « pendentif » et « cû-de-four en pendentifs ».

25. H. Sauval, t. III, p. 8.

26. J. Ollivier, p. 9.

27. Voir en particulier la lecture embarrassée et d'ailleurs fausse qu'en donnent le Chanoine Perrot et Noël Thiollier pour le *Congrès archéologique* de 1923 : le pendentif est présenté comme une variante de la voûte d'arêtes ; on est allé jusqu'à représenter sur le relevé des arêtes qui n'existaient pas !

28. A. Choisy, *Histoire de l'architecture*, t. II, p. 13 ; *L'art de bâtir chez les Byzantins*, p. 101.

29. Ph. Delorme, f° 112 à 115 ; J. Chéreau, f° 104 ; M. Jousse, p. 140 et 141 ; F. Derand, quatrième partie, chap. XVI ; J.-B. de La Rue, deuxième partie, chap. XII ; A.-F. Frézier, *La théorie*, t. II, p. 382 ; Ch.-F. Roland Le Virloys, pl. XXXIII, fig. 2 ; J.-B. Rondelet, vol. II, pl. XXXII, fig. 13 et 14. Dans le manuscrit d'Auxerre, p. 41, ce modèle est improprement appelé « pendentif de Valence ». A. Choisy a relevé des voûtes byzantines en pendentifs, appareillées en chevrons (*L'art de bâtir chez les Byzantins*, p. 102).

30. Laon, abbaye Saint-Martin ; Tarascon, église Saint-Jacques ; Paris église Saint-Médard.

31. Ph. Delorme, f° 84 v., 85 v., 113 v. et 114 ; J. Chéreau, f° 116 v.

32. Villeneuve-les-Avignon, chapelle des Pénitents gris ; Viviers, palais épiscopal ; Marseille, hôtel de ville (par Esprit-Joseph Brun, gendre de Jean-Baptiste Franque) ; etc.

15. *Autres maîtresses-voûtes*

1. Voir par exemple les voûtes d'arêtes du vaisseau central de Saint-Paul-Saint-Louis de Paris.

2. A. Choisy, *Histoire*, t. I, p. 410.

3. Nous remercions le Professeur Jacques Mallet d'avoir attiré notre attention sur ce procédé. On le trouve encore dans l'ancien évêché d'Angers et à l'église de Cunault.

4. F. Derand, quatrième partie, chap. XIX.

5. J.-B. Rondelet, t. III, p. 32 : voûte d'arêtes à six quartiers.

6. Toul, cathédrale, tribune d'orgue ; Blois, évêché ; etc.

7. F. Derand, quatrième partie, chap. XX : « voûte à doubles arêtes sur un plan barlong ayant un plat-fond à huit pans ».

8. A.-F. Frézier, *La théorie*, t. III, p. 32 et sv., pl. 72.

9. M.-A. Laugier, *Observations*, p. 286 et 287.

10. W.C. Leedy.

11. Ph. Delorme, f° 108.

12. A.-F. Frézier, *La théorie*, Discours préliminaire et t. III, p. 25.

13. Ph. Delorme, f⁰ 107.

14. A.-F. Frézier, *La théorie*, t. III, p. 25.

15. J.-F. Blondel, *Cours*, t. IV, p. 84 et sv.

16. E. Viollet-le-Duc, *Dictionnaire*, t. IV, p. 123.

17. Berkeley Chapel et sacristie : en réalité, les ogives ne sont pas diaphragmes ; elles ne portent le dallage que par son centre.

18. E. Chirol.

19. Azay-le-Rideau, escalier (entre 1518 et 1527) ; Angers, hôtel Pincé (à partir de 1523) ; Poncé-sur-le-Loir, escalier (1542) ; Avignon, église Saint-Agricol (1547).

20. Dampierre-sur-Boutonne (milieu XVIᵉ siècle) ; Caen, hôtel d'Escoville (entre 1535 et 1540). A Chambord, à la galerie Ouest du rez-de-chaussée, on retrouve les « arcs-diaphragmes sans diaphragme » de la cathédrale de Bristol.

21. Fontaine-Henry ; La Villedieu de Comblé ; La Rochelle, hôtel dit de Diane de Poitiers (avant 1565) et hôtel de ville (entre 1595 et 1606) ; Châteaubriant, escalier (1537) ; Louvre, escalier Henri II (1551) ; Serrant, escalier (1560-1571).

22. Voir également Bourges, hôtel Lallemand.

23. A.-F. Frézier, *La théorie*, t. II, p. 69.

24. A.-F. Frézier, *La théorie*, t. II, p. 71 et pl. 31.

25. L. Hautecœur, qui confond voûte plate, voûte surbaissée et voûte à la Roussillon, cite J.-F. Blondel comme auteur de cette affirmation (L. Hautecœur, *Histoire de l'architecture*, t. II, p. 615 et t. III, p. 183) ; mais la référence au *Cours* de Blondel d'après Hautecœur, est fausse. Hautecœur donne d'ailleurs successivement plusieurs dates pour la naissance de J.-B. Franque. Nous avons retenu celle proposée par le Thieme et Becker.

26. J.-B. Rondelet, t. II, pl. 30.

16. Les escaliers suspendus sur voûtes

1. A. Palladio, livre I, p. 61 ; P. Le Muet, traduction de Palladio.

2. M. Durliat a bien voulu nous préciser qu'il s'agissait de l'escalier qui « conduit au portique des appartements de la reine de Majorque — *Claustreta de la Senyora reyna* — dont l'existence est attestée dès 1347 ».

3. Auxerre, bibliothèque municipale, manuscrit 388, sans pagination, « Escalier quarrés sur son plant en forme de l'escallier de Toulouze ».

4. R. Corraze.

5. N. Pevsner, *Génie*, t. II, p. 72.

6. F. Blondel, p. 689.

7. H. Sauval, t. II, p. 54.

8. F. Derand, troisième partie, chap. XXXIII ; J.-B. de La Rue, p. 96 et

p. 100 ; A.-F. Frézier, *La théorie*, t. III, p. 102, et p. 254 et sv.

9. F. Derand, cinquième partie, chap. VIII : « escalier tournant suspendu et à jour sur un quarré ou dans une tour-ronde » ; A.-F. Frézier, *La théorie*, t. II, p. 434 : « vis de Saint-Gilles ronde dans une tour quarrée ou à plusieurs pans : ce que personne que je sache n'a proposé de mettre en pratique, quoique la chose soit aussi faisable qu'une voûte sphérique sur un quarré ». Lorsque Frézier écrit, l'escalier des Tuileries est détruit depuis près d'un siècle.

10. A.-F. Frézier, *La théorie*, t. II, p. 428, « Du berceau tournant et rampant. En termes d'art de la vis à jour suspendue ».

11. F. Derand, cinquième partie, chap. VIII. Il ne faut pas confondre dans les traités la vis de Saint-Gilles suspendue avec le « quartier de vis suspendu ». Dans ce dernier cas, il ne s'agit que du couvrement d'une baie percée dans un mur de cage et portant au-dessus de la baie une fraction de volée (Ph. Delorme, f⁰ 120).

12. Brantôme ; Marseille, Hôtel-Dieu (après 1691) ; Laon, abbaye Saint-Martin ; Bordeaux, ancien archevêché (1772-1778) ; Marseille, hôtel de ville (1780-1786).

13. Angers, abbaye Saint-Aubin ; Saint-Denis, abbaye (à partir de 1737) ; Paris, hôtels d'Evreux (1747) et Frécot de Lanty (1768-1774) ; Le Bec-Hellouin (1750-1751) ; Bénouville (1770-1777).

14. F. Derand, cinquième partie, chap. VI et VII.

15. Balleroy (vers 1626). Paris, hôtel Guénégaud des Brosses (vers 1653).

16. La Réole (à partir de 1704) ; Angers, abbaye Saint-Aubin (1668-1692) ; Blois, ancien évêché (à partir de 1700).

17. Paris, hôtel des Invalides (à partir de 1671).

18. Paris, hôtel Guénégaud des Brosses (vers 1653) ; Nantes, hôtel du Fief (vers 1654) ; Paris, Observatoire (1667) ; Bourgueil (1739) ; Bordeaux, ancien archevêché (1772-1778).

19. Voir à Saint-Martin-des-Champs de Paris et à Villandry, deux autres exemples de ces solutions.

20. A. Bosse, *Traité des manières de dessiner les ordres*, p. XXXIV à XL : « L'art de conduire les escaliers avec ornemens sans interruption du parallélisme et sans irrégularité ». Voir aussi F. Blondel, p. 696.

21. On trouve le limon gauchi à l'hôtel de Jules Hardouin-Mansart rue des Tournelles avant 1687 ; mais le gauchissement suit simplement la pente d'un quartier tournant. D'après les relevés de *l'Architec-*

ture française de J. Mariette, on trouverait le repos avec limon gauchi à l'hôtel de Lorge (avant 1676, par Hardouin-Mansart) et au château d'Issy (après 1681, par Bullet). D'après les relevés de l'*Architecture Française* de J.-F. Blondel, on le trouverait au château de Marly (1696-1699) et à la maison d'Antoine Crozat, place Vendôme. Ce dernier donne un *terminus* sûr puisque nous savons que Blondel a reproduit le projet de Bullet achevé d'exécuter en 1702.

22. A.-C. Tiercelet, *Architecture moderne*, livre II, p. 141.

23. A.-F. Frézier, *La théorie*, t. III, p. 277 et fig. 175 sur la planche 104.

24. Les peintures sur voûte de l'escalier de l'hôtel de ville de Lyon ne devaient pas être prévues dans le projet d'exécution. Nous nous expliquons moins bien le placage de marbre de l'escalier de l'hôtel de Matignon à Paris.

25. Laon, abbaye Saint-Martin ; Saint-Denis ; Paris, hôtel d'Evreux.

26. F. Derand, p. 432.

27. J.-F. Blondel, *Cours*, t. IV, p. 321 et pl. LXXIX.

28. Ph. Bonnel.

29. P. Patte dans le *Cours* de J.-F. Blondel, t. V, p. 322.

Troisième partie
HISTOIRE ET GÉOGRAPHIE
DE LA VOÛTE MODERNE

17. Hypothèses sur l'origine de la stéréotomie moderne

1. J.-F. Blondel, *Architecture française*, t. I, p. 15.

2. P. Dubourg-Noves, « Aperçu sur l'art roman » ; R. Levesque, « Renaissance romane ».

3. Par exemple, la voûte en berceau brisé de l'église Saint-Etienne à Cadenet, qui date de 1343.

4. L. Bréhier, p. 15.

5. M. Aubert, « Les plus anciennes croisées d'ogives ».

6. Ph. Delorme, f⁰ 107.

7. Voir en particulier l'article de C. Brunel sur l'étymologie du mot ogive dont le sens originel est associé à l'idée de convergence et non à celle de renfort comme l'ont cru les tenants du rationalisme gothique.

8. R. Bechmann.

9. P. Abraham paraît considérer cette « coplanairité » comme une des conquêtes des gothiques. En fait, la plupart des arêtes

des voûtes d'arêtes ont également une projection rectiligne. Le progrès consiste donc seulement dans la substitution d'un segment de cercle à une ellipse.

10. P. Abraham, p. 42-43.
11. A.-F. Frézier, *La théorie*, discours préliminaire.
12. P. Francastel, *L'humanisme roman*, chapitre VI.
13. Ph. Delorme, f° 116.
14. R. Taton, *Histoire de la géométrie descriptive*.
15. R. Recht, « Sur le dessin ».
16. R. Recht, « La loge ».
17. N.-C. Poudra, *Histoire de la perspective*.
18. J.-F. Niceron, p. 4.
19. G. Desargues, p. 1.
20. G. Desargues, *Brouillon projet d'une manière universellle... touchant la pratique du trait* ; A. Bosse, *La manière universelle de M. Desargues... cadrans solaires* ; A. Bosse, *La pratique du trait à preuve de M. Desargues* ; A. Bosse, *Manière universelle de M. Desargues pour pratiquer la perspective*.

18. La France

1. Voir, par exemple, la voûte en arc-de-cloître du porche du palais de justice.
2. Un seul exemple, d'ailleurs douteux, à l'hôtel de Thon à Caen.
3. Voir par exemple : à Bayeux, la maison du Gouverneur 10 rue Bourbesneur, l'hôtel de Rubercy 5 rue Franche, la maison 6 rue Bienvenu ; le manoir de Gratot (arr. de Coutances) ; le manoir de Morières (arr. de Falaise), etc.
4. R. Lecotté, « Les inscriptions » et « Archives historiques », n° 271.
5. G. Costa.
6. Tous les escaliers strasbourgeois de Massol sont marqués par une reprise au-dessus de laquelle le parti stéréotomique est abandonné au profit du parti local comme si, en l'absence de Massol, on avait été dans l'obligation de revenir aux us locaux. Sur ceux-ci, cf. F. Stœhr.
7. J.-D. Ludmann.
8. H. Haug, « L'architecture Régence ».
9. F. de Dartein, *Etudes sur les ponts*, t. III.
10. J.-A. Giral, *Mémoire*.
11. L'étude de L.-M. Gohel sur Quintin et La Moussaye est à cet égard parfaitement éclairante. La politique familiale des Guyon-La Moussaye imposait l'appel à des architectes parisiens, que L.-M. Gohel supposait liés au clan des Du Cerceau. Cette hypothèse vient d'être confirmée par la découverte d'un texte attestant la présence d'un Gabriel du Cerceau à Quintin. (Communication orale de G. Le Louarn. Dossier de l'Inventaire général).

12. Ch. Marionneau, p. 320.
13. Angers, Avignon, Beaulieu-les-Loches, Le Bec-Hellouin, Bernay, Bassac, Blois, Bonneval, Bordeaux, Bourgueil, Brantôme, Caen, Evron, Fécamp, Fontevrault, Hennebont, Laon, Le Mans, Paris, Pontlevoy, Prémontré, Rangeval, Redon, La Réole, Rouen, Saint-Denis, Saint-Florent-le-Vieil, Saint-Wandrille, Solesmes, Villeneuve-les-Avignon.
14. J.-M. Pérouse de Montclos, « Les voûtes des abbayes mauristes ».
15. Ph. Bonnet.
16. R. Rodière, p. 195 et sv., p. 344 et sv.
17. Dommartin, Saint-André-aux-Bois, Longvillers, Clairmarais (Pas-de-Calais). Il y avait en effet un établissement cistercien à Beaupré près de Beauvais, mais également une abbaye de Beaupré dépendant de Clairmarais, près d'Estaires (Nord).
18. A.-N. Dézallier d'Argenville, *Voyage pittoresque*, édition 1778, p. 371.
19. *P.V. Acad. archit.*, t. VI, p. 74, 3 juillet 1747 et t. II, p. 56-57, 16-23 juin 1684.
20. *Mercure de France*, avril 1750, p. 216.
21. T. Loyer. L'auteur date lui-même ses travaux des années 1750.
22. M.-A. Laugier, *Essai*, p. 153.
23. *P.V. Acad. archit.*, t. VII, p. 191, 24 décembre 1764 et t. VIII, p. 309, 21 juillet 1777. Sur les essais du Palais Bourbon en 1767-1768, cf. le manuscrit 1504 à la bibliothèque des Ponts et Chaussées de Paris.
24. P. Patte *Monuments*, p. 7.
25. J.-F. Blondel, *Cours*, t. IV, p. 84 et sv.
26. J.-B. Rondelet, *Traité*, livre IV, p. 282 et sv.
27. Le mémoire de F.-F. d'Espie est sous-titré : « Traité de la construction des voûtes faites avec des briques et du plâtre dites voûtes plates... ». Nous avons dit comment on a constamment confondu au XVIII° siècle voûte plate et voûte surbaissée. La confusion est totale dans l'article de Ph. Siguret. L. Hautecœur va jusqu'à écrire à propos de la voûte d'Arles que « tous les traités du XVIII° siècle l'ont citée sous le nom de voûte à la Roussillon » (*Histoire de l'architecture* t. II, p. 615).
28. C. Daly.
29. G.-B. Izzo, traduction française, p. 91.
30. B. Bails, *Elementos*, t. IX, p. 568.
31. Une description plus détaillée du procédé dans *Bâtirama*, mars 1979, p. 27 à 31.
32. J.-F. Blondel, *Cours*, t. III, p. XLI.
33. Ch. Durand.
34. N. Catherinot, p. 9.
35. Cité sans référence dans P. Bourget et G. Cattaui, (p. 42) et attribué à Ch. Perrault par ces auteurs.

36. A.-C. Tiercelet, *Architecture moderne*, t. I, p. 234.
37. J.-F. Blondel, *Cours*, t. V, p. 320.
38. J.-F. Blondel, *Cours*, t. III, p. XLII.
39. H. Sauval, t. III, p. 43. On sait que Sauval écrit entre 1654 et 1676. D'après la liste des escaliers suspendus qu'il cite, on peut penser que cette déclaration s'applique à la première moitié du XVII° siècle.

19. L'Espagne

1. Le texte de Rodrigo Gil a été inclus par S. Garcia dans son *Compendio de Arquitectura*, qui date des années 1681 et 1685, mais n'a été publié qu'en 1868. Sur ce sujet, cf. G. Kubler, « Gothic computation » ; J. Camón Aznar, « La intervencion de Rodrigo Gil. ».
2. J. Agapito y Revilla, p. 61.
3. A. de Vandelvira, f° 57 : « Il y a quelques traits si difficiles à enseigner par écrit que j'ai préféré m'abstenir ».
4. Lorenzo de San Nicolás, t. I, chap. XLII à XLV, LI à LVIII, LXXX ; t. II, chap. 56 à 61.
5. Lorenzo de San Nicolás, t. II, chap. 55.
6. B. Bails, *Elementos*, t. IX, p. 379 à 613. Il y a également quelques pages sur les voûtes dans les *Principios* du même auteur (t. III, p. 168 à 194).
7. B. Bails, *Elementos*, t. IX, p. 428 ; A.-F. Frézier, *La théorie*, p. 115. Sur Bails, cf. C. Sambricio.
8. C. Rieger, *Elementos*, p. 246 et sv.
9. A. Plo y Camin, livre II, chap. IV à VII.
10. J. de Torija, p. 129 : « Dans le livre quatre, il traite de la forme des coupoles, de tous les genres de voûtes et des trompes dites de Montpellier, sous le rapport de la coupe des pierres. »
11. A. de Vandelvira, f° 97 v.
12. F. Chueca Goitia, *Arquitectura del Siglo XVI*, p. 187 et fig. 153.
13. A. de Vandelvira, f° 103 v. : « Cette voussure a été construite à La Guardia par mon père et pour cette raison on la nomme ochavo de La Guardia ».
14. 13 kilomères au sud de Jaen.
15. A. de Vandelvira, f° 69 v. ; f° 70 v.
16. A. Perez Sanchez, p. 30.
17. A. de Vandelvira, f° 51, 53 v.
18. Lorenzo de San Nicolás, t. I, f° 119 v. : « El llamado Caracol de Mallorca ».
19. A. de Vandelvira, f° 54 et sv. Nous n'avons pas trouvé mention de cet escalier dans l'article de H.-E. Wethey consacré à l'escalier espagnol de la Renaissance.
20. A. Bonet Correa, « Le Scale imperiali ».

21. A. de Vandelvira, f⁰ 15 v. et sv. ; f⁰ 52 v. et sv.

22. T.-V. Tosca, t. V, p. 191. B. Bails, *Elementos*, t. IX, p. 396 et fig. 208.

23. B. Bails, *Elementos*, t. IX, p. 510 et sv. : « Que les Français nomment arrière-voussure de Marseille parce que la première de ce type a été construite à une des portes de la dite ville ».

24. M. Durliat, *L'art dans le royaume de Majorque*.

25. A. de Vandelvira, f⁰ 13 v.

26. S. Alcolea, *La catedral de Santiago*.

27. J.-M. Zepedano y Carnero, p. 224 : « Ce qui est sûr c'est qu'elle retient l'attention des connaisseurs ».

28. A. de Vandelvira f⁰ 6 v. à 17 v.

29. Lorenzo de San Nicolás, t. II, p. 227 ; T.V. Tosca, p. 183 à 191 ; B. Bails, *Elementos*, t. IX, p. 411 et fig. 222.

30. A. de Vandelvira, f⁰ 14.

31. A. Bonet Correa, *La arquitectura en Galicia*, fig. 275.

32. T.-V. Tosca, p. 245 et sv. et fig. 79, 80. « Une vis circulaire à berceau en spirale, suspendue par la partie intérieure ».

33. N. Pevsner, *Génie*, t. II, p. 72.

34. Il faudrait voir notamment le palacio Sollerich, le palacio Vivot, la casa Marques, la maison n⁰ 3, calle San Roque.

35. J. Camón Aznar, *La arquitectura y la orfebreria*, p. 180 fig. 227.

36. A. de Vandelvira, f⁰ 58 ; T.-V. Tosca, p. 250 et sv. et fig. 82.

37. V. Lampérez y Romea, t. II, fig. 126.

38. C. Ewert, p. 100.

39. A. Gallego y Burin, t. II, p. 687 et 732.

40. Il nous semble que l'escalier présenté par Vandelvira f⁰ 59 est de ce type, bien que la figure fasse apparaître une ligne diagonale sous les retours, qui pourrait être la représentation d'une arête. Notre interprétation prend appui sur plusieurs arguments :
    — Vandelvira illustre son exposé des exemples de la Cancillería et du couvent de la Victoria de Grenade, dont les retours sont en pendentif.
    — Vandelvira a déjà donné le type à arêtes au f⁰ 58.
    — Sur le détail du retour dessiné à droite de la figure principale, la ligne diagonale n'est plus portée qu'en pointillé.
    — La représentation du pendentif présente de telles difficultés que dans la plupart des exemples que nous connaissons (et en particulier sur les relevés de l'escalier du Capitole de Toulouse, à l'exception de celui d'A. de Baudot), la ligne diagonale du retour est matérialisée bien qu'elle ne corresponde pas à une pénétration.

41. A. de Vandelvira, f⁰ 59 v. et 60.

42. T.-V. Tosca, p. 249 et sv.

43. Alicante, hôtel de ville et maison n⁰ 22 calle de Miguel Soler. Valence, Generalidad, palais de la Baila, palais n⁰ 26 calle de Caballeros. Orilhuela, ancienne Université. Cependant l'escalier de la Chancillería de Grenade et les escaliers de Vandelvira (à l'exception de l'escalier f⁰ 60) ont des joints alignés suivant la rampe, comme les escaliers français.

44. F. Chueca Goitia, *Arquitectura del Siglo XVI*, p. 247.

45. A. de Vandelvira, f⁰ 81 v. Une voûte de ce type sous les escaliers du Palais de Charles-Quint à Grenade.

46. A. de Vandelvira, f⁰ 83 v.

47. A. de Vandelvira, f⁰ 86 v. Une voûte de ce type sous les escaliers du Palais de Charles Quint à Grenade.

48. A. de Vandelvira, f⁰ 88 ; 122 v. ; 91 v., 92.

49. A. de Vandelvira, f⁰ 82 v. ; 84 v. ; 87 v., 89 ; 123 v ; 85 v. ; 93 ; 93 v.

50. J. Camón Aznar, *La arquitectura y la orfebreria*, fig. 371.

51. A. de Vandelvira, f⁰ 82 v.

52. J. Camón Aznar, *La arquitectura plateresca*, p. 129.

53. A. de Vandelvira, f⁰ 89 v. (plan carré), 91 v. (plan rectangulaire), 99 v. et 100 v. (sur nervures).

54. Le XVIIᵉ et le XVIIIᵉ siècles sont moins riches. Rien dans J. de Torija. Lorenzo de San Nicolás, t. I, p. 96 et t. II, p. 218. T.-V. Tosca, p. 218 et sv. B. Bails, *Elementos*, t. IX, p. 459, 466 et 489.

55. A. de Vandelvira, f⁰ 60 v.

56. A. de Vandelvira, f⁰ 65 v. ; Ph. Delorme ; f⁰ 119 et sv. Cet appareillage est encore décrit par T.-V. Tosca, p. 230.

57. A. de Vandelvira, f⁰ 67 v. et 107 v.

58. J. Camón Aznar, *La arquitectura y la orfebreria*, p. 396.

59. A. de Vandelvira, f⁰ 36 ; Lorenzo de San Nicolás, t. I, p. 103 ; T.-V. Tosca, p. 233.

60. A. de Vandelvira, f⁰ 53 et f⁰ 111 : « Berceau tournant d'un patio rond comme à l'Alcazar de l'Alhambra de Grenade ».

61. Lorenzo de San Nicolás, t. I, f⁰ 92 v.

62. V. Lampérez y Romea, t. I, p. 496.

63. F. Francisco de los Santos, p. 18 v : « La voûte qui soutient le chœur est d'une grande habileté architecturale ; en effet bien qu'étant en pierre et malgré la longueur de la portée entre les piliers, elle est aussi plate que le sol lui-même, et voir comment elle tient remplit d'admiration. Elle tient par la coupe qui unit les pierres, faisant entre elles des arcs par leurs assises jusqu'à ce qu'elles se ferment sur une clef ».

64. J. Quevedo, p. 271. « Une voûte admirable qui, malgré la longueur de sa portée, semble aussi plate que le dallage et paraît même convexe ».

65. Rien dans T.V. Tosca. Le traducteur de C. Rieger (*Elementos*, p. 248) cite les mémoires d'Abeille et de Truchet. Il cite également l'Escorial, mais uniquement pour des voûtes plates dallées fort médiocres utilisées dans les escaliers. B. Bails (*Elementos*, t. IX, p. 272, fig. 92) donne le dessin d'un palier d'escalier sur voûte plate en éventails avec deux tirants diagonaux, qui, de toute évidence, sort tout droit du *Cours* de J.-F. Blondel (t. IV, pl. LXXIX).

66. Lorenzo de San Nicolás, t. I, p. 118 v.

67. Voir aussi F. Garcia Salinero : cercha, douela, montea.

68. La salle capitulaire est commencée en 1535, mais terminée seulement en 1592. Le dallage n'a pas dû être posé avant que le bâtiment ne soit couvert : il doit être postérieur à celui d'Anet (1549-1552).

69. A. de Vandelvira, f⁰ 115 v.

70. A. de Vandelvira, f⁰ 24 et 79 v. ; J. de Torija, f⁰ 17 et sv. T.-V. Tosca p. 232.

71. F. Gebelin, p. 50.

20. De quelques autres Etats voisins de la France

1. Simonin, *Traité*, p. 1.

2. *P.V. Acad. archit.*, t. III, p. 87, 11 janvier 1700.

3. G. Guarini, traité IV, p. 288 : L'ortografia gettata « est peu connue des architectes italiens ; mais elle est admirablement employée en de nombreuses occasions par les Français. Pour tailler les pierres et trouver leurs formes exactes, il est en effet nécessaire de connaître le dessin de leurs faces, afin qu'en les taillant suivant ce dessin, elles occupent exactement la place qui leur revient dans l'œuvre et s'adaptent les unes aux autres. C'est pour reporter très exactement toutes leurs faces dans un même plan qu'à été inventée cette orthographie ».

4. W. Müller, « The Authenticity » et « Guarini e la stereotomia ».

5. T. Temanza, p. 15 à 140.

6. B. Vittone, p. 500 à 584.

7. F. Milizia, t. VIII, p. 265 : « Ni les Anciens, ni les Italiens n'ont traité ce sujet. Les Français en revanche l'ont fait avec profit en lui appliquant la géométrie ; Derand, Deschalles, Blondel, de la Rue ont été les premiers à en donner les règles ».

8. Il cite encore L. Mascheroni, qui ne traite que de statique.

9. W. Müller, « Stereotomie und Barockbaukunst » et « Vittone ed il modo stereotomico ».

10. Nous ne connaissons cet album que par l'article de F. Bucher, « The Dresden Sketchboock. »

11. D'après P. Frankl (*The Gothic*, p. 537), Barthel Ranisch aurait publié en allemand un livre sur les voûtes en 1655. Ce livre que P. Frankl avoue n'avoir pas vu, existe-t-il ? De Ranisch, nous n'avons trouvé dans les bibliographies que sa *Beschreibung aller Kirchengebäude in Danzig* (1695) et sa *Beschreibung aller offentliche Gebäude in Danzig* (vers 1703), deux ouvrages que nous n'avons d'ailleurs pas pu consulter.

12. L.-C. Sturm, *Durch einen grossen Theil*, p. 49 (lettre sur Paris, Rostock, 28 août 1716) : « Par la coupe des pierres, les Français font dans leurs œuvres des choses particulièrement remarquables. »

13. L.-C. Sturm, *Vollständige Anweisung innerer Austheilung der Gebäude*, p. 8 : « Les Français ont trouvé la manière de tailler les pierres pour toutes sortes de voûtes suivant la géométrie, lesquelles pierres s'assemblent si bien l'une à l'autre qu'il n'y a plus qu'à les poser sur les cintres ».

14. L.-C. Sturm, *Ausführliche Anleitung*, p. 398 : « Cette science est tenue pour un secret par les architectes français. D'Aviler la vante avec un tel enthousiasme que je décidais de ne plus prendre de repos que je n'eusse découvert ce secret. »

15. Nous n'avons trouvé mention de ces traductions que dans ce passage de Sturm.

16. C.-L. Stieglitz, t. I, p. 431, article « Gewölbe » : « Les Français sont les premiers à avoir étudié cette partie de l'architecture et à lui avoir appliqué la géométrie » ; Stieglitz décrit les types élémentaires, parle de statique et cite les auteurs français. J.-F. Penther, article « coupe des pierres ». C. Rieger, *Universae architecturae*, p. 247 et sv. et, *in fine*, dans une liste de théoriciens de l'architecture, les noms de Desargues, Derand, Milliet de Chales, De La Rue, Frézier.

17. P. Nicholson, *A popular and practical treatise*, p. VII : « Cet ouvrage est le premier et le seul en anglais sur la coupe des pierres ». La publication de 1766 est signalée par Nicholson, p. V et attribuée à « General Vallancey », peut-être le polygraphe Charles Vallancey. Nous n'avons rien trouvé dans les bibliographies.

18. P. Nicholson, *A popular and practical treatise*, p. VI : « La plupart de ceux-ci étant tels, dans les publications françaises, que le maçon anglais n'aurait jamais l'occasion de les utiliser. »

19. L.-C. Sturm, *Ausführliche Anleitung*, p. 242.

20. *Glossarium artis*.

21. L.-C. Sturm, *Ausführliche Anleitung*, p. 244.

22. A. Haupt, *Baukunst*, p. 14 : « Die Lieberhaberei [des Français] an Trompenauskragungen, die in anderen Ländern kaum vorkommen ». W.-H. Ward, p. 15 : « A feature almost peculiar to French architecture, the trompe ». Cependant Ward ne distingue pas nettement la trompe du cul-de-lampe.

23. L.-C. Sturm, *Ausführliche Anleitung*, p. 244 « Tonnen-Wendel ». Malgré des recherches poussées dans les encyclopédies et les dictionnaires les plus récents, nous n'avons pu trouver qu'une seule citation de la vis de Saint-Gilles (*Encyclopedia universale dell'arte*, t. XIII, p. 122 : « Scale a chiocciola e che e chiamata a vita di Saint Gilles »).

24. Ph. Delorme, f° 124.

25. B. Vittone, p. 459.

26. P. Gauthier, t. I, pl. 14.

27. A. Palladio, livre I, p. 60 et sv.

28. J.-M. Pérouse de Montclos, « La vis de Saint-Gilles ».

29. J.-F. Blondel, *Cours*, t. V, p. 324. Le passage est peut-être de Patte, continuateur de Blondel.

30. Voir par exemple, E. Fourrey.

31. R. Neve, article « Stairs ».

32. J. Guadet, t. I, p. 614 ; t. IV, p. 458.

33. H. Haug, « L'architecture Régence », p. 137.

34. F. Mielke, fig. 210.

35. Bibliographie dans N. Pevsner, « The three Dimensional Arch ».

36. J. Summerson, *Architecture in Britain*, p. 450 ; *The Age of Neo-classicism*, n° 1304.

37. H. Sauval, t. III, p. 2.

21. Destin de la stéréotomie après 1750

1. *P.V. Acad. archit.*, t. IX, p. 156, 9 mai 1785.

2. F. Derand, cinquième partie, chap. X, p. 446.

3. Hôtel Salvador, 19 rue de la Masse à Avignon. J.-B. Franque était très fier d'une construction qu'il jugeait exceptionnelle (correspondance entre les mains du propriétaire actuel de l'hôtel, le marquis de Bimard) : en réalité, cet escalier mal conçu a dû être renforcé avec des tirants en fer.

4. Ancien hôtel des Intendants, actuelle Préfecture, 1771-1778.

5. M. Lapouyade.

6. J.-F. Blondel, *Cours*, t. III, p. XLI.

7. A.-F. Frézier, *La théorie*, t. I, p. XIV.

8. M.-A. Laugier, *Essai*, p. 53. Condamnation identique des clefs pendantes dans A. Visentini, p. 107 et sv.

9. M.-A. Laugier, *Observations*, p. 287.

10. Ch.-N. Cochin, *Voyage d'Italie*, t. I, p. 8.

11. J.-F. Blondel, *Cours*, t. IV, p. 315.

12. Ch.-F. Viel, *Principes*, chap. XXXIV, p. 199.

13. A.-Ch. Quatremère, *Recueil de notices historiques*, notice sur Chalgrin, p. 197.

14. A.-Ch. D'Aviler, *Cours*, édition 1694, p. 240.

15. *P.V. Acad. archit.*, t. II, p. 13, juillet 1693.

16. Ch.-N. Cochin, *Voyage d'Italie*, t. I, p. 7.

17. M.-A. Laugier, *Observations*, p. 100.

18. Simonin, *Traité*, p. 3.

19. J.-P. Douliot, p. 165.

20. « Nous n'avons parlé des trompes que comme exercice et plutôt pour faire sentir les défauts de ces sortes de constructions que l'on doit éviter et qui sont d'ailleurs entièrement rejetées de l'architecture moderne » (J.-A. Adhémar, p. 79). « C'est avec raison que l'on a banni de l'architecture moderne toutes ces constructions placées en surplomb, de sorte qu'il ne faut pas les introduire volontairement dans le plan d'un édifice. Toutefois les trompes sont intéressantes à étudier sous le rapport de la stéréotomie et d'ailleurs elles peuvent être utiles pour tirer parti de constructions déjà existantes » (Ch. F.-A. Leroy, p. 299).

21. A.-Ch. Quatremère, *Dictionnaire*, article « trompe ».

22. Ch.-F. Viel, *De la chute*, p. 27.

23. M.-A. Laugier, *Observations*, p. 283 ; p. 285.

24. E.-L. Boullée, *Essai*, f° 89.

25. M.-A. Laugier, *Observations*, p. 283.

26. Ch.-F. Viel, *De la chute*, p. 17.

27. Ch. Derouet.

28. Chavigny, près de Tours ; Lille, place Simon Vollant ; Marseille, 12 boulevard du jardin zoologique ; Paris, palais de justice.

LIVRE TROIS
L'UTOPIE CLASSIQUE

Première partie
LE CLASSICISME NATIONAL

1. L.-S. Mercier. *De la Littérature*, p. 71.

2. D'après P. Frankl, *The gothic*, p. 249.

3. H.-J. Wagner von Wagenfels, p. 65, 70, 111.

4. Goethe, *Literarisches sansculottismus*, 1795.

22. Le classicisme italien

1. Filarette, f° 59 : « Je crois que ce ne fut d'autres que les peuples barbares qui l'introduisirent en Italie ». f° 100 v. : « Cette manière que nous avons reçue des ultramontains, c'est-à-dire des Tudesques et des Français ».
2. Filarette, f° 100.
3. C. Cesariano, f° XIII et f° XIV v.
4. Raphael, p. 20, 24.
5. G. Vasari, t. I, p. 138 ; p. 273 ; p. 233.
6. J. Burckhardt, t. II, p. 14.
7. Pour cette question et les développements qui suivent, voir notre article sur le sixième ordre.
8. Vitruve, livre IV, chap. VII.
9. G.-B. Piranesi, *Parere*, p. 13 : « maniera o ordine come volete chiamarlo ».
10. L.-B. Alberti, *De re aedificatoria*, livre VII, chap. VI.
11. V. Scamozzi, *Œuvres*, livre VI, chap. XV.
12. G.-B. Piranesi, *Della Magnificenza*.
13. L.-B. Alberti, *De re aedificatoria*, livre VII, chap. VI. « Aucun de ceux-ci ne peut être comparé aux trois ordres classiques, à l'exception d'un seul nommé italien pour le distinguer de ceux que nous avons importés des autres pays ».
14. L.-B. Alberti, *L'architecture*, p. 129.
15. A. Palladio, *I Quattro libri*, Livre I, p. 44.
16. Sur cette interprétation du triomphe de Titus, cf. R. Fréart de Chambray, p. 102.
17. A.-Ch. D'Aviler, *Cours*, p. 72.
18. N. Pevsner, *Génie*, t. I, p. 116.
19. Filarete, livre VIII, f° 59 : « Citoyen florentin, fameux et très digne architecte, spirituel imitateur de Dédale, il a ressuscité dans Florence cette manière antique de construire, qui y est pratiquée aujourd'hui à l'exclusion de toute autre ».
20. A. Chastel, p. 70.
21. A. Chastel, p. 68.
22. L.-B. Alberti, *L'architecture*, t. VI, p. 3.
23. G.-B. Piranèse, *Della Magnificenza*, p. XIX : « Vraiment par son antiquité et sa richesse, la nation toscane a pu porter tous les genres d'art à leur plus haute perfection ».
24. Sur ce sujet, cf. J. Wilton-Ely et notre article sur « Piranèse, les Français et le classicisme international ».
25. Ch. Chipiez, p. 337.
26. S. Serlio, *Regole generali*, préface : « Il me paraît que la manière rustique convient mieux à la nation toscane qu'à aucune autre. On trouve en effet quantité de belles constructions rustiques aussi bien à Florence que dans la campagne toscane ».
27. G. Vasari, t. I, p. 107 et sv.
28. V. Scamozzi, *L'Idea*, livre VI, chap. XV, p. 54 : « Les Toscans avaient l'habitude, dans leur façon de construire des édifices, de donner à celle-ci un certain air de gravité.. c'est pour cela qu'une telle façon de construire fut appelée toscane par les autres nations. »
29. J. Vredeman de Vries, préface.
30. H. Sauval, t. III, p. 7.
31. Sur cette question, cf. P. Portoghesi, « La lingua universale ».
32. Cité dans N. Pevsner, *Génie*, t. II, p. 45.
33. A. Visentini, p. 46 ; p. 48.

23. Le classicisme français

1. Ch. Perrault, *Parallèle*, t. I, premier dialogue ; Cl. Perrault, préface.
2. Ch. de Sainte-Marthe, Le tiers livre, p. 181.
3. J. Du Bellay, *La Déffense*, chap. XII, p. 321.
4. Ph. Delorme, f° 27.
5. L.B. Alberti, *L'architecture*, p. IV.
6. J. Androuet du Cerceau, *Livre d'architecture*, adresse au roi.
7. J.-F. Blondel, *Cours*, t. III, p. 422.
8. J.-B. Leblanc, lettre XXXVI, au Comte de Caylus.
9. L.V. Thiéry, t. I, p. 74 ; J. Stern, t. I, p. 97.
10. J. Martin, *Architecture*, postface de Goujon.
11. Ph. Delorme, f° 102.
12. H. Sauval, t. III, p. 51.
13. G.-L. Lerouge, p. 328.
14. J.-F. Blondel, *Architecture française*, t. IV, p. 7 et 8, et *Cours*, t. I, p. 98 et 99.
15. J.-F. Blondel, *Architecture française*, t. IV, p. 51 et *Cours* t. III, p. 434.
16. J.-G. Legrand, p. 47.
17. R. Fréart de Chambray, p. 82 ; p. 98.
18. A.-Ch. D'Aviler, *Cours*, épitre.
19. D. Rabreau et M. Gallet, titre III, « Le Bernin jugé par les Français ».
20. Lafont de Saint-Yenne, p. 140 à 142.
21. *P.V. Acad. archit.*, t. III, p. 302, 3 septembre 1708 ; t. VI, p. 328, 3 juillet 1758.
22. Montesquieu, voyage de Gratz à La Haye (1728-1729), p. 266 à 270 ; J.-F. Blondel, *Cours*, t. I, p. 205.
23. A.-N. Dézallier d'Argenville, *Vies*, p. 242 à 252.
24. G. Guarini, p. 223 et 224.
25. G. Brice, édit. 1698, t. II, p. 302 et 303.
26. Lafont de Saint-Yenne, p. 105.
27. Ch.-N. Cochin, « Supplication ».
28. J.-F. Blondel, *Cours*, t. I, p. 205. Voir aussi t. I, p. 429 et t. III, p. 222.
29. L. Avril, p. 282.
30. N. Pevsner, *Génie*, t. II, p. 144.
31. Ch.-N. Cochin, *Mémoires inédits*, p. 140.

Voir également la notice nécrologique de Meissonier dans le *Mercure*, octobre 1750, probablement écrite par Mariette.
32. A.-N. Dézallier d'Argenville, *Vies*, p. 434 à 440.
33. Ch.-N. Cochin, *Voyage d'Italie*, t. I, p. 39.
34. I. Ware, p. 256 ; p. 521, 522, 523 ; p. 448.
35. Voir le projet pour Saint-Sulpice et divers projets présentés par J. Garms.
36. Ch.-N. Cochin, « Supplication ».
37. L.B. Alberti, *L'architecture*, livre VI, chap. 3, p. 102 v.
38. G. Lefèvre de La Boderie, cercle II, p. 40 ; dédicace, p. 11.
39. H. Gillot.
40. A.-Ch. D'Aviler, *Cours*, épitre.
41. F. Blondel, épitre.
42. *P.V. Acad. archit.*, t. V, p. 187, 27 février 1736.
43. Voir la liste donnée dans L. Hautecœur, *Histoire de l'architecture*, t. I², p. 50 à 53.
44. *P.V. Acad. archit.*, t. I, p. 56, 8 janvier 1674 ; t. III, p. 110, 13 septembre 1700.
45. J.-F. Blondel, *Cours*, t. III, p. LIV et LV ; t. II, p. 95 ; p. 221 ; p. 229.
46. Lettre de Marigny du 21 septembre 1762, citée dans J. Monval, p. 502.
47. J.-F. Blondel, *Cours*, t. II, p. 94 ; t. IV, p. LIII et t. II, p. 221.
48. J.-F. Blondel, *Architecture française*, t. I, p. VI ; p. V.
49. L. de Thurah, préface.
50. J. Wolfe et J. Gandon, introduction : « Le grand nombre d'édifices élégants et magnifiques qui ont été depuis peu construits et qui continuent de l'être par toute la Grande-Bretagne, nous ont fourni l'occasion de convaincre le monde et la postérité que l'architecture a été poussée à une aussi grande perfection au XVIIIᵉ siècle dans ce royaume qu'elle n'avait jamais été parmi les Grecs et les Romains et que, si nous avons pu disputer le pas aux anciens à cet égard, nous avons beaucoup surpassé nos contemporains de tout autre pays ».
51. G. Richardson, introduction.
52. G.-L. Le Rouge, p. 282 ; p. 407.
53. Cl. Perrault, préface ; J.-F. Blondel, *Cours*, t. I, p. 98 et 99.
54. J. Courtonne, p. 102.
55. Lafont de Saint-Yenne, p. 5.
56. *P.V. Acad. archit*, t. III, p. 227, 23 novembre 1705.
57. Cl. Perrault, préface.
58. P. Patte, *Monuments*, p. 4.
59. *P.V. Acad. archit.*, t. III, p. 312, 4 février 1709.
60. J.-F. Blondel, *Cours*, t. I, épitre dédicatoire, p. IX.
61. *P.V. Acad. archit.*, t. VIII, p. 114 et 120, 7 janvier 1772.

62. Cité dans N. Pevsner, *Génie*, t. II, p. 127.
63. J.-F. Blondel, *Cours*, t. I, p. 143.
64. Cité dans P. Parent, *L'architecture civile à Lille*, p. 222, note 1.
65. M.-A. Laugier, *Observations*, p. 276.
66. Cf. notre article sur le sixième ordre. Depuis sa parution, nous avons trouvé de nouvelles versions de l'ordre français.
— Celle du Père de Sainte-Marthe aux Ardilliers de Saumur, 1690 (P. de Longuemare, p. 551 et 555).
— Un dessin anonyme conservé au Nationalmuseum de Stockholm (THC 2.783) que nous a signalé V. Hoffmann.
— Dans l'exemplaire unique de *l'Architecture française*, de J.-F. Blondel en 10 volumes de l'ancienne collection Destailleur (les six volumes manquant à l'édition du XVIIIᵉ siècle ayant été presqu'entièrement reconstitués par Destailleur), exemplaire que son actuel propriétaire a eu l'obligeance de mettre à notre disposition, nous avons trouvé : pl. 70, un « ordre corinthien de la grande cour des Invalides de M. Bruan », qui est en réalité un ordre français à fleur de lys ; pl. 86 à 93, huit variations de Ch. Errard sur l'ordre français marquées E, F, G, H, I, K, L, M.
— B.N. Estampes, Ed. 59 C, un ordre français inédit de Sébastien Leclerc.
— A la façade du Palais Doria-Pamphili à Rome, construite en 1734 par G. Valvassori, un ordre « héraldique » avec fleurs-de-lys et colombes portant le rameau, qui ne doit rien à l'ordre français, mais que le Président de Brosses signale cependant comme un ordre nouveau (t. II, p. 106).
67. Montesquieu, p. 1410.
68. P. Francastel, « L'architecture de Versailles », « Versailles et l'architecture urbaine ».
69. L. Hautecœur, *Histoire de l'architecture*, t. I², p. 217 et 218.
70. P. Roudié, p. 264 ; p. 60 ; p. 273, 279, 306 ; p. 43, 45, 258, 267 ; p. 315.
71. A.-M.-L. de Montpensier, t. III, p. 399 et 440.
72. Cité dans P. Clément, p. 301, sans référence.
73. Vauban, p. 17 et 18.
74. Sur cette question, cf. Ch.-A. Gidel. Pour le XVIIIᵉ siècle, une bibliographie très fournie dans J.-C. Perrot, annexe 28.
75. L.-S. Mercier, *Tableaux*, chap. CCLXXXIX, p. 301 à 309.
76. *P.V. Acad. archit.*, t. VII, p. 11 et 12, avril 1759.
77. N. Catherinot, p. 2.
78. A.-M.-L. de Montpensier, t. II, p. 230.

79. Ch. E. Briseux, *L'art de bâtir*, t. I, p. V ; voir aussi A.-C. Tiercelet, p. IX.
80. *Portefeuille iconographique*, p. 43.
81. J.-J. Gloton, « Puget ».
82. J.-F. Blondel, *Cours*, t. III, p. 453.
83. Cité dans J. Girard, *Avignon*, p. 151, sans référence.
84. *Correspondance des Directeurs*, t. IX, p. 283.
85. J.-F. Blondel, *Cours*, t. III, p. 112.
86. P. Patte, *Monuments*, p. 5.
87. A.-A. Bruzen de La Martinière, article « Aix ».
88. Cité dans L. Réau, *L'art français sur le Rhin*, p. 108.
89. P. Courteault ; Ch. Marionneau.
90. L.-A. de Caraccioli, p. 137 ; p. 173 ; p. 44.
91. J.-C. Schwab, p. 113.
92. *P.V. Acad. archit.*, t. VII, p. 11 et 12, avril 1759.
93. J.-B. Colbert, t. V, p. 269, lettre du 28 septembre 1665.
94. J. Du Bellay, *La deffense*, « Conclusion de tout l'œuvre », p. 338.
95. Du Perron, p. 28. p. 30.
96. J. Du Bellay, *La Deffense*, p. 10.
97. Agripa d'Aubigné, *Tragiques*, préface.
98. Ronsard, *La Franciade*, deuxième préface.
99. N. Du Fail, t. II, p. 201.
100. Montaigne, t. II, p. 52.
101. Ph. Delorme, fᵒ 136 ; fᵒ 142.
102. P. Bayle, novembre 1685, article 5.
103. L.-A. de Caraccioli, p. 175.
104. J.-C. Schwab, préface et p. 31, 32.

Deuxième partie
L'EUROPE UNIFIÉE

1. A.-Ch. D'Aviler, *Cours*, épitre.
2. J.-F. Blondel, *Cours*, t. III, p. 435.
3. M. Gallet, « Pierre de Vigny ».
4. P. de Vigny, p. 85 ; p. 96 ; p. 89.
5. Cl. Perrault, préface.

24. Syncrétisme

1. Cité dans W. Tatarkiewicz, p. 12.
2. S. Serlio, *Sesto libro*, ms. Munich, fᵒ 3 v., fᵒ 56 v.
3. B.N., mélanges Colbert, vol. 121 bis, nᵒ 900, cité dans L. Mirot.
4. P. Fréart de Chantelou, 9 août 1664.
5. Le Président de Brosses, t. II, p. 107.
6. G. Boffrand, p. 32 ; J.-B. Leblanc, lettre XXXVI au Comte de Caylus, p. 63 ; Ch.-A. Jombert, t. I, p. 99.
7. R. Josephson.
8. *Correspondance Tessin-Cronström*, 18 novembre 1698, 31 juillet 1714.
9. « Eloge du Baron Knobelsdorf » dans *Frédéric II*, t. VII, p. 35.

10. F. Algarotti, *Oeuvres*, p. 245, lettre du 4 septembre 1758 à Zanotti.
11. N. Pevsner, *Génie*, t. II, p. 158.
12. Cité dans L. Réau, *L'Europe française*, p. 304, sans référence.
13. Lettre à Marchesi, citée dans G. Quarenghi, *Disegni*, p. 35.
14. Voltaire, t. VIII, p. 314.
15. Ch.-A. Guillaumot, p. 11, 57.
16. J.-G. Legrand, t. II, p. 22.
17. J.-F. Blondel, *Cours*, t. III, p. 434.
18. J.-F. Blondel, *Cours*, t. III, p. 421 et 422.
19. J.-F. Blondel, *Cours*, t. III, p. 429.
20. Ch.-F. Viel, *Principes*, p. 50.
21. A.-C. Quatremère, *Dictionnaire*, article « architecture gothique ».

25. Supranationalité

1. E. Forssman, p. 27. Voir aussi J. Summerson, *The classical language*.
2. A.-C. Quatremère, *Dictionnaire*, article « De Chambray ».
3. N. Fréart de Chambray, p. 2 ; p. 4 ; p. 2.
4. A. Palladio et N. Fréart de Chambray, adresse.
5. Montesquieu, note 982.
6. Ch.-J. de Ligne, p. 48.
7. A.-C. Quatremère, *Lettres sur le préjudice*, p. 3.
8. Ch.-F. Viel, *Principes*, p. 51.
9. Le président de Brosses, t. II, p. 107.
10. N. Le Camus de Mézières, p. 52.
11. A.-C. Quatremère, *Dictionnaire*, article « baroque ».
12. A.-Ch. D'Aviler, *Cours*, préface.
13. J.-F. Blondel, *Cours*, t. I, p. 462. Voir aussi J.-F. Blondel, *De la distribution*, t. II, p. 462.
14. P. Frankl, *The Gothic*, p. 388.
15. G. Boffrand, p. 9 ; p. 8.
16. R. Fréart de Chambray, p. 80 ; J.-F. Blondel, *Cours*, t. VI, p. 494.
17. G. Brice, t. I, p. 54.
18. Journal de Monseigneur Carlo Cartari, cité dans R. Wittkower, *Gothic versus Classic*, p. 88. « Le style de Borromini est gothique ce qui n'est pas étonnant puisqu'il est né à Milan où est le Dôme ».
19. G. Baglione, p. 180, note de Bellori.
20. A. Pompei, p. 11.
21. Le Président de Brosses, t. II, p. 584.
22. L. Avril, p. 277 et 279.
23. L. de Thurah, pl. LIV.
24. P. de Vigny, p. 85.
25. A. Visentini, p. 126.
26. *P.V. Acad. archit.*, t. III, p. 344, 28 juillet 1710.
27. P. de Vigny, p. 86.
28. F. Blondel, p. 249 ; p. 233.
29. Cl. Perrault, p. 76, note 3.

30. J.-B. Leblanc, lettre XXXVI à M. de Caylus, p. 60.
31. L. Avril, p. 278.
32. D'après P. Portoghesi, *Borromini*, p. 115. Nous n'avons pu consulter l'ouvrage de Frisi.
33. L.-A. de Caraccioli, p. 21, 23, 27, 208.
34. R. Wittkower, *Gothic versus Classic*.
35. P. Portoghesi, *Borromini*, p. 107.
36. G. Guarini, traité I, chap. III. Sur cette question, voir P. Marconi.
37. N. Carboneri.
38. N. Pevsner, *Génie*, t. II, p. 167.
39. J.-F. Blondel, *Cours*, t. III, p. LVI
40. Cité dans L. Hautecœur, *Histoire de l'architecture*, t. II[1], p. 464, sans référence.
41. Le titre d'architecte du roi est réservé aux académiciens par arrêt du Conseil du roi du 7 mars 1676. Cf. *P.V. Acad. archit.*, t. I, p. 109, note 2.
42. N. Pevsner, *Génie*, t. II, p. 51.
43. Cité dans L. Réau, *L'Europe française*, p. 88, sans référence.
44. Cité dans D. Rabreau, « Le théâtre de Nantes », p. 40.
45. N. Pevsner, *Génie*, t. II, p. 159 et 161.
46. Cité dans J. Gloag, p. 178 : « Le trône de l'architecture en Grande-Bretagne, tandis que celle-ci languit à Rome, folâtre en vilaines imitations des Français dans le reste de l'Europe et lutte en vain à Paris pour surmonter le préjugé des Français en faveur de leurs propres erreurs. »
47. I. Ware, p. 447.
48. J.-G. Legrand et Ch.-P. Landon, t. I, p. 133.
49. A.-C. Quatremère, *Dictionnaire*, article « Gondouin ».
50. Ch.-P. Landon, p. 36, 45.
51. Ch.-A. Guillaumot, p. 61.
52. *P.V. Acad. Archit.*, t. VII, p. 133 à 135, janvier et février 1763.
53. Cité dans L. Hautecœur, *Histoire de l'architecture*, t. IV, p. 229. Nous n'avons pu

54. retrouver la référence exacte de cette citation ; celle donnée par L. Hautecœur est fausse.
54. A.-C. Quatremère, *Lettres sur le préjudice*, p. 46.
55. Ch. Clérisseau, p. X.
56. Montaigne, p. 701, Journal de voyage en Italie, mars 1580.
57. A.-C. Quatremère, *Lettres sur le préjudice*, p. 40.
58. J.-D. Le Roy, *Les ruines des plus beaux monuments*, p. XII.
59. Cf. notre article sur Piranèse.
60. Sur ce sujet, cf. H.-H. Russack.

26. A la recherche de la diversité perdue

1. E. Viollet-le-Duc, *Entretiens*, t. II, p. 348 et 350.
2. J. Delille, p. 47.
3. J.M. Pérouse de Montclos, « De la villa rustique ».
4. V. Hugo, *Le Rhin*, lettre XXIX.
5. F. Jourdain.
6. A. de Foville, préface.
7. E. Viollet-le-Duc, *Entretiens*, t. I, p. 237.
8. E. Viollet-le-Duc, « De l'art étranger ».
9. E. Viollet-le-Duc, *Entretiens*, t. II, p. 348 et 350.
10. A. Siegfried, p. 5.
11. Sur l'historiographie romantique, cf. E. Füter.
12. E. Viollet-le-Duc, *Entretiens*, t. I, p. 205 ; p. 343 ; p. 342.
13. Cité dans S. Rocheblave, *L'art et le goût en France*, p. 135, sans référence.
14. Extrait de *Corinne*, cité dans S. Rocheblave, *L'art et le goût en France*, p. 135 sans référence.
15. L. Avril, p. 152.
16. Goethe, *Werke*, t. XXXIX, p. 349.
17. Sur cette question, voir N. Pevsner, « Goethe ».
18. S. Boisserée, p. VII, IX.
19. Lettre XXVI, du 25 septembre 1823 publiée dans P. Moisy, *Les séjours en France*, p. 128, 252.
20. E. Quinet, p. 505.
21. P. Frankl, *The Gothic*, p. 509.
22. F. de Verneilh, p. 16.
23. Lettre LXIII, du 22 février 1848, publiée dans P. Moisy, *Les séjours en France*, p. 173, 322.
24. J. Gloag, chap. V.
25. E. Viollet-le-Duc, « De l'art étranger ».
26. J. de Malafosse, p. 453 et 481.
27. E. Viollet-le-Duc, *Dictionnaire*, t. VIII, p. 29 et « l'enseignement des arts », p. 75.
28. Ch.-R. de Montalembert, p. 212.
29. P. Coste ; D. Ramée, t. II, p. 1189.
30. Ch.-E. Beulé.
31. P. Bénard.
32. J. Ruskin, p. 345 ; p. 340 et 344.
33. H. Van de Velde, p. 85, 104.

CONCLUSIONS

1. H.-I. Marrou, p. 166.
2. H. Wölfflin, p. 73.
3. H. Wölfflin, p. 268.
4. P. Francastel, *L'humanisme roman*.
5. P. Héliot, *L'art roman*, p. 36.
6. A. Mussat, *Le style gothique de l'Ouest*.
7. H. Taine, *Voyage d'Italie*, t. II, p. 250, 26 avril 1864.
8. L. Hautecœur, *Histoire de l'architecture*, t. I[2], p. 598.
9. L. Courajod, t. III, p. 38.
10. S. Rocheblave, *L'art et le goût en France*, p. 103 et 134 ; p. 300 ; p. 4 ; p. 297.
11. H. Focillon, p. 91.
12. N. Pevsner, *Génie*, p. 165.
13. P. Francastel, *Histoire de l'art, instrument de la propagande germanique*.
14. L. Reynaud, *L'influence allemande* ; L. Réau, *L'art français sur le Rhin* ; E. Mâle, *L'art allemand*.

Crédits photographiques

Alinari Giraudon : 147, 152. Archives photographiques des Monuments Historiques, Paris : 5, 40, 51, 52, 78, 84, 87, 91, 94, 99, 107, 108, 120, 125, 126, 139, 142, 155. Bergamo, Biblioteca civica : 8. Bibliothèque Nationale Paris : 143, 154, 157. Collection de l'auteur : 66, 67, 72, 73, 74, 76, 85, 130, 134. Commission du Vieux Paris (E. Michot) : 29. ENSBA : 140, 144, 145, 148, 165. Gachot : 122. D. Hervier : 69. Hulton Picture Library Londres : 159. Instituto Centrale per il catalogo e la documentazione (Miani Francesci) : 33. Inventaire général des Monuments et Richesses artistiques de la France : 22, 41, 47, 48, 53, 55, 56, 57, 59, 62, 75, 82, 83, 89, 93, 96, 101, 102, 103, 104, 110, 113, 119, 131, 133, 141. M.A.S. Barcelona : 138. Musée Carnavalet, Paris : 24. The National Monuments Record : 19. Réunion des Musées Nationaux : 34, 36. Rheinischen Bildarchiv : 6a, 6b. Roger Viollet : 10.

Maquette : Josée Malamoud.

La fabrication de cet ouvrage
a été réalisée
par l'Imprimerie Chirat, 42540 Saint-Just-la-Pendue

Achevé d'imprimer en octobre 1982
N° d'impression 5497
Dépôt légal novembre 1982